江沛—主编

中国近代交通社会史丛书 003

流通、枢纽
与近代中国区域性变动

第一届中国近代交通社会史
研讨会论文集

江沛　黄镶 ——— 主编

社会科学文献出版社
SOCIAL SCIENCES ACADEMIC PRESS (CHINA)

本书的出版得到南开大学中外文明交叉科学中心的资助，特此致谢

关于开展中国近代交通社会史研究的
若干思考（代总序）

江　沛

　　人类生活空间的大小，长期受地理空间及自然条件约束，限制着生活、生产、文化等诸种交流。此种空间与条件约束着人类获得各种生活资源的能力，影响着其视野的拓展、知识的丰富性甚至想象力的丰富程度，这也是约束人类能否相识相知、能否构建人类命运共同体的关键所在。而拓展空间的途径主要有两个：一是借助交通工具"压缩"空间距离，展开交流；二是借助通信手段进行信息交流。

　　古代人类生活的空间，受制于旧式交通工具的简陋及传统交通体系的落后，而无法达成真正的自在生活状态。庄子曾有《逍遥游》，称自北冥南迁的大鹏："怒而飞，其翼若垂天之云。……鹏之徙于南冥也，水击三千里，抟扶摇而上者九万里。去以六月息者也。野马也，尘埃也，生物之以息相吹也。天之苍苍，其正色邪？其远而无所至极邪？"① 其想象力不可谓不丰富，但羡慕与无奈之情溢于言表。受制于交通落后，古人要想远足，只能"适百里者，宿舂粮；适千里者，三月聚粮"。② 直至清末，曾国藩从湖南赴京应试，水陆并用仍需费时三月之久。出行处处受制，极度不便，古人何来"逍遥"？难以克服地理局限的人类，只能局促一地，坐井观天。从这个意义上讲，世界古代的历史，基本是各地域单独的历史发展进程，难称人类文明融合的真正意义上的世界历史。

　　古代人类交流信息，除利用飞鸽传书外，多需借力牲畜（如驿运）、水运

---

① 陈鼓应注译《庄子今注今译》，中华书局，1983，第1~3页。
② 陈鼓应注译《庄子今注今译》，第7页。

或人的行走。同样受制于交通工具的落后，信息交流十分不便。唐代诗圣杜甫曾有"烽火连三月，家书抵万金"的慨叹；宋代赵蕃也有"但恐衡阳无过雁，书简不至费人思"的感怀；宋代陆游更有"东望山阴何处是？往来一万三千里。写得家书空满纸！流清泪，书回已是明年事"的无奈。

人类自18世纪渐入近代社会，随着工业技术飞速发展、工业化规模生产及市场化的需求，以机械为动力的现代交通运输业应运而生。限制人类交流、沟通的地理空间，因现代交通及信息技术的发达日益缩小，人类活动的地理及文化空间大增。庄子当年浩叹的大鹏飞行距离，在现代交通体系下，普通的民航飞机、高速列车均可在以小时为单位的时间内完成，对于航天飞机而言则只是以分钟计算的事情。显然，人类借助现代交通工具克服了农业社会地理空间的羁绊，拓展了自己的生存空间，虽然未至自由王国，但自在状态已大大提高。

人类社会在人、信息与物的交流上发生的这一重大变化，得益于英国工业革命后以铁路、公路、航运、航空为表征的现代交通体系的建立及日益成熟。它不仅使世界各国间经济连为一体，市场贸易体系真正世界化，使不同地域间各民族对于异文化的了解成为可能，极大丰富了各自的知识体系，拓宽了视野，也使人类社会在逐渐的相知相识基础上互相学习、取长补短、摆脱偏见、渐趋大同。也只有在这一基础上，我们才能谈及"地球村"、全球化的可能性。由此，我们应该对现代交通体系与人类社会发展间的重要关系有一个清晰的认识。

一　与世界比较中产生的问题意识

众所周知，英国工业革命在推动人类克服自然限制、开发资源、提高生产能力与效率的同时，也拉开了真正意义上的世界近代历史进程的大幕。工业技术的日益成熟及工业生产效率的大增，既推动了交通运输能力的成熟，也需要交通技术的支撑，现代交通体系的完善使工业化向全世界扩展，使欧美国家迈开了向现代化转型的步伐。工业造就了近代世界，工业也改变了人类历史进程。工业化与欧美国家现代化发展间的重要关系，得到了普遍认可。

当眼光转向近代中国的历史进程时，在关于工业化与近代中国社会变革进程间关系的认识上，我们的思考却有了极大差异。一方面，自鸦片战争直至1949年，近代中国饱受西方列强包括日本的武力侵略及政治、经济上的掠夺，形成了极为强烈的民族主义情感，追求国家与民族独立成为近代中国一股强大的思潮。另一方面，在世界现代化进程中处于领先地位的西方国家，在侵略中国的过程中又不自觉地持续输入以工业生产、国际贸易、革命思想、民族及人权观念、民主共和体制为特征的现代性思潮。马克思曾言，如果亚洲国家安于现状，不思进取，无法产生工业化的自我革命，那么无论英军犯下了多少罪行，它对印度和中国的侵略就是在不自觉地充当着推动亚洲工业化的工具。① 马克思、恩格斯还认为，资本主义经济"首次开创了世界历史，因为它使每个文明国家以及这些国家中的每一个人的需要的满足都依赖于整个世界，因为它消灭了以往自然形成的各国的孤立状态"。② 吊诡的是，侵略中国的西方列强同时又是现代性的倡导者和引入者，中国人既要反对西方对主权的干预，又要不断学习西方的现代化。尽管"国学"理念的提出，旨在强调中华民族特性及儒学文化的特性，但以传统儒学为核心的本土资源显然无法提供抗拒西方现代化进程的思想资源。以魏源、林则徐、薛福成、王韬、郭嵩焘、曾国藩、慈禧、张之洞、李鸿章、袁世凯、孙中山等为代表的清末民初重要人物，无论政治倾向如何，在面对世界现代化进程中国应如何抉择的重大课题时，均会在面对西方的双重性特别是现代性时陷入欲迎还拒的窘态。这种意识经日本侵略时期、冷战时期持续强化，演变成一种面对西方不自觉猜测其"阴谋论"的心态，极大影响着我们看待世界现代化进程的角度及思维。

受此影响，在世界现代化进程中处处影响巨大的现代交通体系，在中国近代史的研究中却呈现出了极不正常的研究意识及学术状态。当铁路、航运进入近代中国时，我们正确地看到了西方国家开拓中国市场时对于政治、经济利益的贪婪追求，但基本停留于此，没有进一步讨论现

---

① 马克思：《鸦片贸易史》《不列颠在印度的统治》，《马克思恩格斯文集》第2卷，人民出版社，2009，第632、683页。

② 《马克思恩格斯文集》第1卷，人民出版社，2009，第566页。

代交通体系在清末民初构建时的艰难，其经济功能对于中国经济转型、城市化进程甚至人们思想的开放所具有的重要价值及深层次的影响，从而进一步思考近代中国对外开放的规律性。对近代港口及航运、铁路运输如何改变近代中国经济结构、贸易走向、经济中心变革与城市格局、农村人口向城市流动甚至跨区域流动，交通运输（包括电政）推动信息传播与改变地方主义、家族意识间的关系，交通及信息传播与近代中国国族认同间的重大关联性等，均缺少从世界经济体系视野展开的认真而有逻辑性的思考与研究。显然，对中国近代交通社会史的讨论，是对60余年来侧重展示近代中国反帝反封建运动的革命正当性及道德正义性的一个重要补充，也有助于理解被纳入世界经济体系的近代中国社会所呈现出的新旧杂陈、变与不变的历史复杂性，更有助于思考这种历史复杂性背后实际生发着的从传统向现代转型的社会发展主旋律及其深刻的社会影响。

二　技术与经济：近代中国转型的根本动力

在这一由欧美国家主导的全球现代化进程中，中国并不能自外于源自"西方"的这一发展趋势。近代中国历史的发展特征显示，中国文化与历史的内在能量强大，如美国学者柯文（Paul A. Cohen）所言，不能只从西方出发去考察近代中国的变化，要"在中国发现历史"，但近代中国至今几乎所有的制度变革、经济变革、生活变化等重大事件，都是在以现代技术、外贸为主导的经济体系变革和西方体制冲击下产生的。这是不争的事实。只有具有国际视野，才能真正理解近代中国历史与社会变革的根本动力所在。

以轮船、铁路为主导的现代交通体系，其知识系统是在1920~1940年代传入中国的。据樊百川先生考证，中国有火力推动的轮船驶入，是在1828年。1830年，一艘属于英国麦尼克行（Magniac & Co.）的名为"福士"（Fobers）的轮船，抵达珠江口。至1842年鸦片战争失败后中国开放五口通商，英轮陆续进入中国内河航运业。1870年4月，清廷准许英国大东公司（Eastern Extention, Australasia and China Telegraph Co.）开设沪港航线，但3月丹麦大北公司（Great Northern Telegraph Co.）开设的沪港线未经允许业已开通。1865 年，英商杜兰德在北京宣武门外造小铁路 1 里许，试行小火车，是为铁路输入中国之始；此后，英人于 1875 年在上海建造连接吴淞码头与县城的淞沪铁路 15 公里，营运不久即被清廷收购并拆毁。中国真正意义上的第一条铁路，是 1881 年李鸿章主导下出现的由唐山至胥各庄煤矿的轻便铁路——唐胥铁路，该线持续延伸到天津。此后，随着开埠通商范围逐渐扩大与外贸需求、行政控制、国防与垦边的需要，也由于俄、日、英、德对在华利益的争夺与瓜分，缺少水运条件和拥有政治中心的华北、东北地区率先在建筑港口的同时修筑了京汉、津浦、胶济、北宁、陇海、南满、中东等诸条铁路，华东地区修筑了沪宁路，华南也有粤汉路。这些铁路不仅与港口连通，形成原料、农产品出口与工业品进口的重要通道和经济腹地，强化了区域间的经贸往来，也成为清末民初中国行政管理的重要通道和国防运输线，构成了今天中国铁路网络的基本格局。以铁路、港口为骨干，公路、水路、驿运互为关联而形成的这一现代交通体系，对于近代中国从自然经济向现代经济转型、区域城市成长、工矿化生产与相关产业生长、农业产业化种植等，具有前所未有的重要推动作用。以之为基础，电信业日渐发达，邮政业崛起，新闻媒体业快速成长，区域间人员流动大增，对于国防、军事甚至防疫也有重要作用。这些现代性因素，对于近代中国民族 - 国家意识的形成以及中华民族凝聚力、认同感的形成，也是意义非凡的。从今天看，作为一个产业和经济发展基础的现代交通体系，在近代中国社会变动中的作用是举足轻重的，正体现了工业技术体系对于现代经济与社会发展的引导与支撑作用，而这些却因学界基于传统史观过于强调社会变革中政治、人文因素的重要性而被忽略。但事实上，毕竟如马克思所言，是物质决定意识、生产力决定生产关系而非相反。

因此，中国近代交通社会史的研究，要力求在宏大的国际视野下考察近代中国经济与社会变动，立足于现代交通体系引发区域变革的切入点，希冀形成相关的系列研究成果，以弥补过去对于现代交通体系推动经济与社会变革所具有的重要价值认识之不足，推动学界在新的视野下重新审视近代中国社会变革的若干新生产力及其新技术形式问题。

三　中国近代交通社会史研究的主要范畴

关于中国近代交通社会史的研究，首先要对其学科性的基本要素进行分析，在强调其与以技术特性为出发点的交通史研究旨趣相异的同时，特别要注重把握现代交通体系与近代中国社会变动间的关系。

第一，对近代中国交通体系基本形态进行考察。主要是对诸如铁路、港口、内河水运的规划方案、管理机制、规章及实施效果的考察，特别要考察现代交通体系整体建设过程中，历届政府是基于何种原因进行定位和规划的，其建设方案优劣及实际效果如何。深入探讨现代交通体系形成的诸种因素，特别是政治、外交、经济、民生间的诸种复杂关系，摆脱非正即反的思维，有助于既从现代化进程也从中国近代社会转型的特点上把握现代交通体系的个性及其多方面的影响。从纯技术性层面考察现代交通体系的功能与效率，是过去较少展开却不容忽视的分析视角，诸如规划线路更改、铁路轨距、车厢大小、整车运输能力、车站功能、港口的选址、迁移及扩展，相关配套企业的设立，港口与铁路连接等问题，都是理解现代交通技术在商贸经济、军事、城市空间扩展等方面重要影响所不可缺少的，也可以由此透视现代交通体系在近代中国不断完善与发展的艰难历程。现代交通体系的管理部门、规章制度、管理阶层、线路维护、联运制度、价格制定、诸种交通方式间的衔接等，也是影响现代交通体系能否顺利发生作用的重要因素。管理的效率是经济发展的生命线，也是提升经济效率不可缺少的重要环节。

第二，对诸种交通方式间的关系进行考察。现代交通体系是在传统运输体系的基础上转型而来的，铁路、水运、港口三位一体，逐步压缩畜力、人力运输的空间，也是内河水运日益衰落的主因。然而这种趋势并非一蹴而就。在清末民国时期中国地域广大、地理条件复杂、交通体系落后的整体背景下，诸种交通方式间的竞争与互补关系，共同构成了交通体系向现代转型的有机整体，以及这种转型的过渡性和复杂性。如各铁路线间既有连接、互补的关系，联运制度便是最好例证，在货源相对紧张时，各线路均以降低运价、减少税收为吸引力，其竞争又是十分激烈的。铁路运输网络的诸环节，在统一协调下共同发展，是清末民国时期各届政府努力的目标。在铁路与河流并行的地区，水运在与铁路的竞争中势头良好；在铁路与河流逆向的地区，水运与铁路形成了自然互补关系。人们想象中的铁路一出，水运立衰的状况并未出现，铁路与水运的共同协调发展，是 20 世纪前半叶的主流。作为近代外贸的终极市场，港口与铁路的有机连接，是现代交通体系的主要形态。海运激增，不仅使港口不断扩大，港口城市空间扩张，工商业日益发达，也使铁路运输日益增长。但港口对于铁路线的依赖非常明显，没有铁路线扩大港口的腹地，港口衰落就是必然。烟台与青岛此消彼长的格局，就是一个生动的例子。在 20 世纪前半叶，由于技术及设备的需求较高、价格过高，汽车运输难以普及，公路运输在各地商贸运输体系中只占有 3% 左右的运输量，位列铁路、水运、人力运输之后，但在一些大城市周边的特定地区，少数公路与铁路还是形成了一定的互补关系。当现代交通体系发展起来后，人力、畜力运输由于成本过高逐步减少，甚至被取代，但在偏远乡村和山区，人力、畜力的运输仍是主力。

第三，对港口－铁路体系与经贸网络的重构进行研究。近代交通体系的规划及建设原因颇多，甚至国防、军事、行政管辖等因素更为突出，但交通线路完成后其服务经济的基本性质无从改变。[①] 以北京为中心的华北区域铁路建设，最终却成就了天津的华北最大贸易与工业中心地位，要因在于天津具有持续扩张吞吐量的良港。在外贸拉动下，津浦、津京、京汉、京奉（北宁）和胶济铁路，无论方向如何，主要的货物流向均以天津、青岛等港口为集散地，形成了东西向的新的商贸走势及网络，东部的率先开发与工业中心的建立，是经济发展的自然选择。以上海为中心的港口－腹地关系，决定了长江流域以水运为中心的经贸运输体系，但此时华东地区的铁路系统则受经济不发达的限制而建设缓慢。这些探讨对于重新认识近代中国开发的世界因素、思考近代中国东西部差距形成的诸种原因以及现代交通体系与腹地开发的关系具有重要价值。以港口为终端市场、以铁路为主干的近代交通体系的构建，其基本功能在于获得丰富的物资及客流，因此腹地的开发是至关重要的。腹地开发既要

---

① 江沛：《清末华北铁路初成诸因评析》，《历史教学》（高校版）2011 年第 7 期。

沿袭商贸传统网络，也会因现代交通体系的运转而重新构建。以铁路枢纽为依托的中级市场是腹地开发的关键所在，腹地范围越大，表明现代交通体系参与经济和社会发展的辐射能力越强。现代交通体系运量大、运速快、运距长、安全性好的特点，不仅促进了商贸网络的延伸，更是催生现代工业的"媒婆"，使在传统运输体系条件下难以大量开采的铁、煤矿得以开发，引入近代技术可以大量生产的工业制造中心亦赖此兴起。两者相互依存、相互补充，甚至一些城市完全依赖现代交通体系而生，在成为新的工业中心后地位日升并逐渐演变为新的政治中心。华北区域的传统商贸网络，多以行政中心及沿官道、河流而设的城市为结点，也有如经张家口展开的边贸固定路线。近代交通体系兴起后，因外贸需求刺激，以港口为终极市场的新商贸网络不可避免地展开，传统商路以南北向为主，此时则一变而为东西向；以往以行政中心为结点的商贸网络，此时发生重构，铁路交叉点或铁路与港口的连接点成为新的商贸中级市场或终端市场，而交通枢纽的变更导致中级市场或地域经济中心的此兴彼衰，是由现代交通体系引发的商贸格局变化的必然。

第四，关注现代交通体系与产业转型的关系。现代交通体系本身既是一个物流、人流与信息流的运输系统，也是一个工业部门，又是一个经济领域，其成长对于传统社会难以扩张的工业、矿业的开发与增长的刺激作用是非常明显的。华北区域一些地方如焦作、唐山、阳泉、博山等，即因现代交通体系的成长催生出工矿业的发展。由于需求旺盛，不少工矿业迅速引入先进技术，大大提高了劳动生产率和产品质量。为保证工业原料的供应，一些地方如胶济沿线的美种烟草、河南许昌地区的烟草与棉花也开始了产业化种植，高阳土布业的产销形成了规模，农产品商业化趋势大增，石家庄的城市化则是在铁路转运业的刺激下开始的。上述变化构成了华北区域经济的近代转型进程。现代交通体系的完善方便了出行，刺激了客流量的增长。20世纪前半叶，不少区域的旅游业增长快速，各条铁路均出版了旅行指南，一些偏远地区的自然及人文景观不断受到关注，相应的产业也有所发展。据统计，客运收入在各条铁路均占约1/3的份额。现代经济发展的核心是产业分工导致的生产率提高，是劳动与资本分离，使用机器大大增加了企业的固定资本，流动资本愈益增大，区域经济的互补性因交通而得以实现，现代经济制度逐步形成。[①] 这一变化，离开现代交通体系的运作难以为继。

第五，考察现代交通体系与社会变动的关系。以现代交通体系为纽带，商贸市场网络、工业体系、农业产业化体系渐次形成，巨量商品流通的结果，不仅是经济利益的增长，更是工农业的发展、人们生活水平的提高，特别是这种经贸网络的日益紧密，大大加快了区域经济的分工与整合进展，改变了人们大而全、小而全的经济与生活理念。由于现代交通体系推动了产业化发展、贸易运输的快速发展，市场竞争带来了产业、贸易内部及外部环境的利益分歧及重新分配，传统社会较为缺少的社会组织应运而生，诸如各个层次的商会、产业工会、员工协会逐步产生并发展，成为协调利益、保护工人、理顺产业内部机制的重要组织，带动了新职业的兴起和就业机会的扩大，对于市场的有序运作具有重要作用。现代交通体系的兴起，大大加快了城市化进程。新式交通枢纽的建立，是近代经济中心所必需，也是市场链式扩张的需要，由此，不少地区因交通线路所经而完成了城市化的进程。哈尔滨、长春、营口、石家庄、郑州、张家口、徐州、兰州、宝鸡、武汉、镇江、上海、重庆等地的崛起，都是极好的例证。当然，如保定、开封则因失去交通枢纽而渐次衰退。此时多数城市人口数量有限，但各区域的城市格局及经济格局由此而变，影响至深且巨。对于现代交通体系与行政管理、移民、救济、疾病传播、犯罪、工人运动、军事、现代时间观念形成等关系的探讨，是考察现代交通体系特征及功能不可缺少的。由于现代交通体系的建立，人员流动大增，信息产业增长，邮政、电话、电报、报刊业在清末民初高速增长。长期以来因国土广阔山河相隔的区域、内地与边疆间都得以连通，一体化进程使工业时代的政治、文化、风俗、理念得以广泛传播，国人的文化认同、民族认同、国家认同有了实现的前提及可能性，这是民国以来社会运动风起、社会动员得以实现的必要技术条件。"中华民族"等概念，之所以在 20 世纪上半叶渐次形成，除了外来侵略

---

① 〔法〕保尔·芒图：《十八世纪的产业革命》，杨人楩等译，商务印书馆，1983，第 21～22 页。

的强化作用外，一个很重要的条件是现代交通体系包括媒体传播手段的日益完善，在共同信息影响下的民众心态及社会思潮渐次形成，这使现代民族国家意义上的新中国成为可能。

综合而言，开辟中国近代交通社会史的研究，具有丰富中国近代史研究范围的功能，对于细化近代中国从传统向现代转型的过程十分必要，有助于从国际化和世界历史的视野去理解近代中国变动的起因及动力；从现代技术与经济变革的角度切入，中国近代交通社会史研究也具有方法论和价值观上的启示意义。究竟如何看待近代中国社会变革的动力及走向，是一个亟待重新认识的学科基础性问题，是一个有助于深化理解中国近代历史规律及特征的重要课题，更是一个如何理解与运用历史唯物主义史观的问题。

（原载《史学月刊》2016 年第 8 期，略有修改）

编辑说明

历经多年准备，得南开大学中外文明交叉科学中心的资助，自 2007 年伊始一直在举办并引起学术界广泛关注的"中国近代交通社会史学术研讨会"的各届会议论文集，得以陆续出版发行，既是这一研究方向多年来大家共同努力的体现，也是近年来中国近代交通社会史研究领域的最新成果。

20、21 世纪之交，在改革开放政策和全球化发展的推动下，中国经济呈现出的加速度发展的趋势，被誉为"中国奇迹"。社会主义市场经济的良好态势，也刺激和深化了中国政治体制、社会结构的持续变革。由此，现代经贸拓展与交通体系间密不可分的关系，交通对于产业转型、生产方式变革、城市化进程、日常生活的深刻影响，更是给历史学家以极大启示。2000 年后，承接 20 世纪曾锟化、谢彬、金士宣、张嘉璈、宓汝成、李国祁、何汉威、张瑞德、朱荫贵、吴松弟、戴鞍钢、李占才等诸位先生筚路蓝缕的开拓，朱从兵、马陵合、丁贤勇、江沛、祝曙光、苏全有等中青年学者继续探索，中国近代交通史研究持续耕耘，也到了一个承前启后、继往开来的新阶段。

此时，中国近代史学界的主力依旧在政治、军事、外交、经济等领域深耕细作，而近代社会史、乡村史、社会文化史、新文化史、新革命史、思想史等领域亦突飞猛进，颇有所得，中国近代史研究领域处在生动活泼、厚积薄发的变革前沿。此时，学界或受理论视野的约束或囿于人文知识结构，对于技术与经济的生产力品质、对于英国工业革命后全球化经济发展的深刻影响、对于近代中国经济与社会产生"三千年未有之大变局"的根本因素缺乏根本性的觉悟。如何更为深刻地解释中国近代历史变迁的根由，如何实现中国近代史学科在理论框架和方法论意义上的突破，实现学术方向上的转型，成为摆在中国近代史学界同人面前的一道时代课题。

2007 年 11 月，南开大学历史学院率先发起并组织召开了第一届中国近代交通社会史学术研讨会，国内外 60 余位学者与会，共同研讨如何以唯物史观为指导，强调技术与经济变革为根本动力，以现代交通体系与工业化、日常生活间的相互关系为研究目标，形成中国近代交通社会史的研究特色。会议提交 60 余篇论文，在此后几年中先后发表，形成了对于中国近代交通社会史研究的重要推动力量。

转瞬 15 年过去了，中国近代交通社会史学术研讨会在南开大学、杭州师范大学、苏州大学、安徽师范大学（芜湖）、西南交通大学（成都）连续召开了 5 届。其间曾多次想完成各届会议论文集的精选及出版事宜，但由于各种因素影响，迟迟未能实现。2020 年，各届会议主持人在线上会议中提出，各届论文集的出版具有重要的学术价值和历史价值，约定各负其责完成各届论文集的编选，经南开大学中外文明交叉科学中心工作委员会审定，纳入中心出版资助计划（2021 年度），并列入江沛教授主编的“中国近代交通社会史丛书”，由社会科学文献出版社予以出版。

在编选论文之际，为使相近内容的论文形成鲜明主题，我们征求了与会学者的意见，将与会论文分类排列，形成类似专著的逻辑性章节结构，以便于读者阅读。黄镔博士在此书出版的前期整理中付出较多劳动，特此致谢！

特此说明，绍介此书成因。

江　沛　谨识

2022 年 3 月 28 日于天津

目　录

第一章

现代交通体系的传入及体制政策

夷夏之防与晚清铁路论争

兴筑铁路本是洋务运动题中应有之义，但在中国早期现代化进程中，枪炮、轮船、采矿、纺织等能次第开办，独建铁路阻力重重。从 1860 年代起，清统治集团内部就开始了是否应当建铁路的大讨论，并引发激烈争论，断断续续，一直持续到 1880 年代末，历经 20 余年。[①] 个中缘由，值得深究，本人不揣浅陋，特撰此文以做探讨，以期引玉之效。

一 晚清铁路论争概述

清统治集团对铁路的认识有一个深化过程。1860 年代，清统治集团一致反对在中国修建铁路。1865 年，总理衙门要求沿江沿海各将军督抚对洋人请筑铁路之事发表意见，结果全持反对态度，包括曾国藩、李鸿章等后来的洋务派封疆大吏在内。[②] 1870 年代，在洋务运动的大背景下，清统治集团内部从事洋务活动的一部分官吏开始提出修筑铁路的主张，其主要代表人物有李鸿章、丁日昌、郭嵩焘等。对铁路认识的变化，是洋务运动发展的必然结果。洋务派从兴办军工企业转向兴办民用企业，

* 本节作者尹铁，浙江外国语学院马克思主义学院教授。

① 有关晚清铁路论争，参见李时岳、胡滨《洋务派与顽固派关于铁路问题的争论》，《吉林大学社会科学学报》1980 年第 5 期；杨乃济《西苑铁路与光绪初年的修路大论战》，《故宫博物院院刊》1982 年第 4 期；谢俊美《津通铁路之争与翁同和力主缓修原因》，《东岳论丛》1986 年第 5 期；金士宣、徐文述编著《中国铁路发展史（1876～1949）》，中国铁道出版社，1986；李占才《中国铁路史（1876～1949）》，汕头大学出版社，1994；夏东元《洋务运动史》，华东师范大学出版社，1992。相关内容，以上论著均有涉及，但仅限于描述论争过程，深入分析研究尚欠缺。

② 有关督抚意见可参见《筹办夷务始末（同治朝）》第 54 卷，沈云龙主编《近代中国史料丛刊》第 62 辑，台北，文海出版社，1966。

铁路亦军亦民，成为两者之间的桥梁。随着洋务运动的深入，洋务派对铁路的看法发生了很大变化。

洋务派对铁路认识的深化，最初是与国防联系在一起。1874 年，清廷谕令各地督抚将军"切筹海防"。直隶总督李鸿章奏呈《筹议海防折》，认为："南北洋滨海七省自须联为一气，方能呼应联通"，提出仿设"火车铁路，屯兵于旁，闻警驰援，可以一日千数百里"。[①] 这是统治集团内部第一次明确提出修筑铁路的主张。次年初，李鸿章又赴京会晤恭亲王奕䜣，"极陈铁路利益，请先试造清江至京，以便南北转输"。[②] 福建巡抚丁日昌在巡视台湾防务后向清廷奏报，认为当时台湾情形，"不在兵力之不敷，而在饷需之不足，不患番洋之不靖，而患声气之不通"。主张在台湾修筑铁路。[③] 沈葆桢也认为铁路"实为台地所宜行"。[④]

1880 年代初，清统治集团内部发生了一场是否修筑铁路的大争论，争论起因是刘铭传的奏折。1880 年 12 月 3 日，前直隶提督刘铭传上奏《清筹造铁路折》，奏折分析了日益恶化的周边环境，从国防角度阐述了修建铁路刻不容缓，画龙点睛地提到铁路在重振中央权威方面的作用，提出向外国借债以解决资金问题的建议，还提出造铁路干线的设想。[⑤] 这是晚清官员第一次系统提出修建铁路的主张。清廷于当天下达了"着李鸿章、刘坤一按照折内所陈，悉心筹商，妥议具奏"[⑥] 的上谕。

在李鸿章、刘坤一未及复奏时，翰林院侍读学士张家骧抢先提出反对意见，上奏清廷，针对刘铭传的建议提出造铁路三大弊端：一为开造铁路、洋人必觊觎其利，借端生事，以致利尚未兴，患已隐伏；二为开造铁路，必平毁屋庐坟墓，贻害民间，民间必不乐从；三为开造铁路，所费动需千万，而耗巨资以求不可必得之利，是虚糜帑项，赔累无穷。他要求清政府将刘铭传请开铁路一事"置之不议"。[⑦] 李鸿章于 12 月 31

① 宓汝成编《中国近代铁路史资料（1863～1911）》第 1 册，中华书局，1963，第 78 页。
② 宓汝成编《中国近代铁路史资料（1863～1911）》第 1 册，第 79 页。
③ 宓汝成编《中国近代铁路史资料（1863～1911）》第 1 册，第 79 页。
④ 宓汝成编《中国近代铁路史资料（1863～1911）》第 1 册，第 84 页。
⑤ 宓汝成编《中国近代铁路史资料（1863～1911）》第 1 册，第 86～87 页。
⑥ 宓汝成编《中国近代铁路史资料（1863～1911）》第 1 册，第 87～88 页。
⑦ 宓汝成编《中国近代铁路史资料（1863～1911）》第 1 册，第 88 页。

日上《妥筹铁路事宜折》，声援刘铭传，他首先总论了其对铁路的认识："查火轮车之制，权兴于英之煤矿，道光初年始作铁轨以约车轮，其法渐推渐精，用以运销煤铁，获利甚多，遂得扩充工商诸务，雄长欧洲。""四五十年间，各国所以日臻富强而莫与敌者，以其有轮船以通海道，复有铁路以便陆行也。"[1] 其次阐述了铁路有易于集兵、利于运输以及军饷、通信、救灾、拱卫京师等九利，其中"国计、军谋两事，尤属富强切要之图"。[2] 再次，他建议举借洋债，组织铁路公司，并保荐刘铭传任公司督办。此外，他还建议开采煤铁矿，冶炼钢铁，以供铁路之用。[3]

经一段时间的争论，清廷于 1881 年 2 月 14 日做出结论："铁路火车为外洋所盛行，若以创办，无论利少害多，且需费至数千万，安得有此巨款？若借用洋债，流弊尤多。叠据廷臣陈奏，金以铁路断不宜开，不为无见。刘铭传所奏，着无庸议。"[4] 宣告了这场争论以保守派胜利而告一段落。

中法战争期间，铁路争论再起。战争期间，漕粮海运恐有资盗之虞，河运则有阻滞之难，于是修铁路之议又起。李鸿章建议急修铁路："火车铁路利益甚大，东西洋均已盛行，中国阻于浮议，至今未能试办。将来欲求富强制敌之策，舍此莫由。"[5] 内阁学士徐致祥、山东道监察御史文海、陕西道监察御史张廷燎、太仆寺少卿延茂等上奏清廷，力陈修建铁路之害。洋务派与保守派围绕铁路问题展开全方位论战，争论的内容涉及政治、经济、军事及社会秩序、民风习俗等多个方面。此次论争洋务派占了上风，在海军衙门的推动下，津沽铁路修筑完成。[6]

津沽铁路通车后，李鸿章计划将铁路展筑至通州，奏请修筑津通铁路，铁路拟"由天津铁道尽头经陈家沟渡运河，至西沽，历浦口、杨树、河西务、张家湾以达通州"。[7] 清廷降旨允准。保守派群起而攻之，进行

---

① 宓汝成编《中国近代铁路史资料（1863~1911）》第 1 册，第 89 页。
② 宓汝成编《中国近代铁路史资料（1863~1911）》第 1 册，第 90 页。
③ 宓汝成编《中国近代铁路史资料（1863~1911）》第 1 册，第 92~93 页。
④ 宓汝成编《中国近代铁路史资料（1863~1911）》第 1 册，第 102~103 页。
⑤ 宓汝成编《中国近代铁路史资料（1863~1911）》第 1 册，第 103 页。
⑥ 宓汝成编《中国近代铁路史资料（1863~1911）》第 1 册，第 103~109 页。
⑦ 中国史学会主编《洋务运动》第 6 册，上海人民出版社，1961，第 220 页。

最后的反扑。相比前两次争论，争论焦点已发生很大变化。到津通铁路争论时，要不要建铁路已经不是关键问题，争论焦点是在哪里建铁路。保守派认为铁路可试行于边地而不可行于腹地，强调通州"密迩京师""漕运重镇"万不可建造铁路。洋务派进行了反驳，海军衙门、军机处会奏，把反对修筑津通铁路臣工的观点归纳为"资敌、扰民、夺民生计"①三端，请朝廷将各原奏发交有关将军督抚复议，"各抒所见迅速复奏"。②复奏结果，多数人主张继续兴办铁路，但一方主张先办边防、漕路，一方主张先办津通路。双方意见相持不下，两广总督张之洞别出心裁，主张缓建津通铁路，改建自京城卢沟桥至湖北汉口铁路。③

张之洞的奏折，面面俱到，融合各方意见。奕谭在称张"别开生面，与吾侪异曲同工"之余，认为"西果行，东亦可望，但争迟早耳"。④李鸿章尽管认为"通州、卢沟同一近畿，未必通州则谣诼纷来，卢沟则浮言不起"⑤，对缓修津通线有抱怨情绪，但对于先办卢汉路，还是与奕谭一起做了肯定的表态："两头并举，四达不悖，以为经营全局之计，循序渐进之基，庶几有益于国，无损于民，事出万全，决可毅然兴办。"⑥

1889年5月5日，清廷发布上谕，称铁路"为自强要策，必应通筹天下全局……但冀有益于国，无损于民，定一至当不易之策，即可毅然兴办，毋庸筑室道谋"。⑦ 结束了铁路论争。

综观晚清长达20多年的铁路论争，其争议已超越经济层面，主要围绕经济、政治、文化价值诸层面展开。

二　夺民之利，经济层面的铁路论争

晚清铁路论争首先集中在经济层面。保守派反对修建铁路的经济理

---

① 宓汝成编《中国近代铁路史资料（1863~1911）》第1册，第159页。
② 宓汝成编《中国近代铁路史资料（1863~1911）》第1册，第161页。
③ 宓汝成编《中国近代铁路史资料（1863~1911）》第1册，第170~171页。
④ 宓汝成编《中国近代铁路史资料（1863~1911）》第1册，第172页。
⑤ 宓汝成编《中国近代铁路史资料（1863~1911）》第1册，第173页。
⑥ 宓汝成编《中国近代铁路史资料（1863~1911）》第1册，第178页。
⑦ 宓汝成编《中国近代铁路史资料（1863~1911）》第1册，第171页。

由，一是修筑铁路将造成百姓失业。他们认为铁路犹如一条吸血管那样吸吮着小民之鲜血，铁路一开，则沿途以车舟贩卖为生者，将失去生计，铤而走险。① 翰林院侍读周德润奏称对建铁路有"六不可解"，指出筑路将造成小农及手工业者大量破产，"以乱天下也"。② 湖广总督官文认为："轮车电机等事，论者不一，其显而易见者，则垄断牟利也。"③ 大学士恩承和吏部尚书徐桐更把自己装扮成百姓利益的代表，认为"铁路乃公司之利，非民人之利"，"铁路一开，津通舟车尽废，水手、车夫、客店、负贩食力之人，终归饿莩"，"穷民怨民，迁怒洋人，铤而走险"。④

二是修筑铁路将使沿线农民失去土地。保守派认为，修铁路必须买民田，失田之民难以即刻购到土地，则会坐食寻空，挨饿受冻。刘锡鸿具体分析说："西洋各国之田，统归近地富豪雇佃以耕，无以贫民而仰给于十亩者。铁路之造，惟富者彼此商允让地，即不至纷扰间阎。我中国则官道而外莫非民田，官道为寻常舆马所经，不得不买取民田以开铁路。无论官中发价，获领甚难，即领价弗亏，民之失地者，究无从遽得可购之地。银一到手，坐食寻空，此后谋生，伤哉奚恃？"⑤

三是洋人必觊觎修筑铁路之利，造成利益外溢。张家骧认为开造铁路，洋人必觊觎之利，借端生事，以致利尚未兴，患已隐伏。⑥ 刘锡鸿认为"铁路之造，填沙杵土，可以华民为之。若其筑路之法，则非洋匠而莫得平适。至于火车事件与垫路之铁条，脂轮之油水，中国皆无由制造，一概需诸外洋"。"故不为则已，为则不能不付诸洋匠者势也。为铁路一道，银之出洋者即数千万；为铁路数道，银之出洋者即数万万。"⑦

洋务派针锋相对，进行辩驳。薛福成指出铁路不但不会夺人生计，而且会扩民生计。"有铁路一二千里，而民之依以谋生者，当不下数十万人。况煤铁等矿出此大开，贫民之自食其力者，更不可数计。此皆扩民

---

① 宓汝成编《中国近代铁路史资料（1863~1911）》第1册，第108页。
② 《洋务运动》第6册，第154页。
③ 宓汝成编《中国近代铁路史资料（1863~1911）》第1册，第16页。
④ 宓汝成编《中国近代铁路史资料（1863~1911）》第1册，第148~150页。
⑤ 宓汝成编《中国近代铁路史资料（1863~1911）》第1册，第100页。
⑥ 杨勇刚：《中国近代铁路史》，上海书店出版社，1997，第15页。
⑦ 宓汝成编《中国近代铁路史资料（1863~1911）》第1册，第100页。

生计之明证也。"① 洋务派认为，若火车盛行，则有驾驶之人，有修路之工，有巡瞭之丁，有上下货物、伺候旅客之杂役，皆足以养家糊口。其稍有富余者，则可以增设旅店，广买股份，坐食其利。铁路开，则依以谋生者众，煤铁等矿大开，贫民可自食其力者更不可计数；此外铁路开则运粮便，各省遇有灾害，移粟迁居，相当迅速，可以多保民命，货物流畅，也可免囤积居奇的弊端。② 驻外使节倡言铁路可富国便民，不会夺民生计。黎庶昌更是推重之："西法中之便官、便商、便民，而流弊绝少者，独火轮车一事耳。"③

作为洋务派的领军人物，李鸿章责无旁贷，接连上奏，对保守派的责难逐条予以批驳，说理透彻，措辞尖锐。对于保守派所谓"铁路一开，即有数十百万生灵绝无生计"④ 的论点，他用摆事实讲道理之法，一一加以驳斥。张之洞也坚信"苟有铁路，则机器可入，笨货可出……销路畅则利商，制造繁则利工"。⑤ "铁路成，则万里之外旦夕可至，小民生业靡不流通，朝廷耳目靡不洞达，山川之产靡不尽出，风俗之陋靡不尽除；使中国各省铁路全通，则国家气象大变，商民货物之蓄息当增十倍，国家岁入之数亦增十倍。"⑥ 强调铁路能大大促进经济发展。

三 门户洞开，政治层面的铁路论争

晚清铁路论争还涉及政治层面，主要辩论铁路是否有利国防。保守派认为，"守国之道，人和而外，兼重地形，兵力苟不如人，则握险凭高，亦足自固。若造铁路，则不惟不设险，而且自平其险，山川关塞，悉成驰骤之坦途，重门洞开，屏障悉撤，一奋臂可直入室矣"。"曩者英法构衅，屡获逞于海隅，然而未敢深入者，即以道途阻修，运炮运粮两

---

① 丁凤麒、王欣之编《薛福成选集》，上海人民出版社，1987，第138页。
② 杨勇刚：《中国近代铁路史》，第16页。
③ 黎庶昌：《拙尊园丛稿》，中国文史出版社，2007，第230页。
④ 宓汝成编《中国近代铁路史资料（1863～1911）》第1册，第151页。
⑤ 宓汝成编《中国近代铁路史资料（1863～1911）》第1册，第167页。
⑥ 宓汝成编《中国近代铁路史资料（1863～1911）》第1册，第200页。

皆易室之故。今奈何自失其险以延敌哉？"① 铁路需兵守，"则衰延数千里，安得处处防范？倘有疏虞，军粮器械悉委弃于敌人"。② 认为修铁路会导致门户洞开，引狼入室。

洋务派认为，铁路有利师行、征战御敌，铁路开，则虽滇、黔、甘、陇之远，不过十日可达，十八省防守之旅，皆可为游击之师，将来裁兵节饷，并成劲旅，一呼可集，声势联络，一兵能抵十兵之用。③ 驻外使节列举美国南北战争、普法战争、俄土战争的实例，反驳顽固派的观点：南北战争时，北方"铁路未成，屡战不利，及铁路竣，而增兵至一百二十万人，调动灵捷，战无不胜"；④ 普法战争、俄土之战，"皆未闻因火车而诱敌深入也"。⑤ 铁路平时派兵防护，如有不测，拆毁一段铁路，则全路皆废，不致为敌所用。

李鸿章致书醇亲王强调铁路的国防功能："火车铁路利益甚大，东西洋均已盛行，中国阻于浮议，至今未能试办。将来欲求富强制敌之策，舍此莫由。倘海多铁舰，陆有铁道，此乃真实声威，外人断不敢轻于称兵恫吓。"⑥ 洋务派首先认同铁路的军事功能，其修筑铁路的着眼点集中在加强海防方面，他们所提出的铁路修筑计划，主要是在沿海地区。对铁路的认识一开始就产生了偏差，影响到晚清铁路的健康发展。

晚清铁路论争还夹杂统治集团内部的斗争。在1881年的争论中，赞同修筑铁路的主要有直隶总督李鸿章、两江总督刘坤一、陕甘总督左宗棠、恭亲王奕䜣等人。反对开造铁路的主要有通政使司参议刘锡鸿、内阁学士徐致祥、翰林院侍读学士张家骧、陕西道监察御史张廷燎、顺天府府尹王家璧等人。一方是朝廷重臣和封疆大吏，一方是翰詹科道的言官，双方力量对比悬殊，然而最后反对建铁路的主张占上风，封疆大吏意见不被采纳，慈禧起了决定作用。慈禧对新生事物有一定的接受能力，

① 《洋务运动》第6册，第156页。
② 宓汝成编《中国近代铁路史资料（1863~1911）》第1册，第104页。
③ 杨勇刚：《中国近代铁路史》，第16页。
④ 崔国因：《出使美日秘国日记》，刘发清、胡贯中点注，黄山书社，1988，第90页。
⑤ 黎庶昌：《拙尊园丛稿》，第230页。
⑥ 宓汝成编《中国近代铁路史资料（1863~1911）》第1册，第103页。

但在铁路问题上，她有自己的政治考量，她把一项经济决策，提到政治层面，采取了利用清流派压制恭亲王政治势力的策略，使洋务派兴建铁路的计划搁浅。1885 年夏，左宗棠临病逝前写下遗折，力主先造清江至通州铁路，以通南北之枢。他指出外洋各国建造铁路"民因而富，国因而强，人物因而倍盛"的情况，其"有利无害，固有明征"。认为"天下俗论纷纷，究不必与之辨白"。① 左宗棠一向与李鸿章不和，但在修铁路问题上支持李鸿章，对清廷震动很大。慈禧对左宗棠十分倚重，在痛失栋梁之际，左氏的遗折，引起重视，津沽铁路得以修筑。

四　夷夏之防，文化价值层面的铁路论争

洋务派和保守派的论争，深入文化价值层面，在夷夏之防的理论框架下进行，这是晚清铁路论争的核心。夷夏之防，要以夏变夷，严防以夷变夏，这是中国一个根深蒂固的传统观念。所谓不与夷狄主中国，不与夷狄执中国，"吾闻用夏变夷者，未闻变于夷者"。鸦片战争以后，这一思想的权威性受到了冲击和质疑，面对西方殖民主义的入侵，面对以坚船利炮为代表的工业文明，中国人的文化自尊心和自信心遭到了前所未有的重创，保守派对"用夏变夷"已不抱希望，保守派要严防的是以夷变夏。铁路是现代工业的结果，也是工业化的前提。铁路作为近代交通运输工具，它的出现是与工业革命的发展和资本主义世界市场的形成分不开的。洋务派在挨打的痛楚中通过反思，承认西方有优于中国之处，主张应向西方学习，"取彼之长，益我之短"。李鸿章指出："我朝处数千年来未有之奇局，自应建数千年未有之奇业，若事事必拘守成法，恐日即于危弱而终无以自强。"② 修铁路是洋务事业的关键环节，所谓"自强之道，练兵、造器固宜次第举行。然其机括，则在于急造铁路"。③

铁路的修筑只具有表层意义，会不会引发文化内核的变革，才是关

---

① 宓汝成编《中国近代铁路史资料（1863～1911）》第 1 册，第 107 页。

② 顾廷龙、戴逸主编《李鸿章全集》（9），安徽教育出版社，2008，第 258 页。

③ 宓汝成编《中国近代铁路史资料（1863～1911）》第 1 册，第 86 页

键。保守派敏感地认识到铁路等洋务事业对中国传统社会的分解作用，指出其结果必然是"坏人心""崇繁华""溃夷夏之防"。① 忧虑"事事师法西人，以逐彼奇技淫巧之小慧，而失我尊君亲上之民心也"。② 指名攻击洋务派"专以用夷变夏，破坏中国数千年相承之治法"。③ 而西方国家的行动，也印证了这种忧虑并非空穴来风。西方国家把铁路当成剥削和侵略落后国家的战略手段，正如列宁指出："建筑铁路似乎是一种简单的、自然的、民主的、文化的、传播文明的事业……实际上，资本主义的线索像千丝万缕的密网，把这种事业同整个生产资料私有制联系在一起，把这种建筑事业变成对十亿人民（殖民地加半殖民地），即占世界人口半数以上的附属国人民，以及对'文明'国家资本的雇佣奴隶进行压迫的工具。"④

在 1866 年的铁路大讨论中，督抚们议论的角度各有不同，其警惕洋商掠夺中国铁路修建权则是一致的。李鸿章的态度是"与其任洋人在内地开设铁路电线，又不若中国自行仿办，权自我操，彼亦无可置喙耳"。⑤沈葆桢认为只要不载入条约，"果能别创一法，于民间田庐坟墓毫无侵损，朝廷便当曲许，否则断难准行"。⑥ 这是一种必然反应，第二次鸦片战争后，表面的中外和好局面形成，实际清统治集团对西方国家深怀惧怕之心，在铁路问题上便折射出这种忧虑。这种不信任主要是西方国家造成的，但影响到清统治集团对铁路的判断。清政府因警惕西方国家而因噎废食、反对修建铁路典型地体现在对吴淞铁路的处理上。吴淞铁路从上海起到吴淞镇止，长 14.5 公里，全路于光绪二年十月十六日（1876年 12 月 1 日）正式通车，是中国最早出现的一条营业铁路。这条铁路是英国怡和洋行采取欺骗手段擅自修建的，面对列强擅自筑路的侵权行为，清廷表示反对，总理衙门数次照会英国驻华公使，主张租界地方"虽租

① 《洋务运动》第 1 册，第 50 页。
② 《洋务运动》第 1 册，第 134 页。
③ 《洋务运动》第 1 册，第 255 页。
④ 《列宁选集》第 2 卷，人民出版社，1995，第 733 页。
⑤ 宓汝成编《中国近代铁路史资料（1863～1911）》第 1 册，第 26 页。
⑥ 中华书局编辑部编、李书源著《筹办夷务始末（同治朝）》第 6 册，中华书局，2008，第 2198 页。

英商，地归中国"，欲开铁路，应"申详照准，方可举行"。① 清廷与英国签订《收赎吴淞铁路条款》，以 285000 两白银赎回该路，体现了其维护国家主权的一面。但赎回后将该路拆毁，则反映了其落后于世界进化的另一面。晚清铁路论争实质上反映了清统治集团面对中西文化激烈的冲突和碰撞所做出的不同的价值选择。

从 1860 年代到 1880 年代，清政府从反对修铁路到毅然兴办铁路，用了 20 多年时间。综观晚清修筑铁路的历史，可谓阻力重重，步履维艰：开始时清政府各派政治势力一致反对列强侵占中国筑路权，后来是清政府内部顽固守旧派反对洋务派筑路，及至认识到修建铁路在军事上经济上的必要性时，各方又在筑路线路上产生矛盾，从而发展到洋务派内部在津通、卢汉路缓急上的矛盾。中国的现代化是被延误的现代化，晚清铁路建设初创时的艰难历程，印证了这种论点。深入分析其深层次原因，是学界的责任，在现实层面上，也有参考借鉴意义。

---

① 宓汝成编《中国近代铁路史资料（1863～1911）》第 1 册，第 45 页。

清末华北铁路体系初成诸因评析

　　自 1825 年 9 月 27 日乔治·斯蒂芬森（George Stephenson）驾驶"运动号"（Locomotion）机车在英国斯托克顿（Stockton）至达林敦（Darlington）间上路为标志，世界迎来了铁路时代。作为一种全新的现代交通体系，铁路的重要特征是快速、大量、低价地将大量物资及人运送到传统交通体系不可能或需要很长时间才能到达的地区，可以极大地节约经济成本，提高经济效率，在推动现代化经济体系发展上作用明显；通过以铁路、轮船为主干的现代交通体系，大至整个世界小至一个国家或地域，其经济、政治、文化的一体化融合得以前所未有的规模与速度展开，对人类生活方式的影响是多元的且至今仍无与伦比。

　　1840 年左右，有关铁路的知识通过林则徐、魏源和徐继畬等人的著述传入中国。最早计划将铁路引入中国的，仍是致力于在全球扩张中追求最大化经济利益与国家利益的西方列强。1860 年代，西方舆论极力鼓动通过建造铁路以扩大对华贸易。1867 年，英美等国通过修改《天津条约》的机会，迫使清政府出让修筑铁路的权利。然而，中国人对于铁路交通的重要性所知甚少，与此同时爆发的中英第二次鸦片战争与中法战争，大大增加了中国人的排外情绪，无知与敌意使中国人对西方人极力推荐的铁路建设心存疑惧，连后来全力推动洋务运动并为中国现代化做出重要贡献的李鸿章（时任江苏巡抚），此时也断然拒绝修建铁路的建议。从 1876 年到 1877 年，以英人私建上海淞沪铁路的兴废为标志，铁路技术被涂上了一层政治与民族主义的色彩，中国人既无法真正认识到铁路技术对于近代社会发展的重要性，也难以意识到工业革命以后世界发

　　＊　本节作者江沛，南开大学历史学院教授。

展路径及格局的改变。①

甲午惨败，让1895年成为中国近代历史上一个里程碑式的年份。先进的中国人此时终于清醒：引入现代技术与制度意味着经济的发展与国力的提升，舍此无富民强国之道。此后，作为一种"西学"典范乃至关乎国计民生、军事诸方面的"利器"，铁路技术的引入获得高度认同，对于铁路价值及功能的认识，也在洋务派与保守派的辩论中日益明晰。铁路在此后进入规模建设即源于此时认识上的渐趋统一。显然，清末中国的铁路引进，不是在纯经济发展需求的前提下展开的，其事关经济、国防、主权乃至政治控制的多重特性，在各条铁路的建设中若隐若现。在此过程中，基于对廉价矿业资源、农产品的需求和工业品进入中国内地市场的需要，外资利用其政治强势与清廷资金、技术的匮乏，纷纷参与诸条铁路的建设与管理，使得本来作为经济推动力的铁路交通体系，被涂上了一层西方殖民色彩，也直接影响到铁路技术的引进速度及铺设取向。

在1881~1911年间内忧外患的困境中，中国铁路从无到有，建设长度达到9618.1公里，华北即具有1/3。中国东部最重要的几条铁路——如南北向的京汉、北宁（京奉）、津浦路，东西向的京包（平绥）、胶济、道清、正太、汴洛（陇海）路等，都在华北境内或穿越华北，铁路建设成效显著。民国初期，华北铁路网络在此基础上继续建设、延伸，构成了华北区域铁路网络的基本骨架，并使华北成为联结东北、华中、华东地区的节点。初期的铁路建设，多选在经济并非十分发达的华北区域且以北京为出发点，并非纯经济需求的结果，而是既有保护京师、捍卫海防的考虑，与北京作为行政和消费中心的优越位置有关，也是明清以来北方传统商路网络以北京为中心展开的格局所致，这是考察清末华北铁路网络初成时所必须予以关注的特性。②

---

① 〔英〕肯德：《中国铁路发展史》，李抱宏等译，三联书店，1958，第4~5页。

② 有关这一主题的相关研究较少，研究方法及视野也有待进一步拓展。肯特所著《中国铁路发展史》一书，完成于1907年，是目前已知有关中国铁路史的最早著作。他从西人的视野对清末铁路的由来、建造进行了分析，认为中国铁路40余年的历史，"直接反映

一 军事、政治与传统：以北京为中心的
华北铁路体系建设

"民元以前，我国铁路的建设，发展的重心显然是华北大平原，而北京是首要的集中点。多数路线是由华北大平原伸展到邻近的各自然区

了中国官吏的主要特性，和列强远东政策的倾向"，认为20世纪初的趋势是"中国正在挣脱列强的控制"（第3页）。宓汝成所著《帝国主义与中国铁路：1847～1949》（上海人民出版社，1980）一书，受时代所限，把中国铁路的修建，视为西方列强转嫁资本主义世界经济危机的结果。宓氏在列举1957～1938年间世界经济危机与中国铁路建设重要史事间关系后指出：中国铁路建设有非常明显的列强争夺世界的痕迹。经济危机每一次爆发后，西方列强就加紧活动，中国政府便借款"自行"建造或由外人来华建造。虽然目前持此观点者较少，但宓氏清晰地认识到了中国铁路建造与世界化进程的紧密关系。金士宣、徐文述在所著《中国铁路发展史（1876～1949）》（中国铁道出版社，1986）一书中，也基本上持相似观点。崔志海在《论清末铁路政策的演变》（《近代史研究》1993年第3期）一文中，纵向考察了铁路总公司和路矿总局、商部、邮传部各时期铁路建设政策的演变，认为在铁路借款官办进程中，有受外资操纵和借助外资与技术启动铁路建设的两面性；商部时期收回并统一路权的政策，具有强烈的民族主义色彩，但效果不彰；邮传部时期在铁路管理及技术规范等方面有不小的进展，但由于商办铁路效果不佳，其政策也发生了由支持到消极否定直至收归国有的变化，是发展铁路的实情所需而不应该简单视为"出卖国家利益"。邮传部时代借款筑路政策不断朝着有利于中国的方向发展，是不争的事实。马陵合在《清末民初铁路外债观研究》（复旦大学出版社，2004）一书中，详细考察了清末民初国人在外债问题上的争议及对铁路外债利用与建设的影响。在一些铁路外债观对铁路建设的影响等问题的研究上，极具新意。马氏认为，在清末铁路建设中，由于清廷财政困难，外债与外资发挥了举足轻重的作用。铁路外债的效果不能仅用还本付息和外资对中国财政的控制来界定，铁路外债的债权方在路线选择上的确有相当大的发言权，但清廷在民间资本的支持下也有一定的主动性。以路抵债的卢汉等铁路的建设计划，虽然步步为外资牵引，却也是当时复杂国际背景下谋求铁路发展的一种方式。他特别指出近代经济民族主义的高扬，导致近代中国在铁路建设事业上面临着发展经济与维持民族利益的两难选择。苏全有在《清末邮传部研究》（中华书局，2005）一书的绪论中，对相关学术史有较为全面的整理。苏氏认为，光绪三十二年九月二十日（1906年11月6日），清廷在"新政"中增设的邮传部，在注重对全国铁路建设进行统筹规划的同时，在线路布局、轨制、枕木、免税、筹资、治安、规章、防疫、救灾等方面进行了一些有成效的工作。华北区域的铁路建设如京张、张绥、张库、张恰等线路的完工，有利于绥远、蒙古地区的经济发展与国防建设，同蒲的规划则具有煤炭出晋、贯通西北与华北、绥蒙的意义。对正太、汴洛两路的亏损经营进行了调查，对道清、京张、京奉路实行了减税政策，有力刺激了诸路营运能力。

域。"① 但铁路网络何以在此时工商业及外向型经济并不比华中地区发达的华北区域兴起呢？这是一个饶有兴味且十分重要的问题。大量事实表明，这些铁路的兴建，既因应近代国际贸易的需求，而颇具中国特色的政治控制与国防、军事因素也同样重要。这是考察清末中国铁路兴建诸因时不可回避的。

晚清时期在铁路进入中国的进程中，一直伴随着激烈的争议与反对，其最为关键的说法是铁路打开了国门，天险顿失，西方列强可以深入内地，因此铁路是亡国之器。而支持者则以"师夷之长技以制夷"的思维，强调巩固海防与边疆、提高中央政府对地方控制力度、更加便利地调动军队、极大提高运输物资的效率等益处。无论支持与否，经济发展与民生利益，都只是说服清廷的次要因素。显然，从铁路建设的最初构想到实际规划及铺设过程，铁路的政治特性被极大地突出了。

1863 年秋，应上海怡和洋行（Jardine Matheson & Co.）的邀请，曾为印度建筑首条铁路的著名工程师麦克唐纳·斯蒂文生爵士（Sir MacDonald Stephenson）来华推动铁路建设。经过初步调查与走访，斯蒂文生提出了一个既要满足中国市场需求，也要适应中国世界化进程需求的铁路建设计划，他提出以长江中游的商业重镇武汉为中心，向东筑路达上海，西行经四川、云南直通印度，南连广州，同时计划修建从镇江经天津至北京的南北干线。这个计划有相当大的吸引力，也有较强的可行性，但从英国在长江流域势力范围及其在华利益的角度切入的印记亦十分明显，虽然也考虑了中国中部商业市场的特征、地理条件，但却没有考虑华北与华中长江流域的关联性，没有考虑北京作为政治控制中心的重要性，没有考虑到已有的商道及贸易网络，因而自然不会得到清廷的认同。

1880 年秋冬之际，清廷重臣围绕铁路建设展开了一场争论，在巨大的经济民族主义、捍卫主权及国家政治控制的压力下，争论双方的观点及立论依据，都不得不将铁路的经济价值掩盖在政治控制及军事功能之下。光绪六年七月（1880 年 8 月），刘铭传提议借洋债筑路。以北京为中

---

① 王成组：《民元来我国之铁路》，周开庆主编《民国经济史》，上海银行学会，1947，第296 页。

心构建筑路计划，"南路宜修两条，一是由清江经山东，一由汉口经河南，俱达京师；北路宜由京师东通盛京，西通甘肃"。① 李鸿章、刘铭传等修路派与张家骧、周德润、刘锡鸿等反对派，围绕着是否修建铁路、如何修建铁路、铁路的功能利弊、规划、经费、人才、煤铁等问题展开了激辩。② 在详细论述铁路修建的九大益处时，直隶总督李鸿章特别强调，修建铁路"便于军政""便于京师""便于转运"，一旦有战事，只要毁其部分，铁路便不会资敌，扣留火车，则全路全废。③ 目的在于从根本上打消光绪帝与慈禧太后的疑惧。反对派则提出铁路"势之不可行者八""无利者八""有害者九"，认为当时修建铁路不合时宜，不但体制不济，也会导致民困国乏，财政短缺，天险顿无，洋货纷入，民生不计等惨境。④ 此时，其他官员均对修建铁路持谨慎态度，有意革新的清廷只得搁置铁路修建计划。

与此同时，民间舆论也在廷议的感染下纷纷建言。光绪七年初，《申报》连续报道有关铁路的建议。在铁路规划问题上，若根据"拱卫畿辅之形势与布政发令之重大而言之"的政治原则，应该"凡省会与省会、近省与京都相通之地，似宜各有铁路一道"，以便官商军民往来。"边境内外更属一片沙漠，道路坦平，较之内地，尤易施功，亦应分设数路，以达藩部之往来"。若根据军事原则，应"自东而西横亘燕蓟秦晋间，苟有铁路一道，则左车得以往来，视俄人之所乘，而以重兵御之，移调之速，直有欲东则东，欲西则西之势"，其线路为"自京师至山西，然后入陕，再至甘肃，以达关外其程途若干里"，然后再自京师东出山海关，而西北边外、蒙回诸部落之地以及西南云贵藏待处决不可筑"。若取经济原则，作为"陆路防俄之要着"的此路，可以暂缓。⑤

---

① 交通部、铁道部交通史编纂委员会编《交通史·路政编》第 1 册，编者印，1935，第 19～20 页。

② 江沛「清末中国における鉄道システムの制度化論争」，西村成雄、田中仁編『中華民国の制度変容と東アジア地域秩序』汲古書院、2008、20～21 頁。

③ 《妥议铁路事宜折》（光绪六年十二月初一日），《李鸿章全集》第 3 册，海南出版社，1997，第 1214～1215 页。

④ 《通政使参议刘锡鸿奏折》，《交通史·路政编》第 1 册，第 29～37 页。

⑤ 《论铁路择地之要》，《申报》光绪六年十二月廿一日（1881 年 1 月 20 日），第 1 版。

1880 年秋冬至 1881 年初围绕铁路的这场争论，是揭开中国铁路建设大幕前夜的一场激烈的思想解放运动。在这场争议中，修建铁路之议虽然被清廷下了"铁路断不可开，不为无见"的结论，但不少官员在修建铁路利国利民这一基本认识上争议较小，只是在如何修建、修路利弊及长期影响上尚有疑虑。与此前多数官员以破坏风水、影响民俗等理由彻底否定修建铁路相比，已是不小的进步。一个新生事物的产生，总会有争议。在西方诸强的侵略背景下，具有典型西方色彩的铁路，更被敏感地加上诸多政治与军事的因素，此不足怪。

此后，津通、卢汉铁路修建的倡议及北宁、津浦、京张铁路的建设，均是在强调"国防"的军事及政治意义的基础上才得以批准并兴建的，[1]因此，铁路的开通遂以北京为中心向东北、向南、向西展开。

卢汉（以后有京汉、平汉之称）铁路，由湖广总督张之洞一手筹划并督办。张之洞认为："此路南北东西皆处适中，便于通引分布，实为诸路纲领"，[2] 既可以通过"根本之地"的直隶，通达"天下之腹"的豫鄂，三晋、关陇亦得以联系，"西北声息刻期可通"。[3] 显然，这一认识既有商业经济上的考虑，也有行政控制、军事便利的成分。1895 年 12 月，清廷议决修建津卢铁路，督办大臣胡燏棻吸取津通铁路争议的教训，为避免引发漕运官吏及船户的反对，决定津卢铁路终点不设在通州，改为经丰台至京西的卢沟桥，其目的仍是直达京师。而卢汉铁路在进行黄河附近的线路勘测时，工程师认为黄河南岸开封地段沙质松软，不易建造铁桥，张之洞遂将线路改为经郑县南下。[4] 这一偶然的决定，导致卢汉线路与中原政治中心开封的分离，此后新城郑州的崛起和开封经济长时期的衰退，又导致中原政治中心的转移。

修建卢汉铁路需借大笔外款，清廷为避免外交争议，选择了与小国

---

① 《妥议铁路事宜折》（光绪六年十二月初一日），《李鸿章全集》第 3 册，第 1214 页。

② 《吁请修备储才折》（光绪二十一年闰五月二十七日），苑书义、孙华峰、李秉新主编《张之洞全集》第 2 册，河北人民出版社，1998，第 994 页。

③ 《请缓造津通铁路改造腹省干路折》（光绪十五年三月初三日），苑书义、孙华峰、李秉新主编《张之洞全集》第 1 册，第 665 页。

④ 《请缓造津通铁路改造腹省干路折》（光绪十五年三月初三日），苑书义、孙华峰、李秉新主编《张之洞全集》第 1 册，第 665 页。

比利时合作，但比利时具有与法国、俄国的同盟背景，这引发了以长江流域为势力范围的英国的不满，英国遂提出承办津镇铁路等要求。西方列强在中国争夺路权的斗争日益白热化。

北宁（以后有关内外、京奉之称）铁路，最早起于唐胥铁路，由直隶总督李鸿章督办。1885 年，新成立的总理海军事务衙门，获准兼管铁路建设，强调"铁路开通可为军事上之补救"，从此将铁路与海防紧密地联系在一起。1887 年，海军衙门以巩固海防和东北边防为由奏请修筑唐津铁路获准，1888 年秋顺利完工。鉴于津京商业繁荣、又是政治中心，李鸿章建议将铁路延至北京通州，遭到清廷重臣的激烈反对而作罢。李鸿章十分担心沙俄觊觎东北，对于东北地广人稀、边疆不实更是忧心忡忡。1890 年，在其主持下，津唐铁路向东延伸至古冶林西煤矿。1891 年，李鸿章以"俄患日亟"的理由获清廷批准，移拨卢汉铁路专用官款修建关东铁路。当时计划由林西出发，经锦州、盛京（今辽宁省沈阳市）通达吉林省。1894 年，铁路修至辽宁省中后所（今绥中县），因中日甲午战争而中断。1897 年后，清廷再议决续修中后所至新民屯（今辽宁省新民县）段及沟帮子至营口支线，目的在于抵制沙俄势力南下。义和团运动后，几经拖延的全段工程才算告竣。

津浦（曾称津镇）铁路的修建也是历尽艰难。1881 年，刘铭传建议修筑津镇路，连通北京与江南诸省，受到清廷重臣攻击未果。1896 年，江苏候补道容闳声称可以联合美国公司修筑津镇路，未获批准。1898 年 1 月，容闳再次上书清廷，以先付 200 万两银以供清廷之需的优惠条件要求修筑津镇路获准。但受命督办卢汉路的盛宣怀此时担心津镇路早成于卢汉路，"东南客货，均为所夺"，致卢汉路借款难以归还。于是他联合张之洞等人联合攻讦容闳，以津镇路必与德国在山东修筑的胶济路联通，可使"德之陆军长驱而北，一日而至永定门矣"，是"为虎傅翼"。① 德国公使海靖（Baron Von Heyking）照会总理衙门，抗议津镇路经德国势力范围山东省北上。清廷迫于德国压力，只得命令容闳所筑津镇路改线

---

① 《致总署》（光绪二十四年正月初七申时发），苑书义、孙华峰、李秉新主编《张之洞全集》第 3 册，第 2122 页。

"绕山东，过黄河，经河南，以达安徽"，且"不许外人入股"。① 津镇路建设再遭挫折。此后，英德妥协，共获津镇路借款合同。英德以山东为界划分此路南北利益范围。

近代交通体系固然有其贯通区域、联结港口与政治中心、营造工商业中心的特性，也有其输送矿产资源、农特产品的需要，但其线路的选择与铺设，绝非凭空而定。除了具体的地理条件之外，传统商业贸易通道及商业中心的巨大价值，是不能忽视的，否则早期铁路很难迅速盈利，可能连营运成本都维持不了。英人肯德在评述1863年应怡和洋行邀请来华的麦克唐纳·斯蒂文生爵士所提出的中国铁路系统图时清楚地指出：虽然该计划非常健全，也考虑到了中国的特点，但中国"幅员辽阔，而它的商道和贸易中心几世纪以来就已经清楚地区划好了，它并不需要高深的铁路专家来测定干线。他们的商道，即使是一个浅薄的贸易和地理状况的观察者也很容易发现的"。②

此时，基于北京政治中心的重要性，华北区域铁路建设处于全国领先地位，但数条铁路的修筑，并没有凭空而来。卢汉路基本上是沿着以前以北京为中心的南向官道展开的；津浦路大致是顺着大运河东岸铺设的；北宁路在照顾唐山煤业、天津港口的基础上也大致是沿着出关官道而行；正太路则是沿着由太原经娘子关出山西的必由之路而建的；胶济路以青岛为出发点，但过潍县则是沿着旧有的潍济商道而行的；京张路则在原有驿路及商路基础上修筑。这些道路的建设，基本上联结了各地省会及主要行政中心，铁路通车后，北京通向华北诸省的官道驿运体系逐渐消失，依托铁路的邮政取而代之，大大便利了清廷对华北区域的行政管理，有利于巩固海防、边防，而且也多依传统商道而行，使铁路大大强化了原有商业贸易网络，实现了传统与现代交通体系与商业网络的顺利对接。

当然，相继兴建的正太、道清、汴洛、胶济、京张、津浦等铁路，其服务以天津、青岛为龙头的华北区域外向型经济转型的寻求及沟通南

----

① 宓汝成编《中国近代铁路史资料（1863～1911）》第1册，第241页。
② 〔英〕肯德：《中国铁路发展史》，第9页。

北市场体系的意味极其明显，也是近代交通体系兴起的一般规律所致，"所有可能接通外国境域或租借地的铁路线，多数是在这时期内已经完成"。① 但考察清末华北铁路网络初成因素时，不应只看到外向型经济转型寻求现代交通支撑的重要影响，更要考虑政治因素的作用，这是后发国家现代化进程中一个十分普遍的现象。

然而，铁路毕竟是作为现代化经济的辅助工具而生的，其基本功能无疑是经济型的。从华北区域诸铁路运营过程中物资流通的方向及数量上可以看出，受外贸的强力拉动，华北铁路网络运输的物资，呈现出以天津、青岛等港口为终极市场的原材料、农产品货物流向；而进口工业品、消费品货物则从天津经北宁铁路进入东北地区，经京津、京张、张绥铁路进入绥远地区乃至外蒙古地区，经京汉铁路进入石家庄转入山西、经郑州转向陕西地区，从青岛经胶济铁路经淄博转向胶东半岛、经济南进入鲁西地区和豫东地区。这一市场流通网络的基本格局，是以天津、青岛为龙头的外贸进出口对整个华北区域自然经济转型的拉动所致。在这一过程中，作为政治中心的北京，其作用表现在其相对高额的消费量和周转功能上，但并没有对这一时期的经济转型甚至物流走向产生举足轻重的作用。

二 维护主权与外力压迫：官督商办、中外合办 与借债兴办的意义

直至 1895 年后，铁路作为一种最具革命性的现代交通工具，其价值终于在几经争议后获得了清廷上下的认可，铁路建设先从津卢、卢汉路开始。但在如何建造铁路、铁路的经营方式以及是否允许洋商入股上仍有分歧。

清末，清廷中央财政为战争赔款所累，无力进行大规模铁路建设。诚如刘坤一所言，铁路如"仍归官办，值此保卫库帑支绌之时，无从筹此巨款；即令分年筹划，事难逆料，中辍堪虞。纵使有成，而旷日持久，计利亦不合算"。此外，甲午前后各地兴办的不少官办洋务，出现了管理

---

① 王成组：《民元来我国之铁路》，周开庆主编《民国经济史》，第 296 页。

不善、贪污腐化、效率极低、质量较差的问题，如仍旧官督商办，"无事不由官总其成，官有权，商无权，势不至本集自商，利散于官不止。招股之事叠出，从未取信于人"。① 然而，由于民营资本过于薄弱，对铁路这一新兴事物的价值及经济回报尚无清楚认识，投资铁路的积极性极小，也不具有承办如铁路这样费用高昂、成本收回期长、运营又缺乏安全保障的交通体系的条件。面对这一严峻的现实，为了尽快建设中国的铁路运输网络，清廷无奈选择了借款官办的建造及经营方式。这是在评价清末大借铁路外债的基本背景。

1896 年 9 月，湖广总督张之洞与直隶总督王文韶联合上奏，认为先举借外债造路，后招股还债的政策是可行的，如此"路归洋股则路权倒持于彼；款归借债则路权仍属于我"。② 为此，清廷下令成立以盛宣怀为督办的铁路总公司，官督商办，对外借债由总公司出面，商借商还，避免清廷与列强直接交涉。③ 然而，华商基于对铁路投资前景及官督商办经营方式的顾虑，参与者极少。1897～1903 年，盛宣怀经手签订的卢汉、正太、汴洛等路的借款合同，均无华商参加。原定的官督商办竟变成了纯粹的官借官办。如正太铁路名为山西乡绅集资商办，"实际上还是仰赖地方官的提倡，并且终究免不了让外国资金插足"。不仅"商营的极少，而且都是规模极小。民间资本既是薄弱，而铁路业务又不容易获得安全保障，民营铁路自然难以发达"。④

清廷也在举借铁路债务的合同中，逐渐学会了尽力保护主权、尽力掌握铁路建设及经营上的主动权。如盛宣怀、张之洞等人非常注意在借款中先用华款后用洋债，造一段抵一段，坚持路权自主；坚持借款为一般性商业性借款，不涉及路权归属；尽量选择与小国家合作，同一地区各段多借几国，以形成彼此约束牵制的关系。⑤ 后期甚至还出现了铁路总

---

① 宓汝成编《中国近代铁路史资料（1863～1911）》第 1 册，第 203 页。
② 《卢汉铁路商办难成另筹办法折》（光绪二十二年七月二十五日），苑书义、孙华峰、李秉新主编《张之洞全集》第 2 册，第 1186 页。
③ 《交通史·路政编》第 1 册，第 74～77 页。
④ 王成组：《民元来我国之铁路》，周开庆主编《民国经济史》，第 296 页。
⑤ 《致天津王制台》（光绪二十三年三月二十五日午刻发），苑书义、孙华峰、李秉新主编《张之洞全集》第 9 册，第 7294 页。

公司、商部或邮传部借新款还旧款收回路权的现象，被外资视为极其巧妙之举。然而，外资银行及铁路公司比清廷大员更熟悉国际贸易的路数，他们善于利用清廷政治上的劣势，常常利用外交手段迫使中国接受一些不太合理的条件，如不少借款合同表明，借款利息高达5厘，如正太路权在借款期内由外人控制，甚至铁路的行车管理权、用人权、购料权等，均由外人负责。此外，外资银行根本不将铁路总公司视为商业经营机构，每笔借款，都必须由清廷批准担保方能生效。显然，铁路借款合同及筑路中发生的外资主导问题，并不是有意为之，是晚清时期极其复杂的政治与经济背景的产物，简单地指斥其"卖国"或"资敌"，是需要认真反思的极端经济民族主义之论。

由于华北区域的铁路网络的兴办并非仅有商业价值，其政治、国防的意义同样重大，因此政府出资修建并力求予以控制以固主权自在情理之中。政府无钱但采用中外合办、官督商办、借款自办、官商合办、商办等多元化建设与经营方式，是时势所迫，同样合情合理，并不能一概以官办为弊，商办为佳。

在意识到铁路对于区域社会及经济近代化的重要性后，不少地区的乡绅及商人呼吁清政府开放路禁，允许民间资本进入路政建设。然而，如马陵合所言：当时的官督商办体制，缺乏对民间资本的吸引，根本无法理顺早期商业资本向产业资本的转化关系。① 民营资本参与路政建设的结果是多数民营企业为官办体制所累，无以为继，清廷只好依赖于向外资转让路权的方式，以路抵债进行建设，从而导致与国家主权息息相关的铁路建设权的外流，这不能不说是晚清铁路产业开放过程中的一个重大的教训。

当清廷决意兴建铁路的信息传出后，"外洋各国，一闻中国开办铁路之信，无不争先恐后，竭力营谋，欲求承揽此项大宗生意，纷纷进京，多方谋干，已有若干家"。② 铁路的兴建，不仅关乎列强在中国市场的份

① 马陵合：《清末民初铁路外债观研究》，复旦大学出版社，2004，第63～64页。
② 《论中国招人承办铁路之法》，《申报》，光绪十二年八月初五日（1886年9月2日），第1版。

额大小，也关系到其在华利益及势力范围。因此，各国围绕铁路建筑权、借款权及经营权展开了激烈的争夺。"它们不仅尽可能排斥其他外国人，而且还排斥中国人在这些区域中为了发展或许要建筑任何铁路获得控制和管理的权利"。① 如德国视山东为其势力范围，独资兴建胶济铁路。占领威海卫的英国也做出承诺：不从租借地"修筑任何铁路线伸入山东腹地"。② 如当铁路总公司与比利时签订借款合同建造卢汉路后，英国便以比利时背后有法国与俄国联盟插手，意在通过通达南北的卢汉路，影响其长江流域利益为由，③ 要求清廷将津浦路等五路建造权让予英国。当英国获得津浦路建造权后，德国则以山东为其势力范围为由提出抗议，并最终与英国分享津浦路南北段的建造权及路权。④ 俄国则与清廷有"长城以北铁路不能由他国承办"的承诺。俄国华俄道胜银行向山西借款兴办正太铁路消息传出后，英国福公司即逼迫山西商务局签订了福公司承办盂县等5处煤矿的开采的合同，并着手建造道清铁路。

表1　清末至民国时期铁路外债数量及占比

单位：万两库银（晚清），万银圆（民国）

	晚清时期	北京政府时期	南京政府时期
外债总额	130589	157396	325172
铁路钱债总额	31815	32426	21729
铁路外债占外债总额之比（%）	24.3	20.6	6.7
铁路外债占实业外债总额之比（%）	86	71	37

　　资料来源：隆武华《外债两重性——引擎桎梏?》，中国财政经济出版社，2001，第237、248页。

　　即使清政府认为急需兴建，但又绝不应该交与外国资本兴办的重要铁路线，最后多由于资金短缺、技术困难等诸多问题，只能交与外国资本经营。特别是东部通往沿海地区或各国租界所在城市的铁路线，"除去

---

① 〔英〕肯德：《中国铁路发展史》，第185页。
② 宓汝成编《中国近代铁路史资料（1863～1911）》第2册，第395页。
③ 〔英〕肯德：《中国铁路发展史》，第155页。
④ 宓汝成编《中国近代铁路史资料（1863～1911）》第2册，第397页。

东清、南满、滇越三线是俄、日、法三国的承办铁路之外，胶济是由德国承办，而英国对于广九铁路，由九龙至深圳，既是全权控制，由深圳到广州，也享有特权"。①

表2 1876～1934年华资、外资直接投资与外债修建铁路里程占比

单位：%

年份	华资自建	外资直接投资修建	外债修建
1876	0	100	0
1895	100	0	0
1903	3.9	96.1	0
1911	3.5	45.9	50.6
1914	3	38.9	58.1
1920	6.2	32.7	61.1
1926	15.2	26.3	58.5
1934	22.8	23.8	53.4

资料来源：Chi-ming Hou, *Foreign Investment and Economic Development in China*, *1840 - 1937*, Harvard University Press, 1965, p. 200. 转引自马陵合《清末民初铁路外债观研究》，第3页。

在1895年后清廷开始全面建造铁路之后，只有两条铁路是自主建造的。一是1905年开办的京张路，由清廷用关内外铁路余利自主修建。此后，京张路延伸到绥远，则采取了民间筹股及地方政府短期民间借款的方式进行。二是1881年开始建设的唐胥铁路，在1895年后由商办改为官办，分别向天津及山海关外延伸，定称为关内外（京奉）铁路。

对于铁路这类关乎国家经济与政治命脉的重要经济部门，进行统一的筹划、建设及管理，是提高经济发展效率、国防与政治控制效能所必需的。连英国人肯德都说："一个国有铁路系统对中国不但最为合适，而且或许可以说是唯一可能实行的铁路系统。"② 然而，在清末政治与外交如此复杂、动荡的背景下，国有铁路系统根本难以实现。

华北区域诸线路，国有性质、民营性质和外资性质全有，各路的建

① 王成组：《民元来我国之铁路》，周开庆主编《民国经济史》，第296页。
② 〔英〕肯德：《中国铁路发展史》，第187页。

筑权、经管权皆有不同，各路运输价格因线路性质、品种不同而不同，差异较大，给华北区域铁路网络的构建、货物运输数量的增加、运输效率的提高带来了极大不便。由于铁路建设常常要跨越省界、县界的地域限制，在这一过程中，地方利益或地域意识常常会形成巨大的障碍，缺乏官方支持的商办铁路，此时的发展几乎是无能为力。

显然，作为现代化交通体系标志性项目的铁路网络，对于一个国家及区域的经济及社会发展必将产生重要且深远的影响，但试图控制铁路网络以巩固主权的清政府，对于现代化的铁路网络既无经济实力也无管理能力，其通过"官督商办"或"官商合办"等方式所体现出的传统与现代化两种思维间的重大差异，其中所形成的官僚主义、贪污腐化及低效率，令人感慨万千。但史学研究需要一种客观的基于历史本相的评价方式，我们不能因为其出现了诸多问题，就全盘否定在民族危机深重时代清政府极力保持国家主权的努力。

三　经济转型与交通互补：铁路兴起后的经营亏损现象

铁路兴办之初，主修者纷纷建言，均以西方诸国铁路获利巨大而说项。如张之洞即言："德国境内铁路，进款余利，每年四千兆马克，合银十三万万银两。"[1] 何启、胡礼垣也曾畅想：一旦中国铁路建成，"凡土地所生，人力所作，无铁路则颓然而废者，有铁路则勃然而兴。凡商旅往来，兵士调动，无铁路则裹足不前，有铁路则翘足而至。铁路所不到，寂无居人者，铁路所一到，则成都成邑也"。[2] 铁路网络本身具有的快速、高效、低廉、大量运输等特点，的确在西方各国运输体系的更新及经济发展中，产生了不可替代的作用。但在清末华北铁路网络初成后相当一段时间内，一些铁路的经营状况经历了一个亏损—小幅盈利的过程，与欧洲各国铁路初期营运状况相比相去甚远。为什么会出现这一现象呢？

外向型经济需求虽然对于铁路建设具有无可争辩的刺激功能，但对

---

①　宓汝成编《中国近代铁路史资料（1863～1911）》第 1 册，第 222 页。
②　宓汝成编《中国近代铁路史资料（1863～1911）》第 1 册，第 207 页。

于以农业为主的自然经济型社会而言，这种外向型经济需求的急剧增长，还没有达到对铁路运输的极度依赖状态。

以自然经济为主导的华北农村社会中，广大农户的生活水平处于相对温饱状态，风调雨顺时期可能稍好，一旦有天灾人祸，可能就会马上陷于贫困状态。因此，广大农村的消费基本维持在最低生活线上下，恩格尔系数相对较高，消费需求相对较低。这一状态对于经济的商品化进程具有相对阻碍作用。此外，自然经济形态在较长时期内仍然是华北农村最基本的经济表征，在生活水准较低的状态下，自给自足不失为抵御自然灾害、节省开支、维持生计的重要依托。农民可以不计成本或不需成本地生产最基本的衣食住行所需，农民可以不需要购买任何商品而生活。即使不少工业品已经十分廉价，但面对农民无成本的生产仍然不具有竞争力，这在相当程度上也构成了对现代工业经济生产及商品销售网络形成的抵触。以城市为中心的经济辐射，常常是从中心市场如天津、青岛向二级市场如济南、徐州、郑州、石家庄、张家口等地辐射，然后再向各区域内的县城扩张，从县城向各地农村延展，但这种逐级延展过程中也存在着逐级弱化的现象。内需的弱化，也相对减弱了市场对于铁路运输外来物资供应的依赖。

如前所述，华北区域的诸条铁路，既有兴起于国防、政治统治的需求，也受矿业发展及外贸需求的影响。铁路的兴建，不仅改变了区域的交通运输格局，而且极大地促进了区域的现代经济的发展。如京张路的开通对于绥远地区传统毛皮业、药材业等的促进是十分明显的，[①] 如正太路对于山西煤炭业的促进，都是典型例证。但在自然经济向现代化经济转型的初起阶段，一个重要现象是交通等基础设施的建设与现代经济发展的同步并行，如果交通等基础设施先行的话，在不少地区会出现经济转型缓慢而带来的交通设施无法满足运输负荷进而造成交通营运的亏损。

如津浦路的线路设计依大运河而行，其运输功能是取代大运河、重构东部的南北交通大动脉，后其南段虽改线入安徽，但山东临清以北线

---

① 杨文生：《平绥铁路与社会变迁研究（1909～1937）》，南开大学历史学院博士学位论文，第18～19页。

路与大运河平行。直到1920年代，德州以北的运河仍具有运输功能，只在冬季12月至来年3月间，"河水冰凝不能通行航运"。① 黄河、海河水系与运河相通，"差不多以一条直线将天津与河南省心脏部分连接起来，也同山西省的矿区与煤区的东南边界连接起来"。② 这样一个连接冀、鲁、豫、晋四省的水系，虽然不如江南水系发达，受季节、气候影响较大，但因拥有廉价劳力及低廉的运价，仍可以形成以木船为主的内河航运业。平汉、津浦等路修筑后，水运业并没有立即失去其货源。相反，由于铁路运输极大地提高了山西、河南等地矿业的产量，促进了河北、山东等地乡村农产品的商品化程度，随着铁路货源的增加，水运货运也有相应的增长。当然，应该看到这种增长背后的原因，并不能认定水运可以与铁路抗衡，或者华北区域水运无可替代。此外，在津浦路与运河分开而行的德州以南地区，由于河流多为东西向，不少地区的货物经水运到火车站外运，铁路运输货物也可以经运河运销乡村，铁路与水运成相互补充、促进的关系。

同样，在天津附近，北宁、京津、津浦铁路都发挥了重要的运输功能，但天津西南方向有数条河流汇入海河，东北方向则有蓟运河、滦河、北运河水系，水运同样在夏季短途棉花运输及煤炭运输中发挥作用，北运河也在粮食、煤炭入京中承担了相当部分的运量。

表3　1905年通过各种运输方式进出天津货物比较

单位：%

运输方式	从内地向天津运送所占比例	从天津向内地运送所占比例
铁路	33.74	49.00
内河	58.88	47.31
大车	7.38	3.69

资料来源：王树才主编《河北省航运史》，人民交通出版社，1988，第103页。

1912年，天津对外贸易总额为12478.74万海关两，其中铁路运输占

---

① 《津浦路沿线水运情形》，天津《益世报》1923年11月28日，第10版。
② 〔英〕派伦：《天津海关十年报告书（1902～1911）》，许逸凡译，《天津历史资料》第13期。

总额的 53%，水运占 43.6%，公路运输占 3.4%。1921 年后，水运所占比例持续下降。① 但在战事纷起时，由于铁路常被征用，水运所占总额又会逐渐上升。

以铁路为骨干的现代交通体系尽管拥有诸多的优势，但由于初期建设时其运输体系难以形成广泛的覆盖面，从终极市场、中心城市到初期市场、广大乡村间，仍需要传统运输方式从中串联、补充。由于铁路运输价格高于水运、畜力车和人力运输，这使得外贸出口所需的棉花、粮食以及煤炭、铁矿石等耐用品或非应时物资，在夏秋季节降水丰富时，水运仍占相当比例，既是对铁路运输的补充，也是一种竞争。这也是铁路亏损的另一个重要原因。

据统计，由于路线较短、辐射有限、货源不足，或运价较高等原因，1909 年京张路亏损 15 万两，道清路亏损 10 万两，正太路亏损 60 万两，汴洛路亏损 60 万两。但京奉路盈利高达 1100 万两，京汉路 960 万两，② 两路之所以盈利显然在于其路线长、客货源充足、运价适中。民国之后，华北区域铁路多能扭亏为盈，一个重要的背景在于铁路网络的连接和民初经济的高速增长。显然，铁路是一个较为成熟、运效极高的现代运输工具，并不会在传统交通方式的竞争中失败，但清末华北的铁路网络尚不成熟。

铁路经营中的亏损现象普遍存在，不少地区铁路建设时采用了发行债券、集资等办法，试图筹集民间资本以挽救铁路。于是，连续亏损的铁路经营，随着筹股日多、购买者众，遂成为影响各地经济及社会发展的重大问题。20 世纪初，清政府试图实行铁路国有化政策，但却因实施路权转让的低价政策，酿成川湘各地民众因投资血本无归、情绪失控而演变成社会革命的重大变故。当民国初期北京政府高价收购各地路权时，商人及各地民众自然乐得从负债中解脱，反而迅速实现了铁路的国有化，没有演变成社会动荡。

---

① 王树才主编《河北省航运史》，第 104 页。
② 《全国铁路盈亏记略》，《东方杂志》第 7 年第 6 期，1910 年 7 月 31 日。

小　结

美国学者雷麦曾言：“除铁路以外，就没有一种其他近代的经济设备，输入中国以后能够产生这样伟大的影响。”[①] 雷麦从宏观上看到了铁路在现代化进程中对近代中国的长远影响及重要价值，但清末铁路网络初成时，诸种原因决定了华北铁路的网络初成并非只取决于经济因素，政治与军事从来就是近代中国历史演变及现代化过程中不可忽视的两大因素。

值得注意的是，清末华北铁路建设的目的是多元化的，但铁路运输本身的性质却决定了其以经济为根本的特性。以北京为起点的华北区域铁路网络，在清末只形成了一个“Π”字形，但其货物运输的主流向受外贸牵引，不可避免地形成了以天津、青岛为终极市场，由天津、青岛进口的工业品辐射华北诸省、西北和东北部分地区的态势。民国之后，随着陇海路的逐渐完工，华北铁路网络三纵三横的格局大致形成，北京在华北经济及贸易体系中的地位逐渐下降。经济发达程度决定地域经济中心的主次，事实上也决定着其政治地位的高低，这是现代经济体系新的特征，也是铁路建设构想者始料未及的。

具有明显运输优势的铁路引入华北区域后，不可避免地与传统交通运输方式产生了冲突与摩擦，早期反对修筑铁路者多以铁路影响民生为由，以水运、陆运为生者也会极力反对。铁路修筑初期，也在传统交通运输方式的竞争下处境尴尬。但随着铁路网络的逐渐形成，铁路以其无可比拟的优势跃居首位，并带动了传统交通运输业的同步发展，以铁路为主干，以水运、畜力和人力运输为补充的新的陆上交通体系渐次形成，华北现代交通运输格局初现轮廓。

外资进入中国铁路建设领域的根本目的，是希望通过现代交通的发达而强化其在华势力范围及对廉价的工业原材料的掠夺性开发，这是毋庸置疑的。借清廷既无技术也无资金的机会，外人以高息借款获取经营

---

① 〔美〕雷麦：《外人在华投资论》，蒋学楷、赵康节译，商务印书馆，1959，第105页。

权或路权，以垄断性的建设技术谋求丰厚利润，这都是由资本的谋利本性决定的。但外人对于华北铁路网络的建设，也具有扩大中外经贸往来、刺激工矿业成长的重要功能，正太、道清、津浦、京汉、胶济等几条铁路线的选址，均考虑到矿产品的输出、原有经贸网络基础、与中东部大城市的连接及与出海港口的联系等因素，此后各线路的经营成绩，事实上也证明外人对于铁路建设比清廷更有经验。而声称"为便于他们交通和掠夺而主观臆断，强行从地图上划定他们要修筑铁路的线路走向和位置"的评价，[①] 是缺乏事实依据和值得商榷的。

铁路初期的经营亏损现象，是清末铁路建设决策时非经济因素过多的真实写照，也是后发现代化国家现代经济供给不足的反映。铁路的建设多沿袭旧有官道、商路、驿路，并非完全另起炉灶，这也是现代交通体系对经济环境的选择。传统交通方式不仅与铁路、航运间形成了有机的互补作用，甚至在一些自然条件特殊的区域内、在较长时段内仍然发挥着无可替代的功能，形成与铁路、公路运输分庭抗礼的格局，这些都是现代交通体系形成过程中的必然现象。因此，对 19 世纪末至 20 世纪初中国铁路网络初成时现代交通体系的作用及影响，应有更客观的考察与分析，不可一味拔高。然而，以铁路为主干的现代交通体系的初成，既重构了华北区域的经济格局、商贸网络和重要城市布局，也日益深刻地改变了华北区域的政治与经济重心，影响了人们的思维与行为方式。将之视为近代中国社会变动中最为重要的现象之一，是毫不过分的。

（原刊《历史教学（下半月刊）》2011 年第 14 期）

---

① 《中国铁道建设史》编委会编《中国铁道建设史》，中国铁道出版社，2003，第 263 页。

铁路与近代社会力量的成长

——以粤汉铁路建设的体制和机制为切入点的分析

　　甲午战后，受民族危机的刺激，中国朝野上下咸知铁路"实有利益"，准备进行大规模的铁路建设，粤汉铁路的建设正在此中提出。但是，采用何种体制和机制，关系到铁路筹建和建设的成效，当时即有人指出"盖照章办理，或尚有微利可图"，并建议"董其事者留心效泰西之良法"。① 铁路筹建和建设采用的体制和机制，曾多有反复与争论，这比较突出地反映在粤汉铁路的筹建过程中，给社会力量的成长提供了历史的机缘。

　　本文所说的"社会力量"，并非学术界较多提到的"绅商"阶层的同义语。它包括绅商阶层，也包括新知识分子群体（新式学堂里的学生和海外留学生），甚至还包括与铁路发生关系的农民（某些省份的租股承担者）和小手工业者、小商业者，等等，是与政府力量或官僚阶层相对的概念。绅商阶层是社会力量的重要组成部分，在清末则应当是核心组成部分（立宪派大多来自绅商阶层）。"社会力量"的表现形式是多种多样的：从组织形式来看，可以表现为各式各样的同乡组织或同乡群体，可以表现为业缘关系的组织或群体，甚至表现为基于某种目的、目标的带有在野的近代政党性质的组织；从活动方式来看，表现为社会力量之间的信息交流相当频繁（这得益于近代电报、邮政的发展），以及由此而能迅速造成的强大的社会舆论（公电、公呈以及报刊舆论、集会演说）；从力量增长的途径来看，体现在社会力量与政府力量的相互关系上，无论

　　＊　本节作者：朱从兵，苏州大学社会学院教授；章建，合肥工业大学出版社编审。
　　①　《铁路火车论》，《申报》光绪廿三年五月初八日（1897 年 6 月 7 日），第 1 版。

是合作还是对抗，都导致社会力量的增长。政府力量与社会力量的合作，是社会力量在一定阶段得以成长的基础。这种合作，是基于社会力量不可忽视的合作，是对社会力量影响力的认可，合作积累了日后与政府力量对抗的资本和能力；与政府力量的对抗促进了社会力量内部的整合，促进了社会力量主体意识的增强以及集体活动的日趋活跃，使社会力量的增长成为清末突出的历史现象。

一 "商人承办，官为督率" 体制的确立

—— 体制内社会力量的应有地位

所谓铁路筹建和建设的体制和机制问题，开始时还是偏重于体制问题，即铁路建设究竟是采用官办、商办、官督商办政策，抑或是官商合办政策。应该说，甲午战前，李鸿章在筹建和建设唐胥铁路、开平铁路、津沽铁路、津通铁路和关东铁路时，采用的都是官督商办政策，而且洋务派创办的民用企业也多采用官督商办的政策。但是，官督商办的政策引起了商民的不满，社会舆论对"官督"的批评越来越多，许多企业招股维艰。因此，财政拮据的清政府在甲午战后准备进行大规模铁路建设时，是偏向于商办政策的。在以官办政策建设津榆铁路的同时，即以商办政策建设卢汉铁路。当时曾有人认为卢汉商办难成，要求官办。然而一时间争揽承办卢汉铁路和粤汉铁路的不乏其人，考虑到这两方面情况，清政府又稍做变通，提出了所谓"商人承办，官为督率"[1] 的政策。即便如此，张之洞等人并不相信商人的力量，认为"华商无此大力，无此远识"，且"商不顾大局"，[2] 他们花了几个月的时间查实了那些争揽承办铁路的商人所集款项均不可靠，都与洋款、洋股有关。也就是说，单纯地依靠商人是不能建成铁路的。

由此我们不难看出，所谓的铁路筹建和建设的体制问题，实际上就是在铁路筹建和建设的过程中究竟是以政府力量为主导，还是以社会力

---

① 宓汝成编《中国近代铁路史资料（1863~1911）》第 1 册，中华书局，1963，第 225 页。

② 苑书义、孙华峰、李秉新主编《张之洞全集》第 9 册，第 6973、6974 页。

量为主导。而究竟以什么力量为主导的关键则在于铁路建设的资金问题，什么力量能够解决铁路建设的资金问题，什么力量就可以占主导地位。张之洞曾经对湘绅很实在地指出，"但以招徕实在资本股分为主，谓之绅办也可，谓之商办也亦可"。① 从晚清铁路筹建和建设的实际进程来看，单纯地依靠政府力量或社会力量都不能解决资金问题，这就决定了在铁路筹建和建设的过程中这两种力量联合与合作的必要性，同时也决定了这两种力量需要向第三种力量求助的必要性，外资力量因此进入中国近代铁路筹建和建设的领域也就不可避免。因此，铁路筹建和建设的体制问题就转变为政府力量与社会力量联合或合作的机制问题，在这个机制之下，如何处理与外资力量的关系，也是一个重要的问题。

由于清政府确定的"商人承办，官为督率"的政策一时不能改变，张之洞、王文韶、盛宣怀等人筹拟了一个以中国铁路总公司作为"商人承办"的载体，以沿线督抚和总公司督办大臣承担"官为督率"职责的铁路筹建和建设的体制。在这个体制里面，资金问题解决的渠道有官款、商股和洋债，这三者的关系就是张之洞等人提出来的"六递法"，即递招、递垫、递修、递押、递借、递招。② 这个"六递法"的出发点和落脚点都是招股，体现了对社会力量的期待和重视。要使社会力量踊跃购股，必须让社会力量对铁路建设有预期，这个预期就是首先要让铁路能够开工兴建，其次还要让铁路能够大规模地建设起来，这里的关键还是巨额资金问题。政府力量的作用在于要让铁路能够先开工兴建，这需要政府的垫款。政府的垫款不能解决所有的资金，否则就不需要与社会力量的联合了。大规模的铁路建设需要数量庞大的资金，这就需要借债。政府力量的垫款除了保证铁路开工兴建，使社会力量看到铁路建设的前景，还为利用外资力量创造了条件。由此看来，政府力量的作用不可缺。政府力量的垫款可以修成一段铁路，然后以此段铁路作抵押，即可借到洋债。洋债借到后，大规模的铁路建设才有可能，这使社会力量进一步看

---

① 《湘商办窒碍难行应定为官督商办并举总理协理折》光绪三十二年十一月二十七日（1907年1月11日），《张之洞全集》第3册，第1751页。原文标点有误，兹据原意改正。

② 《张之洞全集》第9册，第7424页。

到了铁路建设的前景，社会力量才有踊跃购股的积极性，这样，利用招来的商股以及修成铁路的盈余就可以源源不断地偿还洋债。按照张之洞等人的设想，政府力量与社会力量的有机配合，就能有效地解决铁路建设的资金问题。由于中国铁路总公司充当了商人的角色，这种体制在张之洞等人看来就是一个商人自行筹款的体制（自行招股、自行借债），而从借债的角度看即是一个商借商还的体制，这种体制迎合了清政府对"商人承办"的要求。

在这个体制之下，商人承办是前提，招到商股是维持商借商还体制的保证。因此，除了政府力量的垫款和外资力量的介入以外，保证社会力量对铁路建设的预期还有赖于线路的选择。虽然清政府准备着力筹建的是卢汉铁路，但是盛宣怀极力将粤汉铁路、沪宁铁路也纳入中国铁路总公司的计划内，因为卢汉铁路偏于北方，仅仅以建设卢汉铁路为号召，要在更大范围内吸引商股是不可能的。而且，线路的扩展也是借债所需要的。外资力量进入中国的铁路建设要有相应的盈利预期以保证债务本息的偿还，线路扩展对于增加未来铁路的盈利、增强中国的债务偿还能力是有意义的。盛宣怀、张之洞等人将这种线路扩展的办法称为"以推广为招徕之法"。[1] 由是而有粤汉铁路建设的筹拟。粤汉铁路建设的最初筹议，虽然是发自政府力量的声音，却反映了社会力量的要求。

线路的选择还有更重要的意义。外资力量进入中国铁路建设领域不只是中国的要求，也是其自身的强烈要求。外资力量进入中国铁路建设领域，不只为了攫取高额经济回报，还具有更深刻的背景，列强对中国铁路的线路选择是和其在华势力范围划分联系在一起的。借债筑路有丧失利权、主权的风险。也就是说，在商借商还的体制之下，既要能够利用外资力量，又要在尽可能少地丧失利权、主权的情况下利用外资力量。要做到这一点，必须处理好两个问题：一是各线路借债的条件要统一起来，不同线路有不同借债条件，会使外资力量相互攀附，从而使借债条件抬高，中国丧失的利权、主权也就更多；二是各线路的债权国的选择要考虑到其势力范围，一个债权国总是要选择能够扩大其在华势力范围的线路，

---

① 《张之洞全集》第 2 册，第 1187 页。

势力范围的扩大意味着中国将受到该国更深程度的侵略。正是在处理这两个问题的过程中，粤汉铁路的建设逐渐提上议事日程。

借债条件的统一，不只是各条铁路借债条件的统一，还牵涉铁路借债和其他类型借债条件的统一，需要中央政府力量的强度介入。但是，在商借商还的体制之下，李鸿章曾指出"此事政府毫不措意"，① 张之洞也清醒地知道"朝廷于铁路一举招商借债绝不担肩"，② 因此，借债条件的统一，对张之洞、盛宣怀等人来说，只能是奢望。盛宣怀因而感叹借债有"三难"，③ 所谓"三难"正反映了社会力量、政府力量与外资力量在借债问题上的博弈。张之洞、盛宣怀等人所能做的就是两点：一是自己设定借债条件的底线，这就是张之洞所说的断不能令债权国做中国铁路的主人，再提升一点，就是张之洞后来所说的"路权第一，利息次之"④ 的原则；二是以夷制夷，权衡比较，寻找借债条件较低的线路和债权国，尽快签订草约，然后再以此抑制条件较高的线路和债权国。粤汉铁路借款草约的议定，就有遏制比利时卢汉铁路借款不断抬高条件而反复要求的意图。而在甲午战后列强瓜分中国狂潮的背景之下，张之洞、盛宣怀等人也感觉到加快筹建粤汉铁路的必要性。向何国借债建设粤汉铁路则是张之洞、盛宣怀等人在1898年上半年反复思考的问题，债权国的选择要和遏制列强在华扩大势力范围的意图结合在一起，还不仅仅是考虑借债条件高低宽严的问题，"保我腹心"⑤ 或"杜绝腹心之祸"⑥ 成为选择债权国的最高原则。如何"保我腹心"呢？在张之洞看来，列强争借的线路不能连通海口，路不通海口，则无大患。⑦ 如此，粤汉铁路借

---

① 《张之洞全集》第9册，第7516页。
② 《张之洞全集》第9册，第7424页。
③ 1896年8月19日，盛宣怀致电张之洞说："此事有三难：商借洋债，无的款指还，恐洋人做不到，难一。洋债条款，要国家核准，恐政府做不到，难二。华商先收现银二成，方能借债，以后八成须华商按期归还，恐华商做不到，难三。以位卑望浅之人，破此三难，尚无把握。"见于《张之洞全集》第9册，第7069～7070页。
④ 盛宣怀：《愚斋存稿》卷二六，电报三，第20页，思补楼藏版。
⑤ 《张之洞全集》第3册，第2113～2114页。
⑥ 《张之洞全集》第9册，第7476页。
⑦ 《张之洞全集》第3册，第2115～2117页。又可参见《愚斋存稿》卷九九，总补遗，第14～16页。

债选择美国就有了一定的必然性。从当时各国抛出的借款条件来看，盛宣怀最中意的是英国的借款，但张之洞对粤汉铁路借款又设定了不用英款的底线，理由是要阻遏英国将势力范围从长江流域扩展到华南。争借粤汉借款的还有德国，虽然张之洞有些看好德国，但是，盛宣怀觉得德国的条件过高，突破了张之洞所设的"断不能令作主人"①的底线，而且，德国在胶州湾事件以后，容闳为抑制德国所攫取的山东铁路的影响议建津镇铁路，在张之洞看来，这实有助于德国势力长驱直入京师，因此，粤汉借款亦不能再找德国。而已为卢汉借款的比利时更欲为粤汉借款。比利时作为小国，张之洞等人原以为不会对中国构成威胁，对借比款继续建设粤汉铁路，曾有过考虑。然而，比利时借款中有俄、法资本在内，如果再借比款修建粤汉铁路的话，那么，卢汉北接津榆，再和俄国的西伯利亚铁路相连，卢汉南连粤汉，而粤汉则可能与法国图谋拓展的龙州铁路相通，中国从南到北纵贯内陆腹地的铁路线和南北边防将处于俄、法集团的控制之下，基于"保我腹心"的考虑，粤汉铁路亦不宜再借比款。从争借的各国来看，唯一可以考虑的也只能是美国，而且美国包办的条件在当时的情况下相对宽松。为了维持张之洞等人所设想的列强在华的均势，对美借款的草约和续约都规定了不得将借款合同转让给他国人，粤汉铁路的建设只认美国人和中国人。

在商借商还的体制之下，虽然中央政府对借债"毫不措意"，但主导借债交涉的仍然是沿线督抚和总公司督办大臣等政府力量。由此看来，政府力量是分层的，中央政府、沿线督抚、铁路总公司督办大臣构成了政府力量的三个层级，铁路总公司督办大臣则兼具官商身份，充当了政府力量与社会力量沟通的桥梁。而在事实上，沿线督抚有些是地方的实力派，他们对沿线政情民俗有更多的了解，在铁路筹建和借债决策中发挥着很大的作用，在特定情况下，他们也会成为社会力量的传声筒。在各线路选择债权国的过程中，社会力量也有其独特的作用，他们发出自

---

① 《张之洞全集》第 9 册，第 7518 页。亦可参见《愚斋存稿》卷三一，电报八，第 11 ~ 12 页。

办的呼声，得到政府力量的应和，被认为是"预争先着"。① 自办往往是拒绝列强谋求特定线路借款的最好理由，当法国、英国、比利时对粤汉铁路有所图谋时，湘绅的自办行动是最好的说明。

二　原有体制中的官商合作

——粤汉废约运动中社会力量作用的彰显

由于政府力量在借债交涉中起着主导作用，当借债风险爆发的时候，政府力量就可能成为社会力量攻击的矛头，但为了共同的利权、主权，两者仍有可能联合起来。社会力量在维护利权、主权的斗争中更彰显其重要的作用。张之洞就极力主张废约要"合官绅之力"。② 声称："非绅民合力，不能抵制美公司；非官为维持，不能鼓励民志。"③ 他还认为："三省绅民万口一词，朝廷俯顺舆情，不能强数千万人迁就坏局。"④ 他甚至有"此事全赖绅士公呈上紧，政府方肯主持",⑤ 注重民权"更吃紧"⑥等说法。

张之洞等人原以为看准的粤汉铁路借款偏偏出了问题，承担借款的美国合兴公司在首董去世后，人心涣散；而有法、俄撑腰的比利时一直没有放弃谋求向粤汉铁路贷款，从两个方面进行活动。一是利用这个机会购买合兴公司的股票，二是购买了不少合兴公司发售的粤汉铁路债票。购买债票不构成对合兴公司的控制，也不构成对粤汉路权的控制。这里的问题是购买合兴公司的股票。当时传说比利时控制了合兴公司三分之二的股票，这就意味着合兴公司将可能由比利时人控制，按照张之洞和当时舆论的理解，这也就意味着粤汉铁路借款合同转给了比利时人，而转给了比利时人，则等于转给了俄、法集团。这就与张之洞等人维持列

---

① 《张之洞全集》第 2 册，第 1281 页。
② 《张之洞全集》第 11 册，第 9144 页。
③ 《张之洞全集》第 11 册，第 9170 页。
④ 《张之洞全集》第 3 册，第 2285 页。
⑤ 《张之洞全集》第 11 册，第 9213 页。
⑥ 《张之洞全集》第 11 册，第 9247 页。

强在华均势、"保我腹心"的初衷大相违背。这种传说,一时还不为国内舆论所知晓,而盛宣怀、伍廷芳等人早已获悉。急于获得借款以促进粤汉铁路建设的盛宣怀对此处理失当(时论以为他有三误:一不当签续约,二不当奏请朝廷批准,三不当签发小票即债票格式),致使他成为日后社会力量攻击的对象。

当合兴售股予比的消息逐渐传到国内,而美、比分办粤汉的新传说似乎证实了这个消息的可靠性,社会力量做出了迅速的反应,要求将粤汉铁路借款合同作废,这就是废约的主张。张之洞得知消息后的第一反应也是要求废约,并很快地与鄂、湘、粤三省绅商结成一体,他以三省绅民代表自居,对盛宣怀施加压力。与此同时,张之洞还与三省绅商不断地沟通,筹集废约需要的经费,并逐步地确立了废约自办的目标。

处于风口浪尖上的盛宣怀却有自己的考量,从他的内心来说,他不希望借债成为泡影,不太主张废约,以为废约会影响中国铁路筹建和建设的进程。他曾经筹拟过"合纵"之法,[①]对他来说,比、法、俄渗入粤汉似亦不是坏事。不过,这种想法是不能公诸舆论的。由于有这样的内心活动,他在行动上的表现就不能令人满意,在社会力量的语境中,他就是在为废约设置阻力。所谓"阳言废约,阴实回护",[②]就是对他的批评。他派福开森到美交涉,却以要求美国政府承认合兴为美国公司为目标,嗣后又以要求合兴公司收回比股为目标。在美国玩出了摩根收回比股的把戏后,他又提出废约必致国家吃亏受累的说法。[③]只要能够做到实质上不废约的办法,他都乐于尝试,如购股的办法、如以美接美的办法。当然,在社会力量所营造的舆论压力之下,他也有朝着废约方向努力的

① 应该说,盛宣怀的设想在当时并不完全是孤独之声,左中允黄思永也有类似的想法。1898 年 4 月 19 日,他在《请均利保权折》中就向清政府建议说:"由国家速设铁路、矿务两大公司,所有中国之路、矿两项,统归总公司筹款主持。无论华商、洋商,皆准附股,勿专借一国之债、专附一国之股,亦不允一国自专之路、自指一处之矿。股本统由公司招集,转发各省,次第兴办。所得之利,亦皆汇归公司,按照定章均平分给,不以一处之路、矿计其盈亏,不以一事之兴衰定其作辍。而一切管辖之权,朝廷主之,公司任之,各国不干预。"〔汪叔子、张求会编《陈宝箴集》(中),中华书局,2005,第1122 页。〕

② 《张之洞全集》第 11 册,第 9267 ~ 9268 页。

③ 盛宣怀:《愚斋存稿》卷六四,电报四十一,第 27 ~ 29 页。

一面，他对合兴公司禁提小票，要求合兴公司在粤停工，要清政府驻美公使梁诚直接向合兴公司和美国政府外交部声明废约。

废约还是不废约，社会力量的主导声音是前者。三省绅商们通过公电、公呈、公函坚决主张废约，相互间沟通频繁，并将废约要求付诸报章，制造了浓烈的废约舆论。而如何废约，特别是废约后如何自办，海外留学生则提供了较多的意见，对于废约交涉的走向影响较大。影响废约交涉走向的不只是要不要废约的争论，还有废约交涉的机制、轨道和策略。

从交涉的机制来看，借债合同是由中国铁路总公司与合兴公司签订的，那么，废约就应由盛宣怀与合兴公司交涉。盛宣怀与合兴公司交涉的途径有两个：一是通过合兴公司在华的代理人，二是通过清政府驻美公使梁诚。在这两个途径中，以通过梁诚的渠道为主。所以，沿线督抚的要求和主张、三省绅商们的意见和要求，都要由盛宣怀通过梁诚才能传给合兴公司。三省绅商们的意见和要求，有的由三省绅商的驻沪代表直接传到盛宣怀处，有的则是由张之洞转达。由于绅商们对盛宣怀不满，他们的声音更多地是由张之洞转达给盛宣怀。也就是说，开始时盛宣怀充当的是废约的主事者，而张之洞则不过是三省绅商的传声筒。当然，张之洞本人的意见和想法也是盛宣怀不能不考虑的。这种交涉机制可概括为：三省绅商→张之洞→盛宣怀→梁诚→合兴公司。由于借款合同是得到清政府批准的，废约的决策也应得到清政府的同意，废约事宜就应由主管外交的外务部负责，沿线督抚、铁路总公司督办大臣、绅商如有意见都应集中到外务部，并得到外务部的认可，然后再由外务部责令梁诚与美国国务院交涉。因此，废约交涉还并行着另一套机制，即：三省绅商→张之洞、盛宣怀→外务部→梁诚→美国国务院。这两种并行的机制使废约交涉变得相当复杂。这两种机制其实就是废约交涉的两种轨道，前一机制属于民间外交的轨道，用张之洞等人的话语即是"商务"的轨道；后一机制属于政府外交的轨道，用张之洞等人的话语即是"交涉"的轨道。"交涉"的轨道意味着更大的丧失利权的风险，因为通过这种轨道对一国所做让步而失去的利权还可能被另一国援引。张之洞比较早地意识到应将粤汉废约交涉纳入"商务"的轨道，他一再强调绅民的力量，以三省绅民代表自居，都是这种努力的表示。当清政府要求商部介入此事，他则通过瞿鸿禨活动让商部不必过问。由于他坚持走"商务"的轨道，到后来外务部都不了解废约交涉的进展，以致梁诚在美交涉的权力受到了美国国务院的质疑。废约改为赎约，也是张之洞等人坚持走"商务"轨道的一个结果，在他们看来，"赎约只是公司之事，与国际交涉无干"，也就是说，废约有可能导致政府间的交涉，而赎约则属于商务往来，有利于排除美国政府的干预。因此，为了排除美国政府干预的可能性，张之洞采取的策略有三：在途径上，他主张通过赎约达到废约的目的，"不至牵入交涉"；在经费上，他主张"多费不惜"，"不争银数多少"；在节奏上，他则主张争取一切的可能性"从速定局"。①

由于盛宣怀有不愿废约的意图，徘徊在废约与存约之间，他的活动总是试图使废约走向"交涉"的轨道，这与张之洞的要求是背道而驰的，这决定了盛、张必然交恶，使得废约的机制曾经发生多次变化。最初是由盛宣怀一人致电梁诚，后来由盛宣怀、张之洞两人联名致电梁诚，再后来则是由张之洞径电梁诚，到最后则是张之洞、外务部分电梁诚。也就是说，盛宣怀逐渐被抛离到粤汉废约运动之外，甚至他后来不时地发出若干意见时，也遭到张之洞的暗中抵制。盛、张交恶的过程，反映在这种废约交涉机制的演变之中，而其实质则折射了废约与存约之争，甚至影响了他们对废约运动意义的认识。而说到底，他们的交恶又说明了利用外资的模式之争——究竟在什么样的底线条件之下利用外资是可以接受的，而能不能接受则取决于社会力量。盛、张在废约机制中的地位变化，社会力量起了很大的作用，张之洞全面主持废约交涉事宜则是湘绅活动的结果。因此，对于张主持废约事，曾有所谓"三省士民，欢声雷动"②的说法。

从合兴公司代表和股东多次在华活动的情况来看，美国资本对中国铁路曾有广泛的诉求，美国政府对美国资本的诉求表示支持。美国参议员弗里奇曾强调，修筑铁路是美国资本抢夺中国市场的关键步骤，"铁路

① 《张之洞全集》第 11 册，第 9363～9364、9303、9281、9296、9315 页。
② 黄昌年编《粤汉铁路保路始末记》，湖南省文史研究馆内部资料，1997，第 22～23 页。

修筑到哪里，贸易就伸展到哪里"。① 废约改为赎约，意在排除美国政府的干预。但是，在最后关键的环节，美国政府仍然出面干预、反对甚至阻止合兴公司顶售。② 历史的谜团在于，这种反对、阻止竟然没有成功，中国付出了 675 万美元的代价赎回了粤汉路权。如果美国政府真正从战略高度重视粤汉铁路所体现的美在华利益，那么，675 万美元就不会成为吸引贪婪的美国资本的饵料。在中国提出废约交涉的一年多时间中，它为什么没有采取更有效的战略措施通过更有效的外交渠道来解决合兴公司所出现的问题，应对中国的废约要求呢？四年之后，它又为什么更为强烈地要求加入湖广铁路借款呢？这个问题值得专题探讨。从废约的过程来看，张之洞、梁诚等人一方面利用美国国内各种有利于中国废约的力量如路提、福士达、良信等人为中国废约、赎约服务，并争取到惠惕尔态度的转变；另一方面针对"美重民权"的特点一再地强调中国国内社会力量的呼声，申述如果违逆这些呼声可能导致的后果，③ 并对合兴公司在经济上做出较大的补偿，使当时在进步主义思潮主导下的美国政府似乎无路可退，即便比利时政府出面阻挠赎约，并要求美国政府支持与配合，美国政府也只得同意中国的赎约。在某种程度上，可以说中国赎约的成功，是张之洞等人利用社会力量的成功。不过，这种利用是以社会力量确实积极参与、发挥较大作用为现实前提的，更何况当时的中国国内还并行发生着抵制美货运动。

三　"官商合办"：可能的体制变革设计

——基于社会力量成长的理性诉求

中国赎约的成功，似乎意味着原先确立的商借商还的体制被打破了。

---

① 朱卫斌：《西奥多·罗斯福与中国——对华"门户开放"政策的困境》，天津古籍出版社，2005，第 217 页。

② 所谓顶售，就是将合兴公司的股票、铁路债票以及建成的线路全部卖给中国，中国支付双方议定的价格后，即收回粤汉铁路的全部权利和一应产业，借款合同作废，所以，粤汉的废约，后期改称为赎约。

③ 1905 年 4 月，被梁诚聘为粤汉废约律师的美国人福士达说："今日事关国权，绅民如此力争，与我干涉保全之意正相吻合。"（黄昌年编《粤汉铁路保路始末记》，第 95～100 页）

但是，张之洞通过赎路借款①仍旧维持了这种体制，只是这种体制发生了变化。原先的"商"是指中国铁路总公司，而此时的"商"则是指鄂、湘、粤三省绅商。如果说，此前粤汉铁路的筹建主要是靠亦官亦商的中国铁路总公司，而此时则是完全地依靠三省绅商了。到粤汉赎路成功之时，盛宣怀主持的中国铁路总公司所能谋划的也只是卢汉铁路了，随着卢汉铁路的建成，中国铁路总公司快要完成它的使命了。废约后期，由于张之洞全面主持废约事宜，粤汉铁路在事实上已经脱离了中国铁路总公司的管辖。因此，张之洞在筹划赎路借款时，就准备以三省的各种税厘为抵押，并要求三省分摊偿还。这种做法仍然是在商借商还的体制之内，只是所谓的商发生了变化。随着这种变化，粤汉铁路的筹建和建设也由中国铁路总公司统一筹办的机制变成了分省合办的机制。在张之洞的努力之下三省绅商达成了合办协议。这种机制的基本原则即是张之洞提出的"权可分，利可共"②思想。其实，在1897年湘绅要求建筑粤汉铁路时，张之洞即已提出这一思想，此后不断有所发展，发展的成果都体现在三省合办的协议之内。由此看来，分省合办的机制是从统一筹办的机制中逐渐酝酿而来的，这种机制上的变化，是张之洞面对三省绅商不断提出的各种要求而不断调整的结果。

张之洞在调离湖广总督任之前，对三省绅商之间的利益协调，做了不少的工作。在这个过程中，他已感受到工作的艰巨性，为了株昭路事，他曾发出"湘事难办，天下所无"③的感慨。这种感慨，固然有湘绅们内在要求不同的因素，也有对湘绅们过于强势的要求的无奈，而粤省铁路风潮则更使他感到了绅商力量的不可小视。废约的过程彰显了绅商学各界的力量，而自办的过程，则更使绅商学界的力量得到了张扬。在广东，商办政策得以确立；在湖南，虽然形成了官率绅办的局面，但部分绅商仍然要求商办。也就是说，在废约后，铁路筹建的体制渐渐地发生了本

---

① 为了支付赎路款，张之洞当时通过英国驻汉口领事法磊斯向香港政府借款110万英镑，称为赎路借款。

② 《张之洞全集》第9册，第7424页。

③ 《张之洞全集》第11册，第9657页。株昭铁路即指由株洲至昭山段，为萍乡煤矿运煤铁路与粤汉干路连接的部分。

质的变化。所有这一切，都需要张之洞更为理性地面对社会力量、更为有效地应对来自社会力量的要求。对此，他有一个思考的过程。

在废约的前期，他对盛宣怀、对梁诚、对外务部都曾以三省绅民代表的身份和语气提出这样的主张或那样的要求，认为"三省绅民万口一词"、① "志坚意决"，② "众情坚迫"，③ "三省托命"。④ 到了废约的后期，他虽然强调三省绅民的作用，但已开始突出政府力量的作用了，并用"鼓噪"⑤ 的字眼形容社会力量的作用，担心社会力量在民主革命风潮的影响之下别生事端。赎约成功后，他甚至说："此次争回美约，全恃官力。"⑥ 到了自办阶段，他反复地对岑春煊强调政府力量在铁路建设中的作用，而岑春煊按照他的想法进行操作竟酿出风潮。对社会力量的忧虑，⑦ 使他不断地反思在铁路建设中如何平衡社会力量和政府力量的地位和作用，由此他逐渐地提出了官商合办的体制构想。

赎约成功后，社会舆论对铁路建设领域的官督商办体制也发出了批评的声音。有人通过分析官场积弊认为"今日铁路之事业必不可拘旧日官督商办之谬说"，并根据社会力量成长的现状预言说："当昔日风气未开之初，内地之民不知铁路为何事，不但不愿出而创办，且从而力阻焉。此时之以官为督办犹可曰权宜之计，不得不尔也。今则风气渐开，资本

---

① 《致军机处、外务部》（光绪三十一年七月十二日亥刻发），《张之洞全集》第 3 册，第 2285 ~ 2288 页。

② 《张之洞全集》第 11 册，第 9359 页。

③ 《张之洞全集》第 11 册，第 9277 页。黄昌年编著《粤汉铁路保路始末记》收有《刘振愚外部主政京寓密信》，其中认为此电为盛宣怀所发（参见该书第 48 ~ 49 页），误。

④ 《张之洞全集》第 11 册，第 9276 页。

⑤ 《张之洞全集》第 11 册，第 9304 页。

⑥ 《张之洞全集》第 11 册，第 9387 页。

⑦ 关于社会力量中绅商阶层出现的问题，当时及后来实行干线国有政策时，有许多人做了分析。这些问题主要有：第一，绅商们"以自为谋，其于国计民生无与也，于路矿成败利钝无与也"（宓汝成编《中国近代铁路史资料（1863 ~ 1911）》第 2 册，中华书局，1963，第 526 页）；第二，绅商们"或以款绌而工程停辍，或因本亏而众股观望。固因民间生计困难，集股不能踊跃，亦由各省绅耆，自私乡土，枝枝节节，未能统筹全局"（同前书第 3 册，第 1233 页）；第三，经理之人"或以植党以营私，或蹈虚不务实。集兹巨款，已由闾阎搜括而来，乃不免虚糜坐耗，甚至侵挪倒帐，失之于董司之手者，仍必索之于小民"；第四，全国路政错乱纷歧，"不分枝干，不量民力"；第五，"乃数年以来，粤则收股及半，造路无多，川则倒帐甚巨，参追无着，湘、鄂则设局多年，徒资坐耗"（同前书第 3 册，第 1235 ~ 1236 页）。

之家已知实业之利益，纠资创办公司者相踵起，地方绅商之于实业上有
声望者亦未尝无其人，犹欲沿前日之弊政，以地方大吏揽其全权，而不
肯付托于商民之手，以此百弊丛积之官场，当此商业竞争之世界，其必
偾事无成也，无疑矣。"① 还有人针对粤省官绅因粤汉集款大起冲突事而
讨论铁路官办与民办之利弊，从西方学者的争论及西方各国铁路建设的
实际情况，认识到官办、民办各有利弊，在铁路建设的不同阶段应采取
不同的政策，建议说："故今日办法，常以有才与财二者判决之，不当以
官权与民权二者争执之，使官吏有才与财而民无之也，则专归官办可也；
使人民有才与财而官不及也，则先从民办可也；又使官民而皆有其才与
财也，则官民合并兴办，犹其无不可也。"② 官商合办的想法几呼之欲出
了。但是，"商人承办，官为督率"的体制，在张之洞等人心目中就是官督
商办的体制。前已提及，这种体制从筹款借债的角度看即是所谓商借商还
的体制。而且，清政府的多次上谕也强调了铁路建设领域就应该实行官督
商办的体制，所以，在部分湘绅要求商办湘路之时，张之洞明确地坚持湘
路仍应实行官督商办的体制，并对这种体制有详细的阐发。他离开湖广总
督任后，湘绅们仍对官督商办的体制多有不解，新任的湖广总督赵尔巽曾
做了多次的解说。但是，分省合办机制所导致的"事权纷歧，议论淆杂"③
的弊端使这种体制效益得不到发挥，各省筹建进展维艰，湖北省的经费
得不到解决，湖南省绅商纷争不断，而广东省公司董事相互倾轧，在此
情况下，清政府任命张之洞为粤汉铁路督办大臣，企图在粤汉铁路重新
建立起全线统筹的机制。督办大臣相当于原来中国铁路总公司督办大臣，
充当统一的"官督"身份，而不像在分省合办的机制之下，"官督"被分
解成三省督抚和总公司督办大臣。既然要建立全线统筹的机制，那么就
得调整铁路筹建的机构，张之洞的设想是在三省公司之外另设督办大臣

---

① 《论督抚之不当督办铁路》，《申报》光绪三十一年十月十八日（1905 年 11 月 14 日），
第 1 版。
② 《铁路官办民办平议》，《申报》光绪三十二年正月二十日（1906 年 2 月 13 日），第 2 版。
③ 朱寿朋编，张静庐等校点《光绪朝东华录》第 5 册，中华书局，1958，总第 6019 页。
相似内容亦可参见《张之洞全集》第 11 册，第 9691~9694 页；第 12 册，第 10713、
10725~10726 页。

之下的三个官局，公司和官局共同负责各段铁路的筹建和建设。这种调整意味着利益关系的调整，因此，督办大臣的任命曾遭到三省绅商特别是湘粤绅商的误解甚至抵制。

督办大臣的重要任务还在于解决铁路建设资金问题。赎约成功后，清政府一度确立了不借外债的政策，随后又将举借外债的权力收归中央。在分省合办的机制之下，各省筹款情况不尽如人意。湖北省的线路较短，资金缺口似不大，但湖北若筹建川汉铁路，则缺口很大；湖南省的线路较长，绅商纷争，一直筹不到着实款项；广东省虽然能够招到部分股份，但公司内部的管理很成问题，造成资金的浪费。如果不借外债，湖南、湖北两省的铁路建设资金是不能得到解决的。在统筹合办机制下，张之洞只得继续谋划借款，由于当时的限制，他曾经变通办法，拟从邮传部借款中分拨，此即所谓部借部还的做法，但未成功。这个做法给了张之洞更多的启示。部借部还，意味着拨到两湖的款项即是官款。如果能够争取到清政府的支持，那么，以督办大臣的名义借到的款项也可视作官款。官款算作垫款，还是算作补助款呢？这种官款是铁路建设的主体资金，数目太大，不宜作为垫款；这种官款实质上还是外债，需要偿还本息，它也不能作为国家的补助款。公司制之下的资金主体大多是股份，将官款转为官股，官股有利，由利而偿还本息，是一个很好的设想。这样，部借部还就转变成了官借官还。公司制下的股份结构决定了其内部的治理结构，如果官股与商股各占一半，官、商即可平权，政府力量与社会力量在铁路建设领域也就找到一个平衡点，政府力量对铁路的管理有了合理的依据，社会力量可以从铁路获得预期的利益。这种思考就是官商合办的体制构想。在张之洞看来，铁路属于国家大政，政府力量不能失去对铁路的管理和控制；而在绅商们看来，铁路属于纯商务的性质，社会力量应该成为铁路建设和管理的主体。这种分歧能够在官商合办的体制中实现平衡，做到双赢吗？应该说，官商合办的体制构想，还没有成为完全的事实。

从前面的分析来看，官督商办的体制从借债的角度看是商借商还的体制，而官商合办的体制从借债的角度看则是官借官还的体制。这种体制的最初尝试是张之洞筹建苏沪铁路。当时，他对这个问题的思考还是初步的，没有深入借债体制的层面。在废约、赎约过程中，面对民气张扬而无着实财力的困境，他还理性地认识到铁路建设不能全靠洋债，由此他感受到铁路建设的复杂性。自办阶段不借外债就找不到筹款出路的现实逼迫着他变通筹款，必须改变外债的利用方式。在讨论粤省招股大纲时，他提出对商民之权须有范围限制。在考虑湘路筹建时，他对官督商办体制的运转提出了"权限必须分明，维持必须同心"①的原则，并进一步提出官商合办的设想，要求官股与商股各占一半，要求对商民"于限制之中，仍兼寓爱养之意"，②但对官股的来源，还没有深入思考。在他任粤汉、川汉督办大臣以后，对粤强调"统筹督催"、③"统筹全局"④的机制，意在申述政府力量对全线的统一管理是必要的，而对湘则向湖广总督陈夔龙提出"由官借款，而预定分其半，准商民买股"⑤的建议。受部借部还的启发，他找到了官股的来源，即将洋债转为官款，官款视作官股。这样的想法，他一时还未付诸文字。因为，这种体制的建立，首先需要对外借债的成功。可惜这次借债一直到他去世之时还未能定局。考虑到借债定局的复杂性，张之洞在临终前的一个未奏稿中全面地阐述了这个设想，认为其关键在于处理好官局与公司的关系，明确指出："官股系属借款，十年以后应还借本，统由官股余利付给。"⑥他觉得这个体制的效益应该是"官权不损分毫"，而"商民同享乐利"，⑦与预备立宪政体所蕴含的"国与民共享乐利"⑧的原则是一致的。杨度则进一步发展了他的设想，要求在粤湘鄂三省都实行官商合办的体制，并将督办大臣

---

① 《湘路商办窒碍难行应定为官督商办并举总理协理折》［光绪三十二年十一月二十七日（1907年1月11日）］，《张之洞全集》第3册，第1755页。原文标点有误，兹据原意改正。

② 《请将商办铁路定章三十年后由官收买一半片》［光绪三十二年十一月二十七日（1907年1月11日）］，《张之洞全集》第3册，第1757页。

③ 《张之洞全集》第11册，第9692页。

④ 《张之洞全集》第11册，第9674页。

⑤ 《张之洞全集》第11册，第9677页。

⑥ 《湘鄂两省铁路请永远官商合办折（定稿未奏）》［宣统元年（1909年）］，《张之洞全集》第3册，第1831~1832页。

⑦ 《湘鄂两省铁路请永远官商合办折（定稿未奏）》［宣统元年（1909年）］，《张之洞全集》第3册，第1831~1832页。

⑧ 《请将商办铁路定章三十年后由官收买一半片》［光绪三十二年十一月二十七日（1907年1月11日）］，《张之洞全集》第3册，第1756~1757页。

之下的三个分局撤去，保留各省的公司，用人、集股均仿股份公司的原则，在此前提下，对借款提出了不损商权商利的限制。官商合办的体制是张之洞理想中的铁路建设体制，也是他长期从事铁路筹建的实践证明了必须要确立的铁路建设体制。

张之洞去世后，清政府并未按其遗愿推行官商合办的体制，而是实行干线国有政策，试图建立起国有官办的体制。这种体制的资金来源仍是张之洞原先草签的湖广铁路借款。张之洞自以为"于中国利权主权毫无损失""实无丝毫流弊"① 的借款草约在他生前就遭到社会力量的非议和反对，使他甚为不解。他去世以后，这笔借款引起了更大的反对浪潮。如果这笔借款能够转变为官股，在官商合办的体制之下，允许商股的不断进入，那么，反对借款的势头可能会有所减弱。但是，在干线国有政策之下，借款成为干线铁路的唯一资金来源，还要将原有的商股收回，将干线铁路收归国有，彻底地排除社会力量在干线铁路建设中的地位和作用，而偿还商股的办法各省还不统一，这就激起了社会力量对政府力量的强烈反弹，使社会力量与政府力量的矛盾一下子尖锐起来，在一些社会力量看来，收路即是卖路，保路遂成为如火如荼的运动。在民主革命风潮激荡的时代背景下，社会力量融入了民主革命的洪流，各种力量的汇合冲垮了政府力量，从而埋葬了清政府。

对于清政府的铁路干线国有政策，自 20 世纪末以来，学界已有不少评述，提出了一些新观点。应该说，清政府提出干线国有政策有三个方面的因素：一是部分人看到铁路国有是近代世界各国的一个基本趋势。二是商办铁路确实存在许多问题，已经影响到铁路建设的实际进程，而且各省商办铁路也不利于中央政府实现对全国线路的统筹规划和对全国铁路的统一管理、统一监督。三是当时的清政府已经成功地实现了电报国有，似乎为铁路国有提供了基本的经验。从这些方面看，铁路干线国有政策似乎有其一定的合理性。但是，这个政策的实行需要有强有力的中央政府和比较完善的法律体系。没有强有力的中央政府，就没有实施

---

① 《密陈磋商借款情形片（定稿未奏）》［宣统元年（1909 年）］，《张之洞全集》第 3 册，第 1829～1831 页。

这一政策的权威资源和财力支撑；没有完善的法律体系，就无法遏制国有政策实施过程中的腐败现象，完善的法律体系也是强有力的中央政府的重要构件。① 当时的清政府已经脆弱不堪，摄政王载沣没有掌控全局的能力，也没有尽快实行宪政的诚意，各项新政反而加重了中央政府的财政压力，所有这些都使清政府不具备实施干线国有政策的权威资源和财力支撑，虽然在进行着各项立法活动的准备，但距离建设完善的法律体系还很遥远。因此，清政府实施干线国有政策的失败是必然的。

从表面来看，在建设粤汉铁路的问题上，张之洞前后的思想似乎是矛盾的：他从主张借债筑路，到主张废约自办，再到主张借债筑路；他从反对向英国借债，到向英国举借赎路款，再到向英、法、德、美举借湖广铁路债款；他在废约、赎约运动中不时地以三省绅民代表自居，而到他担任督办大臣时则又处处强调他是国家代表。然而，从总的思想趋向来看，他对铁路建设领域政府力量、社会力量和外资力量三者之间权衡的思考越来越成熟。虽然前后都主张借债，但不是简单的思想重复或自相矛盾，经过废约运动的洗礼，他对如何借债、如何在借债中自保国

① 1911 年，梁启超在评议清政府的干线国有政策时，从政治、财政、国民生计和法律等四个方面进行分析，都提到了该政策与宪政的关系。从政治方面看，他认为实行干线国有政策的政府必须具备七项条件才会有良好的效果，七项条件中最根本的是两条，即卓有成效的国民教育和巩固的立宪政体基础；从财政方面看，他估计实行干线国有政策须有六万万的财政支持，国库每年还本付息六千万，这就需要国有铁路以后每年产生六千万的利润，才不致使国家财政基础发生动摇，但"我国官僚政治"没有把握保证国有铁路达到这样的盈利水平；从国民生计方面看，政府应该将作为"获利最确实之事业"的铁路交给人民企业来办，以提高我国的"国民企业能力"，商办诸路中出现的舞弊问题不能作为干线国有政策的理由。他说："今使能确定立宪政体，而立法、司法之作用能约束民以纳于轨物，而谓吾民犹乐于舞弊、敢于舞弊，吾不信也。"从法律方面看，他反问道："然则据大清商律以设立之各铁路公司，政府果有以一纸命令取消其权利之权利乎？"他认为："凡一权利之变更，直接蒙其损失者不知几何人焉，间接蒙其损失者又不知几何人焉，故国家慎之，凡规定一权利或变更一权利，必以法律。而法律也者，不能由执行机关（即政府）漫然发布之而已，必经意思机关（即国会）之决议然后成立。"他指出："今国会虽未开，资政院固俨然在也。资政院有议决法律之权，明载于钦定章程第十三条。""法律范围内之事而不付资政院决议，则又何事始用着资政院者？"他得出的结论是："夫就令此政策极适于今日之中国，而犹不能以实行之冲托诸现政府，况其间又实有大不适者乎？"［沧江（梁启超）：《收回干线铁路问题》，张枬、王忍之编《辛亥革命前十年间时论选集》第三卷，生活·读书·新知三联书店，1977，第 785～796 页］

权已经有了比较成熟的思考（如抵押问题、购料问题、总工程师的权力及聘用工程师问题、不主一国的债权国选择），而且整个的筹款体制拟从商借商还转变为官借官还，这种转变试图实现政府力量、社会力量和外资力量在中国铁路建设领域里的均衡，以保证铁路建设的平稳发展。虽然开始时反对向英国借债而后来却真诚地重视对英国的借债交涉，但自始至终贯穿的一个思想是没有变的，那就是试图维持列强在中国的均势，抑制英国势力在华独大的倾向。在后来一意向英借债的同时，张之洞并没有忘记对英国的防备和限制。在保障国权的前提下，从总的体制构想方面，他拟实现从官督商办向官商合办的转型。这种转型的思想基础，一在于他对近代世界各国铁路国有化趋势的体认，二在于他对近代中国铁路建设的艰巨性和复杂性的体验。艰巨性来源于幅员辽阔的国土对庞大铁路网的需求，以及不同的区域禀赋对铁路建设提供的不同支持；复杂性来源于铁路建设过程中三种力量的博弈对铁路建设进程和效益的影响，社会力量逐渐成为不可忽视的体制内主体力量（而不再是被监督的客体力量）。这种体制转型的构想真实地反映了近代社会力量在铁路建设领域所发挥的重要作用及其地位的变化，因而也说明了近代社会力量成长的面相。

四　铁路建设与近代社会力量成长的必然性

从中国近代铁路建设史的全局来看，近代社会力量的成长也是有着某种历史必然性的，这种必然性又是建立在三个历史必然性基础之上的。"19 世纪的更大进步依赖于铁路的持续扩张及其有效运输能力的不断提高。"[1] 因此，第一个是中国近代铁路建设的历史必然性。在晚清时代，有人已经认识到"铁道所及之地，即文明发达之地"，"今日世界之文明，当以铁道为比例差"。[2] 对此，近代先进的思想家都有充分的阐述。既然建设铁路是必然的，那么，如何筑路？资金何来？这是最最基本的问题，

---

① 〔美〕斯坦利·L. 恩格尔曼、罗伯特·E. 高尔曼主编《剑桥美国经济史》第二卷《漫长的 19 世纪》，高德步、王珏总译校，中国人民大学出版社，2008，第 411 页。

② 民气：《论铁路与西北之关系》，张枬、王忍之编《辛亥革命前十年间时论选集》第三卷，第 385～386 页。

必须得到解决。近代中国的政府财力和民间社会的民力就决定了中国借债筑路的历史必然性，这是第二个历史必然性。对近代中国中央政府的财政收支进行分析，就不难发现，财政拮据的中央政府无法筹集到建设庞大铁路网所必需的资金。民间社会虽有游资或散资，但能否满足大规模铁路建设的需要确是个问题，而且民间社会由于对体制的顾虑和对铁路认识的差异性还不能踊跃地、大宗地将资金投向铁路建设领域。国内资金筹集的现状说明了借债筑路的必要性，而近代各国借债筑路的历史经验则又提供了可能性。借债筑路的历史必然性由此而得到印证。这种必然性还决定了第三个历史必然性。借债筑路，对积贫积弱的近代中国来说，就意味着失权损利的风险，这是因为"夫近年以来，列强所以伸其帝国主义开拓殖民地者，率皆先由铁路着手"，"况近时欧洲各国之侵人国者，全持铁路之侵略主义"。① 杨度则揭露列强的险恶用心说："今世各国之亡人国者，皆以铁道政策。铁道之所至，即商务、政权、兵力之所同时并至。质言之，则瓜分线之所至，势力范围圈之所至，无比无美无俄法，一也。"② 雷麦指出："每当中国政府危弱之时，铁路合同便纷纷缔结。"这更增加了借债筑路而失权损利的风险。③ 在实践上，借债筑路也造成了失权损利的事实，这激起了社会力量利权意识的觉醒，由此而有收回铁路利权的运动，收回铁路利权的结果就是各省商办铁路运动的兴起，这无形中就形成了各省分办的格局，这是铁路建设的区域格局。另一方面，借债筑路的起始模式是向一国借债建筑一条铁路线，这条铁路线的制度就是该国的铁路制度，这就造成了中国铁路制度的线路差异，不利于全国铁路网的形成，更不便于实际的铁路运输，从根本上影响了中国铁路的效益，影响了对列强债务的偿还。中国铁路建设的区域格局和线路的制度差异不便于中央政府对铁路的统筹规划和统一管理，而近代世界各国铁路国有的趋势，也提供了中央政府统一管理铁路的合理性。这样，政府的统一管理并进而收归国有似乎就有着某种历史的必然性。

---

① 张枬、王忍之编《辛亥革命前十年间时论选集》第三卷，第388、428页。
② 杨度：《粤汉铁路议》，横滨新民社光绪卅一年二月十五日（1905年3月20日）初版，第2页。
③ 雷麦：《外人在华投资》，蒋学楷、赵康节译，商务印书馆，1957，第104～105页。

从借债的角度来看，向一国借债造一路的模式也要相应地进行变革，向多个国家一起借债来统筹建设中国铁路并使用统一的铁路制度，也成为一种必然的选择，向数国银团的集合体借债的模式在逐步地形成，列强由此而发出了国际共管中国铁路的叫嚣。这种模式避免了中国借债条件不统一的问题，也避免了中国对一国势力在某区域独大的忧虑，还可以实现中国铁路制度的统一，更重要的是可以使中国铁路有相应的收益预期，从而保证中国对铁路债务的偿还，维护了列强对华债务的收益。因此，所谓的国际共管中国铁路的体制似乎有着相对的优越性。因而，国际共管中国铁路的叫嚣也就有着一定的必然性。我们应该看到，收归国有和国际共管是合二而一的问题。收归国有后铁路建设资金仍然是借债，而由张之洞发端的、邮传部拟实行的就是这种借债模式，这种模式的发展即是列强提出的共管中国铁路问题。对中国来说，是实现对铁路的统一管理，而对列强来说，这种统一管理是要由他们共同管理来实现的。前文已经说明，收归国有，意味着对社会力量的排斥，而向数国借债，由列强共管，则是更大利权的丧失，会激起社会力量的民族主义情绪。收归国有或国际共管，都导致了社会力量与政府力量、外资力量的对立和对抗，在这种对立和对抗中，社会力量进一步形成鲜明的主体意识，结成各种形式的组织和团体，展开一系列争利保权的活动，增强了凝聚力和战斗力，在推翻清政府统治的过程中发挥了重要的作用。由此看来，既然收归国有或国际共管有某种历史的必然性，那么，在对抗收归国有或国际共管过程中社会力量的成长也就有其一定的历史必然性。民国初年，杨廷燮从近代中国铁路建设的进程说明这种必然性，指出："我国开办铁路，由原始时代，一进而为各国争揽敷设权、借款承办时代，再进而为划分干线、鉴借款损权、各省收回自办时代，三进而为商办延误、大借外款、干路收为国有与小民争利时代。政策横施，茫无条理，于是人民不忍以财政关系之路权委诸精神丧失之政府，愈压制而人心愈离，海内愤怨，革命风潮因之而起，所谓压力重则拒力生，热汁凝则火山爆，专制极则民权伸，自然之理。"① 在此需要明确指出的是，张之洞提出的官

---

① 《杨廷燮铁路政策之请愿书》，《申报》1912 年 9 月 7 日，第 1 版。

商合办体制构想具有一定的过渡性质，官商合办体制介于官督商办体制与国有官办体制之间，属于一种过渡型的体制。它有助于找到社会力量与政府力量暂时的均衡，但随着铁路运营效益的提高以及路网规模的扩大，这种均衡很快被打破，因此，这种体制构想的出现并不会影响收归国有的历史必然性，也不会从根本上影响或改变社会力量成长的历史必然性。

正因为如此，铁路所引发的社会力量的成长，就不只表现在粤汉铁路，近代其他铁路的筹建与建设也存在同样的现象。以滇越铁路为例，有人描述滇越铁路的废约运动说："自戊戌定滇越路章而后，内而商绅，外而学界，沥肝胆，枯舌血，经营运动，奔走呼号，以争废约，以期赎路者，盖以滇越铁路朝成，云南夕亡，云南朝亡，中国夕裂。"如何进一步赎路废约，则建议说："惟统一吾滇议员、学界、绅界、商界、军界、实业界千万人为一心，目光所射，射在赎路，心血所注，注在赎路，口所谈者，谈赎路策，力所为者，为赎路事。以赎路为职业，以赎路为生活。精神所贯，何事不成？"① 有人揭示社会力量在苏杭甬铁路风潮中的爱国热情说："夫浙之废苏杭甬路约而自办也，始由学界倡议，各府商学界响应之，相继演说，遍布传单，于是人之挽回利权心，风起云涌，膨胀遂达极点。先集优先股六百万元，虽妇孺亦节縻费以购股。……英人挟外部势力，强公司以借款；各府县村镇开拒款会千余起，认股约二千万。小学堂学生至减膳金以入股，乞丐头亦认十股，娼妓亦集会演说认购巨股，其爱乡心较吾父老兄弟何如？"② 1907 年外务部在与朱尔典谈到苏杭甬铁路时指出："近年来如沪宁，如广九，均已次第议成。至苏杭甬、山西等事，其未能即行议妥之缘因，系自粤汉铁路赎回以后，中国的人皆知路、矿两事，关系甚大，所以不惜巨款，争求自办。我们须设法开导他们，总要办的和平，方能彼此相安，实在非有心与英国为难。"③

---

① 义侠：《为滇越铁路告成警告全滇》，张枬、王忍之编《辛亥革命前十年间时论选集》第三卷，第 562、567～568 页。

② 宋嘉珍：《敬告全滇父老缴款赎路意见书》，张枬、王忍之编《辛亥革命前十年间时论选集》第三卷，第 110 页。

③ 宓汝成编《中国近代铁路史资料（1863～1911）》第 2 册，中华书局，1963，第 859～860 页。

总之，在收回铁路利权运动中，"人人以附股为爱国之义务"，"妇女拔簪珥，儿童节羔枣，相率投之若恐后"。[①] 在这个过程中，社会力量的利权意识、爱国意识、民族主义情绪都在增强，正如岑春煊所说："迨潮汕、京张创为自办，而粤汉一路尤以废约著称，海内因谓借款有损利权，纷纷挟自办为主义。"[②]

近代建设铁路的历史必然性、借债筑路的历史必然性和铁路国有的历史必然性，造就了社会力量成长的历史必然性。这种种必然性规定了近代特别是晚清铁路建设的历史走向，绘就了近代铁路建设史丰富而悲壮的画卷，构成了近代中国铁路建设史的基本规律。

（原刊《江海学刊》2012 年第 5 期）

---

① 梁启超：《外债平议》，《饮冰室合集·文集之二十二》，中华书局，1989，第 80 页。
② 宓汝成编《中国近代铁路史资料（1863~1911）》第 3 册，中华书局，1963，第 1153 页。

论清末的干路国有政策

　　清王朝的灭亡，起于武昌起义，而武昌起义又与四川保路运动息息相关，进而推之，则不能不联及邮传部的干路国有政策。学界对于干路国有政策，肯定者有之，否定者亦有之，笔者认为，该政策是在错误的时机由错误的人用错误的方法实施的正确政策。

一　错误的时机

　　干路国有政策实施后，其直接后果就是四川保路运动，而保路运动又导致武昌起义的爆发，不久清王朝也随之灭亡。在这里，我们着意于批评甚至否定干路国有政策，并没有太多的实质性意义，相反，探讨其中所蕴含的连带关系更应成为学界的关注所在。

　　商办铁路在 1911 年已经败象显露，但为什么反抗干路国有风潮如此风起云涌？为什么时隔仅仅一年，也就是在 1912 年，国有运动即可顺风扬帆？联系到戊戌变法运动，为什么仅仅两年之后改革派即可变戏法般地重起炉灶？如果说八国联军侵华对清政府的刺激是改革派东山再起的原因的话，那么武昌起义难道对商办铁路国有化会有推动作用么？这实在是非常奇怪的一件事。袁世凯当政时期确实是利用了合法化了的革命党及其领袖孙中山与黄兴，这对铁路国有起到了积极作用，但终究并非根本作用。毕竟，立宪派对商办铁路的影响要大过革命党。就算立宪派也站在了袁世凯政府一边，但那些控制着商办铁路的绅士呢？他们的态度怎么会一年中就来了个 180 度的大转弯呢？是袁世凯政府的权威资源好过清政府么，抑或其他呢？武昌起义前后的中国社会究竟发生了什么变化呢？

无论是商电归官，还是省电归部，邮传部都取得了成功，而同样是交通事业，同样是收归国营，为什么铁路干路国有政策就失败了呢？这里面，固然有资本大小的问题，也有时机问题。

论及干路国有政策出台的时机，莫理循（Morrison）在 1911 年 5 月 11 日，即清廷 5 月 9 日颁布国有上谕仅仅两天之后，致函布拉姆称："中国选择的时机很好，因民众已对各地方当局在获得筑路权后之屡次失败感到厌烦。民众更厌恶种种无休止之争论，贪污腐化以及挥霍公共财物，而当民众逐渐认识铁路之无限价值时，他们就更加支持由中央政府制订一项强有力的铁路政策。前景是美好的。这道上谕……受到普遍赞扬。"① 既然干路国有政策出台如莫理循所言选择的时机很好，那为什么却失败得那么惨烈？

就当时商办铁路的窘境而论，莫理循所言不虚。以川汉铁路为例，该路"宜万全线，因乡人迫促开工，未经总工程师实测估价，不免冒险盲进……约计宜万全线完竣期限，在十年以外，工费在四千万以外，费巨工艰，久深焦虑。上年股东开会时，曾将此项情形，据实报告。故此次国有命下，本公司同仁确知工费重巨，决非一隅财力所能担任。且建设期限过长，成本过重，恐将来路成通车，不惟无利可言，或恐赔累不堪，蹈沪宁、正太及江苏各路之覆辙，转贻股东无穷之累。以此屡经磋商，均以力争收回历年用款，俾得完全还之股东，为唯一之目的，即驻宜董事诸君，亦均视此目的为正当"。② 由此可知，四川商办铁路已步入死胡同，邮传部要实行国有政策，应该是可以成功的，但是结果却大相径庭，而短短的一年之后，即民国初年，国有政策实施得却出奇的顺利，一年之隔，天壤之别。

川汉铁路在 1912 年 5 月"特开会议，将川路请归国有"。当年 11 月

① 〔澳〕骆惠敏：《清末民初政情内幕——〈泰晤士报〉驻北京记者袁世凯政治顾问乔·厄·莫理循书信集》上卷，知识出版社，1986，第 727~728 页。
② 《辛亥四月以后川路事变始末记》，戴执礼编《四川保路运动史料汇纂》，台北，中研院近代史研究所，1994，第 37 页。

2 日签订"交通部接收四川川汉铁路合约",其条件大体上和清末差不多,其中"上海倒帐之款,归公司自行清理,由国家催收",反而不如清末的条件优惠,且川路率先不付现款的国有方式影响了湖南,甚至路款被孙中山、吴佩孚移作军用,蒲殿俊也曾以之供个人活动之用。① 曾经是反对国有的斗士,而今却成了贪污分子,成了路股的蛀虫。湘路进展迟缓,"不归国有,万无告成之日。湘路公司亦见及此。于是湘路收归国有之说,即无甚反对"。"该省铁路,遂收归部办,时民国二年七月也。"② 苏路在"民国二年四月……多数股东议决呈请政府收归国有……是岁七月一日,该路遂由部接收办理"。③ 浙路于"民国元二年间……时与交通部交换赎路意见",1914 年 3 月 1 日,公司"讨论收归国有问题,众议纷纭;旋用投票表决,赞同国有者 9757 权,反对者 1428 权,遂从多数决定,将全路让归国有"。此次浙路国有,与汤寿潜欠债"难于应付"有关,"而全省人民奋斗经年得以保持的路权,仍因汤氏一家之故,虽名为国有,依然落入英商手中"。④ 同样曾经是反对铁路国有的斗士,而今却成为推动国有的关键力量。豫路,"洛潼铁路归并海兰,股东等极端赞成,情愿缴票索还现金本利"。1913 年 8 月,国家实行接收。⑤ 皖路,1913 年 7 月,米帮等股东呈部"请将皖路收归国有,发还米帮前交股款,以恤商艰"。其时,皖路"所购各洋行车辆、材料价款未全清付,债务逼迫,告急频仍"。⑥ 闽路因"所欠交通粤行之款,催迫甚紧,且养路行车月费亦复无法措付","迭经股东会议决"呈请交通部"俯念商办困难,准予收归国有"。⑦ 从上可知,民国初年各省多主动请求铁路国有,该政策也得以成功实施。⑧

---

① 宓汝成编《中华民国铁路史资料(1912~1949)》,社会科学文献出版社,2002,第 2~3、5、10、11、14、15 页;
② 宓汝成编《中华民国铁路史资料(1912~1949)》,第 15、1 页。
③ 宓汝成编《中华民国铁路史资料(1912~1949)》,第 1、24~25 页。
④ 宓汝成编《中华民国铁路史资料(1912~1949)》,第 28、1、33~34 页。
⑤ 宓汝成编《中华民国铁路史资料(1912~1949)》,第 43、2 页。
⑥ 宓汝成编《中华民国铁路史资料(1912~1949)》,第 48 页。
⑦ 宓汝成编《中华民国铁路史资料(1912~1949)》,第 54 页。
⑧ 王开节、修域、钱其琮:《铁路·电信七十五周年纪念刊》,沈云龙主编《近代中国史料丛刊续编》第 93 辑,台北,文海出版社,1982,第 16 页。

关于清末民初铁路国有政策成败的原因，人们指出："前清末造规划及此，徒以国情不协，政治不良，遂至以国有问题，激动风潮，演成革命。然人民心理，不过借此推翻专制，而于反对国有之说，并非绝对的主张。"① "民国成立，政府与人民，均明了商股之无望，所以收回商办各路，乃如水到渠成。"② 还有评论称："所最可发指者，当此众叛亲离，危如累卵之日，而犹偃然怙恶肆威，绝无毫发悔祸之意念耳。大学所谓'虽有善者，亦无如之何者'，正不啻为今日豫言之矣。"③ 毫无疑问，民国初年商办铁路的困境肯定要过于清末，但这并非问题之关键，重要的是铁路国有政策实施的外在环境，忽略了这一点，可见邮传部推行政策之冒失。台湾学者中丹在《干路国有问题》中写道："试问邮传部，从前果有一定计画，预定线路何者属于国有范围？示商民以趋向。又成此法案，果不必经资政院之协赞否？但见命令一下，商民投资者奔骇相告，后惕于斧锧之威，莫可如何，而各省商办公司，亦以未知干路之范围，纷纷电询邮部人员。"④ 有论者认为民国干路国有成功的原因是"改用民主之法，派员与有关商路公司直接协商，共同订出合理的还股之法"，⑤恐非事实。

就盛宣怀而言，他有速造铁路的主张。盛宣怀建筑铁路的思想受日本明治维新的启发，他曾到日本疗病休养了 4 个月，其间让他难忘的是，他曾向伊藤博文询问宪法制定一事，想得到指点。伊藤说，要制定宪法，你们国家第一要有铁路 2.3 万里，方有议员的选举、议会的召集，否则无望。盛宣怀亦有同感。⑥ 盛在光绪三十四年（1908）五月二十八日曾说："铁路实为国家强弱，地方贫富关系。粤汉、川汉如能速成，土货必能抵制洋货而有余，京汉其嚆矢也。今之商学界尚未到实在办事地步。部遵十五谕旨，派员勘查，其集股无效者，部中不可不迅速设法，

---

① 宓汝成编《中华民国铁路史资料（1912~1949）》，第 3 页。
② 王开节、修域、钱其琮：《铁路·电信七十五周年纪念刊》，沈云龙主编《近代中国史料丛刊续编》第 93 辑，第 9 页。
③ 戴执礼编《四川保路运动史料汇纂》，第 188~189 页。
④ 戴执礼编《四川保路运动史料汇纂》，第 166~167 页。
⑤ 李占才：《中国铁路史》，汕头大学出版社，1994，第 154 页。
⑥ 原口要「清国の交通」『早稲田演讲·支那革命号』、早稲田大学出版社、1911、123 頁。

免误大局。"① 宣统二年（1910）七月盛宣怀回任邮部侍郎时，上折称："邮部为交通总汇之区，路电轮船虽经臣筹创于始，而近日情形，铁路尤关重要，已成者养路修路处处皆须斟酌尽善，未成者无论官办商办，均属万不可缓。"② 速造铁路的想法自然会对干路国有政策的实行产生影响，前者是后者的思想根源，由此生发出急躁冒进情绪就十分正常了。《清史稿》中就此提出批评道："言利之臣胥欲笼为国有，以加诸电商者加之川汉自办之路，操之过激，商股抗议者辄罪之。淫刑而逼，以犯众怒，党人乘之，国本遂摇。""此次以铁路干线归国有，政策本极相宜。比者屡诏蠲除各项杂捐，所以恤民者，固已仁至义尽。而湘、粤等省人心惶骇，扰扰不靖，川患且日以加剧者，则以邮传大臣盛宣怀于此事之办理实有未善也。各路商办之局，其始皆历奉先皇帝谕旨，根据《钦定大清商律》，如欲改归官办，自应统筹全局，划定年限，分期分段，量力递收，于国于民，方为两利。今盛宣怀事前毫无预备，徒仰仗借款，突然将批准各案奏请一律取消。各路以十余年之经营，千数百万之筹集，一旦尽取诸其怀而夺之。……举办此等大事，乃平时漫无布置，出以猝遽如此，反使朝廷减轻民累之旨晦没不彰。"③ 赵尔丰在刚上任四川总督时也说："政府这回举动未免太快一点，无怪四川人埋怨"。④

宣统二年（1910）二月陈遹声就邮传部四政致函徐世昌，函中提出缓图国有铁路的主张，他认为："今日拒部之人，即异日售路于部之人，此象已现。今日拒外之人，即异日抵路于外之人也。扰扰纷纷，真不值识者一笑。……杭甬路成，其亏累当五倍于苏公司，断非汤蛰轩空议论可能支持，终久必须归部，然一二年中未可犯众议而为之，部中、度支想不甚充，似无容博宽大之名而受实害，俟杭甬路成，相机再商未为晚也。"⑤ 陈遹声的预判是很精准的。

① 盛宣怀：《愚斋存稿》，沈云龙主编《近代中国史料丛刊续编》第13辑，台北，文海出版社，1975，第1573页。

② 盛宣怀：《愚斋存稿》，沈云龙主编《近代中国史料丛刊续编》第13辑，第403页。

③ 赵尔巽等：《清史稿》，中华书局，1976，第4426、4447页。

④ 戴执礼编《四川保路运动史料汇纂》，第52页。

⑤ 林开明等编《北洋军阀史料·徐世昌卷》第6卷，天津古籍出版社，1996，第826、830页。

再则，笔者还需要注意四国借款合同签订的时机：尽管合同对于中国的损害较轻，[①] 但在民众、舆论界普遍反对干路国有的形势之下，签订四国借款合同是否为合宜之举？

在这里，我们无意评价借款筑路，而是关注借款与民变的关系。事实上，正是借款合同催化了保路运动，使之由和平走向暴动。[②] 当时人们担心邮传部"以收回之铁路为续抵外债之计"，[③] 且"所订借款合同，利率之高，虚折之多，抵押之巨，债权之重，又着着失败，予人口实。各省人民，痛念前劳，怵心后祸，宜其奔走骇告，岌岌若不终日也"。[④] 借款合同触动了民众的抗外神经，竟"举粤、湘、鄂三省人士力争赎之路，推而放之四国，其昏悖为何如哉"。"川人虽懦，能无愤乎？"[⑤] 保路运动中矛头直指盛宣怀，就是因为舆论认定他"对于人民锱铢必较，对于外人甘受无本之绝大亏耗"。[⑥] 赖德烈亦认为："反对现存政权所引起的不安由于与外债有关系的行动而增长了。"[⑦]

回首干路国有政策的推行，邮传部犯了两个错误。一是不应该将川路列入四国借款合同，因为在此问题上邮传部力争是可以办到的，毕竟川路"非外人要索之路"。[⑧] 二是"宜审量国家财政之力，苟不得良善之国家财源者……则亦不得贸然为之，此则言国有政策之大原则也。今兹彼辈之举，乃适与此为反例，既不能循序渐进于先，后从而攘夺民业于后，置国计民生于不顾，吾真不知其果效法何国之政策而然也"。[⑨]

---

① 李占才：《中国铁路史》，第 148 页。
② "中华文化复兴运动推行委员会"编《中国近代现代史论集》第 17 编，台北，台湾商务印书馆，1986，第 1337～1338 页。
③ 《论邮传部收回铁路之辣手》，天津《大公报》1911 年 5 月 17 日，第 2 版。
④ 赵尔巽等：《清史稿》，第 4447 页。
⑤ 戴执礼编《四川保路运动史料汇纂》，第 170、177 页。
⑥ 《朱福诜致盛宣怀函》，王尔敏、吴伦霓霞编《盛宣怀实业朋僚函稿》，台北，中研院近代史研究所，1997，第 405 页。
⑦ 中国科学院近代史研究所资料编译组编译《外国资产阶级是怎样看待中国历史的》第 2 卷，商务印书馆，1962，第 212 页。
⑧ 伧父：《川路事变记》，《东方杂志》第 8 卷第 8 号，1911 年，第 42～43 页。
⑨ 戴执礼编《四川保路运动史料汇纂》，第 165 页。

邮传部对于粤汉、川汉借款问题有一个变化的过程。徐世昌当政之时，倾向于抵制借款。"宣统二年（1910）二月十四日，邮传部宣示，批准鄂绅设立铁路公司，筹款招股，仿照湘、粤等省各公司办法办理等因。查此项批准之译释，似含侵妨对于已允数国银行，关于湖广境内铁路之筑造情象。"①徐世昌还将"粤汉、鄂境川汉铁路草合同有何驳改之处，逐条签出，以凭办理"。②九月，邮传部声称借款"合同文义不算决定"，此举令列强"诧异"。③但到盛宣怀主政时，他转而支持借款。当四国借款代表谒见盛时，催道："川汉等路借款一事，自南皮经手未完，既划归邮部接办后，历任尚书大人，既专以推诿为事，迟延迄今，已有数载之久……"盛宣怀笑答道："历任邮尚虽未办有成效，而本大臣必不负诸公远来之盛情，并我国大皇帝之委任也。况本大臣有言在前，谓川汉等路，不欲筑造则已，苟欲全工告竣，则非借外债不可。然此事亦宜待时而行，以免操之过急，激出意外之变端耳。"④

宣统三年（1911）四月十一日，也就是国有上谕发布同一天，邮传部奏称粤汉川汉铁路借款合同签字碍难迁延，请取消湘、鄂商办铁路前案以便签订借款合同，二十二日奏定借款合同。⑤为防民众反对，盛宣怀还咨请民政部控制舆论。⑥

盛宣怀决心借款，原因有三：一是列强催促；⑦二是张之洞主张国家控制铁路，且早就酝酿借外债修路，并草签合同；⑧三是盛宣怀自身固有的借款思想。盛宣怀有一套十分自得的借款理论，⑨他主张西北造路东南

①　戴执礼编《四川保路运动史料汇纂》，第508页。
②　戴执礼编《四川保路运动史料汇纂》，第483页。
③　戴执礼编《四川保路运动史料汇纂》，第512、513~514页。
④　戴执礼编《四川保路运动史料汇纂》，第514~515页。
⑤　邮传部编《邮传部奏议类编·续编》，沈云龙主编《近代中国史料丛刊》第14辑，台北，文海出版社，1967，第2079~2087页。
⑥　《老盛欲缔制言论》，《民立报》1911年5月21号，第2页。
⑦　中国人民银行总行参事室编《中国清代外债史资料（1853~1911）》，中国金融出版社，1991，第379~381页。
⑧　中华文化复兴运动推行委员会编《中国近代现代史论集》第17编，第1332~1333页。
⑨　张瑞德：《中国近代铁路事业管理的研究——政治层面的分析（1876~1937）》，台北，中研院近代史研究所，1991，第29页。

商股,[①] 分借列国，以建筑管理权给外人以一事权,[②] 但又强调权自我操。[③] 盛宣怀是一矛盾人物，为发展交通可以不择手段，只可惜生不逢时，在错误的时间实施了铁路国有政策，结果当然也就不难想象了。

二　错误的人

干路国有政策的推行者是时任邮传部尚书的盛宣怀，他所犯的历史性错误在于策略过于强硬，缺乏灵活性。从策略角度看，邮传部在实施干路国有政策过程中态度过于强硬，致使矛盾激化。宣统元年，对于湖北抵制铁路借款，邮传部当局即知"对拒款派之气势若施以正面之抑压，为殊不妥当",[④] 但事过境迁，之前的教训并未指导之后的行动，这其中，盛宣怀表现得尤为突出。

宣统三年（1911）五月二十一日盛宣怀在拟旨时，"竟持极端专制主义"，稿中有"如有不逞之徒，仍借路事为名，希图煽惑，滋生事端，着该督抚一体严拿，就地正法，毋稍宽徇，以保治安"的文字。徐世昌对之"大不谓然，谓若如此办法，风潮愈激愈烈，民人挺而走险，急不能择，势必不可收拾，且端方亦何能出京？监国为之动容，谕令徐当面窜改，遂改'一体严拿就地正法'八字，为'严拿首要，尽法惩办'"。[⑤] 七月十二日，载沣在召见盛宣怀时询问："四川风潮愈急，有何特别对付之法？"盛答曰："仍不外乎驳斥，以免人民之嚣张。"[⑥]

具体而言之，盛宣怀的强硬表现在如下方面。

压制消息。五月十五日，因"怕和川粤湘绅民通电的麻烦"，"由部电饬各省电报局不许代发关于路事的电报"，此举使川人认定："政府要硬对付争路的人，我们也将改变方法来一个硬对付了。"盛宣怀还咨请民

① 李国祁：《中国早期的铁路经营》，台北，中研院近代史研究所，1961，第139页。
② 王开节、何纵炎：《邮政六十周年纪念刊》，沈云龙主编《近代中国史料丛刊续编》第93辑，台北，文海出版社，1982，第26～27页。
③ 李恩涵：《晚清的收回矿权运动》，台北，中研院近代史研究所，1963，第74页。
④ 宓汝成编《中国近代铁路史资料（1863～1911）》，第1206页。
⑤ 《邮传大臣之压制手段》，《申报》1911年6月26日，第4版。
⑥ 《盛宣怀召见奏对之述闻》，《盛京时报》1911年9月12日，第2版。

政部"缔禁报纸登载"路事。①

收买李稷勋。李稷勋为川路驻宜总理，他"到京面谈，甚愿将存款并办宜归，而不能出面"。后经"细谈"，"已由彼自行设法运动公司；但宜秘密，勿使人知为政府所愿"。② 李稷勋此举引起川路公司不满，"川路临时股东会公呈，请将前经川督奏派之总理李稷勋辞退"。盛宣怀认为："今若准其骤易生手，不特帐目混杂，有碍接收，且恐全路工役谣惑滋事。"故此，"奏请暂留该京卿在宜总理"，③ 闰六月二十五日获准。④ 结果，川路"以留李稷勋故罢市"，"此次乱事，系为邮部硬派李稷勋而发……谕旨若不允派稷勋仍驻宜归，则废约争路之乱事即不发生"。⑤ 另有记载亦道：七月"初一午刻，接宜昌电，李稷勋已简派铁路总理。省中人民群起反对，立发传单。至四句半钟，全城罢市，各学堂一律停课，人心浮动，米价腾昂"。⑥

鼓动赵尔丰强硬。赵尔丰初任川督，"意在急脉缓受，徐令就范"，⑦这引起盛宣怀的不满，他函奕劻称："赵督下车伊始，即顾自己名誉，不能先拿数人，而听其聚哄……似应力降严旨，以保持治安一层专责赵督；如仍听川督以一己见好之私，不顾监国命令，窃恐酿祸，将来悔之晚矣。"并另致电赵道："罢市、罢课倡首数人，一经严拿惩办，自可息事宁人。公沉毅有为，当无俟参赞也。至办法似须人心稍定，方能筹商。"⑧ 赵尔丰因盛之鼓动，加以"朝意迫切，又惧端方攘己位，乃大异昔所为……遂一变曩昔委它之术"。⑨

① 戴执礼编《四川保路运动史料汇纂》，第 48、734~736 页。
② 戴执礼编《四川保路运动史料汇纂》，第 772、775 页。
③ 戴执礼编《四川保路运动史料汇纂》，第 877 页。
④ 郭廷以：《近代中国史事日志》，中华书局，1987，第 1395 页。
⑤ 盛宣怀：《愚斋存稿》，沈云龙主编《近代中国史料丛刊续编》第 13 辑，第 1698、1705 页。
⑥ 《四川因铁路乱事始末情形记》，中国史学会主编《辛亥革命》（四），上海人民出版社，1957，第 410~411 页。
⑦ 盛宣怀：《愚斋存稿》，沈云龙主编《近代中国史料丛刊续编》第 13 辑，第 1695 页。
⑧ 陈旭麓、顾廷龙、汪熙主编《辛亥革命前后——盛宣怀档案资料选辑之一》，上海人民出版社，1979，第 132、130~131 页。
⑨ 戴执礼编《四川保路运动史料汇纂》，第 1960 页。

　　孤立四川。盛宣怀有孤立四川，先解决其他三省的计划。七月四日他函称："只能湘路先了，粤路次之……湘、粤厘定，不怕蜀事不定。"① 八月七日说："昨面商庆邸，亟待鄂奏，再了第二省，并已电商坚帅，再了第三省，只留川省另办，已定方针。"次日又道："昨已复奏湘省备还一百五十万，鄂省则云尊处来电，应领国票、现款各若干，数日内即可奏报等语，并与阁议拟鄂奏一到即明发，粤事定亦即明发，只剩川事便有把握。"②

　　打压黄景棠。黄景棠前曾负责粤路公司，此次国有粤路，他"倡议力争商办，怂恿股东如力争不得，另筹对待，并建议由董事局电禀"邮传部。盛宣怀为此于五月十三日咨两广总督："确查违悖情形，即行电奏，从严惩办，董事局如有电禀到部，定即一体严行申饬，决不姑宽。"③

　　武力镇压。对于川变，盛宣怀有"以兵力压迫民众"④的企图。七月五日他咨湖广总督协商"就宜昌现驻之军，先行调赴重庆，保护商埠，以作声援"。八月十六日又转达谕旨："选派得力湘军两三营，迅速赴川，以资策应，暂归端方、赵尔丰节制调遣。"武昌起义后，盛宣怀更是四处联络，全力镇压。⑤

　　其他表现如对于川省公举的争路代表进京一事，盛宣怀"颇为注意，已密函政府，交饬民政部特派侦探员密查该代表等之举动，如有不合即行干预，并拟定倘有激烈之渎请，即施最严厉之手段，以为对待。说者谓将来结果恐不免如东三省代表，定行押解出京"。⑥此外，盛宣怀还支使宋育仁、甘大璋呈请附股献款，并策划扼杀股东大会。⑦

---

① 陈旭麓、顾廷龙、汪熙主编《辛亥革命前后——盛宣怀档案资料选辑之一》，第131页。
② 盛宣怀：《愚斋存稿》，沈云龙主编《近代中国史料丛刊续编》第13辑，第1781、1785页。
③ 盛宣怀：《愚斋存稿》，沈云龙主编《近代中国史料丛刊续编》第13辑，第1647、1648页。
④ 岑春煊：《乐斋随笔》，荣孟源、章伯锋主编《近代稗海》第1辑，四川人民出版社，1985，第106页。
⑤ 盛宣怀：《愚斋存稿》，沈云龙主编《近代中国史料丛刊续编》第13辑，第1693、1801、1812-1824页。
⑥ 《缔禁争路代表政策已定》，《盛京时报》1911年8月9日，第2版。
⑦ 戴执礼编《四川保路运动史料汇纂》，第747~770、791~800页。

由上可知，盛宣怀"凶猜险狠，对于川路风潮，竭力主张压制"。[①]
盛的强硬立场，"节节激变"，[②] 导致事态一发不可收拾。武昌起义后资政
院议员罗列盛宣怀罪状，其一即为"四川事起，内阁主和平，盛乃主强
硬，激成大乱，而武昌失陷，亦原于此"。[③] 费纳克说，对于四川保路运
动，"清政府不使用一切可以调动的力量来扑灭这次的暴动，却采取了'绥
靖'政策，这种政策虽然最后能获得成功，但是却太缓慢了"。[④] 不实。

盛宣怀之持强硬之策，有多种原因。

首先是低估了问题的严重性。盛宣怀误判"三省均无实在拒抗之
事"，[⑤] 因此尽管"受到难以估量的猛烈谴责……然而，盛是具有异常勇
气的人，对前景处之泰然。他说，对这些攻击，概不理睬"。[⑥] 最能体现
盛宣怀轻忽态度的是还股问题。川路当时除了实支、倒账外，尚有存款
若干，盛要求"迅速分别查明"，"全换给铁路股票"；[⑦] 粤路"三期股款
照计应收一千五百余万两"，[⑧] 盛要求"一律给予国票保息以免另借洋
债"。[⑨] 盛宣怀没有出问题的思想准备。

其次是各地纷纷要求官办铁路。国有政策颁布后，陕西巡抚恩寿上
奏西潼铁路请收回官办，[⑩] 邮传部奉旨议复：应仍令该抚详细查明所用款
项，"咨报臣部查核"。[⑪] 山东巡抚孙宝琦奏请将烟潍路收归官办，邮部议
复"决定先电孙抚调查路工情形，再派部员往勘"。[⑫] 江西"九南铁路愿

① 《老庆辞职之里面》，《民立报》1911 年 10 月 6 号，第 3 页。
② 戴执礼编《四川保路运动史料汇纂》，第 62 页。
③ 夏东元：《盛宣怀传》，南开大学出版社，1998，第 384 页。
④ 《外国资产阶级是怎样看待中国历史的》第 2 卷，第 235 页。
⑤ 《两广官报》编辑所辑《两广官报》，沈云龙主编《近代中国史料丛刊》三编第 50 辑，
第 226 页。
⑥ 〔澳〕骆惠敏：《清末民初政情内幕——〈泰晤士报〉驻北京记者袁世凯政治顾问乔·
厄·莫理循书信集》上卷，第 752 页。
⑦ 盛宣怀：《愚斋存稿》，沈云龙主编《近代中国史料丛刊续编》第 13 辑，第 1652 页。
⑧ 盛宣怀：《愚斋存稿》，沈云龙主编《近代中国史料丛刊续编》第 13 辑，第 1637 页。
⑨ 《两广官报》编辑所辑《两广官报》，沈云龙主编《近代中国史料丛刊》三编第 50 辑，
第 213 页。
⑩ 《恩寿效忠邮传部》，《民立报》1911 年 9 月 7 号，第 3 页。
⑪ 邮传部编《邮传部奏议类编·续编》，沈云龙主编《近代中国史料丛刊》第 14 辑，第
2229 页。
⑫ 《专电》，《民立报》1911 年 8 月 18 号，第 2 页。

归部办，请将商股给发国家铁路股票，借款由部代偿，江西京官开会公议均赞成，刘道已禀辞回省，即与尊处妥商议公呈抚院，以求部借款为陪笔，请部收回国有为主笔，并将帐目附呈本部，一俟抚院咨到，即可批准收回，奏明派员前来接收，分别办理"。① 福建漳厦路咨呈邮传部，"应请大部速予派员莅厦接管经理，并召集股东开会，布告暂行由部接收"。② 西南方面，云贵总督李经羲致电盛宣怀："桂蜀国有，从速宣布为宜。滇、黔、桂以无力，望国有，非若湘、粤、蜀为私利妒国有"。并提出"国有先营滇桂"，"放松川汉，注重滇桂，十五年后牵算功利，岂在蜀下？"③ 不仅各路纷纷要求官办，就是发生保路风潮的湖南、四川等省，也有利好消息。如四川方面，"京官甘大璋等，私以全体名义，具呈邮传部，请以川路存款附入国有"。④ 湖南方面，湘抚电称："湘省对于干路国有，初甚激烈，近经劝诫，已渐平静。"⑤ 学界在谈论保路运动时，往往渲染风潮之汹涌，其实，这只是问题的一面，而要求国有的另一面毕竟存在，且对邮传部产生了相当的影响，如甘大璋之举就导致"政府意川人易与，定议首收川路，则湘、鄂随之"。⑥

再次则是清政府总体上的强硬趋向。清廷在干路国有风潮中的立场十分强硬，乔树枏电称："政府真意所在，甚不易知；惟以表面看之，似甚坚决。"⑦ 载沣生性懦弱，但此时却出奇的强硬，他认定：铁路国有、民有、急办、缓办，均属无妨，但政策既定，就不能反复，⑧ 所以，当岑春煊奏请"释放为首，下诏罪己"，他与载泽"皆以朝廷引咎为不然"，⑨ 持相同观点的尚有奕劻等人。⑩ 后岑又"陈请干路政策是否可以变通"，

---

① 《赣路之国有声》，《民立报》1911 年 8 月 23 号，第 2 页。
② 王尔敏、吴伦霓霞编《盛宣怀实业朋僚函稿》，第 74～78 页。
③ 宓汝成编《中国近代铁路史资料（1863－1911）》，第 1237～1238 页。
④ 戴执礼编《四川保路运动史料汇纂》，第 22 页。
⑤ 《两广官报》编辑所辑《两广官报》，沈云龙主编《近代中国史料丛刊》三编第 50 辑，第 225 页。
⑥ 戴执礼编《四川保路运动史料汇纂》，第 22 页。
⑦ 戴执礼编《四川保路运动史料汇纂》，第 554 页。
⑧ 参见萧功秦《清末"保路运动"的再反思》，《战略与管理》1996 年第 6 期，第 9 页。
⑨ 戴执礼编《四川保路运动史料汇纂》，第 1608～1609 页。
⑩ 郭廷以：《近代中国史事日志》，第 1401 页。

答复是"干路国有一节,断不能轻易变更"。① 于此可知,日本人原口要所说的干路国有政策"是内阁大臣一致的意见",② 不虚。对于湖南保路风潮,清廷谕令:"倘有匪徒从中煽惑,扰害治安,意在作乱,准如所拟照乱党办法,格杀勿论。"③ 四川总督王人文为绅民代奏暂缓国有,谕旨责其"殊属不合","着传旨严行申斥"。④ 至于川变的定性,清廷在赵尔丰枪杀扑署民众之后认定:"似此目无法纪,显系逆党勾结为乱,于路事已不相涉,万难再予姑容,已电饬赵尔丰相机分别剿办。"⑤ 在此前后,清廷多次谕令赵尔丰"切实弹压,迅速解散","将首要人犯先行正法,并妥速解散胁从"。⑥ 至于清廷强硬政策的集中体现——端方带兵入川,则是由于瑞澂要赶走端方,端方矛头乃直指赵尔丰,瑞澂和盛宣怀的后台是载泽,派兵就是这样出笼的。⑦ 有外国人评价道:"中央政府仿佛认为地方(省)的反对不值一顾,继续推行了同外国的借款交涉。"⑧

载沣之外,当时的清朝中央与地方官员立场普遍趋强。赵熙电称:"盛宣怀和端方坚持要镇压保路同志会,庆亲王和那桐抱有同样的意见,只有徐世昌拒绝签署该命令。"⑨ 内阁方面,"对于鄂、湘等省干路之收归国有,决计用严厉手段。顷闻其由来系为政事堂日前屡开密议,以此事为势所迫不得如此办理,虽有他项内乱,实亦不能兼顾。盖其中有两项原因,一则为此事关系借款合同,断难迁就,一则为各大臣认定鼓动者为最少数之人民,决不能有意外之举动云"。⑩ 至于地方官员,粤、湘、鄂三省督抚"言外微意,均主张用强制手段"。⑪ 如湖南采取高压手段,

① 《干路国有已成铁案》,《盛京时报》1911 年 9 月 29 日,第 2 版。
② 原口要「清国の交通」『早稲田演讲・支那革命号』、124 页。
③ 陈宝琛等:《清实录》第 60 册,中华书局,1987,第 948 页。
④ 刘锦藻:《清朝续文献通考》第 4 册,上海商务印书馆,1936,第 11162 页。
⑤ 刘锦藻:《清朝续文献通考》第 4 册,第 11167 页。
⑥ 戴执礼编《四川保路运动史料汇纂》,第 964、983~984、990~991、1111~1112 页。
⑦ 戴执礼编《四川保路运动史料汇纂》,第 995~1009 页。
⑧ 中村义:《清末政治与官僚资本——以盛宣怀的活动为中心》,《国外中国近代史研究》第 6 辑,中国社会科学出版社,1984,第 36 页。
⑨ 戴执礼编《四川保路运动史料汇纂》,第 136 页。
⑩ 《内阁严行收回干路之由来》,《盛京时报》1911 年 6 月 7 日,第 2 版。
⑪ 《邮部又议接收铁路办法》,《申报》1911 年 7 月 9 日,第 4 版。

每日派巡防侦探沿街穿巷，四处巡逻，手持枪械，如防匪寇。① 端方在任命李稷勋为宜昌铁路公司总办问题上，起了关键作用。② 且"以谀言日至，渐形恣肆，自谓布置周密，功可必成，已照会鄂路总理，召集股东，速筹退股办法矣"。③ 郑孝胥、李经方也为盛宣怀出谋划策，致使盛"决意主剿"。④

总之，保路风潮乃"朝廷所激成"。⑤ 时论曾有认为"朝廷宜设法以维系将去之人心"，⑥"政府今日不可强立征服地位"，⑦ 实为至当之论。

三　错误的方法

清末推行干路国有政策，其方法上的错误集中体现为还款缺乏政治眼光。

干路国有政策引发保路运动，从利益触动角度看，股本摊还问题乃此中之关节。日本人原口要在保路运动发生之时曾指出：公司负责人报怨，政府也提议说最好改为官设，其股券应全部买回来，但不是用于修铁路的钱款，自然无法买回，又有关于其购买方法的说法。由此，惹起不满乃至酿成大暴乱。⑧

股本摊还问题是一大难题，这里面牵涉平均、公平两大问题。平均则不公平，这是由于各省的情形不同所致，而公平实行起来又非常之困难。盛宣怀注意到了公平问题，他在六月十七日致电端方道："湘公司所争端一租房股之不愿附股者，请改照商股。查湘省商股因其仅有百万，故全给现款，粤且引为口舌，更何以对川省，断不可行。"⑨ 还股涉及四

---

① 《湖南文史资料》1979 年第 1 辑，第 260 页。参见刘淮《清季湘蜀保路运动的比较分析：以中国革命的进程为思考》，《思与言》第 41 卷第 2 期，2003，第 215 页。

② 戴执礼编《四川保路运动史料汇纂》，第 54 页。

③ 《奴才小史》，《清代野史丛书·贪官污吏传》，北京古籍出版社，1999，第 68 页。

④ 戴执礼编《四川保路运动史料汇纂》，第 1490 页。

⑤ 戴执礼编《四川保路运动史料汇纂》，第 191 页。

⑥ 《论朝廷宜设法以维系将去之人心》，《盛京时报》1911 年 5 月 25 日，第 2 版。

⑦ 《论政府今日不可强立征服地位》，《盛京时报》1911 年 6 月 3 日，第 2 版。

⑧ 原口要「清国の交通」『早稲田演讲·支那革命号』，120 页。

⑨ 盛宣怀：《愚斋存稿》，沈云龙主编《近代中国史料丛刊续编》第 13 辑，第 1660 页。

省，所以"待遇必须平均，方不致国民之反对"。① 但是平均照股全还，不仅清廷无此财力，而且这恰恰背离了公平原则。邮传部针对"四省情形各有不同，受弊轻重亦异"，决定"以商股与公捐不同，实用与虚糜又不同，故不得不稍示区别，或还现款，或给保利股票，或给无利股票，分作三项办法，而终不使其资本亏折丝毫"。② 应该说，邮传部的这一方案，无论就当时商办铁路的窘境而言，抑或与民国初年国有政策相比，都还算相对公平，兼顾到了公平和平均，③ 但是，与此同时我们也应注意到，当时世界上一些国家在实行国有政策时，多实行让利于民原则，"收买民间产业，无不优加利息，使之乐从，此为中外通行之公例"，④ 而邮传部的政策却是广东商股发还六成，亏耗四成发国家无利股票，"路成获利之日，准在本路余利项下分十年摊给"；湘路商股照本发还，其余米捐、租股等款，准其发给国家保利股票；鄂路商股照本发还，其因路动用赈粜捐款，准照湖南米捐办理；川路现存款七百余万，如愿入股，可更换国家保利股票，五年后分十五年还本，亦准随时抵押，并可分得余利，"除倒帐外，其宜昌已用之款四百数十万，准给发国家保利股票一律办理。又宜昌开办经费三十三万，及成、渝各局用费若干，则发国家无利股票"。⑤ 这种讨价还价、斤斤计较的与民争利政策，显然"未能洽乎人情"。⑥ 由于商办铁路公司股东希望全额还股，以至于引发双方的不协调，冲突在所难免。

---

① 戴执礼编《四川保路运动史料汇纂》，第 155 页。
② 《两广官报》编辑所辑《两广官报》，沈云龙主编《近代中国史料丛刊》三编第 50 辑，第 1190～1193 页。
③ 李占才：《中国铁路史》，第 151 页上说，邮传部的还股方案对两湖优惠，对四川最苛，言外之意是不公平。岑春煊《乐斋随笔》（荣孟源、章伯锋主编《近代稗海》第 1 辑，第 106 页）亦称："此次川人纷扰，实以收路不公为词。欲平其事，必先问政府办法是否公允。"资政院总裁世续在宣统三年九月的奏折中有类似的观点："川乱之起，其大半原因，即以该部奏定仅给实用工料之款以国家保利股票，不能与鄂路商股一律本发还。"[《宣统三年九月初五日资政院总裁世续等奏折》，《辛亥革命》（四），第 504 页）] 这一观点值得商榷。
④ 《两广官报》编辑所辑《两广官报》，沈云龙主编《近代中国史料丛刊》三编第 50 辑，第 2678 页。
⑤ 《左海公道报》第 9 期，1911 年 7 月 26 日，政治，《粤路国有之办法》，第 14 页。
⑥ 戴执礼编《四川保路运动史料汇纂》，第 170 页。

川路方面，国有政策颁布之后，有两派意见，一为保款，二为保路，① 但主张争款不争路的呼声很是强烈，如 "宜万干路路线收归国有之议，自当尽量欢迎"；李稷勋主张 "川路既欲收回，则川省人民办路用款，应照数拨还现银"；川汉铁路公司汉口办事处致电希望 "顺旨不争路，争用款代办支路，此为切要宗旨"；② 四川京官也主张只索回路款。③ 待到发还路款希望破灭后，则进行名为保路实为保款的活动，④ 反对借款只是保款的筹码。对此，英国驻重庆代理领事布朗称：川路股东召开秘密会议，决定："（一）借款问题是无关紧要的。（二）以岁入担保偿还借款是无关紧要的，因为如不担保偿还，便借不到款项。（三）允许银行抽取佣金一事是无关紧要的。""由于股东们不能够期望他们的要求全部获准，为了尽量获得政府的让步起见，决意提出很高的要求。因此，他们要求取消借款，并将铁路交还给该省办理，这项要求被提出来作为双方妥协的基础，他们还说服护理总督王人文将此意奏报朝廷。"⑤

在争款问题上，川人认为 "清政府允还股本，优于湘、粤，独薄于四川"，⑥ "邮传部侮辱川人甚"，⑦ "四川人民便感觉到为政府所歧视，而非常气愤"。⑧ "这样一来，四川人民眼看要大吃其亏，当然要和政府作对了。"⑨《西顾报》社论称："惟川人之性质，向以怯懦闻，政府之对于川人，亦以其易与也，凡事非强施压力，即淡漠置之。"⑩ 这是极富煽动性的宣传。随着事态的发展，川人由保款到假保路真保款，进而是真保路，以至于 "如争路风潮果能和平了局，必须由政府将从前一切用款与股东

① 戴执礼编《四川保路运动史料汇纂》，第 46 页。
② 戴执礼编《四川保路运动史料汇纂》，第 556～557、563、570 页。
③ 戴执礼编《四川保路运动史料汇纂》，第 745～746 页。
④ 戴执礼编《四川保路运动史料汇纂》，第 603～630 页。
⑤ 戴执礼编《四川保路运动史料汇纂》，第 134 页。
⑥ 戴执礼编《四川保路运动史料汇纂》，第 4 页。
⑦ 戴执礼编《四川保路运动史料汇纂》，第 23 页。
⑧ 《中国近代现代史论集》第 17 编，第 1336 页。
⑨ 《中国近代现代史论集》第 17 编，第 1335 页。
⑩ 戴执礼编《四川保路运动史料汇纂》，第 159～160 页。

清算完结"。① 但是，上海倒亏问题，度支部反对归还，② 邮传部只是惩办施典章，③ 端方亦在还股问题上激化矛盾，④ 以至于局面一发而不可收拾。

因邮传部还股问题上不予让步而受损的主要是地主士绅，还是农民？四川保路运动中农民究竟参与到什么程度？其参与的动因与租股究竟有多大关系？如若没有租股因素，农民会不会依然如同历代王朝末期那样风起云涌地抗争呢？在农民眼里，租股与其他捐税究竟有什么差异呢？农民对租股有多大的收入预期？就现有资料来看，农民参与保路运动与租股问题没有学界所说的那么大的关系，甚至可以说，农民起来抗争的目的不全是或不仅仅是保路，因为租股是"年收田租十石以上而每年以百分之三来认购的"，"田租收入越大的地主，认购的铁路股本当然越多"，由此可知，"川汉铁路的股东半为地主阶级"。⑤ 郭沫若曾回忆道："我记得好象是百元一大股，十元一小股，由各州县的知事按着地租的多少摊派到各地方的乡绅。在这儿可以说是地主阶级的资本主义化，四川的大小地主都成为了铁路公司的股东了。"⑥ 保路运动的扩大，"是因为已经投资于铁路的当地富裕的人害怕会丧失所投入的金钱"。⑦ 至于广大的农民阶级，租股和别的压在身上的捐税，没有太大的区别，当时每一州县都有上万的股东，⑧ 说他们"骤失股权，悲愤不知所措"，⑨ 恐怕只是臆测。但是，租股在那个特殊时段里却起着催化矛盾的作用，具有导火索的意义。

四川之外，广东也对还股不满。"部议以粤路糜费太甚，仅给还现银六成，其余四成止发无利股票，而湘、鄂两省则照本给还，殊不足以示

① 戴执礼编《四川保路运动史料汇纂》，第38～39页。
② 戴执礼编《四川保路运动史料汇纂》，第38页。
③ 戴执礼编《四川保路运动史料汇纂》，第429～431页。
④ 戴执礼编《四川保路运动史料汇纂》，第429～431页。
⑤ 戴执礼编《四川保路运动史料汇纂》，第47页。
⑥ 《反正前后》，郭沫若：《少年时代》，人民文学出版社，1979，第189页。
⑦ 《外国资产阶级是怎样看待中国历史的》第2卷，第213页。
⑧ 戴执礼编《四川保路运动史料汇纂》，第53页。
⑨ 戴执礼编《四川保路运动史料汇纂》，第3页。

公平而餍众望。"① 湖南亦有意见,"湘人所不平者,以粤省糜费甚巨,而湘公司则十分核实;川省倒帐,巨款无告,而湘公司则分文不少;鄂省毫无基础,而湘公司则实有已成之路。今相提并论,是以不服"。②

此后,随着保路运动的如火如荼,邮传部在还股问题上又做让步,先是于八月八日奏请另借外债收回商股,③ 同日又上折提出收回川省等路股办法:"如有情愿附股者仍遵谕旨按照湘股给发国家铁路股票,一律分红、分利,如不愿附股者仍遵谕旨悉照粤股一律实发六成现银,其余四成另给国家印票,分作两年,每年给还二成,或归两年后一气全还,其未还以前仍给发六厘利息,所有该省公司实收之股本,国票既已全数认还,则其虚靡及倒帐之款,在股东已无损失。"④ 邮部后又对此做说明道:"定为四省画一办法,无论虚靡、倒帐,一律发给国家保利股票。是前之办法稍有分别者,今皆一致矣;前之商办各款无着者,今归国家全认矣。"⑤ 在退股方式上,是"先将股本退还,有愿附股者,再行缴银领票,以清界限"。⑥ 但是,为时已晚。

邮传部在还股问题上的失策,盛宣怀负有重大责任。作为一个成功的商人,盛宣怀在修卢汉路时已经流露出强烈的政治野心,⑦ 并用政治手腕造就自己的位置。⑧ 但是,他却不是一个政治家。张謇评价盛道:"盛宣怀为人,有才能,但对于局势没有注意,而且完全没有国家观念。"一般而言,"政治与经济是不可分的,但是经济管理者,或实业家却往往不擅长于政治方面的见解、预料与策略谋画。盛宣怀就是属于这种类型的人"。⑨《民立报》发表的社论《川乱危言》称盛宣怀"攫金于市,但见

① 《两广官报》编辑所辑《两广官报》,沈云龙主编《近代中国史料丛刊》三编第50辑,第2678页。
② 王尔敏、吴伦霓霞编《盛宣怀实业朋僚函稿》,第1999页。
③ 盛宣怀:《愚斋存稿》,沈云龙主编《近代中国史料丛刊续编》第13辑,第486页。
④ 盛宣怀:《愚斋存稿》,沈云龙主编《近代中国史料丛刊续编》第13辑,第483~485页。
⑤ 陈旭麓、顾廷龙、汪熙主编《辛亥革命前后——盛宣怀档案资料选辑之一》,第172~173页。
⑥ 刘锦藻:《清朝续文献通考》第4册,第11169页。
⑦ 李国祁:《中国早期的铁路经营》,台北,中研院近代史研究所,1961,第139页。
⑧ 李国祁:《中国早期的铁路经营》,第147页。
⑨ 安明子:《盛宣怀与清末铁路建设》,第41页。

金不见人"。① 宣统二年（1910）初，陈遹声就邮传部四政致函徐世昌，其中评价盛道："杏翁之为人甚聪明，亦甚狡诈，必须使不失其利，待以诚心，方肯倾情相告也。"② 经元善说盛宣怀是"一只手捞十六颗夜明珠"的贪谗者。③ 刘锦藻针对四川倒款问题的批评更为直接："干路国有政策，载泽、盛宣怀二人主之，盛查川款亏挪三百余万，政府不应受亏，拟在给数中扣出，以实用工程者给还。就寻常商界论，未尝不是，第政府与人民不可以市道行之，且蚀者绅，输者民，两不相蒙蚀，当查追输，当照给，分别办理，庶服人心。乃不责当局之清偿，而反增小民之担负，揆诸事理，讵得云平？较此细流，酿成巨浸，虽曰天命，岂非人事哉？"④ 经济行为超出经济的影响，及政治资源的不足，⑤ 是盛宣怀失败的主因。

以上笔者从时机、推行者、方法三个方面分析了干路国有政策，考虑到该政策在民国后所取得的截然不同的良好效果，加上世界铁路国有趋向的大势，我们可以得出结论：干路国有政策是在错误的时机由错误的人用错误的方法推行的正确政策。

（原刊《中国国家博物馆馆刊》2011 年第 1 期）

---

① 戴执礼编《四川保路运动史料汇纂》，第 189～190 页。
② 《北洋军阀史料·徐世昌卷》第 6 卷，第 835 页。
③ 夏东元：《盛宣怀传》，第 247 页。
④ 刘锦藻：《清朝续文献通考》第 4 册，第 11164 页。
⑤ 《外国资产阶级是怎样看待中国历史的》第 2 卷，第 235 页。

债券质押贷款与近代华资银行投资铁路模式：以浙赣铁路为中心

　　南京国民政府时期的铁路建设相对于晚清与北洋时期呈现出新的特点，主要表现为铁路投资主体多元化，筑路资金来源由外资为主转而以内资为主，出现内外资相结合的趋势。① 这既是对晚清以来借债筑路政策的一种调整，也是国内外金融形势变化下的一种选择。浙赣铁路是铁路建设模式转变的典型代表。

　　浙赣铁路是连接沪杭甬线的杭州和粤汉线的株洲的铁路干线，是在省营杭江铁路基础上延伸而成的，包括杭（州）玉（山）、玉南（昌）、昌萍（乡）、株萍四段，1931 年兴筑，至 1937 年完工，工程总投资 4910万元，华资银行组成的银团 8 次提供贷款，总额达 2950 万元，② 约占总投资的 60%。浙赣铁路建设过程中，国内银行在借款方式和管理办法方面，开创了筑路贷款的新模式，包括组织银团，以公债基金与银行质押放款相配合、以华资银行为委托方引进外资，进而成立由华资银行参加的浙赣铁路总公司。银行通过派驻人员，稽核、监督、管理财务经营和全线铁路收入的使用，介入铁路资金的使用过程，防止中央或地方政府

---

　　* 　本节作者马陵合，安徽师范大学历史学院教授。

① 此前铁路投资模式主要有三种，一是国库直接拨款，二是借外债，三是发行内债或募集商股。三种模式"不幸近乎都失败，以致弄成今日这个破碎的局面"。（陈晖：《中国铁路问题》，上海新知书店，1936，第 9 页。该书在 1956 年重印时，删去了第四章第四节和第五章）。三种投资模式如何互相配合，共同发挥作用，是近代铁路建设筹资问题关键所在。对于相关内容的研究，成果还不是十分丰富，郑会欣关于中国建设银公司的专著和论文应是这一领域最有深度的研究成果（郑会欣：《从投资公司至"官办商行"——中国建设银公司的创立及其经营活动》，香港中文大学出版社，2001）。

② 中国银行行史编辑委员会编著《中国银行行史（1912～1949）》，中国金融出版社，1995，第 268 页。

任意动用路款。浙赣铁路被誉为以银行力量辅助铁路建设的典型。[①] 在这条铁路的建设过程中，华资银行业逐渐形成了投资规模大、风险防范机制完备的铁路放款和投资模式，进而也促进了近代金融业自身的发展。本文将通过对浙赣铁路（包括杭江铁路）的筹资过程中华资银行业的参与方式进行总结，探析这一时期国内资本市场发展对于铁路建设资金筹集所做出的贡献。

一　杭江铁路筹资过程中债券质押贷款

华资银行投资铁路在北洋时期即已开始，但是，由于政局动荡，银行很快就遇到了放款资金无法收回的困境。[②] 南京国民政府成立后，通过降低利率、免除复息、减付本金、展期偿付等方式对旧有债款进行整理。在旧债整理中，商业银行遭受了一定的损失，但由于铁路放款收益较高，有路局收入担保，金融界对铁路放款又开始有比较高的热情。无论放款数额或放款比例，都在前一时期基础上有所提高。金城银行 1927～1937 年间铁路放款在资金运用总额中占到 8%～12%，略高于对政府机关放款。中国银行也是"毅然投此巨资于金融界素视为呆滞之放款，用意无非欲鼓励同业，共同奋起，且示外人以中国自力建设之决心，间接诱导外资与中国银行团合作，兴建铁路，打破新银团之垄断"。[③] 在浙赣铁路借款总计 2950 万元中，中国银行贷款额为 1454 万元，占近 50%，且此后历次借款均为代表银行，"是浙赣路之完成，本行对于经济上援助关系至深且巨"。[④]

华资银行对铁路投资和放款信心的增强，虽与这一时期金融业自身的发展密切相关，但是，更为重要的因素是政府在铁路资金筹措过程中，为改变晚清时期单纯依靠外债的局面，积极寻求与银行界更为有效的合

---

① 《中国银行行史（1912~1949）》，第 269 页。
② 许毅主编《民国历届政府整理外债资料汇编》第 1 卷，内部发行，1990，第 201 页
③ 中国银行总行、中国第二历史档案馆合编《中国银行行史资料汇编》上编，档案出版社，1991，第 1161 页
④ 《中国银行行史资料汇编》上编，第 1167～1178 页。

作模式。这一模式的开端是浙江省政府修筑的杭江铁路。

杭江铁路初建时，先修筑萧山西兴江边至兰溪段，称江兰段，全长195公里，于1930年3月开工至1932年3月完工通车，工程费用约需700万元。1929年11月，浙江省发行浙江建设公债，计划建造闸口发电厂和杭江铁路。该笔建设公债发行额为1000万元，其中628万元用于建设杭江铁路，9年期，年息8厘。[①]

由于公债一时难以全额销售，浙江省计划以公债作抵向银行借款或垫支。[②] 1930年5月1日，浙江省政府与企信银团[③]订立透支合同，垫款额度为300万元，其中中国银行225万元，浙江兴业银行25万元，浙江地方银行25万元，中国农工银行25万元，其担保品为：（1）票面金额3887500元的浙江省建设公债。（2）杭江铁路江兰段全部资产。利息按月息1分计算，每6个月结算一次。此外以下列各项为偿还本息之基金：（1）上述建设公债到期本息。（2）自签订合同之日起，财政厅按月直接拨付银5万元。（3）杭江铁路江兰段通车后营业收入除各项业务开支及必需设备费用外全数提还银行，如拨还银行垫款满60万元后，每月续拨之款，应将第一项担保品（即公债）陆续由政府抽回。[④] 该笔300万元垫款中128万元支付外洋材料款，余下172万元充国内工程经费。[⑤]

此后，因江兰段资金仍然不足，经双方协议，企信银团同意增加透支60万元，并增加下列担保品：（1）浙江省清理旧欠公债票面金额50万元。（2）原订合同所规定省府拨还银行垫款满60万元后每月按照比例陆续抽回之担保品，即移作此次增加垫款之担保品，至省府陆续拨还银

①　《浙江省建设月刊》1929年第25期。

②　实业部国际贸易局：《中国实业志》第10编"交通"第2章"铁道"，1935，第13页。

③　企信银团的设立与杭州电厂有关。杭州电厂原本是私营企业，1929年5月，改归国营，由浙江省政府电气局管理。电气局曾计划建设闸口新厂，但因资金缺乏建设缓慢。1930年1月，电气局裁撤，浙江省政府因为建筑杭江铁路急需资金，拟将建设新厂经费移作筑路之用，另外招商承办此厂。浙江金融巨头李馥荪邀请中国、交通、浙江兴业、浙江第一商业银行和上海商业储蓄银行等组成企信银团，向浙江电气事业提供透支款额。李馥荪曾表示该银团投资不限于电气事业，可以广泛"辅助"各种企业（上海市档案馆藏，浙江兴业银行档案，档案号：Q268-1-480）。

④　杭江铁路工程局：《杭江铁路工程纪略》，1933，第23页。

⑤　会计课：《杭江铁路经费来源》，《杭江铁路月刊》（通车纪念号），1933。

行垫款满 120 万元后，除将第一项担保品（清理旧欠公债）由省政府一次抽回外，仍按比例将建设公债陆续抽回。①

江兰段完工后，杭江铁路金玉段（金华经汤溪、龙游到玉山）开始修筑，该段全长 164 公里。1932 年 11 月开工，1933 年 11 月竣工。金玉段工程费约需 610 万元，除本省自筹现款 100 万元，并借用中英庚款购料款 20 万英镑外，另由企信银团续借 250 万元。

此次贷款的形式与前次有所区别。1932 年 10 月 21 日，双方订立正式合同，确定借款额为 250 万元。其中中国银行 190 万元，浙江地方银行、浙江兴业银行、中国农工银行各 20 万元，年息 1 分。② 担保品仍然是铁路资产和政府公债，其中公债为抵还旧债剩余之浙江建设公债及清理旧欠公债。③ 还本付息办法，除上列两公债所收本息外，杭江路自 1934 年 10 月起由营业盈余项下月还本金 2500 元，每半年付息一次，不足部分由浙江建设、财政两厅从本省其他可靠收入中补足。合同成立后之第一月起，财政厅月拨垫款本息基金 5 万元，由全省屠宰税项照拨。④ 自 1932 年 11 月至 1933 年 11 月，共领银团借 2463282.32 元，除扣除前借 360 万第二期利 113282.32 元，计实收银 235 万元。⑤

杭江铁路的修建应是政府与华资银行业成功合作的开端。"自一九二九年浙江省独力倡其倡办杭江铁路，实开各省对筑路兴趣的先声……各省的财政状况与债信自难完全负兴筑干路之完全责任，惟加入中央与银行界，则力量骤为雄厚。"⑥ 此后，浙赣铁路筹资过程使得政府与银行间合作更加紧密，并且逐步形成了一种新的铁路筹资模式。浙赣铁路副局长侯家源曾总结说："近来各处由本国银团借款举办事业，先例甚多，但

---

① 杭江铁路工程局：《杭江铁路工程纪略》，第 24 页。
② 谈建军：《杭州中国银行与浙赣铁路的兴建》，载《浙江文史资料选辑》第 46 辑，浙江人民出版社，1992，第 101～102 页。
③ 浙江省为清理积欠的内外债，1928 年 4 月 1 日发行偿还旧欠公债 600 万元，利率年利 1 分。
④ 《民国历届政府整理外债资料汇编》第 2 卷，第 343～344 页。
⑤ 会计课：《杭江铁路经费来源》，《杭江铁路月刊》（通车纪念号）。
⑥ 凌鸿勋：《中国铁路之建设》，秦孝仪主编、中国国民党中央委员会党史委员会编辑《革命文献》第 78 辑，1979，第 317 页。

进行之先，往往要费却无数的唇舌和无量的时间，方始告成……鄙人以为对此种合作事业，应该如例规定一种标准办法，规定一种固定方式，则将来银团与政府易于接近，不必枉费许多时间及心血，以致耽误此种事业之进行。"① 侯家源所称的"固定方式"即是指债券质押贷款。

债券质押②是一种银行提供贷款时规避风险的方式。华资银行在提供贷款时，要求政府方面提供政府发行的各种债券作为抵押品。一般而言，政府会发行一笔专项的铁路建设公债（在本文讨论中涉及第一、第二、第三期铁路建设公债、玉萍铁路建设公债），这些公债并不公开销募或劝募，只是作为担保和偿还基金抵押品由华资银行保管，以保证债务方的如期还本付息。银行在提供借款时，一般会获得比作为抵押的公债更高的利率，并有机会直接参与铁路的管理，同时组建基金委员会管理还本付息所需资金。

这一贷款方式，强调了政府对债务的直接偿还责任，银行在提供贷款时可以获得双重保证，一是具有质押性质的政府债券，政府无法偿还时，可以此之充抵贷款本息，二是可以通过对铁路本身的控制，保证债务的偿还。与外债不同的是，作为质押的债券基本是政府发行的内债，而且这些内债发行专门针对相关铁路。时人将这一模式概括为："政府发行公债，多当需款孔殷之求，等不得债票拿去发售，预先就以债票向银行抵押借款，然后由银行陆续按市价而出售，等到债券售出，再行结账。"③ 华资银行并不是承购债券，作为抵押品的债券所有权仍在政府。政府方面按实际获得的押款向相关银行支付利息，其利息率与作为抵押品的债券利率并不完全相同。如果国民政府清偿押款本息，债券即须归还政府。通常押款届期或逾期而又无法以现款偿付本息，政府便会委托银行出售债券以抵付借款本息，或以债券按市价折抵。④ 因而，在政府和

---

① 侯家源：《浙赣铁路玉南段概况》，《浙赣铁路月刊》第1卷第6期，1934年10月。

② 质押贷款是指贷款人以借款人或第三人的动产或权利为质押物发放的贷款。可作为质押的质物包括公债券、企业债券、储蓄存单等有价证券。出质人应将权利凭证交与贷款人。

③ 佳驹：《国民政府与内国公债》，《东方杂志》第30卷第1号，1933。

④ 吴景平：《近代中国内债史研究对象刍议——以国民政府1927年至1937年为例》，《中国社会科学》2001年第5期。

银行的债务关系中，债券只是作为抵押品而存在并发挥其信用功能。银行通过这一方式提供贷款，可以得到多重信用保证。在晚清及北洋时期之所以产生债务偿还延期现象，主要在于单独依靠某条铁路的收益偿付本息的偿债机制本身存在着较大风险。债券质押贷款使铁路企业与银行之间的债务关系中，增加了政府信用保证。

在杭江铁路筹资过程中，企信银团采用了不同于此前银团的运作模式，在获得政府信用担保和收购电厂切实利益的基础上，通过垫款方式为杭江铁路提供资金支持，并进行直接投资控股。这反映了金融界投资实业的趋向。[①] 以银团方式向铁路提供融资，除有规避风险因素外，也反映金融界在寻找投资对象进行投资的灵活性和多元性。企信银团的建立、运作和效果，透露了金融界运用银团机制开展金融活动的诸多特殊信息。[②]

二　浙赣铁路建设中质押贷款的全面推行

杭江铁路建成通车后，江西省提出展延杭江路，建设浙赣铁路的计划。考虑到财力有限，江西省政府希望与浙江省合作。1934年铁道部长顾孟余委托中国银行总经理张嘉璈牵头，邀集浙赣两省代表及铁道部代表会商，组织了一个由铁道部、浙赣两省及上海中国银行团四方参加的浙赣铁路联合总公司，负责浙赣路的筹资与修筑。[③]

根据财力情况和施工能力，浙赣铁路联合公司决定将整个工程分为玉（山）南（昌）和南（昌）萍（乡）两段，两段合称玉萍段。这两段铁路的资金更多是依靠中央政府发行的公债作抵押，由浙赣铁路联合公司向相关银行借款。

玉南段建筑费估算约为1600万元，其来源系将财政部、铁道部发行的第一期铁路建设公债和铁道部、财政部发行的玉萍铁路公债各1200万

---

①　李一翔：《近代中国银行与企业的关系：1897～1945》，台北，东大图书股份有限公司，1997，第72～73页。

②　参见马长林《民国时期上海金融界银团机制探析》，《档案与史学》2000年第6期。

③　李占才：《中国铁路史》，第207页。

元，共 2400 元抵押给华资银行，息借工款和材料款各 800 万元，合计 1600 万元，年息 1 分，还款期 4 年半。其中，材料系由该银行团向德国财团购买，以国币 800 万元为限，年息 7 厘，期限 5 年半。国内工款系向银团息借，其中中国银行 375 万元，金城银行 150 万元，上海银行 100 万元，新华银行 50 万元，浙江兴业银行 50 万元，邮政储金汇业总局 25 万元。该项借款，由上述各银行根据工程进展，按期将款额分批拨交中国银行，由中国银行统一支付。①

南萍段建筑费估算约需 2000 万元，也是以铁道部发行铁路公债 2700 万元作质押，向上海中国银行团抵借工款 1000 万元，并由该银行团向德国财团借购料款 1000 万元。② 玉南、南萍段两段分别在 1936 年 1 月和 1937 年 9 月先后筑成通车。钱塘江大桥修通后，浙赣铁路从杭州至株洲北站全线通车，全长 946.6 公里。表 1 简略地介绍了该路以公债抵押向华资银行借款概况。

表 1　浙赣铁路玉萍段以公债抵押向华资银行借款概况

借款名称	数额	放款银行	还款保证
玉南段借款	800 万元	中国银行（375 万元）、上海银行（100 万元）、浙江兴业银行（50 万元）、江西裕民银行（50 万元）浙江新华银行（50 万元）、金城银行（150 万元）、邮政储金汇业总局（25 万元）	以铁道部第一期铁路建设公债 1200 万元及财政部、铁道部发行之玉萍铁路公债 1200 万元为第一担保，以玉南路现在及将来完成后之全部资产及营业权为第二担保，除将上列两项公债票应收之本息作为借款及垫款之还本付息基金外，并以玉南段一部或全部通车后营业收入，除业务开支及必需之设备费用外之盈余，以 20% 另款存储，作为减债之用

---

① 《玉南段建筑资本来源及其概算》，《浙赣铁路月刊》第 2 卷第 8 期，1936。
② 金士宣、徐文述：《中国铁路发展史（1876～1949）》，第 453～454 页。

借款名称	数额	放款银行	还款保证
南萍段借款	1000 万元	中国银行（320 万元）、交通银行（200 万元）、中国农民银行（200 万元）、江西裕民、新华银行、中国建设银公司（各 50 万元）、金城银行（100 万元）、邮政储金汇业总局（30 万元）	以铁道部第二期发行之铁路建设公债票面 2700 万元划出 1350 万元为担保品，按照各局承借比例，各自保管。其余 1350 万元，系德商奥脱华尔夫公司垫款保证，即由代表行代为保管。所有公债本息，均指作本借款及德商垫款还本付息基金，并以该段通车后，每年营业收入除去开支及必要设备费外，其盈余 20% 应拨存银团，由银团以三分之二备作借款还本付息之用，三分之一备作德商垫款还本付息之用。由中国银行设联益账以处理之。年息 1 分，每年 6 月底及 12 月底各结息一次，期限 5 年，至 1940 年 12 月底本息还清
南萍段续借款	200 万元	中国银行、上海银行、浙江兴业银行、江西裕民、金城银行、财政储金汇业总局	仍以南萍段借款之担保品充之

　　资料来源：中国人民银行上海市分行金融研究室编《金城银行史料》，上海人民出版社，1983，第 521 页；交通银行总行、中国第二历史档案馆合编《交通银行史料（1907～1949）》，中国金融出版社，1995，第 400～401 页；《民国历届政府整理外债资料汇编》第 2 卷，第 338～350 页。

　　与一般的银行信贷相比，这种以政府公债抵押的借款模式使银行对铁路放款获得了多重保障。公债抵押使华资银行业的债权获得政府的明确偿付保证。政府在发行第三期铁路公债时，就明确规定，在铁路没有收益之前，第一年由财政部在国库项下补助基金 240 万元，第二年 360 万元，第三、第四年各 480 万元，并按期交中央银行的收入基金保管委员会账中，专储备付。"可见当局对于维持偿债基金工作甚为努力……借国库之补助金挹注之，求其敷用。"[1]

　　与浙赣铁路有关的公债有三笔，其本息偿付情况大致如下。第一期铁

---

[1]　王国梁：《铁路建设公债研究》，《交大平院季刊》1935 年第 4 期。

路建设公债1937年6月30日前，历届应付本息，均已如期付讫。以后抗战军兴，旧路沦陷，基金未能照拨，公债本息亦随之停付。截至1942年底已还本金3750000.00元，结欠本金8250000.00元，结欠利息1485000.00元，共计9735000.00元。① 第二期铁路建设公债截至1942年已还本金3855000.00元，结欠本金23145000.00元，结欠利息5517420.00元，共计28662420.00元。未到期本息1081080.00元。② 京赣铁路建设公债于1937年6月底开始抽签还本付息，至1938年6月30日止，前3期本息，均已如数付清。该年底第4期仍如期举行抽签，唯因财政困难，仅付10万元，以后未能补付。自第5期起，公债抽签还付息均陷停顿。1942年结欠本息16169400.00元，未到期本息2380600.00元。③

表2　截至1942年年底以公债质押借款偿还情况

单位：元

名称	玉南段借款	南萍段借款	南萍段增借款	金玉段第一次建筑借款	金玉段第二次建筑借款	浙赣铁路美金枕木借款期票	江西裕民银行枕木透支借款
债款总额	8000000.00	10000000.00	2000000.00	2500000.00	600000.00	1066666.66	186485.80
结欠额	30812.50	7980002.44	2182045.31	1510890.77	1190037.59	965647.08	313088.43

资料来源：《民国历届政府整理外债资料汇编》第2卷，第338~350页。

　　因公债停付本息，质押借款也相应停付。这种借款积欠，并不足以说明这一借款模式存在着弊端，而是战争所造成的。从某种意义而言，是战争使中国近代资本市场提升和成熟的进程中断。更重要的是，通过这种新的筹资模式，南京国民政府在抗战前铁路建设速度明显加快，在较短时间完成浙赣、粤汉两条大干线的建设。浙赣铁路在抗日初期发挥了积极作用。张嘉璈曾言："浙赣铁路所收获之价值，实千百倍于所投之建筑资金。"④

---

① 财政科学研究所、中国第二历史档案馆编《民国历届政府整理外债资料汇编》第2卷，第394~395页。

② 《民国历届政府整理外债资料汇编》第2卷，第395~396页。

③ 《民国历届政府整理外债资料汇编》第2卷，第399~400页。

④ 张嘉璈：《抗战前后中国铁路建设的奋斗》，台北，传记文学出版社，1974，第53页。

三　公债质押借款的利弊分析

通过公债抵押借款虽可以有效制约债款本息的拖欠，达到利用国内资本市场的效果，但是政府付出的代价不菲。"用三期建设公债抵借办法并非完全有利，除料价抵借条件尚称适宜外，其余现款抵借不只利率高，时期短，而且抵借率又显过低，虽然，当市面存放款利率甚高之际，政府之抵借押款，既凭金融界维持，则又不能不承受其影响。"[①] 这实际上是一种矛盾现象，一方面形成了吸引国内资金流向铁路建设的机制；另一方面，这种机制可能会增加铁路运营的财政压力。所以，在考察这一筹资模式时要充分认识到以下两个方面。

第一，虽然债券质押为银行放款提供了国家保证，但是铁路建设资金募集效果，仍然取决于铁路自身的信用，即"只有赖乎已营铁路的盈利和拟建筑铁路将来营利的展望上，因此，凡路线优良，所经地方经济发达，自易募集建筑资金，因其将来的营利极有把握"。[②] 1934 年，时任中国银行总经理的张嘉璈向铁道部部长顾孟余了解 1928～1932 年国有铁路余利数额，因为奥托·华尔夫公司以"第一期铁路建设公债条例"第七条规定公债还本付息以铁道部直辖国有铁路余利为基金为由，要求核实相关数据。顾孟余提供这五年的国有铁路余利，分别为 11974331.95元、23661196.70 元、12958779.95 元、13200368.55 元、13200368.55元、860614.10 元。对于这一数据，张嘉璈提出疑问，认为 1932 年较最高的 1929 年要少 2200 余万元。"若以之转示德公司，恐其发生疑虑。"顾孟余解释说，余利骤减原因，"实由于东北问题发生，以后各路收入均受影响，及至一战，京沪、沪杭甬两路停车，几至半截，以至短收八百余万元。该年份各路合计，短收一千五百余万元，而用款只减三百余万元，此种特殊状况，实为向来所未见"。他认为，此种状况只是暂时的，现在"各路均在锐意整顿，事实俱存，此后每年余利当有进展"。希望德

---

① 王国梁：《铁路建设公债研究》，《交大平院季刊》1935 年第 4 期。

② 陈晖：《中国铁路问题》，第 100 页

公司"安心无虑"。① 实际上，尽管这一时期国有铁路的财务状况有了明显好转，但是，能否保证留存巨额的建设公债基金仍是一难题。张嘉璈任铁道部长一年多后，也曾抱怨道："本部目前所最引为困难者厥为建设公债基金之筹措。"1936 年 1 月至 1937 年 6 月，铁道部为第一、第二、第三期铁路建设公债筹划 1700 余万元，其来源主要包括国库补助款和各铁路拨解基金，其中国库补助 360 万元，平汉路 417 万元，正太路 81 万元，津浦路 230 万元，余均为铁道部筹补。尽管在抗战之前并未出现拖欠现象，但对于铁道部和各铁路而言，"事实上财力负担已达最高限度"。② 张嘉璈在回忆为兴筑玉萍段发行第二期铁路建设公债时还有些心有余悸。该公债以国有各铁路余利为基金担保。实际上各路并无多少余利，"顾自信各路若稍加整理，此项本息不致无着"。③

　　第二，银行提供的债券质押贷款利息一般都在 8 厘至 1 分以上，偿还年限也在 3 ~ 6 年之间，这种贷款成本比外债要偏高。利用公债向银行抵押借款，而公债又不向公众销售，抵押时又以较大的折扣向银行抵押，这样实际利率等于提高数厘。如铁道部为玉萍段发行的第一期铁路公债 1200 万元，实际只能向银行抵押 800 万元。所以，在肯定华资银行业放款信心的同时，也应注意到银行界通过高回报率来消解放款风险的做法。华资银行对铁路建设有限度的支持，也反映了近代中国资本市场的不成熟。"中国铁路的内债，虽然大部分系采取发行债票的方式，但所有债票几乎与银行借款一样，都抵押在银行的手里，仅有微不足道的部分销售给公众，可见债票市场和股票市场一样，还没有发达，甚至可以说还没有形成。"④

　　因而，有学者总结这种模式有三大缺点。"第一，无论所借者为现款为料价，其所付借息都较公债六厘利率为高，铁路建设公债之抵借率降

---

① 《张嘉璈为询问铁道部 1928 至 1932 年国有铁路每年余利数等与顾孟余来往函》（1934 年 10 ~ 11 月），中国第二历史档案馆编《中华民国史档案资料汇编》第 5 辑第 1 编，财政经济（九），江苏古籍出版社，1990，第 79 ~ 81 页。

② 《张嘉璈关于最近国有铁路财政状况暨调度款项经过情形总报告》，中国第二历史档案馆编《中华民国史档案资料汇编》第 5 辑第 1 编，财政经济（九），第 120 ~ 121 页。

③ 张嘉璈：《抗战前后中国铁路建设的奋斗》，第 52 页。

④ 陈晖：《中国铁路建筑资本问题》，《经济建设季刊》1942 年第 2 期。

低。第二，此类抵借常有较短期限，倘当局逾期不赎债券，保存此等债券者得依贱价收买之，迨将来债券满期十足收回面值，所影响于铁路财政健康者实大；若逢逾期不赎情形，政府固可用其他绝对权力制止收买之发生亦必引起其他恶劣影响。第三，抵押用债券抵押期满，若逢铁路业务兴旺之时，则金融机关等自然愿意先包购其保存之数额，于是常人及普通营业之储蓄及呆定资本必有向隅之憾。"① 银行的"高利诛求"可能会造成铁路与银行的"两败俱伤"。所以，当时即有人警告银行界，"须了解铁路最确实的担保在于其营利能力，是随着沿线经济的逐渐开发而增进的，且铁道为收益递增（increasing rrturn）的企业，业务愈发达，营业成本的比例愈低，而盈利愈膨胀，故债款期限的从宽，利率的从低，是极合理的"。同时铁路也应该改善经营，提高营业效率降低营业成本，增强银行界的信心。"如此将来铁路内债信用巩固之日，即我国铁架网得以完成的时机。"② 因而，这种模式解决了铁路建设资金的供应问题，"观于此次国内金融市场能够容纳此巨额的路债，实不能不说是有史以来未有的壮观"。③

四　内外资结合与利用外资的新模式

华资银行投资模式的完善增强了国内银行业投资基础建设的积极性，这也为南京国民党政府时期中外合资修路新模式的形成打下良好基础。浙赣铁路的修筑，在完善华资银行投资铁路模式之外，也开启了以内外资结合为基础的利用外资新方式。在举借外债的过程中，不再由政府直接出面与外商交涉，而是通过华资银行团充当代理人，政府只是提供担保，而不与外国贷款人直接形成债权、债务关系。这种模式既避免列强对铁路自身的控制，也使得华资银行获得更为完备的投资铁路渠道。张嘉璈在《抗战前后中国铁路建设的奋斗》一书中指出寻求新的利用外资

---

① 王国梁：《铁路建设公债研究》，《交大平院季刊》1935 年第 4 期。
② 陈晖：《中国铁路问题》，第 102 页。
③ 叶文德：《中国铁路募集建筑资金之历史的观察及其新途径》，《复兴月刊》1936 年第 9 期。

模式的必要性，"综之过去之政府铁路借款，因衍期未付，债信损失殆尽，非用种种访求灌输新血液，不易使旧组织发生更生作用，而使投资者耳目一新之感"。① 此后，中国建设银公司与英国联合投资修建沪杭甬铁路杭州到曹娥段和建造钱塘江大桥，与法国联合投资修建成渝铁路等，均照上述模式办理。

1934 年初德国东方协会派万斯纳（Paul Meissner）来华试探有无投资机会。时任铁道部长的张嘉璈希望对方投资浙赣路。经过中德有关方面来往电函磋商，德国奥托·华尔夫钢铁厂表示可以投资，但为了减少风险，德方要求以中国银行为首的中国银行团共同投资。建筑资金由中国各银行供给，材料由德方供给，并以中国银行为中外债权方的委托人。这是一种中外合作投资模式的探索。张嘉璈对外国投资者要求实行这种模式有着客观的认识，"各国均禁止资本输出，不准外国债票在本国市场发行，而对于中国债票之发行尤有新银团之拘束，种种困难，无法打开发行外债之途径。然公开在国外发行债票之途径不开，则长期资金无法取得，因是不得不用渐进之方法，吸引外国现金借款，以达到公开发行债票之目的"。②

杭江铁路及后来的浙赣铁路借用外资不再是通过在国外资本市场上发行债券形式，而主要通过材料借款方式，将借贷资金与进口铁路建设材料联系在一起。其方式主要有两种：第一是由向中英庚款董事会借款，用于伦敦购料，并拨付外商洋行的材料垫款。退还的庚款应该是一种特殊形式的外资，尽管全部来源于中国，但其支配和使用受退还国控制，具有外债的大部分要件。第二是以华资银行为委托方向外商银行、洋行举借料款。材料借款有别于此前铁路因为购用中外商行的车辆、铁轨等材料未能偿付或仅偿付一部余额积欠未清而形成的料债。料债为商业上购料赊欠，期限短，利率高，每笔数额有限。材料借款则带有债票借款的性质，期限长，利率低。最先采用材料借款的形式建筑铁路的，是

---

① 张嘉璈：《抗战前后中国铁路建设的奋斗》，第 48 页。
② 五届三中全会行政院工作报告关于铁道部分。秦孝仪主编、中国国民党中央委员会党史委员会编辑《革命文献》第 78 辑，《抗战前国家建设史料——交通建设》，1979，第 613 页。

1922 年包宁铁路的 330 万镑材料借款。[1]

    利用材料借款的形式引进外资，是浙赣铁路筹资模式的重要特点，在一定程度上代表了近代铁路外债的发展趋向。马寅初认为料款可以有以下好处：第一，可以不必以铁路自身或铁路收益作为担保品。第二，可以免去借款之回佣与折扣。第三，可以免去资金之移用。"倘用材料形式，如筑路则借用铁轨、机车，开矿则借用机器，卡车等，则无流用之危机矣。"[2] 由于材料借款与此前的铁路外债的根本性区别在于中方不提供以铁路自身的财产和经营权作为担保，因而担保的确实性是不充分的，加之铁路材料品种较多，材料借款所提供的资金相对比较分散，这样，外国债权方更难有理由对铁路建设与管理进行全面控制，因而，它需要有实力，又有信誉的中国金融业同行作为合作方，以减少投资风险。材料借款是否能推行的前提是中方能否提供工款，与外方提供材料借款相配合，不至于使工程资金受影响。外国银行能否愿意提供材料借款前提必须是有华资银行的合作，外资银行"对于我国内地投资，亦惟我国金融界之马首是瞻，如我国银行界向内地投资，彼辈始肯跟踵而至"。[3]

    浙赣铁路共 6 次向外商借款。这些借款中有 4 次与华资银行存在信托关系，体现出中外合资合作的多种方式。下面分别加以简介。

    1934 年 3 月 14 日，铁道部先与江西省政府为一方和中国银行（代表本行及本国银团，并为奥托·华尔夫公司的保管人）为另一方，订立质押借垫款合同；再由中国银团与奥托·华尔夫公司订立委托保管合同。合同规定，该公司供给铁道材料，以价值国币 800 万元（或其他币种相等的数额）为限，作为该路向该公司息借的垫款，年利率 7%，期限五年半；即以铁道部发行的第一期铁路建设公债和财政、铁道两部联合发行的玉萍铁路公债各 1200 万元作为偿还基金，由中国银团经手按额分配；

① 陈晖：《中国铁路问题》，第 103 页。

② 《如何使上海游资及外国余资流入内地以为复兴农村之准备》，《马寅初全集》第 7 卷，浙江人民出版社，1999，第 196 页。

③ 《如何使上海游资及外国余资流入内地以为复兴农村之准备》，《马寅初全集》第 7 卷，第 187 页。

玉南段营业盈余的 20% 作抵债之用。[①] 合同成立后，该公司供给之材料共值 2964403.12 海关金。所有应付本息，由中国银团以第一期铁路建设公债及玉萍公债本息照约付还。抗战爆发后，第一期铁路建设公债停付本息，则仅以玉萍公债偿付，延欠颇多。自对德宣告断交后，遂完全停付。截至 1940 年 6 月止，计欠 2133396.02 海关金。[②]

1935 年玉南段行将完工，铁道部按其既定计划决定从南昌展筑到湖南萍乡，即浙赣线的南萍段；续与奥托·华尔夫公司接洽，援玉南例[③]于 1936 年 4 月 25 日双方签订南萍段材料借款合同。借款总额为国币 1000 万元（或其他币种相等的数额）；年利率 7%，6 年期，以铁道部发行的第 2 期建设公债 2700 万元和为玉南段建设而发行的第一期铁路建设公债的余款和南萍段的资产及营业收入作担保。并以上述公债本息为偿还基金，1936 年 6 月起，每半年偿还一次，至 1941 年 6 月还清，以南萍段营业盈余 20% 提存银团作为偿债之用。由浙赣铁路与银团订立合同，并由银团与公司订立委托保管合同，以资遵守。合同订立后，德国公司实际供应的材料款量为 2378797.77 海关金。[④] 合所有应付本息，历由银团以所收公债本息按约付还。1937 年抗战军兴后，第一、二两期铁路建设公债本息停付，即仅以玉萍公债本息分配偿付，延欠颇多，自对德宣告断交，遂完全停付。1940 年 6 月止，积欠本息 25034470.40 海关金，折合国币 50069408 元。[⑤]

浙赣铁路筑玉山至南昌段，原规定由德国奥托·华尔夫公司供给材料。后因该公司不能供应所需枕木，乃向上海怡和洋行订购。该项料款的担保品为第一期铁路建设公债及玉萍铁路建设公债内各提出 75 万元，由中国银团经收按额分配，并担保承兑。1935 年 9 月 28 日订约后，洋行供应枕木共值 321177.60 海关金，折合法币 909649.69 元，所有应付本息，历

---

① 中国银团由交通、中国、农民、金城、大陆、盐业、中南和浙江兴业八家银行和四行储蓄部组成，并以时任金城银行总经理周作民为总代表。
② 《民国外债档案史料》第 10 卷，第 273 页。
③ 《玉山南昌铁路合同》，铁道部：《铁路借款合同汇编》，第 1 册，第 225～231 页，姚崧龄著《中行服务记》，台北，传记文学出版社，1968，第 45 页。
④ 《民国历届政府整理外债资料汇编》第 2 卷，第 86～88 页。
⑤ 《民国外债档案史料》第 10 卷，第 337 页。

由银团以第一期铁路建设公债及玉萍公债本息按比例偿付。1937年全国抗战爆发，第一期铁路建设公债本息停付，仅以玉萍公债本息分配支付，未能足额。① 载至1942年底已付本金709037.26元，结欠本金200612.43元。②

1936年12月22日，为增加电话设备，浙赣铁路向上海德商西门子洋行订购载波式话机，共值美金26663.75元。订约时约定，先付定金2663.74元，交货后再付1200元，余款分5年偿付，年息6厘，每半年付还1次，浙江地方银行出具付款保证书担保。此项借款先后偿还美金24383.74元，结欠本金2280.01元，折合国币456000.20元。对德断交后，该项借款即停付本息。③

这种内外资结合的筹资方式之所以能得以实行，主要在于国内银行界实力的增强，同时也与国际经济形势有关。1935年11月币制改革的顺利实施使得中国经济摆脱危机影响，并能稳定发展，投资环境亦得以改善；1934年起国民政府确立重新整理外债的方针，并于1935年开始全面清理无确实担保外债之后，债信随之迅速提高。从1934年开始，世界资本主义经济危机已近尾声，欧洲各国政府对出口给以奖励，且建立出口信用保证制度，由政府为出口商承担大部分风险。德国财团就是在政府的支持下，才开始尝试投资中国铁路。德国政府为他们提供了70%的担保。④

在这种举外债的模式中，外国提供贷款往往采用一种间接的方式——由中国的公司或银行，担任外国公司在华的代理人，共同成为铁路借款的债权人。这种角色先由中国银行担任，以后则由中国建设银公司⑤担当。这种新模式不仅使外国资本以铁路材料的形式重新注入我国的建设

① 《民国外债档案史料》第10卷，第293页。
② 《民国历届政府整理外债资料汇编》第2卷，第90页。
③ 《民国外债档案史料》第10卷，第454页。
④ 〔美〕阿瑟·恩·杨格：《一九二七至一九三七年中国财政经济情况》，陈泽宪、陈霞飞译，中国社会科学出版社，1981，第421页。
⑤ 中国建设银公司成立于浙赣铁路玉南段建设之际，成立后便加入南萍段中国银行团。后中国建设银公司与法国银团商洽成渝铁路之时正是参照这一先例。不同之处在于，浙赣铁路国内用款系向中国银行团借款，对于银行团而言只是单纯放款，成渝铁路则是由建设银公司代表各华资银行进行投资，并成为川黔铁路公司最大股东，掌握公司的控制权。

事业当中，也在一定程度上保护了我国的铁路主权。作为贷方之一的中国银行或中国建设银公司就像是隔在铁路与外国公司之间的安全闸门，不让铁路完全落入外人之手，淡化借款的政治色彩。在南萍铁路借款中，外国债权人"仅许遴选稽核一人，此外一概不得干预路政，并主张委托中国银行团为其保管人，以示主客之分"。在这一模式影响之下，"各国债权者对于其他借款之商订亦逐渐采取合作之态度，并承认依赖中国之行政当局，为借款唯一之保障。凡成立之各项借款，均规定设立中外合组之基金委员会，以示中外合作，为相互利益无上之保障"。[①] 这种借款模式于中国建设银公司在成渝铁路借款中得到了完整的执行，被称之为引进外资的新模式。[②]

浙赣铁路的筹建起步于国内资金，进而由中央政府和地方政府通过公债的形式募集铁路建设资金，并以此为基础，利用华资银行界逐渐增长的实力，透过中外合作的形式获取外国贷款，从而将这两条铁路延伸成为江南地区铁路干线。无论是利用国内资金，还是利用外资的新形式，以中国银行、交通银行、金城银行、浙江兴业银行、上海商业储蓄银行为代表的华资银行都起了至关重要的作用。它们不仅提供大量的投资与放款，而且为利用外资提供担保，进而在铁路投资领域形成一种中外合作融资模式。这种模式主要功用在于两个基本方面：一是铁路借款的债务人从政府转变为银行（主要是银团形式），从而使铁路借款更具一般意义的商业信贷性质，降低了外国借助借款抵押担保控制铁路建设与经营的可能性。二是借款结构多元化，出现国内银行的联合放款和中外银行间的投资合作，这种新的铁路筹资方式，在减少风险的前提下，既能引起中国金融界投资国内铁路的兴趣，又能发挥其吸引外资的导向作用。正是在浙赣铁路筹资模式的基础上，中国建设银公司逐渐成为实现中外金融界合作投资铁路的主体，以成渝铁路为起点，形成较为完备

---

① 张嘉璈：《抗战前后中国铁路建设的奋斗》，第49页。
② 郑会欣：《引进外资的新模式及其特点——以成渝铁路借款为例》，《档案与史学》2000年第4期。

的引进外资的新模式。① 只是因为战争，这一投资模式并没有得到充分运用。

（原刊《中国经济史研究》2011 年第 2 期）

---

① 郑会欣：《引进外资的新模式及其特点——以成渝铁路借款为例》，《档案与史学》2004年第 4 期。

第二章

现代交通体系与航运变迁

晚清时期东南沿海通商口岸对外航线
与港势地位的变迁

引　言

随着晚清时期东南沿海通商口岸对外贸易的兴起，上海、宁波、温州、三都澳、福州、厦门、淡水、打狗、基隆、汕头、香港、澳门、广州、琼州、北海先后发展成为各区域对外交通的出口，有远洋航线、沿海跨区航线及中短程航线往返贯穿其间，在这些港势不同的口岸之间逐渐形成一种层层依赖的等级体系。港势是分析港口地位常用的一个概念，从港口的货物吞吐量、进出港船只的数量和吨位数、对外航线的密集度、对邻近其他港口的影响以及腹地的范围等多个角度，考察港口在区域经济中发挥的作用，以及在港口体系中所处的位置。港口对外航线的分布与其港势地位存在密切关联。

关于近代中国东南沿海港口对外航线及其港势地位，前人的研究多集中于单个港口的盛衰隆替，以静态层面的描述为主，[①] 对连接各口岸的航线及其运营情况的研究也只涉及局部区域或少数航运企业，且以外资企业为主。[②] 综合论述近代中国轮船航运业发展演变的著作则侧重于从政

　＊　本节作者毛立坤，南开大学历史学院副教授。

　①　较有代表性的著作首推人民交通出版社出版的"中国水运史丛书"系列，包含除台湾以外沿海主要港口的港史、省别航运史等，恕不一一列举。

　②　如刘广京《英美航运势力在华的竞争（1862—1874年）》，上海社会科学院出版社，1988；Sheila Marriner and Francis E. Hyde, *The Senior John Samuel Swire 1825 - 98, Management in Far Eastern Shipping Trades*, Liverpool University Press, 1967；Boyd Cable, *A Hundred Year History of The P. & O. Peninsular and Oriental Steam Navigation*（转下页注）

策层面分析近代中国轮船航运业发展迟滞不前的原因。[①] 近年来，学术界在原有的基础上陆续推出若干颇有分量的航运史资料选辑，[②] 为进一步深入探讨航运业与港口对外航线发展演进的动态过程创造了条件，惜稍嫌割裂零碎。本文拟在前人研究的基础上，主要参考历年海关贸易报告及华洋贸易情形论略，[③] 归纳晚清时期（1864～1911）各口岸对外航线及其港势地位的变迁过程，这将有助于厘清这一时期东南沿海主要通商口岸间对外航线的网状结构，及不同口岸在国内贸易和对外贸易领域的相互依赖关系。

一　东南沿海通商口岸对外航线的结构

东南沿海众多通商口岸拥有三个层次的对外航线：第一层次是往来邻近口岸间及华南沿海的中短程航线；第二层次是跨越几个口岸，主要是与北方环渤海一带及长江流域口岸间的跨区航线；第三层次是通往国外（欧美、印度、南洋、日本、澳洲等地）的远洋航线。受地理位置、腹地特色经济的发展、外来势力的冲击等多种因素的影响，三个层次的航线不规则地分布于这些口岸之间。

（接上页注②）*Company*, Ivor Nicholson and Watson Limited, London, 1937; Francis E. Hyde, Blue Funnel, *A History of Alfred Holt and Company of Liverpool from 1865 to 1914*, Liverpool University Press, 1957; Edward Kenneth Haviland, *American Steam Navigation in China 1845 – 1878*, The American Neptune Incorporated Salem, Massachusetts, 1956; Yi Li, *Chinese Bureaucratic Culture and Its Influence on the 19th Century Steamship Operation*, *1864 – 1885*, The Bureau for Recruiting Merchants, The Edwin Mellen Press, 2001; 片山邦雄『近代日本海运とクジケ』御茶の水书房、1996。

① 如樊百川《中国轮船航运业的兴起》，四川人民出版社，1985；吕实强《中国早期的轮船经营》，台湾中研院近代史研究所，1962。

② 如聂宝璋、朱荫贵编《中国近代航运史资料》第2辑（1895～1927），中国社会科学出版社，2002；汪熙、陈绛编《盛宣怀档案资料选辑之八——轮船招商局》，上海人民出版社，2002。

③ 《中国旧海关史料》编辑委员会编《中国旧海关史料（1859～1948）》，京华出版社，2001，以下简称《中国旧海关史料》；此外也有关于主要通商口岸海关贸易报告及华洋贸易情形论略的单独汇编，下文将提及。

1. 中短程航线［航线区间：邻近口岸之间及华南沿海（上海—香港）一带］

上海—宁波线及上海—宁波—温州线是浙江对外贸易的主要通道。其中上海—宁波线是一条开辟较早的常川航线，最晚至 1865 年即有两艘轮船在上海与宁波之间对驶，这条航线连年兴旺，因为上海是宁波腹地大宗进出口商品的集散地。上海—宁波—温州航线也在温州开埠不久即由轮船招商局开辟，温州市场的洋货因此大部分改由上海供应。①

也在 1865 年，有 3 艘小轮定期航行福州—宁波—上海线，随后福州逐渐发展为东南沿海一带南北两条主航线的连接点。早期来自北方口岸（烟台、天津、牛庄）、长江流域、浙江及日本的货物多取道上海、宁波运至福州，福州则将本地产的木材、新鲜水果大量运往上海、宁波等地。② 怡和洋行和中国轮船招商局后来均开辟了上海—福州线以与其北方航线相连接。③ 厦门则依靠私人轮船与上海保持着不定期联系，与宁波之间也有航线连接。④ 从贸易结构来看，上海与福建航线以承运国内土货为主。

横穿台湾海峡的航线以 1895 年为界，前后变化很大，1895 年之后，船只种类和航线分布均渐趋多样化。1860 年代往来厦门与台湾的民船（Junk，又称戎克船）多以两地土特产品的对调运输为主，如厦门向台湾出口土布、烟叶、瓷器，回程则搭载大米、油饼等台湾土产。台湾市场的不少洋货也主要经由厦门集中进口，特别是在前期对厦门的依赖性较大，厦门一度垄断了台南和台北的全部贸易。⑤ 这主要是因为厦门港水深条件远较台湾优越，同时还拥有电报、银行等有助于贸易开展的设施；

① 中华人民共和国杭州海关译编《近代浙江通商口岸经济社会概况——浙海关、瓯海关、杭州关贸易报告集成》，浙江人民出版社，2002，第 100、173、251、480 页。

② 福州海关编《近代福州及闽东地区社会经济概况（1865—1911）》，华艺出版社，1992，第 13、57、210～211、279～280 页。

③ 《近代福州及闽东地区社会经济概况》，第 150 页；刘广京：《唐廷枢之买办时代》《中英轮船航运竞争（1872～1885）》，原载《近世思想与新兴企业》，台湾，联经出版事业公司，1990，第 383、530 页。

④ 厦门市志编纂委员会、《厦门海关志》编委会合编《近代厦门社会经济概况》，鹭江出版社，1990，第 16、37 页。

⑤ 《近代福州及闽东地区社会经济概况》第 42 页；《近代厦门社会经济概况》第 34、41 页。

此外，台湾外销产业的兴起多得益于厦门地区人力、资本和技术的移植。这些都是导致前期台湾对外贸易需要依赖厦门中转的原因。① 从 1870 年代中期到 1880 年代以后，港台直航的趋势逐渐加强。日本割台以后，台湾对外航线发生显著变化，下文将述及。

香港—汕头—厦门—福州线是又一条连接主要通商口岸间的常川航线。早在 1860 年代前期，德忌利士轮船公司和大英轮船公司就分别派轮船往返行驶于这四个重要口岸之间。几年后德忌利士轮船公司又开辟了厦门—台湾支线，经厦门通往安平等港作为该干路航线的补充，使该沿海航线的船只配置更趋合理，德忌利士轮船公司居于近乎垄断的地位。这是华南开埠早期最重要的一条轮船航线，香港是这条航线的尾闾。甲午战争以后，日本航运势力也渗透到华南沿海一带，于 1897 年开辟了福州—厦门—香港线。② 大宗洋货（如鸦片、棉制品、金属、米谷）从香港经由这条航线输入沿线各通商口岸；沿海通商口岸之间的货物流通也有赖这条定期航线提供的便利服务。以汕头为例，北上福州、厦门则输出糖、烟叶、麻布、鞋等产品，南下则载回药材、陶瓷、竹纸等。台湾出口的大宗产品，如茶、糖、樟脑等，在甲午以前都是经由这条航线先行运抵厦门（如乌龙茶）、福州（如茶屑）或香港（如糖、樟脑），经加工或者重新包装后转运到美国、西伯利亚和欧洲。福州及闽北一带的特产如马铃薯等，也要经该航线运抵香港加工处理后转口输出。此外，温州—福州—厦门—香港线也曾运行过较短的时间。③

① Man-houng Lin，"Economic Ties between Taiwan and Mainland China，1860－1895：Strengthening or Weakening?"，原载《近世中国之传统与蜕变——刘广京院士七十五岁祝寿论文集》，台湾中研院近代史研究所，1996，第 1071 页。

② 《近代福州及闽东地区社会经济概况》，第 217 页。《近代厦门社会经济概况》第 2、16 页。台湾银行经研室编《1882～1891 年台湾淡水海关、台南海关报告书》，原载《台湾经济史六集》，台湾银行经济研究室，1955，第 109 页。

③ 《近代浙江通商口岸经济社会概况——浙海关、瓯海关、杭州关贸易报告集成》，第 424 页；《近代福州及闽东地区社会经济概况》，第 179、221、281 页；杨群熙点校《潮汕地区商业活动资料》，潮汕历史文化研究中心、汕头市图书馆、汕头市文化局（内部资料），2003，第 54 页；林满红：《茶、糖、樟脑业与台湾之社会经济变迁（1860—1895）》，台湾，联经出版事业股份有限公司，1997，第 21、23、32、37 页；政协福建省委员会编《福建文史资料》第 10 辑《闽海关史料专辑》，福州，1986，第 118 页。

广州—香港—澳门线是珠江三角洲一带的三条快速短程航线，早期由省港澳轮船公司独家经营。该公司始创于1865年，成立伊始就派4艘轮船往返于香港和广州两地，由于省港两地人员货物往来极为频繁，且航程仅需6小时，所以生意格外兴隆。香港—澳门航线则是粤西南一带进出口物资的重要通道，澳门则是琼州、北海以及邻近的雷州、高州等地进出口物资通往香港的集散地。①

在梧州开埠（1897）前，北海是粤西南一带对外贸易的重要通道，早期由北海航商和澳门商家联营，开辟了北海至琼州（海口）、广州、江门、澳门、香港、海防、新加坡等7条航线，其中以北海至琼州线最为繁忙。香港也是北海最直接的外贸对象，相互间的人流和物流量都比较大。随着进出口商品结构的日益多样化，北海在贸易领域对香港的依赖性在后期逐渐增强，以广西鲜活产品如海味、生猪、家禽的出口为例，"常由北海直驶赴港，不泊海口一埠"。② 因为内地商人恐绕道海口耽误时日，令生货遭受损失。琼州的情况与北海类似，以连接香港的航线为主要通道。

上海—香港航线无疑是东南沿海一带沟通两大商埠的重要航线，但这条航线却时断时续。1850年代初大英轮船公司即开辟此线，但不久即告停驶。③ 1870年代又有德国公司开行广州—香港—宁波—上海线，但也未能持久经营下去。直到清末，又有打入东南沿海航运业的日本公司开辟香港—上海线，仍旧未能与其他平行航线进行有力的竞争。④

相邻口岸之间也常常开行一些短程航线，如福州—温州线、福州—三都澳线、宁波—温州—三都澳线、上海—三都澳线、温州—台湾线、

---

① 广州海关志编委会编《近代广州口岸经济社会概况——粤海关报告汇集》，暨南大学出版社，1995，第15、35、71、82页。莫世祥译编《近代拱北海关报告汇编》，澳门基金会，1999，第126页。

② 《中国旧海关史料》编辑委员会编《中国旧海关史料（1859~1948）》第57册，京华出版社，2001，第440页。

③ 〔美〕马士：《中华帝国对外关系史》第1卷，上海书店出版社，2000，第386页。

④ 《近代浙江通商口岸经济社会概况——浙海关、瓯海关、杭州关贸易报告集成》，第174页。《近代福州及闽东地区社会经济概况》，第272页。

澳门—广州湾线、香港—广州湾线，但有些航线时断时续。① 这些短程航线多是将一些本地的特产运往较大的商埠集中出口。如沙埕就是将北岭茶运往福州的集中地，温州茶商有时也将本地茶叶运往福州，粤西一带口岸则将当地禽畜产品运往香港。在本地远洋航线出现空缺期间，则通过与邻近大港的短程航线实现大宗出口产品经由主要大港与国际航线的连接。如厦门经常借道福州、香港将本地土特产品出口英国。福州也会借道厦门和香港这两个拥有南洋航线的港口将大宗供海外华侨消费的土产出口新加坡和马尼拉等地。②

2. 跨区航线［航线区间：中国沿海（海参崴—北海）、长江流域主要口岸］

跨区航线所承揽的多为南北大宗土货对调运输，如南糖北运线、北豆南下线、江米济粤线、漕粮北运线、闽茶北运线以及杂货运输线等。

南方产糖区多开辟了通往北方及长江流域缺糖区的季节性直达航线。如厦门—烟台线、厦门—天津—牛庄线、台湾—北方（宁波、上海、烟台、天津、牛庄）线、汕头—烟台—天津—牛庄线、汕头—上海—镇江—芜湖—汉口线、广州—北方线、香港—北方线等。③

北方的豆饼、豌豆、朱砂、油、烧酒、什货、金针菜、枣、牛骨和药材便从烟台、天津、牛庄等地沿海南下运往南方福建、厦门、汕头、

---

① 《近代浙江通商口岸经济社会概况——浙海关、瓯海关、杭州关贸易报告集成》，第469、584页；《近代福州及闽东地区社会经济概况》，第170、196、447、474页；《1882—1891年台湾淡水海关、台南海关报告书》，原载《台湾经济史六集》，第94页；《福建文史资料》第10辑《闽海关史料专辑》，第161页；莫世祥译编《近代拱北海关报告汇编》，第226、242、254页。

② 《近代浙江通商口岸经济社会概况——浙海关、瓯海关、杭州关贸易报告集成》，第510页；《近代福州及闽东地区社会经济概况》，第277、472页；《近代厦门社会经济概况》第36~37页；莫世祥译编《近代拱北海关报告汇编》，第79页。

③ 《近代厦门社会经济概况》第31，37，53页；《1882—1891年台湾淡水海关、台南海关报告书》，原载《台湾经济史六集》，第118页；林满红：《茶、糖、樟脑业与台湾之社会经济变迁（1860—1895）》，第24页；《近代广州口岸经济社会概况——粤海关报告汇集》，第8、15、53、62页；《中国旧海关史料》编辑委员会编《中国旧海关史料（1859~1948）》第13册，京华出版社，2001，393页；《中国旧海关史料（1859~1948）》第15册，京华出版社，2001，第419页。

澳门诸口岸。① 也有台湾（运糖）—北方（运豆货）—厦门及汕头（运当地土货）—台湾这样一种往返环线。②

华南一带因广泛种植经济作物而时常缺粮，尤以广东为甚。长江一带的米谷则经芜湖、镇江、上海等埠南下接济南方受灾或缺粮的省份，常辟有直达华南的不定期航线。运输量相当庞大。③

上海—北方（烟台、天津、牛庄）航线则是一条功能较多的运输路线。漕粮运输是其重要业务之一，由中国轮船招商局独家垄断，出口俄国西伯利亚的砖茶亦多取道该航线经天津由陆路输出。④

杂货运输线则名目繁多。福州一带盛产纸张，供应北方的天津、烟台、牛庄等地，往往无需经上海转口，直接往返。福建锡箔纸更有席卷全国市场的势头，大批出口天津、牛庄。木材也大批出口北方，由于本地民船不敷所需，竟要雇外轮运输。北方电报线的架设使得闽北木材销量骤增，大批中外船只加入了这条航线的运输，成为一条长盛不衰的航线。⑤ 温州一带生产的橘子、木材、油纸伞也曾运销华北，有临时航线专门运输。⑥ 随着俄国市场对砖茶的需求不断增长，福州砖茶大批自天津出口，然后取道恰克图或海参崴输出西伯利亚，1897 年又开辟了直通海参崴的航线。福建两家著名的商号——和昌号（Ho-ch'ang）和福兴号（Fu-hsing）后来即在海参崴设立了分号经营杂货转口业。据海关统计显示，某些年份福州与北方口岸的航船密度高于南方口岸，说明闽北和闽南的

---

①　《近代福州及闽东地区社会经济概况》，第 44～46 页；《近代厦门社会经济概况》，第49、110 页。《近代广州口岸经济社会概况——粤海关报告汇集》，第 866 页；莫世祥译编《近代拱北海关报告汇编》，第 175 页；郑可茵、赵学萍、吴里阳编辑点校《汕头开埠及其前后社情资料》，潮汕历史文化研究中心、汕头市文化局、汕头市图书馆合编（内部资料），2003，第 237 页。

②　《1882—1891 年台湾淡水海关、台南海关报告书》，原载《台湾经济史六集》，第 120、126 页。

③　《近代广州口岸经济社会概况——粤海关报告汇集》，第 260、290 页。

④　李必樟译编《上海近代贸易经济发展概况（1854～1898 年）——英国驻上海领事贸易报告汇编》，上海社会科学院出版社，1993，第 546、723 页。

⑤　《近代福州及闽东地区社会经济概况》，第 11、13、26、139、157 页。

⑥　《近代浙江通商口岸经济社会概况——浙海关、瓯海关、杭州关贸易报告集成》，第 474～475、509、535 页。

贸易取向有较大差异。①

　　西洋参经香港分拣后复出口北方；广州靛青、铜纽扣出口北方；长江流域的花生大量出口广州；开平煤矿的煤炭从天津运往广州；东北（主要是抚顺）煤也出口广州，走秦王岛—广州线。② 到1890年代，长江中游的汉口、镇江等埠与本区（福州）之间也开辟了连通江海的航线，开始将华中一带的茶叶运至福州，用茉莉花加香后复运销北方，华中一带的米谷、烟草等物资也绕过上海直接运销东南沿海。③ 宁波—长江沿岸各埠航线多以运输墨鱼之类的海产品为大宗，可能是与当地缺盐有关，返回时则载大米、小麦、生猪、药材等。④

　　3. 远洋航线（航线区间：中国沿海至欧美、印度、南洋、日本、澳洲等地）

　　远洋航线承担着中外贸易大宗进出口货物及移民的运输业务，按运输结构可分为大宗土货出口专线、大宗洋货进口专线、移民专线、日用土特产品出口专线等几类进行分析。同时将甲午战争后台湾远洋航线的兴起作为特例单独列出，以展示其在日本殖民统治前期的剧烈变化。

　　茶和丝是近代中国出口额最高的两类产品，有关学者根据海关贸易报告的统计，算出1867～1911年间茶叶出口占全国出口贸易总值的33.52%，生丝占29.45%，丝织品占6.04%，3项合计高达69.01%。⑤福建是茶叶输出大省，以厦门为例，1870年厦门与英国、美国、新西兰、海峡殖民地、爪哇、暹罗、马尼拉、西贡等地均有运茶船直达，足见厦门港茶叶贸易之盛。福州则与伦敦、英吉利海峡、南洋、澳大利亚、新西兰、南非、敖德萨、美国、暹罗、日本辟有直达航线，其繁盛更在厦

① 《近代福州及闽东地区社会经济概况》，第59、117、180、216页。Man-houng Lin, "Economic Ties between Taiwan and Mainland China, 1860 – 1895: Strengthening or Weakening?" 原载《近世中国之传统与蜕变——刘广京院士七十五岁祝寿论文集》，第1085页。

② 广州海关志编委会：《近代广州口岸经济社会概况——粤海关报告汇集》，第23、54、132、371、397、490、503页。

③ 《近代福州及闽东地区社会经济概况》，第184、194页。李必樟译编《上海近代贸易经济发展概况（1854～1898年）——英国驻上海领事贸易报告汇编》，第589页。

④ 《近代浙江通商口岸经济社会概况——浙海关、瓯海关、杭州关贸易报告集成》，第105、126页。

⑤ 王良行：《清末对外贸易的关联效果（1860～1911）》，原载《中国海洋发展史论文集（第六辑）》，台湾中研院中山人文社会科学研究所，1997，第284页。

门之上。岭南一带出产的茶叶既可通过香港转口输出，也可经广州直接出口到欧洲、美国、印度、东南亚地区。上海—苏伊士—伦敦及美国东海岸航线与上海—旧金山线是茶叶出口欧美市场的另外两条重要航线。对俄国输出茶叶则走上海—敖德萨线，或上海—海参崴线。[①]

1850 年代，上海—英国航线即以蚕丝为大宗运输货物之一。因为法国素来是世界生丝市场的头号买主，所以到 1860 年代，法兰西火轮公司也加入了这项运输业务。到 1870 年代，上海—法国、意大利航线上生丝运输量有了进一步增长。1870 年代岭南一带出产的生丝已可在广州直接装船出口英国和欧洲大陆。[②] 丝及丝织品成为茶叶之外亚欧航线上又一种重要的大宗运输货物。

上海、香港两埠在晚清时期全国洋货进口额中所占比例极大，上海所占比例在 50% 左右，香港则占 30% 左右。[③] 大宗洋货均先通过远洋航线运抵这两个口岸，然后再转口国内其他商埠。以上海为起点，有数条航线呈放射状延伸至世界主要港埠。有上海—印度线、上海—中东线、上海—英国线、上海—欧洲大陆（马赛、安特卫普、热那亚、不来梅）线、上海—澳大利亚线、上海—黑海港口线、上海—苏伊士—美洲东海岸（纽约）线及上海—日本（经太平洋）—美洲西海岸（旧金山、温哥华）线、上海—日本（横滨、神户、长崎）线等。[④] 以香港为途经站的远洋航线也很密集，怡和轮船公司辟有加尔各答—香港—日本线、香港—新加坡—三宝垄（Samarang）—苏拉巴亚（Sourabaya）线、香港—库达特

---

① 《近代福州及闽东地区社会经济概况》，第 94 页；《近代厦门社会经济概况》、第 59 页；《近代广州口岸经济社会概况——粤海关报告汇集》，第 35、32 页；李必樟译编《上海近代贸易经济发展概况（1854—1898 年）——英国驻上海领事贸易报告汇编》，第 233 ~ 234、263、292、538 页。

② 李必樟译编《上海近代贸易经济发展概况（1854—1898 年）——英国驻上海领事贸易报告汇编》，第 58、106、176、293 页；《近代广州口岸经济社会概况——粤海关报告汇集》，第 94 页。

③ 毛立坤：《香港与内地的贸易关系（1869 ~ 1904）》，《安徽史学》2005 年第 5 期。

④ 李必樟译编《上海近代贸易经济发展概况（1854 ~ 1898 年）——英国驻上海领事贸易报告汇编》，第 7、233、249、266 ~ 267、558、592、733、762、772、832、858 页。朱德兰：《近代长崎华商泰益号与上海地区商号之间的贸易》，原载《中国海洋发展史论文集（第六辑）》，第 352 页。

（Kudat）—山打根（Sandakan）线、香港—马尼拉线、仰光—马六甲海峡—香港—中国内地线等；太古轮船公司则在上海、日本、香港、澳大利亚及香港与菲律宾间辟有航线。此外，尚有多条国际航线驶经香港。如北德意志轮船公司（The Nord-Deutscher Lloyd）辟有不来梅（或汉堡）经地中海、印度洋、香港至日本的航线，以及日本—香港—新几内亚—澳洲航线；加拿大太平洋铁路公司（The Canadian Pacific Railway Company）和太平洋邮船公司（The Pacific Mail Steamship Company）均辟有香港—上海—日本（长崎、横滨）—温哥华或旧金山线；日本邮船会社（Nippon Yusen Kaisha）辟有香港—上海—日本线及汕头—香港—曼谷线。[1] 正是借助这些繁密的远洋航线，大批鸦片、日用消费品、粮食、能源、机械、军火等洋货得以倾销中国。需要说明的是，许多远洋航线既是大宗洋货出口中国的运输线，其返程时也往往载运土货出口。

晚清国势日衰，引发大批苦力出洋谋生。往南洋一带的航线不少是运送华工出国的专轮，均属临时航线。航行于新加坡—纳闽—马尼拉—厦门的航线其运输规模之大，致使超载成为家常便饭。[2] 另一华工出洋大港汕头自 1876～1898 年 22 年间，输出到东南亚各地的华工达 150 多万人。1870 年代，汕头已与菲律宾、马来亚、缅甸、爪哇、苏门答腊等地有直接定期班轮。1882 年英国创办曼谷客运轮船公司，开设汕头直达曼谷的定期航线，在开办两年中，从汕头到曼谷的班轮平均每星期一班，汕头到曼谷移民每年约 1 万人。[3] 珠江三角洲一带的居民则大批移居檀香山。[4] 海南岛琼侨移民的主要目的地是新加坡、曼谷和西贡。[5] 而江河日下的澳门更是因发展苦力贸易而臭名昭著，1850～1875 年的 25 年间，澳门大约贩运了 50 万华人出洋，获得暴利，澳门苦力船只的目的地包括秘

① Arnold Wright, *Twentieth Century Impressions of Hong Kong*：*History*，*People*，*Commerce*，*Industries*，*and Resources*，Singapore，Graham Brash，1990. pp. 201－203，205－206，211.

② 《近代厦门社会经济概况》第 7、27、148 页。

③ 郑可茵、赵学萍、吴里阳编辑点校《汕头开埠及其前后社情资料》，2003，第 226、237 页。

④ 广州海关志编委会编《近代广州口岸经济社会概况——粤海关报告汇集》第 252～253 页。

⑤ 苏云峰、符骏：《东南亚琼侨移民史》，原载《中国海洋发展史论文集（第二辑）》，台湾中研院三民主义研究所，1986，第 252～259 页。

鲁、古巴、旧金山等。① 香港同样也是苦力出洋的重要口岸，大批移民经香港去美国加利福尼亚和澳大利亚等地淘金、修筑铁路。香港航运业及其辅助行业如修造船业、船只补给业在一定程度上是依靠苦力贸易发展起来的。② 到 20 世纪初，移民南洋势头依然有增无减，以致更多的轮船加入了移民运输，使移民航线成为一条经久不衰的远洋航线。

大批移民海外谋生，为此要求有不定期航线往返于国内通商口岸与海外华侨聚居地，以满足他们日常生活中对国内土特产品的需要。以厦门为例，大批国内土特产品如砖瓦、石板、花岗石、磨石、杵和臼、药材、布、家具、人造花、水仙花茎、陶器、铁器、伞、纸张、烟丝、面线等大批量地从厦门出口海峡殖民地、暹罗、西贡、菲律宾等地，形成数条土货出口专线。潮汕地区一些具有地方特色的土特产品如彩瓷、夏布、抽纱、潮绣、潮州柑、咸菜和菜脯等起先只是满足东南亚华侨的日常需求，但后来竟打入欧美市场，成为当地主要的出口商品。福州以北地区直航东南亚的航线较稀疏，大多通过香港中转，进行接力运输。香港则凭借其四通八达的远洋航线，将天津、上海、福州、厦门、汕头等地的豆类、食油、杂粮、药材等各类土特产品转销到南洋各埠乃至欧美市场，其远洋航线则遍及世界各地。澳门则长期维持了向美洲旧金山和澳洲新金山等华人聚集地出口熟鸦片烟膏的专门航线。③

甲午战争以前，台湾缺少通往国外的航线，进出口货物需经厦门中转；日本割台后，台湾的远洋航线迅速兴起，摆脱了对厦门港的依赖，与日本的贸易联系日渐密切，进而开辟了若干条直达外国的远洋航线，反映出日本殖民统治由于政府角色的介入而对台湾航运业产生的巨大影响。

---

① 莫世祥：《近代澳门贸易地位的变迁——拱北海关报告展示的历史轨迹》，《中国社会科学》1999 年第 6 期，第 177～178 页；邓开颂：《澳门历史（1840～1949）》，珠海出版社，1999，第 186～188 页。

② 余绳武、刘存宽主编《十九世纪的香港》，中华书局，1994，第 263～269，296～297 页。

③ 《近代福州及闽东地区社会经济概况》，第 49 页；《近代厦门社会经济概况》，第 175、204 页；杨群熙点校《潮汕地区商业活动资料》，第 253～266 页；莫世祥译编《近代拱北海关报告汇编》，第 132、186、193、209、217 页；中国海关学会汕头海关小组、汕头市地方志编纂委员会办公室合编《潮海关史料汇编（内部资料）》，1988，第 66 页；冯邦彦：《香港华资财团（1841～1997）》，三联书店（香港）有限公司，1997，第 16～22 页。

日本为了割断台湾与大陆长久以来建立的密切贸易关系，而代之以建立台湾与日本之间的海运贸易网络，由台湾总督府提供巨额补助金命令开辟航路，同时统一台湾与日本国内关税，提高台湾与中国大陆、香港间的关税，以此来强化台日关系，从而导致台湾与中国大陆的直达航线在甲午之后大大减少，很多贸易往来要经过日本转口。以中药材为例，一般改走上海或香港—日本（长崎为主）—台湾线。日本邮船会社、大阪商船会社等日资航运企业进而进军华南沿海乃至世界航运市场。日本邮船会社于 1897 年开辟了由香港出发，往返上海、华北、朝鲜、长崎、基隆等港的大型环线。[①] 台湾总督府随即大力建设基隆港，在割台 5 年内即以基隆为起点或途经站，开辟了通往神户的快慢航线 4 条，绕行东西海岸的环岛航线 4 条；开辟由淡水、安平通往香港的航线各 1 条。1902年基隆港初期工程修建完工，立即开辟了基隆—苏伊士—美国（东海岸）航线，将大批台湾乌龙茶运抵美国；1904 年又开辟了基隆—美国（西海岸）的太平洋航线；1908 年开辟了基隆—爪哇线运输包种茶至南洋。淡水港则因港口条件相形见绌而日渐衰落，至 1911 年除了原有的经厦门至香港的航线之外，没有拓展新航线。台湾南部的打狗港也改以对日贸易为主，打狗—横滨线承揽了大批台糖出口日本的业务。在短短10 余年里，台湾的贸易对象以及随之而来的对外航线均发生了巨大变化，形成环岛航线、对日航线发达，远洋航线快速成长，对华航线相对萎缩的态势，基隆港迅速崛起，取代了昔日的淡水，形成一港独大的格局。[②]

---

① 朱德兰：《近代长崎华商泰益号与上海地区商号之间的贸易》，原载《中国海洋发展史论文集（第六辑）》，第 374 页；戴宝村：《近代台湾海运发展——从戎客船到长荣巨舶》，台北玉山社，2000，第 130、158 页；朱德兰：《日治时期台湾的中药材贸易》，原载《台湾商业传统论文集》，台湾中研院台湾史研究所筹备处，1999，第 245 页。

② 刘素芬：《日治初期台湾的海运政策与对外贸易（1895～1914）》，原载《中国海洋发展史论文集（第七辑下）》，台湾中研院中山人文社会科学研究所，1999，第 647、653～654、666 页；片山邦雄『近代日本海運とクジケ』、御茶の水书房、1996、223 页；蔡采秀：《日本の海上経略と台湾の対外贸易（1874～1945）》，原载《台湾商业传统论文集》，第 215 页。

二 港口层次与港势地位的类型分析

任何一个港口都不是孤立存在的，而是特定区域系统的一个组成单元。港口的形成与发展是港口与区域系统长期交互作用的结果。进而使不同的港口拥有不同的区位要素，同时在港口体系中占据不同的位置，发挥不同的功能。在上述航线结构分析的基础上，可以进一步从各港在区域对外交通中发挥的作用、对周边口岸的辐射力等角度划分出这 15 个港口在东南沿海港口体系中的层次，揭示出其间的互动关系。

上海、香港、基隆是本区域最重要的三个口岸，处在港口体系的第一层，属于在多种内外力共同推动下迅速成长的港口。上海和香港都拥有非常广阔的腹地。上海是北方、长江流域和浙江对外交通的总枢纽；香港则是闽台、两广、云贵等区域对外贸易的主要转口港，也是上海和环渤海口岸某些进出口物资的重要途经站。上海和香港通过远洋航线、沿海航线、内河航线的连接，对沿线港口产生强大的辐射力，使其对外交通（特别是远程运输）在不同程度上形成了对这两个大港的依赖。而繁密的常川远洋航线又保证了上海和香港能够发挥大批量进出口货物的集散功能，使周边港口对其的向心力经久不衰。戴鞍钢、唐巧天及本人的相关研究对此有进一步论述。[①] 基隆虽然拥有优良的港口条件，但其兴盛则缘于甲午战争后外力的介入，脱离了传统上面向大陆的中国贸易圈，被纳入了日本经济向外扩张的轨道。岛内铁路的建设和远洋航线的开拓更使基隆拥有了通往岛内岛外四通八达的交通网络，显得朝气蓬勃、充满活力，发挥了其聚集人、财、物的功能，成为吸引华、日商人积极参与基隆对外贸易的一项有利背景，从而改写了基隆的历史地位，港势显著增强，展现出一种超常规的发展模式。[②]

---

① 毛立坤：《香港与内地的贸易关系（1869—1904）》，《安徽史学》2005 年第 5 期；唐巧天：试论上海外贸埠际转口的变迁（1864—1930）（未刊稿）；戴鞍钢：《港口·城市·腹地——上海与长江流域经济关系的历史考察（1843—1913）》，复旦大学出版社，1998。

② 《1882—1891 年台湾淡水海关、台南海关报告书》，原载《台湾经济史六集》，第 98 页。朱德兰：《日据时期长崎华商泰益号与基隆批发行之间的贸易》，原载《中国海洋发展史论文集（第五辑）》，台北，中研院中山人文社会科学研究所，1993，第 438、456 页。

处在港口体系第二层的口岸可分为两种类型：福州、厦门、汕头基本能够保持平稳的发展趋势；宁波、广州虽然受到邻近大港的制约，但仍具有相对优越的港势地位。

福州、厦门、汕头三港均是亚省级区域对外交通的孔道。福州是闽北一带海外交通的必经之地，将闽北一带的茶叶、木材、干鲜水果等运往国内外市场；厦门是闽南土特产品供应南洋华侨以及对台贸易的转口港（甲午以前）；汕头则是韩江流域人员往来和货物进出的通道。通过大宗特产输出或客运业务，来维持季节性或不定期远洋航线及常川沿海航线，可视为这三个口岸的共同特征。三港在地理位置上介于上海与香港两大枢纽港的中间地带，受大港"吸附效应"的影响程度较低，不及下述宁波、广州两港强烈，所以能维持一种平稳的发展趋势，对各自邻近的口岸如三都澳、淡水、打狗等均产生较强的辐射力。

宁波和广州是所在省份对外交通的重要门户，也是邻近省份的接壤地区货物进出口的首选通道。如宁波的腹地在全盛时曾覆盖浙江全省及安徽、江西的接壤地区，广州则是西江、北江流域人员、物资往来的总汇之处。但由于邻近大型港口上海和香港，故在对外贸易上沦为邻近大港的附属港，以致其对外交通主要以通往邻近大港的短程航线为限。这两个口岸的港势地位之所以能维持不坠，有赖其对纵深腹地发挥的货物集散功能，这是邻近大港所不能取代的。

处在港口体系第三层的口岸也可分为两种类型：淡水、打狗、北海、澳门可称为衰退型港口；温州、三都澳、琼州则可称为不发展型港口或停滞型港口。

淡水、打狗、北海三港的对外贸易在开埠后有较大发展。如淡水曾是台湾北部一带大宗产品茶叶、樟脑的集中出口港，在台湾对外贸易中一度享有优势地位，有航线直达厦门、香港；打狗以糖为大宗出口产品，直接运销日本、中国内地和香港；北海曾是粤西南一带重要的出海口，是广西地区对外贸易的重要口岸，谷米、畜产品等农副产品大批取道北海输出；澳门在近代时期曾因鸦片走私、苦力贸易而兴盛一时，一度是粤西海岸对外贸易的汇集地。但四港都因邻近的其他强势口岸快速崛起而遭受"分流效应"，港势地位大幅下降。淡水自1900年以后随着基隆的兴起而日渐衰落，尤其是台日航线与沿岸航线均不经过淡水，是导致其港势地位衰落的主要原因，打狗同样也受到基隆的影响而暂时难以振兴。北海港本身的港口条件以及对内陆的运输路线均存在较大缺陷，因此当航运条件更好的梧州继起充当广西进出口贸易的主要集散地之后，北海的港势地位就大大降低了。澳门则随着苦力及鸦片贸易的衰落，以及粤西南各埠如江门、广州湾、顺德等陆续改以香港作为进出口贸易的中转港，港势地位不断下降，日益沦为香港的附庸，仅维持了对香港的航线及对邻近地区如三水等地的短程航线。

温州、三都澳、琼州三港由于腹地狭小，缺少促进其发展的内外动力，因此开埠后并没有出现贸易繁荣的局面。对外交通一般只有连接邻近口岸的短程航线，如温州—宁波—上海线、三都澳—福州线、琼州—北海线、琼州—香港线等，基本上只能算是邻近口岸的附属港，三港的港势地位一直较弱，属于典型的停滞型口岸。

三个层次的港口之间在货物吞吐量、进出港船只的数量和吨位数、对外航线的密集度、对邻近其他港口的影响、以及腹地的范围等方面均存在较大差距。这种差距是由港口本身的条件（如所处地理区位、港口水深条件等）、腹地经济规模和发展水平、传统社会习惯的延续及外来势力的介入等多种复杂的因素共同促成的。当然，港口的港势地位及其层次也会随着这些因素的改变而发生变化，从某种程度上讲，铁路的修建就意味着变化的开始。

以上对晚清时期东南沿海 15 个通商口岸对外航线的实证分析，大致厘清了中短程航线、跨区航线、远洋航线在各口的分布情况，并对各类航线所承担的功能进行了粗浅的归纳。在此基础上简要分析了不同港口港势地位的差别及导致其变迁的原因。晚清时期沿海航线的分布虽有一定的规律性，但实际的动态运作过程远比本文所叙述的情况复杂；同时，港口层次的划分也因未将不对外开埠通商的口岸纳入分析而存在缺陷。这些都是值得进一步深入研究的方向。

（原刊《史学月刊》2005 年第 12 期）

近代上海港崛起的机制分析

一 问题的提出

近代上海港是中国最大的港口，也是远东航运中心之一，很多学者对上海港崛起的原因有过研究，大致可把这些原因分为三类。

（一）地理因素说

有些学者认为区位条件如地理位置、腹地、航道等是港口发展的主要原因。美国学者罗兹·墨菲重视地理因素对上海发展的影响，强调"地理位置已成为上海各个时期发展的主要因素，并且使上海跟其他通商口岸区别开来，而其他各口岸，尽管由于它们的政治地位也得到同样的经济发展机会，却很快被上海远远地抛在后面了"。[①] 邹逸麟等人把上海港的港区变化放在上海地区海岸演变和太湖流域水系变迁的大格局中进行考察，认为上海的前400年依托于吴淞江，后600年依托于黄浦江，吴淞江孕育了上海港，而黄浦江则为上海港的发展提供了优越的条件。[②] 戴鞍钢把上海港的发展过程分为两个阶段：在开埠之前，河道的变迁使上海港在太湖平原诸港中脱颖而出；在开埠之后，上海港更靠近丝、茶产地，运输条件、区域发展程度和市场潜力等也都优于广州、厦门、福州、

---

  * 本节作者王列辉，华东师范大学城市与区域科学学院教授。

① 墨菲著《上海——现代中国的钥匙》，上海社会科学院历史研究所编译，上海人民出版社，1986，第98～99、103页。

② 邹逸麟、张修桂：《上海港的历史地理》，《自然杂志》1993年第3期，第28～34页；邹逸麟：《淞浦二江变迁和上海港的发展》，《椿庐史地论稿》，天津古籍出版社，2005，第510～523页。

宁波等港，所以在近代迅速崛起。① 田北隆美特别重视港口背后地域（即
陆向腹地）的范围和经济集约度（即开发程度特别是工业化程度）对港
口的影响。② 黄盛璋认为上海港近代的崛起主要是由于拥有良好的区位条
件。③ 吴松弟认为自明代开始我国最大的沿海贸易港出现北移并最终转移
到上海的根本原因在于，江南既是我国明清时期出口商品的主要来源地
区，也是进口商品的主要销售地区，并有着发展海上贸易的良好区位条
件。④ 林达·约翰逊则关注城市与港口、城市与腹地之间的关系，她认为
从宋朝到明初，上海的繁荣主要依靠港口，直到棉花作为经济作物大规
模生产后，直接腹地对城市来说才变得越来越重要。到了清代，城市和
腹地的关系不再那么重要，城市的发展更多地依靠外部的商业联系，这
也就意味着港口在城市中的地位再次得到加强。⑤

（二）制度说

另一些学者虽然承认区位条件很重要，但认为历史传承、制度安排、
经济发展程度等所起的作用更重要。戴恩赛（En-Sai Tai）较多地从制度
角度考察开埠港口和城市的发展过程，如他注意到开埠初期，在上海港
划分泊船区域和设立港务长对上海港的发展有很重要的作用。⑥ 台湾学者
王尔敏强调历史渊源的重要性，认为"历史形成之条件，亦至影响港埠
地位之确定，如一种渊源传统之形成，一种历史知识之系统，均自然提
供港埠位置之参考，并影响及于决定之取舍"。⑦ 金立成认为近代上海港
发展成为远东航运中心，固然与上海港优越的地理位置和自然条件有关，

---

① 戴鞍钢：《论近代上海港崛起的历史地理底蕴》，《中国历史地理论丛》1996 年第 3 期，
　　第 209～218 页；戴鞍钢、张修桂：《环境演化与港口变迁——以上海港为中心》，《历史
　　地理》第 17 辑，上海人民出版社，2001，第 73～81 页。

② 田北隆美『支那港湾统制と开发问题』二里木书店、1944。

③ 黄盛璋：《中国港市之发展》，《地理学报》1951 年第 1、2 期合刊。

④ 吴松弟：《明清时期我国最大沿海贸易港的北移趋势与上海港的崛起》，《复旦学报（社
　　会科学版）》2001 年第 6 期，第 27～34 页。

⑤ Linda Cooke Johnson, Shanghai: From Market Town to Treaty Port, 1074 - 1858, Stanford
　　University Press, 1995;〔美〕林达·约翰逊：《上海：一个正在崛起的江南港口城市，
　　1683—1840》，载于林达·约翰逊主编《帝国晚期的江南城市》，成一农译，上海人民
　　出版社，2005，第 191～232 页。注：林达·约翰逊即张琳德（Linda Cooke Johnson）。

⑥ EN-SAI TAI, Treaty Ports in China（a Study in Diplomacy）, New York City, 1918.

⑦ 王尔敏：《五口通商变局》，广西师范大学出版社，2006，第 273～274 页。

但他强调上海港优越的地理环境是上海人民辛勤劳动的成果，认为航运力量的长期积累是先决条件，港口设施的不断完善与为船舶服务行业的建立是基础，城市贸易、工业、金融的发展是动力。[①]

(三) 全面说

还有些学者则持比较全面的观点，认为区位条件和制度、经济等对港口发展都重要。如《上海港史》认为近代上海港之所以能成为我国最大的港口得益于地理位置适中、经济腹地广阔、依托城市繁荣和交通条件便利。[②] 王洸的《中国海港志》注意到海港的自然要素（港口的位置、港外状况、港口状况、港内状况、气候风向等）和经济要素（广大的腹地、丰富的生产、稠密的人口、便利的运输等）对港口的发展有很大的影响。[③] 马学强提出港市的兴起除了地理因素外，还需要具备另外两个条件，即海上交通的开辟和海外贸易的拓展。他认为上海港在地形上位于从西面和北面向它汇合的华东低地和整个长江流域的焦点，又是中国南北方沿海贸易的中心，具有中国其他任何一个港市都无法匹敌的优势。[④]

上述研究或从区位条件进行分析，或着重于历史、制度、经济等进行论述，都有一定的说服力，为解释上海港在近代的发展原因提供了不同的视角，但是由于突出某一方面的重要性，往往忽略了其他因素的作用，因此难免失之偏颇，也与地理学界长期主张的"人地相关，人为主导"的人地关系理论不相契合；《上海港史》《中国海港志》等虽然认为区位条件和区域经济等对港口的发展都很重要，粗看起来似乎较为全面，涵盖了各方面的因素，但是又缺乏整体的理论支撑，没有把各种因素有机地联系起来，往往只是把数种因素一一罗列而已，由此弱化了解释的力度和理论的锋芒。

---

① 金立成：《上海港的历史变迁》，《中国航海》1982 年第 1 期，第 79～87 页；金立成：《近代上海港是怎样成为远东航运中心的》，《中国港口》1996 年第 6 期，第 26～27 页。
② 茅伯科主编《上海港史（古、近代部分）》，人民交通出版社，1990，第 5 页。
③ 王洸：《中国海港志》，中华文化出版事业委员会，1954。
④ 马学强：《明清江南港市初探——兼论上海港兴起的优越条件及主导地位》，《华东师范大学学报（哲学社会科学版）》1993 年第 1 期。

克鲁格曼认为"一个区位的有利方面，如拥有一个好的港口，普遍起着'催化'作用；一个新中心出现时，它会位于那里，而不是周围其他地区。但是，一旦新的中心已建立，它将通过自我强化过程来成长，因而发展到一定程度时，最初的区位优势与自我获得的集聚优势相比将变得不重要"。[①] 这段话指出了港口（城市）的区位条件与自我增强之间的关系，认为港口（城市）的出现首先得益于区位优势，正是由于优越的区位条件，港口（城市）才在与其他港口（城市）的竞争中脱颖而出。在获得先发优势后，港口（城市）具有自我增强与报酬递增的功能，通过自我强化而形成的集聚优势推动着港口（城市）的进一步发展。但是港口（城市）的发展除了需要区位条件和集聚优势，还需要技术保障与社会经济制度支撑。技术进步为人们征服自然提供了强大的物力，社会经济制度的支撑又为人们提供了充足的财力。正是由于近代以来人类社会获得巨大进步，技术发展与城市政治经济的转型使得近代城市能动员充足的财力、物力与人力，不断克服港口（城市）发展中的各种困难，突破自然条件的瓶颈，实现港口（城市）的可持续发展。

本文尝试运用"区位优势—自我增强—技术与政治经济保障"来解释近代上海港崛起的机制，认为港口在一定的自然地理区位条件下形成之后，聚集效应不断放大，从而使得港口城市的人文环境不断改善，在技术进步和城市制度不断演进的大背景下，港口生存能力不断增强，港城之间形成良好的互动，港口获得进一步发展（见图1）。这一解释框架不仅强调了自然地理条件在港口早期发展的重要作用，还强调港口形成后相关产业的聚集、城市经济与制度的发展对克服港口自然地理条件的某些先天不足，维持港口长期繁荣兴盛的决定性意义。对于近代上海港崛起机制的深入考察，也有助于对当前上海国际航运中心建设与上海城市发展之间关系的理解。

---

① 〔美〕P. 克鲁格曼：《"新经济地理学"在哪里?》，载〔英〕G. L. 克拉克等主编《牛津经济地理学手册》，商务印书馆，2005，第 57～58 页。

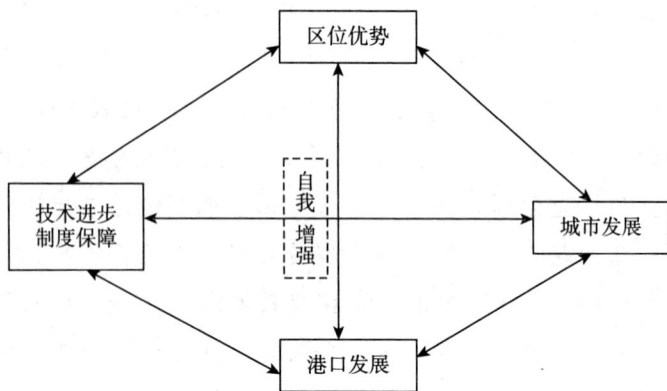

图 1　港口发展的钻石模型

二　近代上海港崛起的机制分析

（一）区位优势

大致在 1800 年左右，上海港已经超越刘家港成为江南的门户。[①] 近代上海港则加速发展，开埠的数十年间已经成为远东地区的枢纽港之一，这首先得益于上海港的区位优势。《上海县续志》即认为上海的发达得益于地势利便，"上海特滨海一小县耳，而在明已为防倭重镇，在清又为互市巨埠，管枢南北，转轮江海，交通贯于全球，聚族及于百国，京邑省郡或且逊之，固风会之所趋，亦地势利便之所致也"。[②] 对于近代上海港的迅速发展，很多学者认为上海港的地理位置起了相当大的作用，尤其是上海港位于中国海岸线的中心，是南北洋船只更换的中心。此外上海港是中国海岸最北的在大多数年份里终年不冻的港口，这就使它胜过华北两个主要港口——天津和青岛；上海港的位置距黄浦江口 14 英里，使港口不受台风的侵袭，这就使它胜过华南各港口；在港内或长江口的进

[①]　《浏河镇记略》卷 5 "盛衰"，《中国地方志集成·乡镇志集成》第 9 册，江苏古籍出版社，1992，第 373 页。

[②]　吴馨等修、姚文枬等纂《上海县续志》"弁言"，民国 7 年（1918）刊本，《中国方志丛书》华中地方第 14 号，台北，成文出版社，1970，第 7 页。

入地区，很少有耽误船舶航行的大雾。[①] 和周边其他港口如宁波港等相比，上海港具有独特的区位优势。

1. 上海港处于两个"T"字形的交会处

空间经济学者藤田昌久、克鲁格曼等人对港口、运输中心和大城市兴起之间的关系进行了模型推导。他们从运输成本最小化的角度，利用图 2 来阐述交通枢纽的作用，认为在相当大的参数范围内，交叉点 b 即港口会成为大城市的所在地，经济活动会向港口集中。[②]

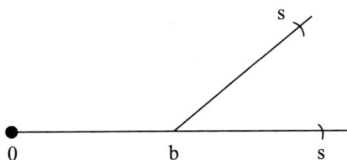

图 2 港口与运输中心

上述模型是"Y"型的，如果对这一模型稍加修改，则可以把"Y"形改为"T"形，这就可以从运输成本最小化的角度来解释上海港优越的区位条件。从国家尺度看，上海港位于长江和沿海"T"字形的分岔点，而分岔点是总运输成本曲线的一个极值点。如图 3 所示，如果"T"形转变为"*"形，即分枝越多，则分岔点就越具有吸引力。从区域尺度看，上海港位于黄浦江和苏州河"T"字形的分岔点，又延伸出到扬州、济南的分枝，上海到各地的运输成本是最小的。同时集聚于上海的制造业和服务业与其他城市相比，具有独特的技术含量和质量水准，上海及腹地的人口巨大，旺盛的当地需求使在上海的企业比其他地方更能盈利，经济活动就向上海集聚。[③] 近代开埠后，中国纳入世界市场，海运成为主要的交通方式，上海港襟江带海的区位条件使其成为海外进入中国的主要门户。上海港在 1860 年代末时，每年货物吞吐量为 57 万吨，十年之后的 1880 年左右开始突破 100 万吨，至 1920 年代中期开始达到 1000 万吨，

① 〔美〕罗兹·墨菲：《上海——现代中国的钥匙》，第 49～50 页。
② 〔日〕藤田昌久〔美〕保罗·克鲁格曼、〔英〕安东尼·J·维纳布尔斯《空间经济学——城市、区域与国际贸易》，梁琦主译，中国人民大学出版社，2005，第 151～153 页。
③ Masahisa Fujita, "Tomoya Mori. The Role of Ports in the Making of Major Cities: Self-agglomeration and Hub-effect," *Journal of Development Economics*, 1996, 49: 94 - 97.

成为千万吨级的大港。在 1906 年前后，上海港排在香港、纽约、伦敦、汉堡和克克斯港、安特卫普之后，列全球港口第六位。[①] 到 1934 年，上海港是继纽约、伦敦、神户和鹿特丹之后的全球第五大港。[②]

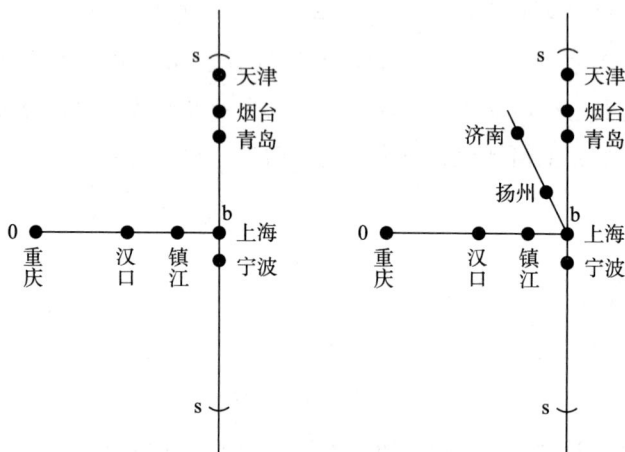

图 3　上海的枢纽港区位

区位优势为上海形成城市集聚奠定了基础。据表 1，1931 年在各国在华商业投资中，上海占总额的 46.44%，说明有接近一半的外国商业资本是投资到上海的，如果考虑到日本为了战争对东北的殖民掠夺和投资，则可知各国在上海的投资比例是非常高的。此外，国内大量资金也向上海集中，如宁波的钱庄每年向上海的钱庄放款就达两三千万元。[③]

表 1　1931 年各国在华商业投资按地域分布

单位：百万美元，%

	英国	日本	俄国	美国	共计	占比
上海	737.4	215		97.5	1049.9	46.44
东北		550.2	261.8		812	35.91

---

① 〔美〕马士：《中华帝国对外关系史》第 2 卷　一八六一～一八九三年屈从时期，上海书店，2000，第 440 页。

② *Trade of China*，1935，见《中国旧海关史料》编辑委员会编《中国旧海关史料（1859～1948）》第 118 册，京华出版社，2001，第 173 页。

③ 民国《鄞县通志》，《食货志》已编，"金融"，民国 24 年（1935）铅印本，《中国方志丛书》华中地方第 216 号，台北，成文出版社，1974，第 2450 页。

	英国	日本	俄国	美国	共计	占比
其他（包括香港）	226	108.9	11.4	52.7	399	17.65
共计	963.4	874.1	273.2	150.2	2260.9	100

资料来源：《民国二十三年申报年鉴》，上海申报年鉴社，1934，第711页。

2. 长江航路、沿海航路和远洋航路在上海港汇聚

紧临长江，使富庶的长江流域成为上海港的天然腹地，与宁波港相比，又更靠近北方诸港，使天津、营口、烟台等在很长一段时间内成为上海港的海向腹地，近代日本的开港以及美国的发达又为上海港提供了海外市场，"中外通商，昔以广州为首冲，今以上海为首冲，缘长江各口岸遍开商埠，而上海居长江入海之处，商轮由海入江，必于是焉始，是为江之关系。曩者外洋贸易，皆自印度洋而来，今则太平洋之贸易尤盛，而上海在太平洋西岸，南北适中之地，是为海之关系。故上海为中外通商第一口岸，亦形势使然云"。[1] 长江航路、沿海航路和远洋航路汇聚于上海港，大大强化了上海港在国际航运网络中的地位。如果说长江航运的连通，使上海港在长江流域的地位从地区性港口跃升为流域性港口，[2]那么远洋航运的连通，则使上海港从流域性港口跃升为国际性港口。

3. 开埠前后，上海港是苏州的外港

开埠前后，苏州是长三角的商业中心，上海港是作为苏州的外港而存在的，通过苏州，进出上海港的货物可以很便捷地向长三角最富庶的核心地区销售和汇集，"上海县地方，滨临海口，向有闽、粤奸商，雇驾洋船，就广东口外夷船，贩卖呢羽杂货并鸦片烟土，由海路运至上海县入口，转贩苏州省城并太仓、通州各路；而大分则归苏州，由苏州分销全省及邻境之安徽、山东、浙江等处地方"。[3] 在开埠之后的一二十年中，上海

---

[1] 吴馨等修，姚文枬等纂《上海县续志》卷一《疆域·形胜》，民国七年（1918）刊本，《中国方志丛书》华中地方第14号，台北，成文出版社，1970，第121页。

[2] 戴鞍钢：《港口·城市·腹地——上海与长江流域经济关系的历史考察（1843—1913）》，第34页。

[3] 蒋廷黻：《筹办夷务始末补遗》道光朝第2册，北京大学出版社，1988，第634页。

港与苏州之间存在一种沟通中外贸易物流的交通方式——"苏州方式"。①
这一时期，长江三角洲的商业中心和航运中心是分离的，上海港通过苏
州河承担起商业中心——苏州的外港角色。此后，由于太平天国运动对
苏州的破坏、上海港区位优势的发挥，长三角的商业中心从苏州向上海
转移，于是商业中心和航运中心在上海重合，对外贸易和航运形成良好
的互动，进一步促进了港口的繁荣。

　4. 航道水深条件的改善

　　明永乐元年（1403）所形成的黄浦江水道为上海港的发展奠定了基
础，而同样重要的是，18 世纪中叶，长江主泓改走南支，导致南支河槽
显著扩大，1900 年之后的几次长江全流域洪水过程又使长江口南港和南
槽达到了 10 米左右的水深。② 在一定程度上可以说黄浦江的疏浚打通了
旧上海县城与长江的航路，长江主泓流向的变动则打通了黄浦江和世界
的航路。1905 年浚浦局成立，经过浚浦局数十年的整治后，筑成导堤约
长 25 公里，黄浦挖泥约 4200 万立方公尺（运泥船中量见之数），填高滩
地约 5000 亩（地平在高潮线上）。③ 据表 2，到 1929 年，黄浦江航道至少
深 26 英尺（约 8 米），又因潮高至少为 6 英尺，所以每日航线航道至少
深 32 英尺（约 9. 8 米）。吴淞外沙滩更由 1906 年的 15 英尺挖深到 1929
年的 30 英尺，加上潮高，可达 36 英尺（11 米）。黄浦江的水深条件得到
很大的改善，这为 1920 ~ 1930 年代上海港成为国际大港创造了条件（见
图 4、图 5）。

表 2　黄浦江最浅各处沙滩可以航行之至小深度

单位：英尺

年别	吴淞外沙滩	吴淞内沙滩	帆船航道	汇山沙滩
1906 年（第一次浚浦局设立时）	15	10	8	21

①　张仲礼等主编《长江沿江城市与中国近代化》，上海人民出版社，2002，第 290 ~ 299 页。
②　陈吉余：《陈吉余（尹石）2000：从事河口海岸研究五十年论文选》，华东师范大学出
　　版社，2000，第 301、307 页；恽才兴：《长江河口近期演变基本规律》，海洋出版社，
　　2004，第 27、39、142、179 ~ 180 页。
③　《中华民国廿五年上海市年鉴》，中华书局，1936，C10 页。

年别	吴淞外沙滩	吴淞内沙滩	帆船航道	汇山沙滩
1912 年（浚浦局设立时）	21	撤除	19	22
1929 年	30	撤除	28	26

资料来源：《费唐法官研究上海公共租界情形报告书》第 1 卷，第 519 页。

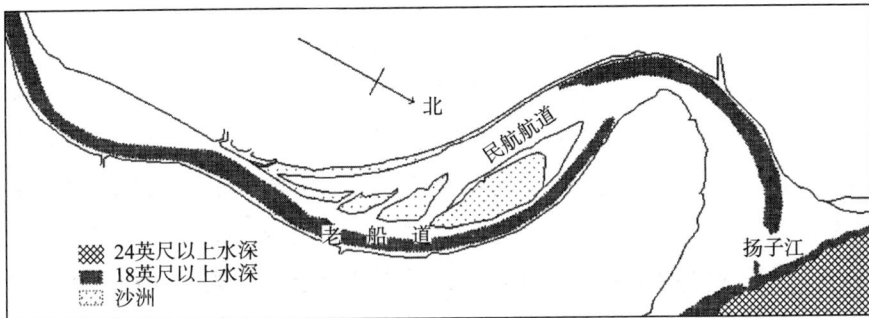

图 4　1906 年的黄浦江

说明：底图采自 *The Port of Shanghai 1936*，Plate，No. 14，Whangpoo River in 1906.

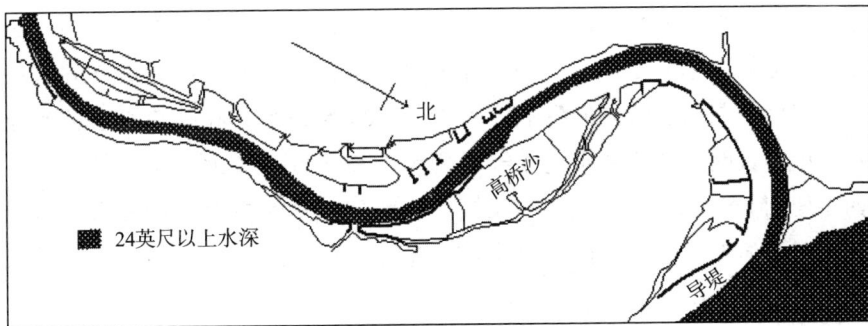

图 5　1935 年的黄浦江

说明：底图采自 *The Port of Shanghai 1936*，Plate，No. 14，Whangpoo River in 1935

（二）　自我增强机制

但是本文并不赞同墨菲等人所持的自然位置已成为上海各时期发展的主要因素的观点。上海港的发展过程并不是一帆风顺的，特别是进港航道一直是上海港进一步发展的致命伤。随着船舶大型化和上海港进港航道的淤浅，上海港的不足凸显。郑肇经认为上海港有两大缺憾：其一，

"水陆运输之不能联络，以致货物有船舶卸落后，辗转运输至少有二公里之遥，方达铁路车站，其时间上经济上之损失，为数甚巨"；其二，"现在码头之地位，平均约距黄浦江口二十公里，虽黄浦历年加以疏浚，而最大船舶，仍不能停靠码头，多须泊于吴淞口外，货物与旅客之上下，固属可能，即轮舶所受之损失，亦非浅鲜，长此以往，巨轮恐将为其他口岸所吸引，而上海势必日渐衰落，降为二等商埠"。①

为了克服上海港的不足，中国政府在外人的要求下，动用大量人力、物力疏浚进港航道，在 1906～1915 年的十年间，浚浦局就支出了近 990 万上海两。② 为什么不把港区迁到其他地方比如吴淞，而花如此巨款进行航道疏浚呢？那是因为上海港的存在对于这个城市有太大的意义："上海租界所以发达，端赖码头林立，凡货物旅客，由内地或外洋来者，多先萃集于斯。吴淞距租界三十余里，如吴淞商港筑成，则大洋汽船可径泊吴淞，货物旅客有水道来沪者，必舍远而图近，在吴淞卸货，由吴淞乘火车转入内地。租界码头必失其重大之效用。"③ 由于在上海"存在很大的既得利益集团，因此吴淞不大可能会发展成为与之竞争的口岸"。④ 通过浚浦局数十年的努力，1930 年代的上海港成为远东地区的航运中心之一，进港航道基本上适应了当时船只进出的需要，航道问题最终并未在很大程度上制约上海港的发展。另外，1900 年前后，在陆路交通的兴建过程中，铁路、公路的走向主要是围绕上海港并向南北两翼展开，其目的是便利上海港的集疏运。一系列人为的努力最终克服了诸多自然条件的限制，使上海港的地位得到提升和巩固。到 1920 年代上海港已经位居全球港口第六位，成为远东航运中心之一。⑤

---

① 郑肇经：《上海新商港地位之商榷》，《东方杂志》第 28 卷第 8 期，1931 年，第 37 页。
② 〔美〕马士：《中华帝国对外关系史》第 3 卷，上海书店出版社，2000，第 412 页。上海两按海关两打九折。
③ 陆为震：《中国商港建设之现在及将来》，《东方杂志》第 28 卷第 10 期，1931 年，第 27 页。
④ 《代理总领事满思礼 1897 年度上海贸易报告》，李必樟译编《上海近代贸易经济发展概况：1854～1898 年英国驻上海领事贸易报告汇编》，上海社会科学院出版社，1993，第 937 页。
⑤ Whangpoo Conservancy Board, *The Port of Shanghai*, Shanghai: The Oriental Press, 1924, pp. 1 - 2.

　　这里涉及一个问题，即港口（城市）的区位条件和自我增强。上海港的区位条件推动了上海城市的发展，使上海城市具有与其他地方不同的优势。刘鸿生认为上海有五大优势："航轮、铁道二者兼备，且水陆交通之便利，外来货料，既易进口，内轮行销又极灵便，此其一。金融流畅，划汇简易，内外国银行林立，集资与借资迅捷，此其二。当地市场广大，本埠行销畅旺，人口密集，仰给自多，供需适合，营业自盛，此其三。工厂与工厂间以及工厂与他业间，多有相扶相依情形，如食物与制罐、制瓶厂，书业、印刷业与造纸厂，上海各业较内地发达，工厂亦多，此其四。外侨商业茂盛，吸收外资较易，因之行销外国亦畅便，此其五。"① 可知，上海交通便利、融资便捷、本埠和海外市场广大、企业之间又有紧密的上下游产业链，发挥着集聚效应。

　　开埠之后，迅猛发展的对外贸易使上海成为商业中心，上海港的发展主要依靠商业，对外贸易的蓬勃发展带动了城市的迅速发展。甲午战争后，又吸引了越来越多的外国人和中国商人到上海投资办厂，于是形成各种产业的临港集聚，上海又成为工业中心。各界在上海有着众多的利益，1870 年外国租界中房地产的估值是 1400 万两，② 1881 年外国租界内的财产，包括土地、房屋、商品等在内，总值达 1425 万镑，③ 1890 年左右上海租界的地价和土地上建筑物的价值上升到 3000 万两，④ 1920 年 5 月 16 日出版的《申报》对和上海港利益相关的各种产业设施进行清点，仅"地基二百零九兆两，房屋租金价值二十六兆两，房屋价值二百六十兆两，共计地基房产两项，合为四百六十九兆两"。⑤《江海关十年报告》也显示："中国商人一年甚于一年地倾向于把上海作为中国北方贸易的商业中心，他们把北方沿海港口和内河港口只是作为货物的上岸地点来使

① 上海社会科学院经济研究所编《刘鸿生企业史料》下册，上海人民出版社，1981，第 4 页。
② 马士：《中华帝国对外关系史》第 2 卷，第 348 页。
③ 《领事许士 1881 年度上海贸易报告》，李必樟译编《上海近代贸易经济发展概况：1854 ~ 1898 年英国驻上海领事贸易报告汇编》，第 616 页。
④ 姚贤镐编《中国近代对外贸易史资料（1840 ~ 1895）》第 2 册，中华书局，1962，第 1080 页。
⑤ 《本埠新闻：西报论修建海港之计划》，《申报》，1920 年 5 月 16 日，第 10 版。

用，而这些货物又是为满足那些地区的直接需求所必需的。现在，中国人最大量的商业机构几乎都设在这里，地产在不断涨价，新的建筑物正在四面八方建造起来。"①

港口和城市经济的发展息息相关，随着港口规模的扩大，它为所在城市带来了庞大的、潜在的收益，这就是所谓港口收益的外部性，而这种收益本身也具有递增性。城市作为港口规模化外部性的收益者，为了维持及扩大这种收益，往往通过对港口的各种大力扶持，实现港口外部收益的内部化，以鼓励港口的发展。② 上海港承载了如此多的经济利益，于是就产生了自我增强的动力，迫使人们投入巨大的人力、物力、财力进行航道疏浚，而不是把港区迁至吴淞。正如张忠民所认为的，"在一定的条件下，上海的经济区位决定了上海具有发展贸易的较低交易成本，发展工业的较低经营成本；而当上海经济发展到一定程度以后，又会出现工商业都市经济的集聚效应，从而使初始的地理区位优势进一步向人才、资本、技术的高密化、集约化发展，推动城市经济向产业结构更合理、更有竞争优势的方向迈进"。③ 航道的疏浚、铁路的兴建、租界制度的完善等都是上海自我增强的生动体现。这一时期，区位条件仍在发挥作用，但最初的区位优势和集聚优势相比，已不再那么重要了，在上海集聚了太多人和集团的利益，这种聚集优势最终使上海港在自我增强过程中不断发展，只有战争使它前进的步伐稍稍减缓。

（三）技术与制度保障

得益于良好的区位条件，上海港在近代迅速崛起。良好的区位条件促进了港口和所在城市的发展，随着集聚优势和规模效应的发挥，港口在自我增强作用下不断发展壮大。但是，这一发展机制并不是上海一港特有的历史过程，也不是只有近代以来才会发生的，唐代的扬州，宋元明清时期的宁波港也是如此。问题在于：前近代时期的港口虽然都曾盛

---

① 徐雪筠等译《上海近代社会经济发展概况——〈江海关十年报告〉译编》（1882～1891年），上海人民出版社，1985，第34～35页。

② 韩增林、安筱鹏：《集装箱港口发展与布局研究》，海洋出版社，2006，第44页。

③ 张忠民：《1843～1978：上海经济成长的回顾与前瞻》，《上海经济研究》1999年第7期，第69页。

极一时，但最终或者因为自然条件的恶化而衰败下去，如唐代扬州港的首位地位即因长江航道条件的改变而不复存在，或者因为受到周边区位条件更优越、经济制度更先进的港口的竞争而地位下降，如宋元明清时期占据长三角首位港地位的宁波港在近代相对沦落。何以近代以来的上海港，在自然区位条件方面虽然屡次遇到困难或者受到周边港口的挑战，却能不断克服种种不足而始终保持繁荣昌盛的局面不动摇？

近代上海港集聚优势的发挥、繁荣昌盛局面的保持是由技术和制度两方面做保障的。

近代以来，随着自然科学与技术水平的突飞猛进，人类征服自然与改造自然的能力大大增强。与港口发展密切相关的航道疏浚、大型深水码头修筑等都离不开近代以来陆续发明的大规模机器作业，这些工程远非传统时代单纯的人力所能做到的。1933 年浚浦局拥有大号、小号斗梯式挖泥机各 3 艘，大号铁爪式挖泥机 3 艘，小号铁爪式挖泥机 1 艘，大号拖轮 11 艘，小号拖轮 3 艘，另有钢质运泥船 26 艘，填泥所用大号抽泥机 2 艘。其中大号斗梯式挖泥机挖泥速度每小时 600 立方码，大号铁爪挖泥机每小时可挖 100 立方码，利用这些大型挖泥设备，每年挖泥在 300 万立方码以上。[①] 这些大型设备的引进与使用极大地提高了港口疏浚作业能力。

另一方面，近代社会的发展往往伴随着深刻政治经济制度，特别是财政金融制度方面的深刻转型。同传统城市相比，近代城市政治经济结构发生了深刻变化，城市自身地位上升了，不再只是统治农村的工具，这突出表现为近代政治制度的建立。鸦片战争之前，中国只有省、府、州、县等管理块状地区的地域型行政区域，并无管理城市的行政区域，无论多大规模的城市，均无只管理城市的行政机构。随着城市经济的发展和城内工商业者力量的成长，1921 年中央政府开始建立"市"这种聚落式的行政区域，使城市不再从属于管理片状的行政区域，上海即是最早设立"市"的地方之一。上海设市对上海本身的发展起着重大的推动作用，使上海华界地区的行政事务第一次有了全面的行政机关予以管理，

---

① 上海浚浦局刊行《上海港口大全》，1934，第 63 ~ 64、141 ~ 142 页。

有利于上海作为全国经济中心和文化中心地位的强化。[①] 城市在公共财政方面，由传统社会主要依靠土地税转为以工商业税收为主，城市的财政收入与工商业发展息息相关，城市的财力大大增强了，城市维护和发展自身工商业的能力与愿望均大大增强了。而近代金融业的发展，特别是银行与公债市场的出现，无疑进一步大大增强了近代城市所能吸收和动员的财力与资源。基于强大的财力和资源优势，上海有能力保障港口的持续发展，城市给港口予强有力的支持。

正是由于这一巨大的自然科学技术进步与深刻的城市政治经济的转型，近代城市得以聚集、动员充足的人力、物力与财力，通过大量的工程建设或者社会制度等方面的兴革与改良，不断克服城市发展中所面临的种种不利因素，逐步摆脱长期以来自然地理条件对城市发展的制约与束缚，实现港口和城市的良性互动，港口城市得到可持续发展与繁荣。

结　语

本节尝试运用"区位优势—自我增强—技术与制度保障"的分析框架来解释近代上海港崛起的机制。在港口发展的初期，区位优势起很大作用，上海港正是凭借着良好的区位条件，在损害周边港口利益的情况下获得了飞速的发展。由于拥有区位优势，各种资源开始向上海港集聚。临港集聚具有报酬递增和自我增强的机制，这样，区位优势促进了港口发展，港口发展形成了临港集聚，临港集聚又带动了城市的发展。在自我增强机制的作用下，港口和城市形成良好的互动，上海成为航运中心、商业中心和金融中心。这一时期随着集聚效应的发挥，区位优势虽然仍在发挥作用，但已不如开始那么重要了，随着船舶大型化，上海港的进港航道成为港口发展的致命伤，但是由于港口和城市具有自我增强的能力，大量人力、物力投入航道的疏浚，在1930年代，基本上克服了航道对上海港发展的不利影响，推动了上海港的发展。近代上海港集聚优势

---

①　周振鹤：《上海设市的历史地位》，苏智良主编《上海：近代新文明的形态》，上海辞书出版社，2004，第82~85页。

的发挥、繁荣昌盛局面的保持也是技术和制度保障的结果。

从上海城市的发展史看，港口在城市建设中起着举足轻重的作用。近代上海城市的发展首先得益于拥有良好区位的上海港，上海港的发展促进了对外贸易的发展，从而使上海成为商业中心，之后又成为工业中心、金融中心等。随着船舶大型化和进港航道的淤浅，上海港的发展遇到很大困难，这时城市的发展也同样离不开港口。如果上海港淤浅，那么商业中心、工业中心、金融中心就会受到致命的打击。于是城市和港口就产生了自我增强的动力和能量，外在、内在制度不断创新和完善，大量资金投入等，维持和促进港口的发展。从这个角度看，我们当可理解上海为何斥巨资在行政上属于浙江省的大小洋山建设洋山深水港。

当前上海正在建设国际经济中心、金融中心、贸易中心和航运中心。"四个中心"实际是"三加一"的关系，金融中心、贸易中心和航运中心建成了，就自然形成了经济中心。2009 年 4 月国务院发布《关于推进上海加快发展现代服务业和先进制造业、建设国际金融中心和国际航运中心的意见》，提出到 2020 年，将上海基本建成与我国经济实力和人民币国际地位相适当的国际金融中心、具有全球航运资源配置能力的国际航运中心。对于上海来说，城市发展的主要动力来自港口，国际航运中心的建设将带动贸易中心和金融中心的建设，从而进一步推动上海经济增长方式的转变，增强上海的国际竞争力。而另一方面，国际航运中心的建设也离不开产业的集聚、城市的发展、技术的革新与制度的创新。

从帆船到铁路：试论漕运与中国交通工具近代化

清承明制，以河运为"正载"，但中叶以后，随着自然条件和社会条件的变化，河运漕粮难以维系下去。在此情况下，道光六年（1826）和道光二十七年（1847），清政府实行了最初的两次漕粮海运；咸丰朝以后，尽管也曾试办过河运，但仅属"偶一行之"，且数量有限（10万石左右），海运成为漕粮运输的主要形式。这种漕粮海运，既是当时社会历史条件下的产物，又反过来对当时的社会发展产生了深远的影响。本文拟就从漕粮海运与清代社会变迁中极其重要的一个环节——运输业的变迁，做一简单探讨，以期对漕运在近代中国社会中的地位和作用，有更多的了解。

一　漕粮海运与木帆船的兴盛

漕粮由河运改海运，在改变漕运的运输路线的同时，也导致了漕粮运输工具的重大变化，即由适合于内河航行的漕船，变为适合于海洋航行的木帆船；由受限于季风等气候条件的木帆船，变为适合于远洋航行的轮船；由原始动力推挽的剥船和推车，变成为机器动力牵引的火车运输。这些变化，对中国交通运输工具的近代化，具有重要的示范意义和推动作用。

漕粮海运后，河运漕船业迅速衰落，加之清军对漕船的征用和战争的破坏，使得江浙漕船大部分被毁，以致于后来，当清廷想要部分恢复

---

*　本节作者倪玉平，清华大学人文学院教授。

河运时，竟然找不到可以利用的船只，只得全部雇用民船。而雇用民船
又在很大程度上改变了河运漕粮体制的特征。太平天国运动对河船的打
击也很沉重，据咸丰三年（1853）的奏报可知，江西漕船于上年回空时，
多数船只行抵江南清河县，"闻粤匪滋扰，河道梗塞，停泊清淮"。已经
回省之南前、南后、袁州等 13 帮共军船 636 只，因太平军进攻，先后被
掳去并焚烧、炮击共船 176 只，又有 1 船因装运清军在安徽繁昌县遭风漂
失，23 船因避太平军沉溺或搁浅。① 也就是说，本年船只损失高达 200
条，占总数的 31.4%，而这仅是太平天国起义之初，以后的损失当然更
多。果然，次年又有奏报：江苏以至长沙一线，大小船只被太平军抢掠
者高达十之七八，以致船只短小，大小官员遇有差使，必须先期觅船，
方能应用，"棘手至于如此"。② 另外，太平军也经常征用民船，据向荣奏
报，他们曾于咸丰三年四月，于江南观音门外，将太平军之 1000 余船
"用计焚烧"，船户水手约万余人亦经遣散，③ 其中必然包括大量漕船。

　　而随着道光六年的清代首次漕粮海运，以沙船为代表，包括宁船、
蛋船、卫船在内的各种木帆船的重要性，开始为更多的人所了解。1850
年代以前，沙、卫等船是一支担负着漕运和南北物资交流的庞大帆船队
伍。东北、山东牛庄和登州的大豆向来都是用沙、卫等船运往上海，转
销东南各省，这种"豆石运输"是中国沿海的传统大宗转运贸易。实施
漕粮海运后，因承担运输的工具最初全为木帆船，并有免税、护航等诸
多优惠，使得沙、卫等船在此间获得飞速发展。以沙船为例，它在道光
和咸丰年间，数量保持在 2000~3000 只的水平，船工水手也多达 10 余万
人，成为事业发展的巅峰时期。洋轮入侵前，沙船获利很多，"故当时以
沙船为恒产者，蒸蒸日上，获利无算，有富至百十万者。或问其富，不
曰田亩，不曰庐舍，不曰店铺，而以沙船对"。④

---

① 《江西巡抚张芾奏报查明上年回空军船途次被掳毁及现存各帮军船情形折》（咸丰三年
　十二月二十九日），中国第一历史档案馆编《清廷镇压太平天国档案史料》第 12 册，
　社会科学文献出版社，1992，第 110 页。

② 《湖北学政青麟奏报江面一带无船可觅片》（咸丰四年二月二十二日），中国第一历史档
　案馆编《清廷镇压太平天国档案史料》第 12 册，第 607 页。

③ 《咸丰起居注》咸丰三年五月初五日，中国第一历史档案馆藏。

④ 《论沙船转机》，《申报》光绪十四年六月十二日（1888 年 7 月 20 日），第 1 版。

　　木帆船业的兴盛，还推动了沿海地区经济的发展。关于这一点，可以从上海和宁波的经济发展中看得很清楚。上海地处海疆，因地理上的关系，居民操航业者甚多，当地著名的沙船，在轮船业兴起前，是最重要的运载工具，"邑中富户，多半由此起家"。由于漕粮海运，数百万石的漕粮由沪至津，"均以沙船承其乏"；同时，清政府为招徕沙船，又规定船主可以同河运漕粮一样，免税携带"土宜"（土特产）。政策上的扶持，使得上海获得了一次绝好的发展时机，沙船在此时期内得到了空前的发展，船只数量大为增加。例如，道光六年的漕粮海运，由于船只不敷使用，只得采取往返两次运输的办法。但由于获利颇丰，在第二年商议是否再行海运时，沙船主们立即表示"情愿赶办船只备用"，[①] 并一次性打造沙船三百余只，使得船只数量增加了近25%，可见漕粮海运与其利益攸关。沙船在对漕运"独专其利"的同时，也促进了南北的商品交流，致使"一时生涯鼎盛"，富户之由漕运起家者，也以上海"为独多"。[②]

　　如果说上海由于处于通商口岸的位置，漕粮海运对木帆船业和经济发展的作用表现得还不是很突出，那么浙江宁波的例子则可以看得更清楚些。鸦片战争后，由于外国轮船势力的入侵，浙江宁波的南北号蛋船数量急剧减少，到1850年，所存商行仅20多户，共置有木帆船100余艘，最大的木帆船载重约250吨。从咸丰三年（1853）起，浙江举办海运，上海的沙船出现了供不应求的情况。在这种情况下，宁波"南北号"的蛋船开始在浙江的漕粮海运过程中发挥重要作用。浙江首次海运漕粮，受雇出运的"北号"商船约130余只，其中单独派船6只以上的就有11家。当时为南北号服务的甬江码头的秤手、斛手、杠、挑力夫、修船、制篷、打索的工匠甚至有一两万人。

　　由于浙江的海运运米量保持在六七十万石的水平，需船较多，而承运的商船不仅可以获得数十万两银子的运费和数万石的耗米收益，而且按规定每次出运漕米可得二成免税货物（约合10多万担）；商船运漕抵

---

① 王云五主持《道咸同光四朝奏议》第1卷，台湾银行经济研究室，1971，第190～194页。

② 胡祥翰编《上海小志》第3卷《交通》，1930。注，此地方志言"清道光六年……官雇沙船二，运抵天津百五十万石，七年又行之"之说错误，道光七年根本没有实行漕粮海运。

津卸空后，又可以前往辽东装载油豆等北货南归（约 100 万担），所以获利颇多。在这种高额利润的吸引下，许多宁波航海商人和船号，纷纷拿出所有积蓄甚至变卖产业，投资海运事业。而且，就在咸丰三年，宁波所辖的鄞、镇、慈三邑九户"北号"船商，便捐资重修了"辉煌恒赫，为一邑建筑之冠"① 的甬东天后宫和庆安会馆，可见其资金的雄厚。

　　太平军占领南京后，通往镇江以上的长江航运受阻，宁波成为上海与内地川、鄂、皖、赣等省物质交流的重要中转集散地。这不仅对宁波港的贸易发展，也对"南北号"商船海运的兴盛，发挥了巨大的推动作用。为确保漕粮海运时南北航路的畅通，免受海盗袭击，"南北号"集资7 万元，购买轮船"宝顺"号，自行为漕粮海运武装护航，并多次剿匪成功，声名远播。② 可以说，正是由于漕粮海运，宁波的航运业及其经济才获得飞速发展，出现了鼎盛时期。

二　洋轮入侵与沙船业衰落

　　鸦片战争后，外国航运势力开始侵入中国。轮船在技术上所显示的优越性及对中国木帆船造成的竞争压力，使得中国木帆船的传统航运业务受到了沉重的打击。东南沿海的许多口岸，木帆船都遭到了轮船的排挤，经营范围也开始受到严重削弱。外国商船"资本既大，又不患风波盗贼，货客无不乐从，而上海之商船船户，尽行失业，无须数月，凋敝立见"。③ 美国驻华公使列卫廉（W·B·Reed）也承认，"中国大部分的沿海贸易从本地船只转移到外国船只手里"④。

　　第二次鸦片战争后，清廷被迫签订《天津条约》和《北京条约》，增开口岸，扩展航线，进一步降低了关税和子口半税税率，给予外国航商

---

① 张传保等修纂《鄞县通志·食货志》戊编，"产销"，1937。
② 黄宗汉：《浙江海运全案新编》第 6 卷，《放洋巡护事宜》，咸丰四年刻本，南京大学图书馆藏。
③ 《筹办夷务始末》（咸丰朝）第 30 卷，故宫博物院影印，1930。
④ 〔美〕泰勒·丹涅特：《美国人在东亚》，姚曾廙译，商务印书馆，1959，第 321 页。

享有更多的优待，并正式"许开豆禁"①。1862 年初，船商王永盛等联名禀报江海关道吴煦，请求禁止外商承运牛庄豆石，并请求将上海一埠的豆石运输，专归华商承办。这一建议得到李鸿章的赞同，但为英国公使所拒绝。即以到达牛庄的外国船只为例，条约签订后仅三年时间，就由 86 艘增加到 274 艘，容量也由 27747 吨上升到 91118 吨。特别有不少外国船只是空船进港，专为运载大豆而来。大量外国轮船夹板涌进牛庄港，使该埠沙船进口量减少 1/3 以上。② 在天津、牛庄及烟台等北方港口，虽然运输豌豆的木船在一段时间内，"煽起了排除外国船舶的情绪"，可是使用外国船舶优越性太大，"使得中国商人几乎全都用它们来运货"③，使沙船业主和运输工人面临失去生计的危险，中国沿海木帆船面临更加严峻的局面。

木帆船又受到了来自清政府的剥削。1862 年，清政府规定，对中国商船除原定征收商税、船钞外，又增加"海船商号输捐"，商船承载量为 300 担的需捐银 25 两；而自 400 担起，每增加 200 担即加银 25 两，并以次递增。这就是说，一艘 1500 担至 2000 担的船只出海，非先交数百两银子不可，这对于传统的木帆船航运业来说，无疑是雪上加霜。

由于外国轮船的竞争以及清政府的盘剥，使得"北地货价因之昂贵，南省销路为其侵占"，沙船主"富者变为赤贫，贫者绝无生理"，沙船因无力转运而停泊在上海港的"不计其数"。曾经盛极一时的沙船业逐步衰落，资本"亏折殆尽"，船只数量从道光年间的 3000 余只，降为同治六年（1867 年）的 400 余只，沙船业遭到了毁灭性的破坏。④ 宁波的蛋船，也遭受了同样的命运，如北号原有 200 余船，到同治三年以后便只剩下 100 余船了。⑤

---

① 《筹办夷务始末》（同治朝）第 7 卷，故宫博物院影印，1930。

② Great Britain Foreign Office, Commercial reports from Her Majesty's consuls in China, 1867 – 1870, printed by Harrison and Sons, 1872. P. 94.

③ China Imperial Maritime Customs, Report on the Trade at the Treaty Ports in China, 1869, Suggestion, printed by Statistical Department of the Inspectorate General, p. 17.

④ 《筹办夷务始末》（同治朝）第 28 卷。

⑤ 台湾中研院近代史研究所：《海防档》，购买船炮（三），台湾艺文印书馆，1957，第 816 页。

　　木帆船衰落，"沙船大减，迨后轮船四出，水脚愈贱，驾驶之灵，快捷十倍，各商以其货不受潮、本可速归也，遂争逐之而帆船生意又为侵夺"。[1] 在外国轮船的压迫下，传统木帆船业受到沉重打击。这种木帆船大量减少的状况，对外资航业发展十分有利。英国驻天津领事认为："中国帆船正在迅速从商业航线上消逝"；[2] 上海海关在一份报告中情不自禁地欢呼："帆船货运的黄金时代已成为历史了"，"帆船根本没办法与轮船竞争"[3]，航运业务尤其是沿岸贸易的主动权丧失了。

　　招商局成立后，通过在漕粮海运数额分配上的争夺，后来居上，逐步占据主导地位，木帆船的处境更加艰难。光绪十二年（1886）漕粮海运结束后，李鸿章咨文江苏巡抚张树声，称江浙沙宁船号商郁森盛等人禀请，沙宁各船历年报效急公，于公私两有裨益，现在生计日蹙，"惟存漕粮海运一线希望"，所以要求朝廷能每年拨给漕粮 100 万石装运。张树声回复：十二年漕粮海运，江浙共拨轮船运漕 17 万石，其余米 91 万石，计装沙船 312 号，宁船 125 号，东卫等船 94 号。因在沪停泊待装之船甚多，是以米数较前均减二三成，约计各船尚可添装米 7 万余石。此外还有未经派装之船 140 余号，约可装米 20 万石。本年漕米共 110 余万石，自然应该先尽沙船和宁船装载。但在李鸿章的支持下，招商局迅速进行反击。朱其昂、盛宣怀、唐廷枢和徐润通过苏松太道沈秉成向张树声请愿，指出本年不但不能压缩轮船招商局所运漕粮数额，反而应该予以加增。他们认为，沙宁等船困苦凋敝，"恃运漕为养命之源"，但轮船招商局创办伊始，也以运漕为立脚之基。本年江苏漕米，连同采办、抵征米共 65 万石，应仍按"沙八轮二"的比例，即由沙宁船分运米 52 万石，轮船运米 13 万余石。也就是说，江苏应该较去年多派拨 3 万石。[4] 考虑到本年沪局所封雇沙船，约可装米 64 万石有奇，"即使将正漕全数派装，

---

① 交通部、铁道部交通史编纂委员会编《交通史航政编》，上海民智书局，1931，第 139 页。

② Great Britain Foreign Office，*Commercial Report from Her Majesty's Consuls in China*，1862 - 1864，p. 121。

③ China Imperial Maritime Customs，*Reports on the Trade at the treaty Ports in China*，1865，p. 131 - 132。

④ 沈秉成：《苏松太道转移招商局禀请添拨粮米装运轮船》，杨守岷：《重订江苏海运全案新编》第 3 卷，《奏咨事宜》，光绪十年刊本。

亦已有盈无绌",署布政使应宝时、粮道英朴等人经过议商,规定沙卫等船将运载量一律折减,从中提出漕粮正米 3 万石,以此数拨归招商局。[①]最后得到批准。

愈到后期,沙船对漕运的依赖性愈强。光绪十四年,因江浙粮食丰收,所出米色极为干洁,不独轮船所载并无所耗,沙船亦有盈余,"凡为沙船生意者,固已欣喜过望矣"。加之上海豆饼价格上涨,装货等所获之利也多,"溯创轮船招商局以来,沙船之不振者,已历十有余年,以沙船为恒产者,皆扼腕太息,无可如何。何幸而两年之间,得获如此厚利,谓非沙船之一转机乎!"[②] 可惜的是,这一情况仅为回光返照,因沙船业在竞争中的劣势地位,最终仍被轮船彻底挤出运漕行列。

三　创办轮船招商局

沙船业的衰落使漕粮海运成为一个尖锐的问题。清军攻克江浙后,海运漕米数逐年增加,沙船不敷装载的矛盾渐趋突出。同治五年(1866),江海关道应宝时两次提出解决办法。最初,他主张由清政府收购全部沙船,加以整修,以保证漕运,但全部费用超过 70 万两白银,每年的维护费用也要超过 26 万两,这显然不会为已经捉襟见肘的清政府接受。同年八月,应宝时又提出"官买夹板船济运漕粮"的建议,他认为船少粮多,除官买洋船济运外,若每年能划分漕额数成,招商承运,"令其偕官船同时抵津,则尤为简便"。户部表示赞同,总署也肯定了户部的意见,认为"不为无见",同时又进一步指出,华商通过"诡寄洋商名下",骗捐取利,不数年间华商尽变为洋商,"官私利权两窘",反不如明定章程,允许内地商人购造轮船,"既可免隐射之弊,亦可辅转运之穷"。[③] 但当时的两江总督曾国藩出于对海运水手安置等方面的考虑,坚决表示反对。以后,江苏巡抚丁日昌也提议制造夹板船和轮船转运漕粮,但均由于因循

---

①　应宝时等:《司道详派拨招商局轮船承运米数》,杨守岷:《重订江苏海运全案新编》第3卷,《奏咨事宜》,光绪十年刊本。

②　《论沙船转机》,《申报》,光绪十四年六月十二日(1888 年 7 月 20 日),第 1 版。

③　台湾中研院近代史研究所编《海防档》,购买船炮(三),第 861～862 页。

而没有成功。①

在这种情况下，一些商人主动向政府提出了兴办轮运企业的试探性要求。吴南昌等商人向两江总督曾国藩等人提议，"集资购办轮船四只，试行漕运，以补沙船之不足，其水脚一切悉照海运定章，无须增加"，但没有成功。② 与此同时，曾经留学美国的容闳也认为，外国轮船公司垄断长江航运，于"中国商人大有窒碍"，主张设立一家由中国人集资的股份制轮船公司，"分运漕米，兼揽客货"，③ 他甚至还拟定了章程。他的建议经应宝时转送到总理衙门，但总理衙门怀疑会有洋商或洋行买办参与；曾国藩也认为，"若无此辈，未必能仿照外国公司办法"；应宝时则在传送容闳的建议时，也附带声明，"恐一时资本难集"。④ 此事只得作罢。

轮船办运无法推行，夹板船⑤却试办过一次。同治六年（1867）十二月，经曾国藩奏准，将宜兴等地采买的米三万石，交由夹板船船商郭德盛试运。该船从上海启航，一路进展顺利，但到达大沽海口后，发现该处河势窄浅，最初运抵的 8 千石吃水太深，不能进口，只得由洋商雇船剥去 4000 石，"始得前行"；加之栈房租费每万石月需银 400 两，逾月加倍；所起之米，每袋亏折 1 至 2 升，每石又须剥价 4 分，以致"商人赔累，大有悔心"，⑥ 这次试运没有成功。

在此情况下，轮船招商局应运而生。轮船招商局是晚清洋务派创办的第一家"官督商办"企业，也是洋务运动最重要的成果之一。它的成立，既是洋务派对漕粮海运解决办法的一个贡献，对于洋务运动的发展也具有巨大的推动作用。而从本质上说，轮船招商局是一家运输企业。1860 年代，洋务派首领曾国藩、左宗棠等人创办了最大的两家造船企业：江南制造局和福州船政局。这两家企业的建立对于洋务运动具有开创性

① 《户部奏复苏抚敬陈管见折》，杨守峵：《江苏海运全案续编》第 8 卷，光绪十年刊本。
② 《洋务运动》第 6 册，第 79~80 页。
③ 《试办轮船招商折》，唐小轩主编《李鸿章全集》第 2 册，时代文艺出版社，1998，第 922 页。
④ 台湾中研院近代史研究所编《海防档》，购买船炮（三），第 873、876 页。
⑤ 夹板船为洋式帆船，风帆转向灵活，在轮船出现之前，是海船中最大的一种。
⑥ 曾国藩：《华商吴南记等禀集资购买轮船运漕由》，《曾文正公全集》第 6 卷，《批牍》，光绪十年刊本。

意义，但由于它们所造船只均为兵船，只能由政府出资购买。投入使用后，还要支付保养、训练及薪饷等费用，再加上管理不善，造成对清王朝财政开支的巨大压力，引起了保守派的强烈不满。

同治十年十二月十四日，内阁学士宋晋上奏，认为闽沪两厂"未免糜费太重"，要求朝廷"将两处轮船局，暂行停止"。① 洋务派大员纷纷反击，坚决反对停办船厂。比如，李鸿章就认为，"国家诸费皆可省，惟养兵设防，练习枪炮，制造兵轮船费，万不可省"。② 不过，针对保守派的指责，他们都同意"应筹变通之方"，而变通之法，"不外配运漕粮，商人租赁两义"。③

1872 年 3 月，曾国藩突然病故，而左宗棠也出任陕甘总督，李鸿章遂成为筹设新式轮船公司的实际主持者。对于新式轮船公司的经营方针，李鸿章的目的是想要"略分洋商之利"，"使我内江外海之利，不致为洋人占尽"；④ 同时还把它与巩固海防联系起来，指出"海防非有轮船不能逐渐布置，必须劝民自爱，无事时可运官粮客货，有事时装载援兵军火，借纾商民之困，而作自强之气"。⑤ 他的主张立即得到总理衙门的支持，后经李鸿章奏准，由熟悉漕务且世代以沙船为业的淞沪巨商朱其昂等人，在上海招商集股。

经过反复议论，朱其昂等人拟定了《轮船招商节略并各项条规》（即《招商局章程》）20 条，明确规定，轮船招商局在招商过程中，要"杜洋人借名"入股，也"不准让与洋人"，以保证企业的民族性。为确保官府对招商局的控制，则采取"官督商办"的方式，即"由官总其大纲，察其利弊，而听该商董自立条议，悦服众商"，企业"所有盈亏，全归商认，与官无涉"。在章程中，与漕运直接相关并且也是招商局招商的关键之处，则是规定轮船招商局承运漕粮，转漕水脚耗米均照江浙沙船章程；

① 《筹办夷务始末》（同治朝）第 84 卷。
② 《筹议制造轮船未可裁撤折》，唐小轩主编《李鸿章全集》第 2 册，第 873 页。
③ 台湾中研院近代史研究所编《海防档》，福州船厂（二），台湾艺文印书馆，1957，第 325～326 页。
④ 《试办轮船招商折》，唐小轩主编《李鸿章全集》第 2 册，第 924 页。
⑤ 《轮船招商请奖折》，唐小轩主编《李鸿章全集》第 2 册，第 1088 页。

到津之后，先行上栈，为此须先于天津紫竹林一带修造栈房，所需费用先向江浙海运总局借款置造，于水脚项下陆续扣还。① 同年十二月十九日，"轮船招商局"在上海正式成立。

当时的两江总督何璟等人对招商局百般阻挠，并致函李鸿章，认为招商局多有窒碍，要求缓办。适逢何璟丁忧离职，由李鸿章旧部张树声兼署两江总督。同治十一年十一月十一日，李鸿章亲自给张树声写信，"与阁下从事近二十年，几见鄙人毅然必行之事，毫无把握，又几见毅然必行之事，阻于浮议者乎？"他明确表示，要为中国"数千年国体商情财源兵势开拓地步"，② 坚定地表达了自己对招商局承运漕粮的态度。张树声回信予以支持，这才基本排除了江南方面的阻力。

1873 年 3 月，招商局的"永清"号轮船首批运载漕粮 9000 石，前赴天津，揭开了招商局承运漕粮的序幕。现根据有关资料，将轮船招商局成立的最初 11 年间，其承运漕粮的石数、漕运水脚收入及占水脚总额的比例整理如表 1。

表 1　招商局漕运水脚收入

年号纪年	公元	水脚总收入（两）	运漕数（石）	水脚收入（两）	运漕水脚收入所占百分比
同治十二年	1873	419661	200000	110000	26.21
同治十三年	1874	582758	450000	247500	42.47
光绪元年	1875	695279	290000	159500	22.94
光绪二年	1876	1542091	420000	231000	14.98
光绪三年	1877	2322335	420000	231000	9.95
光绪四年	1878	2203312	570000	313500	14.23
光绪五年	1879	1893394	475415	261478	13.81
光绪六年	1880	2026374	557000	306350	15.12
光绪七年	1881	1884655	580000	319000	16.93

---

① 台湾中研院近代史研究所编《海防档》，购买船炮（四），台湾艺文印书馆，1957，第911～915 页。

② 李鸿章：《复张振轩制军》，李长仁主编《李鸿章全集》第 6 册，第 3527～3528 页。

续表

年号纪年	公元	水脚总收入（两）	运漕水脚收入		运漕水脚收入所占百分比
			运漕数（石）	水脚收入（两）	
光绪八年	1882	1643536	390000	214500	13.05
光绪九年	1883	1923700	470000	258500	13.44
合计		17137095	4822415	2652328	15.48

注：1. 各年系指本年七月起至次年六月底止的会计年度。2. 运漕水脚每石按银五钱五分计。

资料来源：各年度水脚总收入据张国辉《洋务运动与中国近代企业》，中国社会科学出版社，1979，第176页；运漕石数据《招商局会计史》，人民交通出版社，1994，第17页。

　　从表1可知，光绪三年因招商局接收旗昌轮船公司的产业，船只得到突然扩充，并获得许多优良的码头、栈房，而承运的漕粮与上年保持不变，使得其水脚收入占全部水脚收入的总额略低于10%，其余的十年里，其比例均在13%以上，其中头三年的比例更高，尤其是1874年，竟高达42.47%，由此可见漕粮海运对于轮船招商局的生存与发展，具有多么重要的意义。[①] 另外，除了漕运，轮船招商局还多次承担政府赈济粮食的运输工作，这与漕运具有相似的性质，同样有利于招商局的发展。

　　由于有漕运的利润支撑，加上其他政策的倾斜，招商局最终渡过难关，站稳脚跟，业务也获得极大的发展。在顶住旗昌轮船公司的激烈竞争后，在盛宣怀等人的努力下，光绪三年正月十七日，招商局购买了旗昌轮船公司的全部航运财产，进一步增强了招商局的实力，成为轰动一时的新闻。而它在光绪三年、九年和十九年三次迫使怡和、太古与它订立"齐价合同"，则打破了外国列强在中国海运业的垄断地位，表明以漕运为依托的轮船招商局获得了极大的成功。

　　由于有轮船招商局的示范作用，光绪年间，一些华商开始在内河开办航运，内河小轮企业不断涌现。光绪十六年（1890），清廷承认这一事实，允许"另定专章，奏准暂时雇用"。[②] 此后，更多小轮船企业相继开

---

① 有的学者统计，从1873年至1884年间漕运收入，平均约占招商局总收入的18%，见交通部财务会计局、中国交通会计学会组织编写《招商局会计史》，人民交通出版社，1994，第18页。

② 樊百川：《中国轮船航运业的兴起》，第215～216页。

业，出现了"汕潮揭轮船公司"（1890）、"鸿安轮船公司"（1890）、"南汇行号"（1893）、"伯昌轮船公司"（1893）、"恭安轮船公司"（1894）等企业。这些轮船企业虽然规模很小，而且大多兴废无常，但毕竟是中国近代民族轮船航运业的先驱。

四　铁路参与漕运

清末铁路的发展，与漕粮海运亦有一定关系。薛福成指出，漕粮海运虽好，但安全性差，故有恢复河运之议，但黄河难治，不如招商股以开铁路。铁路既成，"譬如人之一身血脉贯通，则百病尽去"。山西大饥之时，米价腾贵，如有铁路可运，由津至晋千余里，每石不过 3 两左右。因无铁路，"而价昂辄逾 7 倍，是饥民之死于沟壑者亦至 7 倍之多也"。[①]这一观点也得到外国人的肯定："尽管有大量的粮食通过招商局运到了山西，但这项高尚的救灾工作因运输困难而极大受阻。将粮食运到山西，要花费两倍的价钱。真是难以理解，为什么现在还有关于兴修铁路的争论，试想政府雇用这些贫民修铁路，就会带来无法估计的利益，现在的灾情也就不会蔓延。"[②]

光绪六年（1880），刘铭传欲在清江至京一带，筹款兴办铁路。李鸿章指出铁路为富国强兵之途，有诸多利益，"即一旦海疆有事，百万漕粮无虞梗阻，其余如军米、军火、京饷、协饷莫不应手立至"。[③] 但是清廷中反对兴修铁路的势力一直十分强大，陕西道监察御史张廷燎就反对利用铁路运漕粮，他宣称："于万不得已时，何妨将江浙各省漕粮暂收折色，于直隶就近采买。北省产米之地极多，咄嗟立办，无虞匮乏，俟海运肃清，再复旧制，有何不便？"[④] 御史文海也认为：如果兴修铁路，每年运漕不过

---

① 薛福成：《创开中国铁路议》，丁凤麟、王欣之编《薛福成选集》，上海人民出版社，1987，第 108 页。
② *North-China Herald*, 1877, 11, 15.
③ 李鸿章：《议复张家骧争止铁路片》，宁波、杨嘉敏主编《李鸿章全集·奏稿》第 3 册，第 1558 页。
④ 《洋务运动》第 6 册，第 171~172 页。

一月工夫，其余月份徒为洋人运货生利，"是洋人蓄志已久之谋，不能自办，而中国代偿其愿也"。① 徐致祥是反对兴修铁路的代表，他表示，修铁路尚需时日，而运漕缓不济急，商船歇业，"饥寒迫而盗贼兴"，除此之外，他还一一归纳兴修铁路之弊，包括开门揖盗、人皆失业等，共计八弊。②

与创办招商局一样，李鸿章也是兴修铁路有力的支持者。光绪十一年（1885）九月二十九日，他给漕运总督松骏写信，称临清至阿城若能建成铁路通漕，南北运货必旺，地方必有起色，"亦百世之利也"。③ 清廷特命松骏查勘，结果松骏报告："黄河迁徙无定，能否不至冲决尚无把握，即着暂缓议办。"④ 李鸿章的建议被否决了。光绪十四年十二月，李鸿章提议修建天津至通州的铁路。针对兴修铁路会使舟车尽废、水手车夫失业的意见，他指出：此等过当之言，必非水手等贫民自道，即使偶有此言，亦不易达士大夫之耳，当系京通漕蠹、仓蠹及奸商市侩等人所为，"以惑士大夫之听"。⑤ 总署支持李鸿章的建议，批准津通路招股章程。但京官反对修路者仍大有人在。侍御余联沅称铁路有害无利，李鸿章则曰：自津至京沿途痞棍，惯以偷米吃漕为事，漕弊层出不穷，仓场官员坐视无术，"铁路虽非为挽漕仓之弊，而倚漕仓以作奸者不能无恐惧"。又有御史屠仁守、侍御洪良品、学士徐会澧，以及尚书奎俊等21人的联衔上奏反对，李鸿章也只得进行一一反驳。对此，他不无感慨：办天下大事，贵实心，尤贵虚心，"非真知灼见不能办事，亦不能论事，贵耳贱目，最足误事"，"所愿当路诸大君子，务引君父以洞悉天下中外真情，勿徒务虚名而忘实际，狃常见而忽远图"。⑥

因反对铁路之议的官员太多，一时风声鹤唳，张之洞也对李鸿章说：

① 《洋务运动》第6册，第178页。
② 徐致祥：《论铁路利害折》（光绪十年九月十三日），夏震武编《嘉定（徐致祥）长白（宝廷）二先生奏议》卷上，台北，文海出版社，1969。
③ 李鸿章：《复崧镇青漕帅》（光绪十一年九月二十九日），王学主编《李鸿章全集》第7册，第3865页。
④ 《上谕档》，光绪十一年十一月初三日，中国第一历史档案馆藏。
⑤ 李鸿章：《议铁路驳恩相徐尚书原函》（光绪十四年十二月二十二日），王学主编《李鸿章全集》第7册，第3990页。
⑥ 李鸿章：《议驳京僚谏阻铁路各奏》（光绪十四年十二月二十八日），王学主编《李鸿章全集》第7册，第3998页。

"开办陆路运道，以漕弊河患劳费无底为辞，则题目平正易晓，是中法非西法，万不可云创办铁路，此似是最要之义。"[1] 李鸿章极为愤懑："凡此皆鄙人一手提倡，其功效茫如捕风，而文人学士，动以崇尚异端，光怪陆离见责，中国人心，真有万不可解者矣。"[2]

八国联军侵华是对漕粮海运的沉重打击。《辛丑条约》的签订，使得清王朝财政体系完全崩溃。为节省开支，火车剥运才得以成为现实。为减少一切不必要的浪费，清政府规定，以往天津至北京地段需要剥船起剥及雇车马转运，以后改由火车"迳运京仓"。漕粮由海运直接运至塘沽，再由塘沽装入火车，运至京师永定门内卸车，然后在先农坛处附近，"自南而北接修岔道，以备日运三次"。[3] 火车装运按吨计数，每吨 1680 斤，合漕米 12 石。火车每次运米 5000 吨，多则日运 15000 吨，平均每日进仓米在 12000 石左右。又因出现火车剥运，原有漕运体制再次发生变化：以往每届漕粮抵大通桥时，向由抽查漕粮御史抽查，改由火车运输后，"既不虞其偷盗，未便再事抽查"，清廷将其撤回。[4]

鉴于铁路已成，光绪三十二年署两江总督周馥奏准，"海运米石运抵塘沽，改由铁路火车径运京仓交兑，所有增给剥船户耗米价银，及加给剥船户津贴银两等款，停止开销"。[5] 这样，出于财政考虑，清政府终于接受了他们原来所不愿接受的铁路运输，而漕运也逐渐有了河运—海运—部分铁路运输的转变。

随着铁路作用的推广，铁路参与漕粮运输的程度也进一步加深。江苏省征收的漕粮，"向来多由无锡雇船运沪"，但到了光绪三十三年，"因沪宁铁路告成"，经两江总督端方与江苏巡抚陈夔龙奏准，他们将光绪三

---

① 李鸿章：《调鄂督张来电》（光绪十五年七月二十六日），张树枬、魏延山主编《李鸿章全集》第 10 册，时代文艺出版社，第 5686 页。

② 李鸿章：《复郭筠仙星使》（光绪三年六月初一日），李长仁主编《李鸿章全集》第 6 册，第 3692 页。

③ 《全权大臣庆亲王奕劻等折》（光绪二十七年六月十五），中国第一历史档案馆藏，朱批奏折。

④ 《全权大臣庆亲王奕劻等折》（光绪二十七年六月十五），中国第一历史档案馆藏，朱批奏折。

⑤ 《署两江总督周馥等折》（光绪三十二年六月初二日），中国第一历史档案馆藏，军机处录副奏折。

十二年份的江苏漕粮，先拔十万石，由火车运至上海，结果"试行车运，颇臻妥善"，效果很好，"自应推广"，所以他们一度想将江苏省的 60 万石漕粮"全归车运"，只是由于条件的限制，"约以四十万石为率，归于车运"。①

由此可见，虽然铁路参与的部分不占主要地位，但联系到当时我国铁路事业发展道路的艰难和曲折，以及铁路运输所具有的节时、省费等特点，漕粮对于促进中国近代铁路事业的发展，也是有积极作用的。当然，由于清王朝很快就灭亡了，这种作用表现得还不是很明显。

此外还应指出，漕运与清代运输业的关系，还包括其他很多方面，诸如沿海贸易权和内河航运权的变化、铁路的兴修与管理权的争夺等。这些方面的变化，既受当时漕运的影响，也反过来影响了当时的漕运。简言之，漕运在清代运输工具近代化的过程中，扮演着重要的角色，也发挥了积极的推动作用。

（原刊《石家庄学院学报》2010 年第 1 期）

---

① 《两江总督端方等折》（光绪三十四年五月二十五日），中国第一历史档案馆藏，朱批奏折。

1931～1937 年欧亚航空公司的经营管理与业绩分析

1927 年南京国民政府成立后，着手发展中国民航运输业。在 1931 年 2 月，南京国民政府交通部与德国汉莎航空公司（Deutsche Lufthansa A. G.）成立了中德合资的欧亚航空公司，经营民用航空事宜。到 1937 年抗战爆发时，欧亚航空公司发展较为迅速，成为与中国航空公司并列的重要航空公司。战前欧亚航空公司的迅速发展，不仅推动了中国民航业的发展，而且推动了中国交通的发展。目前学术界主要关注中国航空公司的成立发展情况及中国民航的合资经营问题，对欧亚航空公司的发展及经营管理问题的研究尚属薄弱。[①] 有鉴于此，本文对战前欧亚航空公司的成立与发展情况进行总体论述，对其经营管理和经营业绩进行具体分析，从中既可管窥这期间中国民航业发展的概况，也能反映抗战前中德关系的发展演变。

一　欧亚航空公司的成立及初步发展

航空运输作为一种新式运输方式，在第一次世界大战期间得到了迅

---

* 本节作者谭刚，西南大学历史文化学院教授。

① 主要研究成果有张心澄《中国现代交通史》，上海书店出版社，1992；姜长英《中国航空史》，西北工业大学，1987；威廉.M. 利里：《龙之翼——中国航空公司和中国商业航空的发展》，徐克继译，科学技术文献出版社，1990；陈燕《体制缺失与南京国民政府初期的中外合办企业——以中国航空公司为中心的考察》，《学术研究》，2008 年第 4 期；〔法〕米歇尔·乔治：《穿苍迹——1909～1949 年的中国航空》，杨常修译，航空工业出版社，1992；郑会欣：《简论三、四十年代中国民航事业的合资经营》，《中国文化研究所学报》新第 10 期（总第 41 期，香港中文大学中国文化研究所 2001 年 11 月）；等等。

速的发展。中国的民航业肇始于 1919 年。该年北洋政府交通部和国务院先后分别成立了筹办航空事宜处和航空事务处，办理全国航空事务。1921 年 2 月 9 日，国务院将航空事务处改组为航空署。① 此后航空署先后开辟了北平至天津航线、北平至济南航线以及北平至北戴河的暑期临时航线等，但由于军阀混战等原因，北洋时期的中国民航运输业发展十分缓慢，并没有多大起色。1927 年南京国民政府成立后，交通部鉴于内地交通不便，于 1929 年 1 月设立航空筹备委员会，积极筹办民用航空事业。而作为世界航空强国的德国，由于第一次世界大战的战败，《凡尔赛和约》规定禁止德国成立空军，德国航空工业的发展受到了很大的限制。为寻求发展，德国航空界不得不积极拓展海外市场，中国无疑是德国航空合作的重要对象。② 为寻求与中国的合作，德国积极改善对华关系。在 1921 年 5 月 20 日，中德双方签订了《中德协约》，规定两国 "恢复友好及商务关系，并觉悟领土主权之尊重与夫平等相互各种原则之实行为维持各民族间睦谊之唯一方法"。③ 中德关系的改善为中德航空合作和发展提供了必要的前提条件。

德国的汉莎航空公司作为德国唯一的航空大公司，仅在 1928 年一年间，就运载旅客 11.1 万人，货物 2500 吨。④ 随着中德关系的改善，汉莎航空公司为拓展德国与中国的航空业务，公司全权代表石密德（W·Schmielt）于 1928 年 9 月 24 日致电南京国民政府外交部长，提出希望 "成立一个中德航运公司来研究筹备及经营一条中德之间的航线"。⑤ 汉莎公司进一步建议：为沟通欧亚两大洲，"中国与柏林—莫斯科—伊尔库茨

① 萧立坤：《中国民用航空简史》，《中国的空军》第 91 期（1946 年 5 月 15 日），第 27 页。
② 柯伟林：《蒋介石政府与纳粹德国》，陈谦平等译，中国青年出版社，1994，第 48 ~ 92 页。
③ 程道德等：《中华民国外交史资料选编（1919 ~ 1931）》，北京大学出版社，1985，第 140 页。
④ 查镇湖：《欧亚航空公司史的纪略》，欧亚航空公司编《欧亚航空公司开航四周年纪念特刊》，1935，第 14 页。
⑤ 《德国汉莎航空公司全权代表石密德就成立中德航空运输公司递交中华民因政府外交部的提议》（1928 年 9 月 24 日），民航总局史志办公室编《中国航空公司、欧亚——中央航空公司史料汇编》，中国民航出版社，1997，第 238 页。

克航线建立联系，从而在中国和欧洲之间建立起一条直达航线"。① 在汉莎航空公司的倡议下，1928 年 1 月，交通部派航政司航空科长李景枞与汉莎代表石密德磋商创办合资经营欧亚航空运输公司的先决条件。经过谈判，在 1930 年 2 月 21 日，由国民政府交通部长王伯群与德国汉莎航空公司代表石密德在南京签订了为期 10 年的《欧亚航空邮运合同》。1931 年 2 月 1 日，中德合办的欧亚航空公司在上海正式成立，首任公司董事长由国民政府交通部次长韦以黻兼任，双清、石密德为副董事长，由双清兼任总经理，并于 5 月 31 日正式开航。欧亚航空公司成立后发展较为迅速，具体表现在以下三方面。

第一，公司资本不断增加。1931 年 2 月欧亚航空公司成立时，公司资本仅 300 万元，交通部占 2/3，德国占 1/3。到 1933 年 8 月，公司资本增至 510 万元，中德双方仍分别占总数 2/3 和 1/3。② 到 1935 年 3 月，公司资本又增至 750 万元，中德双方所持股份比例不变。③ 到 1936 年，公司资本进一步增至 900 万元，中德双方所持股份比例仍不变。④ 欧亚航空公司资本的不断增加，为欧亚航空公司的发展提供了雄厚的资金支持。

第二，公司规模不断扩大。在 1931 年至 1937 年间，欧亚航空公司职员人数和飞机数分别由 1931 年成立时的 77 人和 4 架增加到 1937 年的 176 人和 14 架，分别增长了 1.29 倍和 2.5 倍。而公司客运量和货运量分别从 1931 年的 941 人和 4151 公斤增加到 1937 年的 11600 人和 189079 公斤，分别增长了 11.3 倍和 44.6 倍。⑤

1929 年 5 月又成立了沪蓉航线管理处，拟开辟上海至成都航线，购

①　《德国汉莎航空股份有限公司向中华民国政府呈递有关建立中德之间的永久航线的建议》，《中国航空公司、欧亚——中央航空公司史料汇编》，第 236 页。

②　海棠：《中国中央两航空公司发展简史》，《民用航空》1948 年第 4 期，第 21 页。

③　叶笑山、董文中：《中国经济年刊》，第九章"交通"，中外出版社，1936，第 235 页。

④　申报年鉴社编《申报年鉴》，1936，转引自姜长英《中国航空史》，西北工业大学出版社，1987，第 145 页。

⑤　具体数据参见《欧亚航空公司历年航空概况表》，《欧亚航空公司历年航空概况表（1930～1937）》，中国历史第二档案馆《中华民国史档案资料汇编》第五辑第一编"财政经济"（九），江苏古籍出版社，1997，第 484 页。

买了史汀逊（Stinson）式飞机四架和其他机械，于上海、南京、汉口等城市设立飞机场，于上海设立飞机修理厂。国民政府交通部并于 1929 年 5 月与美国合资成立了中国航空公司，经营航线主要包括沪蓉线、沪平线和沪粤线，这三大航线将上海与华北、西南和珠江三角洲的重要城市联系起来，有利于促进这些地区之间的经济贸易往来。可见，在 1931 年至 1937 年间，欧亚航空公司发展的确迅速。通过七年的迅速发展，到 1937 年抗战爆发前，欧亚航空公司已经初具规模，发展成为一个具有稳定的飞行员队伍和机队的公司。

第三，公司航线不断增加，形成了以上海为中心的航线网络。欧亚航空公司成立时的 1931 年，只经营上海—南京—济南—北平一条航线，到 1935 年，主要航线增至四条，即上海至哈密线、北平至香港线、北平至兰州线和西安至成都线，[①] 到 1937 年，经营定期航线增至六条，即西安—兰州[②]、西安—成都—昆明、汉口—长沙—广州—香港、汉口—西安、兰州—宁夏、昆明—河内六条航线。[③] 除了上述定期航线外，欧亚航空公司还开设有不定期航线，主要有四条航线，包括由西安经天水至兰州航线、由西安经平凉至兰州航线、由兰州经凉州（武威）至肃州航线和由肃州经安西至哈密航线。此外，欧亚航空公司还试办了青海支线和宁夏支线。[④] 欧亚航空公司通过不断增辟航线，形成了以上海为中心，连接南京、北京、洛阳、西安、包头、兰州等城市的航线网络。

二　欧亚航空公司的经营管理

欧亚航空公司能够得到稳步发展的原因，除了航空运输具有的快捷、方便、投资少、见效快的优势和国民政府的积极支持外，也与公司的经营管理密切相关。欧亚航空公司的管理内容主要包括以下三方面。

---

① 欧亚航空公司：《欧亚航空公司民国二十五年营业概况》，1936，第 3～4 页.
② 七七事变后，上海至哈密航线只飞西安至兰州航段。
③ 《欧亚——中央航空公司历年经营的航线》，《中国航空公司、欧亚——中央航空公司史料汇编》，第 301～303 页。
④ 《申报年鉴》，1934，第 1003 页。

第一，加强飞行安全管理。众所周知，飞行安全是影响航空运输业发展的首要因素，为保障飞行安全，欧亚航空公司采取了五项主要措施。

1. 出台了一系列规章制度。欧亚航空公司颁布的规章制度中，保障飞行安全是其中重要内容，其中加强对乘客的安全管理又是重要方面。《欧亚航空公司载客章程》中第四条规定"凡患有疾病或神经衰弱者，及未成年人得其家长或监护人许可者，均不得搭乘本公司飞机"，第七条规定："乘客不得自行启闭飞机机门，及提带照相机违禁物品暨牲畜等物。其含有易于引火及侵蚀性之物品亦不得携带。"[①] 这些规定的出台，为飞行安全提供了法律保障。

2. 不断更新飞机机型，为飞行安全提供物质保障。在1931年至1937年期间，公司不断更新飞机机型，最初使用的容克F－13和W－33属于小飞机，不仅动力小、航速慢，而且载重量较小，仅能乘坐四人，到1934年使用的容克W34，飞机的动力、航速和载重量明显加大，能够乘坐6人。[②] 至1936年投入使用的容克Ju52，为德国制造最新型民航客机，机舱宽敞，航距1300公里，能乘坐乘客15～17人，续航力强，乘坐更加安全。[③] 由于飞机的不断更新，飞行安全得到了物质上的保证，至1935年欧亚航空公司成立四年以来，"飞行总时刻达九千零六小时，并未有一架飞机，曾因技术上之差失以至毁损，可为其佐证也"。[④]

3. 完善导航通信设施，保证飞行导航安全。欧亚航空公司十分重视飞行导航设施建设，一方面增加地面无线电台，另一方面加强飞机导航设施建设，以保障飞行安全。就地面无线电台建设而言，到1933年止共建有无线电台18座，比1932年增加了8座，并在上海、西安和长沙三地设有审测飞机飞行方向的指导器。[⑤] 在加强飞机导航设施建设方面，"凡

---

① 《欧亚航空公司载客暂行章程》，《欧亚航空公司开航四周年纪念特刊》，第4页。
② 《飞机概况》（表153），交通部统计处编《交通部统计年报》（民国二十三年七月至民国二十四年六月），国民政府交通部，1936，第438页。
③ 《欧亚——中央航空公司历年使用的主要机型简介》，《中国航空公司、欧亚——中央航空公司史料汇编》，第319页。
④ 蔡之任：《欧亚航空公司之飞机》，《欧亚航空公司开航四周年纪念特刊》，第66页。
⑤ 交通部年鉴编纂委员会编《交通年鉴》第五编《民用航空》，交通部总务司，1935，第107页。

欧亚所有之飞机上，均装有长波无线电收发设备，而陆上沿线各航线各站，亦均已设有长短波收发报机"。① 具体而言，欧亚航空公司在飞机和航站都配备无线电台，随时保持飞机与陆地之间的联系。飞机通过装备电台，可以使驾驶员"随时向陆上电台报告中途情形，及所在地点，以示航行安全"，到达站"可以了然察知飞机在中途之地点，及约于何时可以降落机场"，在飞行途中"驾驶员仍可知对方气象情形"，若飞行遇险"可发救急电，俾站中人员，可以即时设法"，飞机迫降时"可利用其电台发报告各站，俾易于决定营救办法"。② 地面电台的主要职责是报告公司号令、向公司请示办法、报告各地气象、报告飞机到达或离开时间以及各站乘客货物邮件数量。除了在固定的航站设立电台外，还在适当地点设立辅助电台，如平凉、凉州、安西、韶关等。③

4. 加强气象观测，为飞行安全提供气象保障。众所周知，飞机飞行安全容易受气象条件影响，尤其是 1930 年代的民用飞机属于活塞式飞机，更容易受气象影响。为保障飞行安全，欧亚航空公司不断加强气象观测。公司的气象观测最初以目测为主，除在各航站机场内设置风斗或丁字布外，并未配备其他仪器。到 1933 年底，公司在上海、洛阳、北平、广州、兰州等地，增设气压表和温度表，测量当地气压和温度。1933 年 4 月，公司与西安测候所合作，施放气球，进行高空观测，测量高空空气层的风向和速度，为飞行提供气象数据，保障飞行安全。④

5. 加强沿途机场建设，保障飞机安全降落。沪新线西安以西由于地形和气候特殊，为保障飞行安全，欧亚航空公司于 1933 年 7 月至 10 月间在航线沿途的天水、平凉、凉州和安西四处，在地方政府协助下各修建了一处预备机场，以备飞机在恶劣气候条件下迫降。此外，欧亚航空公司还通过租用机场方式，为飞行提供更多的备用机场，如平粤线沿途机

---

① 沈尚贤：《欧亚航空公司无线电设备情况》，《欧亚航空公司开航四周年纪念特刊》，第 67 页。

② 沈尚贤：《欧亚航空公司无线电设备情况》，《欧亚航空公司开航四周年纪念特刊》，第 68 页。

③ 沈尚贤：《欧亚航空公司无线电设备情况》，《欧亚航空公司开航四周年纪念特刊》，第 73 页。

④ 《交通年鉴》第五编《民用航空》，第 89 页。

场除北平和洛阳外其余机场均系借用，太原机场向山西省政府借用，襄樊和汉口机场向军政府借用，长沙机场向湖南航空处借用，广州机场原来借用广东省政府的军用机场，后改为借用广州市政府的石牌跑马场作为飞机起降之跑道。[1]

欧亚航空公司通过上述措施加强飞行安全管理，也取得了预期效果，截至 1935 年公司成立四周年之际，公司飞行的安全率"足达百分之百，欧亚乘客及人员，无一曾受损伤，此种成绩，见于世界最困难之飞行地带之一隅，实当深加赞许"。[2]

第二，提高服务质量。欧亚航空公司为吸引乘客乘坐飞机，还积极提高服务质量，主要措施如下。

1. 提高飞行的准点率。飞机航班是否准点是衡量飞行服务质量的重要标准，欧亚航空公司在提高飞机航班准点率方面也采取了相关措施，如公司要求乘客提前到达机场，《欧亚航空公司载客章程》中第六条就规定"乘客须于规定出发时间十五分钟前到飞机场，以便施行一切检查手续"，[3] 从而避免因乘客原因延误航班。欧亚航空公司采取提高飞机航班的准点率措施也取得了良好的效果，在 1932 年至 1936 年间，公司飞机准点率分别达到了 96.50%、91.29%、96.98%、95.75% 和 99.30%[4]。欧亚航空公司航班的高准点率，得到了乘客的欢迎。

2. 办理乘客飞行保险，保护乘客切身权益。早期民用航空属于高风险行业，为保障乘客利益，欧亚航空公司与德国许杜加尔特联合保险股份有限公司（Allianz und Stuttgarter Verein Versicherungs A. G.）订立合同，规定对飞机乘客设立意外保险，赔偿额度为"（A）死亡一万元（法币）；（B）完全残废一万元；（C）因伤致残时期内完全不能工作时，每日给付至多十元之养伤费"。[5] 这一合同的签订，有利于维护广大乘客的利益，

---

① 《交通年鉴》第五编《民用航空》，第 85 页。

② 何恩：《欧亚航空公司四年来之机航概况》，《欧亚航空公司开航四周年纪念特刊》，第 64 页。

③ 《欧亚航空公司载客暂行章程》，《欧亚航空公司开航四周年纪念特刊》，第 4 页。

④ 欧亚航空公司编《欧亚航空公司民国二十五年营业概况》，1936，第 10 页。

⑤ 《欧亚航空公司民国二十五年营业概况》，第 9～10 页。

提高公司的服务质量。

3. 增加服务内容，开办游览飞行业务和包机业务。欧亚航空公司为拓展业务范围，还举办游览飞行业务和包机业务。在举办游览飞行业务方面，《欧亚航空公司游览飞行办法》中第一条规定"飞机在各站停留之时间有余裕时得举行游览飞行"。第二条规定"游览飞行每次以载客六人为满额，每人收费十元"。第六条规定"飞行所经之时间规定为十二分钟，至多不得过十五分钟"。① 欧亚航空公司主要开辟了上海市区、北平市区、北平至北戴河间游览飞行，而且随时为游客服务，方便快捷。② 包机飞行业务主要是照顾特殊乘客的需要，如运送政府官员等，以适应政治军事的需要。仅在 1931 年至 1932 年两年间，欧亚航空公司运送的游览乘客和包机乘客分别合计为 59 人和 176 人。③ 1935 年 8 月 4 日至 10 日在上海举办的游览飞行中，共登记 108 人。11 日上午 10 时，用两架飞机分载乘客游览全市，每架飞机载乘客 6 人，每次飞行 12 分钟，至中午止共飞行 9 架次，前后共飞行两天。④

4. 降低机票价格，以招揽更多乘客。欧亚航空公司为了招徕更多乘客乘坐飞机，屡次将机票打折，各种客货运价，一再降低。例如上海—南京段，1934 年单程票价 40 元，1935 年降为 25 元，往返票价由 80 元降为 45 元；上海—西安段，1934 年单程票价为 215 元，1935 年降为 155元，往返票价由 430 元降为 279 元。航邮运价从 1936 年 3 月 1 日起也做了调整，一封普通航空信收 0.25 元，比过去降低 60%。⑤

第三，利用报刊进行广告宣传，扩大公司影响，树立公司品牌形象。民航运输业作为新兴运输业，初期并不被广大民众普遍认可。为扩大公司影响，吸引更多顾客，欧亚航空公司在《申报》《大公报》《航空杂志》《东方杂志》等报刊上刊登广告，进行了广泛的宣传。公司不仅在上

---

① 《欧亚航空股份有限公司游览飞行办法》，《欧亚航空公司开航四周年纪念特刊》，第 7 页。
② 中央党部国民经济计划委员会主编《十年来之中国经济建设（1927—1937）》，第三章"交通"，1937，第 45 页。
③ 《申报年鉴》，1934，第 1005 页。
④ 王乃天编《近代中国民航史稿》，《当代中国民航事业》编辑部，1987，第 178 页。
⑤ 王乃天编《近代中国民航史稿》，第 178 页。

述主流报刊上发布飞行时刻表，而且使用了简便易记的广告语。如"运邮、载客、寄货、迅速、便利"这句广告词言简意赅，浓缩了欧亚航空公司的经营范围，突出了民航运输的优势。为进一步突出民航运输的快速优势，欧亚航空公司在《航空杂志》上刊登广告，标出"京沪间一小时余到达，北平（或南京）、洛阳、西安、兰州、肃州、哈密、迪化、塔城间二日内到达，欧亚间六日内达到"。[①] 此外，欧亚航空公司还在广告中醒目地刊登出经营航线，如"上海—兰州，西安—成都，北平—郑州，兰州—包头"突出民航运输的功能之一为"传播文化"。欧亚航空公司通过在各种平面媒体上大做广告，的确也扩大了公司影响，使越来越多的民众逐步接受了民航运输这一新兴的运输方式，为公司的发展提供了稳定客源。

三 欧亚航空公司的业绩分析

在 1931 年至 1937 年间，欧亚航空公司虽然不断改进经营管理方式，但公司的经营业绩却不尽人意，这具体反映在其营业收支方面。关于欧亚航空公司的营业收支情况见表 1。

表 1 欧亚航空公司营业收支

单位：元

年度	营业收入（元）	营业支出	盈亏额
1931	44202.17	452611.77	-408409.6
1932	218640.95	840304.27	-621663.32
1933	529462.05	953063.48	-423601.43
1934	359886.44	1456039.62	-1096153.18
1935	1491856.10	2129786.30	-637930.20
1936	1866953.78	2894516.85	-1027563.07
1937	3497206.34	3249407.78	247798.56

资料来源：《欧亚航空公司历年航空概况表（1930～1937）》，中国历史第二档案馆编《中华民国史档案资料汇编》第五辑第一编"财政经济"（九），江苏古籍出版社，1997，第 484 页。

① 参见《航空杂志》1934 年 4 卷第 1 期至 3 期封三广告。

从上表 1 可以看出欧亚航空公司的营业状况，从 1931 年到 1936 年公司连年亏损，其中以 1934 年和 1936 年亏损额最大，都超过了 100 万元，亏损率分别为 305% 和 55%。欧亚航空公司连年的巨额亏损，对公司的经营构成了巨大压力，制约了公司的进一步发展。造成欧亚航空公司经营业绩差的主要是客观原因，具体如下。

首先，动荡的西北时局和国际局势。民国时期西北局势动荡，尤其是新疆政局的不稳给欧亚航空公司在新疆的经营活动带来了很大的影响。1933 年 6 月 10 日，欧亚航空公司正式开通了沪新线，新疆与内地之间有了正式航班，但此时的新疆军阀盛世才，为了巩固自己在新疆的统治，对欧亚航空公司在新疆经营活动严加防范和控制。1933 年年底，盛世才一方面不让公司班机进入新疆，另一方面又逮捕了迪化航空站的德籍机械员发塞尔，并监视其他人员。一年以后的 1934 年 10 月 21 日，在多次与新疆政府交涉未果以后，迪化站公司职员被迫搭乘汽车经过外蒙古回到内地，欧亚航空公司迪化站办事处也宣告取消。[①] 新疆事变爆发造成的沪新线兰州以西航班的被迫停航，使欧亚航空公司蒙受巨大损失。此外，1936 年 12 月发生了举世闻名的西安事变，由于受这一政治事件的影响，欧亚航空公司经营的陕滇线（西安经过成都至昆明）和兰包线（兰州至包头）在西安和兰州两处的地点无法通航而停航，[②] 直到 12 月 28 日，欧亚航空公司沪兰段班机才恢复飞往西安，陕滇线班机照旧飞行。[③] 因此，西北政治局势的动荡，严重影响了欧亚航空公司的正常经营，直接导致了欧亚航空公司营业的连年亏损。

不仅如此，国际局势的风云突变也给欧亚航空公司的经营带来了巨大的影响，尤其对国际航班影响巨大。欧亚航空公司 1931 年 5 月开辟了沪满线（上海—南京—济南—北平—林西—满洲里），计划在满洲里与苏联境内的西伯利亚铁路与东俄航线联运，沟通欧亚两大洲。但是就在发展顺利之际，1931 年 7 月，欧亚航空公司第二号飞机，"飞经外蒙东南隅

---

① 祝钦琰：《迪化站设站之经过》，《欧亚航空公司开航四周年纪念特刊》，第 113 页。

② 《欧亚航空公司民国二十五年营业概况》，第 4 页。

③ 《李景枞电交通部即日起可飞往西安》（1936 年 12 月 28 日），瞿韶华编《中华民国交通史料（三）：航空史料》，台北，"国史馆"，1991，第 479 页。

之际，突被蒙兵枪击降落，人伤机损，结果并被扣留。于是航班立受影响，几至不能维持，营业状况，立见减色"。更为严重的是 1931 年 9 月九一八事变发生后，日本侵占中国东北，导致沪满线"飞机仅能在上海北平之间飞行，国际邮件，当然绝迹"。[①] 很快，1932 年 1 月，日本制造了一·二八事变，侵略中国上海，1932 年 2 月 21 日上海虹桥机场被日军炸毁后，欧亚的沪满航线只能在南京至北平间飞行。[②] 由于受国际局势的影响，欧亚航空公司不得不放弃沪满线，欧亚航空公司原计划开辟沟通欧、亚两大洲的国际航线，也最终被迫全部放弃。

其次，西北地区恶劣的自然环境也加重了欧亚航空公司的亏损。由于航线多经过偏远地区，造成物资补给困难，给欧亚航空公司的经营带来了巨大的困难。以沪新线为例，从上海至新疆迪化，自西安以西，沿途崇山峻岭，山峰有在海拔 6000 米以上的。飞机虽绕道飞行，但飞行高度仍常在 3000 米以上。[③] 由于该线途经气候恶劣、人迹罕至的地区，造成公司的机场建设、油料供应、备用零件的提供都遇到很大困难。仅从油料供应来看，欧亚航空公司在兰州、肃州和哈密设立了油料供应站，但这三站的油料需要从包头用骆驼运来，路上需要 50 天到 80 天。在上海每加仑一元的汽油，运到哈密价格涨至四元以上。[④] 同时，因气候的关系，汽油运达目的地之后，汽油的渗漏，有时多达 50%。[⑤] 由于油料价格增高，造成运营成本也大幅度提高，这也是公司亏损的重要原因。

由于欧亚航空公司连年亏损，不得不依靠国民政府交通部偿还其借款。尤其是欧亚航空公司所购置的飞机及器件所需经费由德国汉莎航空公司垫付，到 1936 年 5 月 28 日，还欠款 582000 马克。[⑥] 经过交通部与德

---

① 查镇湖：《欧亚航空公司史的纪略》，《欧亚航空公司开航四周年纪念特刊》，第 18 页。
② 《中国航空公司、欧亚——中央航空公司史料汇编》，第 207 页。
③ 《交通年鉴》第五编《民用航空》，第 72 页。
④ 《申报年鉴》，1934，第 1002 页。
⑤ 廖观玄：《欧亚航空公司四年来的营运事业》，《欧亚航空公司开航四周年纪念特刊》，第 25 页。
⑥ 《欧亚航空公司请按汉沙公司垫款整理清偿办法偿还本年本息呈》（1936 年 12 月 19 日），财政科研所、中国第二历史档案馆编《民国外债档案史料》（十），档案出版社，1989，第 97 页。

国汉莎航空公司的反复交涉，德国汉莎航空公司同意分期偿还垫款本金和利息，确定分六期偿还。通过确定分期偿还垫款本金和利息方式，帮助欧亚航空公司度过了财务危机。

余　论

欧亚航空公司作为抗战前中国两大民航运输公司之一，其发展历程也代表了中国民航运输业的发展历程。战前欧亚航空公司能得到迅速发展，除了前文所述原因外，也与外资的引入有关。在外资引入方面，欧亚航空公司是成功的，主要表现为国民政府交通部在引进德国的技术、资金、人员同时，牢牢地控制了公司的决策权，保证了欧亚航空公司能够得到一定程度的独立自主的发展。之所以出现这种情况，一方面是国民政府交通部尽量维护了中方利益，另一方面也与抗战前中德关系密切相关。抗战爆发前，德国出于军事和政治战略的考虑，积极同中国进行各种军事经济合作，而国民政府出于增强军事和经济实力的考虑也积极响应，中德关系十分密切。在战前中德经济合作中，中德合资成立欧亚航空公司就是中德经济合作的重要内容，也是战前中德关系密切的重要表现。欧亚航空公司所使用的容克（Junkeers）W－33、W－34、F－13、Ju－52各种机型订购于德国，[①] 其雇用的飞行员最初也主要来自德国。尤其是在公司创办初期，由于中国籍飞行员缺乏，公司"不得不雇用经验较富之外籍人员"。[②] 因此，有学者认为欧亚航空公司的创办，"在南京十年期间一直是中外合作的一个榜样和南京政府现代化努力的一个事例。从几个方面去看，它都是以上这两个过程的缩影，代表着中德合作的模式"。[③] 欧亚航空公司总经理李景枞也承认在欧亚航空公司的发展过程中，"今之德方对我所为技术上之借助，及所训练之合格之中国人员，皆其彰彰明

[①]　《飞机概况》（表153），交通部统计处编《交通部统计年报》（民国二十三年七月至民国二十四年六月），国民政府交通部，1936，第438页。

[②]　李景枞：《办理欧亚航空事业之意义及其进行概况》，《欧亚航空公司开航四周年纪念特刊》，第4页。

[③]　柯伟林：《蒋介石政府与纳粹德国》，第93页。

著者也"。①

战前欧亚航空公司的成立和发展也初步改善了西北交通落后的状况，便利了西北各地以及西北与内地之间的联系，如 1934 年 11 月 1 日开航的兰州—银川—包头航线全线共长 820 公里，从兰州至包头仅需时 4 小时 50 分钟达到。② 而在此之前，包头至宁夏至兰州，"水程旱路，动辄数月；且沿途人烟稀少，艰苦万状"。③ 沪新线通航以前，新疆迪化与内地之间交通，"仅持骆驼或大车为工具，乘驼自迪往绥，需时三月以上，以车由迪赴兰，亦需两月以上，转道西比利亚铁路，手续苛繁，亦难确实有效，故新省与内地运送货物或交通信息，其困难不便之情形，实难言喻"。沪新线通航后，欧亚航空公司"飞机遂为该地与内地之惟一交通工具，购票寄货者，终日不绝，航空邮件之多，亦打破从来之记录"。④ 此外，由于西北地区地瘠民贫，若大规模修建公路铁路耗资巨大，难以在短时间内实现交通变革，而航空运输投资相对较少，大力发展航空运输不失为改善交通的有效方式，因此，时人也认为："为发展西北交通，沟通文化，与商务关系，因铁路与汽车路之建筑，一时均难实现，实以航空为唯一利器。"⑤ 总之，1930 年代欧亚航空公司的成立和发展不仅推动了中国早期民航事业发展，也一定程度上推动了 1930 年代的西北开发。

（原刊《西南大学学报（社会科学版）》2013 年第 2 期）

---

① 李景枞：《办理欧亚航空事业之意义及其进行概况》，《欧亚航空公司开航四周年纪念特刊》，第 4 页。
② 见《欧亚航空公司飞行时刻表》，《欧亚航空公司开航四周年纪念特刊》，第 22 页。
③ 王鸿斌：《包头站设站之经过及现状》，《欧亚航空公司开航四周年纪念特刊》，第 146 页。
④ 祝钦璈：《迪化站设站之经过》《欧亚航空公司开航四周年纪念特刊》，第 114 页。
⑤ 王鸿斌：《包头站设站之经过及现状》，《欧亚航空公司开航四周年纪念特刊》，第 148 页。

第三章

国际视野下的现代交通体系

清末轮船招商局汽船和日本

19 世纪末期的东亚各国中，有能力经营大规模汽船航运公司的只有清代的中国和日本。在 1886 年 1 月 13 日的《东京横滨每日新闻》（第4530 号）有一篇题为《清国招商局及日本邮船会社》的报道："东亚诸国中，以航海为业的主要有两大会社，一是清国的招商局，一是日本的邮船会社。"可见，在航海方面，中国的轮船招商局和日本的日本邮船会社在东亚各国中首屈一指。此外，该报道还写道：

> 这两大会社都由政府支持或者与政府内部有直接、间接的关系。如日本邮船会社，是最近东洋最为知名的会社，其资本金为一千一百万元，其中政府的股份为二百六十万元，其余为旧三菱旧共同会社的普通股东所有……招商局方面，是由著名清朝官员李鸿章及其他人投入资金成立的。

轮船招商局和日本邮船会社分别得到清朝政府和日本政府的支持，作为后援强大的海运公司得到了较快的发展。轮船招商局 1872 年成立于上海新北门外永安街。① 而日本邮船会社则在日本政府支持下，由邮船汽船三菱会社和共同运输会社两人会社合并而成，于 1885 年成立于东京。② 较早简略记载有关轮船招商局情况的，是 1911 年东亚同文会调查编纂的

---

* 本节作者松浦章，日本关西大学名誉教授；译者杨蕾，山东师范大学历史文化学院副教授。

① "轮船招商公局规条"，参见台北中研院近代史研究所编《海防档》甲，"购买船厂"，台北，中研究近代史研究所，1957，第 920～923 页。陈旭麓、顾廷龙、汪熙主编《轮船招商局——盛宣怀档案资料选辑之八》，上海人民出版社，2002，第 3～6 页。张后铨主编《招商局史（近代部分）》，人民交通出版社，1988，第 28 页。

② 日本郵船株式會社編纂『七十年史』、日本郵船、1956、1 頁。

《宣统三年中国年鉴》的"水运"部分。其中有关招商局的记载是，由李鸿章最先提议，于同治十一年创设的轮船招商局主要采取同美国企业旗昌洋行以出售、收购交替进行的方式，不断扩大事业，发展为中国最大的航运业（公司）。①

轮船招商局和日本邮船会社两大海运公司，分别给各自国家的海运业带来了巨大的影响。两社（局）的业务不仅局限在本国的水运和海运方面，还将业务扩大到海外。较早开设海外航路的是日本邮船会社前身之一的三菱会社，它于1875年1月开设了连接横滨和上海的航线。② 轮船招商局则在中国大陆沿海地区开辟了上海和广东汕头的航线，进而延伸到香港，此后，还连接起上海和天津。内河航运方面，开辟了长江沿岸的各个港口间，如由上海经镇江、九江等，再到长江中游的中心地带——湖北汉口的航线，③ 与英国的怡和洋行、太古洋行的汽船航路相抗衡。④同时还开通了日本航线，⑤ 迄今为止，有关这一问题的研究还很少。本文拟论述轮船招商局汽船的日本航行情况。

一　轮船招商局汽船的早期日本航行

日本外务省外交史料馆所藏《清国商船沿海贸易禁止一件》对轮船招商局汽船到达日本的情况进行了记录。该件属于档案册，收录了明治十九年（1886）1月30日到3月23日的档案，有关明治十九年轮船招商局汽船来航日本的文件就在这个册子中。其中"明治十九年三月二十三日起草 发遣 藤田四郎"一档中，收录有外务次官青木周藏给长崎海关长官白上直方的文书，其中明确记载了明治十九年前轮船招商局到达日本的情况：

①　東亜同文会調査編纂部編『宣統三年中國年鑑』天一出版社、1973年復刻版。
②　松浦章『近代日本中国台湾航路の研究』、清文堂出版、2005、33頁。
③　张后铨主编《招商局史（近代部分）》，第58页。
④　Kwang-Ching Liu, *Anglo-America Steamship Rivalry in China*, 1862 – 1874, Havard University Press, 1962. 详见松浦章『近代日本中国台湾航路の研究』、11 – 15頁。
⑤　张后铨主编《招商局史（近代部分）》，第59页。

本月（三月）十五日第 203 号中所述清国招商局汽船本月一日以来，经营长崎、神户、横滨间沿海贸易之事，悉已获知。明治六年九月伊敦号曾在此入港，同十年六月和七月大有号两次入港，同十五年怀远号入港。

这则档案记述了明治十九年轮船招商局汽船来航日本的情况。还提到明治十九年前招商局的汽船也曾完成日本航行。因此，根据这则史料，我们可以判断明治十九年前，轮船招商局的汽船曾三次到过日本。最初，"明治六年九月伊敦号进入其港"，也就是 1873 年，轮船招商局的伊敦号驶入日本港口。第二次，"同十年六月七月大有号两次入港"，1877 年，轮船招商局的大有号分别于 6 月和 7 月来到日本。第三次，"同十五年怀远号入港"，1882 年招商局的怀远号再次航行日本。因此，在论述 1886 年轮船招商局来航日本这个问题前，笔者对这三次汽船驶入日本的情况进行了一些归纳。

（一）1873 年 7 月轮船招商局"伊敦号"的日本航行

关于伊敦号的日本航行，1873 年在上海发行的《申报》第 384 号（7 月 29 日），曾有一篇《招商局情形》：

闻招商轮船局现已赁定怡盛洋行旧基之房屋，方在修理，约半月竣工，即可迁居矣。查此局近殊盛旺大，异初创之时，上海银主多欲附入股份者，惟该局本银已足现用，计共银百万之数，分为一百股也。至日后复行添办轮船，或再行招银入股耳。盖由渐推广由渐练习，实创始至妥之道也。前日发船至长崎神户，盖拟在东洋上海常川往来者也。其船名伊敦，惟颇费煤较多用于他船，然长崎煤价甚廉，沿途随办虽费而亦可甚省矣。此亦可见探远考微细心办事之小效也。或疑秋时既台湾之役，则国家必雇用此局之船，以供载运繁。倘实有此事，则春夏运米，秋冬载兵，生业实莫盛于此焉。

伊敦号在轮船招商局创立后不久就实现了往日本长崎、神户的航行，其原因之一是这艘船比其他船用煤更多，而长崎的煤炭价格较低，驶往长崎可以弥补燃料耗费较大的弊端，补偿运费上的损失。当时长崎的煤炭丰富可能与长崎高岛地区从幕末时期就富产"高岛炭"有关。①

对此，1873 年 8 月 4 日的《申报》（第 389 号）在"运煤说"中也有相关记载：

> 煤之有益于人也，其利溥哉，大之可以熔铸铜、铁，转动机器、行走轮船，小之亦可以制造饮食、供给日用、御抗冬寒……现闻新说招商轮船局拟将伊敦轮船往来长崎，购煤来沪，使供诸船之用。西人之深达于治国理财之学者，闻此一事，未免旁观而冷笑也。

由此可见，轮船招商局的伊敦号主要用来运煤，购入长崎的廉价煤，在上海市场上提供给其他的汽船作为燃料。

有关伊敦号航行日本的报道也见于《横滨每日新闻》第 804 号，即明治 6 年 8 月 6 日的"公开"栏目中。②伊敦号到达日本港口的时候要悬挂船舶旗帜，该旗帜的样旗曾由上海领事品川送达日本的外务省登记，当时他不认识这面样旗是清朝的官方旗帜还是民间旗帜。这也从另一个方面证明了轮船招商局的伊敦号确实到过日本并得到过日本政府的承认。

"伊敦号"是轮船招商 1872 年花 6.5 万英镑从英国公司购得的汽船。③在《申报》第 240 号即 1873 年 2 月 11 日的《轮船招商公局告白》中，有"启者，本局伊敦轮船，前于壬申年十二月十八日，由汕头，装货回申，计收水脚洋二千零十元零七角七分，又搭客洋七十四元。兹已收清特此布　癸酉正月十三日"。伊敦号 1873 年 1 月 16 日从广东的汕头出发，到达上海，收入洋银 2010 元。而且从该报第 252 号即 1873 年 2 月

---

① 水沼知一「明治前期高島炭坑における外資とその排除過程の特質」『歴史学研究』（273）、1963、28～37 頁。杉山伸也「幕末、明治初期における石炭輸出の動向と上海石炭市場」『社会経済史学』第 43 巻第 6 号、1978、19～41 頁。

② 『復刻版 横濱毎日新聞』第 5 巻、不二出版、1992、330 頁。

③ 原文为"轮船招商公局告白 兹启者，本局所买英公司行轮船一号，船名伊敦，计价英洋六万五千元"（详见陈旭麓、顾廷龙，汪熙主编《轮船招商局　盛宣怀档案资料选辑之八》，第 1 页）。

25 日的"招商公局告白"："启者，本局伊敦轮船，于上年十二月廿一日，由上海往宁波，装货往香港，由香驶汕，装货回申。"也能看出，伊敦号于 1873 年 1 月 19 日从上海驶往宁波，再从宁波搭载货物驶往香港，从香港经由汕头，搭载货物回到上海。

笔者根据 1873 年 358 号－498 号《申报》所登载的轮船出港、入港记录做成表 1－1，可以说明伊敦号在上海和日本间具体的航行时间。

表 1－1　1873 年轮船招商局"依敦号"航行

出版号	发行日（西历）	农历	船型	入出港	航行地	月、日
358	1873 年 6 月 28 日	六月四日	轮船	入港	天津	六月三日
358	1873 年 6 月 28 日	六月四日	轮船	出港	天津	六月四日
368	1873 年 7 月 10 日	六月十六	轮船	入港	天津	六月十五日
371	1873 年 7 月 14 日	六月二十	轮船	出港	长崎	六月二十
387	1873 年 8 月 1 日	闰六月九日	轮船	入港	长崎	闰六月八日
388	1873 年 8 月 2 日	闰六月十日	轮船	出港	长崎、神户	闰六月十日
405	1873 年 8 月 22 日	闰六月三十日	轮船	入港	长崎	闰六月二十九日
406	1873 年 8 月 23 日	七月一日	轮船	出港	长崎、神户	七月一日
420	1873 年 9 月 9 日	七月十八日	轮船	入港	长崎	七月十七日
422	1873 年 9 月 11 日	七月二十日	轮船	出港	长崎、神户	七月二十日
463	1873 年 10 月 29 日	九月九日	轮船	出港	长崎、神户	九月九日
477	1873 年 11 月 14 日	九月二十五日	轮船	入港	长崎	九月二十四日
479	1873 年 11 月 17 日	九月二十八日	轮船	出港	东洋	九月二十八日
498	1873 年	十月二十日	轮船	出港	厦门、香港	十月二十八日

如表 1－1 所示，《申报》将该船记录为"依敦"，这里的依敦号应该就是伊敦号。可以看出，伊敦号 1873 年 7 月第一次驶往长崎，第三次日本航行则由长崎继续驶往神户。根据《申报》的轮船出入港记录可以很清楚地看出，一年中从上海驶往长崎、神户的航行共进行了四次。

现代汉语将依敦号（伊敦号）读作"Yi dun"。《北华捷报》的出入港记录中曾出现一艘叫作"Aden"的轮船，将其出入港情况和《申报》有关"依敦号"（伊敦号）的航行表相对应，可以发现 Aden 号的航行记录与表 1 - 1 中依敦号航行时间基本一致，由此可以推断 Aden 号就是《申报》中的依敦号（伊敦号）（参见表 1 - 2）。

表 1 - 2   1873 年轮船招商局 "Aden（伊敦）号" 航行

出版号	发行日（西历）	船长	船型	载重（吨）	出入港	航行地	月、日
323	1873 年 7 月 12 日	Peterson	Str.	507	入港	Tientsin（天津）	7 月 9 日
324	1873 年 7 月 19 日	Peterson	Str.	503	出港	Nagasaki（长崎）	7 月 15 日
326	1873 年 8 月 2 日	Peterson	Str.	507	入港	Japan（日本）	7 月 31 日
327	1873 年 8 月 9 日	Peterson	Str.	503	出港	N'asaki & Hiogo（长崎·兵库）	8 月 5 日
329	1873 年 8 月 23 日	Peterson	Str.	507	入港	N'asaki & Hiogo	8 月 21 日
330	1873 年 8 月 30 日	Peterson	Str.	503	出港	N'asaki & Hiogo	8 月 24 日
332	1873 年 9 月 13 日	Peterson	Str.	503	入港	Nagasaki	9 月 8 日
332	1873 年 9 月 13 日	Peterson	Str.	503	出港	N'asaki & Hiogo	9 月 11 日
339	1873 年 10 月 30 日	Peterson	Str.	507	入港	Nagasaki	10 月 24 日
340	1873 年 11 月 6 日	Peterson	Str.	503	出港	N'asaki & Hiogo	10 月 30 日
342	1873 年 11 月 20 日	Peterson	Str.	507	入港	Nagasaki	11 月 13 日
346	1873 年 12 月 18 日	Peterson	Str.	507	出港	Nagasaki	12 月 10 日
370	1874 年 6 月 6 日	Peterson	Str.	507	入港	Amoy	5 月 30 日
371	1874 年 6 月 13 日	Peterson	Str.	524	出港	Hankow, &c.（汉口）	6 月 6 日
372	1874 年 6 月 20 日	Peterson	Str.	524	入港	Hankow and Ports	6 月 17 日
373	1874 年 6 月 27 日	Peterson	Str.	507	出港	Hankow and Ports	6 月 21 日

此外，《申报》中还出现了另一艘航行在日本航线上的招商局轮船，即 "满洲号"。"满洲号" 最初是旗昌洋行的轮船，属于美国的 Russell 公司，后来被轮船招商局所购买。同时期，该船和 "伊敦号" 共同航行在上海到长崎的航线上（见表 2）。在《北华捷报》上被写作英文名 "Manchu"。这艘原属美国公司的轮船，由轮船招商局接管后，1873 年 8 月中旬到同年 11 月上旬的三个月间共承担了 7 次上海到长崎的航行。11 月中旬，再次被 Russell 公司接管，由这个公司继续执行驶往长崎的航行。

表 2　1873 年轮船招商局"满洲号"航行

号数	发行日（西历）	农历	船型	会社名	出入港	航行地	月、日
338	1873 年 6 月 5 日	五月十一日	轮船	旗昌	入港	天津	五月十日
342	1873 年 6 月 10 日	五月十六日	轮船	旗昌	出港	烟台、天津	五月十六日
396	1873 年 8 月 12 日	闰六月二十日	轮船	招商局	出港	长崎	闰六月二十日
408	1873 年 8 月 26 日	七月四日	轮船	招商局	入港	长崎	七月三日
411	1873 年 8 月 29 日	七月七日	轮船	招商局	出港	长崎	七月八日
420	1873 年 9 月 9 日	七月十八月	轮船	招商局	入港	东洋	七月十七日
422	1873 年 9 月 11 日	七月二十日	轮船	招商局	出港	长崎	七月二十日
432	1873 年 9 月 23 日	八月二日	轮船	招商局	入港	东洋	八月一日
433	1873 年 9 月 24 日	八月三日	轮船	招商局	出港	长崎	八月三日
444	1873 年 10 月 7 日	八月十六日	轮船	招商局	入港	长崎	八月十五日
446	1873 年 10 月 9 日	八月十八日	轮船	招商局	出港	长崎	八月十八日
454	1873 年 10 月 18 日	八月二十七日	轮船	招商局	入港	长崎	八月二十六日
455	1873 年 10 月 20 日	八月二十九日	轮船	招商局	出港	长崎	八月二十九日
462	1873 年 10 月 28 日	九月八日	轮船	招商局	入港	东洋	九月七日
464	1873 年 10 月 30 日	九月十日	轮船	招商局	出港	长崎	九月十日
472	1873 年 11 月 8 日	九月十九日	轮船	招商局	入港	长崎	九月十八日
473	1873 年 11 月 10 日	九月二十一日	轮船	旗昌	出港	长崎	九月二十一日
480	1873 年 11 月 18 日	九月二十九日	轮船	旗昌	入港	长崎	九月二十八日

（二）1877 年 6、7 月间轮船招商局"大有号"的日本航行

有关"大有号"的日本航行，1877 年 6 月 25 日的《横滨每日新闻》（第 1972 号）曾在"杂报"这一栏目中有明确记载："昨日下午三点，上海商人公司的汽船大有号由神户驶来在此入港，和明治丸发生了碰撞……"①

---

① 『復刻版 横濱每日新聞』第 19 卷、不二出版、1992、187 頁。

其中，提到了"上海商人公司的汽船大有号"从横滨入港后，在港内和日本船发生碰撞事故。由此也可以看出大有号（480 吨）属于中国轮船。

我们可以再次利用《申报》的轮船航行表，来分析大有号的航行状况。由《申报》看，大有号的航行状况并不是很规律，可能和记录的缺失有一定关系。根据其记录做成表 3 - 1。

表 3 - 1　1877 年轮船招商局"大有号"航行

号数	发行日（西历）	农历	船型	出入港	航行地	月、日
1523	1877 年 4 月 14 日	三月一日	轮船	出港	宁波	三月一日
1525	1877 年 4 月 17 日	三月四日	轮船	出港	宁波	三月四日
1526	1877 年 4 月 18 日	三月五日	轮船	入港	宁波	三月四日
1526	1877 年 4 月 18 日	三月五日	轮船	出港	宁波	三月六日
1528	1877 年 4 月 20 日	三月七日	轮船	入港	宁波	三月六日
1574	1877 年 6 月 13 日	五月三日	轮船	出港	长崎、神户、横滨	五月三日
1608	1877 年 7 月 23 日	六月十二日	轮船	入港	长崎	六月十二日
1609	1877 年 7 月 24 日	六月十四日	轮船	出港	烟台、天津	六月十四日
1620	1877 年 8 月 6 日	六月二十七日	轮船	入港	天津	六月二十六日
1621	1877 年 8 月 8 日	六月二十八日	轮船	出港	天津	六月二十八日
1631	1877 年 8 月 17 日	七月九日	轮船	入港	天津	七月九日
1641	1877 年 8 月 30 日	七月二十二日	轮船	出港	宜昌	七月二十二日

可见，大有号从上海驶往日本的出发时间是 1877 年 6 月 13 日，农历五月初三，经由长崎、神户和横滨，7 月 23 日也就是农历六月十二日再回到上海，总共用了 41 天。大有号的日本航行只有这一次，在此之前，该船主要是承担上海驶往宁波的航行。完成长崎航行后，大有号承担到天津和山东烟台的航行，之后主要航行于长江航线和福建福州。

根据《北华新闻》（The North-China Daily News）做成了上海港船舶出入表 3 - 2。

表 3 – 2　1877 年轮船招商局"Tahyew（大有）号"航行

号数	出入年月日	船长	船型	载重（吨）	搭载	航行地	出入港
3950	1877 年 4 月 10 日	Andrews	Str.	419	一般	Ningpo（宁波）	入港
3952	1877 年 4 月 12 日	Andrews	Str.	419	杂货	Ningpo	出港
3954	1877 年 4 月 12 日	Andrews	Str.	419	一般	Ningpo	入港
3954	1877 年 4 月 12 日	Andrews	Str.	419	压舱物	Ningpo	出港
3956	1877 年 4 月 17 日	Andrews	Str.	419	一般	Ningpo	入港
3956	1877 年 4 月 17 日	Andrews	Str.	419	压舱物	Ningpo	出港
3958	1877 年 4 月 20 日	Andrews	Str.	419	一般	Ningpo	入港
4006	1877 年 6 月 15 日	Andrews	Str.	419	杂货	N'saki，Kobe. &c（长崎、神户）	出港
4038	1877 年 7 月 21 日	Andrews	Str.	419	一般	Japan（日本）	入港
4041	1877 年 7 月 25 日	Direksen	Str.	419	杂货	Chefoo & Tientsin（芝罘、天津）	出港
4050	1877 年 8 月 4 日	Direksen	Str.	419	一般	Tientsin	入港
4053	1877 年 8 月 8 日	Direksen	Str.	419	杂货	Tientsin	出港
4061	1877 年 8 月 17 日	Direksen	Str.	419	一般	Tientsin	入港
4073	1877 年 8 月 31 日	Direksen	Str.	419	杂货	Hankow and Ports（汉口）	出港
4087	1877 年 9 月 17 日	Direksen	Str.	419	一般	Hankow，&c.	入港
4120	1877 年 10 月 25 日	Direksen	Str.	419	杂货	Foochow（福州）	出港

　　"大有"在现代汉语中读作"Da you"，1877 年的英文名是"Tahyew"。《横滨每日新闻》曾对"大有号"有这样的记述："原来为具有四百八十吨运载能力的外车船，船体较小。"《北华新闻》（The North-China Daily News）所记载的吨数为 419 吨，从这些资料都能看出大有号是一艘小型汽船。

（三）1882 年轮船招商局"怀远号"的日本航行

　　有关"怀远号"的日本航行，在《申报》（3315 号）即 1882 年 7 月 25 日上也有记载，在该报的汽船出入表中，该船于 7 月 25 日由上海出发，驶往日本的神户和横滨。但却找不到有关该船由日本回航的记录。1882 年 8 月 31 日的《申报》（第 3352 号）显示该船 8 月 30 日由香港回到上海。由此可知，怀远号驶往日本的神户和横滨，在这两个港口寄港后不是直接回到上海，而是由日本驶往香港（见表 4 - 1）。

表 4 - 1　1882 年轮船招商局"怀远号"航行

号数	出入年月日	农历	船型	公司	航行地	月、日
3279	1882 年 6 月 19 日	五月四日	轮船	招商局	香港、省城	五月四日
3295	1882 年 7 月 5 日	五月二十日	轮船	入港	香港	五月十九日
3297	1882 年 7 月 7 日	五月二十二	轮船	出港	香港、省城	五月二十二
3313	1882 年 7 月 23 日	六月九日	轮船	入港	香港	六月八日
3315	1882 年 7 月 25 日	六月十一日	轮船	出港	神户、横滨	六月十一日
3352	1882 年 8 月 31 日	七月十八日	轮船	入港	香港	七月十七日
3353	1882 年 9 月 1 日	七月十九日	轮船	出港	香港、省城	七月十九日
3367	1882 年 9 月 15 日	八月四日	轮船	入港	香港	八月三日
3368	1882 年 9 月 16 日	八月五日	轮船	出港	香港、粤省	八月五日

"怀远号"主要是承担上海、香港以及广东省广州间的航行，但曾于 1882 年的 7 月下旬到 8 月上旬驶往日本。

根据《北华捷报》做成的表 4 - 2，1882 年 7 月 25 日有轮船由上海驶往神户和横滨。在《北华捷报》第 788 号（1882 年 7 月 28 日）中的 7 月 25 日轮船航行记录中，提到的轮船招商局汽船"Hwaiyuen"（762 吨）大概就是怀远号，因为此英文注音与汉语发音"Huaiyuan"非常接近，而且航行日期也是一致的。通过下表可以看出，怀远号（Hwaiyuen）曾于 1882 年 7 月 25 日由上海出发，经由神户和横滨驶往香港，然后再返回上海，实现了一次驶往日本的临时航行。

表 4 - 2　1882 年轮船招商局"Hwaiyuen（怀远）号"航行

号数	出入年月日	船长	船型	载重（吨）	搭载	航行地	出入港
785	1882 年 7 月 22 日	Wilson	Str.	762	一般	Hongkong（香港）	入港
788	1882 年 7 月 25 日	Wilson	Str.	762	杂货	Hiogo & Yokohama（兵库、横滨）	出港
793	1882 年 8 月 30 日	Wilson	Str.	762	一般	Hongkong（香港）	入港

二 1886 年轮船招商局汽船的日本航行

1886 年，对轮船招商局汽船来航日本感到最为恐慌的是日本邮船会社，其时任社长森冈昌纯还曾向日本外务省提出过"善后处置"的申请。对此，可以从他给外务省取缔局局长鸠山和夫的《清国商船沿海贸易禁止一件》得知:①

> 日清通商章程的要旨是，使清国船舶难以再经营本邦一港到另一港或数港的运输。通过其他调查书得知，本年一月十四日经由长崎、神户港，到达横滨的清国招商局汽船海定号，在神户港搭乘船客三十五名，搭载货物五千余个。另外，一月二十八日由横滨入港的另一艘招商局汽船致远号运来长崎港货物百个，神户货物七千七百余个、船客四十六名。这样，清国船舶开始经营本邦沿海航运业。我社和其他会社都缴纳国税中的船税。(招商局)对本邦船舶营业者损害不小。为了使受影响至今的本邦船舶所有者充分满意，特提出保护申请，禁止前文所述清国船舶直接从事本邦的沿海运输。
>
> 明治十九年一月三十日 日本邮船会社々长
>
> 森冈 昌纯 印
>
> 外务省取调局长
>
> 外务权大书记官 鸠山 和夫 殿

鉴于日清通商章程，日本邮船会社向外务省提出申请，禁止中国的商船经营与日本沿海运输有关的业务，即禁止中国商船在日本寄港、搭载旅客和货物后向日本国内其他港口运输。具体指中国商船海定号由神户入港、搭载旅客和货物到达横滨，致远号由长崎运输货物、由神户运送旅客和货物的事例。

---

① 「清国商船沿海貿易禁止一件」JACAR（アジア歴史資料センター）Ref. B10073838800、清国商船沿海貿易禁止一件（B-3-2-2-2）（外務省外交史料館）。

最初报道有关轮船招商局汽船来航日本的，应该是大阪的《朝日新闻》。在该报第 2047 号，即 1885 年 12 月 15 日的报道中，有一篇题为"上海通信（十二月九日发，名古屋丸便）原口新吾报"。日本邮船会社汽船"名古屋丸"承担上海航线的航行，归航日本时带来了有关上海的消息，这些消息被刊登在 12 月 15 日的报纸上。开头是这样写的："招商局是清国的大型汽船会社，数年前就计划开通我国和上海间的新航线，关注这个绝佳（经营）机会已经很久。"透露了轮船招商局预计开通上海到日本的航线的消息，而且实际上这个消息在不到一个月时间内变成了现实。在日本邮船会社独霸日本与上海间航线的情况下，清朝的大型轮船公司开始进军这条航路，由此激发了日本贸易商人的恐慌和危机感。第二天，也就是 1885 年 12 月 16 日的《时事新报》（第 1047 号）登载了题为"支那人汽船会社"的报道。这里所说的"支那人汽船会社"指的就是轮船招商局。神户荣町的"德森号"成为招商局在日本办理业务的本店，日本航线途经函馆、横滨、神户、上海。表明 1885 年中国人将经营日本业务的总代理店设在了神户。

次年，也就是 1886 年，各大报纸都用不同的形式报道了轮船招商局的汽船通过新的航线来到日本的消息。最早的是 1 月 7 日的《神户又新日报》①　和大阪的《朝日新闻》及《时事新报》。

1886 年 1 月 7 日的《神户又新日报》（第 493 号）中有题为《和清商会》的报道，内容为"已经记载这次清国上海招商局汽船将要开通上海和当港（神户）间的定期航海，使用轮船中的一艘，大概本日由上海驶达当港"。轮船招商局汽船在神户寄港时，专门负责经办旅客和货物的就是"和清商会"。当时的华商在神户有相当大的经济实力。

1882 年 8 月 23 日的《时事新报》（第 146 号），曾这样报道：

　　　　囤积清国洋银。这次韩变，在神户的支那人德新和其他两三名的商人，频频购买洋银囤积，其额度高达十七万余元……

---

①　与《神户又新日报》相关的资料，使用了神户市立图书馆所藏的胶片。但是明治十九年之前的部分是否已经散失，不得而知。

　　1882 年 7 月，朝鲜王朝发生军事叛乱，曾发生日本人被杀和日本使馆被烧的事件。对于这次也被称为京城事变的壬午军变事件，神户的华商也感到非常不安。当时出于政治和经济方面的考虑，一些资本雄厚的华商开始购买"洋银"。

　　1886 年 1 月 7 日的《时事新报》（第 1066 号）以《招商局汽船航海开始》为题，报道了："前一期报纸曾报道这次清国上海招商局开通上海和神户港之间航海的目的。本月十五日即将开始航行。"

　　大阪的《朝日新闻》第 2064 号，也就是 1886 年 1 月 8 日的该报，曾以《招商局汽船新航海》为题报道了："昨日本报神户通信中所记的清国上海招商局新航海船海定号（搭载量一千五百多吨）昨日下午已经由上海到达长崎，记载该消息的电报已到达神户荣町的德盛号，今明两天（海定号）到达神户。"这也是一篇关于轮船招商局海定号来航日本的报道。

　　1886 年 1 月 9 日的《朝日新闻》（第 2065 号）的《神户通信》中有这样的报道：

　　　　招商局汽船海定号昨天在长崎搭载煤炭，同日午后六时向当港出帆，大约今早到达本港。该局这次在当港荣町二丁目德盛号内设置神户招商分局，办理业务。而且同局汽船神户—长崎—上海间航路的船费昨天已经制订：神户—上海间上等三十五枚，下等九枚；神户—长崎间上等十五枚，下等三枚半；上海—长崎间上等二十枚，下等五枚。

　　而且，当日报纸的广告栏中：

　　　　清国汽船出帆广告
　　　　海定号　横滨行　一月十二日　　午后神户出帆
　　　　乘船一人　金三圆五十钱　　　　包饭食
　　　　神户荣町二丁目　　　　　　　　招商局
　　　　大阪富岛町　　取扱所　　　　　西尾茂十郎
　　　　同北安治川一丁目　　同　　　　回运社

可以看出，1月9日海定号将到达神户，在神户寄港后，1月12日驶往横滨。这则广告登载了出发时间和乘船价格，其目的为招揽乘客。

1886年1月10日的《神户又新日报》的广告栏也登载了海定号的消息：

> 清国汽船出帆广告
> 海定号　一月十二日　横滨行
> 　　　　午后五时
> 神户荣町二丁目招商支局

通过这则广告，可以看出招商局汽船海定号的航行目的地是横滨。当天的《朝日新闻》登载的广告内容和1月9日该报登载的内容相同。与《神户又新日报》相比有所不同，主要是除了航行时间和目的地之外，增加了具体运费的通告，而且出现了两处代理店的名称。

1886年1月10日的《东京横滨每日新闻》（第4528号）有这样的消息：

> 前一期报纸曾经报道清国招商局即将开通我邦沿海的定期航海。已经过去的7日，同局海定号（轮机长 E. W. Clements）由长崎入港，昨天驶往神户，在神户解缆。神户居留地清二十五番馆登载了招商支局的招聘，其船费定价如下：
> 长崎神户间　下等　三弗　上等　十三弗
> 长崎横滨间　下等　六弗　上等　二十八弗

通过这则史料，可以看出当时轮船招商局汽船海定号的轮机长并不是中国人，而是欧洲人。1886年1月14日的《中外物价新报》（1127号）曾以《日清间的海运》为题做了如下报道：

> 清国招商局汽船开通日清间定期航海，到现在一手垄断了我国到上海、香港的海带和其他北海物产的输出，欲独占航运之利，这些已经有所记述。同局已经在长崎、神户等主要港口设立支店，百

四十二番东同泰（清商馆）经营运输业务，也就是以该商馆为支店，进而在函馆也设立支店，将开通函馆与清国天津间的航路，欲掌握我国海运权。现在同局汽船海定号已经于昨日，也就是十二日由神户发船驶往横滨。

该报认为，轮船招商局开设中国到日本间定期航路的目的，是用中国的汽船来运输日本的干海产品，企图利用航运的便利，掌握日本的海运权。

1886 年 1 月 16 日的日刊《时事新报》（第 1074 号）有题为《招商局汽船海定号》的报道：

> ……清国汽船海定号终于十二日午后六时由当港（神户）出发驶往横滨。同船有日本乘客三十名（但无上等舱船客），并搭载其他货物，如米、酒、糠、牛七十头，杂货种种。根据昨天横滨的来信，同号将于十四日午后四时半入港、十七日出帆。同局所定横滨到上海以及神户间主要物品的运价为：
>
> 横滨到上海
>
> 切海带每担二分、海带布一分二厘五毛、干鲍、干海参三分、铜铁类一分二厘五毛、椎茸木茸一弗　平均一额四弗
>
> 横滨到神户
>
> 切海带一分三厘、长海带七厘、干鲍海参一分三厘、椎茸木茸五分、平均一额二弗。
>
> 以上为定价。又根据十三日的神户又新日报指出，还订好乘客乘船费下等舱-人三圆五十钱……

这则报道中，介绍了轮船招商局汽船从横滨到上海和由神户到上海的船费等信息。

此后，各大报纸对轮船招商局的报道一直持续到 2 月中旬。可见，这个由大国支持下的大型轮船公司的顺利运营，使当时的日本业界产生了极大的不安和恐慌。

对轮船招商局在日本沿海的活动，日本方面随即采取了一些对策。1886 年 1 月 16 日的《东京横滨每日新闻》（第 4532 号）明确登载了《外国船乘入规则》，规定日本人如果在国内乘坐运费相对便宜的外国船，即便是不出日本国门，在乘外国船只时也需要出示由地方官厅颁发的"乘船证书"。该证书记载该乘客乘船之前的原籍、住址、姓名、所乘外国船只名以及到达目的地等信息。还规定如果要取得这个证书，每张需要提交手续费 10 钱，不能由他人代买，不携带该证书不得登船等。可见，对于乘客来说，如果搭乘价格相对便宜的外国船，即便是国内的移动，也要办理比较烦琐的手续并因此多花不少时间。如果这个《外国船乘入规则》① 严格实施的话，那么日本乘客在选择搭乘船只时，毫无疑问将会有意回避外国船只。这个规定不仅影响到中国的船只，也影响到其他国家的轮船。在 1886 年 2 月 14 日的《神户又新日报》（第 524 号）中有一篇题为《致远号没有乘客》的文章：

> 不仅招商局的汽船，彼阿、法邮船会社的汽船也同样，现如今，昨日当港到横滨的彼阿会社的西藏号，没有一个日本乘客（之前也很少，但也有十人左右）。可见，更改乘坐外国船船票的手续，的确显著影响了外国船。

可见，承担由日本航行至中国和世界其他地区的英国公司 P&O 轮船公司和法国邮船公司等，都因为外国船乘船规则的严格实施而受到影响。不用说外国航线的乘客，搭乘外国船在日本国内移动的乘客也出现了骤减。

那么，航行日本的轮船招商局汽船到底搭载了哪些货物呢？在《清国商船沿海贸易禁止一件》中，可以看到海定号和致远号的搭载货物目录。从这个目录可以看出，中国运往日本的货物中大部分是牛肉和米等，日本运往中国的多数货物为海参、鲍鱼、海带等干制的海产品，这和江

---

① 《外国船乘入规则》作为明治 9 年（1876）年 3 月 18 日太政官布告第 30 号公布，登载于明治九年 3 月 21 日和 22 日的《横滨每日新闻》。

户时代的长崎贸易中，中国船只运回海参、鲍鱼和海带等干制海产是大体一致的。[①] 从轮船招商局汽船运回中国的货物种类看，1 月 14 日的《中外物价新报》（第 1127 号）曾登载的轮船招商局汽船向北海道运送海产品，这个消息肯定是不正确的。

利用《申报》，可以复原海定号和致远号的运行情况，如表 5。

表 5　1886 年轮船招商局海定、致远号航行

号数	年月日	农历	船名	船型	出入港	航行地	月、日
4573	1886 年 1 月 4 日	十一月三十日	海定	轮船	出港	长崎、神户、横滨等埠	十一月三十日
4587	1886 年 1 月 18 日	十二月十四日	致远	轮船	出港	长崎、神户、横滨	十二月十四日
4595	1886 年 1 月 26 日	十二月二十二日	海定	轮船	入港	东洋	十二月二十二日
4613	1886 年 2 月 20 日	一月十七日	致远	轮船	入港	东洋	一月十七日
4616	1886 年 2 月 23 日	一月二十日	致远	轮船	出港	长崎、神户、横滨	二月二十日
4626	1886 年 3 月 5 日	一月三十日	海定	轮船	出港	天津	一月三十日
4639	1886 年 3 月 18 日	二月十三日	海定	轮船	入港	天津	二月十二日
4640	1886 年 3 月 19 日	二月十四日	海定	轮船	出港	烟台、天津	二月十四日
4654	1886 年 4 月 2 日	二月二十八日	海定	轮船	入港	天津	二月二十七日
4654	1886 年 4 月 2 日	二月二十八日	致远	轮船	入港	天津	二月二十七日

《北华新闻》（*The North-China Daily News*）所登载的船舶上海出入港记录中明确记载：Hae-ting（海定）号为 1099 吨、Chi-yen（致远）号为 1211 吨。根据同时期承担日本和上海间运输的日本邮船会社名古屋丸为 1096 吨、广岛丸为 1158 吨、横滨丸为 1298 吨，[②] 也可以推测海定号和致远号为大约相同规模的轮船。

---

① 松浦章『清代海外贸易史の研究』朋友书店、2002、382～402 页。
② "*The North-China Daily News*", No. 6683, 1st Jan. 1886, 8th Jan. 1886, 15th Jan. 1886, p1.

小　结

综上所述，清末中国所设立的大型轮船公司轮船招商局曾多次尝试日本航行，而且都是距离较远的航行，这种尝试是断续性的。如 1873 年的伊敦（Aden）号、1877 年的大有（Tahyew）号、1882 年的怀远（Hwaiyuen）号以及 1886 年的海定（Hae-ting）号和致远（Chi-yen）号。从海定号和致远号的航行状况看，由于日本方面实行了一定的抵制措施，轮船招商局的经营并没有造成之前日本所假想的影响日本航运业的情况。

有关轮船招商局日本航线无疾而终的消息，在第 524 号的《神户又新日报》中，也就是 1886 年 2 月 14 日的报道中，仅出现 "致远号无船客" 这样象征性的记载。而且同年 2 月 17 日的《东京横滨每日新闻》（第 4560 号）也同样报道了 "致远号无乘客"。现将《神户又新日报》的报道抄录如下：

> 两天前，该船从横滨驶入神户的时候，连一名乘客也没有（之前到长崎的时候有四名乘客）。昨日，该船由该港出发驶达上海的时候，也没有一名乘客。当港招商分局业务减少是同局汽船船客减少的一个原因……最近从当港搭乘招商局汽船的人越来越少。

如以上报道，致远号在承担日本沿海航行的过程中，靠搭乘日本乘客的旅费获得更多收入的计划，因日本方面的抵制而大受打击。其结果是轮船招商局在日本设置代理员、开设日本航线的计划最终遭到挫败。可以说，《神户又新日报》的报道是该日本航线从继续航行到受挫而归的象征性记载。

（原刊《学术研究》2011 年第 10 期）

19 世纪末到 20 世纪初的日本—天津汽船定期航路

　　天津位于渤海之滨，自宋、元以至明清，一直是河、海漕运的枢纽，南北贸易之中心。1860 年，根据《北京条约》的规定，天津被迫开埠，其海运业在西方势力的侵入之后被迫走上近代发展的道路。随着英、法、美等国租界的建立和扩大，天津港与国外的航运联系也日益紧密，逐渐成为华北地区海上物流的最大港口。

　　有关近代以来日本和天津之间的汽船航路，虽然中国水运史丛书之一的《天津港史》和日本交通经济史学家片山邦雄的《近代日本的海运与亚洲》一书都进行了简单的介绍，但是尚缺乏对两地之间的航线具体运营情况的进一步研究。拙稿通过对日本主要汽船会社的社史、海运广告、及新闻报道等史料的整理，在考察和分析 19 世纪末到 20 世纪初日本和天津航运发展的同时，对两地之间的轮船（汽船）航线的建立和运行进行了梳理。

一　19 世纪中后期的天津港和航运

　　天津，位于北纬 39°9″、东经 117°2″，海上距芝罘 231 海里，距上海 754 海里，距长崎 794 海里。① 居京城门户，当水路要冲。宋、元以来作

　　＊　本文系以下基金项目阶段性成果：2021 年度山东师范大学科研创新团队（人文社科类）"中外海洋战略研究创新团队"；2019 年度山东省高校青创人才引育团队"中外关系史"；国家社科基金重点项目"北方海上丝绸之路史研究"（项目号：19AZS014）。

　　＊＊　第三章第二部分作者杨蕾（山东师范大学历史文化学院副教授）。

　　①　天津市地方史志编修委员会总编辑室编《二十世纪初的天津概况》（该书原名《天津志》，由日本在中国的屯驻军司令部所编，以下全书统一称现名），侯振彤译，天津市地方史志编修委员会，1986，第 1 页。

为漕运的枢纽，成为北方的主要港口之一。根据许檀先生的研究，开埠之前的天津港，已经不仅仅是通过大运河转运漕粮的内核航运港，而是将内河航运和沿海航运结合起来，把其港口的贸易范围，由南北大运河沿线地区，逐步扩展到了北方内地和东部沿海的辽阔地区。运载商品类别，也大大地超出了内河漕运所限定的范畴。天津港在更广大地域内商品流通中的桥梁作用，得到了进一步的加强。到清代中叶，天津已成为华北最大的商业中心和港口城市。[①]

咸丰十年（1860），根据中英《北京条约》的规定，天津正式成为通商口岸，向外国开放。天津的港口和城市在外来因素的刺激下，逐步走上近代化发展的道路。

港口方面，三岔口一带码头集中，曾是漕运的中心地。开埠之后，英、法、美三国最先抢占了漕船、商船、渔船等由海上进入三岔口的必经之地紫竹林，并在此建立租界。该地位于天津城东南马家口下游，海河西岸，和大直沽之间的海河航道不仅是商贸往来水路交通的要道，也是扼守天津城的门户。这里河阔水深，便于大型轮船进出和停泊，具有发展港口的优越条件。各国洋行、轮船公司纷纷在紫竹林建设仓库和修建轮船码头，统称紫竹林码头，又叫租界码头。这些新修码头多为片石和厚木板所筑，成垂直形，轮船可以直接靠岸。[②] 由此，随着租借的建立和扩大以及码头的不断建设，天津的航运中心逐渐从漕运中心地三岔口一带逐步转移到轮船运输为主的紫竹林一带。[③]

航业方面，开埠以后，英、法、美凭借不平等条约，逐渐控制了天津海关和各项港口主权，进而控制了天津口岸的贸易。英国的怡和洋行和太古洋行是开埠初期垄断天津航运和贸易的巨头，此外，美国、丹麦、法国、德国的航运和贸易公司也纷纷进入天津港。日本商人也在政府支持下，于1876年开设了到中国芝罘、天津、牛庄的"近海航路"，即

---

① 吴松弟主编《中国百年经济拼图：港口城市及其腹地与中国现代化》，山东画报出版社，2006，第189页。

② 参见李华彬主编《天津港史（古、近代部分）》，人民交通出版社，1986，第59页。

③ 東亜同文会『支那省別全誌』第十八卷『直隷省』、1918。

"华北航路"。① 自 1865 年至 1894 年，全国外轮进出船舶数增加 1 倍多，总吨数增加 3 倍。天津港 1894 年进出口的外轮只数较 1865 年增长 6.1 倍，是全国外轮平均增长的 6 倍。② 在外商垄断的夹缝中，中国的官僚资本也兴办了最早的近代航运业，即洋务派创办的轮船招商局。天津招商局在紫竹林南面的沿河地带修建栈房和码头，成为天津港第一个与外商抗衡的"官督商办"的航运企业，在内忧外患的大环境下艰难发展，部分打破了天津航业被外商垄断的局面。

1860 年代，进出天津港的帆船的吨位占 50%。到 1880 年，帆船共 117 艘，总计吨位 36916 吨，仅占总吨位的 1/6，而轮船则有 292 艘，总计吨位 209944 吨。到 1890 年，帆船只有 52 艘，而轮船却有 533 艘。1905 年以后，除了偶尔有一只不定期的帆船到大沽口外，就没有帆船来到天津了。③ 进出天津港的中外船只在不到 30 年的时间内实现了由帆船到轮船的发展和更替。

二　19 世纪末 20 世纪初日本航运业的发展

代表 19 世纪末 20 世纪初期日本海运业飞速发展的是两大汽船会社的创立，即 1884 年创立的大阪商船株式会社和 1885 年在东京创立的日本邮船株式会社。其中，大阪商船会社主要经营大阪以西的 22 条国内航路，日本邮船会社主要经营 11 条日本内海航路和 3 条日本近海航路（横滨—上海、长崎—浦汐、长崎—仁川）。④ 甲午战争的胜利，使日本迎来了大力发展东亚海运发展的契机。

口清战争胜利的结果，我国不仅占领了台湾，而且还在中国获得了各种权益，我国的海运自然也将视野扩展到国外。迄今为止的贸易及对外航路实权一直被外国所独占。日清战争时，海运界完成

---

① 日本郵船株式会社編『日本郵船株式会社五十年史』日本郵船、1935、86 頁。
② 李华彬主编《天津港史（古、近代部分)》，第 74 页。
③ 转引自吴松弟主编《中国百年经济拼图：港口城市及其腹地与中国现代化》，第 192 页。
④ 長谷川茂『關西汽船 25 年の歩み』関西汽船株式会社、1868、28 頁。

了物资和兵力的输送，战争结束后必须将重点转移到贸易这一重大任务上来。因此，明治 29 年（1896）10 月造船奖励法和航海奖励法颁布实施，同时指定了特定航路的补助。在政府这些海运补助政策下，我国海运业在近海航路和远洋航路飞速发展……我社台湾航路、中国航路的发展就是其显著表现。①

从这段引自大阪商船株式会社社史的资料可以看出，日本在甲午战争中的胜利，是 19 世纪末期该社将航路进一步扩展到海外的一个直接背景，航运的发展甚至被提高到可以左右国家发展的高度。日本航运业发展一个重要的原因是日本政府的支持，即 1896 年日本颁布的所谓《造船奖励法》和《航海奖励法》，这两项法案的通过大大促进了日本海运的发展，尤其是对海外航路的发展产生了非常重要的影响。同时期，日本邮船会社也对甲午战争后的日本海运形势和两项法案的实施进行了分析。

　　我国的贸易由于多年的锁国政策而显著落后于其他国家，开国后迟迟得不到发展，经过努力渐渐增加了贸易额，明治二十八年输出入合计二亿六千五百万元，但实权仍然掌握在外商手中，从货船的运载量上看，日本船只占一成，其他都依赖于外国船只。所以扩展海外航路成为当时舆论的重点，政府与明治二十五年（1892）提出了航路扩张法案和航海奖励法案，但是由于议会解散而没有形成法律。之后，日清战争后的明治二十八年（1895）二月，议会通过了有关航路扩展的建议案，同年八月，在东京商业会议所向政府提出了海运扩张的建议书……明治二十九年（1896）三月，公布了航海奖励法和造船奖励法，于同年十月开始实施。②

①　大阪商船三井船舶株式会社编『大阪商船株式会社八十年史』大阪商船三井船舶、1966、22～23 頁。
②　日本邮船株式会社发行『七十年史』、54～55 頁。

　　可见，19 世纪末期的日本，通过扩展航路与外商进行竞争来改变日本航业落后的局面是舆论的重点之一。而甲午战争的胜利则成为舆论推动法律制定的直接因素，在东京商业会议所这一商业组织的建议下，鼓励航海和造船的《航海奖励法》和《造船奖励法》得以制定和实施。

　　进入 20 世纪，1904 年的日俄战争的爆发再次推动了日本海运的发展。日俄战争中，大阪商船株式会社和日本邮船会社的轮船都被政府征用，被称为"御用船"。"为了支持日俄战争，船舶 1088 只、65 万 7 千吨中的大部分被征用，最多时，陆军使用 177 只、44 万吨，海军使用 89 只、23 万吨，合计达 266 只、67 万吨。"[①] 战争的征用使可以正常运输的船只数量大大减少，从而影响了一些航路——如欧洲航线等的正常运行，并且使一些船只沉没和损坏。但日本的海运业不仅没有因此受到限制，反而由于战争胜利得到了发展契机。日本借日俄战争的胜利获得了更多的海外权益，进出口贸易快速发展（见表 1），在造船奖励法的推动下，各大造船厂，如三菱长崎造船所和川崎造船所等造船数量也不断增加（见表 2）。加上日本国内铁路的修建使货物运输更为便利，于是，各轮船公司为了满足贸易需要，开始大量从外国购入新船和订制新船。"明治 38 年（1905）末，我国船舶达到 1390 只、93.2 万吨，和战前相比，总吨数增加了 5 成。"[②] 船舶数量和运载能力的增加成为 19 世纪末 20 世纪初日本航运业发展的显著表现。

表 1　日本与外国贸易统计

单位：万元

时间	输出	输入
明治 31 年（1898）	16575	27750
明治 36 年（1903）	28950	31713
明治 40 年（1907）	43241	49446

资料来源：根据日本邮船株式会社发行『七十年史』、113 页整理。

---

① 『大阪商船株式会社八十年史』、33 頁。
② 『大阪商船株式会社八十年史』、33 頁。

表 2　根据《造船奖励法》所造的合格船只统计（1896 年 10 月～1913 年 12 月）

造船所	只数	总吨数
三菱长崎造船所	43	207765
川崎造船所	35	101713
大阪铁工所	30	30521
其他	4	4568
合计	112	344567

资料来源：根据日本郵船株式会社発行『七十年史』、118 頁整理。

　　航线方面，大阪商船会社和日本邮船会社在不断扩大船只数量的同时，纷纷借两次战争胜利之后的经济恢复和发展之机，迅速开辟新的航线，除原有的内海航路之外，新增了很多东亚航路和远洋航路。日本邮船会社的远洋航路从最初的伦敦航路等 4 条航线，增加到 1910 年的 23 条。东亚航线中与中国的航运最为频繁，航线集中在上海、天津、汉口、大连这几个大港口，及中国北部的牛庄、青岛及香港。① 大阪商船会社发展也很迅速，其运载能力比创立之初增长了 10 倍。

　　　　根据明治 26 年的统计，日本船的装载量 15 万 2000 吨，世界排名 12 位，日清战争后明治 29 年达 33 万 5000 吨，日俄战争后明治 39 年达 100 万吨，到大正 2 年成为世界第 7 位的海运国家。20 年间，日本船的装载增加约 10 倍，取得了令世界震惊的发展。我社明治 26 年总装载量 1 万 8000 吨，日清战争后 3 万吨，日俄战争后 11 万吨，现在达到 17 万 7000 吨，与建立初期比增长了 10 倍。②

　　这段史料明确地显示了甲午战争和日俄战争对大阪商船株式会社发展的促进作用，运输能力由甲午战前的不到 2 万吨，跃进到日俄战争后的 11 万吨，继而在第一次世界大战之前，达到近 18 万吨。到成立 30 周年（1913）的时候，大阪商船的汽船运输总吨数已经超过 19 万吨，拥有

① 　日本経営史研究所編『日本郵船百年史資料』日本郵船、1988、704～705 頁。
② 　『大阪商船株式会社八十年史』、23 頁。

44 条定期航路，成为仅次于日本邮船会社的第二大汽船会社。[①]

　　第一次世界大战之前（1913），"日本以运输能力 150 万吨的规模一跃成为世界排名第七位的海运强国"。[②]（见表 4）

表 3　大阪商船会社和日本邮船会社经营比较

创立初期			1913		
会社名	船只数	总吨数	会社名	船只数	总吨数
日本邮船	69	72920	日本邮船	93	428015
大阪商船	93	15400	大阪商船	109	191204

　　（资料来源：根据『大阪商船株式会社八十年史』、42 頁、『關西汽船 25 年の歩み』、28 頁整理）

表 4　世界和日本的船舶运输能力比较

（单位：千吨）

年份	世界	日本	世界排名
1893	15264	152	12
1896	17738	335	9
与 1893 年比	116%	220%	
1903	27183	586	9
1906	31745	997	6
与 1893 年比	208%	656%	
1913	43079	1500	7
与 1893 年比	282%	987%	

资料来源：根据『大阪商船株式会社八十年史』、23 頁整理。

三　19 世纪末到 20 世纪初日本与天津的轮船航线

1. 长崎—天津线——日本轮船公司最初设立的天津航线

　　日本邮船会社成立之前，为了加强日本和中国华北的贸易，作为该会社前身之一的三菱会社，曾于 1876 年 5 月尝试性地开设了以神户为起点，

---

① 大阪商船三井船舶株式会社総務部社史編纂室『創業百年史』、大阪商船三井船舶、1985、139 頁。
② 『大阪商船株式会社八十年史』、23 頁。

经由芝罘、天津到达牛庄的航线，使用敦贺丸，每月航行一次。但是由于旅客和货物数量不足，这条航线仅仅开设数月就停止了。此后，日本和天津间靠临时航线交流。① 与之相对比的是横滨和上海间定期航路的繁荣，三艘汽船，每周分别从两地出发，于神户、下关、长崎寄港。② 日本邮船会社正式成立以后，在选择中国航路的过程中，仍然看好腹地物产丰富，自古就是航运枢纽的天津，重新设立了天津航线，即长崎—天津线。

> 长崎—天津线（即之后的神户—天津线），前面的三条线路（横滨—上海线、长崎—浦盐斯德线、长崎—仁川线）是创业时期，为了加强本邦贸易，同时为了阻止外国船的涉及，不计损失地维持着。明治十九年二月，在政府的资助下，开设了长崎、天津间的定期航路，在长崎与横滨—上海线和长崎—浦盐斯德线相联络。之后，延长到神户，和神户仁川线合并，使用两艘汽船，每四周两次于神户和天津出航。其中的一艘，由于明治二十四年三月神户—牛庄线的开通而被转用到这条航线上。③

由以上的这段史料可以看出，长崎与天津间的定期航路，在日本政府的资助下开设于明治 19 年，即 1886 年。后来与神户仁川线合并，在长崎港与横滨上海线和长崎浦盐斯德（即海参崴港）线交叉。长崎既是横滨—上海线的寄港地和长崎—天津线最初的出发港，也是天津航路与神户—仁川线合并后，神户—天津线的寄港地。"长崎浦盐斯德线，本线也是开创于旧三菱会社时代……在长崎与横滨上海线和长崎天津线相联络……"④ 三条航线通过在长崎的联络，形成一个小型的东亚物流网络，将日本的横滨、神户、马关、长崎和朝鲜半岛的仁川，中国的芝罘、天津、上海，以及俄国的浦盐斯德（海参崴）连接起来（见图 1）。

在东京创刊的《时事新报》的"广告"栏中，有"日本邮船会社横

---

① 参见片山邦雄『近代日本海運とアジア』御茶の水書房、1996、67～68 頁。
② 『日本郵船株式会社五十年史』、85～86 頁。
③ 『七十年史』、32 頁。
④ 『七十年史』、31 頁。

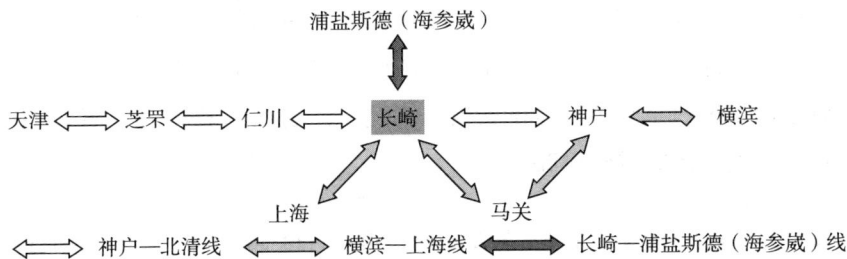

图 1　经过长崎的三条航线构成的航运网络

滨出帆广告"（见图 2），对日本邮船会社国内外航线的航行时间和地点进行预告。该报第 1251 号，也就是 1886 年 4 月 16 日的出帆广告中，最先登载了有关天津航线的信息："广岛丸，神户、马关、长崎、上海行，四月二十七日正午十二时右广岛丸在长崎与敦贺丸相联络，四月二十八日从长崎出帆，经仁川、芝罘驶往天津。"（见图 3）

图 2　日本邮船会社横滨出帆广告

图 3　有关天津航线的消息

　　由这些登载于《时事新报》的日本邮船公司的出帆广告，可以明确地知道汽船的名称、航线的名称、寄港地、出发时间等详细信息。因此，笔者通过整理一年间的《时事新报》的出帆广告做成表5-1，并以此分析这条航线具体的运营情况。

表5-1　日本邮船会社长崎—天津航线定期运行（1886年4月-1887年4月）

序号	出发时间	船名	线路名	联络地、再出发地	联络船	航线	初次登载日期	出版号
1	1886年4月28日	敦贺丸	神户—长崎—仁川—芝罘—天津	长崎	广岛丸	横滨—神户—马关—长崎—上海	1886年4月16日	1251
2	1886年5月19日	敦贺丸	神户—长崎—仁川—芝罘—天津	长崎	名古屋丸	横滨—神户—马关—长崎—上海	1886年5月6日	1268
3	1886年6月9日	敦贺丸	神户—长崎—仁川—芝罘—天津	长崎	东京丸	横滨—神户—马关—长崎—上海	1886年5月27日	1286
4	1886年6月30日	敦贺丸	神户—长崎—仁川—芝罘—天津	长崎	横滨丸	横滨—神户—马关—长崎—上海	1886年6月17日	1307
5	1886年7月21日	敦贺丸	神户—长崎—仁川—芝罘—天津	长崎	广岛丸	横滨—神户—马关—长崎—上海	1886年7月8日	1322
6	1886年8月11日	敦贺丸	神户—长崎—仁川—芝罘—天津	长崎	名古屋丸	横滨—神户—马关—长崎—上海	1886年7月29日	1340
7	1886年9月1日	敦贺丸	神户—长崎—仁川—芝罘—天津	长崎	东京丸	横滨—神户—马关—长崎—上海	1886年8月19日	1358
8	1886年9月21日	敦贺丸	神户—长崎—仁川—芝罘—天津	长崎	萨摩丸	横滨—神户—马关—长崎—上海	1886年9月9日	1376
9	1886年10月12日	敦贺丸	神户—长崎—仁川—芝罘—天津	长崎	萨摩丸	横滨—神户—马关—长崎—上海	1886年9月29日	1393

续表

序号	出发时间	船名	线路名	联络地、再出发地	联络船	航线	初次登载日期	出版号
10	1886 年 11 月 2 日	敦贺丸	神户—长崎—仁川—芝罘—天津	长崎	萨摩丸	横滨—神户—马关—长崎—上海	1886 年 10 月 21 日	1421
11	1886 年 11 月 23 日	敦贺丸	神户—长崎—仁川—芝罘—天津	长崎	萨摩丸	横滨—神户—马关—长崎—上海	1886 年 11 月 11 日	1430
12	1886 年 12 月 13 日	敦贺丸	神户—长崎—仁川—芝罘—上海	长崎	萨摩丸	横滨—神户—马关—长崎—上海	1886 年 12 月 2 日	1448
13	1887 年 1 月 3 日	敦贺丸	神户—长崎—仁川—芝罘—上海	长崎	萨摩丸	横滨—神户—马关—长崎—上海	1886 年 12 月 23 日	1466
14	1887 年 2 月 14 日	敦贺丸	神户—长崎—仁川—芝罘—上海	长崎	横滨丸	横滨—神户—马关—长崎—上海	1887 年 2 月 2 日	1511
15	1887 年 3 月 8 日	敦贺丸	神户—长崎—仁川—芝罘—天津	长崎	横滨丸	横滨—神户—马关—长崎—上海	1887 年 2 月 23 日	1519
16	1887 年 3 月 29 日	敦贺丸	神户—长崎—仁川—芝罘—天津	长崎	横滨丸	横滨—神户—马关—长崎—上海	1887 年 3 月 16 日	1537
17	1887 年 4 月 19 日	敦贺丸	神户—长崎—仁川—芝罘—天津	长崎	横滨丸	横滨—神户—马关—长崎—上海	1887 年 4 月 6 日	1555
18	1887 年 5 月 10 日	敦贺丸	神户—长崎—仁川—芝罘—天津	长崎	横滨丸	横滨—神户—马关—长崎—上海	1887 年 4 月 27 日	1573

如表 5-1 所显示的，"敦贺丸"是这一年中承担天津航线的唯一汽船，"长崎"既是神户—天津线和横滨—上海线的联络地，也是两条航路的再出发地。前者经由仁川和芝罘，到达天津，实现日本—朝鲜—中国华北的联络，后者则从长崎直接驶往上海，实现日本大港横滨—神户—

长崎—上海的联络。

除了航线的交接，从表5-1还能看出汽船出发时间和广告登载时间的规律性：汽船每20天左右从长崎出发一次，出发的信息基本提前两周在广告栏中公布。另外，序号第12~14号属于个别的情况，为"敦贺丸"从长崎出发后，经由仁川和芝罘到达上海，目的地并不是天津。这种情况出现三次后，该航线恢复正常，敦贺丸继续驶往天津，这可能和货物运输过程中，各地货主要求送达的目的地有关。

此外，这一年的《时事新报》中还出现过两次"天津行"内容的汽船广告，即"尾张丸"分别于1886年6月6日和1887年2月23日由横滨出发，分别经由下关港和神户、长崎港，到达天津。

表5-2　日本邮船会社天津航线临时船运行情况（1886年4月~1887年4月）

序号	出发日期	船名	出发地	航线	登载日期	出版号
1	1886年 6月6日	尾张丸	横滨	横滨—下关—天津	1886年 6月3日	1292
2	1887年 2月23日	尾张丸	横滨	横滨—神户—长崎—天津	1887年 2月21日	1517

这两次航行似乎和前面规律性的航线没有联系，出发港为横滨港，而且广告的登载离汽船出发时间很近。极有可能是应付货物和人员运输的偶然增加而加开的临时航线。

2. 神户—天津线到神户—北清线 —— 两大日本汽船公司在华北的竞争

（1）甲午战争后到日俄战争前

如本文第一节所述，天津作为华北的重要港口，通过日本邮船会社1886年开辟的长崎—天津线（神户—天津线），建立起和日本的神户、长崎等港的航线联系，并和朝鲜的仁川及俄国的海参崴联络起来。19世纪末，日本在甲午战争中取胜，通过《马关条约》获得了更多的权益，海上航运业迎来第一次发展高潮，在政府支持下，日本的汽船公司新开了国内和远洋的航线。据《天津港史》介绍：

　　　1896年，据《马关条约》有关条款，日本与清政府在北京签订了《中日通商航船条约》。日本邮船公司、大阪商船会社、日本汽船会社先后与天津建立和发展了海运业务。专门经营进出口贸易的三井洋行、武斋洋行、大仓央行等也在天津设立支店。天津与日本的航运贸易逐渐发展起来。①

根据《中日通商行船条约》，在日本的汽船公司和天津建立的海运业务之时，一些日本的出口贸易公司也在天津设立了支店，办理货物的运输和贩卖。《天津港史》引用了富成一二所著的《天津案内》，对 1913 年进出天津的轮船名和吨位进行了统计。② 但是缺乏对甲午战争后到 1913 年之前日本汽船公司开辟天津航线情况的论述。本节将运用大阪商船会社社史和日本邮船会社社史对这一时期的神户—天津线和神户—北清线的建立以及汽船运行进行了分析。

日本邮船会社为了在与各国汽船会社的竞争中抢占先机，于 1899 年扩充了十条航路，其中就包括神户—天津线。

> 航路扩张方面，鉴于"今日列国汽船会社尚未完备经营、羽翼尚未伸展之际，当务之急是抢占先机"，于是明治 32 年扩充了以下十条线路……8. 神户天津线……③

之前经由芝罘到达天津的航线已经不能满足日本的侵略需要，他们开辟了新的货物进出口港口，即牛庄港。开辟了神户—北清线，将天津大沽作为中转港，在神户和牛庄间运行，实际是对之前的神户—天津线的扩充和延长，借此来进一步加强对中国北部的商贸控制。

> 预测到战后（日清战争）本邦与清国特别是北清方面贸易的发达，近藤社长于明治三十二年（1899）8 月与货物课长和大阪支店

---

① 李华彬主编《天津港史（古、近代部分)》，第 105 页。
② 参见《日中北清航线船名及吨位一览表》，富成一二：《天津案内》，转引自李华彬主编《天津港史（古、近代部分)》，第 106 页。
③ 『日本邮船百年史资料』、103 页。

长，视察了北清地方，回国后向内阁提出建议书，说明了加强东洋
贸易的必要性，并在政策上提出了东洋航路的扩张和日清间金融机
关的开设。此时开设的新航路是：1. 上海天津线（略）2. 神户北清
线：明治三十二年九月开始，使用船二只、每二周一回从神户和牛庄
两港出发，往航经下关、芝罘、大沽，复航寄港芝罘，第二年十月成
为政府补助航路。3. 神户韩国北清线（略）4. 长崎香港线（略）①

可见，甲午战争后，北清线是基于对中国北部的调查而开辟的，时
任日本邮船会社社长的近藤廉平及公司主要职员对中国北部进行了考察，
向内阁提出了"东洋航路的扩张和日清间金融机关的开设"的建议。航
线的建立伴随着其他配套措施，如金融机关的开设。日本邮船会社的神
户北清线开始于明治 32 年（1899），分别由神户和牛庄出发，经由下关、
芝罘、大沽，利用两艘汽船，每两周航行一次。

大阪商船会社在 1898 年曾在日本和华北间使用临时航线，1899 年 9
月也开设了和日本邮船会社并行的航线，即经由天津的神户—牛庄线，
加入到航线竞争中来。

为了加强我国和华北间的交通，明治 31 年在该方向配置临时
船，于明治 32 年 9 月开始，开设了经由天津的神户—牛庄线，以及
经由芝罘的神户—牛庄线，此后开始经营这些和日本邮船会社并行
的航路。②

经过天津的神户—牛庄线，明治 32 年（1899）九月开航，利
用"舞子九"作为第一船于当月十一日从神户发航，经由门司、
天津，之后每三周往返一次。三十三年七月之后，因为北清事变而
休航。③

明治 32 年（1899）开航的神户—牛庄线因为事变（义和团）的

---

① 『七十年史』、75～76 頁。
② 『大阪商船株式会社八十年史』、32 頁。
③ 『大阪商船株式会社五十年史』、264 頁。

影响，暂时休航，事变后明治 35 年改称神户—北清线继续开航。①

大阪商船会社的神户—牛庄线，同样于 1899 年开航，首发汽船为"舞子丸"，经由港和邮船会社不同，没有下关港和芝罘港，从神户出发后，只经过门司港，直达天津。这里提到的"北清事变"为清末的义和团运动，反侵略的排外运动在华北地区迅速扩大，影响到日本汽船公司的运营，甚至导致了神户—牛庄线的休航。但是，这条航线很快改名为神户—北清线而继续开航。

> 大阪—北清线（神户—北清线），因北清事变而休航的经由天津的神户—牛庄线以及经由芝罘的神户—牛庄线，再度开航，改称为神户—北清线，于明治三十五年二月二十六日由"盛航丸"作为首发汽船。该线利用三艘汽船，从神户和牛庄两地每周发航一次，经由门司、芝罘、天津。②

1902 年，大阪商船会社新开的大阪—北清线（神户—北清线）取代了 1899 年设立的神户—牛庄线，开航次数由之前的"每三周往返一次"增加到"每周发航一次"，经由门司、芝罘和天津，到达牛庄。

日本邮船公司也对航线进行了调整。这次调整主要是基于日本政府航路政策的改变，即日本掌管交通和邮政的递信省将 6 条定期航线定为命令航路并对这些航路进行补助，其中就包括神户—北清线。

> 明治十八年（1885）我社创立时，正值农商务卿下达近海及沿岸各航路的命令，该命令期限为十五年，明治三十三年（1900）九月到期，期限到来后，因为担心这些定期航路的终止，各地商业会议所及其他民间团体，从三十三年一月开始向政府提出航路扩张和补助的相关申请，并向议会请愿。我社也积极参与航线的维持。

---

① 『大阪商船株式会社八十年史』、33 页。
② 『大阪商船株式会社五十年史』、267 页。

于是，政府在期限到来之前的明治三十三年（1900）七月，由新任的递信（通信）大臣公布，同年十月以后五年，每年投入五十五万元以内的航海补助金给以下六条定期航线……递信省命令航路：1. 横滨—上海线（略）2. 神户—北清线（神户—天津间及神户—牛庄间两线），使用船三只、每周一回航行、冬季休航，补助金每年 10 万元，大正十二年转交近海邮船。3. 神户—韩国—北清线（略）4. 神户—浦盐斯德线（略）5. 神户—小樽东回线（略）6. 青森—室兰线（略）[①]

在旧的航路命令截止之前，各地商业会所纷纷向政府请愿。1900年 7 月递信省下达新的规定，神户—北清线从 1900 年 10 月开始到 1905年的五年间，每年可以得到来自政府的补助金 10 万元。由此也能看出日本政府对中国华北地区的重视程度。于是日本邮船会社在开辟神户—牛庄航线一年之后，于 1900 年 10 月对航线名称和航船次数进行了重新修订。

明治 33 年（1900）10 月改革近海航路。将之前的神户—天津线和神户—牛庄线废止。开设神户—韩国—北清线及神户—北清线（天津、牛庄方向的两线，每周一回，三只）。[②]

由此可见，经过调整之后，神户—天津线和神户—牛庄线被废除，实行新的线路及神户—韩国—北清线和神户—北清线，并且将汽船从之前的两只增加到三只，航海次数由之前的每两周一回变成每周一回。可以根据 1902 年 2 月～6 月的《横滨每日新闻》的"日本邮船会社汽船出帆广告"之"神户出帆"一栏来看一下这条航线的具体运行情况。1902年 2 月 18 日的广告栏"神户出帆"中最先登载了"天津初航"的广告（图 4、图 5）。表 6-1 对《横滨每日新闻》中的"日本邮船会社汽船出

---

① 『七十年史』、77～78 頁。

② 『日本郵船百年史資料』、104 頁。

帆广告”中，与神户—北清线的相关信息按“出发日期”“出发地”“航线名”“（报纸）出版号码”“初次登载日期”进行了统计。

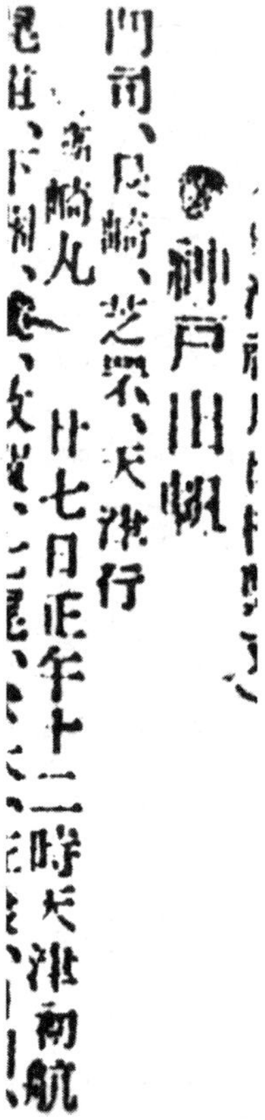
●神戸出帆
門司、長崎、芝罘、天津行
崎丸　廿七日正午十二時天津初航

图 4 《横滨每日新闻》中的“天津初航”广告

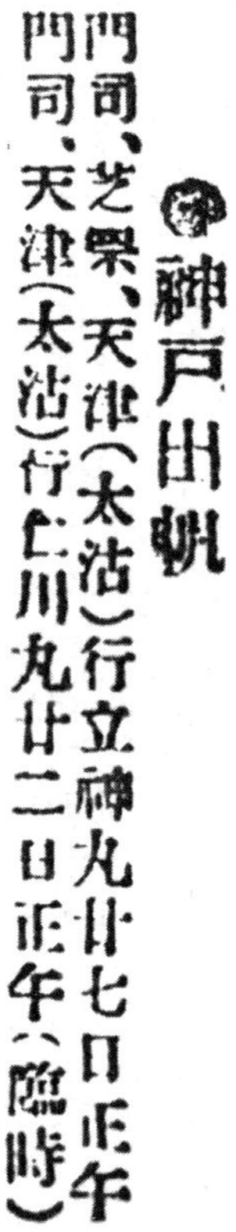
●神戸出帆
門司、芝罘、天津(太沽)行立神丸廿七日正午
門司、天津(太沽)行仁川丸廿二日正午(臨時)

图 5 《横滨每日新闻》中的“出帆”广告

表 6-1　日本邮船会社神户—北清线定期运行情况（1902 年 2 月～1902 年 6 月）

序号	出发日期	船名	出发地	航线	出版号码	初次登载日期
1	1902 年 2 月 27 日	高砂（崎）丸	神户	门司—长崎—芝罘—天津	9552	1902 年 2 月 18 日
2	1902 年 3 月 6 日	相模丸	神户	门司—芝罘—天津	9562	1902 年 2 月 28 日
3	1902 年 3 月 16 日	仙台丸	神户	门司—长崎—芝罘—天津	9569	1902 年 3 月 7 日

续表

序号	出发日期	船名	出发地	航线	出版号码	初次登载日期
4	1902 年 3 月 24 日	相模丸	神户	门司—长崎—芝罘—旅顺口—天津（太沽）	9575	1902 年 3 月 13 日
6	1902 年 4 月 4 日	玄海丸	神户	门司—长崎—釜山—仁川—芝罘—天津（太沽）—牛庄	9590	1902 年 3 月 28 日
7	1902 年 4 月 10 日	高砂丸	神户	门司—长崎—芝罘—天津—太沽	9601	1902 年 4 月 8 日
8	1902 年 4 月 16 日	伊势丸	神户	门司—长崎—釜山—仁川—芝罘—旅顺口—天津（太沽）	9605	1902 年 4 月 12 日
9	1902 年 4 月 24 日	相模丸	神户	门司—芝罘—天津（太沽）	9611	1902 年 4 月 18 日
10	1902 年 5 月 1 日	玄海丸	神户	门司—长崎—釜山—仁川—芝罘—天津—太沽—牛庄	9618	1902 年 4 月 25 日
11	1902 年 5 月 8 日	立神丸	神户	门司—长崎—芝罘—天津（太沽）	9625	1902 年 5 月 2 日
12	1902 年 5 月 14 日	伊势丸	神户	门司—长崎—仁川—芝罘—旅顺口—天津（太沽）	9631	1902 年 5 月 8 日
13	1902 年 5 月 22 日	高砂丸	神户	门司—芝罘—天津（太沽）	9639	1902 年 5 月 16 日
14	1902 年 5 月 30 日	玄海丸	神户	门司—长崎—釜山—仁川—芝罘—天津—太沽—牛庄	9646	1902 年 5 月 23 日
15	1902 年 6 月 5 日	相模丸	神户	门司—长崎—芝罘—天津	9653	1902 年 5 月 30 日
16	1902 年 6 月 11 日	日东丸	神户	门司—长崎—釜山—仁川—芝罘—旅顺口—天津（太沽）	9658	1902 年 6 月 4 日
17	1902 年 6 月 19 日	立神丸	神户	门司—芝罘—天津（太沽）	9667	1902 年 6 月 13 日
18	1902 年 6 月 25 日	玄海丸	神户	门司—长崎—釜山—仁川—芝罘—天津（太沽）—牛庄	9674	1902 年 6 月 20 日
19	1902 年 7 月 3 日	高砂丸	神户	门司—长崎—芝罘—天津—太沽	9680	1902 年 6 月 26 日

　　《横滨每日新闻》基本每天登载日本邮船会社的出帆广告，分为"横滨出帆""神户出帆""敦贺出帆"几栏。在该报第 9552 号（明治 35 年 2 月 18 日）的"神户出帆"一栏中，最先出现了有关天津航线的消息，写作"门司、长崎、芝罘、天津行，高崎丸 廿七日正午十二时天津初

航"，说明 2 月 27 日高崎丸（高砂丸）将于正午 12 点从神户出发，经由门司、长崎、芝罘，驶往天津。这里写作"高崎丸"的汽船在 2 月 20 日的广告栏中改写成"高砂丸"，航行日期不变，仍为 2 月 27 日。在《日本邮船会社社史》的轮船列表中找不到关于"高崎丸"的记载，而且之后"高砂丸"多次承担该条线路，估计为首次广告登载时对"高砂丸"的错写。另外，广告对天津和太沽两港的描述不是很统一，有时分别列出，有时合写作"天津（太沽）"，制作表格时按照广告原文抄录。

由表 6-1 我们可以清楚看出神户—北清线的航行规律。日本邮船会社几乎 6~8 天左右利用一艘汽船走这条航线，从神户出发，驶往中国北部的各主要港口，除了天津外，还有芝罘、旅顺、牛庄。这条航线上使用的汽船有：高砂丸、相模丸、立神丸、玄海丸、伊势丸等。天津（太沽）港是该航线的主要目的地，但当"玄海丸"执行航海时，往往从天津寄港后，最终驶往牛庄港。从航线名称看，这些航线从神户出发后，都经过日本的门司港和中国的芝罘港。神户和门司是当时日本的重要港口，而山东的芝罘和天津则在华北地区的人员交流和物资流动中发挥着重要作用。这些航线大部分还经由长崎港和朝鲜半岛的釜山、仁川等港，可以说这条线路实现了日本、中国北部和朝鲜的连接，构成了东亚地区的物流局域网。

此外，还有从神户出发，只在日本下关寄港直接航行到天津的航线，以及直接由神户驶往中国北部的航线（见表 6-2）。

表 6-2　日本邮船会社神户—北清线临时运行情况（1902 年 2 月~1902 年 6 月）

序号	出发日期	船名	出发地	航线	出版号码	初次登载日期
1	1902 年 2 月 28 日	大连丸	神户	下关—太沽	9554	1902 年 2 月 20 日
2	1902 年 3 月 2 日	大连丸	神户	下关—太沽	9561	1902 年 2 月 27 日
3	1902 年 3 月 22 日	立神丸	神户	门司—芝罘—天津（太沽）（临时）	9583	1902 年 3 月 21 日
4	1902 年 4 月 6 日	伏木丸	神户	旅顺口—太沽—牛庄（不载船客）	9598	1902 年 4 月 5 日

如上，第 9554 号和第 9561 号《横滨每日新闻》的"神户出帆"栏，

都登载了"下关、太沽行，大连丸"的广告，大连丸由神户出发，经由下关直达太沽港。第9598号中，登载了"旅顺口、太沽、牛庄行，伏木丸，四月六日正午十二时"的广告。伏木丸不在日本的港口寄港，而是从神户出发后直接驶往中国北部的旅顺和天津。虽然表6-2中只有第3行关于"立神丸"的广告原文中有"临时"二字，但我认为，其他三个班次的出发日期和表6-1的出发日期不能构成有规律的排列，其航行也是临时性的。

（2）日俄战争后到第一次世界大战之前

1904年日俄战争爆发后，航线的运行受到了影响，尤其是对牛庄港的影响较大，天津港的地位随之上升。

　　　三十七年（1904）二月以后由于日俄战争，不可能再从牛庄回航，只能寄港芝罘和天津，同时，利用雇佣船，改为每月航海两次。同年下半年，恢复从牛庄回航。十二月以后，由于冬季结冰的原因，停止牛庄和天津的寄港，改从秦皇岛回航。三十八年（1905）三月三日将航线延长至大阪，改称大阪—北清线，利用汽船四艘，增加到每月航行四到五次。另外，开设了大阪—天津线，这样，三十九年（1906）二月，之前的大阪—北清线停止了天津寄港。由于日俄战争后牛庄的货物减少，同年下半年，大阪—北清线航线停止。[①]

由于日俄战争后从牛庄港回航的货物减少，加上大阪商船会社新开了大阪到天津的航线，大阪—北清线逐渐被取代，货物直接从天津运往日本，牛庄不再成为航线的目的地。这体现了20世纪初期，随着牛庄港的衰微，天津在中日贸易中所发挥的作用日益增加。

日俄战争也影响到日本邮船会社的神户—北清线运行。

　　　本线（神户—北清线）预计于三十七年（1904）初春冰期过去后开航，但是由于战争征用，我社不仅没有承担该线的船只，而且开战后也无外船可被雇用。当社费尽周折，终于从香港雇用一船，

---

①　『大阪商船株式会社五十年史』、267頁。

负担其船员和船体的战时保险，于 4 月初由神户，向芝罘、天津发航，每三周定期航行一次。之后又增加一艘雇佣船，航线由天津延长至牛庄，由太沽寄港，约十二天定期航行一次。之后再增加雇佣船一艘，使用三艘船，每周发航一次，渐渐恢复到之前的水平。但是本航路上敌舰出没，山东半岛经常有机械鱼雷，特别是牛庄的船只都被征用，还出现了搬运工人不足的情况。因此，航海次数由于船只的数量变化而减少。①

日本邮船会社的神户—北清线于 1904 年 4 月发航，之后延长到牛庄，经由太沽港。使用三艘汽船，每月航行四次。为了进一步发展这条航线，1905 年，日本邮船会社还对使用汽船进行了充实，由 3 只增加到 6 只。

> 明治 38 年（1905）决定，为了将北清航路的使用船从 3 只增加到 6 只，除了已经购入的船舶相模丸（1934 吨）及竹岛丸（2673 吨），另外一只是新造船……花费 3 万 4050 英镑，工期 9 个月，从英国商会定制了新船，这就是新造的淡路丸（2045 吨）。②

三只增加汽船的运输能力都在 2000 吨左右，最大的竹岛丸达到 2673 吨，而且其中的淡路丸还是新造船，可见日本邮船会社对北清航线的重视。

大阪商船会社为了加强和日本邮船会社的竞争，也在驶往天津的航线中使用了新造汽船，并增加了航海次数，而且码头的设置上更加接近租借地，在其社史中这样写道：

> 大阪天津线，明治三十九年（1906）二月二十五日，由大信丸作为首发汽船从大阪出发，之后使用汽船两艘，每月三次往返，经由神户、门司和芝罘，但是冬季由于冰期而休航。当时利用的大信丸和大智丸两艘汽船属于新造船，经过之前的停泊地太沽冲，可以

---

① 『日本郵船株式会社五十年史』、227 頁。
② 『日本郵船百年史資料』、181 頁。

直接驶进紫竹林停泊，博得了乘客和货主的好评。之后温州丸加入，成为三艘船，每月航行四到五次。[①]

大阪始发到达天津的航线于 1906 年 2 月开航，新造船"大信丸"是首发汽船，之后和另两艘新造船"大智丸"及"温州丸"共同承担这条航线的旅客和货物运输。寄港地为门司和芝罘，航行次数由最初的每月 3 次增加到每月航行 4～5 次。入港时，由太沽变更为日本租借地所在地紫竹林码头，方便了旅客搭乘和货物装卸。三艘汽船具体的运行情况，可以利用日文报纸《大阪每日新闻》进行复原。在该报 1906 年（明治 39 年）二月二十五日的"大阪商船会社汽船大阪、神户出帆"的广告栏中，有一则以"大信丸，廿五日前七时大阪发、26 日前七时神户发，门司、芝罘、天津行。天津可溯航至居留地"为内容的广告。而且，在几天后，也就是 1906 年 3 月 3 日的广告栏中用更大更醒目的字体登出了"大信丸""大智丸"执行天津航行的广告（见图 6）。

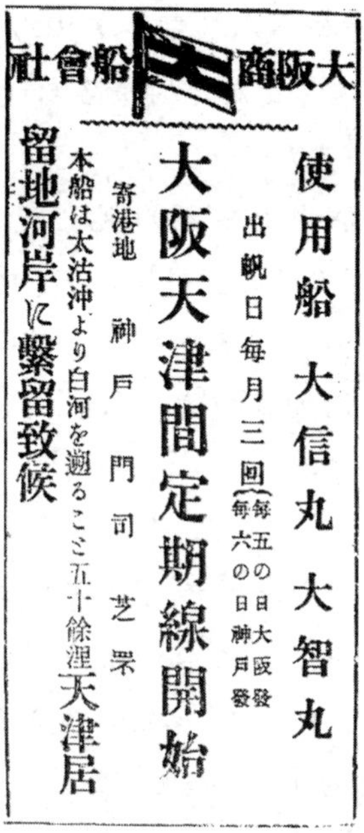

图 6 《大阪每日新闻》的航运广告

① 『大阪商船株式会社五十年史』、268～269 頁。

以 1906 年 2 月 25 日（第 8047 号）到 4 月 30 日（第 8121 号）的《大阪每日新闻》"大阪商船会社汽船大阪、神户出帆"广告，制作天津航线的运行情况如表7。

表7　大阪商船会社大阪天津线定期运行（1906 年 2 月 ~ 1906 年 3 月）

序号	出发日期	船名	出发地	航线	出版号码	初次登载日
1	1906 年 2 月 25 日	大信丸	大阪	神户—门司—芝罘—天津	8047	1906 年 2 月 15 日
2	1906 年 3 月 3 日	汕头丸	大阪	神户—门司—芝罘—天津	8059	1906 年 2 月 27 日
3	1906 年 3 月 5 日	大智丸	大阪	神户—门司—芝罘—天津	8052	1906 年 2 月 20 日
4	1906 年 3 月 6 日	汕头丸	大阪	神户—马关—青岛—天津	8062	1906 年 3 月 6 日
5	1906 年 3 月 15 日	大信丸	大阪	神户—门司—芝罘—天津	8062	1906 年 3 月 6 日
6	1906 年 3 月 16 日	温州丸	大阪	神户—门司—芝罘—天津	8071	1906 年 3 月 11 日
7	1906 年 3 月 25 日	大智丸	大阪	神户—门司—下关—芝罘—天津	8077	1906 年 3 月 17 日
8	1906 年 3 月 27 日	大信丸	大阪	神户—门司—芝罘—天津	8084	1906 年 3 月 24 日
9	1906 年 3 月 29 日	温州丸	大阪	神户—门司—芝罘—天津	8086	1906 年 3 月 26 日
10	1906 年 4 月 5 日	大智丸	大阪	神户—门司—下关—芝罘—天津	8092	1906 年 4 月 1 日
11	1906 年 4 月 15 日	大信丸	大阪	神户—门司—下关—芝罘—天津	8096	1906 年 4 月 5 日
12	1906 年 4 月 20 日	温州丸	大阪	神户—门司—下关—芝罘—天津	8102	1906 年 4 月 11 日
13	1906 年 4 月 25 日	大智丸	大阪	神户—门司—下关—芝罘—天津	8107	1906 年 4 月 16 日
14	1906 年 5 月 5 日	大信丸	大阪	神户—门司—下关—芝罘—天津	8114	1906 年 4 月 23 日
15	1906 年 5 月 10 日	温州丸	大阪	神户—门司—下关—芝罘—天津	8120	1906 年 4 月 29 日

如上表 7 所显示，该航线以"大信丸"为首发汽船，最初和"大智丸"一起，十天发航一次。但是有另外一艘汽船"汕头丸"加入，从广告登载的时间看，两次和"汕头丸"有关的广告登载都与发航时间相近，且和"大信丸""大智丸"的出发时间没有规律性可循。3 月 16 日"温州丸"加入后，"汕头丸"退出该航线。我认为，这是因为刚刚开通的新航线大大增加了大阪到天津的交通便利，吸引了众多货物和人员，"大信丸"和"大智丸"两艘汽船不能满足运输需求，临时增加了"汕头丸"的两次航行。之后，大阪商船会社为了起到缓解物流和客流的作用，而加入"温州丸"参与这条航线的运输。该船加入后，航线由 10 天发航 1 次，变成 3 艘汽船轮流执行，5 天发航一次。

日本驻屯军司令部编纂的《天津志》对大阪商船会社这条航线的开通也有详细的论述，可以和以上社史的记述以及航行统计相比较。

> 大阪商船公司，于一九〇五年十月开始天津航路。以大信丸、大智丸、温州丸三条轮船，每六日从大阪出发，经神户、门司、下关、芝罘到天津。全是新造船舶，由于吃水浅能溯航到紫竹林租借地河岸，使货运和客运得到很大的便利。[①]

这段出自史料对汽船名称（"大信丸""大智丸""温州丸"）和寄港地（神户、门司、下关、芝罘）、到达码头（紫竹林码头）的论述基本和《大阪商船会社五十年史》及《大阪商船株式会社八十年史》一致，并且和表 7 对应统一，但是，将大阪商船会社开辟该航线具体时间写为 1905 年是错误的。

> 四十年（1907）十一月，（大阪天津线）停止了在芝罘的寄港，实现了通过门司的直航。四十一年（1908）十一月五日以后，作为航线联络的神户和门司，继而和国有铁道相连接，开始了旅客和小

---

① 《二十世纪初的天津概况》，第 106 页。

型包裹的 "船车联络"。①

　　1907 年，大阪—天津线停止了在芝罘寄港，经由门司直接到达天津。而且，随着日俄战争后日本国内铁路的大量修建，1908 年该航线在神户和门司两地实现了和日本国内铁路的联络，这样，神户和门司两港成为日本和天津两地间人员移动和货物交流的主要集散地。

小　结

　　1860 年，根据《北京条约》天津被迫开埠，随着租借地的建立和扩大，航运中心从三岔口逐渐转移到轮船运输为主的紫竹林一带。从 19 世纪末，进出天津港的船只实现了由帆船到轮船的发展和更替。

　　19 世纪末～20 世纪初，日本的航运业在明治政府的支持下取得了跃进式的发展。1884 年和 1885 年大阪商船会社和日本邮船株式会社分别建立，并设立了国内和近海、远洋航路。甲午战争和日俄战争的获胜，是日本航运业的巨大推动力量。从船舶的运输能力看，日本从 1893 年的世界排名第十二位，用了 10 年时间，到第一次世界大战之前的 1913 年，其运输量位列世界第 7，运输能力增长了 10 倍。

　　随着日本航运业以惊人的速度发展以及天津开埠后中国华北地区经济地位的上升，日本通往天津的航路也经历了不断发展的过程。首先是 1876 年三菱会社开通的 "华北航线"，但是这条航线很快夭折。之后日本邮船公司于 1886 年开通了长崎—天津线（之后的神户—天津线），在长崎与当时的横滨—上海线和长崎—浦盐斯德线相联络，连接日本、中国华北、朝鲜和俄国，一定程度上形成了小型的东北亚航线网。甲午战争和日俄战争后，日本取得了更多的侵略权益，与中国华北地区的经济往来日益密切。两大汽船公司都在 1899 年开通了神户和华北之间的航线，并不断扩充船只数量和航行次数，在这个过程中日本对天津港的重视不断增加，天津港逐渐由寄港地发展到直航目的地。1906 年，大阪商船会

---

　　① 『大阪商船株式会社五十年史』、268～269 页。

社开通了大阪天津航线，不仅可以溯航到紫竹林的租借码头，还在 1907 年年末实现了航线与日本国内铁路的连接。

到第一次世界大战爆发之前，出入天津港船只的国别发生了转变。从数量上看，"自 1895 年到 1914 年，日本到达天津港船舶的增长率超过英国，是各国船舶到港数量增长最快的国家……1914 年日本到天津港的商船达 447 艘，打破了英国的垄断地位成为到港船舶数量最多的国家"。[①] 由于日本在津航业的兴起和发展，从日本进口的商品逐年增加，天津既成为日本重要的销售市场，又成为日本掠夺原料的重要基地。

（本文部分内容曾刊于松浦章编《近代东亚海域交流史》第二辑，台湾博扬文化事业有限公司，2011）

---

① 李华彬主编《天津港史（古、近代部分）》，第 110 页。

试论 20 世纪初日中两国铁路国有政策之关系

导　言

　　20 世纪初，日中两国相继实行了铁路国有政策。这是两国近代史上具有重要意义的国有政策，可是史家评价是明显相反的。他们对 1906 年的日本铁路国有化是基本肯定的。由于确立铁路国有体制，日本铁路业进入了新的发展阶段。1911 年的中国铁路国有化则被全面否定。清政府的目的是借口国有化接收全国路权，然后出卖列强诸国。结果爆发四川保路运动，成为辛亥革命的重要开端。

　　两国铁路国有政策一直被两国学者的重视，过去发表了诸多有关研究。可是两者的关系还未进行充分讨论。本文的目的是考察两国铁路国有政策之关系。

　　我在日本一直从事近代中国交通史研究，特别在铁路史方面阐明了清政府实行国有政策的背景。我也参加日本铁道史学会（现任理事），认识了许多日本铁路史专家［著名大家有原田胜正（HARADA Katsumasa，和光大学名誉教授，2008 年 4 月逝世）、野田正穗（NODA Masao，法政大学名誉教授，2008 年 3 月逝世）、青木荣一（AOKI Eiichi，东京学艺大学名誉教授）、老川庆喜（OIKAWA Yoshinobu，立教大学教授）各位先生］。通过这个机会，我学习了日本铁路史的最新研究成果，对铁路国有

　　＊　本节作者千叶正史，日本东洋大学文学部教授。本文根据千叶先生会议报告稿改写而成，故体例上有所不同，特此说明。

政策也改变了以往的理解。

根据两国国有政策的最新研究成果，本论文认为，两国在 20 世纪初的铁路国有政策确实有关系。其重要背景是 20 世纪初的东亚形势，特别是日俄战争以后的国际形势深深影响了日中两国的铁路政策。以下分三部分说明。

一　日俄战争前的日中铁路建设与政策

近代以后，日中两国开始建设铁路。在日本，1872 年京滨铁道（东京新桥—横滨）首次通车，1874 年阪神铁道（大阪—神户）通车。以后，各地铁路陆续起工，至 20 世纪初，国内干线铁路网基本形成了。在中国，除英商擅自兴修的吴淞铁路（1876 年通车，1877 年中方收买拆除）外，首次建设的是唐胥铁路（唐山—胥各庄），1881 年通车了。以后，1889 年筹议修建卢汉铁路（北京卢沟桥—汉口），1891 年着手关东铁路（唐山—吉林）工程，国内铁路网逐步形成。

那时候，两国政府推进铁路建设，可是铁路国有原则还没确立。日本政府当初采取官办建设方针，可是面临财政困难，再三商讨后实施把"官设铁道（官办铁路）"出售给民间的方针。虽然这个方针未实行，1880 年代以后，日本政府采取了以提倡兴修"私设铁道（商办铁路）"为主的铁路政策，结果日本各地陆续创设了私铁会社（商办铁路公司）。其中经营规模较大的五社号称"五大私铁（北海道炭矿铁道、日本铁道、关西铁道、山阳铁道、九州铁道）"，构成了干线铁路网。虽然政府也继续建设铁路，东海道线（东京—神户，1889 年全线通车）等一些干线属于官设铁道，大部分的路线属于私设铁道。根据 1905 年的统计，日本全国铁路中官设铁道只占 32%，68% 是私设铁道。

清政府采取了官督商办的方针。首次建成的唐胥铁路是由北洋系官督商办企业之开平矿务局建设的。自 1886 年铁路事业由该局独立，设立了开平铁路公司（次年更名为中国铁路公司）。首次建设的官办铁路是1891 年开工的关东铁路，该路由北洋官铁路局运营。甲午中日战争后，清政府一方面需要继续建设铁路，另一方面财政陷入窘况，无法自力建设，继续采取了官督商办为主的方针。于是新的官督商办企业——中国铁路总公司出现了。1897 年 1 月在上海成立的铁路总公司本拟筹集国内商人资本建设铁路，可是认股者寥寥，遂无可奈何地向欧美资本订立借款合同，才能进行工程。

如上所述，在 19 世纪，日中两国都采取了民营为主的铁路政策。那时候，实行国有化的必要性还不存在。

二 日本的铁路国有化及对朝鲜、中国东三省铁路的支配

日俄战争大大改变了东亚形势。日本战胜俄国，获得了"南满"铁路的利权。同时驻兵朝鲜半岛，把韩国政府置于自己的统辖下。在这样的形势下，日中两国采取了新的铁路政策方针。

首先，日本在 1890 年代以后出现了铁路国有论。首先提倡的是军部与政府的交通部门，接着财阀也向政府要求了铁路国有化。掌管财政的大藏省还保持消极态度，提出了全国铁路民营统一案。可是日俄战争后，从前的铁路政策发生了根本改变。1906 年 3 月，日本政府公布《铁道国有法》，日本干线铁路基本收归国有，确立了国营统一管理体制。

1906 年，日本政府一方面将国内铁路收归国有，另一方面确立了对朝鲜半岛及东三省南部铁路的支配体制。在日俄战争期间，日本建设了朝鲜半岛的京釜（汉城—釜山，1905 年 1 月通车）、京义（汉城—新义州，1906 年 4 月通车）两条铁路，一举贯通了半岛南北。战后的 1906 年 2 月，日本政府在汉城设置韩国统监府，控制了韩国政府。统监府还接管了朝鲜的官办交通事业。刚刚建成的京釜、京义两条铁路，也归于统监府的管理。

在中国东三省，日本获得了南满（旅顺、大连—长春）、安奉（安东—奉天）两条铁路的利权。为了运营这些铁路，1906 年 6 月设立南满洲铁道会社（满铁），次年 4 月开始营业。接着开始改建安奉铁路（原来是日俄战争时由日军建设的窄轨轻便铁路）与架设鸭绿江桥两工程，至 1911 年 11 月都完成了。

经过这一连串过程，日本政府开辟了从国内起，经由朝鲜，到达中

国的一条铁路交通线。在日本国内，因为实行国有化，从全国各地到下关的干线铁路都属于"国铁（国有铁路）"。下关至釜山的关釜线，原来是在1905年9月由山阳铁道会社开设的，也和铁路一起收归了国有。在朝鲜半岛和东三省，日本政府既设立铁路管理机构，同时进行改建安奉铁路与架设鸭绿江桥的两工程，使两地铁路直接连通。结果，从日本国内起，经朝鲜，到大连、长春的交通线都在日本政府的控制下。为了旅客的方便，日本国铁当局自1912年6月15日开行东京至下关的日本首次"特别急行列车（特别快车）"。这趟列车是经由关釜线联络釜山至长春的"鲜满"直达急行列车。从东京到长春，一共需要69小时20分钟。

以上事实明白地表明，日本铁路国有化的目的不止是国内铁路的统一，还是在日俄战争后日本支配朝鲜半岛、东三省不可缺少的重要措施。通过连通日本国内、朝鲜、东三省的铁路交通线的建立，日本顺利地开展其政策，1910年8月并吞了韩国。

三　日俄战争后的中国铁路政策与国有化

日俄战争以后，在中国也出现了新的形势。为了"救亡"，清政府实行新政，筹备立宪，开展了全面改革。1908年8月决定在八年后公布宪法开设国会，确立立宪政治体制。

为实行宪政，交通的方便是一个重要课题。清政府决定公布宪法后，翰林院侍读荣光上奏，提议在国会开设前尽量建成全国铁路网。他说：

> 伏思二十二行省，惟沿江沿海一带，航路可通，往来犹便。其余不通航路者多，险阻崎岖，行程淹滞……今日而谈国会之预备，似亦当为筹及也……设遇常期以外，有重大秘密之事，朝廷于议员，犹可凭电线以召之，议员之应召而来者，远近悬隔，不能应时齐集……允欲求便捷，断非铁路普及，不为功……窃以为召集国会，必先使全国铁路一气贯通，而后合全国议员一时并至。（台北故宫博物院图书文献馆藏，军机处录副奏折，总号167908）

他的奏折明确地指出实行宪政与交通便利的密切关系。清政府也理解交通建设的重要性，已经在 1907 年制定了全国铁路网规划案。此案基本是以北京为全国铁路网的中心，首先修建到达瑷珲、伊犁、广州、恰克图的东西南北四大干铁路，然后扩建各省支路（青藏铁路也在内，此路在 1 个世纪之后的 2006 年通车了）。清政府希望按此方案尽快完成全国铁路网。可是财政依然困难，铁路政策经过了周折。

那时期，清政府首先采取提倡商办方针，企图依靠民间资本进行铁路建设。结果各省陆续设立铁路公司，可是大多的公司资金不够，不能着手工程建设。且铁路公司多设于东南沿海沿江各省，内陆各地，如甘肃、新疆、蒙古、青海、西藏等地一直没有铁路公司的设立。

面对这样的情形，清政府改变方针，再次研讨利用借款建设铁路。此间的一个背景是借债条件的改善。从前借款合同以路作抵，贷款的外国资本掌握了铁路管理权。1908 年以后，外资不再强要这些条件，尊重了中方的铁路所有权与管理权。

另一个背景是边境的危机。在东三省日俄两国分别掌握了南、北满铁路网。其路线与两国国内铁路直接相连，可以随时运输客货。从中国的立场来说，这样的局面确实是威胁。1909 年出任东三省总督的锡良说：

> 如日本之谋我也，其于奉则铁路经营不遗余力。近议安奉改轨，实欲联络在韩之京义路线，使为一气，以便于运输……盖期奉、吉两省，皆在彼国轨路包抄之中，自足制吾死命，而亦隐与俄人画疆而理，日人之策画如此。（《密陈东三省关系大局情形折》，《锡良遗稿》卷 7）

> 日人以旅顺、大连为海军根据地。其铁路由朝鲜之义州越鸭绿江入安东达奉天，又由奉天而北至长春，南至旅顺，近复允许合办吉长至朝鲜之会宁铁路，全国陆军不日可达……东省命脉已悬于日、俄两国之手。（《筹借外债议筑铁路折》，《锡良遗稿》卷 7）

面对这样的形势，中方的唯一对策是：

今于无可收拾之中，作万一保存之想，非于两国路线之外，别
筑一路，不足以救危亡。譬诸人身，血脉既断，肢体徒存，未有能
生者也。（《筹借外债议筑铁路折》，《锡良遗稿》卷7）

于是，锡良利用美款，着手建设锦瑗铁路（锦州—瑷珲）。虽然因
日、俄两国的干涉该路工程暂时搁置，但他一直保持着积极利用外债筑
路的意见。1910年9月，锡良同湖广总督瑞澂上奏，提议利用借款建设
粤汉（广州—武昌）、川藏（四川—西藏）、张恰（张家口—恰克图）、
伊黑（伊犁—黑河）四条铁路。他认为这是"救亡之要着"，"我国救亡
第一政策者"。其理由是"果十年以外铁路尽通，御中控外，势增百倍
（《密陈筹借外债以裕财政而弱敌势折》，《锡良遗稿》卷7）"。同一时期，
他也向各省督抚指出"今中国国大而不得国大之益，人多而不得人多之
力。铁路果成，财聚力富，势增百倍，庶可与列强竞存于世（《借债筑路
大问题》，《东方杂志》庚戌第9期）"，提倡积极借款筑路。

为了建设富强国家，必须建设全国铁路，这个意见是应当肯定的。
可是他的提案当时不被接受。其理由是财政上的限制。掌管财政的度支
部主张"顾借款重在兴利，即重在还本（中国第一历史档案馆藏，军机
处录副奏折，7566卷12号）"，而且指出了这四条铁路大多在边境建设，
通车后的营业进款应该不敷偿还建设费用。掌管交通的邮传部也赞同度
支部的意见，结果锡良的提案被驳回了。可是经过这番议论，在清政府
内铁路国有论开始形成。

在中国，首次提倡铁路国有论是湖广总督张之洞。1907年1月，
他上奏提议三十年后收买全国商办铁路。奏折中他说"至日本，则议
将全国铁路概行收回（《请将商办铁路定章三十年后由官收买一半片》，
《张文襄公全集》卷68）"，提及了前年的日本铁路国有化。但在1905
年11月才设立的邮传部保持消极态度，当时国有化的议论，还没具体
措施。至1910年，邮传部刊行的《交通官报》第19期上登载了一篇
无署名论文。以《论外资之得失》为标题的这篇论文提议利用外债建
设边境铁路：

　　中国本部物博人众，其铁路之开通，尚且等于俟河之清。况乃锦瑷、伊犁、张恰、川藏各路，在地荒人少之境耶。而一一必由自力以成之，谈何容易。窃恐铁路未开而外患已迫，即不借一铢之外债而中国亦莫保矣……故吾敢断言之曰，吾国今日而欲修成全国铁路，非仰外资之力，决无成功之时也。

然而，这篇论文还指出了这样的问题：

　　近世各国铁路政策除英美外，其他各国皆持铁道国有主义。若中国，将本部有利之铁道归诸民办，而蒙藏暂时无利之铁道归诸官办，则国家财政支绌，更不得不增加租税矣。此岂治理财政之道乎。

如果借债建设边境铁路，必须解决亏空问题。其唯一办法是和"本部有利之铁道"一体经营，以调盈亏。于是邮传部仿效日本等各国，采取了"铁道国有主义"。

经过以上过程，清政府在 1911 年 5 月宣布了全国干线铁路收归国有。议定国有方针的邮传部奏折说：

　　总以环球大势，皆以赶造铁路为治内御外之惟一政策……今年以来，边防日亟，疆臣辄以筹造边陲铁路为救国第一策。然欲修边路，必先通腹路。若不有腹路征调之神速，何以固边路之防护。不有腹路之进款，何以供边路之修养（《议复石长信奏铁路亟宜明定干路枝路办法折》，《邮传郭奏议类编续编》）。

清政府实行铁路国有化的目的是加快筑路，早日完成全国铁路网，与从前的评价相反，其历史意义是值得肯定的。列强的铁路，特别是满铁的存在毫无疑义地影响了这个政策。为了对抗日本的支配，中国必须保有自己的铁路网，这就是国有化的重要开端之一。所以我认为，和满铁的设立密切相关的日本铁路国有化，确实影响了中国的国有化政策。

结　论

　　20 世纪初的东亚，随着国际铁路网的形成，日中两国的铁路政策受到彼此之影响。日本在 1906 年实行的铁路国有化，中国也在 5 年后的 1911 年实行了该政策。那时期的两国铁路政策，都围绕中国东三省的铁路问题开展起来。结果两国政府相继确立铁路国有体制，加强了铁路管理，加快了铁路建设（在中国，辛亥革命后的中华民国政府继续实行了铁路国有政策）。这个体制，以后长期存在（在日本，直到 1987 年实行了国铁民营化），确定了 1930 年代以前的东亚铁路形势。

主要参考书目

一　中文

1. 李占才主编《中国铁路史》，汕头大学出版社，1994。

2. 杨勇刚编著《中国近代铁路史》，上海书店出版社，1997。

3. 《中国铁路建设史》编委会编著《中国铁路建设史》，中国铁道出版社，2003。

4. 马陵合：《清末民初铁路外债观研究》，复旦大学出版社，2004。

5. 朱从兵：《李鸿章与中国铁路》，群言出版社，2006。

二　日文

1. 野田正穂［ほか］編『日本の鉄道：成立と展開』日本経済評論社、1986。

2. 高橋泰隆『日本植民地鉄道史論：台湾，朝鮮，満州，華北，華中鉄道の経営史的研究』日本経済評論社、1995。

3. 松下孝昭『近代日本の鉄道政策：1890～1922 年』日本経済評論社、2004。

4. 千葉正史『近代交通体系と清帝国の変貌：電信・鉄道ネットワークの形成と中国国家統合の変容』日本経済評論社、2006。

5. 高成鳳『植民地の鉄道』日本経済評論社、2006。

6. 原田勝正『満鉄』日本経済評論社、2007。

7. 老川慶喜『近代日本の鉄道構想』日本経済評論社、2008。

8. 青木栄一『鉄道の地理学：鉄道の成り立ちがわかる事典』WAVE 出版、2008。

9. 松下孝昭「近代日本の鉄道政策と経営形態」『鉄道史学』(25)、2008。

一场游戏一场梦：1860 年代前后美国有线电报势力朝向中国的努力

1980 年代起，特别是近 10 多年来，通过利用各类相关史料，学界对晚清电报领域的研究已经产生一定数量的学术成果。[①] 具体来看，现有成果所涉及的研究内容或视角主要包括如下几个方面：第一，围绕电报问题的中外交涉；[②] 第二，清政府自办电报的决策、实施过程及经营管理方式；[③] 第三，晚清电报兴起的军事意义、经济价值、社会影响及

---

* 本节作者耿科研，北京石油化工学院马克思主义学院副教授。

① 有关晚清中国电报的中文史料主要包括：台北中研院近代史研究所编《海防档（丁）·电线》，台北艺文印书馆，1957；中国史学会编《洋务运动》第 6 册，上海人民出版社，1961；宝鋆等纂《筹办夷务始末》（同治朝），台北，文海出版社，1966；王彦威编《清季外交史料》，台北，文海出版社，1985，其中涉及晚清电报者散见于卷 77、79、85、86、87、114 等处，不一一列举。

② 步平：《关于中俄电报线路的联接问题》，《黑河学刊》1985 年第 2 期，第 46～50 页。徐元基：《外商侵占中国电报利权与洋务派的政策》，《中国社会经济史研究》1984 年第 2 期，第 90～103 页；王鹤亭、苏全有：《晚清中外海底电报交涉述评》，《重庆邮电大学学报（社会科学版）》2007 年第 3 期，第 72～77 页。

③ 李茂高、廖志豪：《略论洋务运动时期的电报事业》，《学术月刊》1982 年第 12 期，第 56～61 页。潘君祥：《我国最早自建电报线路考辨》，《社会科学战线》1983 年第 2 期，第 186～188 页；邮电史编辑室主编《中国近代邮电史》，人民邮电出版社，1984；徐元基：《论晚清通讯业的近代化》，《上海社会科学院学术季刊》1987 年第 4 期，第 151～159 页；廖伟章：《广东早期的电报》，《岭南文史》1993 年第 1 期，第 15～17 页。蒋宝林：《我国第一条向公众开放的电报电路——津沪电报线》《上海档案》1993 年第 1 期，第 49～51 页；关俊鹏：《中国首建电报线路考辨》，《大连教育学院学报》1994 年第 1 期，第 34－35 页；牛贯杰：《电报在近代中国的命运》，《寻根》2003 年第 5 期，第 46～49 页；赵玉梅：《光绪十一年展设珲春电报电线工程浅述》，《历史档案》2006 年第 1 期，第 134～136 页；雷颐：《晚清电报和铁路的性质之争》，《炎黄春秋》2007 年第 10 期，第 70～73 页。

其他；① 第四，与电报事业相关的重要人物，如李鸿章、盛宣怀、郑观应、谢家福等的研究。② 除专论上述某一方面内容的成果外，也有研究兼及多个方面。③

对于近代中国的电报事业来说，外来觊觎者甚众，电线历经无数辗转曲折才得以由海及陆逐步进入晚清帝国，其历史自难摆脱西方极力推介与中方斟酌应对的影子。因此，现有研究成果展现了大量围绕创办电报事业的中外交涉过程，但基本思路大体相似，是以被动应对的一方为主线进行的"对策"式研究，即列强提出了何种要求，晚清统治集团是如何应对之的。不过，以众多的外来"挑战者"为主线，并在一定程度上利用外文文献考察西方列强针对晚清电报事业相关活动的研究尚显不足。

由此，本文尝试以晚清时期美国为进入中国电报领域所做"努力"为个案，在现有中文史料《海防档（丁）·电线》的基础上结合利用《美国外交文献》中的相关档案，重点考察列强之一的美国在 1860 年代争夺中国电报线路的相关活动片段。《美国外交文献》（*Foreign Relations of the United States*）为美国国务院官方外交文书的系列出版物，内容涉及美国外交决策及重要外交活动的方方面面。全套文献的起始年为 1861 年，每一年份为一卷或多卷，至今仍在出版。该套文献涉华内容十分丰富，

---

① 刘磊：《电报与中国近代报业》，《传媒》2002 年第 4 期，第 45～46 页；翟海涛、吴佩华：《苏州公用事业的早期现代化——以电报、电话与电灯为例的研究》，《苏州教育学院学报》2007 年第 3 期，第 75～77 页；夏维奇：《晚清电报的引入对清代谕旨奏折制度的影响》，《历史档案》2009 年第 1 期，第 79～84 页、第 110 页；夏维奇：《清季天津电报学堂初探》，《现代大学教育》2009 年第 1 期，第 74～77 页；夏维奇：《晚清电报保密制度初探》，《社会科学辑刊》2009 年第 4 期，第 113～118 页。

② 高升斗：《东北电报与李鸿章》，《北方文物》1991 年第 1 期，第 81～83 页；柯继承：《我国电报事业的开拓者——谢家福》，《苏州杂志》2002 年第 3 期，第 26～27 页；张政：《郑观应与中国近代电报事业》，《襄樊职业技术学院学报》2005 年第 1 期，第 93～95 页；夏维奇：《试论郑观应的电报建设思想与实践》，《淮南师范学院学报》2008 年第 2 期，第 15～21 页。

③ 夏东元：《洋务运动史》华东师范大学出版社，1996；马静：《电报在近代中国的创办历程》，河北师范大学历史学硕士学位论文，2005 年；包羽：《洋务运动时期的电报技术》，东北大学哲学博士学位论文，2006 年；孙藜：《"飞线"苦驰"万里天"：晚清电报及其传播观念（1860～1911）》，复旦大学传播学博士学位论文，2006 年；顾永杰：《晚清有线电报技术的引进和发展》，内蒙古师范大学理学硕士学位论文，2007 年。

对中国近代历史的相关研究有比较重要的参考价值。针对本文的研究专题和时限，笔者约略检索了 1861 年至 1870 年间《美国外交文献》的相关内容，结合《海防档（丁）·电线》有关中美电线交涉的部分，梳理了美国在此期间对晚清中国电报事业争夺的策划及实施过程，并在此基础上略抒己见。

1. 由旧金山经莫斯科延至清帝国的陆路电报计划

1838 年，美国人莫尔斯发明实用电报机，6 年后华盛顿和巴尔的摩间架设了实验电报线路。1844 年 5 月，莫尔斯利用该线路拍发第一条公开电报，并迅速投入商业运营。1861 年，联结加利福尼亚的电报线路最终完成，标志着全美电报网的形成（比铁路网提早了 8 年）。① 欧洲大陆的电报系统以同样的速度建立起来。1858 年，第一条联结两大陆的大西洋海底电缆由美国菲尔德公司（Cyrus W. Field Co.）铺设完毕，不过，由于技术原因，工程完成三周后讯号就中断了，其后几经努力未能修复。这意味着，虽然 19 世纪中期的欧美两大陆内部已建立起相当完善的电报系统，但欧美洲际间的联系仍然仅限于定期航班。

此时，一个伟大的陆路计划开始酝酿，美国商人 P. M. 柯林斯（Perry McDonough Collins）计划架设旧金山经由英属哥伦比亚、俄属美洲（今阿拉斯加），由海线穿越白令海峡后经西伯利亚至莫斯科的陆路电报体系，以此实现欧美大陆间的电报联系。彼时，莫斯科与圣彼得堡及欧洲大陆其他部分的电报体系已经建立起来。柯林斯选中的合作伙伴正是将电线展至旧金山的美国西部联合电报公司（Western Union Telegraph，以下简称西联公司）。早在 1862 年以前，美俄双方已经针对该线路展开讨论，柯林斯通过美驻俄公使与俄官方接触，其本人亦往返俄美之间游说。至 1862 年底，该计划得到了俄国的批准。② 其后又获得了英国的大力支

① 项翔：《划时代的传播革命——有线电报的发明及其对社会历史的作用》，《历史教学问题》1996 年第 1 期，第 9 页。
② No. 23：Mr. B. Taylor to Mr. Seward（Dec. 19，1862），*Foreign Relations of the United States*（1863），Part Ⅱ，Russia，pp. 850 – 851.

持。① 尽管这个计划在今天的美国文献中通常被称为"俄美电报远征"（Russian-American Telegraph Expedition），但在柯林斯和西联电报公司的宏伟蓝图中，线路的终点并非俄国，而是中国。

事实上，为扫清俄、美间电报计划实施的障碍，美国一方面同时向俄、英两方示好，争取承包权，寻求合作。另一方面，美、俄之间进行了更为密切的接触，计划将线路从俄国延至中国。1864 年 11 月 14 日，美国驻俄公使卡修斯·克莱（Cassius M. Clay）向国务卿威廉·亨利·西华德（William H. Seward）建议，应训令驻华公使蒲安臣（Anson Burlingame）与俄驻华使节通力合作，以便西联公司取得架设由俄至华的陆上电报特许权。克莱在信中写道，"鉴于美国同胞热望开通一条进入富庶中国的电报支线，故恳请政府立即通过我驻华公使给予相应援助，并与俄方公使通力合作，以获得架线特许。且俄方福尔公司（The Russian Fur Company）信心备至，切愿与我同胞合作此项事业"。② 1864 年 12 月 13 日，西华德果真在给蒲安臣的训令中做出安排，"鉴于将欧美大干线的分支插入你所驻在的富庶帝国的怡人前景和重要意义，你需与俄方公使及其他有志于此项事业的西方驻华机构进行不遗余力的合作"。③

当西联公司积极推进美俄陆线电报计划的时候，大西洋海线的修复和改进工作从未停止，双方展开时间竞赛。1866 年 7 月，几经失败的大西洋海线恢复运行。虽然这给西联计划带来了致命的打击，但由于对其稳定性仍存疑虑，西联公司将陆线工程继续推进了 8 个月。此间，大西洋海线运行稳定，再未出现较大故障。最终，西联电报公司于 1867 年 3 月 25 日上书美国国务卿，申请终止陆线架设工程。④ 美国由俄国陆路引线进入中国的计划随之搁浅。

---

① No. 600: Mr. Adams to Mr. Seward（Feb. 18, 1864）, *Foreign Relations of the United States*（1864）, Part Ⅰ, Great Britain, p. 192.

② No. 62: Mr. Clay to Mr. Seward（Nov. 14, 1864）, *Foreign Relations of the United States*（1865）, Part Ⅱ, Russia, p. 363.

③ No. 99: Mr. Seward to Mr. Burlingame（Dec. 13, 1864）, *Foreign Relations of the United States*（1865）, Part Ⅱ, China, p. 424.

④ No. 239: Mr. Seward to Mr. Clay（Mar. 28, 1867）, *Foreign Relations of the United States*（1867）, Part Ⅰ, Russia, pp. 385 – 388.

2. 由香港连接广州、上海及天津的海路电报计划

从 1860 年代起，列强反复提出在中国架设电线的计划，但各种方案均遭"严正拒绝"。除上述由俄国延至中国的陆路计划之外，美国商人对涉华的海线计划也早有动议。美方根据清廷态度、措辞的变化时而调整对策，但其觊觎中国电报利益的根本目标未曾稍改。

1865 年 1 月 14 日，美驻华公使蒲安臣照会总理衙门，尽数世界各国架设电线之趋势，"美国人名摩士者，将电理以铁线相通，变为电气机，以传口信，诚大益于人民也"，"电线之用以传口信，虽数千万里同时同刻可能问答，非影响之捷可比"，"现今本国有富人立一公会，出银做电线，本大臣接据公会报称，西域各国，均设此电气机，以传口信，计本国内地由海自东而西曾设电线约 17 万里，英国内地及其属国曾设电线 12 万里余，法国内地曾设电线 8 万里，波罗斯设电线 11 万里，俄国内地曾设电线 4 万里，又新设电线由京至买卖镇，再至混同河口，与中国交界，天竺国亦设有电线约 2 万里"。接下来，他将列强电报线路计划和盘托出，"兹按公会商议，电线程途，先由英国公会在天竺至新嘉波，由海底至安南沿海至中国香港。本国公会则由香港及于各港口，乃由上海海底至日本，后连俄国混同河口，便能过海至美国西海之滨，即能环地球，续与天下声气相通也"。为使清政府通晓并信服电报不仅有益于商民，且于大清政府深有益处，蒲安臣进一步指出，"上下军民人等日间伦常要事，时刻均能代寄口信，彼此皆有出息之益"，"此电线之通连，在中国无所隔碍，则于各国共端友睦之谊。倘或贵国政有机密事件，沿海各省均能代传不误"。①

美国官商密切关注中国动向。1865 年，美驻华使臣向国内报告，"俄国公使倭大臣（Vlangaly）日前在俄驻华公使馆内安设实验电报线路，并邀恭亲王奕訢等前往观看。其间，俄公使差人以中文经电线传送短句。演毕，恭亲王即致谢意。中国语文皆极不适于电报传递，但经验与科学必能克服

① 《美使蒲安臣致总署照会·同治三年十二月十七日》，台北，中研院近代史研究所编《中美关系史料·同治朝（上）》，台北清水印刷厂，1968，第 233～234 页。另见 No. 141：Mr. Burlingame to Mr. Seward（May 22, 1867），*Foreign Relations of the United States*（1867），Part I，China, pp. 484–485.

其方言之众多与文字之繁难，以利信息在该帝国之精准传递。虑及该国迷信无知之民众。电线本身之安全似为此处事业最终成功之更大窒碍"。①

如前所述，1866 年 7 月大西洋海线的恢复使西联电报公司计划备受打击。虽然俄美线路工程并未立刻停工，但柯林斯及西联都早已开始寻找新的出路。此时，美国纽约东印度电报公司（East India Telegraph Company, New York）正在为将业务拓至中国而多方奔走。1867 年 1 月 21日，国务卿西华德致信蒲安臣，随附 17 日所收纽约东印度电报公司副总尼克斯（N. Mickles）的信件。尼克斯信中称，驻华蒲公使已代东印度电报公司从清政府处获得在华开展电报事业的资格，并曾允诺以公文形式寄回国务院，故急切致信询问近况，"本公司渴望能够立即开始架线工程，因为目前一家英国公司亦正着力于此，倘被英人抢先一步，中国电报将受制于英，而非美。仅此一点即足以说明我们申请并急盼回复的原因"。②

同年 2 月 11 日，西华德将尼克斯 1 月 23 日的信件及随附的一份带有"机密"字样的文件转至蒲安臣，称："俄美电线策划人柯林斯先生、俄方及西联公司等均对我东印度电报公司之成功抱极大兴趣，太平洋邮船公司（Pacific Mail Steamship Company）更是对我公司计划开创的电报线路极为关注，北京方面目前并无与我方冲突的承包申请人……况且，如您所知，柯林斯先生亦曾是此项特许权的申请人，彼时他为西联公司争取，而现在他已成为东印度电报公司的董事之一。"③

信中随附的"机密文件"是柯林斯于 1867 年 1 月 12 日致太平洋邮船公司总裁及董事的密信。④ "贵公司所开创的旧金山至日本及中国的航线唤醒了商业世界超乎寻常的兴趣。此项伟大事业其前途不可限量。"他提议，"我们应将中国、日本和印度与欧美大洲以电线相连，并与贵公司

① No. 9：Mr. William to Mr. Seward（Oct. 6，1865），*Foreign Relations of the United States*（1866），Part Ⅰ，China，p. 475.

② No. 183：Mr. Seward to Mr. Burlingame（Jan. 21，1867），*Foreign Relations of the United States*（1867），Part Ⅰ，China，pp. 452 – 453.

③ No. 184：Mr. Seward to Mr. Burlingame（Feb. 11，1867），*Foreign Relations of the United States*（1867），Part Ⅰ，China，pp. 456 – 458.

④ No. 184：Mr. Seward to Mr. Burlingame（Feb. 11，1867），*Foreign Relations of the United States*（1867），Part Ⅰ，China，pp. 457 – 458.

的太平洋航线联动，如贵公司能在旧金山与香港间利用便捷的电报通讯，收益必将成倍增加"。他进一步指出，英属印度与中国的连接方式是至关重要的一环，处理得当可以极大增加整个计划成功的把握。"该线路应先以广州或香港为起点，经由其间关键的几站之后延至上海。此段线路可以立即投入获利丰厚商业性运营。经营中国贸易的各方都非常清楚，这一部分线路将是全世界同等路程的电报线路中利润最大的一条。"接下来，将电报由上海向北推进，与俄方恰克图线路相接，进而实现香港与伦敦间电报线路的联通。当然，这条线"一定会从上海，或上海至北京途中的某点，延至日本，以占据该国日益增加的业务"。此后，"英属印度电线将延至恰克图西部，与俄国线路相接，由此形成英属印度与中国及日本的电报联络。至此，上述三国与欧美大陆亦连成一体"。

柯林斯还设想，将来西联电报的美俄电线计划完成之后（此时美俄陆线工程尚未终止），与现正谋划的线路同时运营，欧美大陆间的信息传递将有两条线路可供选择，或可分工利用，一为"美洲专线"，二为"欧洲专线"，"将整个世界以电报紧密连接，中国、日本和印度从此将依附于我们的利益"。最后，柯林斯亮出了此信的真正意图，"有如此光明的前景，我坚信贵公司定会加入东印度电报公司的伟大事业"。

此"机密"信件之所以转至国务卿，其目的显然是希望官方能够从柯林斯构筑的计划及对太平洋邮船公司的游说中得到足够的信心，以便获得本国政府通过外交途径对其事业的援助。一个月后，东印度电报公司在没有得到回复的情况下不甘被动等待，请国会议员斯图尔特（T. E. Stewart）致信国务卿，并代为呈递尼克斯 3 月 15 日致国务卿的信。

斯图尔特议员提请政府关注东印度电报公司计划对人类文明的贡献，特别是将会给美国带来的巨大商业利益。他在信中呼吁，"我谨代表我的选民们请求美国政府、特别是贵部门采取实际行动，依据现有条约及美利坚民族的既定政策帮助推进该公司计划中的事业……在我看来，（这）应该得到最为迅速和诚挚的考虑"。① 随附的尼克斯的信措辞非常强硬，

---

① No. 196：Mr. Seward to Mr. Burlingame（Apr. 5，1867），*Foreign Relations of the United States* (1867)，Part I，China，p. 471.

丝毫没有原来的客套，连珠炮般声述九条要点，请国务卿斟酌。① 这次通信非常见效，4 月 5 日，国务卿不仅下达"力为所请"的训令，且将议员和"九条要点"两封信同时转给蒲安臣。

1867 年 5 月 22 日，蒲安臣报告国务卿："本人自到任伊始，即与同僚联合一致，敦促大清政府，晓之以电报、铁路之重要意义，并尽所能力争筑造之权。时至今日，清国官方之答复一概为'民人偏见敌视，极力反对，不便照准，无法代为保护'。其民坚信电报将破坏风水，铁路将惊扰亡灵。亲见请办陆上线路之希望渺茫，在下即行照会总理衙门，提出代一美国公司请办广州沿途水线，此线由海底至各口，希勿阻拦该公司之架设运行。该项提议仍遭拒绝。正当本人前年即将回国之际，彼方恰逢小舰队事件希求得到本人援助，为了取悦于我，他们口头同意了上述请求，但并未成文。尽管只是一个类似批准的口头允诺，这也是中国政府从未给予过任何其他国家的。当然，应该明确一点，依据最惠国待遇条款，允准我国即是允准所有国家。不过先到者先得而已，我也只能说到这里。我从不建议任何人冒投资的风险；因此，作为一个爱国者，不管美国人在此建成第一条线路会带给我多大的喜悦，我仍将坚持自己一贯的立场。"② 蒲安臣此信还附上了他 1865 年 1 月 14 日给恭亲王奕䜣的照会。

4 个月后，美国国务卿对蒲安臣的工作给予了肯定和赞扬，并进一步指出，"虽然我们相信时间将会战胜他们的迷信和偏见，不过我们仍需努力……告知（清政府）其近邻日本即将采纳上述技术促进国家繁荣和安全，兴许能够点燃他们竞争的火焰，从而加速启蒙"。③

事实上，美国的海路计划同样未能实现。

---

① No. 196：Mr. Seward to Mr. Burlingame（Apr. 5，1867），*Foreign Relations of the United States*（1867），Part I，China，pp. 471 – 472.

② No. 141：Mr. Burlingame to Mr. Seward（May 22，1867），*Foreign Relations of the United States*（1867），Part I，China，pp. 483 – 485.

③ No. 217：Mr. Seward to Mr. Burlingame（Sep. 20，1867），*Foreign Relations of the United States*（1867），Part I，China，p. 509.

3. 美国电报商玛高温其人及其清帝国之行的遭遇

同期，除蒲安臣对清政府进行的沟通劝导之外，有案可查的美国官商围绕电线问题直接对华的活动还有美商玛高温（Daniel Jerome MacGowan）的中国之行。

1867 年初，美领事照会总理衙门称，"据本国人玛高温来函云，因本国电线公司派我至中国，于中国地方查验，试办电气铜线，便通信息。兹经查明，欲行豫作两线，一线由上海至香港，一线由上海至天津。其线安放海水底下，离岸约数十里之遥。三处可以连接一气，易于时通信息。此事业经中国蒲公使照会中国总理衙门复准照办在案。又云，电线公司托我设立如此电线，在中国无论水旱各路地方，如中国允准造做，我亦可依地势制做。又云，函请本国总领事通知中国钦差宫保通商大臣爵督李。若可选委精明年幼华人数人，学办电线如何设立，如何用法，我亦可以暂为教学。嗣后通商大臣便可有人设立中国各处地方电线矣。无论远近亦能时刻相通信息"。①

在中文史料的记载中，玛高温此行甚不光彩，曾国藩在同治六年二月十二日（1867 年 3 月 17 日）致总理衙门的信中"揭穿"玛氏乃冒称已由蒲安臣照会总理衙门，得以批准设立港沪津水线，称其是"捏词饶舌，不问可知……志大言夸，颇近虚妄"。② 三月二十八日（1867 年 5 月 2 日）曾国藩再次致函总理衙门："美国人玛高温请办电线，昨准复函并无准行之说，可见彼族前言全属捏词谎骗。乃于国藩尚未回省以前，玛姓与该国带兵船者及随从个人，递至江宁，由美领事备具公文，僭用照会。经敝处批令江宁藩司斥其回沪，并将原文发交上海道掷还，以重体制。旋据江宁李藩司禀报，该洋人均已解缆回航，刻下当已抵沪。"③

目前所见的中文史料对此事的记载情节大致如此。玛高温给人留下的是骗子的形象，其来华时间、有无同行者、公司所属等细节未见详

---

① 台北中研院近代史研究所编《海防档（丁）·电线》（上），第 64～65 页。
② 台北中研院近代史研究所编《海防档（丁）·电线》（上），第 63 页。
③ 台北中研院近代史研究所编《海防档（丁）·电线》（上），第 68 页。

陈。结合前文对《美国外交文献》相关内容的梳理，笔者认为玛高温应属前述东印度电报公司派至"中国地方查验，试办电气铜线"的技术人员。

首先，中英文史料所记录的时间基本重叠。《美国外交文献》所载东印度公司与国务院密切联络的时间大致在1867年初至同年3、4月间，而《海防档（丁）·电线》所载玛高温之活动也在此间。其次，玛高温请设的电报线路，即港沪津线，与东印度电报公司的思路相同。该思路在柯林斯致太平洋邮船公司总裁及董事的信中，以及东印度公司至国务卿的"九条要点"中均已提及。再次，东印度电报公司副总裁尼克斯于1月23日致国务卿的信中有"北京方面目前并无与我方冲突的承包申请人"之陈述，可见当时关注此一计划的只有纽约东印度电报公司一家。而且，该公司当年3月15日致国务卿的"九条要点"中也提及"经过东印度电报公司在北京与由英法两国利益集团所支持的英法方面竞争者历时四年多的争夺，终于使得对手将该领域放弃"。因此，玛高温与东印度电报公司的联系是可以肯定的。

另外，蒲安臣在对总理衙门的照会中所描述的线路计划，就美国承担的部分而言，显然也与玛高温及东印度公司的港沪津线思路相合。蒲安臣也正是在回复国务卿针对东印度电报公司相关"催请"的问题时附加了当年的那份照会，以证明自己确实尽了最大努力。由此看来，蒲安臣照会所代为"力请允准"的公司正是东印度电报公司，而玛高温也并非"冒称"已由蒲安臣照会总理衙门。蒲安臣确实照会了，但问题就在于，包括蒲安臣本人、美国国内的东印度电报公司负责人以及受派至华的玛高温，都被清政府的那个为"取悦"而给予的"类似允准的口头承诺"所迷惑，最终没有取得任何实质性的收获。

余 论

就美国而言，推进电报进入晚清中国最主要的原动力来自受利益驱使的商人和电报公司，美官方及驻外机构处于媒介和服务机构的位置。在本文所考察的20年左右的时间里，针对美国电报势力向中国拓展线路的问题，美国国会议员、国务卿、驻外公使等倍感来自本国商人的压力，不得不积极代为联络、照会，帮助其申请电报线架设特权。事实上，官员与电报商人群体并非完全同心，上述蒲安臣的立场即为一例。针对柯林斯所代表的西联公司与俄方在收益分配上的观点分歧，① 美国驻俄公使的态度也颇值玩味："尽管我很清楚俄方不会按照原来的约定给予西联公司分成，但是我仍然认为这个承包合同是相当不错且可行的一个，因此，对于西联公司代表的沮丧我无法苟同。不过，请相信，我仍会尽一切努力争取为其主张正当权利。"②

　　而此时，从维护国家主权的角度上讲，清政府主张电报自办的决策是完全正确的。如前所述，在美国电报势力谋划并奋力争取的各项宏伟计划中，将"人口众多且富庶的"晚清帝国以各种方式纳入其所构建的世界性信息联通体系、以便为其经济侵略及国家利益服务的理念随处可见。"将整个世界以电报紧密连接，中国、日本和印度从此将依附于我们的利益"的构想更让人不寒而栗。曾有学者认为，"（清政府）把西方人要求在中国架设电线看成是其侵略阴谋的扩大，便利其对中国控制的加深。事实上，电报作为一种技术传播，很难说是一种侵略政策，清朝官员的防范心理似乎有些过度"。③ 解读《美国外交文献》可发现，上述观点尚可斟酌。电报本身确是一种先进技术，但如果中国的电报技术完全为列强所掌控，必然会成为扩大其侵略权益的利器。面对各国电报势力的极力推介，清政府起初抱定"严正拒绝""不到万不得已亦不自办"的态度，后又主张"权自我操"。就晚清帝国所面临的被列强"围猎"的现实状况而言，清政府的被动应对策略对维护晚清电报自主权，甚至国家

---

① 1863 年 5 月 15 日，西联电报公司与俄方约定，线路建成后，俄政府分出往来美国之间电报净收益的 40% 给西联公司，1865 年 3 月 9 日至 21 日双方在圣彼得堡签署的协定中也写入了这一条，但在对该条款的解释上双方存在分歧。俄方认为，计算往来美国之间电报的净收益必须以俄国整个电报系统为前提，即扣除全俄电报系统运营成本后才能计算西联应得的部分；美方认为，往来美国之间电报的成本和收益应该单独计算，而非包含在俄电报体系中。

② No. 74：Mr. Clay to Mr. Seward （Apr. 5, 1865），*Foreign Relations of the United States* (1865)，Part Ⅱ，Russia，pp. 374 – 375.

③ 马静：《电报在近代中国的创办历程》，河北师范大学硕士学位论文，2005 年，第 9 页。

主权都起到了一定的积极作用。不过，清政府"权自我操""自办电报"从理念到付诸实施，耗费了近 20 年，使中国在近代世界信息革命的进程中浪费了宝贵的追赶时间。

（原刊《兰州学刊》2013 年第 3 期）

第四章

现代交通体系的功能

华洋义赈会的防灾理念与公路建设实践

华洋义赈会全称为"中国华洋义赈救灾总会",英文名称是:China International Famine Relief Commission,可缩写为 CIFRC。该会成立于 1921 年,是由中外人士联合组成的近代中国最大的慈善社会团体、非政府组织和非盈利组织。该会以从事经济活动和社会公共事务为主要工作,最盛时期在全国 16 个省区设有分会。该会开展的主要工作是在中国部分省区的农村倡导并推动各项合作事业,同时办理筹款赈灾、防灾、兴修道路和水利工程等方面的事宜。该会办公地点最初设在上海,1922 年迁至北平,1951 年 2 月 16 日将其资产和档案全部移交给中国人民救济总会。

一 提出建设防灾的新理念

华洋义赈会之所以于 1921 年创办,其直接原因是发生在 1920 年的北方五省(直隶、山东、山西、陕西、河南)的大旱灾。华洋义赈会成立后,筹赈未来之灾和防灾于未然就成为该会需要思考和解决的主要问题。1920 年的华北五省赈灾工作使华洋义赈会认识到未雨绸缪,防患于未然的重要性:

> 敝会的唯一目的,就是捐下钱来,到东三省及张家口去买红高粱。买来之后,放给难民们吃。当时国有铁道,华商洋商轮船,都是满载赈粮向灾区输送。那次的办赈,真是有空前绝后的盛况。化

＊ 本节作者薛毅,中国矿业大学马克思主义学院教授。

去的款子有 1700 万元光景。像这样的办赈，真是浪费极了！得到这次教训，于是"防灾"一个名词，应时而生。①

华洋义赈会首任总干事艾德敷（Dwight Edwards）为初成立的华洋义赈会制订的工作目标是："急则治标，固未尝不可收效于一时；若夫治本之道，首在预防，而预防之法，又端赖建设。是以本会成立之初，即立倡建设救灾之议，欲以人力之建设，谋天灾之防卫，秉此主张，努力经营。"② 可见，该会成立不久就把防灾工作摆在了重要位置。

通过救灾赈济的实践，华洋义赈会逐步认识到，救灾不如防灾，防灾要靠民众。只有防患于未然，才可收事半功倍之效。救灾时花费的数以千万计的资金，"随放随消灭，放完之后，立刻连一点成绩都看不见了，不旋踵间，人民的困苦如故"。③ 有了这种认识，华洋义赈会在后来的工作中一方面不断改进救灾方式和手段，一方面开始研究防灾的问题。该会第二任总干事梅乐瑞（Walter H. Mallory）在他所著的《多灾之中国》一书中，前四章从经济、自然、政治、社会四个方面专论灾荒的成因；后四章则专论防灾的方法。在当时，防灾工作主要包括两个方面，即工程建设和农村经济建设。工程建设主要包括修渠护堤、修筑公路、掘井等；农村经济建设主要是在农村开展合作事业。

华洋义赈会初成立时的主要职责是通过募集资金来救济灾区、赈济灾民。每当重大自然灾害发生之时，该会工作人员常年费尽心力从四面八方募集来的赈款转瞬之间即分发出去。这些分发出去的钱不仅永不复回，而且容易在某些环节被人贪污中饱。或因管理不善，使用不当等原因，钱没有花在正地方，没有收到好的效果。通过几年的工作实践，华洋义赈会深刻地认识到："我国水旱等灾，如能运用科学方法，为预防止，必可减至最低限度，中国华洋救灾总会之防灾工作，不特直接有利

---

① 章元善、于永滋：《中国华洋义赈救灾总会的水利道路工程及农业合作事业报告》，《乡村建设实验》第 1 集，中华书局，1934，第 127 页。
② 中国华洋义赈救灾总会编《中国华洋义赈会概况》，"弁言"，1936。
③ 瞿明宙：《中国合作教育的尝试》，中国华洋义赈救灾总会，1938，第 15 页。

于灾民，间接实能促进国家之经济建设。"①

中国连年不断发生的灾害说明，灾害的成因不仅仅是由于气候的变化，更在于广大农村基础设施落后，农民抗灾能力弱。先后担任过华洋义赈会总干事和司库的美国人艾德敷认为，当时的中国农村存在着四大不利条件，是灾荒形成的根本原因：1. 人口众多；2. 除了农业外没有其他谋生方式；3. 忽视水利、交通等基础设施的改进；4. 缺乏合理利率的信用制度。② 基于这些原因，中国农民抵御灾害的能力很弱，以致气候一有较大变化就可能形成灾害。艾德敷提出的前两个原因是当时中国的基本国情，一时难以改变。作为一个社会团体，只能在后两个方面有所作为。有鉴于此，华洋义赈会提出了建设防灾的理念，确立了赈灾的 5 项原则：

> （1）对灾区之难民，不空施以金钱。（2）对灾区之难民，不空施以粮食。（3）凡壮丁及能工作之人，皆应从事相当之工作以养家糊口。（4）于粮食缺乏之地，应以粮食为工资，其他也可酌量施以金钱。（5）工资应按工作单位核实施给。③

一方面继承和发展传统的急赈等应急的救灾方式，一方面开展以工代赈、修建公路、开浚水渠、挖掘水井等形式的积极的防灾措施，加强农村预防灾荒的基础建设，体现了防救结合，以防为主的新理念，明确了未来工作的重点和路向。在华洋义赈会最初成立的工程水利分委办会和农利分委办会两个办事机构中，前者主要开展防灾基本建设方面的工作；后者则主要致力于农村经济的改进。1923～1935 年间，华洋义赈会先后获得各方面捐款 5000 多万元（银圆），其中相当一部分用于救灾和防灾。

---

① 中国华洋义赈救灾总会征募股：《中国华洋义赈救灾总会概况》，第 24 页，现存上海图书馆。
② Edwards Dwight, *The North China Famine of 1920 – 1921 with Special Reference to the West Chihli Area*, Being the Report of the Peking United International Famine Relief Committee. Peking. 1922. 7 – 10。
③ 中国华洋义赈救灾总会编《赈务指南》，1924，第 3 页。

二　修建公路

华洋义赈会在开展防灾与救灾工作中，深刻地认识到交通与救灾防灾，均有莫大之关系，是以义赈会认筑路为当前切要之图，竭力进行，不稍怠忽。1920 年代至 1930 年代，华洋义赈会在国内 14 省中，先后筑成新路 1993 英里，修理旧路 1296 英里，其中以建筑西兰公路为最大工程。

西兰公路即陕西西安至甘肃兰州间的公路，全长 1400 多里，其间有六盘山、华家岭、车道岭等崇山峻岭阻隔，工程十分艰险。1931 年，华洋义赈会受陕西、甘肃两省政府的委托，采用以工代赈的方法，组织沿线的民工修建西兰公路。督建这条公路不仅艰苦备尝，而且还有生命危险。1932 年夏，陕西路段就曾发生过一名外籍人士突然失踪的事件。西兰公路建成后，从西安乘汽车出发，仅用 3 天时间就可安抵兰州。而此前要走 18 天时间。西兰公路的修通大大改善了陕西至甘肃间交通落后的状况，为西部地区经济发展与社会进步起到了推动作用。据参与修筑西兰公路的华洋义赈会工作人员马席庆回忆：

> 西兰公路自西安至兰州，为当时西安兰州间唯一较新的交通设施，原为冯玉祥五原会师率兵东下时仓促所作，坡度太陡，弯曲、坡度等均不合标准，没有路面，货车（没有客车）载货超出车厢，束扎之后，乘客再蹬据货包上，抓住绳索，每到一个大坡，乘客全需下车步行，用 4—5 匹骡马临时挂套牵拉，汽车再开足马力，慢慢爬上（大坡两边坡脚都有农民牵着牲口，自备绳套，准备商雇"拉坡"）。下坡时乘客还必下车步行，司机关闭汽门，司机助手用一预制木段，上钉手握木棒，逐步垫塞轮下，慢慢下滑。一个大坡往往上行下行各五里以上，危险艰苦。义赈会全线重修（款项数目来源不知），分为三段：彬县、六盘山、华家岭。彬县主要工程为永寿坡，原已有北洋大学 1930 年班毕业同学孙焕文主持（听说孙已在四川去世），有农工 3000 多人，大部是乾县灾民。我调去协助孙，六

月到达，不久发生极厉害的瘟疫，挑担推车壮实汉子，忽然一抱肚子蹲下，又吐又泻，便不能再起而死于途中。行人死亡相继，相接不断。修路民工，一人害病或死亡，其同伴邻里亲朋，拾背回乡，常4—5人，或行至中途，全都死去，这样不出一周，工地上的农工死亡已尽，工程停顿。潼关以西，交通断绝，邮电不通。彬县城内多有一家死绝，无人收敛掩埋者，臭气熏天，在离城五里外的坡顶上就可闻到。工地无医无药，我和孙及两个带去的测工兼监工，每日每餐只能带壳煮鸡蛋充饥（蛋每元可买100—120只），不敢做饭烧菜，直到天气变冷，苍蝇自然绝迹，疫病才自然熄灭。①

除此之外，华洋义赈会还主持或参与了安徽的蚌埠到怀远，河南的开封到商丘、开封到永城，湖南湘潭到宝庆（今郴州），贵州的安顺到贵阳到桐梓，山西的临汾到蒲县、太原到汾州、晋城到运城、侯马到禹门口、运城到茅津渡，山东的济南到曹州、武定到东昌，云南的昆明到杨街、昆明到大板桥，甘肃的兰州到河州、永靖到卖家集、会宁到清凉山，陕西的三原到泾阳、泾阳到咸阳、凤翔到扶风、扶风到武功、武功到兴平、武功到乾州、乾州到醴泉到木梳湾、木梳湾到咸阳，绥远的平地泉到陶林，热河的凌源到滦平及河北的正定、邯郸、武安，江苏的镇江，江西的南昌，四川的三台、遂宁、璧山等地公路的修建与整修。所有的公路总长度为3824.5英里，耗资据不完全统计达4955166块银圆。② 早在1922年，华洋义赈会就在山东省境内修建了两条公路：一条自济宁至曹州，长约129公里，耗资15万元；一条自周村至黄河，长约72公里，用款6万元。这两条公路的修建，对于密切山东内陆与胶东半岛的联系，促进鲁西南地区的发展，起到了积极的作用。

1923年，华洋义赈会在湖南修筑的湘潭至宝庆间的公路，是湖南省内的第一条公路。这条公路的"设计及工程均极讲究。并且敝会担任养

---

① 马席庆：《回忆华洋义赈会》，薛毅等：《章元善与华洋义赈会》，中国文史出版社，2002，第207页。

② 详见章鼎《章元善与华洋义赈会》（打印稿），第127～128页。

路 10 年。修成之后，人民称便。于是引起湖南人对于公路的兴趣。近年以来，大修特修。所修的路，都是拿这潭宝路为全省公路的模范。湖南公路今日有如此的成绩，据说是敝会开的端"。① 华洋义赈会主持修建的跨省际间的公路除了西兰公路外，还有云南到贵州的公路。

总而言之，华洋义赈会对这一时期中国的公路建设起到了重要作用。正如有的学者所言："民国时期大规模修筑公路，就始于华洋义赈会。"②

三　工赈修路

工赈即以工代赈。在华洋义赈会内部有这样一句职员们耳熟能详的箴言：实业或工赈，老生常谈，永远比免费发放还要好。工赈即让灾民参加受灾地区修筑公路等基本建设，使灾民得到工钱，以资救济。这种形式既着眼于灾民眼前的生活，又考虑到灾区和灾民的长远利益，同时也有利于国家和地方建设。工赈一般与急赈同时进行，用赈款发工资。工赈的形式除了修筑公路，还包括疏浚河道、兴办实业等。工赈一般属于灾后重建的工程。工赈开始，急赈即逐步结束。

工赈既可以帮助灾民渡过灾荒，又兴办了公共工程；既达到了救灾的目的，又为今后防灾建设了基础设施。从投入的资金数额来看，工赈可分为大工赈和小工赈。小工赈主要是以劳务报酬的形式支出，一般针对房屋修理、疏浚局部河道、修护桥梁等；修筑公路等需要大量资金的属于大工赈。

对于搞好工赈而言，首先需要选定适当的工程，然后对工程进行测量设计，确定施工的标准，安排施工的进度，制订工程的施工规范。在此基础上，再招募施工的人员。招募施工人员的程序如下。

（1）第一步，招编壮丁工人，从事已拟定之大工程。

---

① 章元善、于树德：《中国华洋义赈救灾总会的水利道路工程及农业合作事业报告》，《乡村建设实验》第 1 集，第 128～129 页。

② 刘招成：《中国华洋义赈救灾总会述论》，《社会科学》2003 年第 5 期，第 99 页。

（2）第二步，派人往各户调查老弱残废孕妇等之需要，发与赈票，俾领义赈。办竣，应再组织小工厂，设立灾区学校。

（3）第三步，雇集能工作之妇女，入此项工厂作工，招收未及工作年龄之儿童，入灾区学校。

（4）第四步，倘于某村举办二、三两步，而该村并无第一步所称大工程足资招编壮丁者，则应即筹备若干小题目之工程，如清道、疏沟、掘井，以及小规模之筑路等，以便利用壮丁，从事工作。

（5）如无大工程，则以第二步为起点，三、四两步继之。

业经第一步招编之灾村，即不在该村进行二、三、四三步，此种村中，如有缺乏壮丁，无工可作之户，自应领受义赈。故即于招编壮丁之后，切实查放，发给赈票，实行第二步之办法，于必要时，再以第三步补充之。①

对于招募来参加工赈的人员，华洋义赈会制订了组织和管理的办法。

（1）工人召集之后，应分排编列，每排31人，各推举一人为排头。同排之人，以同居一村者为最宜。

（2）各排宜按次编号，而每排工人，又宜按名编号。每排个人之编号，为自0号之30号。0号为排头之号数，而各排排号，由招工人员在总编工员所指定之号数内，自行编列，依次排号。工排列号自40号起数，以免混淆。例如44/0乃第44排之排头，76/23乃第76排之第23号工人等是。

（3）工赈帐目以排为单位，每十日由各工程员按查各排工人成绩数量，予以证明，发给工证，俾各工人得以领赈。每人应得赈粮或赈金，分两处支付，其三分之一即由工程处支应组在工发给，其余三分之二由各人本村附近之粮站付与工人家属。

（4）有特别情形时，工人于到工之先，可准其预支赈粮或赈金

---

① 中国华洋义赈救灾总会编《查放细则》，1924，第27页。

若干，但必使彼仍能准时报到，不致偷避工作。①

由此可见，这个组织和管理办法既有原则，又有一定的灵活性。参加工赈的劳动力全部是来自灾区的灾民，华洋义赈会根据他们的劳动成果支付酬金，没有参加劳动的人员不能得到报酬。1921～1929 年，华洋义赈会兴办的工赈项目总数达 62 项。平均每年有近 7 项工赈项目。这些项目主要是修筑公路，还包括修建堤坝、开浚水渠、架设桥梁、挖掘水井等形式，为防灾减灾，增强地方抗灾能力，推动地方社会进步和经济发展，产生了积极的作用。工赈还有利于改变农民的传统观念，即遇到灾荒无所作为，等待救济。为他们指出了一条自力更生，主要依靠自己的力量重建家园的道路。

华洋义赈会所处的时代正是中国从传统向现代艰难转型的时代。这一时期的中国"微弱的资本主义经济和严重的半封建经济同时并存，近代式若干工商业都市和停滞的广大农村同时并存，几百万产业工人和几万万旧制度统治下的农民和手工业工人同时存在……若干的铁路航路汽车路和普遍的独轮车路、只能用脚走的路和用脚还走不好的路同时存在"。② 这一时期中国的主要特点是，新旧因素既抵牾冲突，又错综并存，总体趋势是新陈代谢。传统观念和势力仍然有着巨大的惯性力量，革新因素已显现出从无到有，由弱到强的发展趋势。华洋义赈会的防灾理念和修筑公路实践给我们提出了一个问题，即社会团体如何在公共领域有所作为？民国肇始，伴随着经济领域市场化因素的增强和西方思想的影响，以及国人民族国家意识的增强，社会领域开始发生了分化，即从先前的"单质同一性"社会向"异质多元性"社会过渡。这一过渡时代的重要标识就是：以国家监控甚至穿透社会各个角落为特征、甚至社会虚无缥缈的"全能主义"时代在逐渐衰微。其在内容上则表现为社会"自由流动资源"的增多和"自由活动空间"的出现与拓展。防灾与修筑公路，本应是各级政府的职责所在，是公共领域。华洋义赈会

①《乡村建设实验》第 2 集，中华书局，1935，第 405 页。
②《中国革命战争的战略问题》，《毛泽东选集》第 1 卷，人民出版社，1991，第 188 页。

在政府无力进行强有力干预之时进入这块公共领域，部分地参与到国家事务的管理中。华洋义赈会的出现和所作所为及产生的影响引起人们一系列的深思和发问：在建构民族国家过程中，中国的社会团体应该如何自主地从事公益活动？其组织结构、存在和发展与政府的关系如何处理？既然是一个深受西方影响的社会团体，那么西方公益事业发展模式与中国公益事业发展模式在体制、文化方面有何关联和区别？对这些问题的思考和探究，不仅具有学理意义，而且具有现实借鉴意义。因为至今仍处在转型期的中国，昨天和今天存在许多相似问题，尤其在建构公民社会、重塑国家与社会关系和走向社会现代化等诸多方面。

应该指出，华洋义赈会中一批优秀的知识分子为了改变当时中国贫穷落后的面貌，提出建设防灾的理念和竭力主张修建公路是值得称赏的。他们不仅注重宣传，而且身体力行；不仅持之以恒，而且百折不挠。为了中华民族的复兴，为了推动近代中国的社会变革，他们长期扎根农村，奔走于艰苦地区，"到人不到之地，做人不做之事"。他们这种不辞辛苦，艰苦创业，为富民强国而殚精竭虑、无私奉献的精神，是应该给予肯定的。

（原刊《南京晓庄学院学报》2011 年第 2 期）

民国前期铁路服务与泰山、曲阜旅游研究

在中华民族的心理结构中，泰山、曲阜占据着崇高的地位，是中国历史上重要的文化象征符号。由于其挺拔壮丽，在对自然力量保持着高度敬畏感的先民心中，泰山有着特殊的地位，是祭祀山神的重要场所。周代以后，祭祀泰山成为国家政权的重要宗教活动，以此来维系和增进国家政权的神圣性，此后历代中央政权祭祀绵延不绝，"尚书大传称春祀代泰山矣。舜典纪巡狩，首言至于岱宗。宗者尊也，天下之山莫尊于泰山，故他山不言宗，此独言宗。又禋于六宗，古文家申地宗之说，曰岱为山宗，亦为此山特尊，故宗祀之也"。[①] 由于历代帝王的祭祀封禅，泰山对普通中国人而言即是大一统王朝君主权威的体现。而曲阜则是孔子的故里，对信奉儒学的中国人而言，是精神上的圣地。故清末以前，除了中央政府的祭奠之外，普通读书人也以能登临泰山、谒圣曲阜为人生一大幸事。之所以是幸事，除了上述两地的崇高地位，主要还是由于当时交通不够便利，长途旅行昂贵，泰安、曲阜虽距离当时的南北重要交通线大运河相对较近，但毕竟还有一段路程（曲阜距运河边的济宁约50公里，泰安距济宁约120公里），所以连省城都没去过的大多数读书人，只好从游记中领略泰山的雄伟壮丽和曲阜的神圣庄严了。

光绪三十四年（1908），津浦铁路开始动工，由天津通往与南京隔江而对的浦口。考虑到黄河铁桥选址和济南的交通问题，这条南北大动脉自德州起，便不再与大运河保持平行，而偏向东南，在济南与胶济铁路

＊ 本节作者秦熠，中南民族大学民族学与社会学学院副教授。
① 王达儒：《泰山游览志》，泰安励志山房，1933，第 2 页。

相接，向南经过泰安、曲阜通往徐州，"泰安站开车自宣统二年十一月十
九日始，泰安旧山郡耳，自此以后顿然改观，物质文明日益增盛，交通
便利之效也"。① 泰山、曲阜两处名胜的交通条件因此大为改观。

据说此前在确定经过曲阜的线路时，铁路工程方面曾将原先规划中
距离曲阜较远的线路方案，改成了贴近孔陵而行，引起了部分儒学神圣
卫护者的担忧，害怕危及孔陵的安全，"（津浦铁路）距孔陵仅离五十丈
之遥，且所插路标系就铁路中心而定，将来两边分筑更为密迩，不知衍
圣公对此能用权力，以保圣陵否也？"② 其后衍圣公是否使用了手中的权
力保护圣陵尚不可考，但是后来建成的铁路线的确远离了孔陵，距离最
近的姚村车站离曲阜城尚有 18 华里。因而近代交通的出现，对于两地旅
游事业的发展，发挥了奠基性的作用，此后泰山、曲阜的旅游逐渐成为
民国时期热点之一。③

一　由传统时代到旅游业的萌芽时期（1930 年以前）

在铁路通行之前，通往泰安、曲阜的交通工具主要依赖畜力和人
力，长途旅行辛苦昂贵，且有一定的危险性。现代交通工具出现之前，
曾国藩的门生吴汝纶的泰山之游已算相当顺利，同治七年（1868），曾
国藩调直隶总督，十一月四日（12 月 17 日），率随从自南京乘船出
发，④ 到十一月二十七日才到达泰安。两年前曾剿捻时已到过曲阜、泰
山，⑤ 故此次未再登山。随同的吴汝纶则是第一次到泰山脚下，因此不
顾旅途劳顿和时间短促，鼓动同人登上泰山极顶一览。但其下山后借来

① 葛延瑛、吴元禄修，孟昭章等纂《重修泰安县志》，1929 年版，《中国地方志集成·山
　东府县志辑》第 64 册，凤凰出版社、上海书店、巴蜀书社，2004，第 414 页。考虑到
　两地相距较近，曲阜通车时间应该与泰安同时。
② 《孔陵与铁路之交切》，《盛京时报》宣统元年五月初九（1909 年 6 月 26 日），第 2 版。
③ 对泰山、曲阜旅游历史的研究，目前多集中于古代和 1949 年之后的状况，民国时期的
　旅游业情况尚无专题研究，《泰山通鉴》（曲进贤主编，齐鲁书社 2005 年版）详列了泰
　山自古至今的大事编年，对民国时期的旅游状况有不少反映。
④ 曾国藩著，李翰章编《曾文正公全集·年谱》，大达图书供应社，1935，第 167 页。
⑤ 曾国藩著，李翰章编《曾文正公全集·日记·荣哀录》，大达图书供应社，1935，第
　100～104 页。

《泰山志》，很遗憾地发现所到不过泰山五分之一，由于旅程仓促，只好"拟他日南还有暇，当为十日之游"，[①] 然而此后却再也没有机会了。虽然曾国藩的这段旅程中也会有一些耽搁，但是在当时他们的旅行条件已相当优越，比普通官员和读书人可节省大量的时间，住宿条件也要好得多。

然而旧式驰驿、运河的条件与现代交通工具相比，还是相当艰苦的。虽然每个驿站都可以休息、换马，钦差、大员每到一地，尚有地方官给予接待，但是车辆颠簸，饭食不可口，且容易因为接待问题与地方官产生矛盾，以至于清末的督抚、主考、学政等人来往于京城与任所间时，宁愿"奏请自备资斧，改坐轮船"。[②] 官员旅行尚且艰苦至此，普通人更不可能为了专门游览或谒圣，轻易远道前往泰安或曲阜。故铁路通车以前，两地尚谈不上有旅游事业，只有因公务或私事经过境内的官员、读书人或商人顺道游览。

铁路通车之后，泰山的交通条件大为改善，远道而来的游人数量逐渐增加，津浦铁路南端与沪宁铁路隔江相望，江南的富裕阶层不少跃跃欲试，欲往泰山、曲阜一游，"域内五岳，泰岱为尊。江南人欲游岱，必困顿舟车，淹滞岁月。自津浦铁路既通，欲适齐鲁，宿舂粮耳。向之震惊泰岱者，莫不联袂往游"。[③] 只是津浦铁路初期普通快车并非每天开行，而慢车必须在济南或徐州过夜，对于游客来说尚有些不便。1913年客运正常化后，增设寻常通车，每天昼夜开行，大大便利了乘客的旅行。出版家庄俞与友人蒋维乔随即同游泰山、曲阜、济南，"历时八日，用银币八十余，非交通便利如今日者，不能若是也"。但此时当地旅馆、饭馆等接待游客的能力尚有欠缺，此次行程中，庄俞只对济南旅馆的住宿条件感到尚满意，房间整洁且不需自带行李，然而泰安还无法与济南相比（庄未在曲阜住宿，但由于更为偏僻，曲阜的住宿条件应该

① 《吴汝纶全集》第 4 册，黄山书社，2002，第 769 页。
② 何德刚：《春明梦录》下卷，《春明梦录·客座偶谈》，上海古籍书店，1983，第 26～30 页（原书页码）。
③ 庄俞：《济泰游览记》，转引自胡君复编《泰山指南》，上海商务印书馆，1926，第 41 页。

尚不如泰安），① 此时两地由于游客稀少，当地客栈自然不需具备大规模接待能力，直到 1922 年，津浦路局在泰安、曲阜兴建的宾馆开张，住宿条件才有了明显改善。②

从交通方面来说，1912 年之后泰山、曲阜作为旅游景点已不成问题，1920 年代初津浦路局还购置钢制客车作为国际列车用车，"津浦铁路前为改良路政起见，曾购置钢车多辆，现津浦间一二两次直达特别快车，已一律改用钢车"。③ 钢车速度快，旅行条件舒适，然而历经战乱，仅仅不到十年，蓝钢车已成追忆。④ 1930 年代泰山、曲阜两地的旅游发展的高峰时期，铁路方面已经不能使用钢车为乘客提供舒适的旅行，对于前往两地旅行的旅客来说，不能不是一种遗憾。

其实能到曲阜、泰山游览拜谒的旅客并不只是富裕阶层，1919 年，在北京已身无分文的毛泽东借到了 10 元钱，"能够买一张（自天津——笔者注）到浦口的车票。在去南京的途中，我在曲阜停了一下，看了孔子的墓。我看到了孔子的弟子们濯足的那条小溪和圣人小时候住的小镇。

---

① 庄俞：《济泰游览记》，转引自胡君复编《泰山指南》，第 41～51 页。庄俞自叙其出发日期为五月一日，回到上海的时间为六月八日，但从其记述来看，五月五日其在济南游览一天之后，接下来的日期即为六月六日，八天时间连续，其称此前四月三十一日与蒋维乔在沪宁汽车中约定北游，但四月并无三十一日，显系错误。查蒋维乔《因是子游记》，亦称游览时间是五月，并称五月三日夜半到达泰安（蒋维乔：《因是子游记》，商务印书馆，1935，第 265、270 页）；且庄俞《重游曲阜泰安记》（见前引《泰山指南》第 51 页）称前次游览时间为民国 2 年春暮，考虑江南一般年景六月初已入初夏，故出发日期可能为五月一日。

② 津浦铁路年鉴纂修委员会编《津浦铁路年鉴》第二编第三章，1933，第 76 页。

③ 天津市地方志编修委员会办公室、天津图书馆编《〈益世报〉天津资料点校汇编》（一），天津社科院出版社，1999，第 1159 页。

④ 不少人对蓝钢车的损失感到极其痛心，例如 1920 年代末有人回忆："天下无论何事，莫不治乱相因，兴衰递演，其能始终如一，盖属鲜见。犹忆津浦平汉两路，自驶用蓝钢车以来，气象为之一新，方期从此蒸蒸日上，为中国交通史上开一新记录。不意曾几何时，彼瑰丽壮伟之钢车，竟被军阀资为战斗之器，一时毁坏而无余，虽间有一二幸免，然亦被弃置闲道，一任风雨之侵蚀，其一种荒凉景况，反映昔之睥睨岸然驶行于两道者，真有不堪回首说当年之感矣……余之乘此车，初无任何目的，只为耳食他人盛道此车如何优美，如何舒适，为欲尝新计，遂束装就道耳……见其构造之精坚，装饰之伟丽，证以所闻，信属不诬。更有特点足述者，则发动与停车之际，稳静异常，绝无音响，是已，当日余等车中谈笑，暂觉窗外景物有异，审之。始悉车方出站。"参见刘燕生《旅行琐谈》，《旅行杂志》1929 年第 3 卷第 10 期，第 49～51 页。

相传他曾在那座著名的孔庙附近种过一棵树，这棵树我也看到了。我还顺便看了孔子的著名弟子之一颜回住过的那条河，还看了孟子的出生地。在这次旅行中，我还爬了山东的神岳泰山"。[1] 10 元钱在当时并不算一笔巨款，所以到泰山、曲阜的旅行，对很多人来说，已经不是一个奢侈的梦想。

虽然此时乘车前往泰山、曲阜已不是难题，但是交通方面尚有一些问题影响着两地旅游的发展。首先，较高的旅行费用还是不能被大众所接受，当时庄俞购买从浦口到兖州的二等票，即花费银币 12.6 元，加上一天餐费 3.5 元，[2] 自南京至两处景点，较舒适地往返一趟，费用要接近甚至高出中等收入者一月的收入。其次是安全问题，1920 年代泰安、曲阜以南的兖州到徐州一段土匪猖獗，1923 年发生了震惊中外的临城劫车案，尽管社会舆论对土匪的行为尚有一定的同情乃至赞许，但是却极大地影响了南方地区游客前往两地的热情。此外，军阀战争对交通的破坏，也造成了铁路运输的时断时续，1924 年后战乱频发，军事行动多沿铁路线展开，每一方退却时都要大肆抢劫破坏铁路设施，此时津浦铁路能够全段通行就已属幸事，更不用说能对两地的旅游业有什么特别帮助了。对于泰山、曲阜刚刚起步的旅游业来说，1920 年代不能不说是一个灾难时期。

相对而言，由于泰山、曲阜两地的特殊文化地位，境内的旅游观光活动是起步很早的，但长时间里规模一直不大，主要还是由于交通不便，故铁路一旦通车，长期心向往之的读书人，就有了实现梦想的可能。

二　旅游业的形成与兴起时代（1931~1937 年）

1930 年中原大战结束时，津浦铁路已元气大伤，在铁道部的帮助下，路局开始修理损坏的线路设施，整理流散车辆，努力恢复路运，客运人

① 毛泽东口述，〔美〕埃德加·斯诺录《毛泽东口述传》，翟象俊译，复旦大学出版社，2003，第 81 页。
② 庄俞：《济泰游览记》，胡君复编《泰山指南》，第 41 页。

数也逐渐回升，泰山、曲阜两地对游客的文化吸引力于是再度体现出来，[①] 前往两地的人数重新开始上升。到 1930 年代中后期，由于铁路路运改善和居民收入的提高，价格也已能为普通民众所接受，赴泰山、曲阜的旅行者人数众多，正渐渐延入社会时尚。

1. 恢复客运车辆，改善旅行条件

恢复通车之后，客车条件虽还远未达到舒适的程度，南北方的游客毕竟已能较快捷地抵达泰山和曲阜，等待了许久的游览者已经热情高涨。路局方面也希望借旅游增加客运收入，积极给予配合。例如 1931 年金陵女子文理学院师生，"倡议于春假中赴泰岱游览。数日之间，报名参加者达六十余人……九时半抵浦口，即于春雨霏霏中，相偕登车。车系先一日预订者，为三等一辆"。参加旅行的沈寿宇兴奋不已，"通宵未曾交睫，盖次日即可与'造化钟神秀，阴阳割昏晓'之岱岳相见，喜极不能成寐也"。[②] 从所摄照片中看，当时的津浦路设施尚极简陋，三等车所用车厢不过是之前的厢式货车车厢，没有座位，旅客只能自带被褥，席地而卧，此时前往两地的游程还是充满了辛苦劳顿。

蓝钢车已经大部损坏或散失，路局方面不得不将原先的寻常快车略加改良，开行特别快车，设备虽无法与蓝钢车相比，但基本完备，且每次车加挂豪华蓝钢餐车一辆，只是停站较多，速度稍慢。[③] 仅 2 个月后，陈嘉震乘坐快车前往泰山，"是晚九时，余与虞君自商埠出发……以九点四十分之津浦一次快车前往，汽笛一鸣，机声轧轧，风驰电掣，如负创野兽，冲撞前进矣……经二小时又半，车身已抵泰安。当蒙站长等招待，下车后，寓于中西旅社（距离车站约一里许），布置尚称清洁"。[④] 由此看来，

---

① 例如当时四川的饶桂举自北平到达济南后，原本打算经青岛乘船到上海，再转回四川，但是济南中国旅行社的职员推荐他去泰山游览，在游览泰山时，由于"曲阜为春秋时鲁国的都城，至圣孔子的故里，胜迹流传，辉炳史乘；留心我国文化者，莫不以躬践圣域，一瞻万世师表之宫墙林墓而后快。今相距不满百里，火车一时半即达；所以泰山游后，就发生瞻仰曲阜之想"。于是再转往曲阜，将旅行路线改为从津浦线南下。参见饶桂举《六省纪游》，出版者不详，1935，122 页。

② 沈寿宇：《泰岱一瞥》，《旅行杂志》第 5 卷第 9 期，1931 年，第 39 页。

③ 《津浦铁路年鉴》第二编第三章，第 17 页。

④ 陈嘉震：《步行泰山记》，《旅行杂志》第 5 卷第 10 期，1931 年，第 57 页。

快车的情况已经有了明显改善，前往两地因此方便了不少。

除了改善行车之外，1930 年代津浦路局方面为促进两地旅游还做了不少工作，对其后的旅游人数增加发挥了重要作用。首先，路局将泰安和曲阜宾馆从军队手中收回，经过重新整理，招商开业，游客住宿条件重新有了保障。[①] 1936 年，京沪铁路与津浦铁路联合举办的"万德泰山孔林滁州"全费旅行，到达泰安便由泰安宾馆接待，很令游客满意，"五点钟回到万德车站，专车行了二小时便到泰安，大家一齐到泰安宾馆休息，宾馆密迩车站，是津浦路局所建，而由中国旅行社承办的，地位十分优越。在宾馆的花园里，可以看到泰山的南天门。宾馆建筑完全西式，一切卫生设备，十分齐全，内部也布置得楚楚有致。在泰安，这所宾馆，大概要称首屈一指的现代建筑了。它和式样新奇的泰安车站，同为古旧的泰安县生色不少"。[②]

其次是与中国旅行社、美国的运通公司和通济隆公司合作，在各地发售客票，并根据铁道部要求，降低客运票价。[③] 恢复了与其他铁路的联运与联票发售制度。

此外，1930 年铁道部开始建设首都铁路轮渡，1933 年 10 月轮渡通车，轮渡由津浦路局管理，津浦和京沪两路联成一体，开行平沪通车，大大方便了江南旅客前往泰山、曲阜的游览，为两地的旅游拓展了相当丰富的客源。

2. 扩大旅游影响，组织旅行活动

1930 年代之前，津浦路局对旅游活动并非不重视，路局出版物上登载了不少游记，对沿线风景名胜也多有介绍，不过由于当时主要考虑满足货运的需求，未将推行旅游活动作为路局的目标之一，故专门针对旅游的优惠活动并不多见，普通民众的团体旅游活动也尚未出现。

1931 年，中东铁路代表王焕文列席第六届欧亚联运会议，出席各国均对旅行事业"积极讲求"，王深受启发，会后即向中东铁路局方面

---

① 《津浦铁路年鉴》第二编第三章，第 77 页。
② 程志政：《万德泰山曲阜滁州纪游》，《旅行杂志》第 10 卷第 10 期，1936 年，第 39、42 页。
③ 《津浦铁路年鉴》第二编第三章，第 19、56 页。

提出了具体建议，说明提倡旅行事业好处良多，可以解除国际误会、提高国家地位、补救国际金融、沟通欧亚文化，且中国具有丰富的旅游资源，比如津浦沿线的"孔林""泰岱"等地，发展旅行事业有良好的基础，为此"当局应竭力予以提倡，凡有关旅行事业，如航船车辆旅馆菜馆，皆宜力求完备"。[①] 这篇文章对津浦路局的经营者应该会有所启发。

1930 年代相对和平，津浦路运逐渐恢复，但一、二等车辆客座利用率不高，为提高客运收入，利用津浦路旅游资源得天独厚的条件，推广旅游成为路局的主要应对措施之一。为了方便旅客出游，扩大旅游影响，路局组织了多次集体旅行活动，尤其是 1936 年以后的经济快速发展时期，路局配合中国旅行社等旅行机构组织了多次团体旅游，自己也多次举办旅行团。局办刊物除了继续登载游记和景点指南外，1936 年的《津浦铁路日刊》上还连续登载了双平的《如何发展旅游业务》，提议各铁路联合设立"中国导游社"，详细阐述了铁道部对旅游观光事业的重视程度，如派北宁路局长殷桐声前往日本东京参加国际观光会议，饬令各路开放风景名胜所在地为游览站，降低各游览站票价等。认为发展游览业务，可以"（一）促进国际亲善，（二）沟通各地民情，（三）发扬国家文化，（四）调剂国民经济，（五）发展交通客运，（六）繁荣地方"。为发展旅游业务，铁路方面应注意"（一）整理各路风景，（二）便利游客交通，（三）减轻游客负担，（四）设备力求洁美，（五）招待务宜周到，（六）保护务宜周密"。[②] 考虑到《津浦铁路日刊》是当时津浦路局主要刊物，该文很可能是津浦铁路发展旅游业务指导思想的总结。

1930 年代，中国旅行社为推广旅游业发挥了重要作用，它组织的团体旅游活动，扩大了旅游的社会影响，使游览观光成为中等社会阶层的新生活方式之一。仅 1936 年春，由中国旅行社组织前往泰山、曲阜的游

---

① 王焕文：《中国亟应提倡旅行事业》，《旅行杂志》第 5 卷第 11 期，1931 年，第 65 ~ 67 页。

② 双平：《如何发展游览业务》，《津浦铁路日刊》第 1468 ~ 1472 号，1936 年 2 月 13 ~ 18 日。

览团至少就有两次，自上海出发一次，[①] 济南中国旅行社也组织了 27 人的游览团前往泰山、曲阜等地，"本路接准济南中国旅行社来函，请准组织灵泰曲游览团，并订办法六条……经饬由车务处核议，准予照办矣"。[②] 津浦路局对中旅的活动都尽可能给予了配合。

除了中旅之外，老牌的旅行服务机构上海友声旅行团也有大型的旅行团体经津浦路赴泰山、曲阜等地，例如 1936 年，"组织团员头等六十人，二等一百二十人，拟于五月二日至五月七日，由上海经由南京浦口北上，其游览途程，系徐州兖州泰安济南天津北平，至青龙桥为止"。[③]

津浦路局也多次举办团体旅游活动，如 1935 年曾举行滁州—泰安游览专车，并与京沪路共同举办泰山—万德—曲阜—滁州游览专车。[④] 1936 年春，还为本路车务人员训练所的学员举办了一次赴泰山、曲阜等地的团体游览活动，作为对本路学员教育训练的一部分（也作为特别优待学员的休闲活动），这种安排可能也是为车务人员以后组织、服务大型团体旅行活动取得进一步的经验。[⑤]

泰山、曲阜作为中国文化的象征符号，对游客显然有着相当大的吸引力，加上津浦路局已经具备了一定的旅行组织经验，参加者对旅行的

---

① 本次旅行具体规模尚不太清楚，其行程安排是"中国旅行社最近有旅行团之组织，以极短之时间，畅游本路孔庙，泰山及北平，长城等处，闻定于三月十四日由沪出发，二十六日返抵上海，往返均乘二等客车，游览孔庙泰山时，即以本路兖州泰安两宾馆为下宿之处云"。（《旅行社发起游览孔庙泰山》，《津浦铁路日刊》第 1480 号，1936 年 2 月 27 日）

② 《济南中国旅行社组织灵岩泰山曲阜游览团》，《津浦铁路日刊》第 1486 号，1936 年 3 月 5 日。

③ 《沪友声旅行团将北上游览》，《津浦铁路日刊》第 1513 号，1936 年 4 月 7 日。

④ 双平：《如何发展旅游业务》，《津浦铁路日刊》第 1470 号，1936 年 2 月 15 日；《济南中国旅行社组织灵岩泰山曲阜游览团》，《津浦铁路日刊》第 1486 号，1936 年 3 月 5 日。

⑤ 参加此次活动的一名教师胡志岩归来后对此次旅行有详细的记载："四月二十七日，上午七时三十分，提一小藤包，赴中山北路细柳湾铁路车务人员训练所，会齐出发，九时过江，搭浦口十时车北开，训练所学员五十七人，则挂专车一辆，讲师许映轩，国术训练员马正武，鼎新与余共四人随队偕行；车中备头等卧铺，起居饮食，颇为舒适，盖主人徐宗源，讲师杨庭兰，宗之龙及其夫人，已于昨晚先行，沿途部署；路局并已通电各站，照料一切故也……二十八日上午五时二十五，车抵泰安站，随团体下车，在站之东首铁路宾馆下榻……"［胡志岩：《东鲁八日游记》（上），《旅行杂志》第 10 卷第 4 期，1936 年，第 67 页。］对学员的接待安排相当仔细，对本路人员的出游给予特别照顾并不奇怪，但是本次旅行恰在双平的文章发表过后不久，其后 8 月份又举办了谒圣游览活动，不能不让人猜测这次集体游览活动与二者的关系。

安排和接待还是相当满意的，例如 1936 年旅行团成员程万政的游记曾发表于《旅行杂志》："今年八月间，京沪铁路和津浦铁路联合举行'万德泰山孔林滁州'大规模的全费旅行，上海南京两地，都可报名加入，从上海出发的，每人收费四十二元，从南京出发的，每人收费三十元，由路局供给二等卧车及餐膳。游程规定为五天，八月廿四日上午八时上海出发，下午五时换津浦专车北行，廿五日上午七时抵万德，下午游灵岩寺，下午开泰安，廿六日全日游泰山，廿七日晨抵滋阳（即兖州）换乘汽车至曲阜参加祭孔大典，并游颜庙孔林，……廿九日晨七时返沪。自从消息公布以后，社会人士报名加入的十分踊跃，从上海出发的，共二十六位，从南京出发的，共四十三位……"① 在当时的经济条件下，此次旅行团的参加者已可谓人数众多了，而且这两年（1935、1936）前往两地的旅行团也可以称得上前赴后继，源源不断。

1937 年春，津浦路局又再次开行南京前往两处的清明游专车，② 鉴于前往泰山曲阜团体旅行的几次活动都组织得相当成功，路局决定 8 月再次与京沪路方面联合举行谒圣游览专车。③

除了路局举办的团体旅行活动，个人前往泰山、曲阜的当然绝不在

---

① 程志政：《万德泰山曲阜滁州纪游》，《旅行杂志》第 10 卷第 10 期，1936 年，第 39 ~ 40 页。

② 这一次活动是由津浦路局单独举办，可能是由于春天游客人数较多，"本路沿线名胜古迹，指不胜屈，尤以济南泰山曲阜三处为著。兹为便利各界人士游览起见，乘清明佳节，举办济南泰山曲阜团体旅行，加开专车，并订定优待办法……"包括卧铺、餐费每人 30 元，合计 4 天时间游玩 3 处。（《本路举办济南泰安曲阜清明游览旅行》，《津浦铁路日刊》第 1803 号，1937 年 3 月 18 日。）

③ 此次旅行活动曾在路局日刊上做过预告："本路于上年八月间，曾与京沪路合办孔诞节谒圣游览专车，成绩极佳，兹拟照去年成例，与京沪路再行合办第二次孔诞节谒圣游览事宜。由本路筹备专车一列，预拟于八月二十六日下午五时由浦口开行，二十七日晨五时抵滋阳县站。二十七日游览曲阜，参观大祭，二十八日游览泰山，当晚十一时南下，二十九日上午十时即可返浦口，惟由上海北站起程者，应于八月二十六日乘京沪路上午八时三十五分京沪特快车至京。再行到浦换乘专车。二十九日于专车返浦后，再换乘京沪路中午十二时正由南京站开行之京沪快车返沪。现正与京沪路洽商，筹备一切。"（《筹备开驶谒圣游览专车》，《津浦铁路日刊》第 1904 号，1937 年 7 月 15 日）。其他报刊上应该也发布了此广告，但其后华北局势突然急转直下，愿意冒险北上游览者应该不会太多，8 月路局已开始疏散人员，这个计划应该未能实行。

少数，例如凌叔华夫妇出游归来曾著有《泰安曲阜纪游》，成为当时的名篇。① 记录了前往两地经过的作品不在少数，而远道而至的普通游客未做记录者就更应该是不计其数了。②

1930 年代，泰山、曲阜继续吸引着游客前往观光，虽然旅游依然是少数人的奢侈品，但是能够享受这种奢侈品的人正在逐渐增加，即便是某些工薪阶层，也能够坐上三等车赴曲阜泰山做一次朝圣式的观光。③ 笼罩在两大文化景点上的神秘面纱正在被渐渐摘下，越来越多的中国普通民众正在通过游览观光的轻松方式慢慢了解这两处中国的文化图腾，可是这个发展过程再次被战争打断。

3. 泰山、曲阜旅游与社会心理、社会经济的变化

由于与专制王朝的神圣性相联系，无论是泰山还是曲阜，都让中国社会的绝大多数普通民众感到遥远而神秘，作为观光游览的景点，两地逐渐靠近普通民众的生活，对社会心理的变化是有一定影响的。而对于铁路部门、旅游服务机构以及当地民众，旅游都带来了商机，尤其是给当地经济增加了新的元素，使两地社会生活缩小了与沿海地区的差距。

1930 年代中国社会的暂时安定阶段，普通民众的富裕程度有所提高，旅游作为社会生活的一项新内容开始为一般人所接受，尤其是上海、南京等地集中了较多从事脑力劳动的中等收入阶层，对旅游活动更容易产生兴趣，参加了谒圣专列旅游的一位游客对于铁路部门提供的集体旅游服务就有这样的认识："近几年来，国内政局日趋安定，交通建设，也突飞孟晋，游览事业，在极度消沉之中，渐渐地引起了社会一般人士的兴趣。负有提倡旅行使命的铁路当局和旅行社，自然不竭其所能，以种种的优待方式来招致沿线游侣，例如发售游览来回票啦，团体减价票啦，刊印各种导游手册啦，都收着很好的效果。此外更选择春秋假日，举行大

---

① 参见凌叔华《泰山曲阜纪游》，《凌叔华经典作品》，当代世界出版社，2004，第 29 ~ 42 页。

② 《泰山通鉴》中对名人游山有一定的记录，但无具体游山人数统计。虽然如此，仅看前往泰山、曲阜游记数量的快速增加，亦可以知道两地旅游人数增加之迅速，但由于尚无两地车站客运人数的逐年统计资料，所以尚不清楚游客人数的具体规模。

③ 有关普通工薪阶层游泰山的感受，可以参看倪锡英《曲阜泰山游记》，中华书局，1931。

规模的'全费旅行'。所谓'全费旅行'（All expense tour）便是由路局或旅行社预定游程，由旅客付给一次极低廉的代价，所有车票食宿，就全部包括在内，并且派员随车招待，领导游观，各地游览所需的车轿，也归路局或旅行社事先妥为接洽准备，这样一来，旅客感觉不到些微的旅途麻烦，而所费代价，又极经济，自然为游客所欢迎，这种办法在欧美虽已盛行，可是在中国尚属初见。其实，中国人民，素来视旅行为苦事的，'在家千日好，出门一时难'的古训，早已家喻户晓，非有要事，不愿远游，所以这种解除旅行痛苦的'全费旅行'，在中国尤其有积极介绍的必要。慢慢地使社会人士明了旅行是一种愉快，旅行是一种需要，这才是发展游览事业，才足以增进铁路的营业收入。"[1] 显然，由于铁路提供的便捷交通和良好服务，普通民众对于长途旅行的传统认识已经开始有所变化，不再将长途旅行视为畏途。其实游客前往远离居住地的风景名胜观光，除了是一种放松休闲活动，以及可以增加自然地理或历史文化的知识之外，对于当地的风俗民情，也可以有一定的了解。当然普通民众能够参与旅游活动还是少数，但铁路方面为旅游所投入的细致认真的工作，得到了旅游者的认可，旅游业已经开始成为社会经济的一个组成部分了。

津浦铁路发展旅游业的优势，最重要的是泰山和曲阜的知名度，铁路方面对此显然早已有很清楚的认识。其次是津浦铁路将泰山、曲阜与华北和华东的经济文化的核心区域尤其是核心城市联系到了一起，使得北平、天津、上海等若干城市的普通民众得以前往泰山、曲阜等地，来自这些地区的游客文化层次较高，对传统中国文化多有一定的了解，在两地的游览见闻，使得不少人对传统中国文化的精神象征真正有了直观性的认识。

例如津浦车务人员训练所的胡志岩前往曲阜时，曾求见衍圣公，与其进行当面交流，"东方文化发源之地，我生有幸，不难再至，加拓胸襟也！……四时登圣人府……由厅旁门进内，至启事厅，求见七十七代圣裔衍圣公孔德成；启事员领余等向西首客厅坐待……衍圣公衣蓝布袍，光头布鞋，风采秀洁，规行矩步而至，敬礼让坐毕，温语移时，神态静修，谈吐不苟；陪席者告以公今正在憩息亭攻经，不能久坐旷时；不十

---

[1]　程志政：《万德泰山曲阜滁州纪游》，《旅行杂志》第10卷10期，1936年，第39页。

分钟，公即谦礼退席；余等与陪者答问二十分钟，知衍圣公年仅十六，十三经已涉猎一次，现在作二次探讨；我国本位文化，所期以延绵不替者，公之责也！"① 显然访问者从与衍圣公的会面中，感到了儒家文化的未来希望。中国文化的保存，当然不能仅仅依靠孔府的努力，但是孔府的对外开放，衍圣公的知书达礼和庄重行为，有助于赢得外界的好感。从更高的层面上来说，中国文化有可能由于孔府的开放和普通人的逐渐了解，而重新形成新的凝聚力量。

1936～1937 年经济繁荣时期，津浦路运力已有余力之时，每逢庙会，路局专门为香客开行进香专车，"泰山居五岳之首，颇多名刹古观，每届废历新正，北方各地人士，多不惜长途跋涉，相率前往进香，现在适值香汛之期，泰安以北至德州，以南至临城间，各站三等旅客骤形拥挤。本路为适应需要起见，所有北段开行之各次区间客车，以及津浦间快车，均各酌予加挂三等客车，以备乘坐，俾利香客，而增收入"。② 香客多属下层民众，为其加挂车辆，除了可以增加路局的经济收入之外，也有助于减少社会阶层之间的隔阂，使下层民众可以感受到铁路不仅仅是为富裕阶层服务，也会考虑一般民众的利益。这对于减少各阶层之间的对立情绪，显然有着一定的正面意义。

外国游客前往两地的数量也逐渐增多，他们的到来，除了可以增加了铁路局的收入，对于增进世界其他国家对于中国的了解，意义甚大。例如有外国游客来到曲阜后，惊讶于中国传统文化艺术的成就，称"我在中国好几年，也游历了不少的地方，可是从来没有看见这样伟大的建筑，即使在北京城，也找不出这样壮阔的大庙。望进去多么深远呀，一层一层地走去，里面有半圆形的大石桥，石板砌的大道，几千年的古树，最后是圣庙大殿，屋宇异乎寻常的高大，很坚精的石柱，至少有三尺的对径，上面雕着许多龙，神采奕奕欲活，真是艺术名贵不朽之作。欧洲方面，除了文艺复兴时代，这种作品，也不多见了，就是在中国，别的

① 胡志岩：《东鲁八日游记》（下），《旅行杂志》第 10 卷第 5 期，1936 年，第 52～53 页。
② 《泰山香汛期内本路加挂客车》，《津浦铁路日刊》第 1471 号，1936 年 2 月 17 日。第二年同一时间，也有极为类似的消息。（《泰山香汛开驶专车》，《津浦铁路日刊》第 1779 号，1937 年 2 月 17 日。）

地方也万万没有的"。① 来到曲阜，即便是已经熟悉中国的外国人，也可以对中国文化产生更深一层的认识（对不少中国人来说同样如此）。②

1913 年庄俞前往泰山时，很惊奇地发现，泰安的服饰还是"男子无不垂辫，布衣宽博，袖宽尺余，女子高髻纤足，衣短压腰裾"。③ 宛若回到了另一个时代，也说明当地人的思想还没有意识到时代有多么大的变化，而这样的情形下又如何指望当地民众对其他地方的人有同属一个民族、一个国家的意识呢？只有经济文化上的频繁往来才能够真正使相邻地区的人们消除心理文化的差距，逐步增强彼此之间的认同感。

泰安、曲阜两地游客不断增加，给当地经济带来了收入，两地居民也逐渐学会了商业交换的一般规则，甚至还利用游客对当地情形的不熟悉和某些垄断性优势，抬高物价，民风的纯朴，当然已不复存在了。1930 年代中期，泰山脚下的岱庙周围，已经布满了商品交易的店铺，"余下车后乘人力车至泰安饭店。旋游岱庙……环庙摊肆林立，百货杂陈，是谓中山市场"。④

曲阜是个小县，据 1928 年的统计，全县人口不到 20 万人，⑤ 县城也不在交通商路上，所以商旅不多。1930 年代在曲阜较大型的大通旅社住

① James Arthur Muller：《孔陵谒圣记》，程志政译，《旅行杂志》第 3 卷第 3 期，1929 年，第 10 页。

② 当然很多外国人对曲阜所代表的中国传统文化并没有感到任何敬畏，访问曲阜的德国人就曾让陪伴的一个中国学生感到相当尴尬，"我在泰安的时候，遇到一位北京大学学生王君，他英语很流利，后来他允许伴我到曲阜。在二年以前，他也曾伴两个德国人来过，并且发生一件趣事。王君说：'从津浦铁路下车，到曲阜还有八里路，所用代步的，仅有骡车——很简陋的——那时德人在路上看见一辆金碧辉煌的卧车，虽也是用骡拖的，然而精致多了，德人便要乘，我连忙阻止他们，并且说'这是孔氏的车辆，中国至圣先师而兼世界大哲学家孔子的七十六世孙乘的。'但是两德人不肯听，就自和车夫接洽，结果四块钱来回。我当时便把四块钱先付了，岂知到了曲阜，我们游孔陵时，车夫已一溜烟跑去了，后来两个德国人笑我愚蠢，因为他工作还没完，如何能先付钱呢，你道有趣不有趣？'"（James Arthur Muller：《孔陵谒圣记》，程志政译，《旅行杂志》第 3 卷第 3 期，1929 年，第 9 ~ 10 页。）不过这当然应该有助于中国的读书人加深对中国社会的了解，而不是仅简单地对孔子和孔府感到盲目的敬畏，经历这次事件，这位王君应该从此消除了对孔府的神秘感和敬畏感。

③ 庄俞：《泰山游览记》，胡君复编《泰山指南》，商务印书馆，1926，第 48 页。

④ 伍受真：《齐鲁纪游》，《旅行杂志》第 9 卷第 10 期，1935 年，第 25 页。

⑤ 实业部国际贸易局编《中国实业志——山东省》，编者，1934，第 41（甲）页。

宿的，据老板的女儿孟秋菊回忆，"大多是来此洽谈生意的商贾、探亲的富人、旅游参观的侨胞、外国人及国内的大学生以及专营古玩业的北京古玩商等等"。① 抗战前曲阜的商业虽谈不上发达，但据统计 320 个店铺中，饭馆 29 家（另有面食店 33 家），客店 25 家（北伐前，饭馆不过 3 家，旅馆仅 1 家），② 对于一个主要以附近农村为主要商业服务对象的小县城来说，显然是占了不太相称的比例，应该是主要以外来的游客为服务对象。

旅游业在两地的出现和发展，对于地方经济和铁路运营收入都起到了相当重要的作用，但是旅游业发展的意义并不仅于此，它带来的影响是多方面的，尤其对于文化的传播和交流，更有着深远的作用。

三　旅游业发展的制约问题

除了上文叙述过的 1920 年代的社会动荡，路政设施和旅游设备的损毁之外，民国时期的泰山和曲阜还有一些制约因素造成了当时整个旅游事业发展不够迅速，了解这些问题，对今天的旅游业发展也许还有一定的参考价值。

首先是国内经济水平并没有发展到一个社会整体富裕的阶段，能够参加旅游活动的人数总体上较少。主要的富裕阶层多集中于沿海城市，距离泰山和曲阜距离遥远，乘车前往两地时，路程虽然已经不再艰难，但是途中花费的时间还是相当多的，自上海到泰山，一般需要 24 小时以上，民国时期普通工薪阶层休息时间相对较少，能够有充裕时间游览两地的人数毕竟有限。

其次是两地的旅游设备，尤其是宾馆接待能力，尚不能应付众多的旅游者同时到来，"大批人马到了宾馆之后，大家急急的要赶着沐浴，因为在万德游了半天，天气很热，汗也流够了，宾馆虽然有四只浴盆，一

---

① 孟秋菊口述，竹春整理：《曲阜最早的一家旅社——大通旅社》，曲阜市政协文史资料委员会编《曲阜文史》第 14 辑，编者印，1994，第 110 页。孟文称，该旅馆 1934 年开业，而据下文，1927 年前曲阜城内已有旅馆一家，大通似不应是曲阜第一家旅馆。

② 《建国前曲阜城内商业综述》，曲阜市政协文史资料委员会编《曲阜文史》第 14 辑，第 82～83 页。

时大有供不应求之势。一直到晚间十一时，浴室还是闹着客满。今天的宾馆，陡然地由寂寞而热闹起来了。房屋的确非人住不可的，人多了，广大的房屋，便似乎充满着活气。据说：泰安宾馆的营业是很富于伸缩性的，有时几个月会无人光顾，有时大批游客，会同时降临。在无人光顾的时季，固然赔累，可是大批游客一到，又苦于无法容纳"。[①] 在当时这个问题并不容易解决，因为两地旅游业才刚刚起步，游客人数还不足以真正支持地方发展大规模的旅游设施，具有周期性特点的旅游经济却又不断考验着旅游服务设备的承受能力。

对曲阜来说，还有一个特别的问题始终制约着游客的数量，就是曲阜车站距离城区过于遥远，且道路状况恶劣。前往曲阜旅行者，均苦不堪言，几乎所有曲阜的游记中都会提到曲阜的道路问题。[②] 这里的旅游经

---

① 程志政：《万德泰山曲阜滁州纪游》，《旅行杂志》第 10 卷第 10 期，1936 年，第 43 页。

② 以下试举数例，可证当时道路之恶劣，给游客造成的困难之重，"醒来已抵曲阜之姚村站，七时半各社友纷等登预雇之骡车，余偕德秀亦占一乘，会同出发，因日前大雨，道路泥泞不堪，颠荡殊甚，德秀坐倚车中，余乃坐于车杠前，数十乘鱼贯而进，大有远征况味……十时进曲阜北门，城内街道，亦系土质，其泥泞之状，与城外同，房屋卑小，居民纯朴，如入古国……"（周仲千：《鲁游鸿爪》，《旅行杂志》第 8 卷第 9 期，1934年，第 37 页）。

"曲阜站距城十八里，须赁骡车以行，余登车在寅初……六时抵北门"（伍受真：《齐鲁游记》，《旅行杂志》第 9 卷第 10 期，1935 年，第 23 页）。

"（五月二日）夜九时五十分，专车离济南下，往谒孔庙，一时五十分，抵兖州府车站，即寓车站宾馆……三日七时二十分，乘人力车出发……抵林为九时四时分；盖孔林距兖州四十余里，若由曲阜车站下车，虽近二十余里，而道路突兀，车行甚苦。"（胡志岩：《东鲁八日游记》（下），《旅行杂志》第 10 卷第 5 期，1936 年，第 50 页）

"该站距城十八里；昨夜降雨，泥路隆洼，不易步履；因将箱篋存车站，轻装雇一轿车前进，车用驴挽，（或用牛马）亦称驴车。车身下有四轮，辐巨而笨；上建一篷，形若穹窿；外罩粗布，内垫草絮，乘客盘踞其中，有如番僧趺坐。一行共六七车，均依原辙而走，空隆之声，充盈耳际。辙间地土起落，车身颠簸如摇篮；加以篷内闷热，头晕目眩，益不能耐。乃强将车后布围掀起，双手紧握左右车栏，以杀摇撼之势……由车站入城，比自泰安到曲阜还费时更多，而所受困顿实甚；此路似应设法改进；非特利于圣域之瞻仰，于货物运输，社会发展，实有莫大的关系！"（饶桂举：《六省纪游》，出版者不详，1935，122 页）。

事实上，以上只是很少一部分游记中的描述，但可以从中看出，曲阜的旅游业不能发展，实在与交通线路不能与之真正相接，有莫大的关系，而曲阜旅游业的不发展，对中国儒学的衰落也产生了影响，假如孔府在 1930 年代能够接待更多的游客，这些游客可能对儒学会产生更深的兴趣，从而在民间保存更多的传统文化因素。

济在抗战前没有像泰安那样成为当地经济发展的一个重要元素，尽管曾有过修路的主张，但当时汽车并不是主要交通工具，假如当年筑路时路线离城区更近一些，曲阜的旅游业当不会如后来那样萧条。

四　结语

当收入达到一定水平之后，人们对物质生活的要求已经不再是主要问题时，对文化、精神层面上的消费需求自然会开始增长，旅游同时能兼顾健全精神体魄、休息、增长知识的多种需求，是社会经济发展到一定阶段的产物。抗战前，两地旅游经济的艰难发展，参与游览观光的机构的逐渐增多，游客人数的膨胀，均可以看到民国期间中国经济整体上曲折上升的过程。

铁路交通对于泰山、曲阜的旅游事业来说，是最基础的设施。有了铁路，两地才真正有了旅游业。铁路也同样需要旅游经济对铁路客运收入的支持。1930年代泰山、曲阜两地旅游规模的扩大，与路局方面的宣传、组织当然有着密不可分的关系，但是路局方面这样做的原因，却是由于一、二等车客源不足所导致的客运收入不如人意，因而企图借助发展游览事业增加客运收入，利用泰山、曲阜作为旅游宣传的招牌，在某种程度上又重新增强了二者在国人心目中的地位，它们的文化和政治象征意义，在面临外国人侵的危险局面之际，有着增加中国社会凝聚力的特别贡献。

作为一种休闲方式的旅游，原本并不承载多少文化和政治意义，但民国建立，打破了专制皇权的权威，五四新文化则打破了儒学在中国思想界的独尊地位，作为皇权和儒学权威地位的象征符号，泰山、曲阜原有的神圣意义已先后被打破，但这并不意味着中国人的国家认同中已将这两个元素排除在外。因而泰山、曲阜两地旅游业的发展有着不同寻常的意义，在各地游客探访这两处自然和文化景观的过程中，这两处景观本身也就在悄悄地发生着变化，原先神秘、神圣的文化图腾逐渐为社会大众所认知，从而走向平民化和世俗化。如果在此基础之上，作为文化符号，泰山和曲阜被普通民众国族心理结构重新容纳，就可以在民族国家建立的过程中产生新的意义。

京奉（北宁）铁路与民国时期冀东植棉业的发展

京奉（北宁）铁路西起北京，东达沈阳，是连接华北与东北地区的重要交通孔道。该路干线长 849.39 公里，另有支路 9 条，共计长约 1372 公里有余。发轫于光绪七年（1881）建成的唐胥铁路，而后由两端分段展筑，名称随之屡有变更，1907 年正式定名为京奉铁路，1929 年 4 月，改称北宁铁路。它穿越相互毗邻的冀东平原和辽西走廊，且通常以山海关为界，分为关内与关外两段。[①] 京奉（北宁）铁路关内段从冀东地区横贯而过，因此，该路关内段的"吸引范围"基本上与冀东地区相吻合。

作为一个地理概念，冀东地区是指北踞长城、南濒渤海、西控平津、东临山海关的地区，包括滦县、丰润、迁安、密云、遵化、宁河、昌平、昌黎、宝坻、蓟县、抚宁、乐亭、通县、玉田、三河、顺义、临榆、卢龙、香河、怀柔、平谷、兴隆等 22 个县份，面积约 3.3 万平方公里，人口约 6247590 人（1936 年统计）；境内矿产资源丰富，农业生产较为发达，包括高粱、玉米、小米、棉花、小麦、豆类等，尤以高粱、玉米、小米的种植最为普遍，产量颇丰。水陆交通堪称便利，滦河、蓟运河等均富舟楫之利，京奉（北宁）铁路从中穿越，尚有秦皇岛、塘沽两大港

---

* 本节作者李海滨，中国铁道博物馆研究馆员。

① 关于该路的修建历程参见李德周、吴香椿《东北铁路大观》，北宁铁路运输处计核股庶务课，1930，第 1~2 页；交通部、铁道部交通史编纂委员会编《交通史·路政编》第 7 册，交通部、铁道部交通史编纂委员会，1935，第 1~144 页；《本路五十年纪念报告》，《北宁铁路月刊》第 1 卷第 6 期，1931 年，"业务"，第 1~5 页。

口与外埠和世界连接，可谓河北省最富庶的地区之一。[①]

　　现代交通经济学的有关理论和研究结论已充分证明，在传统农业部分地向现代农业转化的过程中，运输方式的革新导致运费大幅度降低和运输时间大为缩短，农业产量的增长、商品化程度的提高及区域化或专业化生产的形成等，甚至有的观点认为在技术条件不变的条件下，农产品产量和出口增长的决定性因素是交通运输条件。[②] 据此可知，作为京奉（北宁）铁路关内段的"吸引范围"，冀东地区农业经济的变动必然会与该路存在或密或疏的关联。下面即以植棉业为例，客观阐释 1920 ~ 1930 年代京奉（北宁铁路）在冀东地区植棉业发展过程中的作用和意义。

一　冀东地区植棉"图谱"

　　华北地区植棉的历史较为悠久，早在明清时期即为我国重要的产棉区域之一。近代以降，特别是民国时期，在工业需求的刺激、植棉政策的鼓励、棉种和技术的改良、交通方式的变革等多种因素的共同作用下，[③] 华北植棉业获得了进一步发展，种植规模逐步扩大有时甚至迅猛增长，尽管其间曾有短期的波动。[④] 华北植棉业向以河北省为翘楚，该省的植棉业自民国以来同样延续了长期增长的态势。例如，1914 年该省棉花种植面积为 4124 千亩，原棉产量为 3373 千担，分别占华北地区（河北、河南、山西、山东四省）植棉面积和产量的 47%、68%；经历其后数年的略微下降后，1924 ~ 1929 年该省棉田面积为 7410 千亩，1931 年增至

①　参见金曼辉编《我们的华北》，上海杂志无限公司，1937，第 153 页；南开大学历史系、唐山市档案馆编《冀东日伪政权》，档案出版社，1992，第 27 ~ 28 页；朱德新：《二十世纪三四十年代河南冀东保甲制度研究》，中国社会科学出版社，2008，第 11 页；北宁铁路局编《北宁铁路沿线经济调查报告》，沈云龙主编《近代中国史料丛刊三编》第 51辑，台北，文海出版社，1989，第 7 页。
②　吴昊：《交通运输与农业发展》，经济科学出版社，2007，"前言"，第 2 页。
③　刘洁、李立涛：《近代河北植棉迅速发展原因探析》，《河北大学学报（哲学社会科学版）》2005 年第 4 期，第 80 ~ 84 页。
④　〔美〕黄宗智：《华北的小农经济与社会变迁》，中华书局，2000，第 129 ~ 132 页。

9265 千亩，分别占当年华北植棉面积的 35%、40%。然而，棉花产量因单位面积产量的下滑而没有出现相应的增加。[①] 从全国范围来看，1919～1933 年间，河北省的棉田面积年均约占全国棉田面积的 11.8%，原棉年均产额占全国总产量的 14.8%。[②] 河北省植棉业在华北地区乃至全国范围内的重要地位由此可见一斑。

河北的棉花生产传统上分为三大区域，均以流经产区的河流命名——西河区、御河区及东北河区。[③] 如图 1 所示，西河区位于河北省中部和西南部一带，主要分布在大清河、滹沱河和滏阳河等流域。这个棉区包括70 多个县，棉花产量约占全省棉花总产量的 60% 左右。御河区位于河北省南部的南运河流域，范围包括 20 多个县，其棉产量约占全省总产量的17% 左右。[④] 东北河区是以天津为中心的北运河、金钟河及蓟运河等流域的总称，主要包括 17 个县份。[⑤] 该区又可分为东河区及北河区：东河区即蓟运河、滦河流域各地，主要包括迁安、昌黎、滦县、玉田、丰润、宁河、宝坻等县；北河区即北运河流域，包括顺义、怀柔、密云、通县、永清、蓟县、宝坻、香河、大兴、固安、武清、安次、宁河及天津等县。此外，军粮城、北塘、汉沽、芦台沿海一带也辟地植棉。[⑥] 据表 1 统计显示，1933～1935 年间，东北河区的棉花年产额在 30 万担左右，大约相当于全省总产量的 14% 左右。[⑦] 其中，东河区的丰润、北河区的武清两县的棉田面积最广，如 1930 年，丰润、武清的棉田面积分别为 18 万和 11 万 5

---

① 许道夫编《中国近代农业生产及贸易统计资料》，上海人民出版社，1983，第 203～204 页。
② 方显廷：《天津棉花运销概况》，南开大学经济研究所，1934，第 3 页。
③ 曲直生：《河北棉花之出产及贩运》，商务印书馆，1931，第 2 页。
④ 《港口 - 腹地和中国现代化进程》，第 303 页。
⑤ 这些县份分别是天津、固安、大兴、宛平、通州、平谷、香河、丰润、玉田、武清、安次、永清、昌黎、宁河、滦县、乐亭及宝坻；参见天津中国纺织建设公司编《棉花概念》（中纺公司原棉训练班讲义），1949，第 17 页。
⑥ 北宁铁路局编《北宁铁路沿线经济调查报告》，第 1716 页；陈天敬、吴光明：《河北省东北河区域棉业调查报告书》，实业部天津商品检验局，1932，第 3 页。
⑦ 南满洲铁道株式会社调查部编『北支棉花综览』、日本评论社、1940、10 页；另据记载显示，该区在 1933～1935 年间的平均年产量为 16 万担，参见叶笃庄《华北棉花及其增产问题》，第 32 页，转引自从翰香主编《近代冀鲁豫乡村》，中国社会科学出版社，1995，第 148 页。

千亩。①

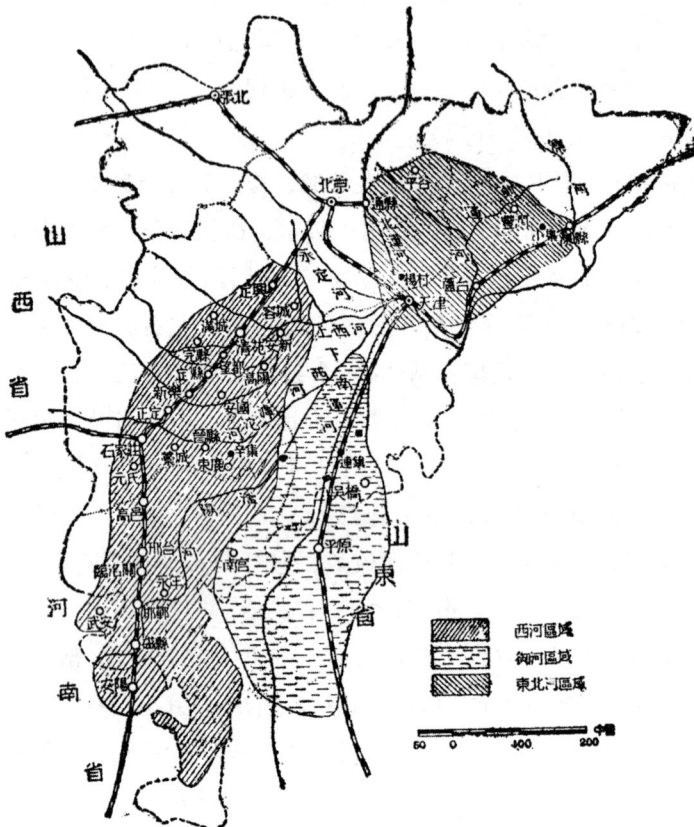

图1　河北省棉产地域略图

资料来源：曲直生《河北棉花之出产及贩运》，第3页。

表1　1933～1935年河北省各产棉区域、种别、产量比较

单位：担，%

		1933年		1934年		1935年		平均值	
		产量	占比	产量	占比	产量	占比	产量	占比
西河区	美棉	215497	14.92	394565	13.91	426533	19.69	345532	16.08
	中棉	531145	36.76	1578288	55.65	1313554	60.63	1140996	53.09

① 陈天敬、吴光明：《河北省东北河区域棉业调查报告书》，第3页。

续表

		1933 年		1934 年		1935 年		平均值	
		产量	占比	产量	占比	产量	占比	产量	占比
御河区	美棉	172577	11.94	305227	10.76	49398	2.28	175734	8.18
	中棉	279324	19.33	243356	8.58	38342	1.77	187007	8.70
东北河	美棉	162080	11.22	304338	10.73	313888	14.49	260102	12.10
	中棉	84289	5.83	10353	0.73	24732	1.14	39791	1.85
小计	美棉	550154	38.08	1004130	35.40	789819	36.46	781368	36.36
	中棉	894758	61.92	1831797	64.60	1376628	63.54	1367794	63.64
合计		1444912	100	2836127	100	2166447	100	2149162	100

资料来源：南満洲鉄道株式会社調査部編『北支棉花綜覧』、日本評論社、1940、13~14頁。

　　上述内容是对河北省植棉业发展状况和分布格局的简略描述和勾勒，为探讨京奉（北宁）铁路与冀东地区植棉业发展之间的关系提供了一个平台或背景。另外，就地理空间而言，冀东地区属于京奉（北宁）铁路关内段的"吸引范围"，东北河棉区几乎与冀东地区完全叠合，因而，东北河棉区可顺理成章地视为该路关内段"吸引范围"内的产棉区域。理论经验和历史事实将清晰而有力地证明，京奉（北宁）铁路的开通运营对冀东地区植棉业的发展发挥了重要的促进和保证作用。

二　铁路开通运营与冀东地区植棉面积和产量的增加

　　京奉（北宁）铁路出现之前，东北河区的植棉业虽有缓慢发展，但出产基本是以供给家庭消费为主，即使存在少量的棉花流通交易，也大多局限于本地市场。铁路开通之后，棉花生产的形势开始发生改变，加之因国内外纺织工业的发展而导致棉花需求量的增加，于是一些村庄纷纷转向种植棉花。例如，在"满铁"调查的村庄中，"米厂村就因受新修铁路所打开的新的商业网的刺激，而转向棉花种植"，出产的棉花"售予铁路线上的胥各庄（位于该村以北十公里）和唐山，然后再由铁路运往天津及东三省"。[①] 1920~1930 年代，棉花的市场需求更为强劲，价格因

―――――――――――

① 〔美〕黄宗智：《华北的小农经济与社会变迁》，第 139 页。

之"水涨船高"，植棉成为较之其他农作物更为有利可图的生产。例如，河北省每亩田地种植棉花的纯收入几乎为谷类每亩纯收入的两倍。[①] 同时，由于各级政府及棉业团体的积极倡导和扶持，以及京奉（北宁）铁路提供的便利运输，东北河区各县的棉花种植面积均出现不同程度地增长，特别是丰润、武清两县的增幅十分明显。（参见表2）需要指出的是，有些县域在不同年份之间的数额相差比较悬殊，其中的缘由基本上是两个：一是棉花价格及金融比价的剧烈波动导致种植面积的大幅缩减和扩增；二是水旱灾害、虫害的频发次数和严重程度对棉花种植面积的影响。由此，原棉产量随之出现较为剧烈的波动。（参见表3）从总体上而言，1927～1935年间东北河区的植棉面积和产量呈现出增长的趋向。

表2　1927～1935年河北省东北河区棉花种植面积

单位：亩

年份	1927	1928	1929	1930	1931	1932	1933	1934	1935
滦县	80000	86000	55000	70000	77000	85000	75780	185000	170000
丰润	60000	67000	65000	65000	70000	180000	190480	214800	320000
玉田	25000	28000	20000	30000	35000	40980	10800	52000	55000
宝坻	9000	12000	—	14000	14000	4000	8500	56500	157500
乐亭	—	—	15000	20000	20000	18000	—	—	—
昌黎	—	—	—	—	—	50000	45000	120000	165000
武清	—	—	—	—	—	150000	218500	178500	145500
永清	—	—	—	—	—	11000	20500	23500	73500
安次	—	—	—	—	—	7520	5700	54000	44000
固安	—	—	—	—	—	4800	31500	39100	51000

[①] 天津社会科学院历史研究所编《天津海关十年报告（1922—1931）》，《天津历史资料》第5期，天津社会科学院历史研究所，1980，第53页；另据1934年"满铁"对于通县附近棉花与其他作物收支情况的比较显示，棉花（陆地棉）每亩的收益为1.612元，而高粱（与大豆混种）每亩净亏2.270元，玉米（与大豆混种）每亩净亏1.548元，小麦、粟每亩净亏1.480元。参见南满洲铁道株氏会社调查部编『北支棉花综览』，日本评论社1940年版、第280页。尽管各种统计之间存在着不同程度的差异，但是，由各种农作物的每亩收入及损益的情况概观之，大体上呈现出一种倾向：相对其他农作物而言，种植棉花的收益甚丰。

续表

年份	1927	1928	1929	1930	1931	1932	1933	1934	1935
大兴	—	—	—	—	—	46300	51150	95000	95000
宛平	—	—	—	—	—	7870	8050	9004	25200
通州	—	—	—	—	—	8500	10800	36000	65000
三河	—	—	—	—	—	4000	4500	4000	6000
平谷	—	—	—	—	—	9200	7500	18000	15000
香河	—	—	—	—	—	67450	40000	89500	45000
宁河	—	—	—	—	—	2100	8500	25000	30000
天津	—	—	—	—	—	650	800	118600	196200
抚宁	—	—	—	—	—	42500	—	4600	25000
临榆	—	—	—	—	—	—	—	450	1000
卢龙	—	—	—	—	—	—	—	—	36000

资料来源：南满洲鉄道株式会社調査部編『北支棉花綜覧』。

表3　1927～1935年河北省东北河区棉花收获量统计

单位：担

年份	1927	1928	1929	1930	1931	1932	1933	1934	1935
滦县	22000	30000	14000	11500	19610	26000	32964	19110	34000
丰润	22000	25000	21000	10700	16270	100800	97259	57996	38400
玉田	8000	8200	5900	2660	5096	15990	1720	11648	9900
宝坻	2000	2500	—	1390	3234	570	1184	14980	23100
乐亭	—	—	3100	3820	3976	32205	40656	9720	1632
昌黎	—	—	—	—	—	1672	1615	1964	30420
武清	—	—	—	—	—	33750	63775	51320	30578
永清	—	—	—	—	—	3300	4687	7065	7052
安次	—	—	—	—	—	1970	1366	20736	11264
固安	—	—	—	—	—	7830	8012	10286	10487
大兴	—	—	—	—	—	13800	11908	25020	29450
宛平	—	—	—	—	—	2334	1673	3520	6997
通州	—	—	—	—	—	2275	2149	10800	23595
三河	—	—	—	—	—	805	911	935	1328
平谷	—	—	—	—	—	2152	1575	5616	3412

年份	1927	1928	1929	1930	1931	1932	1933	1934	1935
香河	—	—	—	—	—	1960	6144	22169	11075
宁河	—	—	—	—	—	530	3829	7500	5770
天津	—	—	—	—	—	154	187	36258	41472
抚宁	—	—	—	—	—	9913	—	732	4410
临榆	—	—	—	—	—	—	—	76	166
卢龙	—	—	—	—	—	—	—	—	7564

资料来源：南满洲铁道株式会社调查部编『北支棉花綜覧』。

在各种农作物种植总面积保持不变的情况下，棉花种植面积的扩大势必会对其他农作物造成不同程度的影响，导致该地区农作物的种植结构出现相应的变化。据 1930 年代北宁铁路局的一个调查显示，冀东"各县农产以高粱、玉米、小米为最普遍，产量亦较丰，余则为小麦、豆类"，[①] 尤以高粱的种植最为普遍。如 1930 年代中期，丰润县米厂村棉花种植的比重达 31%，仅次于高粱的 44%；玉田县龙窝村棉花种植的比重高达 54%，超过高粱比重 29% 的近乎一倍；丰润县东鸿鸭泊棉花种植的比重为 20%，高粱的种植比重仅为其一半。[②] 棉花种植比例较高是这些村庄成为高度商业化村庄的显著标志，但像这样的村庄在冀东地区毕竟属于少数。总体而言，植棉面积的扩大及其比例的增加，为冀东地区农业种植形态和结构带来了一些新改观，但并未产生根本性、实质性的影响。总之，京奉（北宁）铁路的开通运营在一定程度上促进了冀东地区植棉面积和产量的增长，或曰后者是铁路开通运营后经济效益的重要体现。

三　铁路开通运营与冀东地区棉花运输格局的变动

民国以降，随着新式棉纺织业在天津的蓬勃兴起及国际市场对原棉的强烈需求，原先多在产地市场流通的棉花逐渐变为一种重要的输出品，

---

① 北宁铁路局编《北宁铁路沿线经济调查报告》，沈云龙主编《近代中国史料丛刊三编》第 51 辑，第 7 页。

② 〔美〕黄宗智：《华北的小农经济与社会变迁》，第 324 页。

多数棉花运至天津供给当地纱厂消费或转运他埠及国外。棉花的运输路径各有不同，火车、大车、民船及驮运等运送方式皆有。东北河区棉花采用何种运输方式运至天津，主要依据其距离天津的远近和是否拥有便利的水路或铁路运输。经由铁路运送的棉花，大多先集运至铁路沿线各站，然后装上火车转运天津。① 起运大宗棉花的车站包括安山、石门、滦县、胥各庄、唐坊、通县、永定门、落垡及杨村等，少数零担棉花起运的车站如黄村、魏善庄、安定、滦县等。② 各站起运棉花的数量多少不等，是由东北河区各县棉花产量和外运数量的多寡不一以及水路的竞争等因素造成。例如，滦县虽然棉花产量较高，但大部分由唐山华新纺织厂吸纳，故经由铁路转运量较少，而昌黎、丰润、宛平、安次等县所产大多由铁路运至天津。又如，杨村站运出的棉花产自武清县境内的杨村镇附近各地，由于距离车站甚近，所以这些棉花及棉籽均由本站运出，年均约运出棉花 700 吨，棉籽 2115 吨。③ 胥各庄站发送的棉花主要产自丰润县属的宣庄、稻地、小集等，其中宣庄、黄各庄两处均盛产棉花，每年运到该站的数量共 840 万斤，均由本路运销天津，或转销上海。④ 石门、安山两站每年运出棉花分别约为 800 吨和 1000 吨⑤。另外，产自平汉、正太、陇海各路沿线的棉花也先运至丰台站，再换乘京奉（北宁）路车运至天津。⑥ 由上可知，东北河区出产的棉花除一部分被当地的纺织工业吸收或运销东北外，其余大部分均运往天津或再转销他处，而铁路是棉花运送的一个重要途径。

① 方显廷：《天津棉花运销概况》，第 10～11 页；金城银行總经理處天津調查分部编『天津棉花運銷概況：附天津棉花統計』、金城銀行總經理處天津調查分部、1937、11 页。
② 北宁铁路局编《北宁铁路沿线经济调查报告》，沈云龙主编《近代中国史料丛刊三编》第 51 辑，第 1719 页。
③ 北宁铁路局编《北宁铁路沿线经济调查报告》，沈云龙主编《近代中国史料丛刊三编》第 51 辑，第 1721 页；陈天敬、吴光明：《河北省东北河区域棉业调查报告书》，第 18 页。
④ 北宁铁路局编《北宁铁路沿线经济调查报告》，沈云龙主编《近代中国史料丛刊三编》第 51 辑，第 1722 页；陈天敬、吴光明：《河北省东北河区域棉业调查报告书》，第 7 页。
⑤ 北宁铁路局编《北宁铁路沿线经济调查报告》，沈云龙主编《近代中国史料丛刊三编》第 51 辑，第 1726 页。
⑥ 方显廷：《天津棉花运销概况》，南开大学经济研究所，1934，第 10 页；北宁铁路局编《北宁铁路沿线经济调查报告》，沈云龙主编《近代中国史料丛刊三编》第 51 辑，第 1727 页。

　　遗憾的是，由于相关统计数据的缺失或不足，笔者无法对于京奉
（北宁）铁路在东北河区棉花外运中的比例进行量化和比较分析。不过，
通过参照表4，我们可以发现，由于铁路与水路运输各有优劣以及随着各
种形势的变化，两种运输方式各有市场，比重互有消长。1921～1925年
间，铁路运送的棉花一度占到天津棉花来源的78.1%，成为最主要的运
送方式，但总体而言，水路在棉花运输中始终占有较大份额，[①] 这个结论
也可由河北三个棉产区依然按其河流系统命名而加以佐证，即所谓的西
河区、御河区及东北河区，"这些名词足以显示依赖河流运输的旧体系的
延续"。[②] 铁路与水路运送之间不可避免地会存在竞争，华北地区棉花运
至天津却需要倚靠两种运输方式的结合。东北河区棉花外运亦是如此，
尽管京奉（北宁）铁路局曾试图通过采取降低运费等措施来与水路进行
竞争。

　　总之，京奉（北宁）铁路的开通运营将东北河区部分棉花运往天津
消费或转运他处，不仅开辟了棉花外运的新路径，形成了棉花外运的新
格局，而且拓展了棉花市场的空间，提高了棉花的商品化程度。1930年
代初的统计结果表明，东北河区棉产中的49%、收集量的70%是由天津
吸纳，据此似乎可以推断，东北河区棉花的商品率不会低于70%。[③]

表4　1921～1930年内地棉花运至天津数量及其运输方式比较

单位：担，%

年份	火车		民船		大车		合计	
	数量	占比	数量	占比	数量	占比	数量	占比
1921	496554	78.1	125760	19.8	13076	2.1	635390	100
1922	724514	76.7	215185	22.8	4468	0.5	944167	100
1923	715959	74.6	230165	24.0	13671	1.4	959795	100
1924	381616	68.8	159255	28.7	13815	2.5	554686	100

---

① 南満洲鉄道株式会社天津事務所調査課訳編『河北省棉産概況．民国24年度』、南満洲
　　鉄道天津事務所調査課、1936、39頁。
② 〔美〕黄宗智：《华北的小农经济与社会变迁》，第135页。
③ 李洛之、聂汤谷：《天津的经济地位》，南开大学出版社，1994，第30页。

续表

年份	火车		民船		大车		合计	
	数量	占比	数量	占比	数量	占比	数量	占比
1925	464388	43.9	574845	54.4	18137	1.7	1057370	100
1926	73055	7.9	841809	89.1	30283	3.2	945147	100
1927	227064	18.4	956669	77.6	48693	4.0	1232426	100
1928	304238	25.1	846465	69.8	61732	5.1	1212435	100
1929	64779	12.5	421867	81.7	29909	5.8	516555	100
1930	167040	18.8	682812	77.0	37565	4.2	887417	100
合计	3619197	40.5	5054832	56.5	271349	3.0	8945378	100

注：天津常关在1931年6月因厘金的废止而裁撤，故1931年以后之统计未列入。

资料来源：根据"内地棉花输入天津按所用运输工具分配表（民国十年至十九年）"改制而成，参见方显廷《天津棉花运销概况》，南开大学经济研究所，1934，第10页。

四　铁路开通运营与冀东地区棉花运销体系的重构

东北河区部分棉花由京奉（北宁）铁路各站起运至津的过程中，在一些车站的所在地或铁路与水路的交会地点，形成了以棉花集散和转运为功能的中级市场，并与棉花的原始市场和终端市场共同构成一个层级分明的棉花运销体系。棉花的原始市场（初级市场）即遍布于产棉区的乡镇集市，它们大都分布在棉花生产集中的县镇或村落中，主要是以定期集市为多。例如，杨村等处五日一集，农民在集日将所收棉花运至就近市场，自由销售，极为便利。[①] 丰润县的小集、玉田县的窝洛沽等集市的棉花交易同样发达，也是棉花贸易的重要原始市场。[②] 此外，还有在棉花收获时期增开的临时性集市，如"每逢棉花采摘季节，一些大的村落几乎都有棉花村市"。[③] 农民生产的棉花，一般是在集市出售或由棉花贩运商、经纪人等直接收购，为中级市场提供原棉。因此，原始市场的构

---

① 河北省棉产协会：《河北省棉产调查报告》，1936，第17页。

② 曲直生：《河北棉花之出产及贩运》，第88页。

③ 刘克祥主编《清代全史》（第十卷），辽宁人民出版社，1993，第508页。

成要素基本为卖方—棉农、买方—轧花店或棉花商贩，在二者之间存在着买卖的中间斡旋者—经纪人，商贩、轧花店、经纪人等拥有共同的利益追求。

　　集中于原始市场的棉花或经过轧制、分类、打包，或直接由民船和大车运至胥各庄、杨村等中级市场。这些中级市场基本上位于京奉（北宁）铁路的车站附近或铁路与河道交会之处，均因占据特殊的中心地位和极其便利的交通运输而成为棉花集散中心。例如，胥各庄为京奉（北宁）铁路上的一个站点，且水运便利，附近又有唐山华新纺织厂。依托这些独特优势或便利条件，胥各庄成为东河区重要的棉花集散中心。1930 年代中期，该市场计有棉花店 7 户，主要包括大有恒、永和栈、华兴同、东兴和、和聚长、吉成号等，贩运商亦有数十户；主要收揽丰润、滦县出产的棉花，年均约为 15 万～20 万担，一部分由马车运至唐山华新纺织工厂销售，其余依靠火车或民船运至天津市场。杨村的交通便利与胥各庄类似，同为铁路站点，且距离北运河码头甚近，故而成为北河区的棉花集散中心。该市场的棉花店仅有 2 家，冬季棉运繁忙时可增至七八家，其中以三合成为最大。不过，天津商人来该镇"坐庄"收买棉花者为数众多，打包后即由火车载运至津，然后售于津市各纱厂。[1] 胥各庄和杨村同为京奉（北宁）铁路沿线的棉花中级市场，但它们的市场容量和发展程度参差不齐，这主要取决于它们各自覆盖的棉花产区面积的不同及其与天津之间的流通规模的大小。京奉（北宁）铁路的又一车站——落垡为新开辟的棉花中级市场，大有取代杨村之势。此处有棉花店数家，以同盛公、华昌为最大，经过轧制、打包的棉花均由火车运津售于各纱厂，或转运至大连、上海等处。[2] 可见，棉花店和贩运商是中级市场上最为活跃的主体，他们因职能的不同而结成业务上的合作关系，也不可避免地存在着竞争和纠纷。

　　经过中级市场的"过渡"之后，东北河区棉花最终被运至终端市

---

[1]　南满洲铁道株式会社调查部编『北支棉花綜覽』、第 363～364 頁；陈天敬、吴光明：《河北省东北河区域棉业调查报告书》，第 18 页。

[2]　陈天敬、吴光明：《河北省东北河区域棉业调查报告书》，第 18 页。

场——天津。天津是华北最大的棉花市场，河北省各棉区所产的棉花大部分由这里吸纳、转运或出口，另外，来源于山西、陕西及河南部分地区的棉花经由平汉、正太、陇海、京奉（北宁）铁路联运至津。① 终端市场的运销过程较之原始市场和中级市场为简单，即卖方基本上为天津的棉花货栈，买方为当地的纺织工厂或外国洋行。处于两者之间的中介者，即经纪人，俗称为"跑合"，他们"本身多无资本，其资格亦无一定之限制，决不能以自己名义做买卖。其惟一之任务，即在撮合买卖双方成交，成交之后，可得货价 2.5‰ 的佣金"。② 在天津棉花市场中占据主体且为棉花交易的唯一场所是棉花货栈。光绪三十三年（1907）之前，天津没有专营棉花的货栈。随着运至天津棉花数量日增，专营棉花的货栈应运而生。民国时期，河北省植棉业的迅猛发展导致棉花货栈蜂拥而起。1912 年时棉栈仅有 6 家，1919 年时较具规模的棉栈增至 20 家，③ 其后日渐衰落，1930 年代中期又有起色，如在 1935 年棉栈计有 84 家。④ 这些棉栈中资本多者数万元，少者仅千元，主要业务包括：一为代棉客及棉店代理人办理内地棉花运津之一切手续，如纳税、检验、报关等，所有费用均由棉栈预为垫付；二为资金的通融，即棉栈以已经成交或尚未成交的棉花作抵押，贷款给资金匮乏的棉商。此外，一些棉栈还兼营仓库事宜，以经营杂粮及皮毛等为主要业务的货栈也以经营棉花为附属营业。⑤ 可见，棉栈"既是货栈，又是棉商，并兼有专业银号的性质，是终点市场上重要的组织者和桥梁"。⑥ 另外，天津市场的棉花交易还须倚赖报单行、牙税局、商品检验局、仓库、打包公司、运输公司、保险公司及银

① 北宁铁路局编《北宁铁路沿线经济调查报告》，沈云龙主编《近代中国史料丛刊三编》第 51 辑，第 1727 页。
② 北宁铁路局编《北宁铁路沿线经济调查报告》，沈云龙主编《近代中国史料丛刊三编》第 51 辑，第 1709 页。
③ 正金银行調查課『天津棉花及棉工業』1921，第 54 頁。
④ 金城银行總經理處天津調查分部編『天津棉花運銷概況：附天津棉花統計』1937、第 19 頁。
⑤ 北宁铁路局编《北宁铁路沿线经济调查报告》，沈云龙主编《近代中国史料丛刊三编》第 51 辑，第 1710 页。
⑥ 张利民：《试论近代华北棉花流通系统》，《中国社会经济史研究》1990 年第 1 期，第 80 页。

行等公私机构。①

由上可知，东北河区棉花运销结构呈现出较为明显的层级性，即以集市为依托的原始市场、以集散为职能的中级市场和以消费或出口为目的的终端市场。京奉（北宁）铁路在这个运销体系的形成起到了至关重要的作用，因为它在便利棉花外运的同时，也带来棉花流通方向的变化，使那些既是铁路站点、又临近河流码头的交通便利之地成为棉花的集散中心或中级市场。同时，这些中级市场将棉花的原始市场和终端市场加以衔接和沟通，形成一个层级性的市场结构。铁路如脉络一般贯通于这个运销体系中，带来了棉花运销格局的重构，而且维系着这个运销体系的稳定和顺畅。然而，这个层级性的运销体系更多的是对传统的延续，而不是（或者仅是有限的）变革。换言之，铁路虽然促进了东北河区植棉业的发展及其市场结构的变动，但它并没有对旧有的运销体系形成实质性的冲击或突破，相反，这种旧有的运销体系反而借助于铁路这种现代化的交通工具而得到存续，甚至巩固和强化。

综上所述，1920～1930 年代间，冀东地区植棉业的发展在一定程度上归因于京奉（北宁）铁路的开通运营。作为一种现代化的交通工具，铁路的开通运营促进了植棉面积和产量的增加，并将部分棉花运至天津，使其能够在市场中及时且顺利地实现交易，从而促进了棉花商品率水平的提高，并且导致了棉花运输格局的变动和运销体系的重构。另一方面，尽管铁路毫无疑义地促进了农作物商品化水平的提高及市场结构的变动，但它无法实现对于传统市场结构的彻底抛弃和革新，从这种意义上说，市场结构或曰农业制度的革新或许是近代中国农业由传统向现代转型的关键。总之，京奉（北宁）铁路对于冀东地区植棉业的发展规模和深度均发挥了重要的促进作用，也再次证明农业经济的发展实与人为环境、交通情形及运销组织——有极大关系。

---

① 北宁铁路局编《北宁铁路沿线经济调查报告》，沈云龙主编《近代中国史料丛刊三编》第 51 辑；金城银行總經理處天津調查分部編『天津棉花運銷概况：附天津棉花統計』、金城銀行總經理處天津調查分部、1937、第 18～19 頁。

中国近代交通环境变革中的传统运输

——以华北区域为例

华北地区交通长期以内河和陆路为主，清代中叶海禁政策松弛后，沿海帆船运输开始兴起，拓展了近海运输航路，但交通环境并没有本质上的改变。开埠通商以后，轮船代替帆船，海运扩展到国外。铁路的迅速兴起和长途汽车运营等，促使华北交通环境在全国率先发生变革。然而，传统交通渠道和运输工具并没有完全被摈弃，通过整合成为近代化交通的补充，进而形成了华北地区以近代交通为主，传统方式为辅的交通体系。关于铁路等近代交通工具的产生和作用已经多有论述，本文拟梳理近代以后华北区域传统交通运输方式中的内河航运和陆路运输，意在阐释其在交通环境发生变革过程中的适应和发展，以期更为全面地了解近代以来华北地区交通运输的全貌。

一

近代交通工具包括蒸汽革命以后利用机械为动力的轮船、火车和汽车等，20世纪以后，华北地区开始形成由铁路、公路、外海和内河航运等多种方式、多条渠道交织而成的近代交通运输网络。明清以来，相对江南地区，华北地区商品经济不发达，依靠内河船舶和车马等交通工具的运输条件较差，所以近代以后华北交通环境的变革至关重要，有力地推动了长距离大宗商品的运输，促进了沿海与内地、城市与乡村之间的商品流通，促进了社会经济的发展。

＊ 本节作者张利民，天津社会科学院历史研究所研究员。

同时，这些近代交通工具严重地冲击了以往依靠内河和车马的传统运输方式，简单归纳为以下几个方面。

其一，正常情况下，近代交通工具运输成本的优势令传统运输工具望尘莫及。传统的运输以内河和驿道为主，内河河道需要经常动员大量的人力、物力通浚，船只运载能力有限，不能满足逐渐发展的长途商品流通的需要。传统的陆路是官路和大道，多是沿自然地形平垫而成，路基低洼，坎坷不平，坡陡崎岖，运输工具是长期沿袭的畜力车、驮运，甚至依靠人力，不利于开展长距离大宗商品的运输。铁路开通后，大宗货物长距离运输成本降低，大大提升了华北区域的交通条件。1926 年美国驻天津领事馆曾经调查华北平原货物运输的费用，如表 1。

表 1 1926 年华北平原货运费用

运输方式	平均载重量	平均每日行程（英里）	平均每英里费用（元/吨）
铁路	—	—	0.015
民船	40～100 吨	20～35	0.036
大车	1 吨	20～30	0.120
牲畜（驴）	250～300 磅	25	0.298
小车	700 磅	20	0.151
脚夫	180 磅	20	0.313

资料来源：转引自张瑞德《平汉铁路与华北的经济发展（1905—1937）》，台湾中研院近代史研究所专刊第 55 号，1987，第 16 页。

于是，越来越多的货物以铁路为主要运送工具。津沪和平汉铁路自不待言，仅以平绥铁路为例，该铁路开通后，经越冀、察、晋、绥四省，成为华北与西北间最主要的交通干线。据平绥铁路车务处 1934 年调查，此前五年内通过平绥线运到天津出口的羊毛为 61510 吨，牲畜 418466 吨。每年有数万吨小米和豆类、近 6 万吨高粱和 5 万吨小麦由铁路运到京津各地销售，或供应"沿线各面粉厂"，原来京津的米面之外的其他杂粮来源"不外北宁之关外段与平绥之察绥两省之沿线各地"，九一八事变前，平绥线所产粮食除胡麻、菜籽为特种出口产品，其他畅销者不过小米一项。但是事变之后，东北粮食进关几乎断绝，"本路粮食因得源源运出，据

（民国）22 年统计，输出数量约为 30 万吨，大部分销于平津两地，是本路于对平津粮食之供给实占最要之地位"。①

其二，在时间等成本上，近代交通工具也是传统运输方式难以匹敌的，尤其是大宗商品的长途运输更是如此。由轮船运输为主的海上运输不必多言，虽有相当数量的帆船从事近海运输，但对各通商口岸的对外贸易和南北方贸易来说，无论是贸易额和吨位上自然是以轮船运输为主。② 铁路运输方面，1880 年开平矿务局总办唐廷枢修筑唐胥铁路，就是为了降低煤炭运输成本。津唐铁路告成，李鸿章乘车视察后认为"快利为轮船所不及"。③ 从天津至浦口，往昔走陆路官路或运河水路要 25 天，津浦铁路通车后只要 2 天多。从北京前往张家口，用骆驼驮运商货，单程要一两个月，还得看天气如何，京张铁路通车后，单程仅需六个半小时，经归绥到包头约需十七个半小时，"交通极称便利"。④ 以往河北与山西之间的交通最为艰难，自京汉、正太铁路通车后发生了根本的改变。"一般赴晋之商贩旅客等" 以及运往山西的货物等，大都从天津改由铁路抵石家庄，再 "改乘车轿西行"。⑤

另外，传统运输工具不仅在技术水平上难以开展大宗货物的运送，不能保证有效的交易时间，更要受到气候、山川等自然条件的局限。1855 年黄河截断运河，黄河水灌入运河，致使河道淤浅，政府曾数次疏浚，但收效甚微，民船通行困难，1901 年漕粮被迫停运。此后运河淤塞严重，黄河以北至聊城近百里河道几乎淤成平地，"日趋滞碍难行，泥沙渐渐壅塞运河之两端，在春夏［秋冬］两季运河实为浅滩，而在秋冬［春夏］季节则有洪泛之忧"。再如，天津 "与其销场间迄今用于运货之许多小川、小河因旱魃肆虐而无法通船，运费因之大为腾涨，昔取廉价

---

① 平绥铁路车务处编《平绥铁路沿线特产调查》，平绥铁路车务处，1934，第 23 页。

② 参见张利民《环渤海沿岸在轮船挤压下的帆船运输与贸易》，虞和平等主编《招商局与中国现代化》，中国社会科学出版社，2008。

③ 《洋务运动》第 6 册，第 199 页。

④ 路联逵修、任守恭纂《万全县志》卷八《政治志》下，1934，第 46 页。

⑤ 陈佩：《河北省石门市事情调查》，"新民会" 中央总会编印，1940，第 1 页。

水运方式之众多地方，今已不得不改行陆运"；① 即便是水量丰沛的年份，也因为每年冬季有着三个月的冰封期，而使得船只不能通航。陆路运输也常常因为雨季泥泞难行，难以承载大宗货物的中长途运输。

二

　　传统时期的交通运输习惯称之为"南船北马"，其实到了明清以后，随着运河的开通，内河船运至少在华北平原的中长途运输中起到很大的作用，成为区域性商品流通的主要渠道，也推动了全国性市场的逐渐形成。铁路和公路等近代陆路交通不断拓展后，由于进出口贸易的迅速增加，商品的种类、规模等都不能同开埠通商前相比，内河船运已经不再是中长途货运的唯一选择，而是作为铁路的辅助继续发挥着重要的作用。

　　20 世纪铁路和公路兴起，改变了只靠河运开展大宗货物流通的单一渠道，火车成为长途货运的重要运输工具。但是内河船运有自身的优势和特点，并在一些河流已经开始用轮船拖带多艘帆船行进，且民船停靠和装卸较为便利，因此如在时间宽裕的前提下，民船可以供大宗商品的长途运输，运输成本也有一定的优势。1934 年整理运河讨论会的调查表明，民船每吨公里的运费为 1.2 分，铁路为 2.4 分，而肩挑的达到 34 分、公路汽车为 30 分，独轮车为 19.2 分、驴车为 18 分。② 因此，在华北区域各主要河流沿岸的城乡，内河运输仍然十分活跃，成为城乡、集市和各级市场之间商品流通的常用运输工具。

　　黄河流经山东境内的十几个县，与河南、山西、陕西省相通，是重要的水运通道。该省境内的洛口为界，洛口以下近 300 公里，黄河改道初期民船还往来自如，后来河道淤阻，浅滩丛生，航运困难，民船已难

①　吴弘明编译《津海关贸易报告（1865—1946）》，天津社会科学院出版社，2006，第 33、58 页。

②　汪胡桢：《民船之运输成本》，《交通杂志》第 3 卷第 3 期，转引自张瑞德《平汉铁路与华北的经济发展（1905—1937）》，台湾中研院近代史研究所专刊第 55 号，1987，第 16 页。

以行驶。而洛口上溯可以到河南的郑州，这段河道 900 余公里，水陆开阔，水势平缓，利于民船航行，沿河附近的货物集散皆靠黄河上民船运输。据统计，清末民初该省从事贸易运输的黄河民船约 1600 只。民国初年，从郑州至洛口之间往来的民船总数约有 3000 只。另外，在西北地区黄河是唯一可以通航的河道，当地的皮毛等畜产品也是通过黄河转运到进出口口岸的。甘肃、青海等地的畜产品，大多先用皮筏等工具顺黄河水运到包头，再转铁路输往天津。[①]"甘肃之甘州、临洮各地羊毛，多先集于兰州，由水路以达包头。宁夏则大部集于宁夏，顺黄河而达包头。青海及新疆南部羊毛，多集于湟源，经西宁由黄河运达包头"。[②]于是，宁夏"石嘴子为民船航行之中心，青海、甘肃、阿拉善及鄂尔多斯之羊毛、药材，皆集中于此运往包头"，[③] 1915 年前后由石嘴子每年通过黄河运包头的羊皮约有 20 万张、羊毛 12 万 ~ 13 万担、甘草 80 万斤。[④]

大运河自元代以来就是漕粮和南北货物主要运输通道，数千只民船往来其间，也带动了附近地区的经济发展。大运河纵贯山东省西部，境内约 500 公里，聊城至临清的 50 余公里，帆船或小船尚可行。黄河以南以济宁为中心，民船可以航行至镇江，构成山东与江南的联系，民船装载着山东的土货或江南的洋广货往返其间，一度十分繁盛。1892 年，镇江由运河运往山东的洋货约占镇江全部洋货输出量的 20%。津浦铁路开通后，济宁与镇江的运河运输每况愈下，加之淤塞严重和关卡林立，贸易往来逐年减少，1913 年，山东由运河运往镇江的货物总值为 65 余万海关两，1918 年减少到 30 余万海关两。[⑤] 在运河的临清以下河段，由于汇聚了卫河，除了枯水期重船无法航行外，一般时节尚可通行。该段河道以临清为界，上溯近 340 公里可以到河南的道口镇，向下 960 公里直达天

---

① 王世昌：《甘肃的六大特产》，《甘肃贸易季刊》1943 年第 5 ~ 6 期。

② 王化南：《发展西北毛业之商榷》，《西北资源》1940 年 1 卷第 2 期。

③ 廖兆骏：《绥远志略》，第 10 章"绥远之交通"，第 5 节。转引自戴鞍钢、黄苇主编《中国地方志经济资料汇编》，汉语大词典出版社，1999，第 882 页。

④ 转引自和龚等译《新修支那省别全志·宁夏史料辑译》，燕山出版社，1995，第 143、158 页。

⑤ 转引自庄维民《近代山东市场经济的变迁》，中华书局，2000 年，第 102 ~ 103、108 页。

津。清末从河南到天津的货船每年约 5000 只，临清与天津间往来的民船每年约有 4500 只。津浦铁路通车后，运河的民船运输在时限不紧迫的情况下，在运送煤炭、棉花、小麦、食盐、铁器等大宗粗杂货物上找到生存和发展的空间。如 20 世纪初期山东恩县北运天津的牛皮、棉花、小麦、花生和红枣等皆由卫河水运。1930 年代临清集散的 4 万包棉花约 640 万斤中通过卫河运天津的占 7/10，小麦"除本境民食外，其余均由卫河运销天津"，鲜货和香油等通过卫河运销天津，从天津运回绸缎、纱布、西药、铁货和杂货等。①

20 世纪前小清河曾在济南与烟台的货物流通中发挥了重要的作用。小清河西起距济南城约 3 公里的黄台桥，东至羊角沟与海口相连，沟通了海运和河运两个运输渠道，成为从沿海通往济南的最短航路。烟台开埠后，政府修筑水闸疏浚河道，使之全线浚通，进出口商品源源不断地通过小清河集散到黄台桥和羊角沟，同时沿河地区的农产品也由此向烟台和济南集中。黄台桥有多家船行、货栈和运输商。每天靠泊装卸货物的船只平均约 200 只，据统计 1916 年至 1918 年，每年黄台桥从羊角沟运来的辽东、朝鲜的木材、海货约 400 吨，沿河地区通过小清河集中到黄台桥转运济南的花生约 1000 吨、花生油约 200 吨、陶瓷器约 1200 吨、小麦约 3000 吨。② 以后，因小清河入海处吃水过浅，海船货物需要转运，以及烟台外贸地位下降和胶济铁路等因素，航运趋于衰减。

在河北省，由于天津汇总数条河流入海，又是北方最大的进出口商品集散中心，长期形成的以天津为中心的内河船运并没有完全失去作用，反而一度出现了繁盛和发展的景象。天津具有优越的内河航运条件，以天津为中心，南有南运河，北有北运河，西有子牙河和大清河等，东有蓟运河，这些河流来自直隶和山东等省，汇集天津入海。这五条内河的主要航道 1251 公里，连接周围的约 22.5 万平方公里的区域。近代化陆路运输尚未出现以前，天津与腹地的商品流通主要靠内河。即便近代化

---

① 参见民国《临清县志·经济志》，"商业"，转引自戴鞍钢、黄苇主编《中国地方志经济资料汇编》，第 705 页。

② 转引自庄维民《近代山东市场经济的变迁》，第 118 页。

陆路运输开通，在许多地方仍然依靠内河运输加强与通商口岸、大中城市的联系。这时的内河运输工具主要是帆船或者是轮船拖带的各类船只。

内河轮船最早出现在 1903 年，河南商人在天津成立了南运河轮船公司，开展天津至德州（后来延长至临清、河南道口）的轮船拖带运输。随后，在大清河和蓟运河上都出现了小型轮船公司，往返于天津至保定、芦台。1914 年由省政府和海军部大沽造船所合资 5 万银两成立了直隶全省内河行轮局，整修河道，开辟了天津至保定、磁县和塘沽三条客运航线，总长 570 多公里，有 55 个码头。该局除轮船客运外，还经营客货民船和运煤船的拖带业务，1928 年拥有 11 艘轮船，26 艘木质客船、货船、运煤船和码头船。内河轮船局创办伊始，年客运量达 20 余万人次，多数年份略有盈余。1920 年代后军阀混战、经营管理落后，维系艰难。1928年后改名为"内河航运局"，虽然继续疏浚河道、增辟运河航线和支线，但内部各方争权夺利，入不敷出，勉强维持，1937 年被日军强占。① 另外，一些商人也开办了专门从事民船运输的船行。1906 年，仅天津从事内河运输的主要船行就有 20 家，均是以为客商提供食宿的货栈命名。② 尤其是棉花、煤炭、小麦和面粉等大宗价廉货物的集散，内地商人更乐于利用费用低廉的帆船。在蓟县，"蓟运河虽云告废，但商船估客往来不绝，每当夏秋河水增涨，凡津沽之杂货北来、山原之梨果南下者无不惟运河是赖"。③ 沧州"至光绪年，河运停止，然民船往来有运输货物者，有乘载行旅者，皆以沧为营业之中心"。④ 滏阳河从磁县县城东南角，向北到马头镇，"河广水稳，航运便利"，在献县与滹沱河合流为子牙河直达天津，"彭城瓷器与西佐、峰峰之煤赖以输出者为数不少，而杂货等逆流而上者亦很多，故马头镇沿河两岸厂店林立，商业发达，每届航期，

---

① 王树才主编、黄诚博等编写《河北省航运史》，人民交通出版社，1988，第 125～144 页。
② 《二十世纪初的天津概况》，第 111 页。
③ 民国《蓟县志》，卷一《地理》"交通"，转引自戴鞍钢、黄苇主编《中国地方志经济资料汇编》，第 881 页。
④ 民国《沧州志》，卷三《方舆志》"建置"，转引自戴鞍钢、黄苇主编《中国地方志经济资料汇编》，第 882 页。

帆樯如林"。① 邯郸的煤炭"营业利用舟运向以滏河沿岸为最盛"。② 新河
县城北有滏阳河,"河水盛时船下通天津,境内花生、棉花出口多取道于
此。溯流而上可通磁县,彭城镇瓷器及沿河煤炭多由河运至此,再分销
境内。惟水期月余,不便通行"。③

由此可以看出,河北省的内河船运仍然以天津为中心,并有其存在
和发展的客观需要。1930 年代出版的《天津市概要》曾言:"天津附近
各地之客货交通,除铁路及长途汽车而外,端赖内河之航运。往昔仅有
帆船、小船,往返费时。迨河北省内河航运局成立,置备小轮船十余艘
及汽船、拖船分线航行,载运客货,始较昔称便。"④ 据交通部航政局统
计,1931～1933 年间河北省登记的各类运输民船共计 10995 艘,总载重
量为 1478.6 万担。⑤ 1931～1933 年每年仅在天津日租界码头停靠的民船
就有 2000 艘以上,其统计如表 2。

表 2   1931～1933 年每年在天津日租界码头停靠民船数量

单位:艘

时间	大型	中型	小型	舢板	共计
1931 年 3～12 月	1266	558	166	46	2036
1932 年 2～12 月	1225	546	133	197	2101
1933 年 1～12 月	1576	651	100	45	2372

资料来源:〔日〕天津居留民团《民團事務報告》,昭和 6～8 年度,天津图书馆藏。

从表 3 各内河 1905 年和 1925 年、1926 年出入天津民船数量和运输
吨位,也可以看出内河运输并没有完全被铁路和公路取代。

---

① 民国《磁县志》,第 11 章"交通",第三节"水路";转引自戴鞍钢、黄苇主编《中国
地方志经济资料汇编》,第 882 页。
② 民国《邯郸县志》,卷 13,"实业志",1943,第 6 页。
③ 民国《新河志》,"建设门","交通与邮务",转引自戴鞍钢、黄苇主编《中国地方志
经济资料汇编》,第 882 页。
④ 天津市市志编纂处编《天津市概要》,交通编第三章"轮航",第二节"内河航运",天
津百城书局,1934。
⑤ 交通部:《交通年鉴·航路篇》,中央图书馆印刷所,1935,第 123 页。

表 3　1905 年、1925 年和 1926 年出入天津民船统计

单位：艘，万吨

航线	1905 年		1925 年		1926 年	
	船只数量	总吨位	船只数量	总吨位	船只数量	总吨位
南运河	33992	92.48	15166	47.37	10917	33.97
西河	35261	84.17	50065	100.66	44511	101.25
北运河	16288	42.44	8451	9.76	9507	16.83
东河	34483	32.53	24697	28.71	33141	41.89
合计	120024	251.62	98379	186.5	98076	193.94

资料来源：《二十世纪初的天津概况》，第 94 页；1925 年、1926 年数据见支那驻屯軍司令部《北支河川水運調査報告》，1937，第 863 頁，转引自王树才《河北省航运史》，第 104 页。

三

铁路受线路及车站等限制，汽车运费高，皆不利于容积大价值低的大宗货物的长途运输。在农村，牲畜相对较多，畜力大车运费低廉，并没有增加多少成本；丘陵山区一带道路难行，畜力驮运和小推车结伴外运是货物主要运输方式；在平原地带，公路状况较好，畜力大车费用低廉，方便灵活，一些笨重且出售没有严格时限要求的货物则选择大车。因此，畜力大车在一定的范围内特别是从村庄到集镇或县城之间，仍然起着很大的作用。如从济南到泰安用大车运送粮食和杂货等，每 50 公斤全程 90 余公里的费用为 3 元，运费要低于铁路，况且铁路运输卸货后还要通过大车转运，所以大车还是农村常用的运输工具。[1] 再者，华北的冬季河道封冻，也成为畜力大车和手推车等的运输通道。不仅在没有铁路的地区，畜力大车仍为主要运输工具，即使在有铁路或水运的地方，除了收获后急需出售的货物之外，农民则多使用畜力大车、牲畜驮运和山东特有的独轮车将剩余产品运到集镇或县城销售，县城或集镇中的一部分商品也是用大车向车站或码头集中。因此，传统的运输工具在短途货

---

[1] 《山东公路运输史》第 1 册，山东科学技术出版社，1992，第 105 页。

运中尚有一定的竞争力。

在山东，不同的运输工具在不同地区使用。城镇短途货运多用小推车、二把手车和板车等。在丘陵和山区，道路难行，多用驴骡驮运，有专门从事驮运者一般自备驴骡，常年为商号驮运货物。从青岛到烟台陆路有数条道路，山路狭窄、崎岖难行，有的须横越昆嵛山脉，多要靠牲畜驮运。淄川、博山为群山环绕，所产的陶瓷、玻璃等主要由人挑、畜驮和小推车运出，以数十辆或百余辆小车组成团队，结伴外运。平原地区长途货运多利用铁路，短途货运使用骡马大车。如原德平县地方偏僻，在 1934 年底未通汽车前，"行旅往来，在昔专恃大车而已"。[①] 兖州至曲阜、邹县之间道路平坦，可以利用畜力大车短途货运。济南经济阳到商河，商河至惠民、德平，惠民经阳信、河北省盐山和沧州等多利用畜力大车在省道和县道上运送货物，其最后的集散市场是济南、兖州和沧州等铁路枢纽。在济南至周围县城的主要道路上，骡马大车不绝于途，1927 年济南有骡马大车近 2000 辆。在潍县、黄县等地大车也是货运的主要运输工具。从烟台到潍县原来就有官路大道，是烟台与胶东、内地经济联系的主要贸易通道。烟台开埠成为山东省唯一的进出口贸易口岸，该道是山东最繁忙的道路。据 1874 年外国商人的统计，每天至少有 2000头驮运牲畜进出烟台，约有 200 吨货物从烟台起运，这些多利用烟台至潍县的官道。[②] 20 世纪这条官道修筑为近代化规模的省路，更便于畜力大车和牲畜驮运，加之该道经过的各县，都是商业性农业和手工业较发达的地区，规模不大或者零星货物的短途运输，人们还依然乐于使用方便的畜力运输。

在河北，雄县 1930 年代仍使用传统的运输工具，"麦粉多由人力车运销北平，或由大车运至白沟河装船水行百余里，至黄土坡，由骆驼驮运北平，或由船运至天津，间亦有由车运至保定销售者"。[③] 此时涿县虽然已通铁路，但仍充分利用河运和陆路，"商品运输以平汉路、巨马、琉

---

① 《德平县续志》第 9 卷《交通志》，转引自戴鞍钢、黄苇主编《中国地方志经济资料汇编》，第 952 页。

② 参见庄维民《近代山东市场经济的变迁》，第 98、85 页。

③ 民国《雄县新志》第 8 册《商务篇》，1929，第 23 页。

璃、大清各河为主，车驮、人力次之"，车驮仍是中距离运输，"人力觅卖小贩多系自买自运"。① 迁安县除了通过滦河外，陆运大车北达赤峰、承德，南到唐山，东到沿海，西达北京附近。② 在铁路开通后发展起来的石家庄，也有一部分货物是通过陆路大车和内河从这里运送到内地的。"一般赴晋之商贩旅客"以及运往山西的货物等，大都从天津改由铁路抵石家庄，再"改乘车轿西行"。③ 在天津也有大量的大车存在，主要承载与周围地区的货物往来。1906 年秋季调查，天津有专门承揽大车客货运输业务的大车厂 84 家，有 385 人，有大车 1394 辆。④

山西、绥远，以及西北等内陆省份没有多少可以利用的内河，铁路线路相对较少，更是依靠包括畜力大车和牛马、驴骡、骆驼驮运等传统的运输工具。阳原和天镇县原来曾开通汽车运输线路，但 1930 年代后"以道路不平，乘客稀少，汽车公司亏累颇巨，停业至今尚未恢复，故所有运输方法仍系旧式之车畜并用法"。如果是往返于天镇、宣化或省城之间的车畜，"均系专业"，如果在本县境内送往迎来等，"则皆为商号或富农之副业"。⑤ 在西北地区，使用最为广泛的仍然是那些传统的运输工具，甚至到了 1940 年代仍然如此。据武国安 1940 年撰写的《驿运制度与西北资源》记载：西北地区"没有汽车路的地方，还是利用人力和兽力来运输。以人力执行的有手推车及挑运，利用兽力的驼、骡、马、驴驮运和骡、马所拉的大车运输。手推车的载重，可达 500 市斤，挑运每夫可肩 150（斤）~160 斤，兽力则每驼可驮 500 斤，每骡可驮 300 斤，每马可驮 260（斤）~270 斤，每驴可驮 200 斤左右。车辆则是二骡所拉的大车，可载 1000 公斤以上的货物。无论人力或兽力每日的行程，可达百里以上。与汽车比较，虽稍嫌迟缓，但是运费上可节省许多。据调查所得，胶轮兽力车，运费每千斤每日需 3 元左右，较之汽车运输，相差在半数以上。"⑥

① 民国《涿县志》第 1 卷第 3 编"经济"，1936，第 7 页。
② 民国《迁安县志》第 19 卷《礼俗篇》，1941，第 8 页。
③ 陈佩：《河北省石门市事情调查》，第 1 页。
④ 《二十世纪初的天津概况》，第 99 页。
⑤ 民国《阳原县志》第 8 卷《产业》；转引自戴鞍钢、黄苇主编《中国地方志经济资料汇编》，第 946 页。
⑥ 武国安：《驿运制度与西北资源》，《西北资源》1940 年第 1 卷第 2 期。

四

在华北区域交通环境的变革中，由于近代运输工具自身和客观条件的限制，并未彻底取代传统运输工具，特别是军阀混战期间铁路停运，不得不依靠内河水运等运送货物，而且，区域内的经济发展和交通条件有着很大的差异，在不具备近代交通工具的农村，继续沿袭帆船、牲畜和畜力大车等进行运输。因此，在传统的运输工具仍然发挥着一定作用的基础上，还自觉或不自觉地以"联运"的方式补充和完善华北区域的交通运输体系。

以棉花运输为例，1930年代前后河北各地、山东西北部、河南北部等地的棉花运往天津，大致有5种主要方法：一、用民船直下河道，以运至天津；二、由集散地用车马驮载，运至河岸码头，再装船运津；三、由集散地直接装火车，以运天津；四、用民船或车马送到火车站，再用火车装运天津；五、用车马直接运天津。山西中、南部的棉花，大部分用马车运到榆次车站，沿正太铁路至石家庄转平汉铁路，再转北宁铁路运至天津；或者在石家庄顺滹沱河，在保定顺大清河船运天津；也有一些地方的棉花用骡、马、骆驼运送到平汉铁路沿线的邯郸或顺德（今邢台），装火车运津。晋城等地的棉花，则运到清化镇装火车，沿道清铁路运到新乡，再沿平汉铁路北运天津；或者直至道口，装民船入卫河，至山东临清再入南运河至天津。沿黄河的一些地方，也从茅津渡口等装船沿河而至郑州；或者从风陵渡口、茅津渡口等过河，运至陕州装火车沿陇海铁路至郑州，再沿平汉铁路北运天津。陕西或河南灵宝等地的棉花，有些渡过黄河经山西而运至天津，其运输路线与山西棉花基本相同，只是需要在潼关对岸的蒲州（今山西永济市），改压成200磅的长方形棉花包，以便于骡马的驮运，有些装火车沿陇海铁路至郑州，再沿平汉铁路北运天津。[①] 尽管天津与腹地的铁路建设已经形成一定的规模，但是受运

---

① 方显廷：《天津棉花运销概观》，第10页；李洛之、聂汤谷编著《天津的经济地位》，第30~32页。

费和战乱的影响，1925 年以后民船运输竟然达到了天津棉花输入量的 2/3
以上，以下就是 1921～1930 年间各类运输工具在天津棉花输入的情况。

表 4　1921～1930 年各类运输工具运棉情况

单位：担，%

年份	火车	占比	民船	占比	大车	占比	总计	占比
1921	496544	78.1	125761	19.8	13076	2.1	635381	100.0
1922	724514	76.7	215185	22.8	4467	0.5	944166	100.0
1923	715959	74.6	230166	24.0	13671	1.4	959796	100.0
1924	381617	68.8	159255	28.7	13814	2.5	554686	100.0
1925	464338	43.9	574845	54.4	18137	1.7	1057320	100.0
1926	73055	7.7	841809	89.1	30283	3.2	945147	100.0
1927	227065	18.4	956670	77.6	48693	4.0	1232428	100.0
1928	304238	25.1	846465	69.8	61732	5.1	1212435	100.0
1929	64779	12.5	421868	81.7	29909	5.8	516556	100.0
1930	167039	18.8	682812	77.0	37566	4.2	887417	100.0
总计	3619148	40.5	5054836	56.5	271348	3.0	8945332	100.0

资料来源：方显廷《天津棉花运销概况》，第 10 页。

　　天津与内地的货物运输比例，也可以说明民船的重要作用。据统计，
1905 年从内地运到天津货物的运输方式中，铁路占 33.74%、内河占
58.88%、大车占 7.38%；从天津运出货物的运输方式中，铁路占 49%、
内河占 47.31%、大车占 3.69%。以后数条铁路建成通车，内地通过水路
出入天津的比例并没有急剧下降。据海关记录，1909 年和 1910 年铁路和
水路各占 48%，津浦铁路开通后的 1912 年，铁路所占比重上升到 53%，
内河航运占天津输往腹地商品运输总量的 41.61%，占内地输往天津商品
总量的 45.87%。到 1924 年后水路占内地出入天津货物的比例，最高为
39%，最少为 23%。①

　　综上所述，由于帆船、畜力和驮运等在一定能够程度上弥补了火车
和汽车的不足，呈现出在不同自然和经济环境下的多层次多样化的特征，

---

① 参见罗澍伟主编《近代天津城市史》，中国社会科学出版社，1993，第 380 页。

在区域与区域、各地区之间，尤其是涉及通商口岸与内地之间物流和人流时，往往采取船、车、畜等多种运输手段交互使用的方式，初步形成了近代和传统运输工具互为补充、相互依存的格局。

（原刊《城市史研究》2010 年第 26 辑）

第五章

现代交通枢纽初成及其成长

论刘铭传在台湾兴建铁路的军事背景

一　前言

刘铭传行伍出身，是一个有担当的职业军人，后来才由军领政，成为台湾的第一任巡抚。① 中法战争期间，刘铭传领导台湾的抗法战争，虽然最终取得胜利，但其间基隆炮台曾被法军占领，招致朝野批评，丢失基隆炮台一事亦被列入弹章，使刘铭传刻骨铭心，耿耿于怀，不能不检讨原因，痛感由于兵力运送迟滞，以至于败，遂致力于台湾南北铁路的兴建，其军事考虑昭然若揭。

在台湾修建铁路的计划原是晚清洋务的一个项目，始自丁日昌，后来因经费问题迁延下来。② 台湾南北长，东西窄，平原地带从北到南位于西岸，中部的脊梁山脉几乎从北贯穿到南，而东部仅有狭小的花莲平地与台东纵谷平原，在台湾经济中所占份额极其有限。台湾作为一个海岛，港口极其重要。台湾最好的良港北有基隆，南有高雄，基隆与高雄之间分布着淡水（八里坌）、台中、台南（建省前为台湾府城）等大小港口，无论在经济上、军事上，都占有重要地位。台湾若要修建铁路，从基隆到高雄连成一线，是不二的选择。晚清的规划如此，日据时期，殖民当局也是根据刘铭传计划的铁路线路，继续完成南北纵贯铁路的修建；在近

---

* 　本节作者张彩霞，厦门大学两岸关系和平发展协同创新中心暨台湾研究院助理教授。

① 　刘铭传虽然后来成为第一任台湾巡抚，但他去台湾是临危受命，作为最高军事指挥官到台湾，其后方成为台湾军政首长。

② 　蒋宗伟：《试论清末台湾铁路的修建——以经费筹措为中心的探讨》，《台湾研究集刊》，2007 年第 2 期。

现代，台湾铁路线的延伸，就是加修南回铁路与北回铁路，将铁路修建到台岛的东部地区。

从基隆到高雄，从地形上来说大约可以分成两部分：从淡水到高雄，沿岸均为平地，地势平缓：而从淡水到基隆，为雪山山脉的余脉，其间山高涧深，林深菁密，地形极为复杂，虽然淡水到基隆只占所规划铁路线的一小部分，却是工程量最大，最难修筑的部分。沿线"山河夹杂"，要"挖山洞九十余丈，大小桥梁百二十余座，穿山渡水，挖高填低"，[①]工程极为浩大。刘铭传修造台湾铁路，先从这一段最难的部分着手。他为什么要先难后易，先啃这一块难啃的骨头呢？自然可有各种推测，但刘铭传作为一个职业军人，军事考虑优先，以及基隆炮台丢失一事对他心理的影响，不能不说对他的决策有重大的影响。本文先从基隆炮台为何会丢失说起。

二　台湾军事地理分析

（一）法军夺取台湾的意图

中法战争前，淡水（沪尾）和基隆的商业活动较为发达。同治元年（1862）清廷在沪尾港开关征税，"沪尾港门宏厂，舟楫尤多，年来夹板帆樯林立，洋楼客栈，阛阓喧嚣"。[②]光绪时，淡水盛极一时，据载沪尾街有"民居数千家"，"分为上、中、下三层街。中、下市肆稠密，行道者趾错肩摩，而上则树木阴翳、楼阁参差，颇有村居缥缈之意。由街西出二、三里即港，俗所谓淡水港是也。两岸南北皆山，中开大港，宽六、七里，水深三丈，两边暗沙围抱，轮泊须俟潮出入。此鸡笼以南咽喉也"。[③]基隆港港湾条件良好，不仅口门宽深，可容巨舰，且轮船出入不候潮水，四时可泊，因此林豪以鸡笼为全台最好的海港，"洋舶所聚，最

① 刘铭传：《台路改归官办折》，《刘壮肃公奏议》第5卷，台湾银行经济研究室编辑，1958，第274页

② 连横：《沈葆桢传》，《台湾通史》下册，商务印书馆，1983，第636页

③ 池志澂：《全台游记》，《台湾游记》，台湾银行经济研究室编辑，1960，第6页。

为冲要"。① 而且基隆附近八斗等地为产煤区，煤产丰富，"乾嘉以还，居者渐聚，耕渔并耦，鸡狗相闻，由淡水而鸡笼，由基隆而噶玛兰，盖已大启土宇矣。海通既辟，列国窥伺，其所以目逐逐而心怦怦者，则以此天富之煤矿，足为东洋之外府尔"。②

据法国人罗亚尔的统计，在 1897 年两港共有商船 294 艘及帆船 1937 只，总吨位为 8.8 万吨；对外贸易值于 1880 年达 2686.8 万佛郎。两港海关税收合计：1881 年 222.5 万佛郎；1882 年 213.9 万佛郎；1883 年 205.3 万佛郎。基隆煤的出售量，1880 年为 2.485 万吨，全年产量为 5.5 万吨，按照 20 佛郎 1 吨的价格，总值为 110 万佛郎，这些矿产和税收可提供给法国每年 300 万佛郎的收入。③ 基隆还具有重要的战略地位，"全台防务，台南以澎湖为锁钥，台北以基隆为咽喉"，④ 攻下基隆可威胁到台北以及整个台湾的防务安全。所以法国认为，"在所有的担保中，台湾是最良好的、选择得最适当的、最容易守、守起来又是最不费钱的担保品"。⑤ 台湾因而被法国确定为据地为质的最终目标。

（二）两次基隆战役实况

1884 年 6 月 26 日（清光绪十年闰五月初四日），刘铭传奉命以巡抚衔督办台湾军务，于 7 月 16 日（闰五月二十四日）抵达基隆，"登岸查勘炮台形势"，20 日至台北。刘铭传在基隆看到了五座炮台，"其地旧有炮台，势居低下，且在口门以内，不能远击敌船"，根据具体地势改筑炮台，"在外海口门扼要岸鳞墩、社寮两山对峙之区，各筑炮台一座，别建护营一座，以遏敌船进口之路"。⑥

8 月 4 日（六月十四日）上午，法国发动了对基隆的进攻。守卫基隆的清军奋起抵抗，于 6 日（十六日）击溃了侵略基隆的法军，取得胜利。刘铭传较为详细地记述了这次战斗过程："十六日卯刻，法兵四、五百

① 林豪：《东瀛纪事》，台湾银行经济研究室编辑，1957，第 64 页。
② 连横：《台湾通史》上册，商务印书馆，1983，第 89 页
③ 罗亚尔：《中法海战》，中国史学会主编《中法战争》第 3 册，上海人民出版社、上海书店出版社，2000，第 540 页。
④ 刘铭传：《恭报到台日期并筹办台北防务折》，《刘壮肃公奏议》第 3 卷，第 165 页。
⑤ 罗亚尔：《中法海战》，中国史学会主编《中法战争》第 3 册，第 539 页。
⑥ 刘铭传：《恭报到台日期并筹办台北防务折》，《刘壮肃公奏议》第 3 卷，第 165 页。

人，半在曹志忠营北山上筑营，余二百人直薄曹志忠之垒，仍用轮船炸炮助攻。自卯至午，枪炮不息。曹志忠一面饬守本营，亲督王三星等率队二百人出战。臣即令章高元、苏得胜率队百余人袭其东，复派已革游击邓长安率亲军小队六十人绕击其西。曹志忠见两路夹攻，士气益壮。法见我军之夹攻也，连轰巨炮以敌之。枪战逾时，我军所持后膛枪皆能命中……敌军大溃。"①

　　之后在 10 月 1 日（八月十三日）清晨，法国元帅孤拔指挥五艘舰队向基隆发动猛烈炮击，清军奋力还击，伤亡惨重，被迫后撤。法文资料记载了当时战斗的惨烈："全线射击！炮声隆隆不绝于耳！在岸上，我们发现敌人向他们扑了过去，他们予以反击，但我们不觉痛痒，这简直像小孩打奶妈嘛！……他们往山丘上爬，我们看到中国的岗哨被击倒，没被杀死的都逃得精光。"②

　　此时，由法军将领利士比率领的另外三艘舰队则准备攻打淡水。法国小水手说："基隆和淡水就像手上的两只手指，选择时两只都要或两只都不要，这跟两端开口的管子一样，如果把一边塞起来，另一边让它打开，那么全部都会流走。基隆是一个塞子，淡水则是另一个。"③ 法国将领罗亚尔记叙得更为清楚："占领基隆和它的煤矿工场既决定为我们的目标，对于淡水作军事行动显然是必要的了。这两个城市由一条大路连接起来，它们近在咫尺，所以占据了这一个，就绝对必需占住别一个。这种必要性，是由于这两个港口的简单地理形势所产生的……照我们所有的行动，只封闭两点中的一点，实在是像一个警察要捕拿一个藏在屋子里的坏人，他的行动总是看守前门，而毫不留心到听任大开着的后面的窗户。"④

　　刘铭传兵分基隆、淡水两处激烈作战，处境极其艰难。实际上，在第一次中法基隆之战后，台湾形势已经非常危急，再加上马江海战清军的惨败，法军控制了台湾和福建的海上联系，所以法军攻占基隆已如囊中取物，"李士卑斯元帅，他也是一位不错的人，早已帮我们把路开好，

---

① 刘铭传：《恭报到台日期并筹办台北防务折》，《刘壮肃公奏议》第 3 卷，第 169～170 页。
② 郑顺德译《孤拔元帅的小水手》，台北，中研院台湾史研究所筹备处，2004，第 37 页。
③ 郑顺德译《孤拔元帅的小水手》，第 34 页。
④ 罗亚尔：《中法海战》，中国史学会主编《中法战争》第 3 册，第 563 页。

两个月前他炮轰基隆，大体上基隆已是属于我们的了，只须去安顿下来，就像一栋公寓，钥匙就在门上"，① 法文资料如此轻松地叙述，更加凸显此时台湾的孤危程度。

在 1884 年 10 月 28 日盛宣怀致刘铭传的亲笔函中，亦印证了中法战争中刘铭传在台湾所处的艰难处境：

> 嗣见孤拔初三照会，四面海口封闭。危急情形，尤可想见。兵械不继，职道早虑及此。惜法舰在闽口时，俱各坐视。无钱则非初料所及，谅因台南隔阂之故……当于今日回明中堂，在于长芦盐课项下，速拨库平足银十万两，交与怡和……如果台北难行，不得已即交台湾府城托刘兰身代收，迅速设法转解……目前华人断难转运，机密之事，非托洋人不可……法添铁甲四号，大快船四号，小快船一号，杉驳十二只，陆续来华。又添陆兵万人，分赴安南、台湾，均已起身。其议院已许茹斐礼全力踞台，并扰我口。大敌当前，我军人少炮少，如何制敌？廷议不求甚解，属饬南北洋选派兵轮，护送兵械。其实未练之轮师，断不能用。已调雨亭来津面商，约计南洋只有南琛、南瑞、开济，北洋只有扬威、超威小快船五只。将士戒于闽口之失，气甚虚馁。恐未必能直扑台湾。②

法军的制海权使台湾无法取得外援，在此情况下，刘铭传力排众议，做出"撤基援沪"以保卫台北，"既念敌舰多巨炮，我军近海，终不足支。且台北一城为军饷根本地，非舍基隆啖敌师、徙军后山避敌炮、扼沪尾以保孤城，敌且缀我师基隆而阴袭台北，则吾且不战自溃"。③ 基隆守军不得已撤出基隆。

（三）台湾自然地理对军事行动的影响

清军撤退基隆，让法国侵略者"据地为质"的愿望终于得以实现。

---

① 郑顺德译《孤拔元帅的小水手》，第 34 页。

② 杨联陞：《剑桥大学所藏怡和洋行中文档案选注》，台湾《清华学报》第一卷第三期，1958，第 58 页。

③ 刘铭传：《保台略序三》，《刘壮肃公奏议》第 1 卷，第 13 页。

刘铭传因此遭到弹劾和非议，如"初退基隆，朝士以为怯，论者前后数十疏，诏旨切责，有'谤书盈箧'之语"。[①] 遭到时人谴责与诟病最多的就是刘铭传与台湾兵备道刘璈之间存在着"湘淮之争""畛域之见"。[②] 刘铭传是淮系主要将领之一，刘璈是湘系主要将领之一。刘铭传防守台湾北部的基隆、淡水，刘璈防守台南。但在中法战争前，台湾守军共40营，一共不到2万人，其中31营驻扎在台南，仅有孙开华3营和曹志忠6营兵力驻扎台北。针对台湾防务南强北弱的局面，刘铭传重新调配台湾守军，调来章高元两营淮军兵力增防台北，统计基隆、淡水两处防军4000余人，[③] 增强了台湾北部的军事防御能力。

法军攻占基隆时，刘铭传不得已撤守基隆、驰援淡水遭到时人非议，刘璈因没有分兵受到时人指责。刘铭传解释撤出基隆的原因是法军有11艘船停泊基隆，兵势益盛，而清军因伤亡及在"炎瘴溽湿之中，病者十居八、九"，敌强我弱，淡水炮台新造不坚固，"被炮即毁，阵亡炮勇十余人"，于是"以基隆万分危迫，沪尾又被急攻，基隆无兵可分。沪尾又当基隆后路，离府城只三十里，仅恃一线之口，商船声息稍通。军装粮饷，尽在府城，沪口除沉船外，台脆兵单，万无足恃。倘根本一失，前军不战自溃，必至全局瓦解，莫可挽回。不得不先其所急，移师后路，借保府城。乃夜率曹志忠、章高元各营，自基隆赶回淡水。立派曹志忠、章高元、苏得胜共率奋勇数百人，驰救沪尾。军装队伍，搬运无遗"。[④]

就台湾防务来说，台北和台南客观上都要守住，不能被法军攻占，因为法国的意图在于侵占整个台湾，并进而向中国勒索巨大权益和大量赔款。台南平原宽广，且有安平、旗后等优良海港被法军觊觎。同治三

---

① 刘铭传：《书先壮肃公守台事》，《刘壮肃公奏议》第1卷，第77页。

② 关于"二刘之争"的相关论文参见：杨彦杰《刘铭传在台湾领导抗法斗争的几个问题》，《近代史研究》1985年第4期，第273～278页；许雪姬《二刘之争与晚清台湾政局》，《中研院近代史研究所集刊》1985年第14期；陈忠纯《论二刘之争对中法台湾之战的影响》，《台湾研究集刊》2008年第2期。

③ 刘铭传：《复陈台北情形请旨查办李彤恩一案以明是非折》，《刘壮肃公奏议》第2卷，第140页。

④ 刘铭传：《法船并犯台北基沪俱危移保后路折》，《刘壮肃公奏议》第3卷，第174～175页。

年（1864）安平港（包括安平大港和四草湖）被迫开放为对外贸易通商口岸后，"帆樯麟集，百物所聚，风气顿开，亦海外一大都会"。① 旗后港自鹿耳门淤浅后，日见深阔，可泊巨舰，"旗峰高拱，横截壮阔；鼓岬回环，平列瘴海。潮流冲缓自北而南，为西方第一水口"，成为凤山县"西北之门户"，而凤山也因有旗后港这一"西方第一水口"，"至若风帆所向，北指鸡笼，南通苏澳；东航郡治，西渡漳、泉；虽一隅之蕞尔，固四达之通津"。②

　　因而守住台南需要更多的兵力，为此刘璈把 31 营的兵力布置在台南，也是有道理的。假设法军攻占了台南，就可较顺利南下和北上占领整个台湾，"台南平阳无险，万难守御。台北失，台南立亡"；③ 而法军占领基隆后，军事行动上却遭遇自然地理环境的阻碍，而被困在一隅，几乎无所作为。

　　台湾地形复杂，主要由山地、丘陵、盆地、台地、平原等构成。台湾东北部是宜兰平原，东面紧邻浩瀚的太平洋，北面、南面、西面均由雪山山脉和中央山脉阻隔，依山面海，对外交通极其不便，几乎与世隔绝。19 世纪的欧洲人一致认为那是"岛上的野蛮部分"，住在那里的部落会杀害所有去冒险的人；在必麒麟 1869 年制作的地图上，把东岸叫作"Kapsulan 平原"，其下的注解为"美丽的高山上面住着独立野蛮的部落"。④ 清代，宜兰与台北、淡水间的居民以水路方式沿台湾北部和东北部往来，许多船只遇难事件都发生在东海岸。法军若向台湾东北部进军没有任何军事意义。

　　法军也不能南下，主要有两个原因，一是刘铭传率领军队在淡水的严阵以待；二是因为基隆的自然地理环境使然，山路崎岖不平，树木茂密，极其难走。据《基隆市志》载，台湾北部城市基隆全境处于雪山山脉西北麓之北端，大屯火山群之东侧，台北盆地之东北方，三面环山，

---

① 夏献纶：《台湾舆图》，台湾银行经济研究室，1959，第 9 页。
② 《台湾府舆图纂要》，台湾银行经济研究室，1963，第 151～152 页。
③ 《曾国荃转福建巡抚刘铭传电》，《中法战争》第 6 册，第 188 页。
④ 白尚德：《十九世纪欧洲人在台湾》，郑顺德译，台北，南天书局有限公司，1999，第 95～96 页。

仅向东北方有一出海港口，滨海沿岸并有若干小岛罗列于海中，本市海
拔自 100 至 500 公尺不等，市内山势多东北峻峭而西南缓斜。本市所辖地
区，山丘多而平地少，山地大多树木茂密，终年青翠，占土地总面积
70%，故如鸟瞰本市全境，除大港细流外，触目所见率属起伏之丘陵，
傍山滨海之狭隘平地上，星罗棋布之田舍市肆，仅仅构成全图之点缀而
已。① 基隆特殊的自然地理环境给法军造成不小的麻烦："整个地区高低
不平且多高山，真的占领下来需要很多人力，公路似乎也不存在，浓密
的森林无法进入，任何军事上的作业几乎无法进行……"②

　　弃守基隆的军事后果要较丢失台南为轻。据中法战争时一位跟随在
孤拔身边亲历基隆和淡水战役的法国小水手的记述，法军在攻占基隆后
面临着重重困难：在 1400 个登陆基隆的法军里，有 50 个士兵因为霍乱死
去，另有 350 个士兵因为病情严重而住院，每个星期都会死一二人；清廷
官员禁止老百姓卖东西给法军，否则处死；清廷官员悬赏法军头颅的做
法，更使法军生活在时刻提防被暗杀的恐怖中；去香港购买船只所需的
煤炭却被英国人拒绝。③ 法军被困在基隆，无法施展手脚。对于法军来
说，此时的基隆犹如一块鸡肋，弃之可惜，食之无味。

　　实际上，从刘铭传和刘璈的个人能力看，两人都"能军"。在调配兵
力方面，刘铭传更有统帅的大度和风范，他有权调度刘璈的兵到台北解
决兵力不足的问题，如果硬调，应该可以成功调动的。但是，刘铭传深
谙军事，有全局观念，很清楚刘璈不分兵是正确的，否则台南必定失守，
后果更不堪设想，他说："沪口一线，商船犹可往来，借得稍通消息；此
后商船日绝，音信难通。台南潮势将平，统将无能一战，敌船若攻台南，
则四路断绝。南北洋之船又不能远来台地，坐而受困，援救伊谁？臣一
身不足惜，将使全台千万生灵，尽罹涂炭，能不寒心！况敌人踞此，更

---

①　朱仲西主修、陈正祥等纂《基隆市志》，台北，成文出版社有限公司，1954，第 13 ~
　　14 页。

②　L'Amiral Courbet en Extrême-Orient, Notes etcorrespondance, Paris, Leon Chailley, 1896,
　　p. 138，转引自白尚德《十九世纪欧洲人在台湾》，第 110 页。

③　郑顺德译《孤拔元帅的小水手》，第 62、75、71 ~ 78 页。

将横扰南洋，大局何堪设想？"① 因此刘铭传没有硬调刘璈的军队。刘璈
也清楚绝对不能分兵，守住台南可让刘铭传"无兼顾患"。②

　　台湾北部守卫的重点在淡水与基隆，刘铭传以有限的兵力，要守卫
整个北部，实际上确是捉襟见肘。事实上淡水要重于基隆，基隆之战后，
刘铭传不得已放弃基隆。他的做法遭到朝野极大的批评。假如有机动能
力——铁路，刘铭传以有限的兵力来往于淡水、基隆两地，或两地均可
守。机动能力是对兵力不足的一种补充。实际上，法军占领基隆后，因
交通极其困难，法军亦不能南下淡水，所以占领基隆在军事上、政治上
的意义非常有限。

三　刘铭传"身亲大难，决其深微"而兴建台湾铁路

　　早在 1880 年时，刘铭传曾上奏《筹造铁路以图自强折》，敏锐地指
出俄国修成铁路后，"不出十年，祸且不测"，日本弹丸小国恃有铁路，
"藐视中国，亦遇事与我为难"，因此要图自强，练兵、造器渐次举行，
"然其机栝则在于急造铁路"。他详细分析了铁路建成后的诸多利处，尤
其强调铁路"于用兵一道，尤为急不可缓之图"，中国幅员辽阔，防不胜
防，"驱逐往来，则鞭长莫及。惟铁路一开，则东西南北呼吸相通，视敌
所驱，相机策应，虽万里之遥，数日而至，虽百万之众，一呼而集，无
征调仓皇之虑，无转输艰阻之虞。……以中国十八省计之……若铁路造
成，则声势联络，血脉贯通，节饷裁兵，并成劲旅。防边、防海，转运
枪炮，朝发夕至。驻防之兵，即可为游击之旅。……一兵可抵十数兵之
用"。③ 刘铭传的奏折在清廷臣僚中引发一场是否修筑铁路的争论。内阁
学士张家骧提出"未可轻议开造铁路"的反对意见，并列出造铁路的三
大弊端：一若造成铁路，洋人工于贸利，其从旁觊觎，或借端生事，百
计要求，如此利尚未兴，患已隐伏；二开造铁路，必徙民毁屋平坟，民

---

①　刘铭传：《法船并犯台北基沪俱危移保后路折》，《刘壮肃公奏议》第 3 卷，第 180 页。
②　连横《台湾通史》卷三十三《列传五·刘铭传》中记载"兵备刘璈驻台南，亦能军，故
　　无兼顾患"，连横：《台湾通史》下册，第 640 页。
③　刘铭传：《筹造铁路以图自强折》，《刘壮肃公奏议》第 2 卷，第 121～122 页。

间必不乐从，徒滋扰攘。三开造铁路之费动需千万，虚糜帑项，赔累无穷。他认为清廷应该对刘铭传请开铁路奏折"置之不议"。[①] 经过一段时间的反复争论，1881 年 2 月 14 日（光绪七年正月十六日）清廷以上谕"刘铭传所奏，着无庸议"作罢。[②]

中法战争后，刘铭传出任台湾巡抚。于 1887 年 4 月（光绪十三年三月）再次奏请修筑台湾铁路，"台湾一岛，孤立海中，现在建省设防，截然为南洋屏蔽，必须开濬利源，使经费不难自给，南北防勇，征调可以灵通，方能永保岩疆，自成一省"；并从商务和海防的角度陈述修筑台湾铁路的重要性，"现在贸易未开，内山货物难以出运，非造铁路不足以繁兴商务，鼓舞新机……若能就基隆开修车路，以达台南，不独全台商务兴，且于海防所裨甚大"；同时着重强调铁路在军事防御中的重要性，"台湾四面皆海，除后山无须办防外，其余防不胜防。基、沪、安、旗四口，现已购炮筑台，可资守御，其余新竹、彰化一带，海口分歧，万难遍布军队，概行设守，臣已于奏办台湾善后折内陈明。如遇海疆有事，敌船以旱队猝登，隔绝南北声气，内外夹击，危迫将不忍言。若修铁路既成，调兵极便，何处有警，瞬息长驱，不虑敌兵断我中路"。[③]

光绪十三年（1887），在获得清廷许可后，刘铭传组建"全台铁路商务总局"，开始启动基隆至台北段铁路的修建。在光绪十五年（1889）的奏折中，刘铭传尤为清晰地表达了首先兴建基隆到台北段铁路的原因：

> 臣自督办台防，适值法人肆扰，占踞基隆，向非仗国威灵，沪尾一捷，全台重地且属他人。无他，无铁路、兵轮为之手足也。故和议甫成，即请开办铁路。明知山路崎岖，溪流梗阻，凿山开道，筑路建桥，费巨工艰，视内地且将倍蓰；所为不辞劳怨，毅然独行者，良以台疆千里，四面滨海，防不胜防，铁路一成，即骨节灵通，首尾呼应。此中利害，自非身亲大难，未易决其深微。[④]

---

① 宓汝成编《中国近代铁路史资料（1863～1911）》第 1 册，第 88 页。
② 宓汝成编《中国近代铁路史资料（1863～1911）》第 1 册，第 103 页。
③ 刘铭传：《拟修铁路创办商务折》，《刘壮肃公奏议》第 5 卷，268～269 页。
④ 刘铭传：《复陈津通铁路利害折》，《刘壮肃公奏议》第 2 卷，第 137 页。

刘铭传作为一个军人"身亲大难，决其深微"，意识到铁路对于近代军事极其重要，他为了获得机动能力，选择基隆至淡水这一段最艰难的工程着手。因之，弃守基隆的军事挫败，使刘铭传痛定思痛，这是他积极倡议在台湾兴建铁路以便军事行动的真正原因。

（原刊《现代台湾研究》2015 年第 2 期）

火车站沿革与近代北京交通枢纽的成长
(1897~1937)

　　近代北京城的规划格局是在元朝都城的基础上，历经明代的完善而成。"凸"字形空间结构、将宫城、皇城置于城市中央、南北中轴线的建设格局都体现了封建等级和礼治观念，突出了皇权至上的政治含义，起到事实上的对普通民众的空间和精神控制的作用。这种都城格局形成了封闭内向的社会空间特征，如以城墙作为阻隔内外交流的手段，城市内部与外部、城市与区域之间，城市与郊区之间的人员交往、物质交流都被妨碍；宫城和皇城以封闭的形态占据中心区位，对于提高东西和南北向的交通通行能力和通行效率都是严重的制约。

　　近代以来，城市对外交往的需求加强，新的交通方式——铁路破门而入，对城市原有的内外交往方式产生了冲击。铁路为城市带来了大量的物流、客流、信息流，为城市经济、贸易及社会生活带来了活力。通过车站与铁路的沟通，城市间、城乡间开始突破地理空间的阻碍而连接为一体。车站则因其大量的人流与物流而形成对传统城市空间的突破，成为最为活跃的商贸交易及人流聚散地。北京是近代中国最早修筑铁路、兴建火车站的城市之一。依托多条铁路干线的起讫点优势，北京密切了与外部的联系和交流，促进了北京的近代化进程。加强了北京作为政治和文化中心对全国的辐射力和凝聚力。

---

　　*　本节作者曹海燕，天津大学档案馆馆员。

一　官道、运河与驿站：行政控制与区域交流

　　历史上，北京对外交往有陆路和水路两种方式。陆路上，存在着沿太行山东麓南北一线高地的南北通道，即"太行山东麓大道"；北京西北方向通向太行山以西及内蒙古高原的"居庸关大道"；北京东北方向通向燕山腹地的"古北口大道"；北京东北方向经燕山南麓或山海关通向松辽平原的"燕山南麓或山海关大道"。[①] 各朝政府顺延这四条大道，兴修了便于官民行旅的官府大道——驿路，设立供给人员往来补给、信件传递的驿站，每隔一百里左右便设立了驿、站、塘、台、所、铺等机构，[②] 并派专人管理。北京水路运输主要依靠运河进行。清政府在运河沿线设有水驿，提供驿船。本文把路驿、水驿所设的驿、站、塘、台、所、铺等统称为驿站。

　　清代的驿道系统在前代基础上进行了改革和完善。在京师设有通往全国的驿站总站"皇华驿"，是为官府人员往来、文书传递、物质运输的总枢纽。皇华驿隶属于兵部会同馆，管理京师驿传事务，设驿兵五百名，马夫二百五十名，车一百五十辆，车马一百五十匹，车夫一百五十名。每年经费由兵部核明数目移咨户部颁给。地方驿站根据地方的冲僻、差使的繁简的而设立。若系经由大路，或设一二百名、七八十名。偏僻小

---

① 尹钧科：《北京古代交通》，北京出版社，2000，第 4～5 页
② 驿、站、塘、台、所、铺的区别：驿、站、塘、台、所主要指供应使臣出巡、官吏往来的人夫车马和食宿的交通站。清代各省所设称驿，属所在厅州县兼管；盛京所设亦称驿，专设驿丞管理，不隶州县；通达西北边疆军报所设者称站（自京城回龙观站而西，分两道，一至张家口，接阿尔泰军台，一往山西、陕西、甘肃出嘉峪关，接安西州军塘）；吉林、黑龙江所设亦称站，统于吉、黑将军；自喜峰、古北、独石、杀虎四口分道达于内蒙古各旗，亦设站（蒙旗境内为蒙古站），于四口各派理藩院章京统之；西北两路所设者称军台，分隶于阿尔泰军台都统、乌里雅苏台将军、科布多大臣、库伦大臣、伊犁将军及新疆诸城大臣；安西、镇西、哈密所属特设军塘以通军报，设营塘以通寻常文报。计全国（除西藏外）所设驿、站、台、塘共两千余处，统称驿站。铺，传送公文的邮驿，称急递铺（简称递铺）。参见《中国大百科全书·中国历史　3》，"驿传"，中国大百科全书出版社，1992，第 1405 页。

路亦设二三十名，各按冲僻多寡不一。[①] 以京城为圆心，以这些大大小小的驿站为节点，向外辐射出众多交通线。东北方向，建立了由皇华驿至盛京，再由盛京至吉林、黑龙江的驿路；西北，由皇华驿至张家口，再由张家口至库伦、乌里雅苏台、科布多，进而通往新疆的古城、乌鲁木齐和伊犁地区；东路，由皇华驿至山东，在此分为两路，一路至江宁、安徽、江西、广东，一路至江苏、浙江、福建；中路，由皇华驿至河南，再分为两路，一路至湖南、湖北、广西，一路至云南、贵州；西路，由皇华驿至山西，一路经居庸关西行，一路由正定越太行山，再由山西至陕西、甘肃、四川，再深入新疆、青海、西藏等地。[②] 清代设立数量繁多的驿站以服务驿路。据光绪朝编《大清会典事例》记载，全国共有驿站1972 处，急递铺 13935 所。[③]

"驿路不但是政府'递送使客，飞报军务，转运军需等物'的官路，而且也常常为商人所利用，成为商人往返各地，运销货物的商路。驿路与商路的重合，促进了驿路沿线市镇的兴起。"[④] 设立驿站原本是一种政府行为，是为中央朝廷加强政治统治服务的，本身并不产生经济效益，但客观上起到了加强地区间人员聚集、物资交换的作用和凝聚周边地区市场的作用，带来村落的发展。例如，通州县下属的张家湾，原本是一个小村庄，但自通惠河开通后，这里成为水陆转运的中心，便成长为京东一大重镇。明徐阶《张家湾城记》云："自都门东南行六十里，有地曰张家湾。凡四方之贡赋与士大夫之造朝者，舟至于此，则市马僦车陆行以达都下。故其地水陆之会，而百物之所聚也。"嘉靖四十三年修筑了张家湾城，益加辉煌。[⑤] 北京周围类似这样因为地处交通要道而发展起来的村落有不少，例如：窦店、琉璃河在北京通往石家庄的大道上；庞各庄、榆垡在通往固安的大道上；十八里店、青云店、采育在通往武清的大道

① 《大清会典》（雍正朝）第 143 卷，沈云龙主编《近代中国史料丛刊》三编第 77 辑，台北，文海出版社，1994，第 8957 页。
② 宫宏祥：《论清代驿站的组织与管理》，《太原大学学报》2003 年第 3 期，第 71 页。
③ 宫宏祥：《论清代驿站的组织与管理》，《太原大学学报》2003 年第 3 期，第 71 页。
④ 纪慧娟：《明代驿传与经济的发展》，安徽师范大学硕士学位论文，2004，第 15 页。
⑤ 尹钧科：《北京郊区村落发展史》，北京大学出版社，2001，第 361 页。

上；清河、回龙观、沙河镇在通往居庸关的大道上；小汤山、高丽营、杨各庄、张各庄在昌平通往平谷的大道上；石峨、峪口在密云通往平谷的大道上；南独乐河、夏各庄在平谷通往蓟县的大道上；西苑、东北旺、平家疃、北安河、后沙涧在另一条通往居庸关的大道上；牛栏山、河南村、北河村、平家疃在怀柔通往通州的大道上；廊县、牛堡屯、永乐店、德仁务在通州通往武清、安次的大道上；等等。①

但是，由于古代生产力水平总体落后，即便有完善的驿道系统，它的作用也是非常有限的。第一，古人日行不过百里，造成驿站数目繁多，百里而设，对财政造成巨大压力。清朝每年驿站支出银约为三百万两，粮近二万五千万石，草二万束。② 第二，不能满足长途旅行和载重的需要。京师与西北绥远地区的贸易自古繁盛，商旅"据辕镫，跨驼背，出居庸，过野狐，经盐海，循阴山蹭蹬于穷坡峻岭、峡谷广漠之间……必二十余日而始达"。③ 由此可知，即便驿道系统已经较为完善，商旅的行路时间仍很长，成本很高，不能满足日常差旅往来的需要，对地区间经济贸易的带动作用也是非常有限的。

随着北京对外交通需求的扩大，驿路系统已不能满足其发展的需要，近现代新的交通系统等代替驿路系统，是历史发展的必然结果。

二　火车站：从外围向城市推进

火车突破了人力、畜力等原始牵引方式，跨入依靠机械力牵引的时代，交通效率增长几倍至几十倍，极大地提高了人类活动能力和活动范围，促进了人类社会的全面进步。但现代交通对比传统交通，增强了对时间空间的固定性要求：有准确的出发到达时间，有固定的出发停靠地点。为了追求运营效益，铁路修筑者大多选择人口稠密、出产物丰、交通需求旺盛、地理位置要冲地点作停靠站，形成新的交通枢纽。

---

① 尹钧科：《北京郊区村落发展史》，第 360 页。
② 《大清会典》（雍正朝）第 144 卷，沈云龙主编《近代中国史料丛刊》三编第 77 辑，第 9055～9064 页。
③ 周颂尧：《京绥游记》序，出版地不详，1923，第 1 页。

作为全国中心的都城北京是天然的全国铁路系统的总站，北京也因之成为最早修筑铁路的城市之一，但是这个过程却一波三折、艰难而曲折。

通州车站之议起于津通铁路。光绪十四年九月初九（1888 年 10 月 13 日），李鸿章致函海军衙门："津沽铁路告成……惟煤矿商人及铁路各商均以铁路便益，力求由天津接造至通州……于国计民生，大有裨益。"[①]光绪皇帝见海军衙门转呈之请造津通铁路折后，于十月二十七日（1888 年 11 月 30 日）批复"依议"，引起了以山西道监察御史屠守仁所上"请毋建津通铁路疏"为引子的一场关于津通铁路的大争论，有近 50 位官员上疏反对。反对者或称"铁路一开，由津至京，长驱直入，毫无阻碍……是有害于根本……"；或称津通铁路"驰骋百里，不足以控天下；势险节短，非所以固京畿。所较者锱铢之脚力，而大海之利权不能收；所夺者负贩之微资，而小民之生计将愈蹙"；或称"津通以车船为生，以行店负贩为生，约六万人，铁路即开，或转于沟壑，或散于四方……"不利民生；[②]或称修铁路有害风俗，铲墓拆庐，滋扰百姓，坚决反对在京师之地修筑铁路。主张者兴修者则对此予以一一批驳，均认为津通铁路的修造、沿途车站的设立，则带来"修路、扫轨、升旗、听电、收票、验坐、查（车果）、敲轮、运煤、添水、搬货、运行李、卖新闻、贩茶果、伺应店客、巡察栈货"等用人需求，虽然因"南北有铁路，则南北往来之御车、驾船、舁挑、负载者稍减，而东西之御车、驾船、舁挑、负载以横赴南北铁路赶趁生理者转增"。[③]民生之计，会因铁路车站的修建而更广。

有关津通铁路的争论一直持续到次年（1889）春，加之北运河船户聚众反抗，清廷中央颇感棘手，这时张之洞提议先修建卢汉铁路，津通路计划被搁置下来。

修筑津通铁路无论从海防还是民用来看具有很大的必要性，但反对者和清廷中央封闭的意识和短浅的目光，人为地搁浅了这一历史进程，

---

① 宓汝成编《中国近代铁路史资料（1863～1911）》第 1 册，第 144～145 页。
② 宓汝成编《中国近代铁路史资料（1863～1911）》第 1 册，第 152、148、155 页。
③ 宓汝成编《中国近代铁路史资料（1863～1911）》第 1 册，第 159 页。

是一种停滞。当我们以长远的眼光来考察不难发现，即使津通铁路修筑成功，对于京城人们的行旅往来所起的作用也是非常有限的。一个原因是"铁路工本甚贵，因之火车运脚亦贵，惟有余之人方搭火车，其寻常之人，仍旧另雇车船；惟急于抢售之货，方搭火车，其寻常物件，仍旧另觅转运"。[①] 下表为当时人记录的 1907 年的北京火车票价，由此可见，火车票价高昂，普通民众除非紧急情况，仍会选择传统的交通出行方式。

表 1　1907 年北京火车票价

	北京—山海关	北京—塘沽	北京—天津
一等座	银十五元七角五分	银六元九角	银五元三角
二等座	银九元八角五分	银四元三角	银三元三角
三等座	银五元二角五分	银二元二角	银一元七角五分

资料来源：张宗平、吕永和译《清末北京志资料》，北京燕山出版社，1994，第 407 页。

另一个原因是虽然津通铁路的目的在于通达京师，但是却将终点站设在通州县城南关外，距离市区有 40 里之余，上下车颇费周折，不能很好地发挥铁路的功效。

京城的人们在北京地界上首次见到火车的时间是在 1897 年，在京城之南门永定门外约 4 里的马家堡。

津通铁路计划遭到守旧大臣阻挠之时，张之洞则以为"铁路修至通州于军略上究不甚相宜，且谓外洋修路先修干线，拟请由卢沟桥至汉口以为干线，然后再议其他"。[②] 清廷中央采纳了张之洞的意见，下旨筹议修筑卢汉铁路。后又因东北防务加紧，卢汉铁路之款改修关东铁路而搁置。

光绪二十一年（1895）甲午战争和议告成，清廷风气大变，毅然修筑铁路。李鸿章、刘坤一等人乃复行奏请修筑至京铁路，鉴于前次船户之滋扰，遂改路线"自天津起循运河西岸，迤逦而北，绕越南苑以达卢

---

① 宓汝成编《中国近代铁路史资料（1863～1911）》第 1 册，第 151 页。
② 交通部铁道部交通史编纂委员会编撰《交通史·路政编》第七册，交通部铁道部交通史编纂委员会，1935，第 3 页。

沟桥，计二百一十六里"。是为津卢铁路。津卢有意不与运河平行，又因此时张之洞倡导主张的卢汉铁路业经奏明允修，为与卢汉铁路相接轨，京津铁路绕过南苑，将终点西移至卢沟桥。铁路虽订明以卢沟桥为讫站，而洋务派的目的则在直达京师，故采取逐渐靠近京城的办法，于年底修至丰台后又展至马家堡，于丰台修一支路达卢沟桥以符原计划。

关于火车站的改地建设，关内外铁路督办大臣胡燏棻在其奏折里称："再津芦铁路由芦沟桥接造十里至看丹村①，经臣于本年四月十九日奏明在案，嗣后饬洋工程司金达重赴看丹详细履勘，据称该处地方虽属孔道，然离京城尚有十余里，不特货物上下尚需转运，即行旅往来亦多不便，不若另勘距城较近之地，可以直达都门于近郊地面，更觉气象一新等情……初拟接至右安门外为止，嗣因该处地势低洼，夏秋货车停顿尚费周章，复于秋禾收割以后饬往迤东一带逐段详察，续勘得永定门外马家堡地方最为适中之地。虽距永定门尚有三四里，而于崇文门上税较近，倘于是处设立车站客货起卸均称便捷。臣随后出城亲往复勘，津芦铁路接至该处，于车务运脚必愈行兴旺，实为经久不易之计。"②马家堡车站应士商的盼求，于光绪二十三年六月初一日开车投入运营，当即为当年来京乡试的士人提供了极大便利。1899 年 2 月 1 日，京汉铁路卢保段正式通车，与津卢铁路、马家堡车站接轨。马家堡车站遂成为京城火车站总站。

选择马家堡作为京师铁路第一站，是有着充足的理由的。首先，从地理位置上看，马家堡火车站位于城南，当时内城多为豪门大户，大部分的城市居民居住于南城，相应的南城有更多的商业、会馆以及饭庄旅店，将火车站安放在城市以南符合当时城市客观情况。其次，马家堡火车站位于南城两个重要城门右安门和永定门之间，北距两门直线距离均为 4 里左右，车站与城门构成了一个等腰三角形。商旅百姓从此地下车后进城比较方便。如果将车站放在永定门正南方，直接对着封建王朝的统治中心，清廷势必不同意。若是将车站放在右安门外又不方便去往城东的旅客。且此地距离崇文门税关较近，货物上税方便。因此，马家堡

---

① 看丹村，村名，位于今北京市丰台区，距卢沟桥六公里。
② 交通部铁道部交通史编纂委员会编撰《交通史·路政编》第 7 册，第 11 页。

的地理位置是适合建火车站的。再次，马家堡村的自然和人文环境也都
适合在此建站。从自然环境看，马家堡村周围虽然泉水多、河流多，但
少有水患威胁，水文地质条件均佳。从人文环境看，该村古时即为进京
的重要孔道，是清政府驿站所在地，不仅人口众多，可保障车站服务及
物品供给，而且民众深受交通节点带来的经济效益，思想较为开放。另
外，此地村民多以种地、养花为生，生活无忧，民风淳朴，且村镇附近
地势开阔，少有寺院、坟墓。①

　　津卢铁路通车，乘客在马家堡上下车，但由于车站仍位于城外，从
北京城内特别是内城的人员前往车站需要花费较多时间，当时往返北京、
天津的列车仅二次，如果乘坐头班车去天津，必须于天亮前离家。乘二
班车自天津上北京时，有时由于列车晚点等原因，驱马车至城门时，城
门已经关闭，不再开门，不得不在城外宿住一夜，非常之不便。但是在
封建风水意识仍非常浓厚的 19 世纪末，能够接纳火车站如此接近都城，
已是一个重大的进步，北京城市向近代化目标迈进了一大步。

　　火车站为英国所设计，有着典型的英国风格，车站有三层楼高，气
势恢宏。新式的建筑为城郊带来了新的视觉冲击，冲破了严整而略显沉
闷的中式住宅群，是南城外最壮观的标志性建筑。1897 年，德国西门子
公司修建了马家堡车站到永定门的有轨电车线网和轨道，然而这些线网
和轨道在投入使用前便毁于义和团运动。另外，铁路局也加紧改善车站
周边的交通道路，"赶运石渣逐段匀置，并填筑自马家堡至城厢以外一带
马路，现亦填就所有"。② 车站建成后，在车站周围出现了很多新兴的店
铺，例如茶棚、缸店、旅店、澡堂子、落子馆等，车站周围还盖有一些
大栈房，用于商人存货，③ 同时也有搬运工人聚集于此成立"脚行"，收
入颇丰。可以说，由于车站的带动，马家堡已经成为当时永定门外最繁
华的地段了。但这种中心车站的地位很快便被前门站取代。

---

① 于音、宋卫忠：《京城第一个火车站——马家堡车站考》，《首都师范大学学报（社会科
　　学版）》2004 年增刊，第 123 页。
② 交通部铁道部交通史编纂委员会编撰《交通史·路政编》第 7 册，第 12 页。
③ 中国社会科学院近代史研究所近代史资料编辑室编《庚子记事》，中华书局，1978。

三 前门站：破"城"而入

马家堡火车站建成运营的第四年，庚子国变爆发，义和团所到之处无不"烧铁道，断电线"。马家堡车站因为"洋物"，虽经清政府极力保护，仍于光绪二十六年五月十六日（1900 年 6 月 12 日），被义和团付之一炬，进京火车终点站不复存在。同时被摧毁的还有津卢铁路的长辛店车站及料厂、丰台车站及栈房、黄村车站、落垡站站房等。北京铁路系统处于全线瘫痪状态。

八国联军占领北京期间，对北京的铁路展开了激烈的争夺，对津卢线的争夺尤其激烈。英国人以此路用英国资本并在英人的监督下修筑为理由，认为对该路拥有不可否认的占领权。为了便于战时军运的需要和对北京的控制，于 1901 年 4 月下旬，从马家堡重新动工延长铁路至永定门，接着又破城而入，将铁路展修至天坛，并在天坛修建临时火车站。清政府以铁路修筑到天坛有损国家尊严为由，与英人协商，要求将铁路撤出天坛，另觅他处。经过协商，英人拆除永定门到天坛的铁路。直接由永定门接造，通过天坛东南的城墙、东便门，再沿内城墙根至正阳门，在正阳门设终点站，是为前门东站。从东便门接造了至通州的支线。

在义和团运动狂潮中，于 1898 年 2 月竣工通车的卢汉铁路卢沟桥至保定段的铁路也未能幸免。八国联军顺势将铁路从卢沟桥经西便门延展至正阳门，新建前门西站。

因为铁路改线，津卢铁路不再经过马家堡，马家堡火车站完成了其历史使命，车站附近也逐渐荒芜。前门站遂成为京奉铁路、京卢铁路的客运枢纽中心。1905 年 2 月，清政府批准修筑京张铁路，以丰台柳村为起点，1909 年 8 月建成通车，与京奉铁路、京汉铁路实现接轨，三大干线构成北京通往全国的铁路系统，前门站成为整个系统的中心。在三大干线的基础上，修建了丰台支线（1897）、周口店支线（1898）、京通支线（1901）、平门支线（1908）、环城支线（1915）等重要支线。到 1915 年止，北京铁路系统基本建成，此后直到中华人民共和国成立，未有较

图1　北京铁路图（1911年）

资料来源：《中国铁道百年画册》，中国铁道出版社，1991，第38页。

大的变化。至此，北京及近郊地区建造了西便门站、跑马场站、卢沟桥站、长辛店站、东便门站、永定门站、丰台站、广安门站、西直门站及环城支线的德胜门站、安定门站、东直门站、朝阳门站、崇文门站等数十个站点。

前门车站作为北京铁路枢纽地位直到1959年新北京站的建立而被代替，跨越清末民初、北洋政府、国民党统治、日伪统治和中华人民共和国成立等不同历史阶段，历经了中国现代史上发生的所有重大事件和历史转折，近代历史的重大事件很多在前门站发生，对中国的现代史产生了重大影响。以前门车站为中心的北京火车站系统的另一更为深远的影响，是破坏了北京原有的城市格局及传统，同时又催动了北京城市的现代化进程。

（一）以前门为核心的各车站的建造，这些火车站的修建丰富了城市的内容，为传统城市群落引入了新的城市要素，但对北京古老而又传统城市群落来说，起了破坏冲击的作用，破坏了原有的和谐统一，其中破坏最大的为城墙和城门。

奥斯伍尔德·喜仁龙的调查记录显示："略靠近两侧（前门城楼），

图 2　从东向西眺望前门站

是位于两条铁路线旁并与墙相接的候车室。该建筑为传统式样，有宽大翘曲的屋顶和外廊，把城门楼与西洋式外表的、令人生厌的火车站联系起来。"①"（从哈达门往东）第十一座墩台，位于东便门车站附近……为了给环城铁路开辟通道，拆毁了最后一座墩台……（南垣下的）大片地面覆盖着各种建筑物——车站、仓库、铁路干线上的工场，显然，这类设施与古老的城墙极不协调，它们意味着现代因素的渗入，而城墙对于现代而言，与其说是一种防御设施，毋宁说是一种障碍。应当承认，总的来说，铁路及其附属建筑对北京城墙、城门的风格和美所起的破坏作用，比起维护这些珍贵古迹时所采取的粗疏、草率态度更为有害。"遭到破坏的还有"（东直门以北）第七座墩台，因环城铁路由此穿过，已被拆毁。""（永定门以东）第九座墩台，在为京津铁路开辟通道时拆毁。""（哈达门）箭楼门洞已失存，只有一条道路沿着铁道旁的低矮砖墙蜿蜒而去，设有月台的火车站占据了往日由瓮城高墙庇护的场地。"②

① 〔瑞典〕奥斯伍尔德·喜仁龙：《北京的城墙与城门》，许永全译，北京燕山出版社，1985，第 156 页。

② 奥斯伍尔德·喜仁龙：《北京的城墙与城门》，第 95、87、110、134 页。

铁路以及火车站的修建使优美而古老的北京城墙、瓮城遭到大规模破坏，在和谐的传统城市构成中插入了不和谐的因素。

（二）火车站修入城内，突破了城墙的阻碍，加强了城市内部与外部的人员流通和物质交流，北京更成为南北物资荟萃之地。仅以京奉（北宁）铁路为例，从前门站上车，每月平均发送旅客人数约达五万八千名，[①] 行李包裹业务更不待言。人流、物流、信息流的聚集，传统的城市空间已不能满足其需要，必然促使相应地区的空间扩展，客观上促进了北京的市政建设。

正阳门地区长久以来就是京城商业最繁华、人员往来最为密集的商业地带，加之京奉、京汉东西两车站的旅客往来及聚集的商贩，加剧了前门的交通堵塞，成为阻碍北京南北城交往、内外交流的瓶颈。1915 年，朱启钤任内务总长兼北京市政督办期间，就对正阳门进行了大规模的改造。他认为"京师为首善之区，中外人士观瞻所萃……正阳，崇文，宣武三门地方，闤柜繁密，毂击肩摩，益以正阳城外京奉、京汉两干路贯达于斯，愈形逼窄，循是不变，于市政交通动多窒碍，殊于市政交通动多窒碍，殊不足以扩规模而崇体制"。[②] 对正阳门进行了一次大拆改，将瓮城东西月墙分别拆除，于原交点处东西各开二门，以月墙地址改筑马路，以便出入。改造所用经费，由京汉，京奉两路局各负担 20 万元。工程共清运渣土 8.8 万立方米。在当时的条件下，运走这样大的立方量是很困难的。于是，京奉、京汉两铁路将道轨延伸铺设到东西瓮城根下，渣土拆下后及时装进车皮，沿东西两线外运。西线倾倒于西便门一带，东线倾倒于东便门附近，节省了大量人力财力，缩短了工期。为舒缓前门交通的压力，加速人流的疏散，北京以前门为起讫点，于 1924 年建造了北京城的第一路电车——西直门到前门线。

（三）交通条件的改变，也带动了北京郊区集镇的变迁。在传统驿路的条件在发展起来的村镇，因铁路火车站的修建改变了商客出行方式和

① 北宁铁路沿线经济调查队编《北宁铁路沿线经济调查报告》，北宁铁路管理局，1937，第 1 页。

② 朱启钤：《修改京师前三门城垣工程呈》，《蠖公记事——朱启钤先生生平纪实》，中国文史出版社，1991，第 18 页。

方向，交通节点的优势丧失，城镇日渐衰弱下去。由于铁路的修建，原本"水陆之会，百物之所聚"的张家湾彻底失去了赖以繁盛的水路交通条件，发展缓慢，甚至趋于衰败，沦落为一个村落。相反，有的村镇却因铁路火车站的修建而发展起来，南口原是一个不大的村庄，只是因其控扼居庸关的进出，所处位置极为重要，故也久已有名，但是也仍只是一个村落。光绪三十一（1905）年至宣统元年（1908），修成京张铁路后，在南口设有车站，同时又在南口修建了机车修理厂等企业，南口因之迅速发展成为京郊一大重镇。[①]

四 小结

北京对外交通的节点从古代驿站到近代火车站的变迁，反映着北京城朝向现代城市发展的进程，同时，火车站作为现代化的一个因素又带动了北京城市其他相关的现代化要素的发展，对北京城市的现代化起到不可替代的作用。火车站所具有的凝聚作用，使得其周边地区的人流和物流增加，当地市场繁荣起来。铁路与火车站并不是孤立单一的两个要素，它们有机地构成一个铁道系统，不仅连接了城市，也连接乡村，铁路沿线村镇因交通条件变迁而发生着兴衰更替。

近代中国的铁路建设受到了来自清政府保守派、尚未开化的民众以及西方资本主义的阻滞。开初的铁路建设、火车站的规划体现着因人为干扰而导致的不科学性，通州车站的规划、马家堡车站的建造过程就体现了倡导者对保守者的妥协。而前门车站则是殖民者出于自身利益的考虑，对被殖民地交通以及城市建设规划权利的一种践踏，带着有很大的随意性和强制性，以致对传统北京城的发展造成了破坏，妨害了北京城市传统性的延续。中华民国成立，各项事业百废待兴，也掀起了新一轮的铁路建设高潮，也试图对北京铁路开展新的规划与建设。民国4年（1915），交通总长周自齐、次长叶恭绰以"世界各国，莫不有一极大之总车站，以总汇全国之交通……而中国办有铁路垂数十年，中央车站一

① 尹钧科：《北京郊区村落发展史》，第362页。

项缺焉未备，殊不足以资联络"为由，"饬由京汉、京奉、京绥三路于京师筹设一中央总车站，以裨路政而利交通"。[①] 可见，前门车站此时已经不能满足日益增长的客货运需要。此后，北洋政府拟于天坛北修建一中央总车站，但因军阀混战、财政枯竭等原因而未能实施。

①　交通部铁道部交通史编纂委员会编撰《交通史·路政编》第 2 册，交通部铁道部交通史编纂委员会，1935，第 977 页。

近代石家庄铁路枢纽的特点

1907 年正太铁路建成通车，标志着石家庄铁路枢纽的形成，从此揭开了石家庄历史发展的新篇章。石家庄铁路枢纽由于承担着京汉线、正太线以及后来建成的石德线三条铁路的所有客货车到达、发送、中转装卸和解编等运输任务，起着纵连南北干路，横贯"晋直鲁"的中心联络作用，是当时华北铁路重要的路网性枢纽之一。与清末民初的全国所有铁路枢纽相比，石家庄铁路枢纽具有一些不同的特点，这些特点对日后石家庄城市的兴起与发展产生了一些至关重要的影响。所以，要准确把握石家庄城市兴起、发展的演化规律和特征，必须首先了解石家庄铁路枢纽的特点。此类研究目前尚未见专文论及，本文愿对此做一探讨，以求抛砖引玉。

一 枢纽兴起从零起步

石家庄铁路枢纽由京汉线与正太线两条铁路相交而成，坐落在内陆平原一个蕞尔乡村的旁边，这个铁路枢纽所在地对于日后城市兴起和发展而言，几乎没有任何基础，可谓起点为零。清末民初，因兴修铁路在华北乃至全国崛起不少城市，而石家庄与焦作、平地泉、驻马店、唐山等那些铁路沿线城市的最大不同之处在于，其是由铁路枢纽而发展为城市的。而且石家庄铁路交通枢纽零起点的特点，与当时其他所有铁路交通枢纽城市也是不同的。从近代中国城市发展史考察，由铁路形成的交通枢纽对城市发展产生影响的类型，大致有三。

---

* 本节作者李惠民，河北传媒学院传媒与艺术研究所教授。

第一，近代铁路与沿海、沿江或沿河的港口码头相结合而组成的交通枢纽，几乎全部都成为海外贸易或区域性贸易的中心。当然，其中不少城市是在开通铁路之前就已成为著名的贸易城市，只是自铁路与码头组合之后，它们才真正具有了如虎添翼的发展势头，迅速壮大。这一类的交通枢纽有：沿海城市大连、天津、烟台、青岛、连云港、上海等；沿长江的城市南京、武汉；沿黑龙江的哈尔滨；沿牡丹江的牡丹江市；沿淮河的蚌埠；等等。这些交通枢纽的地位在近代城市发展中之所以表现非常突出，与这些枢纽是由铁路与水路交通方式结合有直接关系，水陆两者之间具有很强的互补性。石家庄不属于这样的铁路枢纽，它只是一个单纯的内陆平原上的铁路枢纽，既不靠海港，也无江河码头相依。

第二，部分近代城市或城镇，随着铁路的兴建，特别是在形成铁路枢纽之后，原有城市结构开始出现改弦易辙的变化，传统城市原有的政治、军事中心功能发生变化。这些城市经济功能日益显现，逐步实现由传统城市向近代城市的转型，社会经济突飞猛进，城市人口与日俱增，城区景观焕然一新。例如，津浦线与陇海线相交的徐州铁路枢纽所在地，早在公元前 573 年就有了筑城活动，古称彭城，自古以来一直都是政治军事中心。1912 年津浦铁路通车，1915 年陇海铁路自徐州到开封段通车，1925 年徐州到海州的陇海路东段通车，徐州成为铁路枢纽。这个枢纽是被人为地刻意安排或者精心选择在重要城市进行铁路交叉的，因此近代徐州枢纽城市的发展自然而然地受到旧城的影响，这是不言而喻的。再如，津浦线与胶济线相交的济南铁路枢纽所在地，汉初就称济南，此后一直是地方行政中心，明清两代济南都为山东省的省府所在地。还有陇海线与京汉线相交的郑州铁路枢纽所在地，更具有悠久的历史，早在商朝，郑州就成为国君仲丁的都城，此后一直是农业社会行政管理的一个地区中心，虽然到清朝已衰落，但毕竟也是将近两万人口的一座县城。1906 年京汉铁路通车，1909 年汴洛铁路通车，两条铁路在郑州交叉形成了两条铁路干线的枢纽，自铁路开通后，郑州"纷华靡丽，不亚金陵六朝"。石家庄铁路枢纽所在地不具备这样的政治历史背景，它在兴修铁路前，只是一个 93 户 532 口人的小村庄。石家庄铁路枢纽所在地距离县城一级的行政中心都在几十里开外，它西面距离获鹿县城 35 华里，北面距离正定府城 30 华里。徐州、郑州、济南的经济、政治、文化基础，是石家庄这个蕞尔乡村难望项背的。

第三，由兴修铁路而形成枢纽，铁路枢纽的所在地又逐步发展为城市，其城市成长过程为"从无到有"。这种类型的铁路枢纽城市往往发展迅速，其发展呈跨越态势。仔细比较发现，只有石家庄和哈尔滨可以称得上这种类型，说它们发展迅速呈跨越式，是因为它们都由小村庄跨越为省会级的大都市；说它们同为铁路枢纽的所在地城市，是"从无到有"的类型，是指它们在铁路兴修之前都是小村庄，一个是渔村，一个是农村。但是，由于地理位置和环境有很大的不同，石家庄与哈尔滨在发展道路和发展类型上还是存在一定差异的。石家庄属于中原内陆的铁路枢纽，没有直接与国外连接的通道和出口，近代始终也没有被批准为对外通商的口岸城市，一直是个未开埠的新兴城市。而地处东北北部的哈尔滨，位于松嫩平原东南部，濒临松花江，因兴修满洲里至绥芬河和哈尔滨至大连的东省铁路而形成铁路枢纽，它不仅发展成为典型的沿江城市，而且还因为中东铁路是俄国为了实现沟通西伯利亚与海参崴联系的产物，作为这样一条铁路的重要枢纽，哈尔滨便日益成为一座国际性的城市。

石家庄铁路枢纽的零点起步，对于日后的城市兴起，以及作为交通枢纽需配套建设的进出线路、站场、设备以及其他铁路设施、建筑等，既没有任何基础，也不存在任何障碍和限制，犹如一张白纸，任凭建设者构筑它的未来。

二 枢纽由两条不可过轨的铁路组成

从铁路枢纽的构成线路类型看，石家庄铁路枢纽由两条不同轨距的铁路组成，它们虽在石家庄这个枢纽地交会，但两条铁路间相互不可过轨，不能连接，这是石家庄有别于其他铁路枢纽的另一个突出特点。

关于铁路轨距，国际上一般均以 1435mm 轨距为普通的标准轨距。英国在创造铁路之初，为了使铁路适应大多数车轮外缘距离而确立此标准轨制，并得到大多数国家的认可；清末和民国时期，中国的铁路建设一般是以标准轨距为主的。当然，并非所有国家在当时采用的都是标准轨距，或宽或窄，尚未划一，在世界范围内轨距的差异也是存在的。清廷修建铁路采用的是国际标准轨距 1435mm，一般较窄轨而言又称为宽轨，例如，当时修建的京汉线、陇海线、津浦线、胶济线路轨都是采用的 1435mm 轨距。但是，修建正太铁路则采用的是 1000mm 轨距，被称为窄轨，因此，石家庄铁路枢纽是两条不同宽度路轨的铁路交叉点。所以，郑州、徐州、济南等铁路枢纽都与石家庄不同，它们均可以相互连接和相互转线。哈尔滨作为东省铁路的铁路枢纽，虽然连接的两条铁路也没有采用 1435mm 标准轨距，但是，东省铁路的干路和支线的路轨完全采用与俄国相同的 1524mm 宽轨，当时它也不存在因路轨差异不能相互过轨的问题。正太路是国有铁路中最早使用窄轨的线路，也是中国借款所筑铁路中唯一采用窄轨的线路。由于"民国二十一年山西省当局修筑同蒲路，欲与正太路取得连接，故亦以窄轨兴筑"，[①] 作为正太铁路西端的太原车站，则是可以相互连接和过轨的窄轨铁路枢纽。总之，石家庄铁路枢纽作为当时不同路轨的铁路枢纽，在近代中国铁路枢纽中是绝无仅有的。

窄轨与标准轨相比而言，其特点首先是建造路基宽度不同，窄轨占地少，施工的土石方工作量小，故建造更为经济；窄轨建造工程量少，施工的难度相应较低，工程期限较短；窄轨铁路机车牵引力比标准铁路机车要小得多，仅为标准轨机车的 20% ~ 25%。窄轨与标准轨机车最大的差异是运输能力不同，前者比后者的运输效率要低；但是窄轨的设备和人员配备并不能因此而缩减，故运输成本便会大大提高。

石家庄铁路枢纽作为不同路轨的铁路交叉点，带来的最大问题是两条铁路相互不能连接。由于京汉路与正太路的机车与车厢等相互不能过轨，给联运造成难以克服的困境，给正太沿线的商家和石家庄本地的行业发展，以及正太铁路局自身管理等都带来了一系列重大影响。由于石家庄铁路枢纽的这个特点，形成了一个比较独特的经济地理现象，而被写入了民国时期的教科书。由国家编译馆编辑、经教育部审定的初中地理教科书，在介绍横穿太行山脉的正太铁路的时候，认为"可惜路轨系

---

① 凌鸿勋：《中国铁路志》，文海出版社，1954，第 39 页。

一公尺的窄轨，运输效能较低"，① 原因在于"两路的轨宽窄不同，客货必须在此换车"，② 导致"运输货物必须在石家庄起卸改装，稍感不便"。③ 概而言之，必须在石家庄重新装卸货物，是由正太线窄轨引发出的第一个问题。对于正太沿线的企业和商家来说，这是令其疾首蹙额的大事，特别是在从事矿山开采的商家眼里，"正太铁路车辆过小，每车不过二十吨，运费过贵，因轨道过狭，至石家庄必须换车。实晋直两省矿业发达之大障碍也"。④ 第二，起卸改装直接导致了运输成本随之增加。重新装卸货物完全要由商家自理，运量愈大，耗费人力愈多，且装卸时间紧迫，货车在石家庄枢纽站的道岔占道，超过钟点要被罚款，也是致使运输费用提高的一个缘由。正太路局规定："货物到石家庄时，须改装京汉火车发往他处者，应由寄货或收货之商家自行料理给费。其请给京汉车辆，也应由该商家自行料理，倘因寄货之商家，未曾预先筹备，货车到石家庄时不能于十二点钟以内改装，以至停留车辆者，每车每延十二点钟，罚洋三元；不及十二点钟，亦作十二点钟算。此项罚款交清后方准交付货物。四十八点钟以后，每车每延二十四点钟，罚洋十五元，不及二十四点，亦作二十四点钟算。"⑤ 对于需要转运的商家而言，既要联系到转运的京汉线车辆，又必须刻不容缓地找人装卸火车，不难想象，当时广大客商的无奈心境。与之相联系的第三个问题是经过窄轨向标准轨的起卸改装，货物往往严重受损，其价值大打折扣："惟两路轨道宽窄悬殊，过递之间，不能衔接，以致该矿运煤由正太路至石家庄时，必须改换货车，方可前进。不但装卸周折，而煤斤受损，整块半成碎末，利益之亏耗甚多。"⑥ 然而，塞翁失马，焉知非福。虽然窄轨机车不能与京

① 国家编译馆编《初中地理》第 3 册，1946，第 40 页。
② 国家编译馆编《初中地理》第 3 册，第 12 页。
③ 国家编译馆编《初中地理》第 3 册，第 8 页。
④ 顾琅著《附论正丰公司》，《中国十大厂矿记》，民国 5 年，见河北省煤炭志编纂办公室编《河北省煤炭工业志资料汇编》，1989，第 19 页。
⑤ 《本路与京汉铁路互相接运》，《交通史路政编》第 12 册，交通铁道部交通史编纂委员会编印，1935，第 4132 页。
⑥ 《井陉矿务局李道德顺汉提督纳根禀拟开通河道便运路文并批》，国家图书馆文献微缩复制中心，《北洋公牍类纂续编》（正续编），第 7 册，国家图书馆，2004，第 3244 页。

汉路连接，增添了一道装卸环节，但是，对正太铁路局而言，却由此自成体系，避免了路政管理上的紊乱和会计核算上的纠纷，保证了正太路运营管理的单纯和稳定。正太铁路在抗战全面爆发前的30年间的运行实践充分证明，其铁路运务兴盛与其垄断地位不无关系。由于财政收入稳固，按期偿还了外国债款，铁路权收归国有。尽管它的工作效率在国有铁路中并不十分突出，盈利能力却十分突出，名列国有铁路的前茅，每万吨公里平均营业总收入和盈余、人均盈余、每公里最后盈余、人均净产值、成本收益率均名列第一，资产收益率名列第二。① 另外，石家庄铁路枢纽的这个特点，恰恰促使石家庄的转运业应运而生，成为石家庄最早出现的产业之一。所以，从城市化的角度看待石家庄铁路枢纽这个特点的得失，又可谓是"楚弓楚得"。

七七事变后，随着大片国土沦丧，华北铁路被日军掌控。为了加紧掠夺山西煤炭资源，从1938年11月到1939年10月，日本人将正太铁路的窄轨改造成为标准轨，从而实现了与京汉路的衔接，正太铁路也改名为石太铁路，"自改为广轨后，输送力乃渐增大，沿线产业之开发，颇为进展"。② 至此，石家庄铁路枢纽的这个不同轨距的特点才正式消失。

三　枢纽的线路走向呈丁字形交叉连接

石家庄铁路枢纽的另一个特点，是构成枢纽的线路走向和交叉形式的特殊性。石家庄是由南北走向的京汉线与东西走向的正太线两条铁路相交，呈丁字形相接，直到1940年石德铁路开通之前，石家庄车站没有通往东部的铁路。这与徐州、郑州等十字交叉的铁路枢纽有着很大的不同。然而，济南与石家庄两个铁路枢纽，如出一辙，都有三个方向线路，都具有一条南北向动脉干线，且沿线人口稠密，与之横接的铁路都是东西走向线路，都连接着一个省会级的城市。但是，进一步分析两者的线

---

① 徐卫国：《1927～1936年中国国有铁路的经营效益和财务状况》，《中国经济史研究》2003年第4期，第27～34页。

② 张鹤魂：《石门新指南》，石门新报社，1942，第21页

路走向、线路终点、运输结构、规划变动，便可发现两个丁字形枢纽依然存在着不小的差异。

第一，石家庄铁路枢纽三个方向线路的终点，只有京汉线直达南端的汉口是一个沿江通商口岸城市，京汉线北端的货物要经过丰台，转经京奉路，才能到达通商口岸城市天津；正太线西端终点是内陆省会城市太原，枢纽所在地石家庄是非开埠城市。而济南铁路枢纽三个方向线路的终点都是对外开放的沿海沿江的通商口岸城市，津浦线的北端到天津，南端到南京，东端到青岛，三个端点都是水路码头，顺畅地实现着陆路与水路的互补；而且济南铁路枢纽所在地本身就是山东省府，又是开埠通商口岸城市。无论是被迫开放还是自行开放，通商口岸城市都是传统中国联系或接触外部世界的前沿，这一特点既反映了铁路枢纽城市与外部世界交通运输的方便程度，又反映出铁路枢纽城市对外开放的程度。从这个角度说，石家庄铁路枢纽的地位要略逊于济南铁路枢纽。

第二，石家庄铁路枢纽横接的正太线，晚于京汉南北干线的施工与通车，它横贯晋冀两省，地势险峻，工程甚艰，"维持修养及行车费用均巨，故所定货物运价高出平汉路约百分之三四十"。① 而且因为窄轨不能与京汉线连通，沿途商家叫苦不迭。济南铁路枢纽横接的胶济线，早于津浦南北干线的建成，它横贯山东半岛，全线未出本省地界，地多平原，丘陵较少，工程施工较为简单，全线无一隧道，与津浦线实行联运，业务向称盛旺。

第三，石家庄铁路枢纽的京汉干线北段承载着大量煤炭和农产品的运输业务，整个运输都以货运为主，货运进款约占60%～70%，客运进款仅占20%～30%。② 而济南铁路枢纽的津浦线北段货运长期清淡，往来于天津与上海之间的中外客货轮船已经经营许久，且价格低廉，所以津浦线北端的南运煤炭几乎全部被海路的轮船公司垄断。

第四，石家庄铁路枢纽位于冀西，枢纽连接形式呈"┥"形，缺少一条东向横贯冀中平原的铁路连接津浦线；济南铁路枢纽位于鲁西，枢

---

① 正太铁路管理局编《正太铁路接收周年纪念刊》，1933，第103页。

② 凌鸿勋：《中国铁路志》，第73页。

纽连接形式呈"卜"形，缺少一条西向铁路连接京汉线，两者的不同在于，济南铁路枢纽始终不曾存在开发西向线路的规划，而石家庄铁路枢纽不仅始终有着由丁字交叉变为十字交叉的愿景，还有着实现这一目标的曲折过程。"正太铁路之石家庄距津六百里，其旱路之运往，困难无论矣。即使由水路而来，非仰仗于滏阳、滹沱两河不可，然此两河之水，时有时无，万不可靠。不得已由京汉路运抵京奉路，不能到津，试问如何周转，每吨有九百余里之运费，其物价之增加应当几何？若成此沧石铁路，由石家庄直抵沧县，挂车抵津，其路程合共不过六百里，其运输之费，自较由京汉而京抵津减轻不少，是此路告成，不但于民间交通便利，实于国家获利更属无穷。"① 以上充分说明了石家庄枢纽修建东向铁路非常之必要，由于这条铁路连同正太、京汉、津浦三路，存在有目共睹的经济意义，外国势力纷纷试图插手，清廷与德国商订津浦北段借款案中声明，德州至正定铁路除非15年内中国自行筹办，否则须向德国借款建造；法国人"埃士巴尼在正太久习，知我国情形"，也曾提出"请造石庄东光"铁路；"米洛哈亦有石家庄东光之请"。② 1907年，清政府邮传部为弥补正太铁路收入之不足，拟建石家庄至德州的铁路，以此拓展运输范围，进一步完善铁路网的建设，"并派工程司李大受、洋员沙克测勘直隶石家庄至山东德州支路，为交通津镇路线统筹该路全局，总期新添置资本于利息无亏，于干路有益，凡此挹彼注兹之法，即规划久远之基，举行之日尚需时日也"。③ 1916年河北商人曹桢祥等根据部颁《民业铁路法》，要集股修建石家庄至沧州的窄轨铁路，并获得交通部批准。后因种种原因，这条石家庄东向铁路被一拖再拖，直到正太铁路1933年被收回国有，铁道部放弃了沧石路修筑计划，历经曲折的石家庄至沧州铁路终成泡影。由此看来，当时用四通八达来形容近代石家庄铁路枢纽的运输功能，当属以偏概全，乌焉成马。不过石家庄铁路枢纽

---

① 《直隶省议会议员张照坤提案》，见宓汝成编《中华民国铁路史资料（1912～1949）》，第528页。

② 《正太铁路沿革概略》，《邮传部交通统计表》（上卷），光绪三十三年，第9页。

③ 《奏邮传部折正太铁路明岁人不敷预筹办法由》，光绪三十三年十月十七日，见中共石家庄市委党史征编室编《正太铁路工人斗争史》，1985，第173页。

缺失东向线路的不足，却给石家庄东向的公路发展提供了巨大的机会，由于公路运输具有投资少，见效快，机动灵活的特点，非常适应中短途的客货运输，又恰恰赶上了清末和北洋政府时期是我国公路建设的初创阶段，南京国民政府时期对公路建设亦相当重视，1928 年至 1936 年公路建设开始被纳入国家建设规划，其间石家庄拥有了石南（南宫）公路、石德公路，到 1940 年 6 月至 1941 年 12 月，日本殖民者修筑了石家庄至德州铁路，沧石铁路的前期工程所留下的路基部分，便被修成石沧公路。

由此可见，石家庄铁路与公路运输的发展，既存在着木本水源之联系，同时又存在着相互促进之关系。从 1907 年石家庄丁字形铁路枢纽形成，到 1941 年十字形铁路枢纽的出现，经历了极其曲折漫长的过程。丁字形铁路枢纽不仅在相对时间上超过十字形铁路枢纽，而且后者的实际有效通车时间断断续续，1941 年 2 月 15 日举行石德铁路正式通车仪式后，又因铁道线路受损等缘由停运多时，特别是 1945 年日本投降后，石德铁路沿线设备多被破坏，直到 1948 年 7 月 18 日才得以修复通车。在石德线通车后的 9 年时间内，虽然形成了京汉、石太、石德三条铁路干线组成的十字形交叉枢纽，实现了由丁字形向十字交叉的铁路枢纽的过渡，最终完成了京汉线与津浦线两大主干铁路的贯通，但是，城市的殖民地化以及由军事争夺等因素导致的铁路长期停运等，使得后 9 年的十字铁路枢纽对石家庄城市发展的作用，与前 30 余年丁字形铁路枢纽相比，微乎其微。所以，存在了将近 30 年时间的丁字形铁路枢纽，对近代石家庄城市化发展构成了深刻的影响，在 1940 年代以前，石家庄市区的繁华区域主要在集中在京汉线以西，正太线以南。尽管如此，这是石家庄铁路枢纽与济南铁路枢纽的一个最大不同之处，因为后者始终不存在由丁字形枢纽向十字交叉形枢纽的转变。

总之，研究石家庄铁路枢纽长期存在的丁字形线路连接与走向特点，不仅可以更加全面对了解枢纽城市的外部联系状况，而且有助于把握城市的吸引力和辐射力范围，认识城区发展格局的变化，甚至对于分析石家庄周围中短途公路运输线路的形成都具有一定的作用。

四　枢纽空间布局特点对城市发展布局形成切割

从铁路枢纽的空间结构布局看，一个城市因有两条或两条以上铁路交会，可以组成联合枢纽、环形枢纽、三角形枢纽、终端枢纽、延长式枢纽等不同的类型，不同类型的枢纽会有不同类型的车站组合。车站构成的原因比较复杂。在同一个枢纽城市的不同区域，出现两个或更多车站的情况并不鲜见，近代北京有永定门站、前门站、东便门站、西直门站等；近代天津有天津西站、天津北站、天津东站等；近代郑州有京汉线的车站，也有陇海线的车站等，不一而足，它们分别承担着各自的职责。石家庄铁路枢纽客运车站，是建立在同一个地点的宽窄路轨相互独立、长期并存的两个车站，这与其他枢纽车站迥然不同。

近代石家庄铁路枢纽的空间结构由以下部分组成：京汉线和正太线的南道岔和货运站、京汉线和正太线客运车站、正太路总机车厂、京汉路机务段、正太路机务段、沧石路场子（后为京汉路机务段）、浇油房、停车房、正太路管理局、法籍职员公寓区、京汉线和石德线的北道岔以及铁路职工宿舍等。枢纽空间的构成以京汉线为纵轴，所有组成部分相互连接，结构呈长条状，自南向北渐次展开。正太路端点有一段向南延伸的线路与京汉线并行，铁路两侧的占用地由南向北越来越宽。

处于近代石家庄铁路枢纽区域最南端的是货运站和众多条装卸货物的专用道岔，大致位于"南马路以北，旧铁路地洞以南，炼焦厂以东，平汉路以西"。[①] 铁路枢纽站为了调车、装卸货物、检修车辆、解体编组等实际需求，修建配置了一些必需的车站股道。京汉线石家庄车站的股道铺设达到了四种类型："串轨"即两头接通的站线，有10条，共6713米；"道岔"即一段接通其他股道的站线，枢纽区有3条，共2578米；"场厂道岔"即厂内线、货场线等，有12条，共3568米；"实业道岔"实际上是专用线，大部分由转运公司以及矿产公司等租用，有14

---

① 杨俊科：《石家庄早期的转运业》，见政协石家庄市文史资料研究委员会编《石家庄文史资料》，1986，第92页。

条，共 4879 米。①

道岔区北面是石家庄客运车站，它基本处于整个长条形铁路枢纽区域的中间部位，在原铁路地洞桥以北，大石桥以南。石家庄客运车站在同一个地点之上，拥有两个相互独立，且长期并存的京汉车站和正太车站。这种极为独特的车站构造设置，固然与相接的两条铁路轨道宽窄不同不无关系，更与两条铁路由不同的外国银行借款建造，长期分别实行独自运行的管理体制有关，当时铁路部门是以铁路线设局，各自为政。从客运车站形式上看，京汉线客运站是通过式车站，早期有三条"到发线"，站舍和站台在铁路的西侧，当时枕头火车站，起初仅为三等车站，②随着铁路枢纽的形成和客货运输量的增加，车站规格逐渐提高，改为一等站。石家庄正太线客运车站由于是起始站，一开始就被确定为特级站，站舍共占地约 650 平方米，建造了"尽头式"车站，有 6 条"尽头线"，因延伸的尽头线与京汉线并行，站台均在这段南北走向的延伸线东侧，站台长 200 米。③ 于是两个客运车站被夹在京汉铁路和正太铁路之间，两个车站处在相距不足百米的同一地点，东西隔中间马路对峙相望。直到1918 年，京汉线的枕头车站才改名为石家庄车站，但依然是两个相互独立管理的车站。由于两个客运车站的东侧为京汉线，客运车站的南面是车站货场和道岔，客运车站西侧是正太线，两个客运车站成为只能由北面的一条东西方向的通道进入的"口袋"，客运站区形成半封闭性的长条状，旅客自北面的通道（大石桥）进入站台很不方便，行走距离较长，出站亦然。在进出车站的东西通道（大石桥）北面，连接的是大片的铁路工场区，其中，京汉路以东先是沧石路场子，后成为京汉铁路机务段，京汉路以西是正太铁路局场。从 1907 年始，整个石家庄铁路枢纽区域均被用石头砌成的围墙圈了起来，自北向南分别设有 12 个门，各门出口有

---

① 刘统畏：《铁路修建史料（1876～1949）》第 1 集，中国铁道出版社，1991，第 312 页。

② 据中国铁道出版社 1991 年 3 月出版的《铁路修建史料（1876—1949）》第 312 页的记述，京汉线在刚通车时，全线设车站 70 余个。民国初年，因营业发达，线路通过能力不足，陆续增加了不少车站，达到 125 个。当时按其业务量大小和运转工作繁简分为 4等：一等站 17 个，二等站 14 个，三等站 37 个，四等站 57 个。

③ 交通铁道部交通史编纂委员会编印《交通史·路政编》第 12 册，1935，第 4071 页。

路警弹压把守，各门之间有城墙相接，被当地百姓称为"洋城"，城内圈占了大片土地，"内建办公大楼，各种设施和管理机构一应俱全"，① 有正太铁路监督局、法国总管处、机务浇油房（车辆段前身）、停车房②、机车修理厂、法国高级职员公寓等。

石家庄铁路枢纽的这种设计及周围枢纽设施的布局，不仅使上下火车的旅客进出不便，而且造成城市区域东西向的交通阻碍，给往来行人和车辆带来了极大的麻烦。1907 年修建了跨越正太铁路的大石桥，极大地缓解了上下火车旅客和市区内东西方向行人及车辆的不便。③ 石家庄两个客运车站被夹在京汉铁路和正太铁路之间的局面，存在了将近 30 年时间。1939 年日本殖民当局将正太铁路的窄轨改造成了标准轨距，将原来的正太铁路北面出站方向，改为南面出站方向，并将京汉路车站、正太路车站合并成为一个车站，取名为石门车站，车站才改为向西出口的新布局。同时，正太铁路改称石太铁路。1940 年，从石家庄铁路枢纽北面出线，兴建了石德铁路。至此，石门车站形成京汉、石太、石德三条铁路的交会，合并成一个统一管理的车站。1946 年，改名为石家庄站。

综上所述，石家庄铁路枢纽区域布局与城市发展的空间结构有着密切联系。由于石家庄城市完全是因铁路枢纽而兴起，城区的发展自然也是以铁路车站为中心，逐步向四周外延拓展的。铁路枢纽区域对城市空间的切割，伴随着城市的日益发展愈演愈烈。石家庄长期存在的铁路枢纽布局结构特点，对日后的城区发展格局有很大的影响，特别是对于城市功能和城市交通产生了直接的影响。

（原刊《石家庄职业技术学院学报》2012 年第 1 期）

---

① 石家庄铁路分局志编辑委员会编《石家庄铁路分局志》，中国铁道出版社，1997，第 614 页。
② 正太铁路共有停车房四处，石家庄有两处，一处于光绪三十三年落成，另一处于宣统元年落成。
③ 李惠民：《石家庄大石桥考释》，《文物春秋》2007 年第 6 期，第 12～17 页；李惠民：《石家庄大石桥百年来的功能变迁》，《石家庄文化》2007 年 5 期，第 35～37 页；李惠民：《石家庄大石桥续考》，《石家庄铁道学院学报》2008 年第 1 期，第 48～51 页。

"被动中的主动"：晚清岳、长开埠历程及相关问题

一 湖南早期开埠历程

19世纪后半期，西方各国不断加深和扩大对中国的经济和文化侵略。湖南以其独特的地理和资源优势，久已成为列强觊觎的对象。但是，湖南绅民强烈的"仇夷拒洋"之风和发生在湖南的一系列教案，尤其是以长沙为中心的持续不断的反洋教宣传，则给企图进入湖南的洋人以沉重的回击。不能如愿的洋人遂对湖南民众进行恶毒诬蔑。然而，西人入侵、控制湖南的野心则随着列强对华侵略的不断加深而变得更加强烈，一个积极图谋打开湖南"大门"的英国传教士这样说道："湖南对于中国，正如拉萨对于西藏一样。多年以来，它是大陆腹地中一座紧闭的城堡，因而也是一个无与匹敌的、特别引人注意的省份。中国的保守主义，以及对于所有外国事务的反感，都在这儿集中起来了。因此，这里不仅产生了中国最好的官吏和军队，也出现了对基督教最激烈的攻击。不管别的省份采取什么态度，湖南仍然毫不容情。所以，在中国其他各省向传教士和商人开放很久以后……这样一个反抗的险要堡垒，自然成了十字军的目标。"[①] 而另一位负责在中国中部传教的英国传教士则更是赤裸裸地鼓吹："湖南必须变得低首下心，她的两个或三个大的商业中心，

＊ 本节作者李玉，南京大学中华民国史研究中心教授。

① 〔美〕周锡瑞著《改良与革命》，杨慎之译，中华书局，1982，第39页。

必须向外国商业开放。"① 这些言论充分反映了英人急欲深入和控制湖南的野心。

就在英国传教士积极鼓吹本国政府加快控制湖南的时候，后继的德国、日本也把目光瞄准了湖南。早在 1877 年 8 月，德国在同清政府进行修约谈判时，就提出将岳州作为"贸易居住地"。② 后经过清政府的反复交涉，才将岳州条款从条约中取消。③ 而日人则早在 1873 年就已深入岳州和长沙进行考察，并拟定了"开发湖南"的详细报告书。④ 在中日甲午战争之后的谈判中，日本政府在条约草案中首次提出：将湖南的湘潭作为和重庆、沙市、北京、梧州、杭州、苏州并列的开埠口岸，而且日本轮船可"从长江驶进洞庭湖，溯入湘江，以至湘潭县"。⑤ 但是，清政府代表李鸿章则直言相告："湘潭……士民向来最恨外人，万一开口，易滋事端，地方官实难保护。"⑥ 日本才不得不同意将湘潭从原开埠城市名单中取消。

日本的图谋使英国的"湖南战略"受到挑战，于是在 19 世纪最后几年列强在中国争相划分"势力范围"之时，英国便加快了其控制湖南的步伐。1896 年 7 月，英国驻汉口领事嘉利士就"抄译两禀牍，分呈各国驻京使馆"，请乘解决周汉反洋教案和湘人逐步转变观念、渐生变法维新思想之际，"与总署议开湖南通商口岸"。⑦ 然而，清政府官员在对待湖南开埠问题上异常慎重，因为他们唯恐极端仇夷仇教的湘人滋生事端，引起交涉。这一担心使得他们就对待湘省的某些新政事业也格外谨慎。例如，甲午战后长沙士绅请开内河轮船公司时，湖广总督张之洞就不得不

① 周锡瑞：《改良与革命》，第 40 页。
② 郭嵩焘：《郭嵩焘日记》第 3 册，湖南人民出版社，1982，第 290～291 页。
③ 见 1880 年 3 月签订的中德《续修条约》，王铁崖编《中外旧约章汇编》第 1 册，生活·读书·新知三联书店，1957，第 372 页。
④ 见〔日〕中村义《辛亥革命时期的日本和湖南省》，《辛亥革命与近代中国——纪念辛亥革命 80 周年国际学术讨论会文集》下册，中华书局，1992，第 1224～1225 页。
⑤ 李鸿章：《中日议和纪略》，"条约"，第 6 页，载李毓澍主编《近代史料丛书汇编》第 1 辑第 2～3 册，台湾大通书局，1968，总第 177 页。
⑥ 李鸿章：《中日议和纪略》，"拟商"，第 12 页，载李毓澍主编《近代史料丛书汇编》第 1 辑第 2～3 册，总第 190 页。
⑦ 《三湘喜报》，《万国公报》第 90 卷，光绪二十二年六月，第 16179 页。

严加限制，"专为恐引洋人通商"，因为洋人入湘，"万分可惧"。①迨胶州教案发生后，张之洞在对待湖南开埠方面，变得更加小心了。他曾就此致电湘抚陈宝箴："胶州一案，只以杀两教士，遂致兴兵据地，多款要挟……方今国势太弱，但生一衅，即有危乱之祸。若湘省果开口岸，设伤一、二洋人，中国不可问矣。洞与公同膺疆寄，岂敢当此重咎？将来岂能保湘省永不通商？但不自我发端，问心稍免疚悔。"②

但是，洋人并不顾及张之洞"岂敢当此重咎"的"责任感"，他们谋求湖南开埠是出于拓展本国在华的政治和商业利益的考虑。尤其是中日甲午战争之后，列强掀起了在中国划分势力范围的狂潮。在这场争夺中，英国将长江流域作为自己"最精选"的"保护地区"，③而且妄图攫取缅甸至长江流域的铁路修筑权，④于是作为腹地的湖南自然受到他们格外的"青睐"。英国《泰晤士报》的一则评论说得很明确："盖湖南乃由缅甸通长江商务之要道，亟宜将湖南地势及商务情形考究明白……如果日后中国幅员，南疆为法国侵占，北疆为俄国侵占，则长江一带腹省，必归英国管辖。若是则湖南一隅，实为长江联络我缅甸之经道也。"⑤正因为湖南对于英国在华利益有如此重要的意义，所以英人要求湖南开埠的愿望尤为强烈。而英人的图谋也终于在胶州教案发生后有了实际效果。

1897年底，山东巨野教案发生后，德国武力割据胶州湾，朝野再次震诧于民族危机的严重，于是不乏"联俄""联英"以求与德制衡的呼声。⑥

---

① 《致长沙陈抚台》（光绪二十三年十一月十六日），《张文襄公全集》（以下简称《张集》）卷154，沈云龙主编《近代中国史料丛刊》第46辑正编466号（以下所引本丛书其他史料只写序列号与页码）台北，文海出版社，1966，第11022页。

② 《致长沙陈抚台》（光绪二十三年十一月十六日），《张集》卷154，正编466号，第11022~11023页。

③ 〔英〕伯尔考维茨：《中国通与英国外交部》，江载华、陈衍译，商务印书馆，1962，第267页。

④ 伯尔考维茨著《中国通与英国外交部》，第257~258页。

⑤ 《英国泰晤士报论中国时下情形》，光绪二十四年三月初一日，《时务报》第55册；沈云龙主编《近代中国史料丛刊三编》第33辑第328号，台北，文海出版社，1987，第3728页。

⑥ 如湘抚陈宝箴就主张"联英"，见《张集》卷154，正编466号，第11044页。

而英、俄等国亦自不甘落后于德国，"向总署大闹，要求横暴无礼"。① 时值清政府向日本支付赔款期限将至，英国便乘机答应给清政府 1200 万英镑低息借款。但条件是开放湘潭、大连、南宁三个口岸；将英国缅甸铁路经云南、湖南延展至汉口；不许将长江流域擅自割让他国；修改厘金章程等。② 对于英国的图谋，湖广总督张之洞极力反对，他致电总理衙门陈明利害："英借款乃彼强我借，且以轻息饵我，欲乘此一举吞灭中国"，③"英款万不可借"。④ 但是，在英国驻华公使窦纳乐的胁迫和利诱下，总理衙门官员认可了向英借款，⑤ 在他们看来，"英借款息轻，开湘潭口岸事〔势〕在必行"。⑥ 然而，由于各国争夺对清政府贷款的斗争日趋激烈，未久，清廷遂决定停止向任何国家借款。⑦ 英使得悉，大为不满。1898 年 2 月 5 日，窦纳乐向总理衙门提出抗议，并蛮横地要求，即使不借款，原议各条亦须兑现。⑧ 英人的要求是"蓄意已久"的，⑨ 清政府不敢强拒，但湖南民众仇夷拒外之风素炽，贸然应允开放湘潭，又怕引起湘人强烈反对，触发事端。于是，总理衙门在同英使窦纳乐交涉的同时，又驰书湘抚，征询意见。而湘抚陈宝箴则不得不就此事邀集众绅

---

① 《致天津王制台》（光绪二十三年十二月二十六日），《张集》卷 154，正编 466 号，第 11045 页。

② 翁同龢：《翁文恭公日记》第 9 册，台湾商务印书馆，1973，第 7900 页；张之洞：《致天津王制台、上海盛京堂》，《张集》卷 154，正编 466 号，第 11045～11046 页；《英国蓝皮书》中国第一号，引自〔英〕伯尔考维茨著《中国通与英国外交部》，第 262～263 页。另，光绪二十四年正月《万国公报》（第 28 册，第 17510 页）曾有《德主夺据胶湾记》一文，云英人只要求开长沙一府，盖不确实。

③ 《致长沙陈抚台》（光绪二十四年正月初二日），《张集》卷 154，正编 466 号，第 11048 页。

④ 《致长沙陈抚台》（光绪二十三年十二月二十九日），《张集》卷 154，正编 466 号，第 11047 页。

⑤ 如英国公使曾照会李鸿章，"设不借款，即失和"（《翁文恭公日记》第 10 册，第 7913 页）；总理衙门官员翁同龢也认为"英之借款较他国为宜……若不借款，则英必生心矣"。（《翁文恭公日记》第 9 册，第 7905 页）

⑥ 《香帅来电》（光绪二十四年正月初三日），盛宣怀：《愚斋存稿》卷 30，沈云龙主编《近代中国史料丛刊续编》第 13 辑第 123 号，台北，文海出版社，1974，第 728 页。

⑦ 翁同龢《翁文恭公日记》第 10 册，第 7919 页。

⑧ 翁同龢《翁文恭公日记》第 10 册，第 7922 页。

⑨ 《江督刘岘师来电》（光绪二十四年正月初三日），盛宣怀《愚斋存稿》卷 30，"续编"第 123 号，第 728 页。

进行会议。结果，湘潭、长沙等地士绅多持反对态度。① 这就使得总理衙门官员进退两难，不得不好言规劝湘人："国家安危大计，此时全赖英人排解，湘人素忠义，务当仰体，许以通商。"而湘抚陈宝箴则担心开放湘潭，恐致"乱出事外，防不胜防……设有不虞，金无以对外人"。他建议总理衙门要求英国同意推迟湘省开埠时间，并谓此乃"万稳之策"。② 但是，英人不愿再等，执意请开商埠。于是湖广总督张之洞便给湘抚出主意，他在光绪二十四年正月十六日（1898年2月6日）致电湘抚："英数日内，必别有文章，湘省口岸恐终必开，莫如先以岳州搪抵，拟会衔电署专论此事。若不先陈明，恐总署先行允许后……则无及矣。"③ 未久，张之洞得到消息闻英人已不再索开大连，以照顾俄国的在华利益。他敏锐地意识到：如此，"则英不与俄争于北，当自取于南，尤黠尤狠矣"。为此，他要求湘抚就"以岳州易湘潭"方案尽快表态，以便电告总理衙门，尽可能保护湘省权益。④ 湘抚认为可行，遂电告总理衙门，并转达于英人。英人对"以岳州易湘潭"的方案没有拒绝，原因是他们担心春冬时节，湘江水浅，火轮船不易直抵湘潭，觉得"为今之计似应先以岳州为通商口岸"。⑤

早在与湘省官绅议开湘潭时，总理衙门为了消弭湘人的敌对情绪，曾允诺"许以通商，可不划租界，不夺民利益"。⑥ 后来，英人也答应口岸可以"自办"。⑦ 而此时期，清政府官员在总结以往约开口岸教训和借鉴各国通商经验的基础上，要求自开商埠的呼声亦日益突出，如江督刘

---

① 皮锡瑞：《师伏堂未刊日记》，《湖南历史资料》1958年第4期，第85页。

② 张朋园：《中国现代化的区域研究：湖南省》，台湾中研院近代史研究所，1983，第111~112页。

③ 《致长沙陈抚台》（光绪二十四年正月十八日），《张集》卷154，正编466号，第11068页。

④ 《致长沙陈抚台》（光绪二十四年正月十九日），《张集》卷154，正编466号，第11070页。

⑤ 《英国泰晤士报论中国时下情形》，光绪二十四年三月初一日，《时务报》第55册，三编328号，第3728页。

⑥ 《总理衙门档》，引自张朋园《中国现代化的区域研究：湖南省》，第111页。

⑦ 见《致长沙陈抚台》（光绪二十四年正月十九日），《张集》卷154，正编第466号，第11070页。英使的这一答复竟使湘抚陈宝箴颇感意外，他在致黄遵宪的信中这样说道："昨得总署电，不划作租界一节，英使竟允许，颇出意外，非酌见不及此。"（见蒋天枢《陈寅恪先生编年事辑》，上海古籍出版社，1981，第247页）。

坤一、御史管献廷、驻美大臣伍廷芳等人皆主张自开口岸。[①] 现在，英人既答应口岸可以"自办"，正合总理衙门官员之意，他们遂就自开岳州等口岸上奏朝廷："泰西各国，首重商务，不惜广开通商口岸，任令各国通商，设关权税，以收足国足民之效。中国自通商以来，关税逐渐加增，近年征至二千余万。京协各饷，多半取给于此，惟是筹还洋款等项，支用愈繁，筹拨恒若不继，臣等再四筹维，计惟添设通商口岸，借裨饷源。查湖南岳州府，地临大江，兵商各船往来甚便，将来粤汉铁路既通，广东、香港百货皆可由此出口，实为湘鄂交界第一商埠。比来，湖南风气渐开，该处又与湖北毗连，洋人为所习见。若作为通商口岸，揆之地势人情，均称便利……拟于该两处（另一处为三都澳，引者注）添开口岸，庶可振兴商务，扩充利源。"[②] 总理衙门的这一请求得到清廷同意，清廷还在此基础上做了推广自开商埠的上谕："欧洲通例，凡通商口岸，各国均不得侵占。现当海禁洞开，强邻环伺，欲图商务流通，隐杜觊觎，惟有广开口岸一法。三月间，业经准如总理各国事务衙门王大臣奏将湖南岳州、福建三都澳、直隶秦王〔皇〕岛开作口岸……着沿江沿边各将军督抚迅就各省地方悉心筹度，如有形势扼要、商贾辐辏之区，可以推广口岸，展拓商埠者，即行咨总理衙门办理。"[③] 这道上谕的发布，标志着"自开商埠"成为清政府商务和涉外政策的一种。这样，岳州便成为清政府首批实行"自开"的商埠之一。

所谓"自开"，就是要做到"详定节目，不准划作租界，以均利益，而保事权"。[④] 这样，"举凡购买民地，修筑剥岸、马路、楼房、货栈，及营造关署，添置巡捕"，均须"事事自行筹备"。[⑤] 于是，湖广总洞张之

---

① 详见张践《晚清自开商埠述论》，《近代史研究》1994 年第 5 期。

② 朱寿朋编《光绪朝东华录》（四），总第 4062 页；刘锦藻辑《清朝续文献通考》卷 59，考 8146；《清实录·德宗实录》卷 416，中华书局，1987，第 443 页。

③ 朱寿朋编《光绪朝东华录》（四），总第 4158 页；《清实录·德宗实录》卷 422，第 534 页。

④ 朱寿朋编《光绪朝东华录》（四），总第 4158 页；《清实录·德宗实录》卷 422，第 534 页。

⑤ 俞廉三：《奏岳州开埠各事宜折》，《俞廉三遗集》卷 100，《湖南历史资料》1979 年第 1 期，第 156 页。

洞同湘抚陈宝箴（后为俞廉三）便开始就此进行缜密策划。然而就在筹备开埠期间，日本却借口沙市日本领事馆失火事件，[①] 要求在福州、岳州、三都澳等地设立日本专管租界。[②] 张之洞据理力争："岳州、三都澳均已奉旨通商……贵国自可一体均沾……何必作为沙案要索之款。"[③] 总理衙门亦明确表示："自开之口与别口不同，应勿立租界，由中国派员另设巡捕会审局"；[④]"岳州……系自开口岸，与各国所请有别，不能照通商租界办法"。[⑤] 遂使日本的图谋未能实现。由于日本的节外生枝，增加了岳州开埠的交涉。而另一方面，此期间，由于周汉等人重新掀起的反教宣传——虽然其声势和影响已远不如前——又增加了地方官员对开放岳州的顾虑。他们认为，在湖南一省，"创开口岸，实属悬心"，[⑥]"若举办太骤，布置未周，于商务必然无益"。[⑦] 这样，就使岳州的开埠进程受到了延误。英人便不高兴了，英国驻华使臣遂照会清政府，要求将岳州"立即开办，毋庸延缓"。[⑧] 后又不断催逼，"词甚坚鸷"。并且威胁："若不早开口岸，即照总署新章（1898 年新订《内河行轮章程》，引者注），径令洋轮驶往。"[⑨] 英人的催逼很快产生了效果，岳州开埠日期便不得不由原定的 1900 年提前到 1899 年。[⑩] 虽然后来在海关税务司人选和请拨开办经费方面遇到了不少问题，但岳州总算在 1899 年 11 月 13 日正式

---

① 该次事件系因沙市湘帮客民与招商局更夫滋事，焚毁关局囤船，延烧华洋房屋引起。见《审结沙市客民滋事一案析》（光绪二十四年六月二十四日），《张集》卷 48，正编 457 号，第 3440 页。

② 《总署来电》（光绪二十四年四月初九日），《张集》卷 155，正编 466 号，第 11123 页。

③ 《致上海盛京堂》（光绪二十四年四月二十日），《张集》卷 155，正编 466 号，第 11134 页。

④ 《总署来电》（光绪二十四年四月二十四日），《张集》卷 155，正编 466 号，第 11140～11141 页。

⑤ 《总署来电》（光绪二十四年四月二十八日），《张集》卷 155，正编 466 号，第 11141 页。

⑥ 《致总署》（光绪二十四年六月初七日），《张集》卷 156，正编 466 号，第 11176 页。

⑦ 《审结沙市客民滋事一案折》（光绪二十四年六月二十四日），《张集》卷 48，正编第 457 号，第 3450 页。

⑧ 《致长沙陈抚台》（光绪二十四年四月二十七日），《张集》卷 155，正编 466 号，第 11145 页。

⑨ 《致长沙陈抚台》（光绪二十四年五月二十五日），《张集》卷 156，正编 466 号，第 11168 页。

⑩ 《致总署》（光绪二十四年六月十九日），《张集》卷 156，正编 466 号，第 11183 页。

开关了。①

关于岳州关的性质和地位，张做了批示："现中国既自开岳州为通商口岸，恐难仍旧作为内港。所有长江贸易轮船由此口赴彼口者，只可照长江通商章程办理。但长江章程第五款内载，凡愿在长江常川贸易之轮船不在汉口以下贸易，即在汉口换照等语，是则所有长江贸易轮船将来当在汉口请领专照，而不在岳州请领专照。所有在岳州领照者，当是由岳州前往内港之轮船，自应照内港章程办理，不得稍涉牵混。"② 据此，江汉关拟定了《岳州关通商章程》，规定"岳州关领照之小轮，准下至汉口，上至湖北之宜昌、沙市、湖南之常德、衡州为止，总以不出湖南北境界为断"。③ 这样，无疑将岳州关定性为一个以转口贸易为主的二级商埠。

开放岳州，在清政府官员看来，实为"不得已之举"，因为"自开口岸，较胜于听命他人"。④ 而英人则似乎有点惊喜，例如岳州海关首任税务司马士就不无兴奋地预言："查岳州为湖南一省门户，凡进口、出口之大宗货物，莫不悉由于此。兹既开作通商口岸……风气一广，湖南之生意谅可从此畅旺而隆兴。"但是，洋商很快发现，岳州并非理想的通商之地：此地虽属湘鄂之间的交通咽喉，战略地位较为重要，"惜于商务甚欠，居民不过万八千多口……市场仅南门外一处，不但无工艺制造等铺，且无此等生意"，商船往来，多为暂停，因此市内"并未见百货沸腾而万商云集也"。⑤ 更令洋商不快的是，《岳州关通商章程》实际上使洋商在汉口和长沙间的直达贸易受到限制。乃至岳州开埠一年后，英国驻汉口总领事在一份报告中愤愤地说道："（吾等）开通湖南之请日见其甚，彼

---

① 俞廉三：《奏岳州关开办日期折》，《俞廉三遗集》卷 100，《湖南历史资料》1979 年第 1 期，第 160 页。

② 《批岳州澧道禀岳州设关催厘应否遵照内港章程办理》（光绪二十五年七月十七日），《张集》卷 118，正编 478 号，第 8460 页。

③ 《批江汉关、牙厘局会详酌拟岳州关通商行船章程》（光绪二十六年正月十五日），《张集》卷 118，正编 478 号，第 8465 页。

④ 《与俞廙轩》（光绪二十五年五月十五日），《张集》卷 218，正编 484 号，第 15660 页。

⑤ 马士：《光绪二十五年岳州口华洋贸易情形论略》，《湖南历史资料》1979 年第 1 期，第 165、168 页。

等仅以开通岳州作结。然岳州之开，实非所愿。以按其章程，势必至于阻塞小轮贸易直入湖南内地也。岳州未开之先，已有小轮来往汉口、长沙，虽海关增定内河行驶小轮章程，纷杂不一，有碍运货，而生意仍然繁盛。但岳州一开口岸，小轮贸易不能直达。岳州本非贸易畅行之地，轮船来往汉口、宜昌之间，不愿纡道而折至此新开之口岸，而来往于湖南之客货不得不久停于未遂所请之口岸，以候装往各处之便船。是口之关税可谓曰无，所有寓客仅有海关人员而已。自岳州开通之后，湖南可以愈坚其永闭外洋之商务矣。"[①] 说清政府开放岳州，是为使湖南更加安然地"关闭"，实属诬词，但岳州开埠后，商务并未呈现繁盛之局，亦属实情。因为就连清政府地方官员也承认，岳州"地处下游，于湘省全境仍隔重湖，土货贸迁无甚关系，又夙为经过孔道，并非商货聚集之场。故开办多年，洋商不乐侨居，关税亦从未畅旺"。[②]

很显然，岳州开埠并不能满足英人深入湘南，进行经济掠夺和文化渗透的需要。于是，英人又回到了要求开放湘省中心城市的老路上，而且将眼光直接瞄准了省会长沙。英人欲开长沙，主要是想从根本上"解除"湘人的文化排外和仇洋心态。[③] 早在沙市洋房失火事件发生后，英人见肇事者系湘帮客民，便武断地将之与发生在长沙的反洋教宣传联系在一起，照会清政府，蛮横地提出："湖南每有滋闹教会，谋害西人，惟有长沙最甚，而各府、州、县以长沙省会地方尚且如此，以致均皆效尤……现在时势，必须首开长沙，次办常德、湘潭口岸，庶几湖南人民足以醒悟，不致再有滋闹情事。设不如此办理，嗣后不免仍出事。"[④] 开放岳州一埠就已令清政府官员提心吊胆，对于英人求开长沙等湘省重要城市之请，自然不敢答应。经过总理衙门与英人的"力辩"，英

① 郑贞来译、陈钰选辑《交涉要览类编》，沈云龙主编《近代中国史料丛刊三编》第 30 辑第 294 号，台北，文海出版社，1987，第 165～166 页。

② 端方：《自开商埠筹办情形折》，《端忠敏公奏稿》卷 5，沈云龙主编《近代中国史料丛刊三编》第 30 辑第 94 号，台北，文海出版社，1966，第 621 页。

③ 周锡瑞：《改良与革命》，第 42 页。

④ 《致长沙陈抚台》（光绪二十四年四月二十七日），《致总署》（光绪二十四年五月初四日），《张集》卷 155，正编 466 号，第 11145、11150 页。

人首开长沙，次开常德、湘潭的要求才"不提矣"。① 然而，当英人发觉岳州开埠未达到目的时，便立即将目光转向了长沙等埠。1900 年衡州发生教案，英国驻汉口总领事遂马上向本国政府报告："开通湖南，此正其时，诚不可失，长沙、常德、湘潭三处仍为所需之通商口岸。"② 但因英人正忙于在京、津地区镇压义和团民众，遂没有顾及此事。而当《辛丑条约》签订之后，中英进行商约谈判时，长沙开埠就再次被英人提了出来。

二 辛丑条约订立之后的中外商约谈判中关于长沙开埠的磋商

辛丑条约订立之后的中外商约谈判，无疑是西方各国谋求在华进一步侵攘权益的又一次机会。而"民穷财尽"的清政府则不得不命张之洞、刘坤一、盛宣怀等人对此次谈判进行"悉心筹议"，"变通补救"。③ 对于这次谈判的艰苦性，张之洞、盛宣怀等人是清楚的，他们"闻各国已令议院、商会各抒所见，势将择其利彼损我者合力挟求更改"。他们认识到，"各国通商自有常法，修改条约，必期彼此有益。中国则旧约本已受亏，彼本不以各国通例待我，战败以后，必然愈改愈狠，势所必然"。④ 于是参加谈判的官员达成一致的想法：修约谈判过程中，要奋力与争，"两害取轻"，"害中求利"。⑤ 张之洞、盛宣怀还专门就这一谈判方针表奏朝廷，指出"变通补救之方……惟有商酌细目时视彼要索何款，相机

---

① 《致长沙陈抚台》（光绪二十四年五月廿五日），《张集》卷 156，正编 466 号，第 11168 页。
② 郑贞来译、陈钰选辑《交涉要览类编》，三编 294 号，第 166 页。
③ 《旨着刘坤一张之洞盛宣怀酌办通商行船的章电》，王彦威、王亮编《清季外交史料》卷 150，第 19 页，三编 16 号，沈云龙主编《近代中国史料丛刊》三编第 2 辑，台北，文海出版社，1985，第 2530 页。
④ 盛宣怀：《筹备修改通商行船条约电奏》（光绪二十六年十一月二十八日），《愚斋存稿》卷 21，续编 122 号，第 564 页；张之洞：《致西安军机处》（光绪二十六年十一月二十八日），《张集》卷 81，正编 460 号，第 5645 页。
⑤ 《鄂督张之洞致枢垣及外部条陈免厘加税意见电》，王彦威、王亮编《清季外交史料》卷 155，三编 16 号，第 2602 页。

抵制，设法保全，总以勿碍我商民生计，勿侵我自主之权利为主"。① 可见，清政府代表先已定下了奋力抗争，保全利益的谈判原则。

中英商约谈判于 1902 年 1 月 10 日首先开始，清政府方面直接参加谈判的代表为盛宣怀、吕海寰，并以江汉关税务司贺璧理（A. E. Hippisley）、海关副总税务司裴式凯（R. E. Bredon）为随同，英国方面则以前印度事务委员会委员马凯为代表。

增开商埠是这次商约谈判的首要内容之一，英国谈判代表马凯在条约草案中提出开放湖南长沙、常德等十口的要求。② 对此，盛宣怀不得不转咨清政府外务部和两江总督刘坤一及湖广总督张之洞。

外务部在复电中指示盛宣怀借口以前总理衙门曾奏准自开商埠有案，先要求"订明中国自开口岸"，③ 以作搪塞，再徐图商议。江督刘坤一对英人索开多口一节很是反感，他在致外务部和盛宣怀等人的电文中这样指出：

> 索开多口，无非挠我厘务，兼为内地居住之谋。往岁广开口岸之旨，原冀预杜侵占。第多一口岸，于税厘即增一漏卮……通盘算计，沿海择要开口，利多害少；沿江内地多开口岸，实属有害无利。盖内地（开口）……于厘务制造，皆有大损。且内地开口，沿途经由之地，顿隐口岸。是内地虽开通一处，实则沿江海而至内地开口之处，均与口岸无异，所损尤大，而于商务未必真有利益，现观苏、杭可知。所索各口，北京、常德、长沙……皆在内地……湘中现开岳州，创办极难。若再深入内地，目前之开办与夫日后之弹压、保卫，其难更可想见。此时，中国应还洋债已如此之巨，财力已万分

---

① 盛宣怀：《筹备修改通商行船条约电奏》（光绪二十六年十一月二十八日），《愚斋存稿》卷 21，续编 122 号，第 565 页；张之洞：《致西安军机处》（光绪二十六年十一月二十八日），《张集》卷 81，正编 460 号，第 5646 页。

② 其他各口分别为：北京、成都、叙州、昆明、安庆、湖口、惠州、江门，见中国海关总署研究室编译《辛丑和约订立以后的商约谈判》以下简称（《谈判》），中华书局，1994，第 30 页。

③ 《外部致盛宣怀马凯交来商约条款开列准驳大概电》，王彦威、王亮编《清季外交史料》卷 150，三编 16 号，第 2528 页。

为难，若再多耗国帑，损我税厘，不独有碍还款，且致中国民穷财尽，于英国商务亦有不利。万事彼此总当从大处着想，应请杏兄切实与之辩论。如其必不得已，亦只有将所索江海各处量为因应，并作为自开之处。①

张之洞接到咨询，因事关湖南开埠，不便专擅作断，遂又转询湘抚俞廉三。② 俞作如是答复：

　　　查长沙风气初开，划地通商，设法开导民情，或尚不至惊阻。但商务能否畅旺，殊无把握。惟开议时须与各使订明系由中国自开，不得各国占划租界，一切开关、设捕、抽租、修路等事由我自主，略仿日本居留场办法。地段勘定，当再布商。常德水道更浅，商务无多，同时并开，力固难兼，费亦不逮。拟将长沙办妥，察看情形，再行续办。③

张之洞本人对于英人强索口岸非常反感，他尤其不愿在湖南开埠，用他的话说就是："内地通商，彼利我损……况湘为敝处辖境，尤不愿多此一事，自添烦恼"，④ "开两岸，则事更多，鄙意实非所愿"。⑤ 因此，他还是期望盛宣怀能"力拒"，如此则"甚善"。但是，转念一想，此又乃一厢情愿，因为"洋人未必能尽如我愿耳"。遂觉得，万不得已，亦只

---

① 刘坤一：《复盛宫保并寄张宫保》（光绪二十七年十二月初十日），《刘坤一遗集》第6册，中华书局，1959，第2645页。

② 《致长沙俞抚台》（光绪二十七年十二月十一日），《张集》卷177，正编468号，第12675～12676页。

③ 《俞抚台来电》（光绪二十七年十二月十五日到），《张集》卷177，正编468号，第12676～12677页。

④ 《致长沙俞抚台》（光绪二十七年十二月十八日），《张集》卷177，正编468号，第12695～12696页。

⑤ 《致长沙俞抚台》（光绪二十七年十二月二十一日），《张集》卷177，正编468号，第12707页。

有"自开"一策,"极为妥协"。① 于是,张之洞便在同湘抚俞廉三充分商议之后于光绪二十八年二月二十日（1902 年 3 月 29 日）正式致电外务部和参加谈判的吕海寰、盛宣怀等人:

> 长沙已与湘抚商妥可作为自开口岸,议定一年后开办,以便布置一切。常德俟长沙开后,体察情形,如妥善亦可开,但一切须照岳州自开章程。②

清政府外务部在接到盛宣怀咨询后,还征询了海关总税务司赫德的意见。赫德也主张自开,他说:"添开口岸……似无不可,然与其由议约而开通商口岸,不若自开之商埠可留自主之权。"③ 赫德还为吕海寰、盛宣怀代拟了自开商埠的"公共简要专章",④ 以方便盛宣怀等人交涉。

清政府主要官员和海关总税务司众口一词主张"自开"的态度,无疑使参加谈判的盛宣怀、吕海寰等人信心倍增,他们遂就此与英国代表马凯等人进行了反复的辩论。盛宣怀等坚持口岸由中国自开,各口岸的"市政和巡捕由中国人自办";⑤ 而马凯则坚持与以往的约开口岸无异,毫不让步。双方往往就这一问题"争辩很久而一无结果"。⑥ 有关文献为我们记录了当时双方互相辩难的情景,兹选录一节:

> 盛宣怀:如果中国自开这些口岸,我担保它们一定会迅速开放而永远不会停闭（马凯曾以中国也许会将这些口岸关闭作为反对中国自开口岸的理由）。

---

① 《致长沙俞抚台》（光绪二十七年十二月十八日）,《张集》卷 177,正编 468 号,第 12696 页。

② 《致外务部、上海吕大臣、盛大臣、江宁刘制台》（光绪二十八年二月二十日）,《张集》卷 178,正编 468 号,第 12808～12809 页;另见《清季外交史料》卷 153,三编 16 号,第 2571 页;《湖南历史资料》1980 年第 1 期,第 171 页。

③ 《1902 年 1 月 27 日总税务司赫德致外务部函及商约依序节略之一》,《谈判》,第 4 页。

④ 《1902 年 4 月 4 日总税务司赫德复商约大臣吕海寰、盛宣怀电》,《谈判》,第 17 页。

⑤ 《1902 年 1 月 25 日戴乐尔致赫德呈文第 1387 号及第五次会议记录》,《谈判》,第 32 页。

⑥ 《1902 年 4 月 3 日戴乐尔致赫德呈文第 1412 号及第十二次会议记录》,《谈判》,第 45 页。

马凯：我已将你们所提出的意见发电回国报告，但是英国政府不能同意。

…………

盛宣怀：如果这些口岸由中国自开，它们很快就可以开放。

马凯：六个月的工夫行吗？

盛宣怀：如果自开，六个月可以办到。

马凯：如果开作通商口岸呢？

盛宣怀：六十年！！

马凯：你是在讲笑话！

盛宣怀：我们所怕的是其他国家会援例。

马凯：那我没办法。我告诉你们：除非开作通商口岸，再谈也没有用。它会耽误整个事情的。你们为什么现取这样的态度？

…………

盛宣怀：我的政府只准我提出中国自开口岸。

马凯：我的政府只准我答应通商口岸。我只能把我所接到的训条告诉你。我可以告诉你，我们在这一点上决不让步！①

与开埠联系密切的另一项谈判便是裁厘加税问题。清政府反对多开口岸，主要是担心厘金受损；坚持自开，除了冀图力申主权之外，主要目的还在于意欲"挽回"洋人租界内免厘造成的损失，企图使洋人在口岸之内"照付销场税、印花税等"。② 而英国代表坚持多开口岸，反对口岸由清政府"自开"，其意图正好相反。马凯表示"除非厘金废除"，才同意"不开放口岸"。③ 而清政府谈判代表则针锋相对地提出，除非英人同意加税，否则，"不得索开各口"。④ 于是，裁厘加税便又成为开埠的条

---

① 《1902 年 7 月 6 日马凯在"新裕"轮上与盛宣怀会谈记录》，《谈判》，第 85 ~ 86 页。
② 《1902 年 7 月 14 日马凯在武昌纱厂与盛宣怀等会议简记》，《谈判》，第 131 页。
③ 《1902 年 7 月 12 日马凯在汉口英国领事馆与陈善言等会议简记》，《谈判》，第 106 页。
④ 《致外务部》（光绪二十八年六月十二日）、《致外务部、江宁刘制台》（光绪二十八年六月十九日），《张集》卷 84，正编 460 号，第 5799、5816 页。

件，① 为日后中英关于长沙商埠的争执留下了一处伏笔。

由于马凯等人在坚持约开商埠方面毫不让步，清政府谈判代表不得不在谈判策略上有所改变。1902 年 7 月初，中英谈判地点由上海转至武昌、汉口，张之洞直接插手。他告诉英国代表马凯说，"他可以答应把这些地方称为通商口岸"，即英国可以称这些口岸为"约开"，但中英必须"商定一些章程"，载明通商口岸必须中国自设工部与巡捕局。② 马凯自以为得计，遂表示同意。于是，中英双方在武昌就开埠问题达成了最终协议：

> 中国允愿将下列各地开为通商口岸，与江宁、天津条约所开之口岸无异，即：湖南之长沙，四川之万县，安徽之安庆，广东之惠州及江门。凡各国人在各该通商口岸居住者，须遵守该处工部局及巡捕章程，与居住各该处之华民无异，非得华官允准，不能在该通商口岸之界内自设工部局及巡捕。此第八款（主要是关于裁厘加税的规定，引者注）若不施行，则不得索开以上所列之处作为通商口岸。③

细观这一约款，与其说英人争得了"约开"商埠的特权，毋宁说清政府谈判代表较为成功地贯彻了"自开"的原则。因为在清政府官员看来，"自设巡捕、工部局，即'自开'之实事也"，④ "新开四口岸……洋人不能设工部局、巡捕局……此虽名为通商口岸，实与自开口岸无异"。⑤ 后来，张之洞在回忆关于长沙等城市开埠的条款的修订过程时，这样解释道："原文（《中英续议通商行船条约》第八款，第十二节，引者注）只言开口岸，与江宁、天津各条约所开之口无异。迨马凯至鄂，鄙处切

---

① 《致京鹿尚书》（光绪二十八年六月二十日），《张集》卷 181，正编 468 号，第 13025 页。

② 《1902 年 7 月 14 日马凯在武昌纱厂与盛宣怀等会议简记》，《谈判》，第 133 页。

③ 北京大学法律系国际法教研室编《中外旧约章汇编》第 2 册，三联书店，1959，第 107 页。

④ 《致瞿子玖》（光绪二十九年七月初三日），《张集》卷 220，正编 484 号，第 15756 页。

⑤ 《致军机处、外务部、户部、江宁刘制台、吕大臣、盛大臣》（光绪二十八年六月二十一日），《张集》卷 84，正编 460 号，第 5833 页。

商添叙'各国人在该口岸须守该处工部局、巡捕章程，洋人不得设立工部局、巡捕'。所谓'该处工部局、巡捕者'，即我自设之工部局、巡捕也。马凯嫌此语太硬，谓'间有中国不愿自设而洋人欲设者，亦不可一律禁阻洋人设立'，乃改末句为'非得华官允准，不能在该处界内自设工部局及巡捕'。然我若不允，彼不能设。允与不允之权，仍自我操。其本意仍是归我自设工、巡而已。"①

可见，在张之洞看来，该约款虽然给了英人一个"通商口岸"（约开口岸）的"名义"和"各口岸与江宁、天津各条约所开之口无异"的"安慰"，但其核心则是各埠实由中国"自开"。他认为，获得了自办工程、巡捕之权，较之徒言"自开"更为实际，因为"'自开'二字，固为扼要，似尚未足以包括自设巡捕、工部局之意……恐将来彼谓'自开'不过我自愿开作商埠而已，并非工部局、巡捕亦由我自设"。② 现在，约款虽无"自开"之名，而有"自开"之实，岂不更善。也正因为如此，张之洞等人十分珍视与英人谈判取得的这一成果。并指示参加谈判的清政府代表，遇有他国求开口岸，"必须照英约第八款第十二节载明……须守我工部巡捕章程"。③ 这一原则在继中英谈判之后进行的中日商约谈判中又得以贯彻。

在同日本进行谈判时，清政府代表"宗旨金以抱定英约为主，凡英约所有者，均自应照英约办理，不能丝毫有异，英索而我未允者，仍不能稍予迁就"。④ 日本代表在谈判之初指开商埠时，鉴于"英约须遵守该处工部局巡捕章程，则管辖地面之权全属中国"，便借口这些规定不"活便"，而不肯照办。清政府谈判代表"坚持照英约声叙，决不更改"，且

---

① 《致瞿子玖》（光绪二十九年七月初三日），《张集》卷220，正编484号，第15756～15757页。

② 《致瞿子玖》（光绪二十九七月初三日），《张集》卷220，正编484号，第15757页。

③ 《致上海吕大臣、盛大臣、伍大臣、天津袁宫保》（光绪二十九年六月二十六日），《张集》卷188，正编469号，第13499页。

④ 《议定日本商约折》（光绪二十九年十一月十四日），《张集》卷61，正编458号，第4182页。

谓"长沙办法英约议定批准已久，其势亦断不能更改"。① 日本见其野心难以得逞，便照会清政府，提出通商口岸的各项章程，应由清政府与日本协商制定。清政府代表认为，"口岸（本）由我自开，章程又何能与日本协定，失我主权"，② 遂回拒了日本的要求。日本代表最初索开长沙、北京等十三口，③ 后来又减为九口。④ 但是，因清政府与日本在免厘加税问题上没有达成一致意见，所以坚决反对日本多索口岸。经过清政府谈判代表的反复辩驳，日约援英约而开之口岸，只有长沙一埠。双方最终达成的相关协议如下：

> 中国允愿俟本日所订画押中之中日通商行船条约续约批准互换后六个月以内，将湖南省之长沙开作通商口岸，与已开各通商口岸无异。各国人民在该通商口岸居住者，须遵守该处工部局及巡捕章程，与居住各该处之华民无异，非得华官允准，不能在该通商口岸之界内自设工部局及巡捕。⑤

不难看出，日约与英约在关于口岸权利的规定方面基本相同。不过，日约与英约还是有一点区别，即日约并没有将开埠同裁厘加税联系在一起，而在英约中，后者则为前者的条件。这一并不引人注目的差别，日后竟影响到了英、日双方在长沙的"待遇"（长沙于 1904 年 7 月开埠后，中英关于加税之协议尚未实施，湖南官绅遂不认长沙为英约所指，而仅认系日约所指）。

由上可见，在《辛丑条约》订立之后的中外商约谈判中，清政府在开放长沙等商埠方面，虽然给予了外人"约开口岸"的名义，却力争获得了

---

① 《致瞿子玖》（光绪二十九年八月十一日），《张集》卷 220，正编 484 号，第 15781～15782 页。

② 《上海吕大臣、伍大臣来电并致外务部、袁宫保》（光绪二十九年三月十二日），《张集》卷 186，正编 469 号，第 13410～13411 页。

③ 《1902 年 6 月 19 日戴乐尔致赫德函》，《谈判》，第 211 页。

④ 《致外务部、上海吕大臣、伍大臣、保定袁宫保》（光绪二十九年三月二十日），《张集》卷 186，正编 469 号，第 13407 页。

⑤ 北京大学法律系国际法教研室编《中外旧约章汇编》第 2 册，第 194 页。

自主开放的权利。由于长沙是这些开埠城市中最为显要者，所以清政府官员便将这种开埠策略称为"长沙办法"。"长沙办法"标志着晚清约开口岸的一个突破，也决定了日后长沙商埠的口岸特征必然有异于以往的约开商埠。

三　长沙开埠历程及其口岸特征

就在中外进行商约谈判的时候，为了配合谈判，长沙已在做自开的准备工作。1902 年 4 月，张之洞致电外务部，声明长沙可作为自开口岸后，湘抚便饬令湘省洋务局和长沙、善化两县官员就长沙作为通商场候选地的三叉矶、水陆洲、北门外各地段情形，进行了详细勘察。结果发现，三叉矶离省城较远，河滩水浅，无岸避风，"应请无庸置议"；水陆洲地处江中，水大时全行淹没，若在该处开设码头，须加培地基土方，一切工费较巨，且风浪可虑，"是否可用，尚需详酌"；北门外地势宽平，修筑码头，较为便利，惟地处低洼，亦须培垫，且新开河尚须远引深浚，始能供船舶避风，综合筹算，工费甚巨，"尤须详审"。看来，三处地段，除一处因离城远而毋庸置议外，其他两处则因基建工程量大，需用资金较多，而给兴辟通商场带来一定的难度。对开放省城本来就不十分赞同的长、善地方官员遂以这些困难为借口，请求将长沙暂缓开埠，"应俟湘省开埠有期，再为妥慎筹度办理"。[①]

然而，没过多久，中英《续议通商行船条约》和中日《通商行船续约》相继签订，长沙均为指开口岸之一。于是，地方官员便不得不再次筹划其事。英、日两约相关条款中均有"外国人民……非得华官允准，不能在该通商口岸之界内自设工部局及巡捕"的规定。据此，湘抚理解为"工程巡捕可由华官自办"，这正合张之洞的"自开"本意。既为"自办"，那么"必须先事绸缪……必须布置得法，因应咸宜，使各国商人皆愿就我范围，方足以保主权而敦睦谊"。本着这一原则，湘抚会同岳

---

① 《洋务局会议详复长、善两县禀会勘三叉矶等处地段情形暂缓开埠由》，《湖南官报》第320 号；《湖南历史资料》1980 年第 1 期，第 171～172 页。

州关税务司夏立士，对长沙通商租界的选址进行了重新勘察。最后选定省城北门外，东起湘江西岸，西抵铁路界边，南至北门城河，北讫浏渭河沿的地段作为通商公共租界。其"地势颇宽，比较岳州加增不止十倍"。[1] 稍后，日本驻汉口领事永泷久吉"奉本国政府训条，前来（长沙）勘量地势"，"亦谓舍此别无他处"。于是，长沙通商界址便确定了下来。讵知英国则借口长沙北门外一带，地势低洼，易遭水淹，"极诋租界地段不便"，[2] 要求入城通商。并就此向清政府外务部提出交涉，使湘抚颇感为难。而此时日本则别有用心，日本驻汉口领事乘机表示，日本"在税司所定界址之内，分段租认，不再另索专界"，而且答应"租界内工程、巡捕，一切管理事宜"，悉由地方官"自行办理"。[3] 湖南官员对日本的这一态度非常满意，为了表示感谢，他们后来给予了日本在长沙率先设立租界保留地和减低租地价格等好处。[4] 而有了日本的承诺，湖南官员遂对英国的强词夺理未做理睬。

在进行租界选址的同时，长沙开埠的其他筹备事宜同时进行着。湘抚赵尔巽以收买民房地基及拆让街道等事，皆须地方官会同经理，特设开埠局于湘春门外，以长沙府总理其事。[5] 同时，赵尔巽还上奏朝廷，以向驻省城的盐法长宝道就近兼理海关，获得批准。[6] 而海关总税务司则任命原岳州关税务司夏立士为长沙关首任税务司。[7] 在开埠经费方面，湘抚

① 《湘抚赵尔巽奏陈长沙开埠请拨经费折》，《湖南官报》第 699 号；《湖南历史资料》1980 年第 1 期，第 173 页。

② 《署湖南巡抚陆元鼎致外务部电》（光绪三十年九月十九日），故宫博物院编《光绪朝中日交涉史料》卷 68，1932，第 27 页。

③ 《湘抚赵尔巽奏陈长沙开埠请拨经费折》，《湖南官报》第 699 号；《湖南历史资料》1980 年第 1 期，第 173 页。

④ 《湘抚端咨长沙自开租界划定日本保留地段文》，颜世清等编《光绪乙已（三十一）年交涉要览》下篇（一），沈云龙主编《近代中国史料丛刊》"续编"第 30 辑第 292 号，台北，文海出版社，1976，第 502～505 页；《长沙关监督朱照会驻汉署日本领事吉田文》，《湖南官报》光绪三十年九月十八日；《湖南历史资料》1980 年第 1 期，第 184 页。

⑤ 《各省商业汇志》，《东方杂志》第 1 卷第 3 期，1904 年 5 月 10 日。

⑥ 《湖南巡抚赵奏长沙开设商埠请将盐法长宝道兼充海关监督并请颁发关防折》，《东方杂志》第 1 卷第 9 期，1904 年 11 月 2 日。

⑦ 《长沙开埠》，《东方杂志》第 1 卷第 6 期，1904 年 8 月 6 日。

最初向朝廷请拨 30 万两，[①] 但朝廷的答复则是"所有开办经费，仍按照苏、杭开埠成案，由湘省自行筹措，俟开关后在所收税款内陆续归还"。[②] 既归自行筹措，那么对财政困顿的湘省来说就不得不精打细算，为此，湘抚和长沙关监督对长沙开埠经费进行重新核算。鉴于"通商开埠，工程、巡捕两事最关地方自治主权，未便稍从简率"，[③] 遂仔细核定长沙关购地、工程、巡捕三项共计需款 181600 两，"实属省无可省"。[④] 后又酌定海关常年经费为 1815 两。经费预算初定之后，长沙关的工程、巡捕两局先后成立，工程局"专管租地、赁屋及建造等事"，巡捕局"专司警察"之职。后又设立了发审局和长丰银号。发审局"专理词讼及交涉案件，兼办稽查河道事宜"。长丰银号主要"经理收税、单照、票册等件"。[⑤]

1904 年 6 月 14 日，长沙关开始试办征税。[⑥] 同日，长沙关制定并颁布了《长沙通商口岸租界章程（附租界外租地章程)》（16 款）和《长沙通商租界设立巡捕总章程》（13 款）。分别由湘抚咨达外务部照会各国驻京使臣，长沙关监督照会各国驻汉口总领事知照。同年 7 月 1 日，长沙正式开关。[⑦] 开埠前后，长沙还颁布了《长沙通商租界巡捕衙与地方官交涉公事详细章程》（9 条）、《长沙通商租界华洋商民应遵章程》（32 条）、《长沙发审局兼办会审章程》（12 条）和《长沙商埠巡捕局章程》（12 条）等条规。

---

① 《湘抚赵尔巽奏陈长沙开埠请拨经费折》，《湖南官报》第 699 号，光绪三十年五月十九日；《湖南历史资料》1980 年第 1 期，第 174 页。

② 《湘抚庞奏湖南长沙自开商埠核实减定经费折》，王克敏等编《光绪丙午（三十二）年交涉要览》下篇（一），续编 296 号，第 1439 页。

③ 《署湖南巡抚布政使庞鸿书奏为酌定长沙关各项常年经费折》，《宫中档光绪朝奏折》第 22 册，台北故宫博物院，1976，第 165 页。

④ 《湘抚庞奏湖南长沙自开商埠核实减定经费折》，王克敏等编《光绪丙午（三十二）年交涉要览》下篇（一），续编 296 号，第 1442 页。

⑤ 《署湖南巡抚布政使庞鸿书奏为酌定长沙关各项常年经费折》，《宫中档光绪朝奏折》第 22 册，第 165 ~ 166 页。

⑥ 《各省财政汇志》，《东方杂志》第 1 卷第 6 期，1904 年 8 月 6 日。

⑦ 《奏派湖南长沙关监督盐法长宝道朱开关告示》，《湖南官报》第 695 号，《湖南历史资料》1980 年第 1 期，第 181 页；《长沙开埠》，《东方杂志》第 1 卷第 6 期，1904 年 8 月 6 日。

　　开埠之初，长沙关和地方官员鉴于通商租界之内的设施，一时难以完善，轮船贸易恐有不便，便宣布原定通商租界之外的沿河地段，即自永州码头迄西门渔码头之间的地段，亦准外商指明租用。① 可见，湖南官员还是替洋商想得较为周到。但纵然如此，英商仍旧不满意。1904 年 10 月，英国联合美国照会清政府外务部，声明不承认长沙租界章程。② 外务部再咨湘抚，湘抚陆元鼎则以"（租界）如果真不合用，何以日本允行……此次长沙开埠，系按照日本商约于六个月内开办……日本已定租界，该领事奉其政府允准，英国岂能独异"作答，③ 但这并未使英人改变态度。英国政府不承认长沙租界章程，一方面是在图谋入城贸易，另一方面也是同日本在长沙开埠方面进行权利争夺，是当时英、日外交角逐的一个环节。但是，英国商人却不愿放弃每一个可以攫取利润的机会，所以当长沙宣布开关后，英国商人在向长沙进军的脚步方面丝毫不落后于日商。④

　　长沙虽然顺利开埠，但关于长沙商埠的性质则存在着不同的理解。在长沙绅民看来，长沙实属自开，例如他们在反对华洋杂处的公呈中这样说道："长沙开埠虽载在光绪二十八年新订英约第八款第十二节，系中国允愿开辟……况该约下文载明第八款若不施行，则不得索开该口。所谓第八款即指加税而言，现在尚未加税，长沙本不应遽尔开埠。中国先行开口，实与自辟无异。"⑤ 直到多年之后，长沙绅民依旧如此认为。⑥

　　不过，长沙绅民的"自开"理由，只适用于对英，而不适于对日。因为日约在指开长沙时没有和加税的条件联系在一起，故而湖南官员亦

①　《长沙通商口岸租界章程（内附租界外租地章程）》，《湖南官报》第 701 号，光绪三十年五月二十日；另见北京大学法律系国际法教研室编《中外旧约章汇编》第 2 册，第 272 页。

②　《光绪三十年中国纪事》，《东方杂志》第 2 卷第 1 期，1905 年 2 月 28 日。

③　《署湖南巡抚陆元鼎致外务部电》，《光绪朝中日交涉史料》卷 68，第 27 页。

④　《长沙开埠》，《东方杂志》第 1 卷第 6 期，1904 年 8 月 6 日。

⑤　王先谦：《虚受堂书札》卷 2，沈云龙主编《近代中国史料丛刊》第 69 辑第 683 号，台北，文海出版社，1966，第 1983～1984 页。

⑥　《外交部果许日人在长沙开设银行耶》，《大公报》（长沙），1917 年 6 月 2 日；《马路工程处改定名称》，《大公报》（长沙），1918 年 7 月 3 日；《纪长沙商埠》，《大公报》（长沙），1919 年 10 月 29 日。

不得不承认长沙系日本"约开"。① 但是，日本的"约开"，亦只属"名义"而已，综观长沙开埠过程，不难发现，其事实为湘省官员主动筹划，自主完成的。故此，湘抚庞鸿书在给朝廷的奏折中也直言不讳："湖南长沙自开商埠。"② 就连《东方杂志》亦称"长沙自开口岸"。③ 但是，长沙开埠毕竟又同中外条约联系在一起，与非条约所指的自开口岸有异，难怪有人将之称为"特别约开商埠"。④

那么，长沙商埠到底"特"在何处呢？为了廓清该埠的特征，将之与以往的约开口岸进行一下比较是必要的。

首先，长沙商埠与以往约开口岸的显著区别，在于租界内的工部、巡捕等项事宜归中国自办。

租界内工部、巡捕权归外国人所有，是近代中国租界成为"国中之国"的主要标志。外人掌管租界工部权的最初规定见诸 1845 年 11 月 29 日签订的中英《上海租地章程》。该章程规定："洋商租地后，得建造房屋供家属居住并供适当货物储存；得修建教堂、医院、慈善机关、学校及会堂；并得种花、植树及设娱乐场所……租地租屋，洋商应会商修建马路，保持道路清洁，竖立路灯，设立灭火机，植树护路，挖沟排水，雇用更夫。领事馆经各租主请求，召集会议，会同商议，摊派以上各项所需经费。"⑤ 这就为外人在中国租界建立一个独立于中国主权之外的行政机构，制造了"合法"的依据，为他们窃取租界的管理权开了方便之门。1854 年上海英、法、美租界合并（1862 年，法国退出，自立上海法租界），由英、法、美三国领事和 49 个租地人"投票通过了"《上海英、法、美租界租地章程》，进一步规定："起造、修整道路、码头、沟渠、桥梁，并点路灯，派设更夫各费，每年初间，三国领事馆传集各租主会商，或按地输税，或由码头纳饷，选派三名或多名经收，即用为以上各项支销。不肯纳税者，即禀明领事饬追。"其中，"派设更夫"在英文

---

① 《署湖南巡抚陆元鼎致外务部电》，《光绪朝中日交涉史料》卷 68，第 27 页。
② 王克敏等编《光绪丙午（三十二）年交涉要览》下篇（一），"续编"296 号，第 1439 页。
③ 《各省商业汇志》，《东方杂志》第 1 卷第 3 期，1904 年 5 月 10 日。
④ 吴晦华编《长沙一览》，湖南史地学会，1925，第 2 页。
⑤ 王铁崖编《中外旧约章汇编》第 1 册，第 67～68 页。

《章程》中被写成设立"巡行的警察",并以"巡捕"相称,以为避讳。①
这样,外人便在中国租界之内获得了征税、设警、工程建设与行政管理等
项特权,俨然一个政府机构。这个"政府机构"于 1854 年 11 月 7 日被正
式定名为行政委员会(Excutive Committee),至 1869 年 9 月《上海洋泾浜
北首租界章程》公布时,则改为市议会(Municipal Council),又称工部局。
一位美国人说过,"上海工部局高居于租界之上",是"至高无上"的。②
此言不谬。由于工部局的存在,使西人强夺了租界之内的市政建设和行政
管理权,进一步加深了租界的殖民地化程度,是租界成为"国中之国"的
主要标志之一。而对西人来说,工部和巡捕权又是其配合其他特权,扩大
侵华权益的一项重要手段。故此,西方各国在强索其他口岸租界时,亦纷
纷攫取了工部、巡捕两项特权。例如《天津紫竹林法国租地条款》规定,
在法驻津领事管理下,"法国商人可在租地界上修造道路、沟渠、桥梁、码
头等处工程",并可招募"巡查衙役";③ 天津德国租界的工部局"仿法租
界章程";④ 在九江英租界,"所应如何分段并造公路、管办此地一切事
宜,全归英国驻扎九江府领事官专管,随时定章办理";⑤ 在汉口德租界,
"一切事宜归德国领事……办理"。⑥ 甲午中日战争之后,日本开始在中国
广泛建立租界。1896 年 9 月 27 日,中日签订的《杭州德塞耳门日本租界章
程》规定:"日本商民在此界内往来侨寓,中国地方官自应按约保护,所有
巡捕事宜由中国地方官会同税务司设立管理,仍候两国政府核定";租界内
"所有桥梁、沟渠、码头、道路等项,由中国地方官自办,建设完固";所
需费用"由中国地方官核实办理,知照日本领事馆……无论何国商民一律
公平按户征收"。⑦ 在此后订立的苏州日本租界章程中亦有类似规定。这

---

① 因中外曾有"外人不许设警察,但得中国地方官许可,可以雇佣更夫"的约定,故而
　西人回避警察之名,而以巡捕命名,见袁继成《近代中国租界史稿》,中国财政经济出
　版社,1988,第 36 页。
② 〔美〕霍塞:《出卖的上海滩》,纪朋译,商务印书馆,1962,第 33 页。
③ 王铁崖编《中外旧约章汇编》第 1 册,第 158 页。
④ 王铁崖编《中外旧约章汇编》第 1 册,第 635 页。
⑤ 王铁崖编《中外旧约章汇编》第 1 册,第 157 页。
⑥ 王铁崖编《中外旧约章汇编》第 1 册,第 632 页。
⑦ 王铁崖编《中外旧约章汇编》第 1 册,第 675～676 页。

些租界章程对于中国主权似乎还有所"尊重"。① 但是，随着日本侵略野心的进一步膨胀，这些章程很快作废了。1896 年 10 月 19 日，日本强迫清政府签订了《通商口岸日本租界专条》（又称《公立文凭》或《通商公立文凭》），规定了日本在华设立"专管租界"的特权。即在各通商口岸，"专为日本商民妥定租界，其管理道路及稽查地面之权，专属该国领事"。② 在杭州，中日重新订立了《杭州日本租界续议章程》，其中规定，"界内所有马路、桥梁、沟渠、码头以及巡捕之权，由日本领事官管理；其马路、桥梁、沟渠、码头，今议由日本领事官修造，与中国地方官无涉"。③ 此外，在苏州、汉口、沙市、厦门、重庆等地的日租界内，亦有同样的规定。④

由上可见，工部、巡捕权的丧失是晚清约开商埠租界的显著特征。⑤那么，这几项权力在长沙通商租界内的情形如何呢？《长沙通商口岸租界章程》明确规定："各国商民在通商界内侨寓"，由中国地方官"按约保护"，"所有工程、巡捕各事宜及各项章程，由本省大宪请税务司与监督会商办理"。⑥《长沙通商租界设立巡捕总章程》说得更加明白："长沙省城业经大宪设立工（部）、巡（捕）局，保卫商民，所有通商租界内并沿河一带巡捕各事宜，由监督主持并与税务司会商办理。"⑦ 在稍后制定的《长沙商埠巡捕局章程》亦明定，"巡捕局督捕或洋员或华员，及捕长各员弁，凡委撤调遣之权，操之监督。该督捕等应尽心守分，勤慎当差，如按月核记功过，考查是否称职，由监督酌定"，巡捕局的日常事务及开

---

① 《论苏州新辟租界定章之善》，金匮阙铸补斋辑《皇朝新政文编》卷 14，沈云龙主编《近代中国史料丛刊》三编第 30 辑第 292 号，台北，文海出版社，1987，第 467～468 页。

② 王铁崖编《中外旧约章汇编》第 1 册，第 686 页。

③ 王铁崖编《中外旧约章汇编》第 1 册，第 703 页。

④ 王铁崖编《中外旧约章汇编》第 1 册，第 691、788、791、925 页；北京大学法律系国际法教研室编《中外旧约章汇编》，第 2 页。

⑤ 芜湖例外。英人本于光绪二年中英《烟台条约》签订之时，即索开芜湖，划英国专管租界，但因租界选址与当地苏太木帮堆木之地发生冲突，遂不得行。《辛丑条约》订立之后，英国再行要挟，清廷请改开为公共通商租界，英国允之，其界内行政权言明基本上归中国所有（北京大学法律系国际法教研室编《中外旧约章汇编》，第 65 页）。

⑥ 《长沙通商口岸租界章程（内附租界外租地章程）》，《湖南官报》第 701 号，《湖南历史资料》1980 年第 1 期，第 176 页；另见北京大学法律系国际法教研室编《中外旧约章汇编》，第 271 页。

⑦ 《长沙通商租界设立巡捕总章程》，《湖南历史资料》1980 年第 1 期，第 178 页。

销各节，亦由监督"核示办理"。① 经海关监督批准，长沙关巡捕局还颁布了《长沙通商租界华洋商民应遵章程》，对界内华、洋商民一律要求，无稍偏倚。② 在商埠工部权方面，租界内所有修筑马路、洋房、剥岸、码头等项工程的设计、预算及施工，均由长沙关监督主持进行。③ 对洋商在租界的租地兴工之举，长沙关亦做了较为严格的规定："凡起造房屋必先请工部局核准，方可兴工。惟各种制造、熔炼等厂，不准在租界西南段设立，不准搭盖草屋并下等板屋，恐易引火，致害别人。类如火药、炸药一切有害人身家财产之物，概不准收藏、夹带运送。又，火油一物，必照特准章程，方可囤集。又，工部局可随时酌定规条晓谕，如屋要坚固，沟要洁净，及各户内有何污秽妨碍应即屏除等情，以期保护平安。再，各户有何修造动土，关系公众之事，必先在工部局请领准单。"除此之外，长沙商埠还做了华洋各商一律缴纳码头捐的规定："各商在本通商口岸码头报关上下，并过载转运货物等，应照已完税银百两捐收二两，以为营造码头、修理官路之用。"④ 码头捐属于一种商埠建设费，其他各口岸亦征收，只不过由洋人控制而已，而在长沙则由华官征收。后来，英国驻华公使妄图使英商在长沙逃避缴纳该捐，便照会清政府外务部，以"非由驻京各国大臣应允，不能饬令洋商于海关税课之外另增他项捐款"，且"长沙租界章程本国尚未允认，故凭此章令英商完纳捐款，殊属违背条约"为由，要求清政府"咨行湘抚转饬速行停止此项违约之捐"。但是，遭到外务部的据理驳斥，其请未遂。⑤

　　由上可见，在长沙通商租界之内，工部、巡捕权不归外人"专管"或"共管"，而主要掌握于华官手中。华官对租界内工程、巡捕等事宜的

①　《长沙关发审局兼办会审章程附长沙商埠巡捕局章程》，《东方杂志》第 3 卷第 1 期，1906 年 2 月 18 日。

②　《长沙通商租界华洋商民应遵章程》，《湖南官报》第 702 号，光绪三十年五月廿二日。

③　《湘抚庞奏湖南长沙自开商埠核实减定经费折》，王克敏等编《光绪丙午（三十二年）交涉要览》下篇（一），"续编"第 296 号，第 1440～1441 页。

④　《长沙通商口岸租界章程（内附租界外租地章程）》，《湖南官报》第 701 号，光绪三十年五月廿一日；《湖南历史资料》1980 年第 1 期，第 176～177 页；北京大学法律系国际法教研室编《中外旧约章汇编》，第 271 页。

⑤　《外务部照会长沙商埠码头捐章各国商民照约应行遵守未便饬令停止文》，王克敏等编《光绪丁未（三十三）交涉要览》下篇（一），"续编"292 号，第 2706～2707 页。

"自办"，使清政府在长沙商埠的主权和治权，较之其他约开商埠，得以保护和体现。

其次，长沙与以往约开商埠关于洋人租赁中国土地的权限规定不同。

在以往的约开商埠租界之内，洋人租用中国土地时，普遍获享"永租"特权。洋人的"永租权"肇始于《上海租地章程》。该章程规定："洋商租地建屋后……业主不得任意停租。"① 其后，《上海洋泾浜北首租界章程》进一步规定，在签订租地合同时，中国租户须缮写"永远出租"契据。② 于是，其他租界纷起效尤。例如英国《九江租地约》规定租界为"永租地基"；③ 中美《上海新定虹口租界章程》规定，租界内"华民之产，已允永远租与工部局"；④ 天津德国租界，由"中国国家……永租给德国国家"；⑤ 德国《汉口租界合同》更是规定："凡经德国领事照请让给地基，中国官宪应即强令华民办理，地契内均写'永租'字样，由汉阳府、县查勘明确，税契盖印，以昭信守。"⑥ 《汉口俄租界购地条约》也规定，租界地基由清政府"永租于俄国"。⑦ 此外，《苏州日本租界章程》《杭州日本通商场租地章程》《重庆日本商民专界约书》和英国《芜湖租界租地章程》等虽然均规定了租契以三十年为限，但同时规定限满之后仍可换契续租，且"以后永照三十年一换契之例办理"，⑧ 究其实质，仍属"永租"，只不过多了一个手续或换了一种形式而已。⑨

但是，在长沙商埠租界内，洋人的土地永租权在一定程度上被取消。《长沙通商口岸租界章程》规定，外人租地"以三十年为期，期满换契，仍以三十年为限"；"如到限满，仍可由地方官设法转租；如期满未换契，

① 王铁崖编《中外旧约章汇编》第 1 册，第 67 页。
② 王铁崖编《中外旧约章汇编》第 1 册，第 292 页。
③ 王铁崖编《中外旧约章汇编》第 1 册，第 157 页。
④ 王铁崖编《中外旧约章汇编》第 1 册，第 562 页。
⑤ 王铁崖编《中外旧约章汇编》第 1 册，第 633 页。
⑥ 王铁崖编《中外旧约章汇编》第 1 册，第 632 页。
⑦ 王铁崖编《中外旧约章汇编》第 1 册，第 728 页。
⑧ 王铁崖编《中外旧约章汇编》第 1 册，第 692、704～705 页；北京大学法律系国际法教研室编《中外旧约章汇编》第 2 册，第 3、66 页。
⑨ 刘彦：《被侵害之中国》，上海太平洋书店，1928，第 186 页。

或过一年租银钱粮未缴清，除将该租契注销外，产业并归中国"。① 这一规定指明了华官可在租地限满或洋商不履行租地协议之时将洋人原租之地收回，给予洋商不同于其他约开口岸的"待遇"。正因为长沙商埠取消了洋商"永租"中国土地的特权，遂使得英商大为不满，英国驻长沙领事后来在同湘抚的交涉中，明确提出要给予英商在商埠租界的土地永租权。湘抚以"仍须业户自愿"搪塞，使英人未遂其愿。② 由此可见，长沙商埠租界对洋商的租地权做了明确的限制，在一定程度上取消了洋商的土地永租权。这一策略使得长沙商埠较之其他约开口岸，有利于华官对租界地权的控制。

以上是长沙商埠租界与以往约开口岸租界的相异之处。但二者也并非没有共性，其相同之处主要表现在外人享有领事裁判权方面。《长沙通商租界设立巡捕总章程》规定："查办洋商，或洋商雇佣之人，或在洋行内居住之人，督捕宜先函请领事官发给印票，始可照例查办"；"洋商案件，查照上海会审公堂原订章程第二款，凡遇案件牵涉洋人必应到案者，必须领事官会同委员审问，或由领事所派之洋官会审；及第七款所载，有领事之洋人犯罪，按约由领事惩办，其无领事之洋人犯罪，由会审委员邀请一有约国之领事公商酌办"。③ 长沙开埠后，为适应会审需要，成立了发审局，兼办会审事宜。其章程进一步规定："案件牵涉洋人应质讯者，先由承审委员将案情照会领事官，请饬该洋人到案，并请领事官或领事所派之洋员来局会同公平审断"；"华洋互控案件，先由原告处官员劝息，如不能息，则会审……如系有领事管束之洋人自应按约办理；倘有意见不合之处，应请监督暨该洋人本国总领事官或领事官复核，其无

---

① 《长沙通商口岸租界章程（内附租界外租地章程）》，《湖南官报》第 701 号，光绪三十年五月廿一日；《湖南历史资料》1980 年第 1 期，第 176 页；北京大学法律系国际法教研室编《中外旧约章汇编》第 2 册，第 272 页。

② 《湘抚庞咨英商贝纳赐在长沙城内开设行栈业经迁徙议结摘录始末情形请查照备案文》，王克敏等编《光绪丙午（三十二）年交涉要览》下篇（一），"续编"296 号，第 1655 页。

③ 《长沙通商租界设立巡捕总章程》，《湖南官报》第 700 号，光绪三十年五月二十日；《湖南历史资料》第 1980 年第 1 期，第 179 页。

领事管束之洋人，即由委员审断，仍邀一国官员观审"。① 这些规定都是依《上海洋泾浜设官会审章程》的条款及会审公廨的某些做法而定。这也说明在洋人获享领事裁判权方面，长沙商埠同约开口岸并无根本差异。但是，长沙商埠的发审局与上海公共租界和重庆等地日本专管租界的会审公廨并非完全没有区别。其差异主要体现在对待租界内的华民案件方面。在上海会审公廨，对于纯粹由华人所为的案件，外国领事亦参加会审，而且"时擅审断，以致廨员与外领屡生冲突"。上海法租界会审公廨还规定，提传租界内的中国人犯须经法国领事签字同意。② 重庆日本租界则更是明确规定："有中国人民在界内违犯章程，中国地方官应与日本领事馆，或中国地方官所派官员与日本领事官所派官员会同审判。倘中国审判官定谳或有不符，应由日本领事官照会重庆海关监督复审……倘中国地方官拟派差役前往界内逮捕人犯，须先将逮捕令移请日本领事官检阅加印，即与领事官所派警察官吏协同拿捕。"③ 而在长沙商埠租界，则微有不同。《长沙通商租界设立巡捕章程》明确规定，对于"无涉洋人"之案件，洋人"不必干预"。④《长沙关发审局兼办会审程》进一步规定，凡洋行雇佣之华伙及佣工、仆役人等犯案，"如案中并无关涉洋行或洋人之事，此项华伙及佣工、仆役人等，即由委员自行审判，如被控情节属实，即予照例科断，领事勿庸干预"；通商租界内的华人若有犯案应传讯者，"除该华人原寄居洋行栈内，其所出之拘传各票应由该洋商之本国领事官签字盖印或照令领事官转饬到案外，其余无关交涉，即由该（发审局）委员商同督捕选派捕勇或自派勇役径往拘传，毋庸照会领事官"。⑤ 这些规定使长沙商埠租界在司法管理方面，较之以往约开口岸稍微争得了一点自主权，这也是和长沙商埠自办巡捕的实情相联系的。

　　通过将长沙商埠与以往约开口岸作比，我们发现，长沙与以往约开

① 《长沙关发审局兼办会审章程》，《东方杂志》第 3 卷第 1 期，1906 年 2 月 18 日。
② 梁敬錞：《在华领事裁判权论》，商务印书馆，1930，第 108～110 页。
③ 北京大学法律系国际法教研室编《中外旧约章汇编》第 2 册，第 4～5 页。
④ 《长沙通商租界设立巡捕总章程》，《湖南官报》第 700 号；《湖南历史资料》1980 年第 1 期，第 179 页。
⑤ 《长沙关发审局兼办会审章程》，《东方杂志》第 3 卷第 1 期，1906 年 2 月 18 日。

商埠存在着不少明显的差异，这些差异正是长沙作为条约指开口岸的"特别"之处。事实上，长沙商埠的这些"特别"之处又决定了长沙商埠基本上等同于"自开"。例如将《长沙通商口岸租界章程》同《岳州城陵租地章程》做一比较，不难发现二者几乎如出一辙。长沙商埠设有发审局，且尊重外人的领事裁判权，这也并不能说明长沙商埠在这方面同清政府自开商埠有多大区别。这是因为领事裁判权是列强在华攫取的治外法权的一项重要内容，是一项较为稳固的特权，是由近代中国半殖民地的社会历史条件决定的，并不会因口岸开放方式的不同而有所改变。①晚清的自开商埠亦不得不尊重外人的领事裁判权。例如岳州关规定，约束各国商民之章程，"由（海关）监督照请各国领事官酌定";②济南在"自开"之初，亦设立了"发审局"，"专理中外一切词讼之事"，并"由北洋大臣、山东巡抚酌派洋员帮同经理"。③

　　然而，长沙又与纯粹由清政府主动开放的商埠有所不同，这是因为长沙商埠毕竟又同有关条约（中英《续议通商行船条约》和中日《通商行船条约》）的解释牵扯在一起。长沙开埠后，日本虽然同意由中国自办租界内工程、巡捕等事宜，但后来又以日约关于长沙开埠一款无附加条件为由，强称长沙为日本约开，要求得享会商租界之权，清政府官员亦觉日本方面所言有"理"。于是，日本提出要求，将长沙商埠由箩码头起，沿河八十丈，直至湘春门油铺街地段及将来铁路附近地段作为日本的租界保留地段，要求保留十年，以备日本商民前来租用，其间"不得租与别国"。④湘抚明知"保留租界地段，别口无此办法"，但既承认长沙为日本"约开"，又不便回拒。况且，令他担心的是，"假令（日本）要求专界，不能由我自办工巡，岂不于地方主权大有关碍"，所幸日本并未提出此项要求。湘抚端方遂认为，"此保留地段一事，准其通融，似尚无

---

① 中国海关总署研究室编译《辛丑和约订立之后的商约谈判》，中华书局，1994，第132页。
② 王铁崖编《中外旧约章汇编》第1册，第928页;《湖南历史资料》1979年第1期，第162页。
③ 《济南商埠开办章程》，颜世清等编《光绪乙巳（三十一）年交涉要览》上篇，"续编"291号，第44页。
④ 《湘抚端咨长沙自开租界划定日本保留地段文》，颜世清等编《光绪乙巳（三十一）年交涉要览》下篇（一），"续编"292号，第502~503页。

甚妨碍"，便同意了日本的要求。但日本既开先例，其余各国以利益均沾之特权，不免相率提出同样的要求。湘抚遂表示，"（长沙）通商租界……合宜之处甚多，无论各国商人尽可任便租用"。① 可见，因条约所限，又决定了长沙商埠的部分"约开"属性。

综上所述，长沙虽系条约所指，但实为地方官员主动筹备，自主开放的，因而在商埠工部、巡捕及管理权方面，体现了与以往约开口岸较多的不同，同纯粹由清政府自动开放的商埠颇为接近。但因长沙商埠毕竟为条约所指，又决定了长沙并不完全等同于自开商埠，还具有部分"约开"属性。故而，我们姑且称之为"约开中的自开"或"被动中的主动开放"，或许可以较为概括地道出长沙开埠的特点。

四 中外"城""口"之争与长沙绅民反对华洋杂处

中外城（city）、口（port）之争，也就是近代中国的口岸界址问题，在晚清中外交涉过程中一直未达成一致。为了弄清中外分歧之所在，我们有必要回顾一下有关条约对此的规定。

中英《南京条约》第二款规定："自今以后，大皇帝恩准英国人民带同所属家眷，寄居大清沿海之广州、福州、厦门、宁波、上海等五处港口，贸易通商无碍；且大英国君主派设领事、管事等官住该五处城邑，专理商贾事宜，与各该地方官公文往来。"② 不难看出，在《南京条约》中，城（城邑，cities）口（港口，ports）各异，规定分明。迨《天津条约》订立，则出现了"城口合一"的规定。《中英天津条约》第十一款规定："广州、福州、厦门、宁波、上海五处，已有江宁条约旧准通商外，即在牛庄、登州、台湾、潮州、琼州等府城口，嗣后皆准英商亦可任意与无论何人买卖，船货随时往来。"③《中法天津条约》亦有相类似的规定。④ 在英约的英文本中，关于"城口"的定义是"cities and ports"。据此，外

① 上引湘抚端方咨文，"续编"292号，第504～505页。
② 王铁崖编《中外旧约章汇编》第1册，第31页。
③ 王铁崖编《中外旧约章汇编》第1册，第97～98页。
④ 王铁崖编《中外旧约章汇编》第1册，第105页。

人的理解是已"并城口为一，准其任便居住贸易"。① 但是，一些清政府官员却不同意这种解释。例如两江总督刘坤一这样驳斥英人："天津条约虽有'城口'字样，'城口'即不能作为城邑内，大凡通商之区多系近有城邑，所谓'城口'即系'城外之口'之谓，亦指买卖往来而言。至于听便居住赁屋租地等事，本款下文即载明悉照已通商五口无异，无论英文如何，第既与五口无异，是仍只能在港口居住贸易，尤为铁板注脚。"②

英人一再坚持"城""口"并无区别，无非是为了扩大通商区域，实现华洋杂处。但是，1876 年英人借马嘉理教案攫取了租界免厘的特权之后，又甘心情愿用租界将自己"圈"起来。是以《烟台条约》第三款第二节规定："新旧各口岸，除已定有各国租界应毋庸议，其租界未定各处，应由英国领事官会商各国领事官，与地方官商议，将洋人居住处划定界址。"③ 这样，西人又多被限制在"口"内。然而西人欲壑难填，既想不纳厘金，又想不断扩大通商居住区域。于是，光绪二十四年（1898），各国驻京使节联名照会总理衙门，要求"城""口"合一，任便洋商居住贸易。总理衙门未做明确答复，西人则依西例，声称"未照复……应作为默许"。④ 但是中国官员则说"不答复不能说是同意"。⑤ 于是，这一问题还是未得到解决。迨《辛丑条约》订立之后，清政府与各国进行商约谈判时，这一敏感问题再次被提了出来。在首先进行的中英商约谈判中，英国代表马凯明确提出，通商口岸范围应包括城内城外，即城池内外允许外人任便居住贸易。⑥ 对于英人的这一要求，两江总督刘坤一显得尤为愤慨，他在致清政府谈判代表盛宣怀等人的信中这样驳斥洋人："中国已开新旧各口租界，无论已定未定，而通商之区均在江河滨岸之地，照烟台条约已划定者固

① 《致外务部、江宁刘制台》（光绪二十八年六月十九日），《张集》卷 84，正编 460 号，第 5819 页。

② 《刘制台来电并致外务部、上海吕大臣、盛大臣》（光绪二十八年六月二十五日到），《张集》卷 84，正编 460 号，第 5825～5826 页；另见《清季外交史料》卷 159，三编 16 号，第 2657～2658 页，文字略异。

③ 王铁崖编《中外旧约章汇编》第 1 册，第 349 页。

④ 《致外务部、江宁刘制台》（光绪二十八年六月十九日），《张集》卷 84，正编 460 号，第 5819～5820 页。

⑤ 《辛丑条约订立之后的商约谈判》，第 78 页。

⑥ 《致京鹿尚书》（光绪二十八年六月二十日），《张集》卷 181，正编 468 号，第 13025 页。

无庸议，未划定者亦不过将居住地段广狭酌量商定而已。此不独有各约可证，更有事实可凭。通商开口已历数十年，久有成约、成法，何能至今日由马使强调争辩，希图翻异？"① 但是，参与谈判的张之洞等人则另有主张。他们欲乘此时机，一改以往条约对通商口岸界定不严，使外人任意扩充租界的弊端，试图以明确的"口岸界址"对洋人加以限制。张之洞于中英商约谈判之初就给军机处、外务部出主意："近年洋人在各处口岸之外，任意购买地基，愈趋愈远，漫无限制，正宜趁此将各处口岸界址，各就各处情形，会同永远订定，勿令逾越。"② 张之洞同时致电参加谈判的吕海寰、盛宣怀等人指出："各处口岸从未议定界址，洋人遂于各口任意侵占，或混入城邑之内，或竟至附近四乡之外居住贸易，漫无限制。即以湖北一省而论，汉口洋人竟于廿余年前，已在汉阳购地建造房屋，近又援上海可在浦东建栈之例，欲将武昌亦归入汉口内。各省似此者多矣，若不趁早会定界址，则愈侵愈远，断断非计。"③ 在外务部和鄂督张之洞的指使与支持下，盛宣怀等人向英国代表马凯提出了针锋相对的要求。为此，双方就口岸界址的问题在上海和长江航船上"争论不知若干次"。④ 后来，马凯等人专程到武昌同张之洞谈判。张之洞就此款对马凯"推诚相告"，与之"极力商筹"，⑤ 并告诉他"专争此条，于英并无大益"。在张之洞的"开通"之下，"马（凯）忽领悟，遂不指定城邑，并将原款'全境及城内城外'等字删去，自愿以请定口岸界址了事，并自愿加入'就本地情形'之语"。⑥ 同时，张之洞还说服马凯同意"外

① 《刘制台来电并致外务部上海吕大臣盛大臣》（光绪二十八年六月廿五日到），《张集》卷84，正编460号，第5826~5827页。

② 《致军机处、外务部、户部、江宁刘制台、吕大臣、盛大臣》（光绪二十八年六月二十一日），《张集》卷84，正编460号，第5831页。

③ 《致外务部、江宁刘制台、上海吕大臣、盛大臣》（光绪二十八年七月十三日），《张集》卷182，正编469号，第13069~13070页。

④ 《致军机处、外务部、户部、江宁刘制台、吕大臣、盛大臣》（光绪二十八年六月二十一日），《张集》卷84，正编460号，第5831页。

⑤ 《致外务部、江宁刘制台》（光绪二十八年六月十九日），《张集》卷84，正编460号，第5820页。

⑥ 《致军机处、外务部、户部、江宁刘制台》（光绪二十八年六月二十一日），《张集》卷84，正编460号，第5831页。

国人民在租界之外居住者，须守该处地方现有工部、巡捕之章程，与中国人民一律遵守无异；非先商准中国官员，不能自行设立工部局、巡捕局"。① 自以为计成的张之洞遂不无兴奋地宣称，凡此三节，"乃苦心设法力争而得者"，对于"杜（洋人）内地杂居之奢望，于保持治权、利权均有裨益"。② 然而，这一条款草案却遭到上海租界工部局和洋商的强烈反对。在洋商的压力下，马凯不得不强行要求将此款内容删去，使清政府方面"重失此已收之治权、利权"。③ 张之洞、盛宣怀等人多次交涉，也无济于事。这样，中英关于口岸界址的谈判，只好搁置不议，未入条约。

在同日本进行商约谈判时，亦出现了相似的情况。日本代表一开始就提出"（口岸）城镇任便居住"的要求，但清政府谈判代表抱定"英索而我未允者，仍不能稍予迁就"的原则，力加驳斥。为此，双方"辩论尤多"。④ 最后，亦只好以此款内容不入条约为罢。

由上可见，在《辛丑条约》订立之后的中外商约谈判中，清政府代表虽然力图以明定口岸界址，并佐以自办工部、巡捕的方式限制洋商的贸易居住区域，但由于洋人的奸猾，而未能实现，遂致中外关于口岸范围的分歧依旧没有解决。这种分歧和矛盾，使得长沙在开埠之初就掀起了一场官绅抵制洋商入城贸易，反对华洋杂处的斗争。

长沙开埠的当月（1904 年 7 月），英商贝纳赐在长沙市民舒象卿等人的协助下，在长沙市内西长街设立了豫亨泰洋行，且无视长沙通商章程，"并未于海关监督及税务司处先行呈报，骤然竖牌开市"，⑤ 而且拒不完纳

---

① 《致外务部、江宁刘制台》（光绪二十八年六月十九日），《张集》卷 84，正编 460 号，第 5821 页。

② 《致外务部、江宁刘制台、上海吕大臣、盛大臣》（光绪二十八年七月二十六日），《张集》卷 183，正编 469 号，第 13187 页。

③ 《致江宁刘制台、上海吕大臣、盛大臣》（光绪二十八年七月二十三日），《张集》卷 183，正编 469 号，第 13152 页。

④ 《议定日本商约折》（光绪二十九年十一月十四日），《张集》卷 61，正编 458 号，第 4182、4183 页。

⑤ 《湘抚庞咨英商贝纳赐在长沙城内开设行栈业经迁徙议结摘录始末情形请查照备案文》，王克敏等编《光绪丙午（三十二）年交涉要览》下篇（一），"续编"296 号，第 1654 页。

厘捐。① 此举引起了长沙官绅和新立长沙海关方面的极大震动。长沙关监督在饬令巡捕局前往拦禁贝纳赐的同时，会同湖南总办警察、团练、商务各局宪，联衔郑重晓谕华、洋商民，重申洋商开行设栈，只准在通商租界内租地，"万勿在界外开设，致背约章"。同时告诫华商：若在城内开设行店，股东及经理人员必须先到商务局注册，"具结声明并无洋股在内"；对于原有各店，亦要求将各项情况，"彻查列表，以备稽考"；如有呈报不实，或吸纳洋股者，官局"定行惩究"。②

晓谕华、洋商民的告示虽然公布了，但如何处置贝纳赐已在城内开设的洋行，则是一个棘手的问题。因为贝纳赐的洋行如果存在，其他洋商定会效尤而来，华官不便拦阻，势必形成城内华、洋杂处之局。而长沙绅民反对华、洋杂处，"万喙一词"，③ 加之民风强悍，素有仇夷之习，难保不酿成事端。于是，湘抚"叠次电牍，照请驻汉（口）英总领事饬令（贝纳赐）照约迁往租界"。④ 而英国驻汉口总领事则认为这正是谋求长沙通城开放之机，事关中英商约的解释和执行，遂向英国驻华公使请示。英国公使亦有同样的想法，遂于1905年5月正式照会清政府外务部提出："长沙自开埠通商以来，彼处地方官于'通商口岸'四字之意显有误会。前欲禁止英商在界外置地，后以府城不归通商口岸之内，此皆该处地方官有意阻挠英商照约权利。今于贝纳赐运货入城勒索厘捐，其意视长沙城仍为内地，与通商口岸无涉。请电知湘抚晓谕该处厘局，以长沙城归在通商口岸之内"，并认定贝纳赐在城内贸易合法。而清政府外务部则这样答复英人："'口岸'二字之义不能包括城池在内，且中国官民不甚愿洋商在通商口岸界外置地，亦自有不得已之苦衷，即系中国无治外法权之故。若照中英商约第十二款收回治外法权之后，华洋杂居无复

① 《外务部照会通商口岸不能包括城池洋货运入长沙贸易应先划清口岸地界即可定税厘权限文》，颜世清等编《光绪乙巳（三十一）年交涉要览》下篇（一），"续编"292号，第515页。
② 《总办警察团练商务各局宪及长沙关监督会衔晓谕华洋商民示》，《湖南官报》第760号，光绪三十年七月廿二日；《湖南历史资料》1980年第1期，第183～184页。
③ 《三与张廉访》，《虚受堂书札》卷2，正编683号，第1957页。
④ 《湘抚庞咨英商贝纳赐在长沙城内开设行栈业经迁徙议结摘录始末情形请查照备案文》，《光绪丙午（三十二）年交涉要览》下篇（一），"续编"296号，第1654页。

窒碍，自不至再有此等争执之事。今为长沙一口岸计，深愿贵大臣转饬驻长沙领事官与湖南巡抚和平商议，先划清通商口岸之地界，即可定明厘金征免之权限。"① 但是，英人并不死心。英国驻汉口领事与湘抚就贝纳赐一事"往返辩论"多次，但英领事坚决不同意将贝纳赐洋行迁出城去。迨 1905 年 7 月，英国驻长沙领事方尔第向湘抚提出六项条件："一准华洋合股，二须照约示谕商民，三城内免厘，四怡和、卡礼度（洋行）等公司所购地契速与盖印，五英商租地作为永租，六贝纳赐须索赔偿"；只有这六项条件全部满足，方答应"将城内英商开行权利让去，至一九〇八年正月为限"。对于英人的这几项要求，湘抚分别给予了答复，明确表示对洋货入城免厘等项，"万难应允"。理由是：长沙城内并非口岸，"无论征抽何项厘捐，系中国自有之权，现在加税免厘之约尚未施行，则城内收厘一层，应非外人所能干预"，且"城内不认为口岸，则年限暂让之说自可毋庸置议"。②

长沙官员在据理与英人力争，请迁贝纳赐洋行的过程中，得到了长沙士绅的有力支持。官绅频频集会商议，湘抚庞鸿书还就此事专门至王先谦家中求教。③ 王先谦先后八次作书于主办此事的湖南按察使张鹤龄，进行反复磋商。他一再提醒张鹤龄："杂处一说，官民皆所不便"；④ "湘人不肯，万喙一词"；⑤ "若会城之内，外商杂居，一有龃龉，祸端立见"；⑥ "勿以它处所无之事，倡自吾湘"。⑦ 叶德辉、孔宪教等士绅亦积极与闻其事，湘抚庞鸿书曾嘱叶德辉率众绅拦阻贝纳赐运货入城，并谓官方将

---

① 《外务部照会通商口岸不能包括城池洋货运入长沙贸易应先划清口岸地界即可定税厘权限文》，颜世清等编《光绪乙巳（三十一）年交涉要览》下篇（一），"续编"292 号，第 515～516 页。
② 《湘抚庞咨英商贝纳赐在长沙城内开设行栈业经迁徙议结摘录始末情形请查照备案文》，王克敏等编《光绪丙午（三十二）年交涉要览》下篇（一），"续编"296 号，第 1655～1656 页。
③ 《再与张廉访》，王先谦撰《虚受堂书札》卷 2，正编 683 号，第 1954 页。
④ 《与张筱浦廉访》，《虚受堂书札》卷 2，正编 683 号，第 1953 页。
⑤ 《三与张廉访》，《虚受堂书札》卷 2，正编 683 号，第 1957 页。
⑥ 《五与张廉访》，《虚受堂书札》卷 2，正编 683 号，第 1964 页。
⑦ 《与张筱浦廉访》，《虚受堂书札》卷 2，正编 683 号，第 1953 页。

"暗中助力"。①

　　英国驻长沙领事方尔第亦渐知湘绅对地方政务的重要影响，便欲另耍手段。他转告长沙官绅，他本人亦"深恨贝纳赐"，并言"将来贝纳赐运货入城，不必拦阻，惟有禁约地方百姓不买伊货，伊自穷蹙"，不请自迁。但是，方尔第的奸计很快为王先谦识破。王先谦指出：方尔第之言，"骤闻之似觉动人，细思之乃大不然。无论地方人众无禁阻买卖之实在办法，即使真能禁阻，已在豫亨泰洋行开张之后。地方官任令运货入城，先自弛禁阻之权力，贝纳赐果吃亏而去，他洋商即援例而来，则杂居之局定矣"。王先谦一语道出方尔第此计的实在用心："伊系英人，惟愿伊国家开拓商务。"故此，他提醒地方官，"勿为所感"。②

　　为了尽快将贝纳赐撵出城去，长沙官绅不得不答应给予贝纳赐一定的"津贴"。他们认为，只要"贝纳赐出城，永断藤葛"，"即稍受亏"，也是值得。③ 长沙官绅希望和平了结此事，"讵料贝纳赐狡诈翻覆，迁延不去，又勾串在沪英商挪运货物入城，抗厘不缴"。早已对贝纳赐恨之入骨的长沙官绅惟愿其早日迁出城去。为此，他们委托英人斐礼思和浙江商人王汝堂等与贝纳赐往复商酌，最终议定以 25000 两的代价将贝纳赐在长沙城内的"产业"赎买，并由"各绅改设'大顺长'牌号承接开贸"。④

　　这 25000 两赎款，湘抚庞鸿书说是长沙士绅"公同筹措"，⑤ 但其系官款的可能性较大。何也？其一，若果为众绅公同筹措，未见筹措方式，对此事关地方绅民利益之义举，官方不会不书，士绅不会不记，但我们遍查相关史料而不得。就连王先谦在自订《年谱》中也仅含糊地说了一

---

① 《致庞中丞书》，《虚受堂书札》卷 2，正编 683 号，第 1960 页。

② 《四与张廉访》，《虚受堂书札》卷 2，正编 683 号，第 1961～1962 页。

③ 《三与张廉访》，《虚受堂书札》卷 2，正编 683 号，第 1956 页。

④ 《湘抚庞咨英商贝纳赐在长沙城内开设行栈业经迁徙议结摘录始末情形请查照备案文》，王克敏等编《光绪丙午（三十二年）年交涉要览》下篇（一），"续编" 296 号，第 1655～1657 页。

⑤ 《湘抚庞咨英商贝纳赐在长沙城内开设行栈业经迁徙议结摘录始末情形请查照备案文》，王克敏等编《光绪丙午（三十二）年交涉要览》下篇（一），"续编" 296 号，第 1657 页。

句，"从众绅之请，给费与贝纳赐，令其迁移出城"。① 其二，王先谦在其写给有关官员的信中曾提到，"前日会议，大众本意以为，官府和平了结，即稍受亏，而贝纳赐出城，永断藤葛"；②"前此地方官阻止贝纳赐运货入城，并代偿货价，费尽心力，专为不令在省城内开行贸易之故"；③"拦阻贝货入城，从前官场本系如此办理……贝（纳赐）即讹索，台端（湖南按察使张鹤龄）为地方办事，为百姓造福，无令一人罄室以供之理"。④ 从这些言论中似可推断出，赎款系官出的可能性较大。

光绪三十二年正月初六日（1906 年 1 月 30 日），英商贝纳赐与"大顺长"行号正式签订了洋行出顶协议。⑤ 贝纳赐带着他在长沙讹索而来的25000 两银子高高兴兴地回国去了。自此，搅扰长沙官绅两年之久的"贝纳赐事件"才得平息。

然而，贝纳赐虽被撵走，但英国驻湘领事图谋入城贸易的野心仍未泯灭，还是不断提出交涉。后来，长沙地方官员虽然还在坚持"城内不在口岸之内"，但又表示，"所有运入（城内）洋货应抽收减捐……其洋货捐款应格外减轻"，以示对洋商的优待。⑥ 湘绅深恐官员抵不住英人的胁迫和利诱，遂于光绪三十二年（1906）5 月，联名公呈湘抚重申反对华洋杂处，不许洋商入城贸易。他们指出：

> 中外交涉动关全局，一处失着，全局皆翻。长沙系属省城，所开之埠已择定北门外为公共通商之地。若再允其违约要索，城内杂居……开行设栈，挟其雄厚之资，以行其垄断之术，中国商力薄弱，何能与之抵制？势不至举全体商民自有之权利尽为所夺不止。而各

① 《葵园自订年谱》卷中，第 103 页，沈云龙主编《近代中国史料丛刊》第 51 辑正编 504 号，台北，文海出版社，1966，第 385 页。
② 《三与张廉访》，《虚受堂书札》卷 2，正编 683 号，第 1956 页。
③ 《致庞中丞书》，《虚受堂书札》卷 2，正编 683 号，第 1959 页。
④ 《五与张廉访》，《虚受堂书札》卷 2，正编 683 号，第 1963 页。
⑤ 《湘抚庞咨英商贝纳赐在长沙城内开设行栈业经迁徙议结摘录始末情形请查照备案文》，王克敏等编《光绪丙午（三十二）年交涉要览》下篇（一），"续编" 296 号，第 1657～1659 页。
⑥ 《各省财政汇志》，《东方杂志》第 2 卷第 10 期，1905 年 11 月 21 日。

处界外之厘捐亦将为其影射包庇，顿归乌有。以后开办口岸销场税未能征收更无论矣。尚有一等无赖外洋流氓号为洋商，往往勾结中国流氓，鱼肉良善，借端敲诈，遇事欺陵。官吏无治外之法权，商民结无穷之积怨，内地之有教堂，国家已不堪其累，若复杂居无限保护，亦苦难周不幸。尚有他虞为患，何堪设想！①

可见，长沙绅民反对洋商入城的思想主旨，已不再是盲目的仇夷排外，而主要是出于保护厘金、保护民族资本和保护地方治权之目的。就在湘绅的这份公呈上递湘抚后不久，又有英商英美烟草公司图谋占领长沙市场，"嗾英使向外务部图免厘金，要求在城内开行"。长沙士绅遂再次联名上书，坚持抵制，② 遏制了英商的入城图谋。

长沙绅民反对华洋杂处的言行，虽然一时阻拒了洋商入城贸易的企图，但英人却一直不肯就范。后来，日本方面亦出尔反尔，要求在长沙城内，"任便居住营业，并所有进城之洋货暨在城内置买之土货概免纳厘"，被清政府外务部以与答复英人同样的理由驳复。③ 日本遂与英国联合起来，公开抵制长沙商埠章程，致使长沙口岸范围始终未能确定，成为晚清"外交上之一悬案"。④ 长沙绅民反对华洋杂处、抵制洋商入城，从某种意义上说，是对官方自主开放长沙的积极响应，并在一定程度上抵拒和削弱了开埠对长沙城市原有经济结构的遽然冲击。但是，这一局面并未维持多久，至民国初年，长沙渐成全埠通商、华洋杂处之局。据闻，华盛顿会议上，中国代表还以长沙与南京两口之华洋杂居相安情形，提作要求列国撤废在华领事裁判权之理由。⑤

长沙开埠的特殊意义不在于帝国主义打开了一座"铁门之城"，而在于它是一个特殊的约开口岸。无论在《辛丑条约》订立之后进行的中外

---

① 《八与张廉访附〈公呈〉》，《虚受堂书札》卷2，正编683号，第1984～1986页。
② 《八与张廉访再附〈公呈〉》，《虚受堂书札》卷2，正编683号，第1986～1989页。
③ 《外务部咨日使请在湖南长沙城内开行设栈免纳厘金已援照商约驳复文》，王克敏等编《光绪丙午（三十二）年交涉要览》下篇（一），"续编"296号，第1639页。
④ 吴晦华编《长沙一览》，湖南史地学会，1925，第2页。
⑤ 吴晦华编《长沙一览》，第2页。

商约谈判中，还是在长沙开埠的实际操作过程中，都体现了"被动之中力争主动"的开放原则。开埠后的长沙在口岸特征方面明显有异于其他约开商埠，而与清末自开商埠相类。由于英、日等国强词夺理，企图在中国实现"城""口"合一、全城通商的图谋，长沙又成为中外就此争论的焦点。但长沙官绅众志成城，坚决抵制洋商入城贸易，强烈反对华洋杂处。

　　无论是"被动中的主动开放"，还是抵拒洋商入城贸易，都与晚清民族主义思潮有密切关联。前者是"开门揖盗"之策，后者则是"关门拒贼"之法，均是国人面对外来强势力量采取的对策。"关门拒贼"是一种本能的防卫，"开门揖盗"则是一种策略性的开放。长沙的"自主开放"得益于盛宣怀、张之洞等人在外交场域的折冲樽俎，而"关门拒贼"则有复杂的历史动因。但不管是"关门拒贼"还是"开门揖盗"，均体现了一个共同的民族心理特征，就是不情愿，因而他们面对的是"盗"与"贼"。以"盗"与"贼"名外国列强，虽不雅洁，但确能说明历史。近代中外在政治、经济、文化与社会诸领域的技术与制度存在巨大逆差，具备优势的列强又强力进攻，自然导致中国防备心理不断强化。由于挨打而吃亏，由于吃亏而戒备，"被动发展"和"被动开放"是近代中国的基本态势，尽管"被动之中的主动开放"体现了一种应变与发展的观念变化，但从根本上说，与"深闭固拒"一样，仍旧是防范之举。"揖盗"与"防贼"基本上贯穿于近代中国对外交往的多个历史场域。

　　　　　　（本文为《长沙的近代化启动》中的一章，部分内容曾刊
　　　　于《从被动到"被动中的主动"：晚清开埠制度的变迁》，
　　　　《江苏社会科学》2011 年第 3 期）

第六章

现代交通体系与城市化进程

电车、公共交通与近代天津城市发展

在促进城市发展的诸多因素中，交通尤其是公共交通，是改变城市的主要动力之一。因为它决定着城市的空间结构、人口的流动、市民的生活方式等，交通的状态往往便成为城市发展的里程碑。在工业革命以前，世界城市可以称作为"步行城市"时代，随着机械动力的出现和电力的应用，城市进入"电车时代"，20世纪后期城市又进入了"地铁和汽车"时代。在中国，城市近代化肇始于19世纪中期。随着20世纪初期电车在通商口岸城市的出现，中国城市开始进入电车时代。

一

正如美国著名的城市史学家桑姆·沃纳所说，前近代城市是"步行城市"。直至19世纪中期，天津还没有现代意义的公共交通。人们出行除了步行外，主要靠人抬轿子或畜力车。在传统社会，没有注重社会平等的公共享用或参与，交通也是一样，人们出行的交通方式也体现出明显的社会等级差别。轿子或畜力牵拉的轿车，是社会中上层的交通工具。官员出门乘轿，轿子按品级享用，与其说是交通工具，倒不如说是权力的象征。轿子的等级以规格、颜色以及轿夫的多少划分。官员乘轿走在街上，前有鸣锣开道，师爷、衙役前呼后拥，行人要躲避让路。显然，乘坐轿子不是为了追求效率，节约时间，而是为了显示身份和权力。

富人或士绅出行除了乘轿还乘坐马拉的"轿车"。这种轿车虽然没有等级划分，但是从车厢的装饰豪华程度也可以看出乘坐者的社会地位。

---

* 本节作者刘海岩，天津社会科学院历史研究所研究员。

20 世纪初，天津上流社会追求洋化，盛行乘西洋式马车。地位较高的官僚或追求时髦的富商，家中都拥有一两辆西洋马车。驾车的马匹也不用中国马，而是从在天津的外国驻军那里购买高大的西洋马，甚至花巨资从国外进口。"马夫仆役率多愚贱无知识之人，以为坐马车者非显宦即富商，遂至凭权借势，往往于肩摩毂击多人聚集之区，扬鞭疾驰，甚至不分道路左右任意撺越，以至撞倒行人碰翻洋车，伤人之事层见叠出。"①与此同时，轿子的使用却逐渐减少，人们甚至把轿子看成女人的专用品了。②

　　在 19 世纪的天津，流行一时的大众交通方式，是"脚驴"和"人力车"。在传统中国城市，人们的生活方式，多有乡村生活方式城市化的结果，"脚驴"就是典型的一种。骑驴是北方乡村最普通的交通方式，在城市这种交通方式便商业化了。赶驴者牵一有简陋鞍辔的毛驴站道边揽客，有人骑乘便可出发。由于花费很少，一般百姓也可以负担。外来的旅行者也多乘坐。京官李慈铭 19 世纪中期每次来天津，在城市内的交通往来都是乘坐脚驴，随行女眷则乘轿。"从紫竹林，以肩舆坐姬人，余偕诸子骑驴同至天津河北。"③

　　1880 年代，人力车在天津出现了。人力车最初称"东洋车"，南方也称"黄包车"，20 世纪初普遍使用橡胶轮胎后天津人又称之为"胶皮"。据记载，人力车 1869 年发明于日本东京，1874 年法国商人米拉从日本把人力车引进上海。1880 年代初，人力车由上海传入天津。当时的人力车还大都是由日本进口，不仅拉客，还拉货物。由当时的记载可以看出，人们对这种外来的交通工具也抱有一种矛盾的心态："夕有拉东洋车（又名人力车）待人雇，或拉人位，或拉货物，为脚行之类，在街市停放。此车系东洋日本所造，只坐一人，二轮极轻捷，轴以钢条为之，轴上有铁弓，为之有坎坷处，人坐无颠险之患，喜走硬道恶软道。中外国之官，

---

①　天津市档案馆等编《天津商会档案汇编（1903～1911）》（下），天津人民出版社，1988，第 2283～2284 页。

②　《二十世纪初的天津概况》，第 21 页。

③　（清）李慈铭：《越缦堂日记》第 7 册，广陵书社，2004，总第 4928 页。

每月收捐钱 500 文给执照。东洋车自此始有，为拉车起名者曰东洋狗。"①

人力车适应了像天津这样发展较快的城市，到 1880 年代，天津街头最流行的大众交通工具就是人力车和脚驴了。1895 年，天津全城的人力车总数已经有四五千辆。人力车夫和赶驴的脚夫在路上争抢揽客，车与驴争相奔跑，常与行人发生冲撞。而在此时，人力车也还只是少数商埠城市才有的交通工具。②

公共交通是指"在大中城市及其郊区，用各种运输工具，运送大量乘客的运输系统"。③尽管在 19 世纪天津的马路上跑着大量的人力车和脚驴，但是现代意义的公共交通系统还没有出现。现代公共交通系统的出现需要有两个因素，一是工业化带来的新技术和新交通工具，二是随着城市化的加快和城市人口的大量增加，城市面积迅速扩大，工业区、商业区和住宅区在空间上分隔开来，便捷的公共交通成为城市发展的需求。

在欧洲，1826 年法国巴黎出现了"公共马车"，它可以拉多名乘客，有相对稳定的运行路线。不久，美国人又发明了马拉轨道车，就是沿轨道奔跑的铁轮马车，距离近代公共交通的形成就差机械动力了。随着蒸汽机、电动机的应用，欧美一些城市开始尝试在公共交通中使用机械牵引。1870 年代，欧洲城市出现了用蒸汽机车驱动的"公交车"，美国的城市出现了以蒸汽发动机作动力的有轨缆车。1860 年，美国人 G. F. 特雷恩在伦敦开辟了三条电车道。1888 年，美国人弗兰克·斯普拉格在美国东部城市里士满建起了世界上第一个有轨电车系统。电车不仅速度快、安全，而且运营成本低、车费低廉，所以很快被全世界接受，成为最大众化的公共交通工具。到了 19 世纪末 20 世纪初，有轨电车取代了马拉有轨车，成为欧美城市主要的公交车，并且也出现在亚、非、南美许多大城市中，世界城市进入"电车时代"。20 世纪初，电车传入中国，天津首先

---

① （清）储仁逊著、天津图书馆整理《储仁逊闻见录》第 1 册，国家图书馆出版社，2016，第 107 页。

② "近来大兵过境，各兵勇睹此异制（指人力车），他省所无，因亦高兴雇坐。"（《直报》，1895 年 2 月 4 日，第 2 页）

③ 《不列颠百科全书·国际中文版》第 10 卷，中国大百科全书出版社不列颠百科全书编辑部编译，中国大百科出版社，1999，第 544 页。

出现了中国第一个城市有轨电车系统。

这里有必要回溯一下近代公共交通在天津出现的历史轨迹。作为大工业技术产物的近代交通工具早在 1880 年代就已在天津初现。1886 年，作为法国德康维尔铁路公司（Decanville Railway Company）的在华代理商英商怡和洋行，为了向清政府推荐引进该公司的产品，在英租界海大道（今大沽路）以西到海光寺，铺设了大约二三英里的窄轨铁路，蒸汽机车牵引数节车厢在轨道上往来行驶，"开车载客，俾众游玩"，中文报纸称之为"地可眜而铁路"，类似于今天的轻轨铁路。当时，每乘坐一个来回，上等座票价 3 角，最下等 5 分，并有一车专载女客。李鸿章也曾率众官员前往视察乘坐。这种前所未见、轰轰作响的机械牵引交通车吸引了不少市民，"往看者踵接肩摩，熙来攘往，直有万人空巷之概"。可是，围观看热闹者多，"每见妇孺拥塞道旁，或奔走追呼，或咨嗟艳羡"，乘坐者很少。时有开明之士感叹道："津郡驾车皆任以骡驴而行，路之艰涩，每逢阴雨泥泞，进尺退咫。何不循途改辙，其劳奚逸啻仙凡之别。"① 这次活动的结果虽然不了了之，但却是近代交通工具第一次展示在天津百姓面前。

在 1898 年中日划分日租界的谈判中，日本提出在划分给日本的海河码头与南门之间，建造一条马车铁路，② 得到清政府的同意。但是，直至 1900 年，这项计划也没有实施。1901 年 11 月 16 日，一名日本商人在老城区开通了一条公共车路线，并得到当时统治天津的都统衙门的免税许可。③ 这条公共车路线虽然只运行了 5 个多月，而且还不知道使用的是马车还是别的什么交通工具，但这应当是天津首次正式营运的、有固定路线的公共车。

建设有轨电车的计划也是在 1900 年八国联军占领天津后最先提出来的。这年 8 月，刚刚成立的"天津都统衙门"先后收到在天津的欧洲人

---

① 载于《时报》1886 年 12 月 1 日。

② 《天津日本租界条款》，载王铁崖编《中外旧约章汇编》第 1 册，第 799 页。

③ 刘海岩等编《八国联军占领实录——天津临时政府会议纪要》（下），天津社会科学院出版社，2004，第 486 页。

和日本人的申请，① 请求授予他们在老城区和租界之间铺设电车的权利。当时，电车是一项新技术，而且是垄断经营，市场潜力很大，欧洲和日本的公司都想借助列强占领的有利机会争得垄断经营权。最早提出申请的是欧洲人，随后日本领事代表日本政府出面要求都统衙门将专营权单独授予日本，声称此前已经获得中国政府的特许。但是，随后便有欧洲多国股东联合组成的"电车电灯公司"向都统衙门争夺电车的垄断经营权。当时的日本还没有能力与欧洲列强相抗衡，最终，主要由比利时财团投资的"天津电车电灯公司"得到了电车和供电的垄断经营权。② 公司的中文名称最初叫"天津电灯车路公司"，后改为"天津电车电灯公司"，1902 年在香港注册，由世昌洋行负责代理经营。

本来，都统衙门要求"电车公司"必须 1902 年 1 月 1 日开始施工，1903 年 7 月 1 日之前通车。但是，由于电车公司未能如期完成注册，1901 年 11 月，公司代理人世昌洋行要求将铺筑电车轨道的开工时间延期至 1902 年 7 月 31 日。1901 年 2 月，"比利时电车电灯公司"在香港注册为有限责任公司。7 月，该公司以资本大部分必须在欧洲募集为由，取消在香港注册，改为在布鲁塞尔注册，注册资本 620 万元，注册名也改为"天津国际电车电灯公司"。③ 与此同时，"电车电灯公司"请求都统衙门将授予该公司的特许权作为政权移交中方的强制性条件之一，都统衙门接受了他们的请求。1902 年 8 月 15 日，都统衙门向清政府的代表袁世凯移交天津政权。在移交协议中，都统衙门要求清政府必须承认和执行都统衙门执政期间订立的所有协议与合同，包括与"天津电车电灯公司"签订的协议。④

袁世凯接管天津后与公司重新开始谈判。1904 年 4 月 26 日，由天津海关道唐绍仪和候补道蔡绍基与世昌洋行经理海礼以及比利时驻津领事

---

① 刘海岩等编《八国联军占领实录——天津临时政府会议纪要》（上），第 8 页。
② 刘海岩等编《八国联军占领实录——天津临时政府会议纪要》（上），第 315 页。
③ 刘海岩等编《八国联军占领实录——天津临时政府会议纪要》（下），第 742 页。
④ 刘海岩等编《八国联军占领实录——天津临时政府会议纪要》（下），第 624 页。

嘎德斯签订了天津电车电灯公司合同。① 合同规定，"天津电车电灯公司"获准垄断经营天津的电车与电灯，范围是以鼓楼为圆心、半径 6 华里的区域内，经营期限 50 年，公司开办资本 25 万镑。公司董事会由 6 人组成，外国董事 3 人，华人董事 3 人。外国董事由公司股东选出，华人董事由直隶总督选派，当时任天津海关税务司的英籍德国人德璀琳出任公司第一任董事长。

1905 年，电车轨道铺设工程开工。电车公司计划首先在老城区铺设轨道，原因有二，一是老城区是城市人口密集区，二是城墙的拆除和围城马路的修筑为设计电车路线提供了很好的条件。1900 年，都统衙门组织拆除了天津的城墙，并沿着城墙的基址铺筑了 4 条道路，就是现在的北马路、东马路、南马路和西马路。由于城墙既宽又直，所以 4 条马路在当时的老城区便显得格外宽阔笔直，有利于电车的运行。

1906 年 2 月 16 日，中国第一路有轨电车首先围绕这四条马路开始运行。根据《大公报》的报道，通车典礼时非常热闹，"搭客甚多，道旁观者如堵"。到了 1918 年，又有 5 条电车路线先后通车。各路电车标志以颜色相区别，第一路电车为白牌，其他分别为红牌、蓝牌、绿牌、黄牌和花牌。电车以老城区的北大关为起点，分别通往老龙头火车站（今东站）以及今天的和平路、建国道、大沽路和老西开教堂一带，通行区域覆盖了老城区和奥、意、日、法、俄五国租界。天津电车电灯公司合同还规定，如果电车跨越海河需要建造桥梁，由电车公司和市政当局各出资一半，而且必须建造能够启闭的活桥，以便河中船只来往。保留至今的金汤桥就是为了铺设通往奥、意租界的电车而修建的。1945 年第二次世界大战结束后，天津的电车经营权被中国政府收回，由国民政府公用局专门管理。到 1947 年，又铺设了通往北站的紫牌电车。

公共汽车在天津的出现则较晚。1903 年，直隶总督袁世凯从国外进口了 17 辆汽车，经海河港口运抵天津，其中两辆呈献给慈禧太后，其余的供官员们乘坐，这是汽车最早在天津出现。1920 年代初，天津出现了

① 吴霭宸：《天津电车电灯公司问题》，《华北国际五大问题》第四篇，商务印书馆，1929，第 1 页。

租赁汽车的汽车行，最早的公共交通就是这些汽车行创办的。1925年，"同兴汽车公司"进了几辆旧汽车，在万国桥（即解放桥）至河东大直沽之间运行，这是天津第一条公共汽车路线。此后，又有几家汽车公司经营公共汽车。由于它们将汽车分别涂成黄色或蓝色，所以人们称其为"黄公共"或"蓝公共"。1927年，从法国花园（今中心公园）至英租界大营门一带经营汽车的就有四家公司，行驶汽车共十余辆。由于电车公司属于垄断经营，因此当时的公共汽车只能在不行驶电车的道路上运行，除了上述之外还有如英租界马场道至日租界多伦道、老城区官银号至北站之间也有公共汽车往来。

二

按照1904年电车公司与清政府订立的合同，老城区的电车除了围城一路之外，还要铺设两条线路，一条是从北大关向北铺到西沽，另一条是从西北角向西北铺设，沿运河直至济安自来水公司水厂附近，所经地区均为人口密集的街区。但是这两条路线都未能铺成，其中主要原因是民间抵制的结果。[①]

电车的铺设从一开始就受到来自老城区的反对，商界、脚行和人力车夫是最激烈的反对者。1905年5月，电车轨道工程刚开始动工，便出现了种种传言，搞得城内外人心惶惶。当时，有商界三十一行商董联名上书袁世凯，提出电车有八大害，[②] 其中如电车导致人力车夫失业、商家门市因电车来往阻挡使营业受影响、行人和学堂学生的行路安全受到威胁、通车道路拓宽拆迁造成居民"抛家失业"以及电车造成马路拥挤等，所以请求禁止修筑。袁世凯拒绝了商人们的请求，他的理由是修筑电车系都统衙门时期已经批准，他只是照案接受，无法推翻；他接管天津后对电车公司已加以限制，对合同条款凡是有碍地方利权、有损百姓生计

---

① 《天津商会档案汇编（1903～1911）》（下），第2274页。
② 《天津商会档案汇编（1903～1911）》（下），第2243～2244页。

之处，都已"屡经删改"。① 他的解释并没有平息民间的抗议。脚行的脚夫、拉车的苦力以及人力车夫等纷纷聚集到商会请愿，要他们出面恳请当局停止电车工程以保生计。② 商人们也聚会讨论如何阻止电车的修筑，"众商等仍欲另想他法，或筹款将电车全料购回，或会议相戒将来众商皆不坐此车"。③

在这种情势下，天津府、县以及海关道只得公开发表告示，批评商会借口维持苦力生计反对修电车。其中有一段批评商会领导人的短见薄识："电车一项，各国殷盛冲要之区，无不安设，辙迹愈密，商务愈兴，需用人力亦愈广。天津风气早开，绅商多身历外洋，当有真知灼见者。"④ 同时，他们也与电车公司协商制定保护章程和安全措施，如在道路转角处和岔路口增加巡警执旗示警，电车前安装防险兜网，架设电线的电杆加添电灯使过往行人注意等。

在当时的天津，一方面是八国联军的入侵和租界的扩大引发强烈的爱国热情和抵制外洋思潮，另一方面是伴随着强权一起传入的先进技术和新的事物。围绕天津电车的引进所发生的冲突，正是在这种背景下出现的，它反映了城市社会接受外来新事物的矛盾心态。1900 年城墙的拆除是对天津人的一次大的冲击。祖辈习惯居住在"城里"，每天进出城门的生活方式一下子改变了，人们失去了对传统空间的心理依恃。过了没几年，又一种打破现有生活空间和秩序的"文明利器"来到身边。尽管在当时，起码知识阶层对电车已经有所了解，知道电车"省时间，便交通，开发文明莫此为盛"，⑤ 但是当电车真的出现在身边，即便是那些开明的商人或知识阶层，也有不少人成了反对者。处在社会下层的脚行、人力车夫担心电车的到来会使他们难以维持生计，商人们则不知道电车行驶在大街上会带来什么样的后果，担心会造成对现有空间秩序的破坏

---

① 《天津商会档案汇编（1903～1911）》（下），第 2245 页。

② 《督辕纪事》，《大公报》（天津版），1905 年 6 月 5 日，第 2 版；《天津商务总会致本馆函》，《大公报》（天津版），1905 年 6 月 13 日，第 1 版。

③ 《中外纪事》，《大公报》（天津版），1905 年 6 月 8 日，第 2 版。

④ 《天津商会档案汇编（1903～1911）》（下），第 2261 页。

⑤ 《本报记者与友人某君论天津创办电车事书》，《大公报》（天津版），1905 年 6 月 20 日，第 1 版。

和对商业的冲击。《大公报》的记者在与国外朋友的往来信函讨论中，提出"内地电车事权又将握于外人之手"，为修电车而拆民房，以百姓流离失所换取外国人获利，则是知识阶层心态的一种表述。他们对电车的反对出自不同的心理，但是他们联合起来就形成了很大的社会抵制力量。

尽管 1906 年环城电车通车时引起了不少市民的兴趣，但是对"电"以及快速、"庞大"车辆的畏惧，加上一些社会阶层对电车的抵制，使得通车初期乘坐者很少。电车公司采取免费试坐和低廉票价吸引乘客。最初，电车的座位有头等、二等之分，头等座位有绒垫，车厢有地毯、痰盂、电扇等，二等座位则是竹藤座椅。头等座位票价只需一个铜子，二等座位半个铜子。① 随着市民对电车的认同和乘客的大众化，电车不再有座席的等次，一律改为木座位。电车公司为了吸引乘客，每逢端午、中秋节日，在电车后挂一彩车，"编制水龙云月，内烛以五彩电灯"，雇人吹打奏乐，沿街游走，"引诱男妇老幼，游观如堵"。②

然而，对于刚刚出现的电车，习惯在大街上与马车、人力车混行的人们，既没有乘坐电车和在路上行走如何避让电车的知识，更不知道机械化的车辆会带来怎样的危险。从电车通车不久巡警局发布的"白话"告示中，便可以想见当时的情形：

> 电汽车（最初对电车的称谓）已经开行了，车又重，走的又快，若不小心，要是碰着压着，大有性命之忧，所以电车公司行走章程上说，连坐车的客人都不可以随便上下，漫说看热闹的同那不懂事的小孩子们，岂可以随便围着观看，跟着车跑，那不是自寻苦恼吗！现在我们总局为电车公司有信来，说马路上电车行走时候，有许多无事的跟着那顽童们，在车后跟着看，还有拿手攀拉电车，一会上去一会下来的，这种情形实在危险得很，请总局传知我们分局，出张告示，严行查禁。我想北门外乐壶洞（指北大关一带）这条马路

① 萧祝文：《天津比商电车电灯公司》，《天津的洋行与买办》，天津人民出版社，1987，第 347 页。

② 《天津商会档案汇编（1903~1911）》（下），第 2259 页。

四通八达，人又多，车马又拥挤，电车又在这做了站头，你们到此
千万要留神，不可乱步，以免弄出祸患来。小孩们虽说不懂事，家
里头的父兄也可以管教管教，正格的就不怕损伤孩子们吗？我说的
是很要紧的话，你们可别当耳旁风啦！①

　　这浅显的文字也可以说是当时对交通法规的启蒙。1911 年，终于发
生了电车轧人致死的交通事故。老城区市民再次发起抵制电车运动，甚
至提出要组织禁坐电车联合会，号召市民不点电灯、不坐电车，还要组
织人在车站阻挠外地人乘坐；有的则表示如果遇到电车碰伤或轧毙人命
事，即将电车烧毁、铁轨毁坏。② 为此，商界领袖宋则久、南开校长张伯
苓以及警察局长杨以德出面提出电车公司、警方以及市民共同保证电车
安全的建议：车轨改铺在道路中间，险要路口设常岗，卖票人与司机技
术要纯熟；车辆的下边设置救命网，或改设冷闸。另外还提出，围城电
车要减速，车轨禁止泼水，两旁便道如果逼近马路的话，禁止摆摊。③ 电
车公司的洋经理也亲自到商会，与商界领袖直接谈判，表示要寻求改善
电车安全的措施，并提出请商界推举代表出任电车公司董事。④
　　尽管遭到如此多的反对和抵制，环城电车毕竟已经通车并逐步为市
民所接受，然而电车公司在老城区进一步的发展计划却遭到挫败。1911
年，津浦铁路在老城西北修建车站（即今西站），电车公司根据 1904 年
的合同提出将电车轨道由北门铺筑到西站一带。电车计划要经过的河北
大街 300 余户商民联名上书，极力反对电车通过。此时，清王朝已经濒临
末日，直隶总督陈夔龙为安民心不得不拒绝了电车公司的计划。从西北
角铺至济安自来水厂的计划也没有再提出。⑤
　　1913 年，民国政府工程局准备重修金刚桥。电车公司趁机提出将电

---

① 《巡警局白话告示》，《大公报》（天津版），1906 年 2 月 21 日，第 3 版。
② 《天津商会档案汇编（1903～1911）》（下），第 2258 页。
③ 《天津商会档案汇编（1903～1911）》（下），第 2260 页。
④ 《华洋回忆》，《大公报》（天津版），1911 年 9 月 19 日，第 3 版。
⑤ 《直隶交涉公所为电车公司拟修北站路线照会津商会》（1913 年 1 月 14 日），天津市档
　案馆、天津社会科学院历史研究所等：《天津商会档案汇编（1912～1928）》第 3 册，
　天津人民出版社，1992，第 3304 页。

车从东北角通过金刚桥铺至河北新车站（今北站）的计划，并表示可以承担修筑金刚桥的部分经费。这一计划随即遭到强烈的反对，尤其是电车必然要经过的商业繁华区大胡同的商人，以及人力车商和商会，态度最为激烈。他们反对的主要理由是：上等社会有汽车、马车，中下等社会有人力车，天津的交通已经非常方便，没有必要再通过修电车扩大外国人的利权，而且电车造成人命伤亡，数万人力车夫的生计也受到威胁。商人们还认为，修电车会泄了大胡同的气脉，等等。最终，顺直省议会投票否决了扩修电车的计划，电车公司将电车通到海河以北的计划一直未能实现，直至 1940 年代后期国民政府接管公司后才铺设了通往北站的紫牌电车。①

与此同时，向租界地区发展电车的计划进行得非常顺利，使电车成为连接老城区与租界的主要公共交通系统。电车的抵制者不会想到，历史发展的结果是近代公共交通极大地促进了租界地区的发展，而河北地区不仅公共交通长期得不到发展，城区发展也相对滞后。②

三

尽管电车是西方公司强行引进的，尽管电车一度遭到反对和抵制，但是新的交通工具毕竟带来了前所未有的便捷和快节奏的生活。随着人们的逐渐接受和认同，电车改变了 20 世纪的天津城市面貌。

到了 1920 年代，电车以其快捷、方便而成为最受大众欢迎的交通工具。电车之所以最终被普通市民接受，成为最平民化的交通方式，票价低廉是关键的因素。电车公司每次提高票价的企图都因受到广泛的反对而作罢。1920 年代，天津电车的票价最低为铜圆 2 枚，最高 6 枚，就是说最多花 6 个"大子儿"，就可以从老城区的北大关乘车到法租界的劝业场，即便是收入低微的市民，每天上下工也可以乘坐电车，使其成为穷

---

① 《米茶鞋帽等行董事并大胡同众商号反对电车公司扩充北站路线呈文及省议会公决书》民国 6 年（1917）十二月、7 年（1918）一月五日，天津市档案馆、天津社会科学院历史研究所等：《天津商会档案汇编（1912 – 1928）》第 3 册，第 3305 页。

② 《紫牌电车今日起全线通车》，《大公报》（天津版），1947 年 3 月 22 日，第 5 版。

百姓也坐得起的公交车，人力车反而成为社会中上层才能经常乘坐的
"的士"。北京则不同，由于票价高昂使得北京的电车始终处在奢侈品和
必需品之间，无法平民化。① 根据 1930 年代的统计，城市人均每年乘坐
电车的次数，天津为 52，高于上海 38 和北京 17，成为全国电车乘坐率最
高的城市。②

　　1920～1930 年代的天津，电车已经是社会中下层日常生活不可或缺
的"公交车"。无论是每天从老城区到租界或城市边缘工业区上班的穷苦
工人，还是傍晚到租界去娱乐、享受夜生活的青年男女，都要乘坐电车
往来。"大凡乘坐电车之人，皆系依人作嫁及贫苦百姓。"夜晚，"电车载
着疲惫的工人从东方（指租界，引者注）驶来，东去的电车挤满了'洋
气'的城市男女，向灯光之塔下的夜中的白日里（也指租界，引者注）
去寻乐。"③

　　电车也对促进市民行为举止的文明程度起了一定的作用。如《电车
公司行车章程》中，除了有关乘客上下车安全、购票方法的规定外，还
规定了乘客携带物品的大小、重量，以及乘客的形象和气味不得有碍同
车之客；非抽烟处乘客不准抽烟；车上不准吐痰；有传染病者不准登车；
车上不得用污言秽语，不得侮弄同车之客；衣服不洁以致可能污染其他
乘客之衣或有碍同车之客者不准登车；车上不准带犬和各种动物等等，
并规定了相应的处罚措施。这可以说是天津最早的城市公共文明章程。

　　清末民初，是天津人口和资本流动、城市空间重构的重要时期，电
车加快了城市人口和资本的流动。1912 年，天津发生壬子兵变。袁世凯
为了达到其政治目的暗中唆使北洋军队在天津哗变，大肆抢劫老城区商
家，尤其是估衣街等商业繁华区，迫使老城区的商家、富户纷纷迁往有
条约保护的租界。此后，老城区的兵变和骚乱不断，华界没有了安全感，
社会上层和城市财富纷纷流向租界成为 1920 年代、1930 年代天津城市空
间重构的典型现象。在这一过程中，快捷的电车起了推波助澜的作用。

---

① 史明正：《走向近代化的北京城——城市建设与社会变革》，北京大学出版社，1995，第
　　275 页。
② H·O·昆：《上海、天津和北平的电车》，《远东评论》1937 年 2 月号，第 58 页。
③ 莎蒂：《天津交响乐》，《大公报》（天津版），1933 年 4 月 22 日，第 12 版。

最早迁到租界的大商号是最容易被抢劫的金店、绸缎庄，如有名的恒利金店、物华楼、敦庆隆、老九章等。它们首先在日租界旭街开设分号，其他商家也随之迁往。到了 1920 年代后期，从旭街到法租界杜总领事路，沿路已经开满了商号店铺，"大小商号迁往租界者，罔不争先恐后"，[①] 逐渐形成了至今繁华不衰的商业街——和平路。法租界梨栈一带（今劝业场）由于地处电车枢纽，黄、蓝、绿三条路线在那里交会，更成为商家必争之地。1920 年代中期，该地区迅速繁荣，著名商家字号竞相设点开业。1929 年，劝业场、天祥等大商场先后建成，使"法界梨栈"取代日渐衰落的老城北门外，成为城市的中心商业区。可以说，今天的和平路、劝业场繁华商业区的形成，与电车交通有着密不可分的关系。坐电车、逛劝业场，成为 1930 年代天津都市流行的生活时尚。

传统时期的天津是以老城及其以北的沿河商业区为中心，城市空间呈团块状，城区表现为典型的"步行城市"形态。电车的出现促使城市的发展重心由旧城及河流沿岸向电车沿线转移，改变了传统城市的空间模式。"盖天津市发展之趋势，其初围绕旧城，继则沿河流，复次则沿铁道线，自有电气事业则沿电车道而发展。"[②] 民国以后，随着连接租界与老城区的电车网络的形成，城市商业投资大量向电车轨道沿线转移。电车从老城区主要沿两个方向通向租界地区，一条是红牌电车通过奥、意租界大马路（今建国道），另一条是黄、蓝牌电车通过日租界旭街和法租界杜总领事路（今统称和平路）。电车通过的奥租界大马路一度很繁华，只是由于意租界不准该界内主要街道开设商店，繁华地段至奥、意租界交界处便中止了。日、法租界由于地理位置居于城市中心，加上租界当局对商业投资的吸引，遂使黄、蓝牌电车道成为商业的主要聚集区。

快捷的公共交通使得人们的居住地点和工作、娱乐地点在空间上的分离成为可能，从而促进了城市空间的扩展和功能分区的形成。民国时期，在海河东岸和租界边缘形成了城市工业区，企业工人和职员，有相当一部分居住在老城区或租界，电车等城市公共交通成为他们每天上下

---

① 《商号多迁入租界营业》，《大公报》（天津版），1926 年 10 月 21 日，第 7 版。
② 《天津电车电灯公司问题》，《华北国际五大问题》第四篇，第 33 页。

班所依赖的交通工具。1920 年代出现的公共汽车，有的路线就是连接电车终端和工业区之间的。

　　到了 1930 年代，城市中心区人口和城市资源的分布已经形成了以电车路线为轴，向周围辐射的形态。整个城市空间数倍扩展，呈带状分布，其中心一是海河，一是电车线，这种构成奠定了现代天津城市空间结构的基础。

　　　　　　　　　　　　　　　　（原刊《史林》2006 年第 3 期）

交通变革与近代郑州地域构造的变容

一　问题的提出

19 世纪末之后，中国的整体交通面貌发生了巨大转变，以驿道、运河为中心的南北运输路线被海运和铁路所取代，交通工具由木船车马转变为轮船火车。尽管郑州地域水运网络已经衰落，并受季节性制约，但在传统运输时代水运依然占据重要地位，在联系外部世界方面发挥着作用。陇海铁路①、平汉铁路以及津浦铁路通车后，原本就很衰微的中原水路运输遭遇沉重打击，水运沿线城镇亦无法保持原有的繁荣而迅速衰落。而郑州位居平汉、陇海两大铁路干线的结点，交通区位优势使之获得了前所未有的发展机遇和潜力，20 世纪初叶逐步成长为一座新兴的铁路枢纽型城市。区域交通格局的变迁，特别是郑州在中原近代交通运输网络中地位的提升，使得郑州地域的空间构造发生了一系列变化。

地域构造是人文地理学领域的一个概念，它是指某一地域或城市中

＊　本节作者刘晖，上海市社会主义学院教授。

① 陇海铁路又称陇秦豫海铁路，是西起中国甘肃省兰州市，东至江苏省连云港的一条东西交通干线，途经陇（甘肃）、秦（陕西）、豫（河南）、海（江苏海州），全线长 1750 千米。陇海铁路并非是一次成路，而是分段建设而成。最初是在汴洛铁路（开封至洛阳，1908 年底建成通车）的基础上向东西方向延展，直至 1952 年才最终完工。平汉铁路为联结北京和汉口的一条南北交通干线，1906 年建成通车，全线总长 1214 千米。该线初称卢汉铁路，继称京汉铁路，后称平汉铁路；为统一起见，本文除在引文中沿用原有称谓外，余则概称平汉铁路。铁路（railway）是以机车牵引列车在两条平行的铁轨上运行、从而实现人或者货物空间位移的一种陆上交通方式，铁路的应用标志着近代交通运输业步入了一个新的历史阶段。陇海、平汉铁路在郑州交会，由此带动了这座城市的快速成长。

不同功能区的分布与组合所构成的区域内部的空间结构。在战后的日本学界，地域构造是进行地域经济研究的一个常用概念，逐步形成了地域构造论，相关的研究及研究组织层出不穷。伴随理论与实证分析的进展，地域构造已成为经济的空间体系、地域变动、区域结构功能分析以及城市研究的重要工具。

就中国学术界的研究现状而言，目前关于郑州地域构造分析特别是现代交通与该地域构造变容之间关系的研究尚不多见。但学术界特别是经济地理学界对城市空间结构的关注与研究由来已久，如黄荣清的《北京城市的地域构造》一文①，是中国学界少有的运用地域构造这一概念进行城市内部结构功能分析的论文。该文从人口聚集的角度对城市内部构造——功能区、居住区和中心地展开剖析，由此来观照北京城市的产业配置、地域功能以及城市规划建设诸问题。柴彦威则以城市居民行为方式与城市空间扩展的关系为着眼点研究城市的地域构造，对城市空间以及中日城市空间结构比较等问题进行了有益的探索②。类似的研究主要集中在城市内部的结构功能分析方面，而对城市外部或者地域整体空间结构的探讨还不足。分析交通变革与近代郑州地域构造变动的内在关系，在近代中国区域交通变革的场域中寻求郑州地域构造研究的新思路，由此来把握近代郑州地域社会变迁的实态，是本文的意图所在。

郑州的地域构造③涉及郑州城市的内部结构、城市的内部与外部关系即城乡关系以及郑州地域的整体空间构造等诸多方面问题。限于篇幅，本文仅从宏观上探讨这种演变给郑州地域构造变容所带来的影响及其外在态势，包括地域经济中心的位移、经济空间的变化和市镇分局等方面。

---

① 载于《中国人口学》，2003 年第 5 期。

② 柴彦威：《中日城市结构比较研究》，北京大学出版社，1999。

③ 郑州既是一座城市，同时又是一个区域。那么在论及郑州的地域构造时，则要考虑郑州城市的地域构造和郑州区域的地域构造两个层面。郑州城市的地域构造是指构成城市的各种元素，如人、建筑物、街道等的空间位置、分布密度和分布形态。城市的空间结构及功能分区，受城市的地理环境制约，因交通条件的改变而改变，同时亦受城市历史的影响，它是一个长期发展的结果；郑州区域的地域构造是指该区域的各构成要素的空间结构状况，如市镇的分布、人口的聚散及流动、交通状况、核心—外围结构、区域经济的布局等。本文中的郑州地域并非是一个行政区划的概念，而是一个因铁路而兴、影响区域经济变动的泛郑州的概念，近乎郑州经济圈的意涵。

二 郑州地域交通格局的演化

郑州位处中原腹地，传统交通时代主要依靠水运和驿道来实现区域间的人口物资流动，在王朝鼎盛时期曾经位居地域交通的中心地带，是中国南北东西水运和驿路交通网的重要联络地。但伴随着全国整体交通路线的变动，郑州地域交通经历了由盛及衰的历史演变。

1. 郑州地域水运由兴盛转而衰落

就水运交通区位而言，郑州所在的汴洛区域邻近黄河中下游，其古代水系西达长安（今西安），东经开封转至江淮，从先秦、汉魏至唐宋的1400多年间，一直是中国水运交通的总枢纽。隋唐时期，在中国经济重心南移至江淮地区的历史条件下，为加强黄河与淮河两大流域间的联系，凿通了黄淮间的大运河——通济渠（即汴河，唐名"广济渠"），沿黄、沿运河的城镇因此得以发展，汴州（开封）因位处黄河与汴河交汇处，有漕运之便，地位日益重要，成为南北交通的转运中心。[①] 通济渠在郑州、开封之间与汴河合流，然后分流入淮，提升了郑州在区域水运中的地位，使得郑州成为水旱转运码头，市面一度繁荣。

唐开元年间曾重开郑州附近的板诸口以通漕运，郑州、洛阳、开封一线黄河的通航能力大为提升。如唐天宝二年，一年运抵西安和关中平原的粮食就达400万石，创造了唐代漕运量的最高纪录。宋元丰年间，为减缓汴河淤积，实施引洛入汴工程。在郑州汜水关通黄河，接运河，有效降低了汴河泥沙的含量，河道的改善亦推动了漕运的发展，而郑州恰位于这项工程的中心位置。[②] 由唐至宋，郑州数度被置为州府治所，是洛阳和汴梁（开封）两大都市之间的重要联络地，为中原地区重要的粮食

① 林富瑞、陈代光：《河南人口地理》，河南人民出版社，1983，第 177～178 页。汴河源自郑州附近荥阳大周山，东流经开封、商丘、徐州合泗水入淮。隋炀帝修筑通济渠，引黄河入汴，从而沟通黄河、淮河及长江。五代和北宋时期开凿了源自郑州的金水河、蔡河，在开封与汴河相汇，从而形成了汴河水系及开封这个水运中心，也使得郑州依托水运与外界的联系有所增加。

② 侯全亮：《郑州至开封古代水运兴衰之研究》，《黄河科技大学学报》2008 年第 4 期。

转运中心，在区域水运交通体系中占据重要的地位。

宋元以后，中国的政治中心开始北移，京杭大运河的凿通更是使得全国交通线路发生了整体位移，南粮北运的主航道不再经过郑州地域，区域水运遂开始萎缩。但在传统运输时代，水路依然是郑州地域商货流通和人口流动的重要手段。19 世纪末前夕，河道网络的变化使得河南省这些依靠水路而繁荣的市镇开始衰落，源自郑州地域的贾鲁河①由于淤积而无法通航，区域重要商业市镇——朱仙镇遂变成了一座城市的遗迹。②郑州在地域水运交通衰落的大势中勉以为继，交通地位逐渐衰微。

2. 郑州地域的驿路交通网络

驿路是中国传统交通体系中的另一重要载体，初成于秦汉，唐宋时期最为繁盛。郑州在唐宋时期是联结四京，即长安（今西安）、洛（今洛阳）、汴（今开封）、宋（今商丘）交通要道上的重要驿站。这条横跨豫陕两省的运输干线，是当时中国东西交通的大动脉，在军事、经济以及东西文化交流方面均发挥了重要作用。

前近代时期的中国，交通——主要是指陆路交通——首先是作为王朝控制系统而存在的，包括社会控制和疆域控制。自从清康熙实行"裁

---

① 贾鲁河的说法有三：一是系元代贾鲁奉元顺帝之令所开之黄河，大约自河南仪封、睢县、考城、商丘、虞城、夏邑，山东曹县、单县而至江苏徐州，与今天的贾鲁河并非是一回事。二是今贾鲁河，本名孙家渡河，为明代刘大夏所开。1448 年黄河决于荥泽孙家渡口，漫流祥符、尉氏、扶沟、通许、洧川、临颍、郾城、商水、太康、项城诸县，至寿州入淮。刘大夏于 1494 年修浚孙家渡口，别凿新河 70 余里，导水南行，经中牟、朱仙镇下至项城，南倾入颍，以杀黄河之势，并资通运，作为黄河故道，航运价值不大。三是本文所言造就朱仙镇崛起的贾鲁河，源自郑州属地荥阳东南诸山，上源有索、金、须、郑诸水合流于郑州附近，东流经中牟县北，由东南流经开封朱仙镇，折南经尉氏、扶沟，至周家口合汝、颍二水为沙河，下达淮河。孙家渡河以黄河为水源，黄河泥沙易使河道淤塞；而贾鲁河以索、金、须、郑诸山源为水源，则河道稳定，航运畅通。至明末时期，贾鲁河取代汴河成为该区域包括郑州联系外部世界的通道，沿河的朱仙镇借此得以迅速发展，成为区域重要的水陆转运中心。到了清朝后期，因黄河泛滥，贾鲁河淤积，朱仙镇丧失交通区位而趋于衰落。参见李长傅《朱仙镇历史地理》，《史学月刊》1964 年第 12 期。

② 〔美〕张信：《二十世纪初期中国社会之演变——国家与河南地方精英 1900—1937》，岳谦厚、张玮译，中华书局，2004，第 25 页；《河南公路交通古今》，郭颖生：《中州今古》，中州今古出版社，1987，第 36 页。

驿丞、归州县"，官路与地方行政中心更紧密地结合成网络。① 清代的驿路网络包含两种线路：一是以京师为中心至各省省会的驿路，被称为官马大路，简称官路；二是由省会至地方重要都市的驿道，被称为官马支路，简称大路。因清季河南的省府一直是开封，官马大路连接京师，官马支路则由开封向各地辐射，因此开封是河南驿路交通运输的中心。在省府开封连接各府州县的 7 条主要驿道中，有 3 条②经过郑州，表明郑州在该地域驿路网络中占有重要地位。康熙十四年（1675），河南省共有驿站 120 个，急递铺 885 所，铺兵 3025 人，其中州管驿站 12 处，县管驿站 96 处，驿丞管 12 处。而到了嘉庆元年（1796），全省驿站减少为 68 处，③意味着中原地区驿路运输开始趋于衰落，郑州地域概莫能外。

　　及至清末，以河流和驿道为中心的传统交通体系在郑州地域整体衰落，究其原因，主要归结为下述几点：其一，京杭大运河的凿通使得中国南北交通主航道东移，尽管位处中原、扼交通要冲的郑州地域，在政治讯息南传和经济物资北调中为经由之地，但毕竟偏离了交通干线，地域交通的地位骤然下降；其二，黄河屡屡泛滥改道，汴河淤塞，导致郑州地域河运不靖，驿路交通亦趋于衰落；其三，自元明清始，中国的整体发展态势是政治中心北移，经济中心南移，这种疏离使得曾经的王朝统治中心地带和中华文化的发祥地蜕变为政治经济的"塌陷地"，导致郑州地域在中国社会发展格局中被边缘化；其四，晚清以降，中国经济整体衰败，郑州所在的中原地区战争频发，匪祸横行，交通运输的需求不

① 刘海岩：《近代华北交通的演变与区域城市重构（1860～1937年）》，渡边惇编『20世紀前半華北地域の都市近代化にたいする日本の影響』（研究报告书），驹泽大学文学部，2002、第 155 页。

② 西线：自开封府西行，经中牟县圃田驿、郑州管城驿、荥阳县索亭驿、汜水县驿、巩县洛口驿、偃师县首阳驿、洛阳县周南驿、新安县函关驿、渑池县义昌驿、蠡城驿、陕州硖石驿、甘棠驿、灵宝县桃林驿、阌乡县鼎湖驿至关东店出境（接陕西华阴县），全长450 公里，为东西横贯河南省的一大干路；北线：自郑州管城驿北行，经荥泽县广武驿过黄河，至获嘉县亢村驿，再经新乡县新中驿、汲县卫源驿、淇县淇门驿、汤阴县宜沟驿、安阳县邺城驿至丰乐镇出境（接河北磁县），全程 210 公里；西北线：自荥泽县广武驿经武陟县驿、河内县覃怀驿至泽州府（山西晋城），全程 115 公里，是晋豫交通孔道。参见河南省地方史志编纂委员会编《河南省志·公路交通志内河航运志》第 38 卷，河南人民出版社，1991，第 19～21 页。

③ 杨克坚主编《河南公路运输史》，人民交通出版社，1991，第 99 页。

振。此外，运输工具的传统落后、效率低下亦是郑州地域交通格局无从改观的一个重要原因，交通变革迫在眉睫。

3. 新式交通工具——铁路的导入

近代商品的流通在很大的程度上依靠运输业，因而扩大流通、开拓市场的前提就是采用先进的运输工具。伴随中国门户的洞开，新的交通工具——铁路于 19 世纪末被引入中国。从世界经济与社会发展的历史和现状来看，各国在走向现代化的过程中都遵循着一个共同规律：即经历从一个以农业为基础的人均收入很低的社会，走向着重利用科学技术的城市化和工业化社会的巨大转变。① 铁路作为近代化与技术革新的成果之一，对整个近代化进程起着加速器的作用。平汉铁路和陇海铁路的修筑在郑州十字交会，推动了郑州地域交通的兴起，以机械为动力的铁路运输在郑州地域兴起，逐渐取代以风力、畜力、人力为动力的帆船、车马等传统运输，成为地域交通的主要方式。

平汉铁路、陇海铁路的选线设定，主要是基于内陆腹地开发的考虑。两广总督张之洞 1889 年向清廷启奏《请缓造津通改建腹省干路折》，提出在中部腹地修建铁路干线，视铁路为开通土货、连接四海的利器，既可内开未尽之地宝，又可外收已亏之权利。关于卢汉（平汉）铁路的修建计划，张之洞认为"豫、鄂居天下之腹，中原绾谷"，筑路"宜自京城外之芦沟桥起，经行河南，达于湖北之汉口镇，此则铁路之枢纽，干路之始基，而中国大利之所萃也"。② 陇海铁路始于"汴洛线"，最初是平汉铁路的支线。"河南省因京汉铁路干线不经过省城（指开封——作者注），深感不便，于是便有汴洛铁路之设。初意不过东至开封，西至洛阳，为京汉支路耳。乃汴洛成而西有洛潼（指连接洛阳与潼关的铁路——作者注）之计划，东有开徐（指开封、徐州间铁路——作者注）之设施，于是引起陇秦豫海大干线之议。"③

1906 年与 1909 年，平汉铁路和汴洛铁路（陇海铁路的前身）筑成通

---

① 李文耀：《铁路与中国城市的发展》，《人民铁道》2001 年 4 月 28 日。
② 宓汝成编《中国近代铁路史资料（1863～1911）》第 1 册，第 169 页。
③ 林传甲：《大中华河南地理志》，中华印刷局，1920，第 97 页。

车后，郑州即可通过平汉铁路北达北京，城北 20 余公里通黄河水运，向南可抵汉口，连接长江水路。通过陇海铁路向西至观音堂（后至陕州、潼关、西安等地），向东经徐州北上通济南、青岛，南下达浦口、上海，由徐州继续东行即达海州大埔港出海，能够与诸多重要通商口岸直接联系。郑州从交通区位上来说可谓是四通八达，居于中原近代交通运输网的核心位置。

三　新式交通体系下郑州地域构造的变容

以铁路为代表的新式交通被引入中国之后，由于其强大的运输功能，改变了人员、商货的基本流向，传统的运输渠道由此发生转换，冲击并改变了原有的地域构造。铁路沿线及其辐射区域成为继沿海、沿江之后，经济增长速度最快的区域。铁路的筑通，改变了中原地区的交通布局，郑州处于十字交通的核心位置，从而获取了得天独厚的发展优势，逐步发展成为地域经济的中心。铁路作为郑州连通外部世界的桥梁，改变了该地域传统、落后的状况，外向型经济得以确立，从而引发区域经济空间的演化。铁路线的铺设亦带来区域市镇的兴衰更替，传统市镇则趋于衰落，铁路沿线一批新兴市镇悄然崛起。

1. 地域经济中心的位移

在铁路开通前，郑州只不过是一座乡村气息浓郁的小县城，在工商业和政治上均没有多少价值。然而，铁路的筑成使得郑州可以联络各通商口岸，客货交往旋即频繁起来，其经济地位亦逐渐得以提升。这给原有的黄河、卫河及运河水路交通带来极大的冲击，压倒了河南最大的市场——周家口，一夺省城开封的繁荣势头，独占长江、黄河间中原最大的货物集散市场之重要地位。[①] 优越的交通区位条件，给封闭、衰落的郑州带来了发展的契机和驱动力，工商贸易活动日益繁盛，逐渐发展为与开封相匹敌的商业都市。

铁路开通前后，郑州地域经济的中心发生了显著位移。未有铁路之

---

① 横滨正金银行编『河南省郑州事情』调查报告第 12 号、横滨正金银行、1920、1-2 页。

前，河南区域经济的活跃地主要限于水运便利之所，黄河、淮河、汉水和卫河水域便为区域农作物的主要产地，同时也是区域经济商贸的中心，诞生了周家口、朱仙镇、道口镇、社旗镇等著名的沿河商业城镇。随着铁路的筑通，郑州地域的物资集散态势也发生了明显变化。平汉铁路的筑成使得郑州以南的铁路遂取代了周家口水路运输的大部分，并且影响到河南省西南部的汉水水运，铁路对该区域与汉口间贸易的打击，比周家口更甚。陇海铁路西展之后，显然给区域水路交通带来严重的负面影响，中国西部腹地的物资基本上不再通过黄河水运，而是经由陇海铁路和郑州这个交通枢纽，连通平汉、津浦铁路，与上海、汉口、天津等通商口岸往来贸易。在铁路的联动作用下，郑州逐步发展成为中原地区粮食、棉花等农产品及工业品的转运中心。1920 年前后的调查结果显示，"郑州的发展，是最近十几年的事情，即铁路开通以来，河南、陕西、甘肃、山西西南部的物资以此为自然的集散中心地，客商频繁往来，遂形成今日的隆盛局面"。[①] 郑州市场圈的影响范围因之拓展，从而助长了郑州商业中心地的形成与殷盛。

郑州地域经济中心地位的确立还体现在金融的地域构造方面。在铁路通车之前，郑州银行业基本上是一片空白，除豫泉官钱局郑州分局之外，仅有数家银号和一些带有抵押融资职能的当铺。铁路通车使得郑州成为连通中国西北的门户，商务活动大大增加，刺激了郑州金融业开始由无到有、由小到大迅速发展，各大银行纷纷在郑设立分支机构。就1930 年代中期而言，郑州计有中国农民银行、上海商业储蓄银行、金城银行、河南农工银行、浙江兴业银行、中央银行、中国银行、交通银行、中国农工银行、北洋保商银行、陕西省银行和大陆银行等 12 家银行，其中中国农民银行等 5 家为分行，中央银行等 3 家为支行，中国农工银行等4 家为办事处。而同期省城开封仅有银行 7 家，除河南农工银行为总行之外，其余均为支行和办事处，洛阳更是只有河南农工银行和中央银行两家银行的办事处。金融机关的多寡及其分设机构的规格水准，可谓是该地域市场繁荣的一个晴雨表。同时也是该城市在区域中经济地位的一

种表征。

2. 地域经济空间的拓展

郑州地域受交通运输条件的限制，20 世纪之前基本上仍旧保持耕织结合的自然经济形态，商品流通及市场结构简单，交换多在生产者与消费者之间直接进行，地域经济空间非常有限。农作物主要不是作为商品生产出来的，而是对消费后的剩余进行出售，大都仅流通于农村附近的集镇市场圈，真正通过长途贸易网络流入市场的相当有限。

20 世纪初起，平汉、陇海铁路的筑通并交会于郑州，为郑州地域经济的发展注入了新的要素，一改郑州地域传统封闭的面貌，扩大了沿线地区商品输出的范围，也使得郑州的商品贸易范围大为拓展。郑州地域交通运输状况的改观，大大缩短了联络通商口岸的时间，使得原本偏远封闭的乡村市场亦能够通过近代交通方式联结口岸市场乃至国际市场。

铁路运输具有速度快、运量大、运价相对低廉、适合批量商品的长途贩运等优点。平汉、陇海两大铁路干线的贯穿，使得郑州地域的农民可以借此便利，大量自产地运销产品，在市场上进行交换。铁路沿线地区的农民，在较高利润的驱动下，逐渐改变土地利用方式，因地制宜，从事经济作物的种植。[1] 区域供需的畅通使得农作物生产已不可能封闭在农家自用的小天地里，商品化生产成为可能，农民生产的目标指向开始由自给自足转化为商品，商品化逐渐成为农作物生产的主流。由此推动了区域农作物种植的市场化转向，郑州及其周边地域农作物种植区逐渐形成，如豫东陇海铁路沿线花生种植区、平汉铁路南线许昌一带烟草种植区、豫西豫北棉花种植区等。

铁路的筑通提升了沿线地区商贸与人员活动的频度，拓宽了流通的渠道，调剂供需平衡，从而实现了区域内外生产、消费和信息的有效沟通。就区域棉花产销而言，1936 年河南棉产总量为 130 余万担，其中农家自身消耗 30 余万担，其余 100 余万担则流向市场。除本省纱厂消耗省

---

[1] 沈松侨：《经济作物与近代河南农村经济，1906～1937——以棉花与烟草为中心》，台湾中研院近代史研究所编《近代中国农村经济史论文集》，台湾中研院近代史研究所，1989，第 341 页。

内皮棉 25 万担之外，输出境外者常达 80 万担左右，[①] 多利用铁路经郑州转运至上海、天津、汉口、青岛等终端消费市场或者国际市场。郑州作为陇海、平汉铁路的十字交叉点，由一个封闭落后的小县城一跃成为 1920 年代中国最大的原棉转运市场之一，除河南本省来棉外，还有陕西、山西两省的来棉，每年达数十万至百万担，地域商业空间随之发生深刻变化。

铁路通车之后，郑州现代意义上的机器工业开始从无到有、逐步得以发展。最早建立的是一批铁路附属工厂，如郑州机器厂、机务修理厂、电务修理厂、材料厂等，为铁路提供配套服务，同时兼营地方业务。这些交通伴生型工业的发轫，体现出明显的铁路特色。基于交通区位和产棉区的考虑，上海企业家穆藕初选择在郑州设立大型纺织企业——豫丰纱厂，该厂于 1920 年建成，拥有纱锭 50000 枚，每年消费皮棉达 10 万担[②]，其原棉的运入和产品的外销主要依托铁路。

近代运输业使城市之间的空间距离相对缩短，往来时间大为减少，运输费用下降，加速了人口、商品、生产和市场的集中，推动了近代城市的建立和扩大。[③] 通过铁路交通网络，郑州不仅密切了与北方口岸城市的联系，而且与上海、汉口等通商口岸交易频繁，加速了区域经济的外向化发展，从而拓展了地域经济的空间。

3. 铁路沿线市镇勃兴

从交通社会学的意义上来说，一条交通线所经之地，往往给沿线的重要站点带来巨大的物流、人流和信息流，使之成为人口物流集聚地继而为此处的居民提供从事商贸、手工业等非农业的条件，从而最终形成市镇。[④]

在 19 世纪末季之前，郑州地域的市镇基本上是沿水运网络或临近行政中心，一般规模较小，呈点状无序分布。以铁路为代表的新式交通工

---

① 全国棉业统制委员会河南省棉产改进所：《河南棉业》，河南省棉产改进所，1936，第26 页。

② 行政院农村复兴委员会：《河南省农村调查》，商务印书馆，1934，第 2 页。

③ 靳润成：《中国城市化之路》，学林出版社，1999，第 57 页。

④ 谷中原：《交通社会学》，民族出版社，2002，第 209 页。

具的出现，使得生产地和销售地的相对位置随之发生变化，靠近交通线地区的交易成本无疑相对较低，于是铁路沿线人员及商贸活动开始集聚，一批市镇悄然兴起。就华北市镇发展的态势而言，"如果说，明代中期至清代前期是江南市镇勃兴的黄金时代；那么，华北平原的市镇勃兴，则大致是发生在19世纪末叶到20世纪30年代的近半个世纪里"。[1] 而且，城市行政等级或供给职能不再是决定华北城市兴衰的唯一因素，在腹地市场中的位置如何，与通商口岸的联系方便与否，成为决定城市在近代区域系统中地位的重要因素。[2] 这一阶段郑州地域市镇的勃发，其中固然存在方方面面的原因，但区域铁路交通体系的初步构建无疑是一个至关重要的因素。

平汉铁路、陇海铁路的贯通使得区域发展重心发生转移，原本分散的地域结构由于铁路交通网络的形成而出现聚集的趋势。在平汉、陇海铁路所构成的"十字"交通线上，汇聚河南省几乎全部的重要城市，铁路沿线涌现大量中小城镇，集中分布在两大铁路干线上，漯河、周口和焦作成为新出现的、连接北京和武汉以及上海（1927年后）的市场中心中最繁荣的市镇，而像这样的城市当时有一打之多。[3] 据1935年的统计，在城镇密集度最高的20个县中，90%位于黄河南岸一侧的平汉铁路沿线、开封道地区以及黄河北岸一侧的河北道地区。就交通条件而言，位于铁路（包括平汉、陇海和道清铁路）沿线者达12县之多，位于河道沿线者5县，[4] 由此可见区域市镇的空间布局与交通具有密切的关系。洛阳、安阳、新乡、许昌、漯河、确山等城市迅速成长，同郑州、开封一起构建成中原地区的城市体系。

随着郑州地域铁路沿线市镇的兴起，人口也在向这些新兴市镇缓慢、稳步地迁移。从整体上来看，近代以来的河南人口是沿着两个方向持续

---

① 从翰香主编《近代冀鲁豫乡村》，中国社会科学出版社，1995，第118页。

② 刘海岩：《近代华北交通的演变与区域城市重构（1860～1937年）》，渡边惇编『20世纪前半華北地域の都市近代化にたいする日本の影響』（研究报告书）、第159页。

③ 朱毅等编《河南县情》，河南人民出版社，1990，第63～67页；〔美〕张信：《二十世纪初期中国社会之演变——国家与河南地方精英1900～1937》，第25页。

④ 从翰香主编《近代冀鲁豫乡村》，第133页。

迁移的：一是向着水源比较丰富的河流两侧集中，二是向着铁路或公路沿线地带集中，沿交通线区域的人口一般较为稠密。[1] 与平汉铁路沿线城市迅速崛起相比，被称为"八省通衢，势若两京"的河南省城开封却相对衰落了。自 20 世纪初至 1930 年代中期，开封的城市人口缓慢增长，[2]经济发展亦非常迟缓。就发展速度和城市经济运行态势而言，显然与相邻的新兴交通功能型城市郑州不可同日而语。[3] 致使开封相对衰落的因素固然很多，如黄河泛滥、运河淤塞、战乱纷扰等等，但以铁路为主的近代交通网络取代传统的水陆交通网络，使得开封失去了往日的中心地位，被新的交通格局挤于一隅，这显然是致使其衰落的主要原因。[4] 交通枢纽地位的旁落，开封以西和以东两个铁路交会点——郑州、徐州的崛起，给这座行政中心城市带来前所未有的打击。尽管洛阳、开封的水路运输已极其萎靡，但因其同时为铁路交通联络地，水路与铁路的沟通强化了其在转运中的地位，两地得到一定程度的发展。除此之外，开封因位处区域的政治中心地，而在此后一个较长的历史时段内保持着相对于郑州的优势地位。

四　结语

从历史的长时段来看，郑州地域交通格局经历了从自然力导向的传统河运、驿路到以机械动力为主导的现代铁路的演变，从而为区域社会

---

[1]　林富瑞、陈代光：《河南人口地理》，第 57 页。

[2]　程子良、李清银：《开封城市史》，社会科学文献出版社，1993，第 213～217 页。在汴洛铁路通车的次年（1910），开封的城市人口为 159729 人，1925 年则上升为 226758 人，15 年间增长 42%，人口呈不平衡增长，自然增长率多为负数，人口的增加属于移民、经商、公职派驻等社会增长。此后，开封城市人口整体缓慢增长。1926 年 229483 人，1927 年 230623 人，1930 年为 236547 人，1931 年上升为 251629 人，1934 年为 287808人，而 1935 年突降为 203341 人，1936 年复增至 307071 人，10 年间人口大约增长34.7%。

[3]　值得说明的是，尽管郑州在铁路通车后得以凭借交通区位优势而迅速发展，但在 1920～1930 年代，不论是城市空间范围、人口数量还是经济总量的绝对值，开封均是高于郑州的。直至 1949 年以后，郑州的各项指标才逐渐超越开封。近代郑州的发展主要表现在速度和态势层面，是相对于自身及周边地区而言的；开封的衰落亦表现在发展速度和经济运行态势方面，是与自身及郑州相比较而言的，是一种相对的衰落。

[4]　程子良、李清银：《开封城市史》，第 247 页。

变迁带来了前所未有的变革力量。铁路的修筑从根本上改变了郑州地域的腹地交通态势，它不仅仅大大提高了运输效率，而且摆脱了地理条件的制约。20 世纪初华北区域发展的速度明显加快，超过了同时期的长江中下游地区，其中原因固然很多，但铁路交通网络的初步形成，对于加速华北地区的发展以及区域结构的改变，无疑起到强劲的推动作用。这种改变首先发生在铁路沿线和通商口岸附近地区，铁路打通了以往因交通不便而处于封闭状态的地区，使其与以通商口岸为中心的城市体系建立了一种新的联系，① 它突破了郑州地域发展的时空限制，其地域构造遂发生深刻变化。

　　铁路将郑州地域的穷乡僻壤与省内外诸多城市中心直接联系起来，为区域经济资源的配置注入了新的要素。铁路为其经过的地区提供了新市场，改变了原有的商品流通路线，有助于提升经济作物种植的区域化、市场化和商业化程度，促动地域经济布局的改观。铁路缩短了郑州与贸易港口或通商大都市的空间距离，有助于推动郑州地域商业空间的演化，使得商品向更广阔的地域渗透。以铁路为代表的现代交通促进了郑州地域经济中心职能的强化，郑州由此快速崛起，并且铁路交通对于郑州城市的影响力延续至今，仍然是该地域发展的强劲动力。

　　　　　　　（本文曾刊于『ICCS 现代中國學ジャーナル』2010 年第
　　1 號）

---

① 刘海岩：《近代华北交通的演变与区域城市重构（1860 ~ 1937 年）》，渡边惇编『20 世
　　紀前半華北地域の都市近代化にたいする日本の影響』（研究报告书），第 160 ~ 161 頁。

1937 年前冀鲁豫三省铁路沿线集（市）镇时空格局的演变

——以集（市）镇数量与县域分布为例的分析

  21 世纪以来，随着社会史、交通史、区域史、城市史研究的日益深入，关于铁路与区域社会变迁，尤其是铁路与城镇、集市（镇）发展关系的研究日益受到重视并取得明显进展。但在具体研究中，多数学者将目光聚焦于郑州、石家庄、唐山、济南等少数受到铁路影响比较明显的城镇和集（市）镇，对为数众多的小城镇和集（市）镇着墨不多，更缺乏比较深入的整体性的量化分析，[①] 从而或多或少地影响了对铁路与某一区域城镇时空格局的整体性变化之间关系的研判。有鉴于此，本文拟在先前研究成果基础上，以集（市）镇的数量和县域分布这两个可以进行量化分析的方面为例，通过对清末和 1937 年前两个时段冀鲁豫三省铁路沿线县份和非铁路沿线县份[②]所属集（市）镇数量和分布的量化分析，以期更客观地呈现这一时期三省铁路沿线集（市）镇时空格局

---

  * 本书作者熊亚平，天津社会科学院历史研究所研究员。

  ① 从翰香主编《近代冀鲁豫乡村》；田伯伏：《京汉铁路与石家庄城市的兴起》，《河北大学学报》（哲学社会科学版）1997 年第 2 期，第 91～96 页；江沛、熊亚平：《铁路与石家庄城市的崛起：1905—1937 年》，《近代史研究》2005 年第 3 期，第 170～197 页；熊亚平：《铁路与华北内陆传统工商业市镇的兴衰（1905—1937）》，《河北大学学报》（哲学社会科学版）2006 年第 5 期，第 100～103 页；熊亚平：《铁路与华北内陆地区市镇形态的演变（1905—1937）》，《中国历史地理论丛》2007 年第 1 辑，第 73～81 页；王先明、熊亚平：《铁路与华北内陆新兴市镇的发展（1905—1937）》，《中国经济史研究》2006 年第 3 期，第 149～157 页；江沛、李丽娜：《铁路与山西城镇的变动：1907～1937》，《民国档案》2007 年第 2 期，第 50～57 页。

  ② 铁路沿线县份指 1937 年前有铁路通过和设站的县份，非铁路沿线县份指 1937 年前无铁路通过和设站的县份。

的演变。

一　集（市）镇数量的变化

集市和集（市）镇的数量分析是集（市）镇研究中的一项重要内容。先前研究主要以地方志等史料为基础，对冀鲁豫等省集市和集（市）镇数量做出估算。下文的讨论亦循此思路展开。

在关于 1937 年前华北集市数量的研究中，日本学者加藤繁的《清代村镇的定期市》一文发表较早。加藤氏一方面指出："州县志所收的集市之数，大体上是指该州县的集市全部，然其中如寒村僻落的小集市必有所省略，故欲依据各州县志的记载以精密比较集市之多少，实难做到，然大体则可窥见。再，各州县志中集市的记事，根据纂修时的现状以订正旧志的记载的虽多，其中专依旧志的记述而完全不问现在的情形者也必不免，是以见于前后二三志的同一州县集市之数，未必能精确地表示其发展的情况，然多数仍是不会妨碍其表示大体的趋势的。"① 另一方面又将地方志分为康熙乾隆志、嘉庆道光志、咸丰以后志三个时期，对直隶、山东、山西、河南等省各州县集市数量进行统计分析。② 此后，中国学者王庆成、许檀等也统计和分析了华北集市的数量。王氏将有清一代划分为顺康雍、乾嘉道、咸同光宣三个时期，分别对直隶和山东两省诸州县集市数量进行了统计分析。③ 许氏等人将明清时期划分为明代（嘉靖至万历）、清初（顺治至雍正）、清中叶（乾隆至道光）、清末（咸丰至宣统）四个时期，对各省区集市发展状况进行了统计分析。其中关于直隶、山东两省者如表 1 所示。

---

① 〔日〕加藤繁：《清代村镇的定期市》，王兴瑞译，《食货》1937 年第 5 卷第 1 期，第 45 页。

② 〔日〕加藤繁：《清代村镇的定期市》，王兴瑞译，《食货》1937 年第 5 卷第 1 期，第 45 ~ 47 页。

③ 王庆成：《晚清华北定期集市数的增长及对其意义之一解》，《近代史研究》2005 年第 6 期，第 6 ~ 13 页。

表1　明清时期直隶、山东两省部分州县集市数量统计情况

省区	明代 （嘉靖至万历）		清初 （顺治至雍正）		清中叶 （乾隆至道光）		清末 （咸丰至宣统）	
	州县数	集市数	州县数	集市数	州县数	集市数	州县数	集市数
直隶	14	132	52	527	49	637	59	826
山东	42	704	64	1126	74	1580	56	1555

资料来源：方行、经君健、魏金玉主编《中国经济通史·清代卷》中册，经济日报出版社，2007，第778页。

依据表1的统计，该书著者分别计算出四个时期直隶、山东两省平均每州县集市数，进而估算了两省不同时期集市总数如表2所示。

表2　直隶和山东两省清末以前集市数量估算情况

省区	省区州县总数	估计全省集市数			
		明代	清初	清中叶	清末
直隶	130	1222	1313	1690	1820
山东	107	1747	1830	2290	2975

资料来源：方行、经君健、魏金玉主编《中国经济通史·清代卷》中册，第799页。

另一位中国学者龚关沿袭了吉尔伯特·罗兹曼的方法，将明、清两代分为五个时段，分别对山西、河北、山东三省集市数量进行了统计和估算，如表3、表4所示①：

表3　明清至民国时期河北省集市统计

		1550~1734年	1736~1795年	1796~1861年	1862~1911年	1912~1937年
已搜集到 资料的县 的情况	县数	79	56	20	76	53
	集市数	730	678	256	1088	1081
	平均每县 集市数	9.6	12.1	12.8	14.3	20.4
省辖县数		130	130	130	130	130

---

① 龚氏原文分别对山西、山东、河北三省集市数量进行了统计和估算，为展示其统计和估算方法并节省篇幅，本文采用了其中两表。

	1550～1734 年	1736～1795 年	1796～1861 年	1862～1911 年	1912～1937 年
推算集市数	1248	1573	1664	1861	2652

资料来源：Gilbert Rozman, *Population and Marketing Settlements in Ch'ing China*，转引自龚关《明清至民国时期华北集市的数量分析》，《中国社会经济史研究》1999 年第 3 期，第 24 页。

表 4　明清至民国时期华北地区集市数量统计

	1550～1734 年	1736～1795 年	1796～1861 年	1862～1911 年	1912～1937 年
山西	599	700	743	805	840
河北	1248	1573	1664	1861	2652
山东	1466	2076	2408	3125	4130

资料来源：龚关《明清至民国时期华北集市的数量分析》，《中国社会经济史研究》1999 年第 3 期，第 25 页。

与对集市数量的统计分析相比，关于集（市）镇数量的统计分析较少。其中，从翰香在《近代冀鲁豫乡村》一书中，分别依据《河北省各县概况一览》（1934 年版）、《中国实业志》山东省（1934 年版）和《中华民国统计提要》表 20 "河南各县自治施行"并参考《中华民国省区全志》《大中华河南省地理志》等，对 1930 年代冀鲁豫三省集镇数作了迄今为止最为全面和准确的统计，"根据已有资料的不完全统计，全地区比较重要的集镇大约有 2248 个"。[①]

另一学者慈鸿飞依据相关资料，对 19 世纪下半叶河北和山东两省镇集数量做了估算，如表 5 所示。

表 5　河北和山东两省 19 世纪下半叶镇集数量估算

单位：个

		河北	山东
已搜集到其资料的县的情况	县城	23	107
	镇	34	110
	集（市、墟、场）	294	1933
	镇集合计（包括县城）	351	2150
	平均每县拥有镇集数	15.26	20.1

---

① 从翰香主编《近代冀鲁豫乡村》，第 123 页。

续表

		河北	山东
省辖县数		117	107
推算出的每省拥有镇集数（包括县城）		1785	2150

　　资料来源：慈鸿飞《近代中国镇、集发展的数量分析》，《中国社会科学》1996 年第 2 期，第 34 页。

　　依笔者浅见，从氏等人的研究至少有以下启示意义：一是进行统计时采用相对统一的口径，如始终以"重要市镇"为统计对象；二是依据相对完备的统计资料，如《山东各县乡土调查录》《河北省各县概况一览》（1934）等，个别县份数据缺失时以其他资料补入；三是依据不同资料的特点，采用不同的统计方法，如河北、山东两省重要集镇数为统计所得，河南省为折算所得等。

　　对照地方志等史料的记载可知，晚清时期华北部分县份的集（市）镇数量已超出了从氏等人所依据的《河北省各县概况一览》中所载的数量，例如，《河北省各县概况一览》载滦县集镇仅有开平、稻地、倴城、榛子 4 个。但《北宁铁路沿线经济调查报告》记载："县境有大镇四，重要小镇十二，全县商业即分布于各镇内。"[①]《河北省各县概况一览》载丰润县集镇有丰台、河头、开平、宣庄、胥各庄、左家坞、新军屯 7 个（本城除外），《北宁铁路沿线经济调查报告》中则有胥各庄、开平、小集、老庄子、韩城、左家坞、丰台、沙流河、新军屯、宣庄、河头等 11 个。《河北省各县概况一览》载临榆县集镇有石门寨、驻操营、蔡各庄、北戴河 4 个（山海关城除外），《北宁铁路沿线经济调查报告》则将秦皇岛视为重要集（市）镇，二者并不一致。《河北省各县概况一览》载武清县集镇有杨村、蔡村、河北（西）务 3 个，《北宁铁路沿线经济调查报告》载有河西务、杨村、黄花店、蔡村 4 个。与从氏等人不同，慈氏的估算包含普通集（市、墟、场）在内，因而难免有偏多之嫌。有鉴于此，这里将借鉴罗兹曼、龚关、慈鸿飞等人的估算方法，以地方志为主要史

---

　　① 北宁铁路局编《北宁铁路沿线经济调查报告》，沈云龙主编《近代中国史料丛刊》三编第 51 辑，台北，文海出版社，1987，第 1444 页。

料，以"称镇有集"、"驻官有集"、"商业较盛"、"居民较多有集"（人口数多在 1000 以上）、"有固定店铺有集"、"大集"（元氏县宋曹村等）、"重要"等 7 个关键词为认定集（市）镇的标准，对 1911 年前河北、山东、河南三省集（市）镇数量进行估算。

由于河北省铁路运输业兴起于 1881 年，因此下文关于该省 1911 年集（市）镇数量的估算包含 1821～1880 年和 1881～1911 年两个时段，具体如表 6 所示。

表 6　1821～1911 年河北省集（市）镇数量估算

			1821～1880 年	1881～1911 年
已搜集到资料的县的情况	集（市）镇数	沿①	138	168
		非②	142	116
	县数	沿	32	30
		非	44	31
	县均集（市）镇数	沿	4.31	5.60
		非	3.22	3.74
省辖县数		沿	46③	46
		非	84	84
		合计	130	130
推定集（市）镇总数		沿	198	258
		非	270	314
		合计	468（478）④	572（606）

注：①"沿"指日后有铁路通过和设站的县份。
②"非"指日后无铁路通过和设站的县份。
③由于铁路支线修筑和延伸、车站存废等情形的存在，相关资料记载中的铁路通过和设站县份不尽一致，本书中冀鲁豫三省铁路通过和设站县份，系综合相关资料记载而来，因此难免会与某些记载有不一致之处。
④括号外数字 468＝198＋270，括号中数字 478＝（138＋142）/（32＋44）×130，下同。
资料来源：据各县地方志、乡土志并参照《清史稿·地理志》等统计。

由于胶济铁路 1904 年才建成通车，因此下文仅对山东省 1911 年前集（市）镇数量做出估算。

表 7　1911 年前山东省集（市）镇数量估算

		沿	非	合计
已搜集到资料的县的情况	集（市）镇数	72	230	302
	县数	12	46	58
	县均集（市）镇数	6.00	5.00	5.50（5.21）①
省辖县数		28	80	108
推定集（市）镇总数		168	400	568（594，563）②

注：①括号外数字 5.50＝（6.00＋5.00）/2，括号中数字 5.21＝（72＋230）/（12＋46），下同。

②括号外数字 568＝168＋400，括号内前数 594＝5.50×108，后数 563＝5.21×108。

资料来源：据各县地方志并参照《清史稿·地理志》等统计。

由于经过河南省的京汉铁路 1906 年才全线通车，汴洛铁路 1909 年才建成通车，因此下文亦仅对该省 1911 年前集（市）镇数量做出估算。

表 8　1911 年前河南省集（市）镇数量估算

		沿	非	合计
已搜集到资料的县的情况	集（市）镇数	132	137	269
	县数	25	37	62
	县均集（市）镇数	5.28	3.70	4.49（4.34）
省辖县数		41	70	111
推定集（市）镇总数		216	259	475（498，482）

资料来源：据各县地方志并参照《清史稿·地理志》等统计。

关于表 6、表 7、表 8 的估算，有以下几点需要特别说明：（1）鉴于地方志纂修、刊刻中大量存在引旧志等现象，本书除了以晚清时期纂修、刊刻的地方志为主外，还采用了一部分 1840 年以前和民国初年纂修、刊刻的地方志中关于集（市）镇的记载，如道光十八年刊刻的河南省《伊阳县志》，1914 年刊刻的河南省《新安县志》等；（2）在统计中，严格按照 7 个关键词区分集（市）镇与非集（市）镇，如道光十八年伊阳县志载该县有镇 40 余处，集市 16 处，经查对，符合 7 个关键词者为 11 处，故该县集（市）镇数计为 11 个；（3）部分县份集镇数系据《清史稿·地理志》所载镇名与晚清时期县志相互对照而得，即《清史稿·地理志》

记载为镇或有驻官，县志记载有集者为集（市）镇；（4）在1911年前编辑出版的《乡土志》中，普遍有关于"市镇"的记载，但对照相关地方志可知，其所谓的"市镇"中有相当一部分实为普通集市，故本书依据7个关键词对普通集市予以剔除；（5）部分地方志虽然出版于民国时期尤其是1927～1937年，但关于集（市）镇的记载有追溯性说明，故本书亦将其作为确认该县清末时期集（市）镇的依据，如民国河南《许昌县志》《偃师乡土地理志略》等。（6）由于河北省辖130县，山东省辖108县，河南省辖111县的情况在"19世纪中叶至20世纪30年代，一个世纪左右的时间里，大体如此，变化甚微"，[①]因此上表中冀鲁豫三省所辖总县数与1937年前保持一致，以便于后文进行比较分析。

　　根据以上各表的估算结果可知，1937年前河北省有铁路通过和设站的46个县，在1820～1880年间约有集（市）镇198个，1881～1911年间约有集（市）镇258个，其他县份分别约有集（市）镇270和314个；山东省有铁路通过和设站的28个县份约有集（市）镇168个，其他县份约有集（市）镇400个；河南省有铁路通过和设站的41个县份，在1911年前约有集（市）镇216个，其他县份约有集（市）镇259个；三省1937年前有铁路通过和设站的县份，在1911年以前共约有集（市）镇600余个，其他县份约有集（市）镇900余个。依此估算，三省1911年前集（市）镇总数应在1500个以上。

　　由于设站集（市）镇和临近车站的集（市）镇中的大多数分布于有铁路通过和设站的县份，因此表6至表8应能够大致反映出这两类集（市）镇在1911年前的数量。

　　铁路开通后，随着新兴集（市）镇的兴起和传统集（市）镇的兴衰，铁路沿线集（市）镇的数量也发生了变化。囿于史料，下文拟分别对冀鲁豫三省1920年前和1937年前这两个时段的集（市）镇数量进行统计分析，以期与清末时期形成比较研究。

　　就管见所及，关于1920年前冀鲁豫三省集（市）镇的较完整记载，除从翰香等人采用的《山东各县乡土调查录》外，还有《大中华京兆地

---

　　①　从翰香主编《近代冀鲁豫乡村》，第122页。

理志》《大中华直隶省地理志》《大中华山东省地理志》《大中华河南省地理志》等。绳之以本书认定集（市）镇的 7 个关键词，上述资料各有其优缺点。其中，《山东各县乡土调查录》共记载了山东省 108 县"重镇"441 处。其所谓"重镇"当指重要市镇或集镇，这一认定标准似乎偏严，统计所得集（市）镇数似乎偏低。在《大中华京兆地理志》《大中华直隶省地理志》《大中华山东省地理志》《大中华河南省地理志》等史料中，集（市）镇或被记入村镇，或被列入乡镇，也有一定出入。由于没有其他更完备的资料可用，下文将以这几种史料为基础，结合地方志书、《直隶省商品陈列所第一次实业考察记》《中华邮政舆图》等其他史料，尽量剔除不符合本书的认定标准者，补入符合者后，视其为"已搜集到资料的县的情况"，然后借鉴罗兹曼、龚关等人的方法，分别对三省集（市）镇数量进行估算。

表 9　1920 年前河北省集（市）镇数量估算

		沿	非	合计
已搜集到资料的县的情况	集（市）镇数	198	236	434
	县数	41	61	102
	县均集（市）镇数	4.83	3.87	4.35（4.25）
省辖县数		46	84	130
推定集（市）镇总数		222	325	547（566，553）

资料来源：据各县地方志、乡土志并参照《大中华直隶省地理志》《大中华山东省地理志》《大中华河南省地理志》等统计。

表 10　1920 年前山东省集（市）镇数量估算

		沿	非	合计
已搜集到资料的县的情况	集（市）镇数	102	343	445
	县数	20	73	93
	县均集（市）镇数	5.10	4.70	4.90（4.78）
省辖县数		28	80	108
推定集（市）镇总数		143	376	519（529，516）

资料来源：据各县地方志、乡土志并参照《大中华直隶省地理志》《大中华山东省地理志》《大中华河南省地理志》等统计。

表 11　1920 年前河南省集（市）镇数量估算

		沿	非	合计
已搜集到资料的县的情况	集（市）镇数	195	239	434
	县数	34	55	89
	县均集（市）镇数	5.74	4.35	5.05（4.88）
省辖县数		41	70	111
推定集（市）镇总数		235	305	540（561，542）

资料来源：据各县地方志、乡土志并参照《大中华直隶省地理志》《大中华山东省地理志》《大中华河南省地理志》等统计。

1937 年前，《河北省各县概况一览》、《中国实业志》（山东省）、《冀察调查统计丛刊》、《北宁铁路沿线经济调查报告》、《胶济铁路沿线经济调查报告》等更加系统和完整的资料不断涌现。但其认定集（市）镇的标准仍不尽相同，如《河北省各县概况一览》标明所记载为"重要市镇"，《冀察调查统计丛刊》《北宁铁路沿线经济调查报告》《胶济铁路沿线经济调查报告》等既简述"重要市镇"商况，又兼及普通集镇，《陇海全线调查》标明所记载为"重要市镇"，但亦存在"重要市镇"与普通集镇混同的情形，[①]《中国实业志》（山东省）中的部分县的"商业市镇"中也含有普通集市等。鉴于此，下文以前文给出的认定集（市）镇的 7 个关键词为基础，借鉴罗兹曼、龚关、慈鸿飞等人的研究方法，对 1930 年代河北、山东、河南三省集（市）镇做出统计和估算。

表 12　1937 年前河北省集（市）镇数量估算

		沿	非	合计
已搜集到资料的县的情况	集（市）镇数	269	371	640
	县数	37	58	95
	县均集（市）镇数	7.27	6.40	6.84（6.74）

---

① 民国田金祺等修、赵东阶等纂《汜水县志》，民国 17 年（1928）铅印本，《中国方志丛书》华北地方第 106 号，台北，成文出版社，1968，第 121 页。《陇海全线调查》，殷梦霞、李强选编《民国铁路沿线经济调查报告汇编》第 7 册，国家图书馆出版社，2009，第 219 页。

续表

	沿	非	合计
省辖县数	46	84	130
推定集（市）镇总数	334	538	872（889，876）

资料来源：据各县地方志、乡土志并参照《大中华直隶省地理志》《大中华山东省地理志》《大中华河南省地理志》等统计。

表 13　1937 年前山东省集（市）镇数量估算

		沿	非	合计
已搜集到资料的县的情况	集（市）镇数	179	262	441
	县数	21	39	60
	县均集（市）镇数	8.52	6.72	7.62（7.35）
省辖县数		28	80	108
推定集（市）镇总数		239	538	777（823，794）

资料来源：据各县地方志、乡土志并参照《大中华直隶省地理志》《大中华山东省地理志》《大中华河南省地理志》等统计。

表 14　1937 年河南省集（市）镇数量估算

		沿	非	合计
已搜集到资料的县的情况	集（市）镇数	256	97	353
	县数	27	16	43
	县均集（市）镇数	9.48	6.06	7.77（8.21）
省辖县数		41	70	111
推定集（市）镇总数		389	424	813（862，911）

资料来源：据各县地方志、乡土志并参照《大中华直隶省地理志》《大中华山东省地理志》《大中华河南省地理志》等统计。

据表 12 ~ 表 14，1937 年前河北省有铁路通过和设站的 46 县集（市）镇增至 334 个，非铁路通过和设站的 84 县集（市）镇增至 538 个，合计约 879 个（表中括号内外数字取平均数，下同）；山东省铁路通过和设站的 28 县集（市）镇增至 239 个，非铁路通过和设站的 80 县集（市）镇增至 538 个，合计约 798 个；河南省铁路通过和设站的 41 县集（市）镇增至 389 个，非铁路通过和设站的 70 县集（市）镇增至 424 个，合计约 862 个。

　　以上估算结果与从翰香等人所获得的河北省有 586 处集（市）镇，山东省有 859 处集（市）镇，河南省有 803 处集（市）镇的这一组数据均有一定出入，因此有必要采用其他方法进行验证和修正。采用其他方法估算三省集（市）镇数量的结果为：河北省约有集（市）镇 803（其中"沿"约 289 处，"非"约 514 处）或 775 处（"沿"约 304 处，"非"约 471 处）；山东省约有集（市）镇 750 处（其中"沿"约 226 处，"非"约 524 处）或 817 处（其中"沿"约 224 处，"非"约 593 处）；河南省约有集（市）镇 767 处（其中"沿"约 361 处，"非"约 406 处）。[①]

　　将以上估算结果与从翰香等人采用的集镇数比较可知，山东、河南两省较为接近，而河北省差距较大。其中一个重要原因，应是从氏等人所依据的《河北省各县概况一览》遗漏了一部分普通集（市）镇。鉴于河北省有集（市）镇 775 处、山东有集（市）镇 817 处、河南有集（市）镇 767 处这一组结果估算成分较少，因此下文将依据这一组数字进行相关分析。

　　综合以上各表的估算结果，可获得三省 1937 年前集（市）镇的变化情况。

表 15　河北省 1937 年前集（市）镇数量（估算）变化（指数 1911 年前＝100）

	1911 年前		1920 年前		1937 年前	
	集（市）镇数	指数	集（市）镇数	指数	集（市）镇数	指数
集（市）镇数（沿）	258	100	222	86	304	118
县均集（市）镇数（沿）	5.60	100	4.83	86	6.61	118
集（市）镇数（非）	314	100	325	104	471	150
县均集（市）镇数（非）	3.74	100	3.87	104	5.61	150
集（市）镇数（合计）	572	100	547	96	775	135
县均集（市）镇（合计）	4.40	100	4.21	96	5.96	135

---

① 限于篇幅，估算过程拟另文详述。

表 16　山东省 1937 年前集（市）镇数量（估算）变化（指数 1911 年前 = 100）

	1911 年前		1920 年前		1937 年前	
	集（市）镇数	指数	集（市）镇数	指数	集（市）镇数	指数
集（市）镇数（沿）	168	100	143	85	224	133
县均集（市）镇数（沿）	6.00	100	5.10	85	8.00	133
集（市）镇数（非）	400	100	376	94	593	148
县均集（市）镇数（非）	5.00	100	4.70	94	7.41	148
集（市）镇数（合计）	568	100	519	91	817	144
县均集（市）镇数（合计）	5.26	100	4.81	91	7.56	144

表 17　河南省 1937 年前集（市）镇数量（估算）变化（指数 1911 年前 = 100）

	1911 年前		1920 年前		1937 年前	
	集（市）镇数	指数	集（市）镇数	指数	集（市）镇数	指数
集（市）镇数（沿）	216	100	235	109	361	167
县均集（市）镇数（沿）	5.27[①]	100	5.73	109	8.80	167
集（市）镇数（非）	259	100	305	118	406	157
县均集（市）镇数（非）	3.70	100	4.36	118	5.80	157
集（市）镇数（合计）	475	100	540	114	767	161
县均集（市）镇数（合计）	4.28	100	4.86	114	6.91	161

注：①由于计算方法不同，本表中的一些平均数与表 8 有细微出入，但总体而言，影响甚微。

　　由表 15～表 17 可以看到 1937 年前河北、山东、河南三省集（市）镇数量变化有以下几个共同趋向：（1）1920 年前，三省集（市）镇数量总体上变化不大，表中所反映出的变化，应是史料中可能存在的固有缺陷即遗漏现象所致；（2）1920～1937 年间，三省集（市）镇数量有较明显的增长；（3）1911～1937 年间，河北、山东两省非铁路通过和设站县份集（市）镇的变化率，要快于铁路通过和设站县份集（市）镇的变化率；河南省非铁路通过和设站县份集（市）镇的变化率，略低于铁路通过和设站县份集（市）镇的变化率；形成这种差异的一个重要原因，应是河南省"已搜集到资料的县的情况"中，铁路通过和设站的县数明显多于非铁路通过和设站的县数；（4）1911～1937 年间，有铁路通过和设站县份的县均集（市）镇数始终大于非铁路通过和设站县份的县均集（市）镇数。

二　集（市）镇县域分布的变化

集（市）镇的县域分布也是集（市）镇研究中的重要内容。下文将主要参考从翰香等人的方法，即依据集（市）镇密度将冀鲁豫三省县份划分为四类密度县并考察集（市）镇的分布。由于三省 1911 年前均有部分县份的集（市）镇数据缺失，因此关于 1911 年前集（市）镇密度的分析仅能建立在部分县份集（市）镇密度的基础上。

为便于与后文进行比较，这里在依据集（市）镇密度划分三省所属县份时，均采用从翰香等人的划分标准，即直隶省集（市）镇密度为 10 集（市）镇/平方千米以上的县份属于一类密度县，4.6～9.9 集（市）镇/平方千米的县份属于二类密度县，3～4.5 集（市）镇/平方千米的县份属于三类密度县，3 集（市）镇/平方千米以下的县份属于四类密度县；山东省 10 集（市）镇/平方千米以上的县份为一类密度县，5.8～9.9 集（市）镇/平方千米的县份属于二类密度县，3～5.7 集（市）镇/平方千米的县份属于三类密度县，3 集（市）镇/平方千米以下的县份属于四类密度县；河南省 10 集（市）镇/平方千米以上的县份为一类密度县，4.9～9.9 集（市）镇/平方千米的县份属于二类密度县，3～4.8 集（市）镇/平方千米的县份属于三类密度县，3 集（市）镇/平方千米以下的县份属于四类密度县。[①]

依据上述标准，1911 年前直隶省可获得集（市）镇数字的 61 县中，一类密度县有 5 个，其中临榆位于直隶省东部，驿路干线沿途；南皮地处东南部，临近运河；雄县、霸县和安国均位于中部，交通条件相对较好。二类密度县有 20 个，其中 14 县位于驿路干线沿途（即日后的京奉、京汉、津浦三大干线沿途，下同）交通便利，2 县位于中部地带，4 县地

---

① 参见从翰香主编《近代冀鲁豫乡村》，第 126～134 页。

处边缘地带。三类密度县有 15 个，其中 8 县地处驿路干线沿途，3 县位于中部地带，1 县位于运河沿线，3 县处于边缘地带。四类密度县有 21 个，其中 8 县位于驿路干线沿途，3 县位于中部地带，10 县地处边缘地带。

1911 年前山东省可获得集（市）镇数字的 58 县中，一类密度县有 8 个，均位于西北地区。二类密度县有 8 个，其中西部 3 县，西北 2 县，南部 1 县，中部 2 县。三类密度县有 11 个，其中 4 县位于西北地区，3 县位于西部地区，2 县位于东部地区，1 县位于中部地区，1 县位于西南地区。四类密度县有 31 个，除历城、潍县、高密等县外，多数散布于西部、西南、东南以及山东半岛东部的边缘地带和丘陵、山区。

1911 年前河南省可获得集（市）镇数字的 62 县中，一类密度县有 4 个，均位于中部或西北平原地区，有驿路通过。二类密度县有 13 个，其中洛阳等 6 县位于中部或西部驿路沿线，4 县位于西北、东部、东北部平原，2 县位于中部偏西，1 县位于西南部。三类密度县有 8 个，其中 4 县地处中部、西部和东南部驿路沿线，其余 4 县分别位于中西部、中部、西部和东南部。四类密度县有 37 个，其中 11 县位于中部、西部和西南山区，9 县位于西部、西北、南部、东部驿路沿线，5 县位于边缘地带，5 县位于东南部，2 县位于南部，2 县位于东北部，其余 3 县分别位于中西部、北部和西北部。

可见，就总体而言，冀鲁豫三省集（市）镇密度较高的县份大多数分布在驿路沿线、滨海地带和中部平原地区，集（市）镇密度较低的县份则多散布于交通相对欠发达的山区、丘陵和边缘地带。

关于 1911 年以前冀鲁豫三省集（市）镇分布与交通干线之间关系的考察，可以在表 6～表 8 的基础上进行。据三表可知，河北省 1937 年前有铁路通过和设站的县份在 1911 年前县均有集（市）镇 5.60 个，无铁路通过和设站的县份县均有 3.74 个；山东省分别有 6.00 个和 5.00 个；河南省分别有 5.28 个和 3.70 个。由于铁路与部分重要驿路走向一致，因此三省有铁路通过和设站的县份绝大多数均有重要驿路经过。这就表明，三省集（市）镇分布与交通干线的布局密切相关。

到 1937 年前，不仅有更多的县份作为样本，而且能够采用不同方法估算出其余县份的集（市）镇数，进而得到各县及三省集（市）镇总数。据前文所做的统计和估算，1937 年前河北省约有集（市）镇 775 处，山东省约有集（市）镇 817 处，河南省约有集（市）镇 767 处。下文将据此计算不同县份的集（市）镇密度。

河北省 775 处集（市）镇分属 130 县。

表 18　1937 年河北省集（市）镇分布

县份	集（市）镇数	县份	集（市）镇数	县份	集（市）镇数	县份	集（市）镇数
大兴	5	宛平	6	通县	8	武清	4
安次	7	涿县	5	良乡	2	房山	9
昌平	6	天津	12	青县	7	沧县	14
南皮	3	静海	7	交河	4	景县	7
吴桥	2	东光	4	抚宁	7	昌黎	11
滦县	16	临榆	6	丰润	11	宁河	8
清苑	4	满城	4	徐水	6	定兴	4
新城	9	望都	0	正定	12	获鹿	7
井陉	4	新乐	0	易县	7	涞水	4
定县	10	邢台	12	沙河	8	内邱	4
永年	10	邯郸	5	磁县	6	临城	7
高邑	6	元氏	4	三河	8	宝坻	6
蓟县	7	香河	4	霸县	8	固安	6
永清	14	顺义	4	密云	2	怀柔	0
平谷	1	盐山	4	庆云	7	河间	9
献县	7	兴隆	1	雄县	3	赞皇	3
肃宁	5	玉田	7	安国	4	晋县	9
任邱	12	文安	10	安新	6	无极	4
阜城	4	大城	1	束鹿	20	藁城	8
宁津	8	新镇	0	高阳	4	涞源	2
故城	1	唐县	4	阜平	5	曲阳	4
卢龙	10	博野	5	栾城	4	深泽	4
迁安	11	容城	3	行唐	4	深县	8

续表

县份	集（市）镇数	县份	集（市）镇数	县份	集（市）镇数	县份	集（市）镇数
乐亭	8	完县	7	灵寿	2	武强	3
遵化	5	蠡县	4	平山	2	饶阳	4
安平	12	南和	5	肥乡	7	衡水	6
大名	4	平乡	2	鸡泽	3	南宫	8
南乐	4	广宗	5	广平	6	新河	7
清丰	2	巨鹿	5	成安	5	枣强	7
东明	4	尧山	1	威县	4	武邑	10
濮阳	10	任县	5	清河	1	赵县	10
长垣	11	曲周	4	冀县	4	柏乡	0
隆平	4	宁晋	19				

以表 18 为基础进行计算①可知，1937 年前河北省集（市）镇密度在 10 集（市）镇/平方千米以上的一类密度县共计 42 个，除庆云、长垣、平谷、宁津、完县位于津浦铁路以东、京奉铁路以北和京汉铁路以西的山区或边缘地带外，其余 37 县集中于津浦、京奉、京汉三路沿线及其中间的平原地带。集（市）镇密度在 4.6～9.9 集（市）镇/平方千米的二类密度县共有 48 个，除顺义、乐亭、卢龙、阜平、南乐、香河、曲阳、三河等 8 县地处津浦铁路以东、京奉铁路以北和京汉铁路以西的山区或边缘地带外，其余 40 县集中于津浦、京奉、京汉三路沿线及三路之间的平原地带。集（市）镇密度在 3～4.5 集（市）镇/平方千米的三类密度县共有 17 县，其中有 8 县位于津浦、京奉、京汉三路沿线及其中间的平原地带，9 县地处津浦铁路以东、京奉铁路以北和京汉铁路以西的山区或边缘地带，超过此类县份的半数。集（市）镇密度在 3 集（市）镇/平方千米以下的四类密度县共计 23 个，其中 9 县位于津浦、京奉、京汉三路沿线及其中间的平原地带，14 县地处津浦铁路以东、京奉铁路以北和京汉铁路以西的山区或边缘地带，超过此类县份的 60%。

---

① 计算方法参见从翰香主编《近代冀鲁豫乡村》，第 126～134 页。

山东省 817 处集（市）镇分属 108 县。

表 19　1937 年前山东省集（市）镇分布

县份	集（市）镇数	县份	集（市）镇数	县份	集（市）镇数	县份	集（市）镇数
博山	22	历城	9	长山	5	滋阳	4
昌乐	16	淄川	8	桓台	5	曲阜	2
即墨	16	高密	8	平原	4	宁阳	15
德县	15	昌邑	8	胶县	4	邹县	10
潍县	15	齐河	6	临淄	2	滕县	3
泰安	12	益都	6	安邱	2	峄县	3
长清	10	章邱	5	禹城	1	济宁	8
莱芜	17	黄县	6	惠民	8	城武	7
广饶	16	栖霞	6	阳信	3	定陶	4
冠县	15	平度	6	无棣	8	巨野	6
夏津	13	莒县	5	滨县	5	郓城	9
莱阳	12	清平	5	乐陵	4	聊城	5
牟平	12	招远	5	蒲台	3	堂邑	6
临清	11	文登	5	青城	9	博平	6
德平	10	陵县	4	泗水	17	高唐	17
临朐	9	临邑	4	汶上	6	恩县	4
齐东	8	东阿	4	金乡	5	武城	5
济阳	8	福山	4	嘉祥	3	邱县	7
沾化	8	邹平	3	鱼台	8	东平	10
掖县	8	范县	3	临沂	19	平阴	8
诸城	8	寿光	2	郯城	3	阳谷	5
商河	7	利津	2	费县	9	寿张	5
蓬莱	7	高苑	1	蒙阴	11	濮县	7
荣成	7	新泰	1	沂水	11	甄城	17
海阳	7	莘县	1	菏泽	8	朝城	6
茌平	6	博兴	0	曹县	9	观城	5
馆陶	6	肥城	19	单县	9	日照	15

　　以表 19 为基础进行计算可知 1937 年前山东省集（市）镇密度在 10
集（市）镇/平方千米以上的一类密度县共有 22 个，其中大部分集中于
西部和西北部的津浦铁路以西、胶济铁路以北地区，少数散布于津浦、
胶济两路沿线或其他地区。集（市）镇密度在 5.8～9.9 集（市）镇/平
方千米的二类密度县有 32 个，其分布状况与一类密度县相似。集（市）
镇密度在 3～5.7 集（市）镇/平方千米的三类密度县有 35 个，除分布于
西部和西北部的津浦铁路以西、胶济铁路以北和两路沿线地区外，分布
于津浦以东、胶济以南地带和山东半岛东部的县份明显增多。集（市）
镇密度在 3 集（市）镇/平方千米以下的四类密度县有 18 个，[①] 其分布较
前 3 类分散，津浦以东、胶济以南的山区地带明显增多。

　　河南省 767 处集（市）镇分属 111 县。

表 20　1937 年前河南省集（市）镇分布

县份	集（市）镇数	县份	集（市）镇数	县份	集（市）镇数	县份	集（市）镇数
中牟	9	阌乡	6	兰封	5	汤阴	4
郑县	1	汜水	10	开封	8	浚县	4
长葛	4	商邱	3	汲县	1	博爱	6
荥阳	3	陕县	27	巩县	9	修武	11
偃师	20	确山	5	陈留	3	遂平	14
许昌	12	宁陵	3	安阳	21	淇县	4
信阳	29	民权	9	获嘉	12	西平	27
新乡	2	渑池	4	临颍	9	虞城	6
新安	14	洛阳	13	郾城	5	沁阳	9
武陟	3	灵宝	5	新郑	4	广武	3
杞县	14	通许	15	尉氏	1	内黄	5
临漳	3	鹿邑	11	延津	3	息县	5
洧川	2	夏邑	3	孟津	3	淅川	2
鄢陵	10	淮阳	11	洛宁	9	潢川	16

---

　　① 　由于《全国行政区划及土地面积统计》一书未分别计算濮县与甄城的面积，且二县多
　　次分合，故本书计算集镇密度时将其视为 1 县，因此总县份数为 107 个。

县份	集（市）镇数	县份	集（市）镇数	县份	集（市）镇数	县份	集（市）镇数
正阳	4	原武	1	登封	6	汝南	8
禹县	5	济源	8	宝丰	3	涉县	4
宜阳	4	柘县	2	临汝	12	镇平	3
阳武	2	温县	4	伊阳	1	伊川	3
襄城	16	孟县	11	南阳	12	封邱	3
项城	4	永城	4	卢氏	8	嵩县	6
沈邱	6	密县	1	叶县	6	鲁山	6
西华	12	林县	8	舞阳	3	南召	6
武安	8	考城	4	方城	8	唐河	6
扶沟	7	郏县	5	桐柏	4	泌阳	6
太康	16	滑县	3	新蔡	9	邓县	6
睢县	6	光山	1	内乡	6	新野	6
商水	2	辉县	4	上蔡	4	罗山	6
经扶	6	固始	6	商城	6		

以表 20 为基础进行计算可知，1937 年前河南省集（市）镇密度在 10 集（市）镇/平方千米以上的一类密度县共有 20 个，其中以中部偏北临近道清、陇海、京汉三路的地带最多，南部京汉沿线和东部临近陇海沿线一带次之。集（市）镇密度在 4.9～9.9 集（市）镇/平方千米的二类密度县有 36 个，以中部偏北、中部偏东的临近道清、京汉、陇海三路地带最为集中，东南部京汉路沿线及其以东地带次之，其余少数散布于东北、西部等地。集（市）镇密度在 3～4.8 集（市）镇/平方千米的三类密度县有 23 个，除分布于中部偏北、中部偏东的临近道清、京汉、陇海三路地带外，分布于西南部者明显增多，其他边缘地带也有不同程度的增加。集（市）镇密度在 3 集（市）镇/平方千米以下的四类密度县有 32 个，与前三类县份相比，此类县份分布更加分散，但以东南边缘地带和西南山区较为集中。

由以上分析可以看到，临近铁路的地带一类密度县和二类密度县分布较为集中，但铁路沿线县份在集（市）镇密度上并未占绝对优势。在河北省 42 个一类密度县中，铁路沿线县份有 9 个，约占此类县份的 21%；48 个二类密度县中，铁路沿线县份有 21 个，约占 44%；17 个三类密度县中，铁路沿线县份有 7 个，约占 41%；23 个四类密度县中，铁路沿线县份有 9 个，约占 39%。山东省 22 个一类密度县中，铁路沿线县份有 4 个，约占此类县份的 18%；32 个二类密度县中，铁路沿线县份有 9 个，约占 28%；35 个三类密度县中，铁路沿线县份有 10 个，约占 29%；18 个四类密度县中，铁路沿线县份有 5 个，约占 28%。河南省 20 个一类密度县中，铁路沿线县份有 15 个，约占此类县份的 75%；36 个二类密度县中，铁路沿线县份有 14 个，约占 39%；23 个三类密度县中，铁路沿线县份有 7 个，约占 30%；32 个四类密度县中，铁路沿线县份有 5 个，约占 16%。

三　结语

众多相关研究成果已经证实，铁路是影响沿线地区城镇时空格局演变的重要因素之一。但其所依据的往往是铁路开通后规模变化较大，产业结构、社会结构、地域结构和外部形态变化明显的城镇。鲜有研究成果涉及为数更多的小城镇，特别是规模较小的集（市）镇。这就难免会影响对铁路与某一区域城镇时空格局的整体性变化之间关系的研判。前文的量化分析表明，1911 年前，直隶（河北）省约有集（市）镇 572 个（“沿”约 258 个，“非”约 314 个），山东省约有集（市）镇 568 个（“沿”约 168 个，“非”约 400 个），河南省约有集（市）镇 475 个（“沿”约 216 个，“非”约 259 个），合计约在 1500 个以上。1937 年前，河北省有集（市）镇 775 个（“沿”约 304 个，“非”约 471 个），山东省有集（市）镇 817 个（“沿”约 224 个，“非”约 593 个），河南省有集（市）镇 767 个（“沿”约 361 个，“非”约 406 个），三省共约有集（市）镇 2359 个。尽管 1937 年前三省集（市）镇数较 1911 年前增长了约 900 个，但铁路沿线县份的增长率与非铁路沿线县份相比，并未出现明显差距。

与此同时，1911 年前冀鲁豫三省集（市）镇密度较高的县份大多数分布在驿路沿线、滨海地带和中部平原地区，集（市）镇密度较低的县份则多散布于交通相对欠发达的山区、丘陵和边缘地带。到 1937 年前，冀鲁豫三省集（市）密度较高的县份仍然大都分布在交通线沿线、滨海地带和中部平原地区，集（市）镇密度较低的县份则多散布于交通相对欠发达的山区、丘陵地区和边缘地带。与 1911 年以前相比，并未发生显著变化。这似乎表明，自清末至 1937 年间，铁路并未带来冀鲁豫三省集（市）镇总体布局的根本性改变。

在上述"变"与"不变"（或略有变化）的格局形成过程中，铁路的影响不一。仅就冀鲁豫三省的集（市）镇数量和分布而言，1937 年前设有铁路车站的村庄和集（市）镇不足 400 个，仅占三省集（市）镇总数（约 2400 个）的 17％。加之地理位置、资源状况等因素的相互作用，铁路在三省集（市）镇数量、县域分布的整体性时空变化中的作用并不突出。由此可见，铁路在 1937 年前冀鲁豫三省铁路沿线集（市）镇的时空格局演变中的影响力，受到了铁路开通前较长时期内形成的集（市）镇发展整体性格局的一定制约，从而使其影响更多地体现在少数设站集（市）镇和临近车站的集（市）镇的规模变动上，对在铁路沿线集（市）镇中居于多数的中小集（市）镇影响并不明显。

第七章

现代交通体系与区域变动

近代交通与市场空间结构的嬗变：以浙江为中心

近年来，学界有关历史时期市场空间结构的研究成果较多，如张海英《明清江南商品流通与市场体系》（华东师范大学出版社，2002）、陈学文《明清时期太湖流域的商品经济与市场网络》（浙江人民出版社，2000）、单强《江南区域市场研究》（人民出版社，1999）和张萍《地域环境与场空间：明清陕西区域市场的历史地理学研究》（商务印书馆，2006）等，对交通与市场空间的关系均有论及。然而，交通运输为经济活动提供空间联系的环境，也是市场空间结构形成和演变的主要条件，其相互关系有待专门的揭示；并且，已有研究主要集中在传统时代，近代以降，原先作为市场环境中最为基础、最为固定的不变环境的交通运输条件，发生巨变，出现轮船、火车、汽车，甚至飞机，产生交通运输的革命，对社会经济发展产生深刻影响，而在从无到有的变迁初期，该影响表现得尤为明显，这也有待专门的揭示。另外，浙江地处东南，背山面海，山水相连，有平原丘陵，也有高山河谷，多样性的地形地貌有利于轮船、火车、汽车等不同交通业态的发展，也便于考察其各自不同的作用和合力产生的影响，选择浙江这一中观区域，具有一定的代表性。近年来，笔者在近代交通社会史的研究中，对此问题虽零散地有所涉及，尚无专门归纳与系统提炼。[①] 本文以浙江为个案对近代新式交通与市场空

＊　本节作者丁贤勇，杭州师范大学人文学院历史系教授。

①　参见拙作《新式交通与社会变迁：以民国浙江为中心》，中国社会科学出版社，2007；《浙赣铁路与浙江中西部地区的发展：以1930年代为中心》，《近代史研究》2009年第3期；《新式交通与生活中的时间：以近代江南为例》，《史林》2005年第4期；《方法与史实：以民国交通史研究为中心的考察》，《清华大学学报》2008年第3期；《民国时期杭江铁路线位选择考论》，《浙江社会科学》2009年第9期；等等。

间结构演变，及这种演变对商路改易、商业城镇发展、商品产销、商人活动等产生的革命性影响，做一初步的探析。

一 商路：直线·切线·网络

明清时期中国社会经济发展到了一个前所未有的巅峰，就交通线路（商路）而言，依照自然形势发展起来的水路、陆路，得以基本固定。然而，近代新式交通的出现，打破了几千年来自然力的局限，开启了以机械力为主导的交通新局面，交通线路（商路）发生根本改变。

（一）联系流域外部的弧形曲线式商路，被跨流域的直线取代

在自然力交通条件下，人们生产生活的空间活动范围往往以自然流域为主，沿着流域范围进行。流域间以山脉的山脊线作为分界线，流域的大小一般取决于山脉的大小，山脉的大小和山脊的高低，决定了人们相互交往的便利程度和往返密度。[①] 跨流域交往受到自然条件——诸如崇山峻岭等的阻隔，人们的交往无论是政治、经济、商业贸易、文化娱乐，还是婚姻嫁娶和民间信仰，均带有流域性质。流域间的经济文化与货物交流，一般要经过河流间的交汇点，直接或者间接的相互迂回，得以实现。如浙赣交界处主要是以仙霞岭山脉的山脊线为界，分为钱塘江和鄱阳湖（信江）相背的两个流域，"两大河道之源流，虽谷道遥遥相接，而山脉中梗，分流背向，故由浙入赣，或由赣入浙，旧时交通惟恃驿道，以相贯联，即近年汽车公路勃兴，而浙赣两省会间水陆仍无直达途径，不得不作改趋长江弧形之绕道"。[②] "盖就地理环境言，浙西南与赣东壤地相接，关系密迩。未通车前，因山岭横隔，交通梗阻，商旅往还，须绕道长江，既耗金钱，又费时日。"[③] 这就意味着浙赣两省的交通往往要通

---

① 与受大山高原等阻隔不同，在平原地带往往受大江大河大湖的阻隔，形成相对独立的地理空间和行政空间。如受长江之隔产生的苏南、苏北，皖南、皖北；钱塘江南北的浙东、浙西之别；等等。

② 《本路未筑以前浙赣两省沿线各地之交通状况》，《浙赣铁路月刊》第 2 卷第 8 期，1936，第 9 页。

③ 黄绍竑：《浙赣通车与两省经济提携》，《浙江商务》第 1 卷第 5 期，1936，"论著"，第 1 页。

过钱塘江—大运河—长江—鄱阳湖的弧形绕道得以实现。

新式交通克服了大山大河大海等自然屏障的限制，不同流域或地理单元间原本不便或不能逾越的障碍逐步消失，高山变坦途，天堑成通途，原本的曲线被直线取代，自然形成的流域交往格局开始被切破。如浙赣"两省之货物往来，均舍弃水道而利用铁道，可以直达市场"。① "昔景德镇瓷器运至杭州，每担所需运费，高至一元八角，行程约需四十五日。倘循水路运至鹰潭，转由浙赣路运杭，每担运费只需一元二角七分，行程只需七日。"② 玉南段通车以后，杭州、南昌"轮轨既接，缩地有方，向之需旬日可达者，今则二十四小时足矣"。③ 杭南间旅运，"据铁路当局言，尚可缩减四小时，其难易迟速之差，不啻霄壤"。④

（二）联系流域内部的树形分叉式商路，为铁路公路线所横切贯通

流域内部的水路，呈现出干流与支流不断向上分叉的树型水系结构。流域面积或支流的大小，决定了物资集散范围的大小和城镇面积的大小。钱塘江作为浙江的母亲河，杭州居其下游，犹如处大树之根部，以全流域为腹地；杭州又居钱塘江流域与太湖流域交接面上，它就有可能成为两大流域最大的城市。小流域间，也是通过干流与支流交叉的节点相互迂回，实现交流。沿江城镇兴起的主要区位条件，往往是在大小流域（干流）间交叉的节点，或分叉点上。如桐庐、梅城、兰溪、金华、衢州等均位于两江或三江汇合处从而成为沿江最主要的城镇。

新式交通出现后，自然形成的流域贸易局面开始被冲破。1930 年代浙赣铁路"路线所经，旧时交通不便，多数是大家公认为封锁的溪谷的腹地，文化经济，都很落后"。⑤ 作为从钱塘江下游深切到钱塘江上游的陆上交通干线，浙赣线贯通钱塘江流域内部腹地，横切过了钱塘江所属的浦阳江、东阳江、金华江、衢江等小流域，并冲进了相邻相背的鄱阳

① 朱惠清：《浙赣经济合作方案》，《浙江商务》第 1 卷第 5 期，"论著"，第 88 页。
② 黄绍竑：《浙赣通车与两省经济提携》，《浙江商务》第 1 卷第 5 期，"论著"，第 2 页。
③ 《浙赣铁路联合公司总报告第二号（二十四年一月至六月）》，浙江省档案馆藏，档案号：L085 - 002 - 0590，第 73 页。
④ 黄绍竑：《浙赣通车与两省经济提携》，《浙江商务》第 1 卷第 5 期，"论著"，第 1 页。
⑤ 杭江铁路工程局编《浙东景物纪》，弘文印书局，1933，"弁言"。

湖（信江）流域。"打开了几千年艰阻的难关"，[1] 形成一条穿越连续舞动曲线中间的直线，小流域局限打破，市场随之重组，流向发生改变。如杭江铁路通车后，"无论上运下运之米，沿路各站均可上车，不独兰溪之米市黯然销沉，即衢县、金华之米市，亦化整为零……交通大变，各县之米，均可就近输出，不再受水道之束缚，是以一般米市，皆日趋衰落，无一足为重心者"。[2] 又如杭州与徽州同属于钱塘江流域，一在江头，一在江口，杭徽公路的建设，使杭徽间只要数小时即可到达。在215公里的杭徽线上，1930年代杭州开办了有鸿飞、凤山两家公司，15辆汽车，承运茶叶等大宗物资。千百年来杭徽道上"十日上徽州"[3] 的艰难困苦终成过去。

（三）商路网络的优化，形成一种运输合力

新式交通从区域中心城市、中小城市到普通乡镇，表现出空间上的级差性、网络化与发展中的时序性、互补性。轮船作为一种最早引进、最价廉物美的新式交通工具，最大限度地发挥了浙江的水乡地理优势，既把区域内城乡紧密连成一片，也使浙江与周边地区紧密相连。至1920年代中期，江浙自然条件能够通航小轮的所有内河，均开辟了轮汽船航线。1930年代，浙江已初步形成了以杭、嘉、湖、宁、绍、温、椒等城市为中心的内河小轮航运网络。[4]

在浙江，最具革命性的铁路起步晚、成效大。在20世纪初与全面抗日战争前夕，出现两个发展高峰，沪杭铁路和杭江铁路建成通车。1895年张之洞在筹划江南铁路时说，"由上海造铁路以通苏州，而至江宁，旁通杭州，此路最有利于商"。[5] 铁路成了浙江经济的大动脉，把沿线重要城镇连为一个以上海为龙头，沪宁、沪杭线为两翼的整体，也巩固了杭州作为区域中心的地位。

① 洛川：《十年以前》，《浙赣路讯》第54号，1947年9月2日，第4版。

② 孙晓村等编《浙江粮食调查》，上海社会经济调查所，1935，第69页。

③ 叶家俊：《浙江省公路运输状况概述》，《浙江省建设月刊》第8卷第12期，1935年6月，"报告"，第33页。

④ 童隆福主编《浙江航运史（古近代部分）》，人民交通出版社，1993，第344页。

⑤ 《张之洞致总署电》，宓汝成编《中国近代铁路史资料（1863～1911）》第2册，中华书局，1963，第436页。

　　公路出现要迟一些，但以其无可比拟的分布密度，在大中城市周围及主要城镇间起沟通作用。到抗日战争前，浙江完成公路建设3717公里，"公路网大致完成。以面积言每二十（平方）公里有公路一公里；以县境言，除玉环、定海、泰顺、景宁、仙居等少数县份……其余各县均有公路互相通达"。并与周边六个省市相通。与水网地带轮船运输相对发达不同，汽车运输在山区发展较早，如余（杭）临（安）路、嵊（县）新（昌）路、常（山）玉（山）路等。余临路通车后，临安、於潜、昌化三县土特产及日用品改用汽车运输，又承租化龙至昱岭关段、藻溪至鲍家支线、杭余段货运专营权，1935年货运收入达12.28万元，占总收入的60.97%。①

　　新式交通间既有竞争关系又有互补关系，表现为一种取长补短、相辅相成的作用。"虽各发展其特长，而活动于社会，然均非独立行动所能存在，尤必须互相联络，方能有济。"② 如沪杭间旅客乘火车为主，苏杭间则以轮船为主。③ 沪杭铁路"与水路交通并行。水路交通工具有民船、小轮船等，运输非常发达，铁路交通主要是运输那些贵重物品或交货时间较紧的货物，而农产品的运输则比较多地依靠运费低廉的水运"。④ 同时，各交通方式之间又有一种以小接大的自动对接功能。往往是民船接轮船，轮船（汽车）赶火车的现象。到1930年代这种自发对接，开始向自觉的有机联合发展，出现了水、公、铁多式联运业务。如杭江铁路"与公路局四区各路办理联运后，行车时刻，均经改订衔接，自杭州至温州，总计仅需二十六小时，较之往昔须绕道上海经海道前往者，已便利极多"。⑤

————————

① 周霖根主编《余杭镇志》，浙江人民出版社，1992，第83页；余欣主编《临安县交通志》，华艺出版社，1993，第108~109页。

② 《浙江省道萧绍段三月刊》第2、3期合刊，保佑坊汇商印刷公司，1928，"言论"，第9页。

③ 徐蔚葳主编《近代浙江通商口岸经济社会概况——浙海关　瓯海关　杭州关贸易报告集成》，浙江人民出版社，2002，第763页。

④ 丁贤勇、陈浩译编《1921年浙江社会经济调查》，北京图书馆出版社，2008，第250页。

⑤ 《浙赣铁路联合公司总报告第二号（二十四年一月至六月）》，浙江省档案馆藏，档案号：L085-002-590，第72页。

二　城镇：布局·腹地·出入口

至 1930 年代，由上述直线、切线和交叉线组成的新式交通，在浙江初步形成一个互联式的网络，各级城镇则是这个网络上的纽结，新式交通对商贸城镇的影响，呈现出一番崭新景象。

（一）城镇布局，从沿河分布变为沿线分布

过去，水运在浙江交通运输中居中心地位，陆路交通处于辅助地位，依靠大运量的水上运输，在大江大河边形成经济贸易中心。"从前国内贸易，重在民船运输，商业中心，常在河川沿岸，浙省之衢州兰溪拱埠，江苏之镇江扬州淮阴，其最著者也"。① "浙江交通，向靠水道"，全浙原有 1050 个市镇，"大抵均系昔日水道基础之交通网所形成"，"近年公路铁路以次兴筑，交通组织大变"。② 陆运开始逐步取代水运成为江南地区最主要的运输方式，汤寿潜说，"今则商业大势，由河流贸易时代，一变而为铁道贸易时代"。③ 近代浙江除了沿海兴起个别新兴城市（如海门）以外，铁路沿线城镇出现飞跃式发展并逐步取代原先沿河分布的城镇交通中心之地位。

就杭江铁路而言，成为新式交通向内陆纵深发展的标志，它在原有钱塘江水上通道的基础上，多了一条从内陆走向东部的第二大通道，并使沿线城镇开始走上了一条与沿钱塘江城镇截然不同的发展之路。如梅城位于钱塘江中上游的富春江、新安江、兰江三江交汇处的交通节点，有着 1700 年县治、1200 多年州府治的历史。但因梅城远离新式交通线，只得告别往昔的繁华，衰落成为一个普通小镇。沿江的桐庐，"杭江铁路一开，似乎没有一二十年前的繁华热闹了"。④ 兰溪 "为上江交通之中心，

① 黄九如：《浙江省文化地理概要讲义》，浙江省地方自治专修学校，1931，第 31 页。
② 黄明：《浙江省推进农企业之基础》，《浙江省建设月刊》第 10 卷第 4 期，1936 年 12 月，"论著"，第 73、75 页。
③ 汤寿潜：《东南铁道大计划》，政协浙江省萧山市委员会文史工作委员会编《汤寿潜史料专辑》，编者印，1993，第 495 页。
④ 郁达夫：《钓台的春昼》（1932 年 8 月），《达夫游记》，文学创造社，1936，第 52 页。

全段商业，除杭州外，当以此为最盛"，① 金华居"婺港之滨，在昔车路未通之时，凡婺港流域进出货物，均以兰溪为市，与金华无大关系，故商业甚微；乃自本路通车……商货行旅渐改由车运，而以金华为中转之地，故商业日渐发达，将来定更有发展之望"，杭江铁路的建成，使浙江中西部的交通、经济中心逐渐从兰溪向金华转移。同样，衢县原为兰溪上游的一处转运码头，"自本路通车后，商货渐改由车运，情形渐有改变，"② 成了杭江线上一独立之区域中心。甚至"原为浙省边区岩邑"的江山，自杭江铁路过本邑，"形势大变，一跃而成为华东大都会矣"。③ 铁路一改千百年来浙江以大运河和钱塘江为中心的运输格局和以江河为中心的交往轴线。

（二）城镇腹地，中心城市拓展和市场外部边界扩大

由于新式交通的楔入，拓展了上位城市的腹地空间，导致市场外部边界扩大。"自清季开海禁以后，我国对外贸易中心，渐集于上海，于是浙省外洋贸易，转趋衰落。"1909 年沪杭铁路通车，长远地看铁路开通有利于杭州发展，但与上海相较，地位却进一步下降，"杭州在沪杭铁路未通以前，因有运河之便，为浙皖苏赣各省货物转运之中枢。其后沪宁铁路告成，运河运输，受一打击。杭关贸易，亦不及往日之胜"。④ 原属杭州的经济腹地也重新切割，如嘉兴、湖州，"水陆交通均称便利，因与上海相距甚近。故虽有沪杭铁路与京杭国道及苕溪运河之交通，而与杭州发生之经济关系，反不如上海为密"。嘉兴"在沪杭铁路未通以前，因嘉兴为运河交通必经之地，与嘉善、海盐、崇德、平湖、桐乡、海宁各县联成浙江北部一经济区域，铁路开通以后，商业分散各处，货运来往，

① 南京铁道部财务司调查科编《京粤线浙江段经济调查总报告书》，编者印，1930，"H"，第 86 页。

② 《浙赣铁路杭玉段沿线工商业之调查》，《浙江省建设月刊》第 8 卷第 12 期，"调查"，第 7、8 页。

③ 干人俊《民国江山县新志稿》卷 7，政协浙江省江山市文史资料委员会编《江山民国史稿》，编者印，1991，第 188 页。当然，江山成一大都会之说有溢美之嫌，但至少说明该地因铁路所经而发生的变化。

④ 实业部国际贸易局编《中国实业志·浙江省》乙编，编者印，1933，第 79、82 页。

过而不留，商业地位虽不如从前，但仍不失其为进出之门户"。① 如平湖的"乍浦……在今百年前，商业极盛，自清道光年间，上海通商以后，商业为上海所夺，乍浦市面，遂日形萧索矣"。② 嘉兴王店"光绪季年，里中始有小轮船埠，设于北塘，其航线为上海硖石之间往返，里中则经过处也。三十一年造铁路经过，设王店车站"。③ 遐迩有知的古老名镇乍浦与王店由此相继转向衰落。

当然，又有一批下位城镇加入到了杭州腹地范围之内。位于杭甬间的绍兴，其腹地被杭州与宁波分割。在绍兴，"赴宁波需时较久，至杭州则为时较短，故虽介于两较大都市之间而与宁波所发生之经济关系，不如杭州之甚"。"市面钞币，照杭汇市价为涨落。"④ 在诸暨，"自杭江铁路成，商业虽见衰落，因内地货物，皆直接运往杭县，不复由诸暨转辗"。⑤ 位于萧绍间的衢前，"本来是很热闹的，后来渐渐衰败起来，到了现在，已经不像一个市镇，变成一个乡村了"。⑥

（三）城镇出入口，市域沿交通线向外扩展

城市的扩展有其规律，新式交通的出现，强势交通工具的介入，改变了客货运输的分工、流量及流向，城市沿着交通线的出入口发育成长、向外扩张。宁波作为浙江省最早开埠通商的城市，"江北岸，自甬曹行车以来，外而铁道，交通益便，贸易频繁"。⑦ 在嘉兴，城区东部和东南部精华地段在清季咸丰年间的战乱中付之一炬，由于现代交通运输的发展，电力邮政的兴起，民国时期，火车站就设在东门外，这里的市面也有一

---

① 实业部国际贸易局编《中国实业志·浙江省》丙编，第 3、90 页。

② 王积澄编《平湖乡土志》上编，《地方志·乍浦》，平湖绮春阁书庄铅印本，1918；《嘉兴市志》（中），中国书籍出版社，1997，第 1115 页。

③ 余霖编《梅里备志》卷 8，《杂记》，阅沧楼刊本，1922。里中，即梅里，因元时王铺种梅溪畔著称于世，又名梅会里，一名王店。

④ 实业部国际贸易局编《中国实业志·浙江省》丙编，第 61、67～68 页。

⑤ 《浙江诸暨之物产及工业原料品调查》，《工商半月刊》第 5 卷第 10 号，1933 年 5 月 15 日，第 29 页。

⑥ 质秀：《衢前站及衢前地方的情形》，《浙江省道萧绍段三月刊》第 2、3 期合刊，"报告"，第 11～12 页。

⑦ 《改良宁波江北岸道路管见》，宁波江北岸工程局编《宁波江北市政改良地图及意见书》，编者印，1922，第 1 页。

定程度的复兴。① 并且"开辟南营旷地为新市场"，使之"足为全城模范之市区及住宅区"。② 如在嘉善，沪杭铁路路轨铺设到嘉善西门时，原勘定贴近北城墙而过的路基，因要拆除宁绍会馆，遭到抵制，已筑成的67号桥以东的路基，三筑三扒，协商不成，只好改道北移，原定车站随之北移，③ 重新在距市区1.5千米的张丰浜设火车站。为与铁路运输对接，轮船码头也从城内各处移至火车站的南侧。火车站、轮船码头区块取代原先的东门与西门，成为嘉善的水陆客运中心与货物进出转运中心。

尤其是杭州，作为因水而兴的城市，"本市为一悠久之古代都市，一切建筑，历朝相袭，莫不囿于古法，绝少变化。自逊清末叶，沪杭铁路通车，及拱宸桥开辟商埠以后，始渐改革……民国十年以后，公路勃兴，汽车骤增，于是筑路计划，亦稍事改易"。④ 新式交通使城市的出入口发生变化。杭州"商业素称繁盛，自拱宸开埠以后，内河轮船交通，愈行发达"。1896年后开埠的拱宸桥，在杭州保持了约10年的领跑者的地位。"迨沪杭路成，由拱埠移至城内，于是拱埠渐就衰落。"⑤ 沪杭铁路开通，城站兴起并取代拱宸桥，一时成为杭州对外交通最重要的窗口以及城市新区。

三　商品：土特产·原材料·工业品

就商品流通而言，新式交通方便了区域农副土特产品、工业原材料的出售，都市工业品的倾销，改变了其产销的时空距离。距离不再是单一的长度单位，而是所需时间和费用的缩减。⑥ 从而加强原料、生产和销

---

① 嘉兴市志编纂委员会编《嘉兴市志》（上），中国书籍出版社，1997，第364页。

② 《嘉兴县拆城筑路第　期计划及预算书》，《浙江建设厅月刊》第16号（1928年9月），专载第15、16页。

③ 朱念慈：《嘉善通行火车史话》，政协浙江省嘉善县委员会文史资料研究委员会编《嘉善文史资料》第3辑，编者印，1988，第80页。

④ 陈曾植：《十年来之工务》（1927～1937），杭州市档案馆编《民国时期杭州市政府档案史料汇编》（1927～1949），编者印，1990，第84页。

⑤ 魏颂唐编《浙江经济纪略》，无出版处，1929，第8页。

⑥ 与传统运输方式相比，在当时因时间、地点和货物及竞争关系，现代运输方式有时还有其价格优势。

售三地间的地域联系，扩大市场范围，以及提高农产品商品化程度。

（一）米茶生鲜，农副土特产品的运销

浙江作为全国较富裕的省份，主要在于有农副土特产品可供输出，除鱼米之利外，还有浙北平原的丝蚕、浙东沿海的棉麻和大部分山区的茶纸林木等，新式交通有利于乡村农副土特产品的输出与销售。如嘉兴之米，常年产量在 150 万石以上，价值 1000 万元，除本地消费以外，有三分之一运销外地。运杭州、硖石以船运为主，运绍兴则以火车为主。[①]又如 1931 年以后，"衢属之米，遂大半由水道运至常山而装汽车"，运销江西。[②] 1933 年实业部调查，余杭、海宁、武康、上虞、余姚、慈溪等地的部分粮食，通过火车、汽车、轮船等运销沪杭。如金华火腿中除腿肉外，剩下大量排肉，"此项排肉，易于腐坏，在昔火车未通之时，船运经由金兰至杭，动需六七日，故出口较少；现在铁路通车，运输迅速，一日可达，故出口数量大增，形将成为本区大宗出口之一矣"。[③]

再如浙江是茶叶的主产区，茶也是出口之大宗，据海关统计，1920～1930 年代浙江茶"每年出口价值占全省土货总值百分之三十一以上"，杭县、武康、上虞、余姚等所产茶叶就是通过火车、轮船运销上海的。[④] 一些特产因交通改善而获益，如义乌红糖、黄岩柑橘、海宁西瓜。[⑤]杨梅、桃子等时令水果，其对时间的要求近乎苛刻，需要通过新式交通，缩短时空距离，进入大都市，完成"不可能"的任务。如初夏时节采摘后的杨梅常温约能保藏 3 天。据调查，1930 年的上虞每年约有 3 万担杨梅进入上海，火车加轮船运送约需 2 天，[⑥] 赶在霉变以前到达市场；而当时杨梅产量更大的温州、台州地区，则没有这样的机会。同样，"鄞奉路

---

① 冯紫岗编《嘉兴县农村调查》，国立浙江大学、嘉兴县政府，1936，第 57 页。

② 孙晓村等编《浙江粮食调查》，第 69 页。

③ 金士宣：《杭江铁路沿线物产暨水陆运输概况》，《浙江省建设月刊》第 6 卷第 9 期，1933 年 3 月，"报告"，第 4 页。

④ 俞海清：《浙江省杭湖两区茶业概况》，浙江省政府农矿处，1930，第 1 页。

⑤ 《义乌县红糖生产概况》，《浙光》第 1 卷第 11 号，1935 年 8 月 1 日，第 6 页。庐炘：《黄岩县之橘业》，《浙江省建设月刊》第 8 卷第 4 期，1934 年 10 月，"调查"，第 8、14、15 页；海处：《海宁的西瓜》，《浙光》第 1 卷第 9 期，1935 年 6 月 1 日，第 11 页。

⑥ 《浙江各县物产调查·上虞县》，《工商半月刊》第 5 卷第 2 号，1933 年 1 月 15 日，"调查"，第 54 页。

当奉化水蜜桃成熟之后，装运极旺，盖水蜜桃成熟后，不能耐时，凡运销上海、华北、华南等处，均借该路先运往宁波出口，以其时间经济，于运达上海等处时，味尚甘色尚善也"。① 新式交通"利用廉价而迅速之运输其他种类之农作物，当能种植获利，且易腐化之果实与蔬菜，亦可于离都市甚远之处生产而获利焉"。②

（二）丝茧棉麻，原材料的输出

浙江是丝绸之府，"民十七年以前，中国出口商品中，丝居第一位，浙丝则占全国出口额百分之三十"。③ "蚕茧的输出主要依靠铁路。"④ 浙江也是产棉省份，皮棉年产量约四五十万担。在绍兴，"从前本县棉花，至海外各商埠求售，运输统是帆船，其不仅旷日废时，而且售价方面，往往遭彼迟延，亦为受涌削贱，近来交通便利。四通八达，对径输莫不咸向铁路轮船，虽运费较帆运为昂，然货朝发夕至，实际上已可上算，故非至不得已时，始用帆船装运"。⑤ 余姚县棉花运销合作社"在浒山汽车站设临时堆栈……送至上海"。⑥ 杭州是麻的主产区，"杭市所产枪麻，十分之七运往上海，转销欧美日本，供作纺织麻纱之用。多由本市各车站装运……杭市附近所产之麻及制造品，其欲运外埠者，亦多由本市笕桥艮山门两车站集中"。⑦

铁道公路干线所经区域及航运便利之地，农产品商品化程度较高。据行政院农村复兴委员会的调查，1930 年浙江主要农副产品的年产值，丝蚕近 7000 万元、茶近 5000 万元、纸为 2000 万元、木材为 1500 万元，

---

① 叶家俊：《浙江省公路运输状况概述》，《浙江省建设月刊》第 8 卷第 12 期，"报告"，第 33 页。

② 《踏勘杭江铁路线报告》（1929 年 5 月 16 日），浙江省档案馆藏，档案号：L085 - 002 - 3177，第 14 页。

③ 行政院农村复兴委员会编《浙江省农村调查》，上海商务印书馆，1934，第 5 页。

④ 丁贤勇、陈浩译编《1921 年浙江社会经济调查》，第 49 页。

⑤ 金元璋：《绍兴之棉花》，《绍兴商报两周年纪念特刊》，《绍兴商报》社编印，1936，第 46 页。

⑥ 《余姚县棉花运销合作社联合社二十四年度报告》，浙江省建设厅编《二十四年度之浙江省合作事业》，编者印，1936，"新的推进"，第 7 页。

⑦ 《杭市之绿麻黄麻》，《工商半月刊》第 6 卷第 16 号，1934 年 8 月 15 日，"国内经济"，第 99～100 页。

仅上述 4 项总计为 1.55 亿元。① 农副土特产品的外销，或许浙江已成了列强的原料产地，若失去这些出项，农村经济将更为凋敝。

（三）下行多而上行少，工业品的倾销

近代江南沿海的东侧相对内陆的西侧较为发达，新式交通方便了东侧都市及国外商品和工业品的输入，造成西侧及农村逆差的加大和手工业的破产。杭州与上海相比是如此，在杭申、湖申的内河运输中，"小轮船除运载旅客外，还拖带货船，但运输的货物以上海过来的为多，从湖州到上海的极少，有时往往空船返航"。② 杭州与浙江中西部相比也是如此，如杭江铁路"沿线无大宗出产品，仅少量之农产物及牲畜输出，尚不足与输入之制造品相抵，故货运下行多而上行少。各类货物吨数及进款，亦以制造品为独多，次为农产物及牲畜"。③ "向西运的货多，自玉山东运的货却少……水路东运的竞争力，亦较西运为强，何况东运的农产货物的负担力又远不如西运的工艺品呢？"④ 新式交通便利了都市工业品的倾销，与工业品相比，农副土特产品价低量小，农村更陷于入不敷出之境。"数十年来内地与都市之贸易，常居入超地位，都市之运输机制品者，只知吸收内地之金钱，同时内地之生产者，苦于无法以挽回既溢之漏卮，以致农村贫瘠，每况愈下。"⑤

四　商人：商圈·商权·商帮

人是新式交通的最大获益者，在新式交通条件下，商人的活动半径、日往返距离得以扩大，而商权和商帮则因城市、地域的不同，有了不同的命运。

（一）商圈半径扩大，商人"码头"越跑越远

自古以来，人们一直以坐马车、帆船，骑马或徒步旅行所需的时辰

---

① 　行政院农村复兴委员会编《浙江省农村调查》，第 5~6 页。
② 　丁贤勇、陈浩译编《1921 年浙江社会经济调查》，第 241 页。
③ 　杭江铁路工程局编《杭江铁路工程纪略》，编者印，1933，第 156 页。
④ 　洪瑞涛：《浙江铁路公路考察随笔》，洪瑞涛：《铁路与公路》，交通杂志社，1935，第 266~267 页。
⑤ 　《社评：从省际贸易说到沟通机制口与工艺品》，《大公报》，1936 年 10 月 2 日，第 2 版。

来表示两地间的空间距离，以蒸汽力为主要标志的新式交通改变了人们的交往方式。早在1866年，沿海"各省商贩贸易，亦皆乘坐轮船，以取迅速"。[①] 新式交通大大缩短了城市间的时空距离。如1927年杭州开设的翔安轮船公司，购置"翔安""翔平"二轮，时速16.5千米，开行湖州至杭州间，全程85千米，票价1~2角，6：00从湖州出发，中午抵杭；12：30按原路返回，傍晚时分回到湖州。一般100公里每天一单次两轮对开，50公里每天对开各往返一次，25公里单开或对开，每天往返四次。[②] 又如原衢州交通全赖航运一途，由兰溪达常山、江山，需3~5日，约费6元。[③] 1934年，杭江铁路江玉3次快车金华至江山行车5小时，三等票价2.35元。[④] 加上"当时铁路运输已经相当成熟，没有发生过什么大的事故"，[⑤] "服务规范，极少发生严重事故"。[⑥] 据统计1932年度杭兰段，客运人均里程为67.2千米。[⑦] 人们每小时的活动半径从自然力状态下的4~5千米，提高到了蒸汽力的约20~30千米。[⑧]

交通条件改善也改变了产销的时空间距。如位于萧绍中间的衙前，"坎山邦边、花边厂有一百多家，那种花边客人，一个月里，只少要三次到上海去，这种客人，袋儿里很有钱，所以常常要坐包车"。[⑨] "就在那时期，走广东的商人也多起来了，（先前的商人，都是走苏杭上海的。乡人口头上所谓'走广东'，正是走香港之意。）他们把桐油、猪鬃输出，接着又把烟叶输出，这就开了更大的眼界。他们曾经坐过飞机，大轮船自

①　郭嵩焘：《筹议各海口添设行厘片》，《郭嵩焘奏稿》，岳麓书社，1983，第314页。

②　严贵麟：《杭州内河船运》，政协杭州市委员会文史资料研究委员会编《杭州文史资料》第7辑，编者印，1986，第103页。

③　沈洸：《近年来衢属交通概况》，《浙江省公路管理局汇刊》第3期（1933年），"报告"，第90~91页。

④　《浙赣铁路客票价目表》，《浙赣铁路月刊》第2卷第8期，"附表"。

⑤　丁贤勇、陈浩译编《1921年浙江社会经济调查》，第47页。

⑥　徐蔚葳主编《近代浙江通商口岸经济社会概况——浙海关　瓯海关　杭州关贸易报告集成》，第683~684页。

⑦　杭江铁路工程局编《杭江铁路工程纪略》，第158页。

⑧　关于新式交通与人们活动半径扩大，参见拙作《新式交通与生活中的时间：以近代江南为例》，《史林》2005年第4期。

⑨　质秀：《衙前站及衙前地方的情形》，《浙江省道萧绍段三月刊》第2、3期合刊（1928年10月），"报告"，第11~12页。

是不必说了。先前第一等客商是卖火腿的，而今他们也让位给这些桐油商了"。① 商旅活动的范围从传统的苏杭扩大到了粤港地区，外销商品从土特产转为桐油、烟叶等原材料。

（二）上位下位，不同城镇商人商权的扩大与收缩

从 1921 年日本驻杭州领事馆对浙江地区的社会经济调查（领事报告）可见，上位城市上海商人商权是如何扩大的，杭州商权又是如何逐步丧失的。②

首先，杭州的贸易地位发生巨变。在传统时代里，海上运输还不成熟、存在较大风险，通过大运河和钱塘江，杭州不仅对浙江全省的货物进行调配，实际上还起着集中和转运南北方各省货物的作用，杭州在国内商业上的地位及其势力范围很大。随着近代海运的逐渐兴盛，南北方通过海路连接，运河运输就逐渐萎缩为地方性的短距离运输。杭州贸易仅仅成为钱塘江流域的集散中心。它只是将钱塘江本支线流域，以及把杭州附近的生产物资卖到上海，再从上海购买外国货以及其他省份的产品，分配到钱塘江本支线流域及杭州附近。③

并且，在这一转运过程中，杭州商人并没掌握主动权。杭州所有的贸易是指杭沪间、杭苏间的贸易往来，而掌握这些贸易的人大多为居住在上海的国内外商人，杭州商人只是居于从属地位。这样，杭州商人作为两者中间商的历史就逐渐结束了。本属杭州商人的进出货、转运的权利，现都属上海商人了。在杭州的商业习惯中，购入外国商品及工业商品时，一般由地方上的小商人与上海商人直接进行交易，选择最便宜的商店采购货物，像以前经由杭州的中间商进行交易的做法逐渐减少。运输到其他省份的商品，或出口到国外的商品，一般由各生产者或地方商人运送到上海，也有在当地进行交易的。随着沪杭甬铁路的开通，两地只需 6 小时行程，杭州的商权开始全部转移到上海。一些商店总店设于上海，分店开在杭州。这些分店除了面向批发商外，还针对小零售商，

---

① 曹聚仁：《地盘动了》，《我与我的世界》，人民文学出版社，1983，第 35 页。

② 参见丁贤勇、陈浩译编《1921 年浙江社会经济调查》，第 46～47、71～73、80、354 页。

③ 同样，杭州的洋货进口和土产出口，均经上海得以进行。[参见李华达：《宣统元年杭州口华洋贸易情况论略》，《中国旧海关史料》，编辑委员会编《中国旧海关史料（1859～1948)》》第 51 册，京华出版社，2001，第 347～348 页。]

但因小批发商逐步流失，最后几乎成了零售商，并退出杭州市场。

另外，随着交通的发展，土特产买卖时，上海和原产地之间也开始有了直接的联系。在较大的市镇，出现产地批发商，他们批发商品或从小生产者那里收购商品，并直接将大宗货物输送上海。上海商人会直接到原产地的小市场采购土特产，而地方上原产地的商人在购买商品时也会直接到上海与卖主交涉。同样，几乎与上海同时开埠的宁波，其优势也为上海所夺，沦为其支属港，仅成为浙江省东部的一个商港。

（三）因山因海，地缘商帮的兴替

商帮是指同一地域内从事商业活动的地缘性商人群体。明清时期，就有所谓的十大商帮，上至左右国家经济，下至影响民众生活。在近代经济转型大背景下，就流域空间而言，新式交通对商帮的兴衰更替产生一定影响，上游山地商人走向衰落，下游口岸商人兴起或持续发展。钱塘江流域有新安（徽州）、龙游和宁波三大商帮，代表性地反映了这一变化。

其实在钱塘江上游，山高水长，商品经济并不发达。1927 年衢州调查云："他们的生活品，几乎都是他们自己劳力做出来的，他们是生产者，又是消费者。俗语所说的'开门七件头'，他们倒有六件是他们自己生产的。只有盐要向城中去买的。"[1] 山地商人兴起，一是狭隘的生存空间，如龙游僻处浙西山区，徽州"七山半水半分田"。二是有一定的山地资源，可作走出大山以商代耕之资。如"龙游料"成为钱塘江上优质木材的代名词。[2] 傅衣凌先生说，"徽州人为推销其手工业品及原料品，每于无意中获得不少关于商业上的经验，这当是徽商的原始"。[3] 另外，便利的交通也是其条件之一。上游徽、衢山区有兰江、新安江直下杭州，为土特产品的输出提供了便利。源于钱塘江上游两条最大支流的两大商人团体，携农业社会的资源优势，随波逐流渗入下游社会，生根壮大，纵横天下，形成明清时期"遍地龙游""遍地徽"的独特格局。

近代以降，沿海和沿江各口岸次第开放，市场格局发生旋转，产品

---

① 孤芬：《浙江衢州的农民状况》，《东方杂志》第 24 卷第 16 号（1927 年 8 月 25 日），第 57 页。

② 丁贤勇、陈浩译编《1921 年浙江社会经济调查》，第 32 页。

③ 傅衣凌：《明清时代商人及商业资本·明代江南市民经济试探》，中华书局，2007，第 53 页。

与原材料的外向贸易主导了市场，商品的起点和流向发生倒转。过去价格及其他交易条件主要决定于拥有山海特产的卖方，现在一变而为下游都市口岸的洋商洋行等买方。商帮在形成之初，如果说上游商人凭资源优势，因资源导向渐成商帮的话，下游商人则凭市场优势，因市场导向转型成为商帮。到近代，下游口岸的原材料的买方在交易中居有利地位，他们成了中转方，开始掌握市场交易的主动权；下游发达地区强势工业品（洋货）出现，进一步弱化了农副土特产品的产地优势。无论是新安商人、龙游商人，还是乍起乍落的湖州丝商，其衰落的主因是市场发生变化，农副土特产品市场向现代工业品市场转变，国内市场向国际市场转变。如"价格方面，也因上海洋行的操纵，一般茶商，大体多受亏折"。① 产品定价权旁落。就上游地区交通条件改变的大背景而言，作为东南孔道的钱塘江水运优势，也在海运背景下逐渐丧失，而让位于下游沿海的口岸。加以在流域本身，20 世纪初小轮航运现身钱塘江，1930 年衢州、徽州与杭州公路的修筑开通以及浙赣铁路的建成通车，对外交通发生巨变。在买卖双方市场主动权的转换过程的节点上，新式交通起了助推器的作用。

宁波凭临港临海的地理优势，在新安、龙游商人沉寂之时崛起。宁波地少人多，经商历史悠久，但大规模经商则是在西力东侵之后。适应上述变化，宁波商人如鱼得水，获得巨大发展，1860 年仅宁波港的贸易范围达"自东至西约 290 英里，自南至北约 350 英里"。覆盖了浙江省的大部（除临近上海部分）和安徽的部分地区，成为其"外货之供应和土货出口之口岸"。② 并且，作为中国最早开放的贸易口岸之一，开埠带来的商业文明，使宁波人拥有闯荡天下之雄心，并利用下游口岸优势，南下北上，尤借助上海之平台，成为独领风骚的地缘性商人群体，原本"无徽不成镇"为"无宁不成市"所取代。外向型地缘结构使宁波商人利用口岸优势进行原始积累，整合海陆资源，学习先进经营管理的方式和

---

① 何炳贤：《民国二十一年中国工商业的回顾》，《工商半月刊》第 5 卷第 1 号（1933 年 1 月 1 日），"撰述"，第 25 页。

② 徐蔚葳主编《近代浙江通商口岸经济社会概况——浙海关 瓯海关 杭州关贸易报告集成》，第 108 页

理念，影响产业走向。在近代社会经济中，商业资本和产业资本的地位一降一升，只有实现商业与产业的结合才能延续商业传统。从本质上讲，新安、龙游商人是传统社会经济的载体，而宁波商人则是现代经济的决定性要素——专业分工的细化和集中的载体，宁波商人包括洞庭商人按照外向模式完成产业转型，走上由商业资本向工业资本发展之道，这时的新安、龙游商人或因已无财力去投资产业，或自缚于茶盐等资源优势而不拨。如果说传统商人负贩天涯，追求宁静以致远的话，宁波商人则挟新式交通之雄风"轰隆隆"地闯向更为广阔的世界。

（原刊《中国经济史研究》2010 年第 3 期）

铁路与豫北经济的现代转型（1906～1937）

一　问题的提出

19 世纪末至 1912 年，华北地区先后修筑了 9 条主干铁路，其中 3 条与豫北的关系最为密切：一是纵贯豫北的平汉（时称京汉）铁路，1906 年通车，其运输北可转运天津，南以汉口为出海口；二是从道口（在今河南滑县）至清化（在今河南博爱县）的道清铁路，1907 年通车，其横卧豫北境内，与平汉铁路交会于新乡，在道口和卫河相连，经卫河 – 南运河可达天津；三是开封至洛阳的汴洛铁路（陇海铁路前身），1909 年通车，其与平汉铁路在郑县（今河南郑州市）交会。1915 年陇海铁路向东延伸至徐州，与津浦路相接；1923 年又向东延伸至海州大埔（今属江苏连云港）后，可通过海路北上青岛，南下抵达上海。平汉铁路纵贯南北，[①] 中贯道清、陇海铁路，在河南境内干线总长度 1306 公里，[②] 为我国中部最大干线也。[③] 平汉、道清和陇海这三大铁路干线，与其他的交通方式一起，共同构成了河南交通网络体系的基本框架。而铁路运输出现的根本意义，则在于以低廉的价格，使大量的物资和人员在短期内进行长距离交流，在水运相对不发达、地势平坦的河南等内陆地区，工业化增长及对外贸易的需求，有力推动了以铁路为中心的新式交通体系的构

---

* 本节作者马义平，河南工业大学马克思主义学院教授。

① 交通部邮政总局编著《中国通邮地方物产志——河南编》，商务印书馆，1927，第 1 页。

② 哀中金：《河南近代铁路建设与经济发展》，《史学月刊》1993 年第 4 期，第 114 页。

③ 谢彬著《中国铁道史》，中华书局，1934，第 339 页。

建。^① 因此，近代交通技术与中国地域社会转型间的互动关系，成为近代豫北^②由传统向现代转型过程中颇具特色的现象之一。

作为继中国沿海之后发展较快的地区之一，豫北在由传统社会向近代转型的过程中，在哪些方面及多大程度上是由于铁路的影响，是本文关注的焦点问题所在。虽说以往学者在此领域已取得了一系列可喜的成果，^③ 但由于各人研究的视角、方法及关注点不同，故而在某些问题上仍有考察空间与探讨余地。有鉴于此，本文将以铁路与豫北社会变迁间的关系为切入点，试通过考察豫北地区社会经济的发展及其演变，揭示近代中国区域社会由传统向近代转型的主要特征与一般规律。

需要说明的是，本文考察的时间段限为 1906～1937 年，是由于 1906 年 4 月纵贯豫北的京汉铁路全线通车，成为铁路影响豫北社会近代转型的起点；1937 年 7 月抗战全面爆发后，豫北及周边地区的发展因进入战备状态脱离了正常轨道。之所以选取豫北作为考察个案，是由于京汉、道清铁路在此交会，为南北往来通衢、华北经济重心之一，可反映铁路在近代区域社会转型中的作用。由于资料等条件所限，在论述中仅涉及煤矿业、轻工业、城乡经济三个方面。

二　铁路与豫北煤矿业的兴盛

近代河南的矿产资源，以煤、铁为主，^④ 煤炭资源尤为丰富，储藏量

---

① 谷中原著《交通社会学》，民族出版社，2002，第 91 页。

② 文中"豫北"一词所涵盖的时空范围，是指 20 世纪前期河南省黄河（应为"新黄河"，在 1855 年改道之前，黄河流经今安徽、江苏省北部——引者注）以北的行政区域，相当于今汲县、新乡、获嘉、淇县、辉县、延津、浚县、滑县、封丘、武陟、安阳、汤阴、临漳、林县、内黄、武安、涉县、沁阳、济源、原武、阳武、孟县、温县、修武、博爱等 25 县。近代豫北县级以上行政区划，虽说也时而有变动，但上述 25 个县的行政区划却一直相对稳定，仅有个别县在名称上前后有所变化，但与今河南省豫北地区大致相当。

③ 参见张瑞德《平汉铁路与华北的经济发展（1905～1937）》，台北，中研院近代史研究所，1987；吴应铣：《发展、经济落后与衰退的现象——河南铁路运输业的引进》，郭孟良译，《殷都学刊》1992 年第 2 期，第 108～116 页；袁中金：《河南近代铁路建设与经济发展》，《史学月刊》1993 年第 4 期，第 113～117 页。

④ 林传甲著《大中华河南省地理志》，武学书馆，1920，第 47 页。

为 50 亿吨，约占全国总储量的 3.70%，在全国可占第 4 位。① 豫北各县大都富有煤矿，仅焦作一地的储藏量估计达 27.54 亿吨。② 但"煤矿多以其运输能力而定产量"，③ 这是因为煤炭的性质"与其他矿砂殊异，囤积最难"，"过干则容易自燃，过湿则其生热之能力减低、不堪运用"。受豫北落后的交通条件的限制，当地煤窑开采出的煤炭达到一定数量后，因为无法售出而难以扩大生产。因此，在铁路开通之前，豫北地区的煤炭企业几乎全部都处于小煤窑的经营状态。

在上述情况下，如何解决制约煤矿进一步发展的运输因素，遂成为豫北煤矿业所面临的一个瓶颈性问题。豫北各煤矿深处内陆，距离中国沿海、沿江一带的主要煤炭消费市场较远，内陆的水路运输，不仅运量小、速度慢，而且还受自然条件的影响，其他的运输方式，成本又太高。在此背景下，铁路便成为内陆地区煤炭外运的首选方式，豫北煤矿的兴盛也因之与铁路发生密切的联系。

19 世纪末至 1912 年间，华北地区铁路交通网络系统的形成，为豫北经济发展注入了新的要素，有力推动了豫北煤矿业的兴盛。1906 年 3 月，英福公司的矿井投产，日产量为 500 吨左右，④ 由于有铁路专门外运煤炭，投产之初即获得了良好的效益。1908 年盈利 161.4 万元，1909 年盈利 128.2 万元，1911 年盈利 194 万元，盈利率分别为：11.54%、9.7%、13.87%。⑤ 1915 年福中公司成立后，英福公司年产量常在 50 万吨以上，只在个别年份略低于这个数字，每年获净利 100 万以上。⑥ 这一时期，英福公司在河南煤矿业一直独占鳌头，几乎每年都占河南煤矿总产量的 70% ~80%。

---

① 王景尊编《河南矿业报告》，河南省地质调查所，1934，第 117 页。

② 河南省总工会工运史研究室编《焦作煤矿工人运动史资料选编》，河南人民出版社，1984，第 2 页。

③ 黄伯鲁：《铁路煤运之研究》，《铁路月刊》（粤汉线南段）第 3 卷第 7、8、9 合期，1933，第 3 页。

④ 焦作矿务局史志编纂委员会编《焦作煤矿志（1898~1985）》，河南人民出版社，1989，第 114 页。

⑤ 汪敬虞主编《中国近代工业史料》第二辑（1895~1914），科学出版社，1957，第 379、383 页。

⑥ 王全营：《河南近代矿业和工业简况》，《河南地方志征文资料选》1983 年第 1 期。

1914 年，豫北地区焦作的土窑为增强竞争实力，将分别经营的煤矿公司组成中原煤矿股份有限公司。1915 年，中原公司与英福公司为避免恶性竞争，议定组成福中总公司，采取分产合销。① 福中公司成立后，中原公司也有了利用道清铁路大量运输煤炭的便利，不仅使煤炭销售日渐顺畅，也为之进行规模化机器生产铺平了道路，因此，中原公司也于1922 年改为机器开采。产销问题解决之后，中原公司的生产一直处于较高水平，每年的产量均常在 50 万吨以上。②

1927 年 8 月，南京国民政府军队"克复河朔，改监督局为管理局"，③ 并派人接管了铁路的行车运输权。在此期间，英福公司也因故停产（直至 1933 年才复工），这时福中总公司内实只有中原公司进行生产。中原公司借此发展契机，充分利用道清铁路运输带来的煤炭外销之便，将大量煤炭运销各地市场（见表 1）。

表 1　1931～1935 年焦作地区煤炭铁路运量

单位：吨

线路年度	1931 年	1932 年	1933 年	1934 年	1935 年	各路总运量
道清铁路	689422	832390	299346.94	404316.40	471383.96	2696859.30
平汉铁路	—	—	168811.00	283070.00	499660.00	951541.00
陇海铁路	—	—	56570.00	115236.00	177300.00	349106.00
津浦铁路	—	—	—	7380.00	19812.00	27192.00
北宁铁路	—	—	—	8570.00	5895.00	14465.00
历年运量	689422	832390	881727.94	878572.00	1174050.00	4039163.3

资料来源：焦作煤炭史志编纂委员会编《焦作煤矿志（1898—1985）》，河南人民出版社，1989，第 339 页。

注：1931～1932 年运量，系中原公司煤炭；1933～1935 年运量，系中福公司煤炭。

由表 1 可知，1931 年至 1935 年间焦作经由铁路运出的煤炭，虽在数量上有一定的增减变化，但每年运量均在 60 万吨以上。就总运输量而

---

① 《中国近代煤矿史》编写组：《中国近代煤矿史》，煤炭工业出版社，1990，第 157～159 页。
② 王景尊编《河南矿业报告》，河南省地质调查所，1934。第 205～206 页。
③ 道清铁路局编《道清铁路卅周年纪念刊》，编者印，1933，第 28 页。

言，道清铁路为 2696859.30 吨，约占铁路运输总量的 66.77%；平汉铁路为 951541.00 吨，约占铁路运输总量的 23.56%。铁路对豫北煤矿业兴盛的作用，由此可见一斑。

20 世纪初，从水运到铁路运输的转变产生了足以使河南省经济面貌完全改观的经济力量，[①] 据 1934 年的河南矿业调查，豫北产煤县份大多邻近铁路。尽管在此无法精确说明豫北煤矿发展有多少是铁路带来的，但据相关文献仍可发现，豫北地区许多无水路交通之便的县份，正是由于铁路的修筑而广泛经营煤矿。由此可见，近代豫北煤矿业的发展与铁路实有密不可分的关系（见表 2）。

表 2　豫北地区各县煤矿主要运输情况一览

煤矿名称	主要的运输方式		运输情形
六河沟煤矿	平汉铁路	陆运	自安阳观台矿厂至丰乐镇 40 里，筑有轻便铁路；又自观台至漳河北岸台寨厂筑有轻便铁路
益安煤矿	平汉铁路	陆运	自安阳水冶镇至安阳车站 55 里，用大车运至车站
大昌煤矿	平汉铁路	陆运	安阳中城村距安阳车站约 50 里，先以大车运至车站
大成煤矿	平汉铁路	陆运	矿厂距平汉铁路邯郸车站约 30 里，用大车运至车站
怡和煤矿	平汉铁路		矿厂距平汉铁路汤阴车站约 40 里，筑有轻便铁路。
中福公司	道清铁路	水运	盘龙河矿厂距道清铁路李河车站约 3 里，筑有矿用路轨，由道清铁路李河站至新乡车站接平汉铁路，或卫河船运
民有煤矿	道清铁路		矿厂距常口车站约 3 里，筑有矿用路轨，可直接起运

① 吴应铣：《发展、经济落后与衰退的现象——河南铁路运输业的引进》，郭孟良译，《殷都学刊》1992 年第 2 期，第 109 页。

煤矿名称	主要的运输方式		运输情形
武安县各小矿	平汉铁路	陆运	各小矿距县城 30 至 50 里不等，距平汉铁路邯郸车站约有 40 至 70 里，用骡马驴驮运
安阳县各小矿	水运	陆运	由各矿厂先转运至就近的卫河岸边，可远至河北省的河间，达于天津，水路里程约千数百里
汤阴县各小矿	水运	陆运	同上

资料来源：王景尊编《河南矿业报告》，河南省地质调查所，1934，第 93～95 页。

　　1920 年代前后，豫北的道清、平汉铁路沿线兴起了一批民营煤矿企业（土窑）。这一类的煤矿企业，数量众多，如武安县的鼎盛、大成煤矿公司，安阳县的益安、大昌煤矿公司，汤阴县的九华、厚生煤矿公司，[①]济源县的振兴煤矿公司，博爱县的华兴、民有煤矿公司，[②] 林县的大顺煤矿公司等。从资金来源方面看，上述企业多属于民间资本独立经营，资本数额较小，一般在 10 万元以内。至 1930 年代，这些民营煤炭企业的生产能力，已发展到了年产量 3 万～10 万吨的水平，在近代豫北煤业向近代转型的进程中，还是起到了一定"领先作用"的。[③]

三　铁路与豫北轻工业的兴起

　　由于拥有得天独厚的自然地理条件，近代豫北的小麦、杂粮、棉花以及煤炭等矿物资源丰富，为当地食品加工、棉纺织等轻工业的发展提供了充足、廉价的生产原料。因此，以铁路为中心的新式交通体系在华北形成后，豫北充分发挥交通便捷带来的区位优势，使该地区的相关轻工行业得到了迅猛发展。

[①] 河南省政府秘书处编《五年来河南政治总报告》，沈云龙主编《近代中国史料丛刊》三编第 74 辑，台北，文海出版社，1992，第 36～37 页。

[②] 《河南博爱县煤矿概况》，河南省地质调查所编《河南省地质调查所丛刊》1933 年第 2 期，第 1～5 页。

[③] 刘世永、解学东主编《河南近代经济》，河南大学出版社，1988，第 41 页。

（一）机制面粉业的发展

近代豫北地区，自古以来就是河南乃至全国重要的农耕区之一。早在刘秀起兵争夺天下之时，就对河内太守寇恂说："河内完富，吾将因是而起。昔高祖留萧何镇关中，吾今委公以河内，坚守转运，给足军粮，率厉士马，防遏它兵，勿令北渡而已"。[①] 至 1920 年代，豫北地区仍是全国冬小麦生产条件最好的地区之一，不仅各县的小麦播种面积广大，而且小麦的产量也十分巨大。[②]

在近代豫北地区，小麦属于细粮，其食用价值超过其他农作物，价格相对高昂，一般农民常将收获小麦运到市场出售，交换现金，另购玉米、高粱等粗粮作为日常食物。1934 年，张厚昌赴河南调查时在豫北所见："农民将价格较昂之粮卖出，而自食者多用高粱，或以小米掺青菜作粥，或以菜豆磨粉作面条，煮为汤面"。[③] 无独有偶，豫北的滑、浚、封丘、延津等县，"盛食高粱或杂以大豆，或磨为粗粒，名曰糁，皆粗粮殊甚"；"新乡附近诸县，冬日以蔓菁胡萝葡为重要食品者"；[④] 汤阴县"小麦、绿豆为农产大宗，运销北平年约三四百车"，新乡县"地产小麦每年外运约近万吨"。[⑤] 1934 年，豫北地区自耕农的小麦出售率，新乡县为 49.0%，亢村驿（今获嘉县内）为 48.9%，卫辉县（今卫辉市）为 55.6%。[⑥] 豫北地区小麦商品化程度很高，在进入市场流通的农作物中占有重要地位。

豫北各县虽说多为小麦主产区，但由于深处内陆，工业较为落后，乡村经济贫困，交通也不方便，加之传统的磨坊相当普遍，豫北的小麦加工业与内陆其他地区一样，仍停留在人推牛拉的落后状态中。虽说近

---

① （南朝宋）范晔，（晋）司马彪著《后汉书》（上），岳麓书社，2009，第 206 页。
② 从翰香主编《近代冀鲁豫乡村》，第 275 页。
③ 张厚昌：《豫省农民生活之所见》，陈伯庄编《平汉沿线农村经济调查》"附录"，第 44 页。
④ 吴世勋编著《分省地志——河南》，中华书局，1927，第 23 页。
⑤ 平汉铁路管理委员会编《平汉年鉴》，沈云龙主编《近代中国史料丛刊》三编第 51 辑，第 355～356 页。
⑥ 《各种谷物售出百分数及其每人所耕亩数组别》（附表13），陈伯庄著《平汉沿线农村经济调查》。

代中国的机制面粉工业"既无如棉纺织业有强大外商在华设厂竞争，亦
无缫丝业全以生丝输出之盛衰为盛衰，故在民族工业中为比较容易发展
之企业"，[①] 然由于河南的近代工业基础薄弱，机制面粉业在河南"发展
较迟"，[②] 直至20世纪初才在豫北地区出现。

1911年之前，豫北仅有几家民族机器面粉企业，且规模较小，技术
落后，发展也很缓慢，甚至有的兴建不久即停办。道清、京汉铁路开通
后，机制面粉工业在豫北铁路沿线的城镇逐渐兴起，出现了如安阳县的
大和恒、德瑞兴、普润，新乡的通丰等近代机器面粉企业，在二战之前
均为较大的面粉企业，[③] 其中，1919年创办的新乡通丰面粉公司最为著
名。通丰公司利用平汉、道清铁路带来的运输之便，除了在新乡及周边
地区收购小麦、销售面粉外，[④] 还将产品销往北京、天津、石家庄、郑州
等大中城市，[⑤] 成为当时河南最大的机制面粉企业。

表3　1924～1933年华北主要铁路面粉运量

单位：吨

	平汉	陇海	道清	正太	胶济	共计
1924 年	34539	—	—	4048	11540	50127
1925 年	40908	1614	—	1762	15459	59743
1926 年	47421	702	—	2162	9388	59673
1927 年	2389	67	15347	1083	5568	24454
1928 年	8868	3683	9046	709	8042	30348
1929 年	23529	37600	2182	6697	21459	91467
1930 年	6672	3374	39	4600	33424	48109
1931 年	27390	116658	252	5000	31242	180542
1932 年	36960	33986	4065	5100	19646	99757

① 褚汇宗著《国际经济战争与中国》，上海：黎明书局，1936，第291页；许宗仁主编
《中国近代粮食经济史》，中国商业出版社，1996，第135页。

② 崔宗勋编《河南省经济调查报告》，财政部直接税署经济研究室，1945，第35页。

③ 上海社会科学院经济研究所主编《中国近代面粉工业史》，中华书局，1987，第291～
293页。

④ 铁道部参事厅第四组编《铁道年鉴》第二卷，铁道部秘书厅图书室，1935，第904页。

⑤ 铁道部联运处编《中华民国全国铁路沿线物产一览》，铁道部联运处，1933，第237页。

续表

	平汉	陇海	道清	正太	胶济	共计
1933 年	24780	48347	4165	5480	17904	100676

资料来源：《1919～1933 年全国各铁路小麦面粉运输情形表》，中国第二历史档案馆藏，资源委员会档案，档案号：28－2－117。

（二）鸡蛋加工业的勃兴

豫北地区的乡村向以农为本，养鸡更是农村的重要副业之一，几乎每家都养鸡，鸡蛋产量之多，价格之廉，为发展蛋厂业提供了有利条件。但由于我国科学技术落后，工业更不发达，因此，西方各国纷纷在我国的商埠开设洋行、建立工厂，使我国内陆地区日渐成为西方企业的商品市场与原料产地。

早在清末光绪年间，英国和记公司在汉口、天津、南京等处开设制蛋厂，德国的洋行也在汉口开设制蛋厂。凡我国内地有火车、轮船、水陆交通便利之地，这些蛋厂都设庄收蛋。当时国人还没有开设蛋厂的，因此洋商收买鸡蛋的价格极低，内地的鸡蛋仅 3 个制钱一个，上海、天津、汉口等大城市的蛋价是十几个制钱才能买一个，而在清末民初的新乡，"每一元能买鸡蛋 130 个"。①

京汉（1906 年 4 月）、道清（1907 年 3 月）等铁路全线通车后，伴随着交通运输条件的改善，豫北的蛋品市场也急剧扩大，使家庭养鸡的数量亦增加到十数只或数十只之多。② 道清铁路沿线的道口、柳卫、汲县、新乡、获嘉、修武、待王、李河、清化等地都有大量的鸡蛋出产。但对豫北的一般村民而言，鸡蛋乃奢侈食品，大都储藏积蓄以待出售。因此，道清、京汉铁路沿线的道口、新乡、获嘉、汲县、修武等地，逐渐发展成为豫北的鸡蛋集中市场。③

新乡由于鸡蛋量大价廉，并有京汉、道清两铁路交叉境内，卫河直

---

① 政协新乡市委员会秘书处：《解放前新乡蛋厂业发展情况》，中国人民政治协商会议河南省委员会文史资料研究委员会编《河南文史资料》第 5 辑，编者印，1987，第 136 页。
② 刘景向总纂《河南新志》上册，中州古籍出版社，1988，第 193 页。
③ 刘景向总纂《河南新志》中册，第 767～769 页。

达天津，不仅"为天津、博爱、汉口、北京之间一个中心地"，① 也是豫北公路交通网的中心，水陆交通便捷，为经营鸡蛋加工提供了有利条件，因此，蛋粉企业在新乡首先兴起。1909 年，越忠发在新乡开办裕兴蛋厂，由于管理不善，生产能力较小，不久便关闭。1913 年，新乡商人张殿臣等人集资约 20000 元，创办裕丰蛋厂。② 1914 至 1919 年间，新乡县内继裕丰而起的制蛋厂，主要有中本、祥泰、恒裕、德昌、裕新、福义、慎康、三和成、隆聚等厂。③ 这些制蛋厂一般设在铁路沿线，产品多由铁路运至"上海、天津、汉口等处"或"输出外洋"。④

此外，由于交通便捷，新乡商人在外地开设蛋厂的也很多。例如，在河南的道口、获嘉、汲县、安阳、沁阳、孟县、漯河、周家口、商丘、洛阳、郑州、开封；山西的大同、晋城、潞安、阳泉、茅津渡；山东的青岛、济南；安徽的亳州；江苏的徐州；陕西的绥德；浙江省的温州；⑤河北的龙王庙、石家庄、邯郸；湖北的武汉等地，⑥ 当时都有新乡人开设的鸡蛋加工企业。

1909 至 1937 年间，由于受国内外鸡蛋制品市场波动的影响，豫北制蛋行业也出现了兴衰起落，但总体而言，这一行业在此期间还是不断向前发展的。例如，新乡县的制蛋企业，虽然几经波折，却一直"没断过四五个蛋厂开工生产"。⑦ 在 1930 年代，仅新乡的同和裕银号一家制蛋厂的蛋品年产量，就达干蛋白 40 吨，干蛋黄 40 吨，湿蛋黄 60 吨。⑧ 与此同时，在豫北铁路沿线的获嘉、道口、清化、安阳等县境内，也都建有规模不等、数量不一的制蛋厂（见表 4）。

---

① 宓汝成著《帝国主义与中国铁路（1847～1949）》，第 609 页。
② 实业部中国经济年鉴编辑委员会：《中国经济年鉴》，商务印书馆，1934，第 160 页。
③ 政协新乡市委员会秘书处：《解放前新乡蛋厂发展情况》，中国人民政治协商会议河南省委员会文史资料研究委员会编《河南文史资料》第 5 辑，第 136 页。
④ 河南省建设厅编《民国十九年度河南建设概况》，出版地不详，1931，第 202 页。
⑤ 陈昭明：《我所知道的中国制蛋业发展概况》，中国人民政治协商会议河南省委员会文史资料研究委员会编《河南文史资料》第 5 辑，第 142 页。
⑥ 汉口商业一览编辑处编《汉口商业一览》，汉口，1926，第 209 页。
⑦ 张先武：《新乡制蛋业创始人张殿臣事略》，中国人民政治协商会议河南省新乡市委员会文史资料研究委员会编《新乡文史资料》第 1 辑，内部发行，1987，第 114 页。
⑧ 铁道部联运处编《中华民国全国铁路沿线物产一览》，1933，第 137 页。

表 4　1937 年前后豫北各地蛋厂发展概况一览

资本单位：元

厂地	企业名称	资本额	运输方式	厂址	企业名称	资本额	运输方式
获嘉	泰源	30000	道清铁路	新乡	福义	45000	京沪铁路 道清铁路
	永记	40000			恒裕	40000	
	泰和	40000			慎康	30000	
道口	泰源	35000	道清铁路 卫河水运	清化	德丰	35000	道清铁路
	振丰	30000			恒茂	30000	
孟县	庆记	42000	道清铁路	安阳	中孚	50000	京汉铁路
修武	庆记	40000	道清铁路		同和裕	40000	
楚旺	三阳	30000	卫河水运		同记	35000	
滑县	中兴	40000	卫河水运				

　　资料来源：杨大金著《现代中国实业志》，长沙商务印书馆，1938，第 846 页；刘景向总纂《河南新志》上册，第 248 页。

　　由对表 4 的统计可知，1937 年前后河南各地共设有制蛋企业 28 家，设在豫北的就有 17 家之多，约占河南全省蛋厂总数的 60.71%，且几乎全部设在平汉、道清、陇海等铁路沿线及其附近地区；其中，设在平汉、道清铁路沿线的共有 13 家，均约占全省蛋厂总数的 46.43%。由此可见，铁路在联结和促进豫北地方市场的形成方面，实起到了其他交通方式很难替代的基础性作用。

（三）棉纺织业的兴起

　　宋末元初，棉花种植由江南一带传入华北地区。此后，棉花种植又经河北、山东等地传入河南北部，并由豫北渐趋向河南省其他的地区推广。至元朝末期，豫北的安阳县已出现产棉区，汤阴县也有棉花种植。有清一代，河南棉花在明代基础上，不仅种植区域有了进一步发展，并已凸显出集中种植的趋势。

　　豫北作为传统的植棉区，为其棉纺业的起步奠定了基础，而以铁路为代表的近代交通体系的形成，则迅速联结了地方市场，加强了与外界直接的物资与人员交流，推动了豫北棉纺业的兴起。就历史层面的考察，并非是铁路一通，豫北的棉纺织业遂兴，铁路的影响力是逐渐体现出来的。铁路建成之初，豫北棉纺业并未形成一定的规模。1911 年后，由于国际棉纺业的迅猛发展，中国的民族工业也获得了发展机遇。[①] 受此影响，一批民族棉纺业在国内雨后春笋般的兴起。

在上述背景下，河南各地亦纷纷建立现代棉纺厂，当时较大的棉纱厂主要有4家，分别为郑州的豫丰和记、卫辉的华新纺织股份有限公司、安阳的广益和武陟的钜兴廷记。其中，后3家企业均设在豫北铁路沿线及附近地区。基于铁路带来的交通便捷，豫北各纱厂的产品十分畅销。例如，卫辉的华新纱厂所生产的20支以上细纱，除了遍销河南全省外，在全国市场（包括上海）均有销售。[②]

至1930年代，豫北的纺织业已初具规模（见表5）。据河南省政府对各县私立工厂的调查，全省新兴的各种私立纺织厂共有34家，而位于豫北境内的就达18家左右，约占全省私立纺织厂总数的52.94%。豫北的这些私立纺织企业，除了封丘县内的1家不在铁路沿线地区外，其他各县的工厂均位于铁路沿线及其附近地区。铁路对近代豫北纺织业的促进与牵引作用，由此可见一斑。

表5　1932年豫北各县纺织企业调查统计

资本单位：元

地 址	名 称	资本额	地 址	名 称	资本额
滑县	兴业	2000	新乡	新新	20000
	大同	3500		鸿兴	10000
	永顺	1200		民丰	20000
辉县	泰运	3500	汲县	华新	1604600
	同义	100000		鸿茂	1000
武安	裕民	3000	安阳	豫新	20000
	民生	1000		华丰	2000
武陟	巨兴	1000		华强	4000
博爱	怡记	1000	封丘	振兴	3000

资料来源：河南省建设厅编《河南建设概况》，出版地不详，1933，第25～32页。

[①] 张静如、刘志强主编《北洋军阀统治时期中国社会之变迁》，中国人民大学出版社，1992，第25页。

[②] 王天奇：《卫辉华新纱厂的变迁》，中国人民政治协商会议河南省委员会文史资料研究委员会编《河南文史资料》第42辑，编者印，1992，第114页。

四　铁路与豫北乡村商品经济的发展

近代中国乡村经济的变迁，相对于城市而言较小，近代豫北深处内地，城乡经济发展则更不显著。但自有了铁路带来的交通与信息交流的便利，降低了交易成本，扩大了销售市场，豫北乡村经济状况也因此有了一定程度的改观。

（一）棉花种植的推广与商品化

农作物依其经济分类言之，凡其主要目的是为售出得钱者，谓之商品作物（现称经济作物——引者注），在华北如棉花、黄豆、花生、芝麻等是也。[①] 对近代河南而言，棉花是较为普遍的一种经济作物，因此，将以豫北棉花在铁路开通之后的情况为例，试以揭示铁路与经济作物发展之间的关系及其一般规律。

铁路开通之后，由于物资运输的便捷和技术人员往来的方便，一些新经济作物首先在铁路沿线地区推广。在 20 世纪初之前，河南植棉基本上都是传统中棉，属于亚洲棉，有拉力但纤维短粗，混杂不洁，且始终未加改良，棉种退化严重，既是经验丰富的安阳、武安、汤阴、新乡等县所产棉花，也纤维粗短，难纺细纱，[②] 不合乎现代纺机对原棉的需要。而美棉（主要包括德字棉、脱字棉、郎字棉等，统称美棉或洋棉）纤维细长，色泽白亮，拉力强，适合现代机织。因此，棉种改良缓慢成为阻碍植棉业发展的因素之一，[③] 改良棉种已是势在必行。

1916 年，北京政府在京汉铁路的重要站点——彰德（今河南安阳）设立直属模范植棉场，进行棉种改良试验。从 1919 年起，河南省实业厅为改良棉种，"每年春季散发种子，并不取价，农民请领者，为数甚众"。[④] 豫北的华北美棉培植研究所，也先后以汲县、延津、新乡、安阳等县作为推广种植良种棉基地。由于交通便捷、市场扩大等因素，豫北

① 陈伯庄著《平汉沿线农村经济调查》，第 16 页。
② 刘景向总纂《河南新志》上册，第 189 页。
③ 徐有礼、程淑英：《河南植棉业发展考略》，《中州今古》2001 年第 3 期，第 49～50 页。
④ 吴世勋编《分省地志——河南》，中华书局，1927，第 33 页。

的棉花种植业迅速扩大，除了棉田数量、皮棉产额均有较大增长外，还日渐凸显出区域化、专业化的景象（见表6）。这一时期，棉花在豫北几个县都有大面积的种植，[①] 棉田90%集中在安阳、新乡、武安、汤阴、获嘉等5个县，仅安阳的棉产就占豫北棉产总额的50%以上。

表6　1923年河南省各主要产棉区域情况一览

具体地区	棉田数量及占全省百分比		年产数量及占全省百分比		平均亩产斤数
	棉田亩数	所占百分比	产量斤数	所占百分比	
豫西19县	1315840	32.54	33178200	42.62	25.21
豫北24县	1360520	32.65	18910814	24.30	13.90
豫南21县	752246	18.60	14038520	18.02	18.66
豫东34县	615130	15.21	11718994	15.05	19.05
全省合计	4043736	100.00	77846528	100.00	19.25

资料来源：从翰香《从区域经济的角度看清末民初华北平原冀鲁豫三省的农村》，《中国经济史研究》1988年第2期，第117页。

自20世纪初，豫北各棉产区借助铁路运输的便捷，使棉花的商品率到达了一个较高水平。1915年前后，安阳、武安两地年产棉花约11万担，其中约有半数销往天津地区。1935年，安阳县因为大旱，棉花产量锐减，全年产额仅为7万担左右，而是年安阳运销上海、济南及汲县、郑州等地的棉花，仍有6万担之多，商品率高达85.7%。[②] 无独有偶，1931至1936年新乡县每年棉花收购量达960万公斤。[③] 新乡县的小冀镇，商业也是以棉花交易为主，并形成了自己的品牌"小冀棉"；通过便捷的铁路运输，"小冀棉"畅销汲县、郑州等地市场。

豫北地区各县所产棉花，主要先在安阳、新乡等地集中，然后经京汉、道清铁路或卫河—南运河运出。安阳作为豫北的棉花集散地之一，

---

① 李文治著《中国近代农业史资料》第一辑，生活·读书·新知三联书店，1957，第426页。

② 沈松侨：《经济作物与近代河南农村经济——以棉花与烟草为中心》，中研院近代史研究所编《近代中国农村经济史论文集》，台北，中研院近代史研究所，1989，第353页。

③ 新乡地区商业志编写组：《新乡地区商业志》，中州古籍出版社，1993，第202页。

集中了河北南部和河南北部的棉花，年集散约三十万担，① "遂相率售于纱厂，其后天津、石家庄、郑州、青岛、汉口纱厂日多，于是棉花出境，北达天津、石家庄；东至青岛、济南，南通郑州、汉口，转销上海"，② 只有少数粗绒运往邻县及山西等处。③ 新乡县境内的大召营站附近各地产棉 5 万斤，仅由道清铁路向修武运销的则达 1.2 万斤，④ 铁路对豫北棉花商品化提高的推动和牵引作用，由此可见一斑。

（二）传统价值观念的转变

明清以降，虽说理学已随着河南经济的衰落而江河日下，然豫北理学却在明清鼎革之机崛起，并在当地社会称盛一时。因此，理学那种清心寡欲、耻于言利的价值理念，也一直深深地影响着豫北民众的行为与心理，除了豫北地区西部、北部等个别县份的居民有悠久的经商习俗外，把持豫北绝大部分商业市场的是徽商、晋商等外来客商，如清代时期，滑县商业以盐、当二业为主，却 "多系客民负贩"；⑤ 内黄县 "向无富商大贾贸易地方"，在本县经商之人 "半属汾、潞、广、冀寄寓侨户"。⑥ 至 20 世纪初，豫北思想界的这一状况尚无很大变化。

道清、京汉、陇海等铁路先后全线开通，不仅便利了各种西方商品向豫北各地的大量输入，同时源于西方的近代重商观念也随之传入，并在一定程度上冲击了传统的重农思想，因此，豫北城乡居民经商贩贾之风气逐渐兴起。铁路出现之前，滑县本地 "商人多系坐贾，不过随时贸易，就地负贩，向无重利轻别之弊，自交通便利，始有慰迁有无远至京津沪汉者"。⑦ 随着近代商业意识的增强，有些县的居民甚至出现了 "视金钱如性命，锱铢不肯浪费以之殖货" 的现象。⑧

---

①　张利民：《试论近代华北棉花流通系统》，《中国社会经济史研究》1990 年第 1 期，第 82 页。

②　方策等修纂《续安阳县志》卷七，《实业志·商业》，民国 22 年（1933）铅印本。

③　顾裕昌：《安阳县棉业调查》，《国际贸易导报》第 7 卷第 10 号，1935，第 76 页。

④　铁道部联运处编《中华民国全国铁路沿线物产一览》，铁道部联运处，1933，第 238 页。

⑤　姚锟修，徐光第纂《滑县志》卷五《风俗》，同治六年（1867）刊本。

⑥　周余德主纂《内黄县志》卷八，《实业》，民国 26 年（1937）稿本，1987 年铅印版。

⑦　王蒲园等纂《重修滑县志》卷七，《民政风俗》，民国 21 年（1932）铅印本。

⑧　邹古愚编纂《获嘉县志》卷九，《风俗》，民国 24 年（1935）铅印本。

　　铁路引入后，豫北居民"安土重迁"的传统思想也受到冲击，选择外出者日渐增多。据现存史料记载，林县"旧志云山民生长深谷，气性纯朴，目不观奇技淫巧，匠工颇拙，亦无他端杂艺。近则工界颇见发达，北方各省铁路汽车，路矿业及其他建筑到处皆有，林工而木石泥水匠居多，且有以精巧著者，其从事各种制造工厂亦渐有人"。[①] 孟县儿童达十三四岁，辄令赴外贸易，充当学徒。[②]

　　由上所述我们已看到了商业观念的转变，但是价值系统所涉及的不仅仅是观念世界，更重要的是日常人生。[③] 因此，铁路对沿线豫北地区生活方式亦产生了较大影响。道清铁路营运之始，即租用部分客车车厢带运邮件，沿线各地也纷纷设立邮局，"除便利社会互相接交外，帮助文化事业发展，效力很大"。[④] 1931 年，同和裕银号在新乡创办了电灯、电话设施。[⑤] 而在焦作附近的济源县，有些留学作事者归自县外，夏葛冬裘，以及外洋服饰，亦皆有之。[⑥] 这些代表着一种崭新生活方式的日常用品，虽说还仅是出现在了铁路沿线地区的个别城乡，但在当时却起到了开风气之先的作用，因此产生了深刻而广泛的社会影响。

　　毋庸讳言，铁路带来的经济繁荣和现代生活方式，固然改善和提高了豫北民众的生活水平，但也滋生了当地奢侈腐化的社会风气。例如，在新乡县生活的商民，原本"守敦笃信，实和平，不尚奸诈，以此致富者不少。近年铁路交通，以机警为能事，奸诈百出，奢靡成风。外饰雄富，内实空虚，往往周转不灵，辄至亏倒。而达禁贩烟土药丸者，尤作奸犯科，为商界羞"。[⑦] 此时豫北的民间资本并不丰足，然而却开始崇尚奢靡的生活方式，势必会阻碍社会经济的发展。

---

① 张凤台修，李见荃等纂《林县志》卷十，《风土风俗》，中华民国 21 年（1932）石印本。
② 《孟县社会调查》，河南省政府秘书处统计室：《河南统计月报》第 3 卷第 3 期，1937，第 104 页。
③ 余英时著《中国思想传统及其现代变迁》，广西师范大学出版社，2004，第 46 页。
④ 陈世荫：《中国近代邮政事业概况》，《东方杂志》第 31 卷第 16 期，1934，第 84 页。
⑤ 张玉峰：《同和裕的经营管理》，中国人民政治协商会议河南省委员会文史资料研究委员会编《河南文史资料》第 23 辑，编者印，1987，第 13 页。
⑥ 《济源县社会调查》，河南省政府秘书处统计室：《河南统计月报》第 3 卷第 3 期，1937，第 129 页。
⑦ 韩邦孚兼修，田芸生总编《新乡县续志》卷二《风俗》，民国 12 年（1923）铅印本。

五　结语

近代以来，内陆煤矿的建立推动了铁路的筹建，而铁路的修筑又推动了煤矿的发展。[①] 而铁路对豫北的显著影响，还体现在营运后担负了其经济生长轴角色，为豫北工矿业的发展吸引了不少的投资，推动了包括传统手工业在内的工商业发展。豫北近代经济的发展基础，曾长期由于交通条件的落后而难以孕育，铁路开通后，交通运输的便捷大大缩短了豫北到达中国沿海商埠及口岸的时间，使豫北的对外物资、人员交流得以大规模进行，工矿业以及城乡商品经济也因之日渐兴盛。[②]

20 世纪前半期，伴随豫北经济的发展及城乡社会向现代转型，中西方之间的各种思想文化交流也在该地区不断进行。在此背景下，原本落后、封闭的近代豫北社会风气亦日趋走向开化，但当地浓厚的传统文化与西方异质文明的大规模输入，也不可避免地产生了不同文明间的认同与容纳问题，使豫北乡村的社会思想、价值观念等传统文化受到了严峻挑战，甚至其中的一部分因此而被瓦解或替代，豫北人文生态遂呈现出鲜明的新旧杂糅、混乱失序的时代特色。

在促成豫北社会变迁的因素中，铁路无疑居于最为显著的位置，其与诸因素的复合作用，是近代豫北社会向现代转变的持久动力之一。铁路与沿线地区经济近代转型间的互动关系，成为河南社会与经济转型中颇具特色的现象，也是近代交通技术、经济与社会三者间互相促进、共同作用的结果。这一个案也说明，近代中国的交通变革不仅使豫北所担负的传统政治、经济功能日趋式微，甚或丧失，同时也造成了其社会结构产生分化并日渐由传统向现代转型。

诚然，近代中国从传统向现代转型的历史，是一个十分漫长、复杂，至今仍在继续的过程，工业化生产、现代交通体系酝酿出了诸多区域经济的独特形态，这一变革可视为近代中国社会转型最重要的标志之一。

---

① 彭禩苏：《铁路运价之商榷（续）》，《铁路协会月刊》第 6 卷第 4 期，1934，第 26 页。
② 袁中金：《河南近代铁路建设与经济发展》，《史学月刊》1993 年第 4 期，第 117 页。

本文旨在通过考察铁路对于豫北社会现代转型进程的主要影响，阐述现代交通体系对于近代中国社会结构变动的重要意义，自然特别强调铁路对于近代豫北社会演变所产生的积极作用，但还应该看到，社会结构的历史性变革不可能一蹴而就，往往会由于各种传统势力的挑战而遭遇挫折，因此，这一转型过程就必然包含着变与不变的纠缠、发展与不发展的对立。体会传统与现代性间的相互张力，特别是传统成分的合理性与时效性，对于认清近代中国历史演进的复杂性具有相当重要的价值。①

---

① 江沛、李丽娜：《铁路与山西城镇的变动：1907~1937》，《民国档案》2007 年第 2 期，第 57 页。

发展与困厄：铁路与山西煤矿业近代化进程（1907～1937）

近代以来，随着华北铁路网络的形成与铁路运输业的发展，山西境内丰富的煤炭资源得以开发，铁路沿线附近兴起了一批新式的煤矿业，铁路在其创办、生产、运输、销售过程中起到举足轻重的作用，铁路的敷设开辟了山西煤矿业发展的新篇章，对山西煤矿业近代化进程产生深刻而广泛的影响。但由于诸多因素的制约，山西煤矿业的发展并不如预期的顺利，甚至是相当艰难。

目前学界对于山西煤矿业近代化研究方面取得了一定的成果，但多从煤矿史、铁路史或工业史的角度入手，简要论述铁路在山西煤矿业发展中的作用，未详细分析铁路交通视野下山西煤矿业近代化进程，也未对山西煤矿业近代化中面临的困境做系统、深入的分析梳理，笔者在前人研究的基础上，着重从铁路交通的视角出发，研究山西煤矿业发展的艰难历程，力求全面展示山西煤矿业近代化进程的状况。本文研究时段为1907至1937年，是因为1907年正太铁路的通行对于山西煤矿业意义重大，1937年抗战爆发，日本强占铁路，山西煤矿业正常发展被打断。

一　铁路的通行与近代煤矿业的兴起

19世纪后半期，美国人奔卑、德国人李希霍芬等先后来山西勘察煤铁矿藏，李希霍芬提出了一个关于山西煤炭储量的调查报告书，声称山西煤炭"可供世界二千年之用"，把山西煤田与当时号称世界煤田之最的

---

* 本节作者李丽娜，广东工业大学马克思主义学院副教授。

美国宾夕法尼亚州煤田进行比较后，得出山西"产煤面积之比例直是压倒宾夕法尼亚州，且该省之煤采掘易，而需费廉，尤有发达之望"的结论，并对山西手工采煤业进行调查：

山西大同府，煤质佳，据调查的坑，每天出煤 6 万斤；平定州，到处都是煤矿，铁冶业很发达，用煤甚多；泽州大阳镇，南村都产煤。①

据统计，山西煤炭储量占全国煤储量的一半以上，居全国之首，② 可分为平盂潞泽煤区、汾临煤区、河兴离煤区、太原西山煤区、宁武煤区、大同煤区、浑五煤区等七大煤区。③

首先，铁路的通行使得规模化经营煤炭业成为可能。"煤炭之性质，与其他矿砂殊异，囤积最难，常因天气变迁，改变其性质，遇干则容易自燃，遇湿则其生热能力减低，不堪运用，故煤矿多以运输能力而定其产量"，④ 铁路的运输能力相比于传统的驼、马、车、人力的运输方式，优势明显。首先运量大，铁路一车皮能装约 20 吨的货物，在山西地形平缓能通大车之处，每车仅载重七八百斤，在地形险峻之处，则仅能用驴马驮运，每头驮 230 斤。其次，费用低。大车每里约 3 分 9 厘 4 毫，牲口驮运为 4 分 3 厘 7 毫，⑤ 铁路的运费仅有其 1/3 甚至更少。另外，铁路运输还有快速且不受天气影响等诸多优点。显然，铁路强大的运输能力将会大大提高煤炭的输出量，从而使得规模化经营煤炭业成为可能。

为开发平定附近的煤田，1907 年山西境内的首条铁路——正太铁路竣工，正太铁路由石家庄出发，过娘子关、途经赛鱼、阳泉、寿阳、榆次等站，终点是太原。另外一条铁路是 1914 年延至大同的京张铁路，但真正对大同煤田的开发具有重要意义的是 1918 年建成的同泉支线，口泉附近的煤炭可直接由口泉站上平绥铁路运出。1936 年，由山西大同经太原至蒲州风陵渡的同蒲铁路基本修建完成。在此前后，平汉铁路交北宁、

① 转引自刘泽民等主编《山西通史》第 6 卷，山西人民出版社，2001，第 549 页。
② 侯德封编《中国矿业纪要》第 4 次，北京地质调查所，1932，第 3 页。
③ 胡荣铨：《中国煤矿》，商务印书馆，1935，第 174～177 页。
④ 伯鲁：《铁路煤运之研究》，《平汉铁路月刊》第 42 期，1933。
⑤ 谢家荣编《中国矿业纪要》第 2 次，北京地质调查所，1926，第 65 页。

平绥①两路于北京，交陇海铁路于郑州，津浦铁路又交北宁路于天津，交陇海路于徐州，华北地区出现了一个相对完整的铁路运输系统，大大便利了煤炭的外运。

其次，19 世纪末 20 世纪初，以东部沿海港口城市为中心的华北近代经济与贸易体系初步形成，外向型经济、近代城市及近代工业的快速发展对能源的需求日益迫切，山西煤炭资源大规模开发的时机已经成熟。天津是华北最大的工业中心及对外贸易港口，有百万以上人口，"工厂林立，商肆栉比，人口至为稠密"，煤炭消费量非常大。1933 年，该市销售烟煤 851481 吨，无烟煤 212000 吨。1934 年消费烟煤 842970 吨，无烟煤 287914 吨。这些煤炭分别来自开滦、井陉、门头沟、阳泉、正丰、房山、大同、临城各矿。② 北京长期以来是中国的政治中心，人口众多，1926 年，内外城及四郊人口超过 122 万。1935 年 6 月底已接近 160 万。随着人口的增长和工业的发展，北京煤炭消耗量也在不断增长。近代煤矿使用新式机器进行生产，本身用煤量也很大。同时铁路运输自身也消耗大量煤炭，这些都刺激了近代煤矿业的创建。

再者，政府的支持和商人身份的转换成为近代煤矿业发展不可或缺的因素。李鸿章曾深刻的阐述铁路与煤矿业间的关系：

> 中国既造铁路，必须自开煤铁，庶免厚费漏于外洋，山西泽潞一带，煤铁矿产甚丰，苦无殷商以巨本经理。若铁路既有开办之资，可于此中腾出十分之一，仿用机器洋法，开采煤矿，即以所得专供铁路之用。是矿务因铁路而益旺，铁路因矿务而益修，二者又相济为功矣。③

山西地方政府也积极要求筑路，巡抚胡聘之多次奏请：

---

① 1928 年北京改名北平，京绥、京汉、京奉铁路分别更名为平绥、平汉、北宁铁路，为统一起见，文中统称平绥、平汉、北宁铁路，引文除外。
② 李洛之、聂汤谷：《天津的经济地位》，南开大学出版社，1994，第 172～173 页。
③ 宓汝成编《中国近代铁路史资料（1863～1911）》第 1 册，第 93 页。

> 筹办矿务，拟先修铁路一折。晋省煤铁各矿，运道阻滞，必须兴办铁路，方能畅销。[①]

山西商人也及时转换角色，由旧式商人转为新式工商业者，积极投身于近代工业建设中。1907 年，三晋源等山西全体票号先以 275 万两银子将山西矿产从英国福公司收回，又认购保晋矿务公司 20 万股，每股 5 两银，[②] 1908 年，三晋源等山西票号全体认购同蒲铁路 60 万两，[③] 这都为山西铁路的建设、矿务的筹办提供了必要的资金支持。

在种种因素推动下，1907 年开风气之先的保晋公司率先成立，保晋公司总公司初设在太原海子边，1916 年迁至阳泉车站附近。保晋公司在平定、晋城、寿阳、大同先后设立矿厂，平定分公司[④]共有 6 个矿厂，先后建筑了新的矿井，并对原有矿井进行了改造，使用机器生产，其中，敷设井下轨道是机械化改造的重要部分，在井下主要运输巷道中铺设轻便铁轨，轨上运行矿车，将煤块从采煤岔头运至井底，大大提高了采煤的效率。除保晋公司外，阳泉附近规模较大的还有建昌、广懋、中孚、富昌、平记等公司，也采用了部分机械设备进行生产，其余还有数十家使用土法开采的小煤矿。寿阳车站附近有保晋公司寿阳分公司开办的两处矿厂，使用土法与近代机械结合进行开采。

大同最早的近代煤矿业是 1909 年成立的大同保晋分公司，由于当时大同未通铁路，运输不便，再加之选矿不当，亏损严重，遂于 1916 年停工。1917 年复工，次年，平绥铁路大同到口泉的支线通车，为大同煤炭开采提供了交通运输上的便利条件。1929 年 5 月，晋北矿务局成立，矿务局成立后，山西省政府支出一百万元作为资本，购入机器设备，所属矿厂为永定庄矿厂及煤裕口矿厂。除保晋和晋北公司外，平绥沿线附近采用新法开采、规模较大的、达到半机械化程度的还有同宝、保恒两家

①　任根珠主编《清实录：山西资料汇编》，山西古籍出版社，1996，第 2418 页。
②　史若民、牛白琳编著《平、祁、太经济社会史料与研究》，山西古籍出版社，2002，第 82 页。
③　张利民：《华北城市经济近代化研究》，天津社会科学院出版社，2004，第 295 页。
④　随着阳泉地位的上升，保晋平定分公司也习惯称为保晋阳泉分公司。

公司，其余皆土法采煤。

太原虽是正太铁路之尾闾，但由于长期缺少铁路支线，煤炭生产仍为土法，1933 年，位于太原西山的西北煤矿第一厂建成，1934 年将同蒲铁路西山厂线引入厂内，这才便利了该厂的煤炭运输。

二 铁路交通推动近代煤矿业的发展

铁路通行后，最明显的表现是煤炭外运量迅猛增长。表 1 为平绥铁路大同、口泉站历年运煤量：

表 1 平绥铁路各站起运煤斤吨数

年份	1917 年	1919 年	1920 年	1921 年	1922 年	1923 年
大同及口泉	17773	28475	139669	67466	166690	238245
年份	1924 年	1925 年	1931 年	1932 年	1933 年	1934 年
大同及口泉	248533	79742	190714	260344	292295	680352

资料来源：此表根据谢家荣编《中国矿业纪要》第 2 次，北京地质调查所，1926，第 25 页；及侯德封编《中国矿业纪要》第 5 次，南京地质调查所，第 79 页。

由表 1 可知，1917 至 1924 年，除 1921 年外，煤炭运输量逐年上升，1925 年因战乱铁路中断，运输量大幅下滑，直到 1931 年始有所恢复，并呈逐年上升态势。正太铁路通车运营后，主要运出平定的硬煤和山西各地的粮、棉等农业品，而以煤炭运输为大宗。

同时，煤炭的销售区域也大大拓宽。正太铁路通车前，大部分煤炭销售至附近城镇、村落用户，最远用骆驼运到直隶的获鹿、正定一带销售。铁路通行后，煤炭开始大规模向外输出。晋东的煤炭先汇集于阳泉，1920 年代阳泉煤栈最多时有 60 多家，主要有阳泉煤业公司、积成厚、合顺长、增和成、常盛合、通顺栈、万积栈、公盛栈等商号，业务十分繁忙。① 之后由阳泉上正太铁路运至石家庄，石家庄位居正太铁路与平汉铁路的交会处，运至石家庄的煤炭，除本地年可销去十余万吨外，大部分

---

① 《山西阳泉煤矿请减晋煤运费》，《矿业周报》第 269 号，1934。

销售至平汉沿线，小部分经平汉铁路运至北平后上北宁线运往天津销售。保晋公司还在保定、北平和天津及华东各地设立分销处，进行推销。保晋公司为扩大阳泉煤炭的国内外市场，在天津俄租界建立"海外分销处"，推销于广东省及香港地区。据《平定阳泉附近保晋煤矿报告》记载，1918 年至 1922 年的五年时间里，保晋煤炭销售总额为 1067000 余吨，其中销售于北平、天津、上海、汉口的占 14%，远销香港和出口日本、南洋的共 11.711 余万吨，占 2.5%。大同煤由"口泉运出有二十六万吨左右，然口泉之煤销于大同以西者三万余吨，最远至绥远而止，运程在二百八十余公里之范围；大同以东十四万吨集中于丰台，三万吨集中于张家口，一万五千吨集中于北平，零售于孔家庄、阳高间者，亦三万六千余吨，里程在四百公里左右之范围"，[①] 大同煤集中到丰台后上北宁铁路运至天津及塘沽。

可见，阳泉、口泉等铁路沿线车站是山西煤炭集散的初级市场，石家庄为中级市场，北平、天津、汉口、上海等为终极市场，这表明以铁路为网络、沿海商埠为指向的近代煤炭市场体系已经基本形成。

铁路通行后，煤炭的销售对象也有所改变。铁路通行前，煤炭主要供家庭及炼铁业做燃料。随着铁路敷设运营，铁路用煤、机器工业用煤成为煤炭新去处。铁路用煤量相当大，就总值言，"几占运务费 50%，占营业用款总数 10%"。[②] 大同烟煤是平绥铁路用煤的主要来源之一，每年用煤吨数为 158000 吨，正太铁路每年用煤 36465 吨。[③] 同时，铁路用煤也是大同煤的主要销路之一，1933 年，大同煤总销售量为 303891 吨，其中平绥、北宁两路合计用煤 176455 吨，占总销量的 58%。[④] 正太路用煤大部分为井陉煤，这是因为阳泉多产无烟煤，适合家用，不合机器使用，"仅寿阳分厂所出之煤系半烟煤，火力大而灰分少，甚合火车机器之用，

---

① 雨初：《国有铁路主要各站民国二十三年商煤运输之研究》，《铁道半月刊》1936 年第 6 期。

② 《铁路与矿业之关系——前实业部矿政司长胡博渊在铁展演讲》，《大公报》（天津版），1934 年 5 月 31 日，第 3 版。

③ 侯德封编《中国矿业纪要》第 3 次，北京地质调查所，1929，第 112 页。

④ 日本东洋情况研究会编《华北通览》，见侯振彤译编《山西历史辑览：1909～1943》，山西省地方志编纂委员会办公室，1987，第 156～157 页。

故正太路中段行车皆用该厂之煤"。① 同蒲铁路用煤来自西北煤矿第一厂与晋南地区的煤矿。近代煤矿使用新兴机器进行生产，本身用煤量也颇大，1933 年，保晋公司锅炉用煤共计 6279.46 吨，建昌公司每年锅炉用煤计 6937.7 吨。② 铁路通行后，铁路沿线的城市出现了数量众多的机器工厂，如榆次、太原、阳泉、石家庄以及北平、天津等城市的纺织工业、电力工业、面粉工业、钢铁工业，它们的机器用煤也是煤炭销售的主要对象。

随着煤炭产量与运输量快速增长，竞争的日益激烈，为了提高竞争力，专业销售公司开始出现。《山西省政十年建设计划案》中写道：

> 本省各种矿产，埋藏极富，煤铁尤丰，但煤炭一项，以运费过高，难于输出，以致现在销量不及采量之半，故刻下无开采之必要，应一面竭力指导各矿厂，改进技术，改善管理方法，节省滥费，以期减低成本，一面提倡分采合销，以期免除各厂间之竞争……。③

梁上椿在《晋北矿务局第二次报告书》中也指出："本矿感受困苦，尤以同煤有统制运销之必要。"④ 1932 年 6 月 15 日，山西省政府与山西省北部的各大矿业者合办而成的大同煤业公司成立，1934 年改名为大同矿业公司，专营煤炭运输销售事业。该公司股东为山西省营业公社及晋北、保晋、同宝等三家煤矿，有固定资本 30 万元，流动资本 70 万元，总办事处最初设在大同，后移到天津。此外，在北平、天津、丰台各站设有办事处，在塘沽设有储煤所，在大同设有运输处。晋北、保晋、同宝三矿的煤炭，除了在山场零售之外，全部经该公司运往外地销售，然后将纯利进行分配。其他小矿的业者，也委托该公司进行销售。⑤ 1934 年，在晋

---

① 胡荣铨：《中国煤矿》，第 207 页。
② 《正太铁路沿线暨山西中部煤矿调查报告》（1936 年），中国第二历史档案馆藏，档案号：28 - 10652，第 260、298 页。
③ 山西省政府编《山西省政十年建设计划案》，山西省政府，1933，第 31 页。
④ 大同文史资料研究委员会编《大同文史资料》第 16 辑，1988。
⑤ 侯德封编《中国矿业纪要》第 5 次，南京地质调查所，1935，第 373 页。

北矿务局的提议下，又成立了"同煤总销处"，当地的煤炭零售业务也被纳入其中。

阳泉附近各煤矿也积极筹划分产合销：

> 阳泉附近煤矿久经保晋公司等各家开采，产量颇丰，然以生产者竞争价格，贩卖者互争销路，致煤业日形衰落，本省当局近为振兴煤炭工业计，提倡煤矿产销合作，十六日特令平定县煤业公会及煤矿事务所组织煤业产销合作社，实行互助，以资推广煤炭销路。[①]

该社简章规定，该社成立系以联合同业、分产合销、统一煤价、扩充销路、发展矿业煤业为宗旨，依据煤矿资本额的不同，推举数额不等的代表成立社员代表大会为该社最高权力机关，开会时选举董事，并规定了董事会的职责。分产合销的销售方式一方面表明煤炭产量的增加导致竞争日趋激烈。另一方面也显示了煤炭销售方式的成熟，股份制专业销售公司的成立便利了煤炭的销售，提高了竞争力。

综上分析可知，铁路的通行大大推动了煤炭业的近代化进程，加速了国内市场的整合，密切了国内市场与国际市场的联系，将各煤炭企业纳入统一的资本主义世界市场中。

三 煤矿业发展中的困厄

尽管有巨大的储量和需求，也具备基本的铁路运输网络，山西煤矿业发展并非一帆风顺，而是受到种种因素的制约，步履艰难。

第一，铁路交通不完善。山西境内铁路路线稀疏，仅有正太、平绥两条铁路干线，贯通山西南北的同蒲铁路直到抗战前夕才基本建成，大大限制了晋南煤炭开采。直到1930年代，晋南几乎没有近代机器采煤，200余家煤窑皆手工开采。泽浦（泽州到浦口）、泽清（泽州到清化）铁路因故未能建成也致使储量丰富的潞泽煤田无法大规模开发，仅有的一

---

① 《晋煤产销合作》，《大公报》（天津版），1935年4月23日，第10版。

家使用半机械化开采的晋城保晋分公司，也"因交通不便，未能运往他处，只可就地销售，块煤售与附近化铁炉，末煤售与住户，俱系零星售卖，故营业不甚发达，虽有赢余，无大希望"。[1] 铁路支线的不足也是限制煤矿业发展的另一个重要原因。"矿产品之经长途运输最多为煤，迄今仍所采无多，推其原因，殆以虽近干线尚少支路"，[2] 如怀仁、浑源、左云，虽储煤甚丰，因无通往平绥路之支线，运输不便，无法大规模开采。正太铁路修建已久，"太原西山煤矿开采虽有时年，惜其均为土窑，并用老法开掘，费工多而出量甚少"，直到同蒲铁路修建后，山西当局才计划"在西山开设新式煤炭厂，计划修筑西山轻便铁路，以资转运煤炭"。[3] 保晋寿阳分公司营业不佳、无法扩大生产规模的原因，显然与通往正太铁路的运煤轻便铁路未建、运输困难关联甚大。

　　第二，内战频繁，时局不靖，铁路运输时常中断。民国时期，华北地区常年军阀混战，且由于铁路有利于运输军队及装备，能够大大增强军事力量所能影响的范围，因此华北地区军阀混战的一大特色是，战火大多集中于铁路沿线地带，军阀也多重视对铁路线的争夺，这对正常的煤炭运输造成了直接的破坏：

　　　　宣统末年军兴，正太铁路自六十号道牌起至太原府止完全为晋省民军所占据者约一月有半。[4]

　　1927 年晋奉战争爆发，正太铁路被封锁。1930 年中原大战爆发，正太铁路"军运极繁，而平汉路车辆又几全被晋省军运占用者，殆历大半年之久，致本路商货之转运，失其主要出路"。[5]

　　破坏或抢夺铁路车辆设备在战争期间也时有发生。1928 年 5 月，奉军退出关外时，扣去机车 76 辆、煤水车 74 辆、客货车 2300 余辆，[6] 几

---

① 虞和寅：《平定阳泉附近保晋煤矿报告》，农商部矿政司，1926，第 110 页。

② 翁文灏：《路矿关系论》，出版地点不详，1928，第 4 页。

③ 《晋省筑轻便铁路以开发煤矿》，《铁路月刊》平汉线第 41 期，1932。

④ 交通部、铁道部交通史编纂委员会编《交通史路政篇》第 12 册，1935，第 4174 页。

⑤ 《铁路月刊·亚太线》第 1 卷第 4 期，1931。

⑥ 平汉铁路管理委员会编《平汉年鉴》，台北，文海出版社，1989，第 640 页。

乎扣去中国车辆之半。平绥路的损失最为惨重，"自十五年后军事迭起，致幸经完成之路线，辄中梗阻断甚久，而甫经新用之车辆，尤流散毁坏甚多，此路运初受打击，已为痛深创巨"。①

事实上，即便在局势相对稳定时期，军阀也动则霸占车皮、抢夺车辆，晋煤的外运无法得到有效保障，给正常的铁路营运、经济发展造成恶劣后果。

第三，铁路运输管理的落后。铁路运输管理的不完善也是影响煤炭运输的主要原因之一。正太铁路营运初期，在行车组织指挥上，货运无统一计划和固定车次，货主事先不知道列车开行时间，致使货物难于准备，往往使运输工作措手不及。1909 年后，列车开行次数比较稳定，每年都在 700 至 800 次之间，上下波动不大。1917～1921 年，开行列车在 1 万～1.3 万次之间。1922 年起，正太路采取了增加客货混合列车、减少货车的措施，货车每年由万次以上降至 700 次以下；相反，混合列车由726 次猛增至 9934 次。接下来的两年，又增加到 14000 次以上。由于行车没有通盘计划，加之调度指挥上的盲目性，因而运输效率很低。在法国人管理期间，石家庄至阳泉的列车，每天开行最多不超过 17 对，阳泉太原间每天最多也不超过 7 对，且运行速度极慢，特别快车要走 14 个小时，货车有时要走二三天才能到达。②

平绥铁路的管理混乱更甚于正太铁路，"货物装载之无纪律亦属罕闻，盖在包头或归绥转运之物每待至二三月尚不能出口，故商人往往不能如期交货，或及时售卖，群视火车装运如畏途"。③ 行车事故长年不断，据平绥铁路行车事故统计年表，1933 年 7 月至 1935 年 6 月，诸如出轨、伤毙人命、脱钩等事故总计 328 起。④

第四，铁路运费高昂，竞争力差。天津是中国北方最大的工业基地和贸易港口，天津工业自身耗煤甚多，天津港具有较强的货物吞吐能力，大量煤炭由天津港口输出国外。在天津市场上，各煤矿企业竞争态势如

①　交通部平津区张家口分区接收委员会办事处编《平绥铁路概况》，1946，第 16 页。

②　赵海旺：《正太铁路的运营管理》，《石家庄文史资料》第 13 辑，石家庄文史资料委员会，1992。

③　郭颂铭：《绥远考察纪略》复印本，1942。

④　铁道部秘书厅编《铁道年鉴》第 3 卷，商务印书馆，1936，第 772～773 页。

表 2 所示：

表 2　天津煤的来源及其数量

单位：吨

煤矿名称		1931 年	1932 年	1933 年	1934 年
国营	正丰			26727	45899
	临城			4835	6174
	大同	46660	85505	13215	13710
	门头沟	1745		107890	173995
	房山	460		61760	7754
	阳泉	25970	9040	42350	56165
	其他	3340	1090		
	小计	78175			
	比例%	7.56	8.92	42.14	28.10
中外合资	开滦	800789	898128	684759	601580
	井陉	139789	66259	121945	175607
	中福	15110	12530		
	小计	955688	976917	806704	777187
	比例%	92.44	91.08	75.86	71.90

资料来源：李洛之、聂汤谷：《天津的经济地位》，第 171 页。

由表 2 可知，1933 年，天津煤的来源，河北省为 1007936 吨（90.4%），山西省为 55565 吨（9.6%）；1934 年，河北省为 1011009 吨（93.5%），山西省为 69875 吨（6.5%）。可见，在天津煤的供应中，河北省占着压倒性的比例。而且在天津市场中，中外合资之煤占了 70% 以上。即便国营煤矿，正丰、门头沟在与晋煤的竞争中也占上风。何以如此？可从天津场煤的价格构成上探究其源。

表 3　天津场煤的价格构成

煤矿	输送距离（公里）	矿山原价及诸费	运费		诸税	煤价计	输送经路
			价格	比例（%）			
开滦	155	3.55	2.37	36.5	0.57	6.49	北宁路

煤矿	输送距离（公里）	矿山原价及诸费	运费		诸税	煤价计	输送经路
			价格	比例（%）			
井陉	443	2.70	5.97	60.3	1.23	9.90	正太、平汉、北宁
门头沟	166	3.70	2.96	39.1	0.92	7.58	平门支路、北宁路
阳泉	470	2.00	7.46	69.8	1.23	10.69	正太、平汉、北宁
正丰	443	2.90	6.14	59.8	1.23	10.27	正太、平汉、北宁
房山	161	3.73	3.63	43.1	0.92	8.28	门齐路、平门支路、北宁路
大同	500	2.50	6.73	64.3	1.23	10.46	平绥路、北宁路
临城	470	2.50	7.08	67.4	0.92	10.50	平汉、北宁路

资料来源：李洛之、聂汤谷：《天津的经济地位》，第173页。

由表3可知，晋煤的开采成本并不高，在消费地的价格构成上，运费仍然是重要的构成要素之一，运费所占的比率，距离最近的开滦煤是36.5%，距离远且须经过复杂的输送路线始运销到天津的阳泉煤，运费占69.8%，全体平均，差不多也占到煤价的5成。因此运销到天津的煤，以开滦煤为主，其次是运输条件比较良好的门头沟、井陉，[1] 正如金士宣所言："销售市场，向来都在沿江沿海、交通便利、人口集中之各大商埠，而货物之来源，则有接近沿江沿海一带者，有自数千里以外之内地运出者，内地之产品，不得不与沿海之出产品相竞争，其不利之情形，已属显然。"[2]

不仅与其他国营煤矿和中外合资煤矿相比，晋煤价格竞争力差，而且还受到外煤的火力倾销及恶意排挤。

19世纪末20世纪初，西方列强大规模向中国倾销煤炭，清政府在其威逼压迫下，推行"抑华护洋"的税收政策，荒谬地规定洋煤每吨税银5分，土煤每吨税银1两多，中外煤税"盈绌悬殊，至二十倍之多"，由此洋煤大量涌进中国市场。据统计，1876～1911年共进口洋煤2454万吨（炭块未计在内），出口国煤1168万吨，入超一倍多。洋煤的大量进口，

---

[1] 李洛之、聂汤谷：《天津的经济地位》，第173页。

[2] 金士宣：《中国铁路运输政策之我见》，《大公报》（天津版），1936年1月13日，第3版。

严重冲击了国煤的销售，使正处于发展初期的山西煤炭工业举步维艰。

1914 年，第一次世界大战爆发，西方列强忙于战争，暂时放松了对中国的煤炭出口，给山西煤矿业提供了发展契机。但一战结束后，西方列强重新恢复对中国的煤炭出口，1925 年，日本趁中国抵制英货之机，疯狂地向中国倾销煤炭，其他国家也向香港、安南、澳门等处输入少量煤炭，"是年输入总额达 200 余万吨，值银 2600 万两"。① 因此，华北、上海等地煤价暴跌，山西煤矿业备受其害，倒闭者甚多，除日本所特需的大同煨炭外，其他煤种再无出口。从山西阳泉煤栈的兴衰可见一斑，"在民国十五年以前，年有增加，最多时可达六十余家"，1926 年后，"煤业凋敝，亏累不支，相继倒闭者，已达三十余家，现在设栈营业者，除各自煤矿公司自销外，约有二十余家……每年销额，除山西境内碎末煤不计外，其输出省外者，大约五六十万吨"。② 1929 年世界性经济危机爆发后，外国资本为转嫁危机，更疯狂地向中国倾销煤炭，而且在强权的压力下，国民政府居然对外煤实行优惠进口税，结果，日本煤、越南煤、印度煤纷纷漂洋过海，充斥中国市场。1931 年，行销于上海的各种外煤占上海市场总销量的 80%，③ 质美但价高的晋煤缺乏竞争优势，只好退缩至正太沿线销售。

由此可见，因外资煤矿的排挤和疯狂倾销，晋煤的销售相当惨淡，煤矿业也大多亏累不支。保晋公司由于销衰产滞，经常处于拮据境况，"自开办至民国五年七月底，共亏空洋 879551 元。嗣后虽年有盈余，但至十一年七月底，尚不能弥补，仍亏空洋 290273 元许，而历年积欠息 1480391 元尚不在内"。④ 此后，保晋公司处于亏损状态，总计亏 715309.12 元。⑤ 大同各煤业亦如此，1934 年前后，"机器开采者，类多营业不振，计倒闭者有同成公司、晋华公司及狼儿沟同宝分公司之分厂

① 杨大金编《现代中国实业志》（上）第二编第二章，商务印书馆，1940，第 45 页。
② 《山西阳泉煤矿请减晋煤运费》，《矿业周报》第 269 号，1934。
③ 阳泉矿务局编写组编《阳泉煤矿史》，山西人民出版社，1985，第 82 页。
④ 胡荣铨：《中国煤矿》，商务印书馆，1935，第 200 页。
⑤ 《正太铁路沿线暨山西中部煤矿调查报告》（1936 年），中国第二历史档案馆藏，档案号：28-10652，第 266 页。

数家，其未倒闭者而现已不出煤者，有大同煤厂等"。①

20世纪初，适应华北港口、新兴城市以及近代工业对于能源的强大需求，加之近代最重要的交通运输工具——铁路的出现，山西煤矿业的近代化开始起步并获得前所未有的发展。但纵观其后的30年，山西煤矿业的整体发展并不乐观。综前所述，在新法开采技术条件下，煤炭的生产成本、煤炭的储藏量，不是一个煤矿发展的最重要因素，近海、靠近市场、运输便利、拥有最低廉的运输成本才是近代煤矿业优先发展的决定性因素。因此，深处内陆、运费高昂、铁路网络及运输管理的不完善、内战频繁交通时常阻断、再加上外煤挤压等诸多不利因素都极大制约了山西煤矿业发展，具体表现为煤矿企业数量少、采煤不力、销售不佳、营业惨淡，进而导致山西丰富的煤炭资源无法得到有效的开采，在抗日战争爆发前的10余年中，每年山西的煤产量都在全国煤产量的10%以下；其中1927及1928年，山西的煤产量更低到只占到全国产额的7%左右。② 仅有极少部分的山西煤炭得以开采外运，因此有学者指出：

> 中国在参加近代具有世界性的工业化运动中所以濒于失败，其丰富的煤矿资源之不能大量开发，是其中一个重要原因；而中国煤矿资源之所以不能大量开发，占全国储藏量约三分之二的山西煤矿之没有大规模的开采，更要负一大部分责任……丰富的山西煤矿资源，在过去数十年都仍货弃于地，对近代中国的工业化并没有提供多大的贡献。③

这种说法不无道理，也凸显了20世纪前中期山西近代化发展的曲折艰难。

（原刊《历史教学》2015年第10期）

---

① 黄伯迨：《煤矿与铁路》，《矿业周报》第273号，1934。

② 《中国矿业纪要》第3次，第228页；《中国矿业纪要》第4次，第31页；《中国矿业纪要》第5次，第35～46页；《中国矿业纪要》第7次，第49页。

③ 全汉升：《山西煤矿资源与近代中国工业化的关系》，《中央研究院院刊》第3辑，台北，中研院，1956，第181页。

近代岭南铁路建设与社会发展

一 社会各方面的关注与主张

由于岭南地区重要而特殊的地理位置，这里的铁路建设曾引起清末至民国时期中央及地方历届政府、官商各方重要人物的高度关注。

早在清末，粤籍华侨巨商张弼士即已热衷铁路建设。1896 年，清廷谕准卢汉铁路商办，由盛宣怀组织公司，盛任命张弼士为卢汉铁路总董，视其为"招股第一要紧人"。张弼士表示，南洋各埠粤港华商，均以西北铁路不愿入股，若将来带造广东铁路，方能招股。[①] 张弼士在 1903 年奏陈《招商兴办铁路支路议》中云："兴商务必兴铁路"，认为虽铁路干线已由政府设立总公司渐次开办，但还需大量修筑支路。而两广支路之多，不可胜数，"皆广货流通之路，不可不亟图兴办者也"。且主张"支路宜招商承办"。[②] 时论称颂张弼士"上承朝旨，下思民艰，拟建粤汉铁路，以接轨卢汉。统宇合之全局，规中原之大势，管枢楚越，控制东南，恢乎大观也"。[③]

1910 年 11 月 12 日，陈炯明等在广东谘议局提出筹筑惠潮铁路，谓："铁路之巨益，尽人皆知，毋庸赘述。粤省自粤汉铁路酿成风潮之后，几

---

* 本节作者张晓辉，暨南大学文学院教授。

① 韩信夫、杨德昌主编《张弼士研究专辑》，社会科学文献出版社，2009，"前言"，第 5 页。

② 韩信夫、杨德昌主编《张弼士研究专辑》，第 13 页。

③ 韩信夫、杨德昌主编《张弼士研究专辑》，第 208 页。

于噎废食，路业无人过问，诚为憾事。"① 1913 年 1 月初，陈氏和詹天佑及高绳芝、陈赓如等华侨巨商发起成立惠潮铁路公司，在给粤都督胡汉民和北京政府交通部的呈文中，云："窃为民国肇兴，百端待举，非办实业无以树立国之根本，非筑铁路无以促实业之进行。"②

孙中山非常重视铁路建设，于民元指出："苟无铁道，转运无术，而工商皆废，复何实业之可图？故交通为实业之母，铁道又为交通之母。"③ "今日修筑铁路，实为目前唯一之急务，民国之生死存亡，系于此举。"④ 他主张将中国划分为北、中、南三大经济区，每个经济区自东向西以铁路干线贯通，南路有独立的出海口，起于广州，自粤延伸至西部各省。他后在《实业计划》规划了包括西南铁路在内的七大铁路系统，使广东与西部地区铁路纵横交错，增强各大经济区域间的优势互补和均衡发展。书中提出在黄埔修建南方出海大港，并把黄埔开港作为南方铁路系统的组成部分。"应由广州起向各重要城市、矿产地引铁路线，成为扇形之铁路网，使各与南方大港相联结。在中国此部建设铁路者，非特为发展广州所必要，抑亦于西南各省之繁荣为最有用者也。"⑤ 为此，北京政府交通部铁路专家于 1919 年 6 月致函孙中山，对其"以一铁路联结广大之农业腹地与人口稠密之海岸之理想"感受很深，并谓其"于铁路经济理论上致一具体之贡献"。⑥

陈济棠治粤 8 年，颇有建树。1935 年 7 月 15 日，他在粤路举行扩大纪念周的讲话中，谓"铁路为国家的交通命脉，好像人体的血脉一样"。号召铁路员工"要负起责任，把我粤汉路整理得成绩优异，为全国铁路的模范"。⑦

---

① 段云章、倪俊明编《陈炯明集》，中山大学出版社，2007，第 32 页。
② 段云章、倪俊明编《陈炯明集》，第 130 页。
③ 《在上海与〈民立报〉记者的谈话》（1912 年 6 月 25 日），《孙中山全集》第 2 卷，中华书局，1982，第 383 页。
④ 《在北京报界欢迎会的演说》（1912 年 9 月 2 日），《孙中山全集》第 2 卷，第 433 页。
⑤ 孙中山著，黄彦编注《建国方略》，广东人民出版社，2007，第 196 页。
⑥ 孙中山著，黄彦编注《建国方略》，第 310 页。
⑦ 广东省档案馆编《陈济棠研究史料（1928～1936）》，广东省档案馆编印，1985，第 328 页。

　　民国前期，历届政府对于岭南铁路建设也曾做过一些规划。如护法运动中，广州军政府交通部于 1919 年 9 月提出了西南铁路计划。次年初，该部又拟设立八省铁路督办公署（指护法区域的滇、黔、川、陕、粤、桂、湘、闽），并咨陈政务会议，获准进行。交通部长赵藩提议任命岑春煊为八省铁路督办，不过岑氏竟假借八省铁路名目，向港商借款 200 万元，以八省铁路为抵押。人言啧啧，舆论哗然，事机不密，岑受此打击，遂告中止。①

　　1930 年代初，广东政局相对比较稳定，主政者重视地方建设发展。省主席林云陔在 1933 年 1 月 2 日所做关于广东省三年施政计划的报告中指出，"交通为人类一切事业发达的基础，稍为文明的国家，没有不极力发展交通事业的"。而"本省的铁路还很缺乏，现拟于第一年内即开始筹筑广汕、江钦、钦邕、粤黔铁路等诸干线，第二、三年内均继续工作，务期完成，以便交通"。②

　　广州湾港位于雷州半岛东侧，是西南一大吞吐口。在 19 世纪末被法国强行租借后，辟为无税口岸，但该港早期贸易并不发达。抗战结束后，国民政府接收广州湾，改名为湛江。将该港拟为西部铁路新干线之起点，由湘桂黔铁路工程局兼办，但因经费拮据，1949 年时已处于半停顿状态中。③

二　外商的染指和国人的抗争

　　外商投资修筑铁路乃其资本输出的主要方式之一，早在鸦片战争后不久，即已开始在中国进行试探性的活动。1844 年英商怡和洋行的档案曾记载了一批外商从印度加尔各答修建一条通往广州的铁路计划。第二次鸦片战争后，英国公使及驻广州、上海领事等各尽所能地游说清政

---

①　宓汝成编《中华民国铁路史资料（1912～1949）》，第 524 页。
②　广东省档案馆编《陈济棠研究史料（1928～1936）》，第 167～168 页。
③　中国第二历史档案馆编《中华民国史档案资料汇编》第 5 辑第 3 编《财政经济》（7），江苏古籍出版社，1994，第 509 页。

府兴办铁路。① 清末民初，中国掀起了一股兴建铁路的风潮，列强为了争夺铁路权益，纷纷提出向中国政府贷款，岭南所有拟议及在建的铁路几乎都遇到了洋商的觊觎和染指，同时国人也进行了不懈的抵制与反抗。

广澳铁路是一条不曾动工的拟议由中、葡商人合办的铁路，最初不过是中葡两国修约交涉中的一个附随问题，葡澳当局主要目的是与清政府就拓展澳门界址的谈判中增加筹码。清光绪卅年（1904），经清外务部奏准，由华、葡商人集股合办广澳铁路，嗣以葡商集股未成，华商张弼士、梁云逵等以路权与利权关系重大，提倡废约，力请中央与葡使交涉，注销原订合同。至清宣统三年（1911），经邮传部批准。梁云逵等正集股建筑，适逢革命变迁而止。至民初，呈请交通部批准，仍照原案办理。1913 年，日商台湾银行广州分行总经理吉原推荐日人山本任广澳铁路公司勘路总工程师，经其勘测，该路长 52.5 英里，估计需资本 700 万银圆，而修通后年入约 209 万元，除行车费 48 万元，可溢利 160 万元。但山本因该路没有动工，遂回国另谋出路。1914 年梁云逵与一德商公司商定全路包筑，其款项分 20 年清还。该公司派工程师到粤，复勘路线，嗣因欧战未能进行。翌年 4 月，梁云逵（系时任交通总长梁敦彦的本家，民国元老唐绍仪的亲家）入京，与一美商公司商议包筑。日本台湾银行和三井洋行屡欲合资包筑广澳铁路，但广澳铁路公司以当时国人对日本抱有恶感，故未许之。1916 年，北京政府交通部因广澳铁路公司迭次禀请展期呈验股本，且于公司事务实无成立之希望，断难再事姑容，致生纠葛，遂致电撤销请办广澳铁路原案及公司名义。②

粤汉铁路南段是岭南最重要的铁路运输路线，它北通京汉，南抵广州，同海运连通衔接，成为我国南部的铁路中枢。在近代历史上，帝国主义企图通过借款筑路等手段，控制粤汉铁路路权。1901 年，根据与清朝政府达成的协议，美商合兴公司开始建筑粤汉铁路，但以后又违约向比利时大量抛售股票，使该路股权发生转移。1904 年，张弼士代表湘、

---

① 吕铁贞：《晚清涉外经济法律制度研究》，知识产权出版社，2008，第 134～135 页。
② 宓汝成编《中华民国铁路史资料（1912～1949）》，第 81～83 页。

鄂、粤三省绅商要求废除与美商合兴公司签订的出卖粤汉铁路合同，收回利权，集资自办，1905 年，清朝政府在人民的强大压力下，将粤汉铁路赎回，归鄂湘粤三省自办。我国铁路收回权力之举，实以此为嚆矢。同年 8 月，广东商民筹股 4000 万元，成立全省粤汉铁路总公司，以郑观应为总理、董景棠为协理，继续筑路。次年 9 月，该路粤段自广州黄沙开工，其办理为当时三省之最有成效者。

1912 年 5 月，中华民国临时大总统孙中山任命谭人凤为粤汉铁路督办，谭迭与外国银行团交涉，促其照约交款。但银行团以前约所订系粤汉川名义，今仅粤汉，用途不合，况前约指定以湘鄂厘金作抵，光复以后，各处厘金或裁或并，实难担保，故不肯交款。嗣经交通部路政司长叶恭绰与之会晤磋商，银行团乃于 7 月 11 日提出办法 4 条，请交通部参酌施行。双方就存款、管账、担保品及赎路等问题形成争执，交通部以粤汉路工事之进行，端赖外资输入，"让步达于极点，各国尚未之许，后日之结果，难以预料"，遂致搁置。① 1914 年初，英德法美四国银行团游说北京政府交通部将粤路国有化，其代表于 1 月 22 日致函交通总长周自齐，谓"中国政府如果决定改变粤路公司的商办性质，并感到为此需向外借款时，[四国] 银团准备根据中国政府的意图提供必需的资金"。次日，周氏回复称愿意考虑粤路收归国有之事，并愿与银行团进行磋商。②

1919 年 3 月 29 日，美英法三国公使致北京政府外交部照会，要求继承清宣统三年湖广铁路合同中之德国权益（该合同系由中国与美德英法所订），实指价值 150 万英镑的湖广铁路德国债券，但北京政府外交次长陈箓予以拒绝。翌年 5 月 2 日，北京政府外交、交通两部声明湖广铁路德国债券失效，此项债券及附带利益（如应付之利息），已由中国政府悉数扣留，"备抵欧战之赔款"。③

1905 年 8 月，张弼士奏请清廷筹建广厦铁路，其中拟由广州府至黄

---

① 宓汝成编《中华民国铁路史资料（1912~1949）》，第 107~108 页。

② 宓汝成编《中华民国铁路史资料（1912~1949）》，第 55 页。

③ 宓汝成编《中华民国铁路史资料（1912~1949）》，第 110~111 页。

埔口修筑广埔铁路,但遭到美国驻华公使以有悖美商合兴公司原约为由(即该公司"嗣后有由粤城续路到海滨之权,不应令别项公司兴修")反对。① 同年 5 月,张弼士复清商部电称:"黄埔系在(广州)东门外,与合兴原约地段毫不相涉,此为华商自办,外人何得阻挠?"②

1907 年 3 月 7 日,由清朝外务部右侍郎唐绍仪与中英银公司(英国)签订《广九铁路借款合同》,条件极为苛刻,规定以铁路为借款(150 万英镑)抵押,路权不得转让他国,中国亦不得另建并行线路等。实际路权操诸英方,主要职务由英人或英方任用之华人充任。③ 1934 年,广九铁路营业合同期满,中国政府铁道部、国民党西南政务委员会及粤省政府派出代表赴港,与英方进行谈判,于当年 9 月 15 日新订《广九铁路联运合约》,将利益分配由原定的中方占 35%,英方占 65% 调整为中方占72%,英方占 28%。④

日本发动侵华战争时期,岭南地区的铁路遭到严重破坏,主要线路均落入敌手。抗战结束后不久,中法两国于 1945 年 8 月 18 日订立交收广州湾租借地专约,宣布 1899 年中法签订的《广州湾租借条约》作废,中止了该条约中允准法国在广州湾赤坎至安铺间修造铁路的权益。⑤ 9 月,在国民政府收复区各项紧急措施方案中,关于广九铁路英段,认为既然划在中国受降区域以内,拟由行政院与英方商洽后,一并接管。⑥ 此外,国民政府交通部拟定全国铁路分区管理办法,粤汉铁路南段和广九铁路由广州区交通特派员接收,海南岛铁路由该岛最高行政官署管理,粤汉、广九、广三铁路均属粤汉干线区。交通部还以粤汉铁路为南中国主要干线,决定与美国合办,改建该路,并曾与美方几度磋商。⑦

---

① 韩信夫、杨德昌主编《张弼士研究专辑》,第 213 页。
② 韩信夫、杨德昌主编《张弼士研究专辑》,第 289 页。
③ 广东省政府秘书处编《广东年鉴》,第 9 编《交通》第 3 章《铁路》第 6 节《广九铁路》,1941。
④ 《广九铁路实行联运》,《中行月刊》第 9 卷第 5 期,1934,第 111 页。
⑤ 宓汝成编《中华民国铁路史资料(1912~1949)》,第 835 页。
⑥ 宓汝成编《中华民国铁路史资料(1912~1949)》,第 838 页。
⑦ 狄超白编《中国经济年鉴》上编,太平洋经济研究社,1947,第 47 页。

三 停留在拟议中的铁路

近代岭南地区拟建的铁路不少，此类情况比较复杂，有的仅仅提出而已（如前述惠潮、广埔、赤坎至安铺等铁路），有的经提出后，由于种种原因历经波折，最终成为纸上谈兵。其中较重要的有如下几例。

1. 广厦铁路。1904 年，张弼士在广州设立广厦铁路有限公司。翌年 8 月，他奏请筹建广厦铁路，称："惟事不一端，力难并举，先其所急，首重路权。而路权之介于闽、广者，则自广州以达厦门，实为通陆之要道。查南洋华侨，多籍隶闽、广。"故"修筑广厦铁路，实足以上佐国家要政，俯顺闽、广商情"。[1] 因清廷实行"铁路国有政策"，张弼士不断上疏反对，遭到粤督岑春煊诋毁而心灰意冷，原由其筹划兴建的广厦铁路全部勘测工程业已竣工，但他中途撒手，拂袖而去。[2]

2. 广澳铁路。修筑广澳铁路是有利于澳门和周边地区的大事，是粤、澳华人的强烈愿望，按拟议由中、葡商人合办，但因中葡两国政府均属无心，也由于葡商无力合修，《广澳铁路合同》约束了急于修筑广澳铁路的粤省绅商的行动，从而引起他们持续不断的废约活动。1907 年，张弼士领导广东绅商废除中葡《广澳铁路合同》，开始了收回自办运动，被公举为广澳铁路督办。翌年拟订铁路章程，请奏明立案。后因清邮传部认定其与澳门总督所订合同为"私约"，予以否定。[3] 1921 年夏，有粤籍港商唐某发起广关铁路公司，拟筑广澳铁路，资本纯系华商股份，华侨商人附股尤形踊跃。预计需资本 1600 万元，据 7 月 15 日报载，已由发起人交足保证金 1/4，合国币 400 万元，分存省港各中外银行，已检验手续，一俟执照发出，即可积极进行。[4] 然而该路一波三折，终未能成。

3. 广渝铁路。1913 年 7 月初，中国铁路总公司与英商宝林公司订立广渝铁路借款合同，但旋即于同月 23 日取消，而驻京英公使坚持此合同

---

① 韩信夫、杨德昌主编《张弼士研究专辑》，第 20 页。
② 韩信夫、杨德昌主编《张弼士研究专辑》，第 77 页。
③ 韩信夫、杨德昌主编《张弼士研究专辑》，"前言"第 7 页。
④ 宓汝成编《中华民国铁路史资料（1912～1949）》，第 549 页。

有效。中方以其未经政府批准，不生效力。英公使复再催询，北京政府乃由交通部与该公司接洽改线，英商同意由包筑广渝路改线为沙市—兴义路。①

4. 南广铁路。1914 年初，北京政府拟筑广州—潮州和广州—南昌铁路（简称南广铁路），英商大成公司要求承办。迭经磋商，双方于 2 月拟订合同草案。4 月，因内阁行将改组，遂致停顿。虽英使朱尔典（Jordan, J. N.）和大成公司代表一再交涉要挟，但因条件过苛，新任交通总长梁敦彦仍复函拒之。②

在 1914 年北京政府交通部复英使函中，曾声明如大成公司磋议不得结果，拟俟其他公司愿承办时，另行商定。1920 年，英国重提承办南广线，由前英公使朱尔典介绍英商中英公司继续承办，并拟展长路线，由潮州至厦门、福州，再从福州折回南昌。正商议间，复据代理驻华美使丁家立（Tenney, C. D.）介绍美商怀德公司协同承办前来。交通总长曾毓隽在 5 月国务会议提出的议案中表示，"今欲破势力范围之说，惟有拟将此路改为英、美、日三国合办较为妥协"（按因福建属日本的势力范围），并称交通部拟与中英公司商定大纲，提请会议公决。同月，经国务会议议决通过。此后数月间，交通部与中英公司信函往来，但后者始终无明确答复，又因时局不靖，此事之谈判，因而中止。③

5. 钦渝铁路。1914 年 1 月初，北京政府交通部长周自齐在国务会议上提出建设钦渝铁路，当经议决照办，与中法实业银行磋商借款，法商取得了投资钦渝铁路的利益。21 日，由国务总理兼财政总长熊希龄、周自齐与中法实业银行订立正式借款合同。借款总额为 6 亿法郎，应先交中国政府 1 亿法郎垫款。但直至 6 月底，只交 3211 万余法郎。由于欧战爆发，该银行不能如原约交款。④

1921 年 4 月，粤黔等五省要求废除钦渝路约。次年 12 月 5 日，旅港粤云南同乡会会长杨宝瑛等发出提议取消钦渝铁路合同通电，指斥自

---

① 宓汝成编《中华民国铁路史资料（1912～1949）》，第 151 页。
② 宓汝成编《中华民国铁路史资料（1912～1949）》，第 170 页。
③ 宓汝成编《中华民国铁路史资料（1912～1949）》，第 577～579 页。
④ 宓汝成编《中华民国铁路史资料（1912～1949）》，第 127、135 页。

1914 年订约迄今，除在华设一银行，发行多种纸币外，未闻募获若干债款，不知何时才能开工，又云上年该银行倒闭，香港分行并未缺本，而借故停业，受害者不可胜数。①

停顿多年后，1930 年，四川省主席刘湘致函铁道部长孙科，建议修建钦渝铁路。1933 年 1 月中旬，国民党西南政务委员会议决发展西南交通，筹筑粤、桂、黔、滇、川五省之钦渝铁路，特分电各省政府各派员 1 名到广州，组织筑路委员会（其中川、黔两省因政局变乱始终未派出筹办员）。②

6. 株钦铁路。即株洲至钦县铁路，1916 年 5 月 17 日，北京政府交通总长曹汝霖与美商裕中公司签订借款造路合同。9 月 29 日，经新任交通总长许世英增订加详，定以筑株（洲）钦（县）最宜，全长 2200 华里（合 700 余英里）。需银 6600 余万元，由该公司发售债票筹之。11 月 8 日，许氏呈大总统请训示施行，③ 实际上沦为画饼。

7. 三贺铁路。1933 年，两广当局计划建筑三（水）贺（县）铁路，全长 500 余公里，已测量竣毕。估计预算需 2000 万元，拟呈铁道部拨助一部分，其余由两省筹拨并招商股，准备于当年 10 月兴工，④ 最终却功亏一篑。

8. 广汕铁路。1933 年 5 月，广东省政府为发展东南沿海交通，巩固国防，筹筑广汕铁路，长约 1000 华里，计划用 5 年完成。全部预算 4000 万毫银圆，并成立筹委会，委员 15 人，多为穗、汕商界闻人，如蔡昌（广州大新公司经理）、卓叔和（先施公司总理）等。唯工程浩大，需费甚巨，迄抗战兴犹未能开办。⑤

9. 广梅铁路。1936 年 6 月，两广事变和平解决，陈济棠下台后，蒋介石赴粤，召铁道部长张嘉璈至穗，告以"为收拾西南人心，必先自建设始，最要者为兴筑铁道与黄埔开港"。至于铁道，以广州至梅县线最有

① 宓汝成编《中华民国铁路史资料（1912～1949）》，第 562 页。
② 宓汝成编《中华民国铁路史资料（1912～1949）》，第 746～747、760～761 页。
③ 宓汝成编《中华民国铁路史资料（1912～1949）》，第 197 页。
④ 宓汝成编《中华民国铁路史资料（1912～1949）》，第 763 页。
⑤ 宓汝成编《中华民国铁路史资料（1912～1949）》，第 764 页。

经济价值。9 月，决定兴筑该路，由粤商发起组织公司，由铁道部予以协助。①

1937 年 7 月 30 日，中英签订广梅铁路借款合同，随即成立广东铁路股份有限公司。由于此时社会热心开发海南岛，故将经营该岛铁路及港埠之特权，一并赋予广东铁路公司。其条例规定，该公司的特权为"建筑及经营自广州至梅县之铁路干线及延长线与支线；建筑经营海南岛环岛铁路干支线、高雷半岛之铁路，并经营海南岛之开发及榆林港之开筑"。由于广西方面一再表示广梅铁路借款担保品之粤省盐税附加，其中一部分系由广西人民负担，希望用之建设广西铁路，改变该省僻处内地，经济与外界隔离之状。故拟将广三铁路自三水展筑至梧州，长约 137 英里。②

关于广梅铁路及海南岛、广西铁路等的拟议，俱因抗战而止。

四　动工并建成的铁路

岭南是我国最早开筑铁路的地区之一。20 世纪初，国内出现绅商自办铁路的运动，民办铁路公司纷纷成立，其中广东较大的即有潮汕铁路公司、新宁铁路公司和广东全省粤汉铁路总公司等 3 家。岭南地区曾经建成并营运过的铁路主要有如下七条：

1. 潮汕铁路。该路从潮州经枫溪至汕头。1903 年，张弼士被清廷委任为闽广农工路矿大臣，他奏请的《招商兴办铁轨支路》获得批准，即邀梅县籍印尼华侨实业家张榕轩（煜南）、张耀轩（鸿南）兄弟等集股创办潮汕铁路公司，奏准立案，由日商三五公司承建。路权初为日本人控制，300 余万股本中有 1/3 系日资。1904 年 9 月正式动工，著名的铁路工程师詹天佑受聘进行实地勘测，并指导工程施工，于 1906 年 9 月建成。全长约 39 公里，另有支线 3 公里。③

---

① 宓汝成编《中华民国铁路史资料（1912~1949）》，第 805 页。
② 宓汝成编《中华民国铁路史资料（1912~1949）》，第 807~809 页。
③ 广东省政府秘书处编《广东年鉴》，第 9 编"交通"第 3 章"铁路"第 5 节"潮汕铁路"，1941。

2. 汕樟轻便铁路，1915 年由大埔人杨俊如、萧变秋等成立汕樟轻便铁路公司，招股集资 22.5 万元，修筑汕头至樟林的轻便铁路。1916 年开工，次年汕头至下埔路段建成通车。1924 年，又延伸至澄海埔美的莲阳河边，全线 18.5 公里。中隔韩江，分两段行车。汕樟轻便铁路采用特制的小铁轨铺设，货运、客运兼用。1932 年 10 月，澄海人陈少文、蔡时帆等开通公路汽车营运，轻便铁路营业备受打击，继续延伸至樟林的计划无法实现。①

3. 粤汉铁路。1898 年，清廷谕准建粤汉铁路，盛宣怀致电张弼士，要求为铁路购地筹措资金。并称目前股东投资粤汉铁路，将来必有大利，还许以"凡粤汉铁路附近之矿地，皆可尽有股商集股认办"，为优惠条件。张氏积极响应，分别在新加坡和国内报纸上刊登招股广告，引纳资本。同年，张弼士回国被委任为粤汉铁路总办，主持粤汉铁路前期工程广三铁路建设。②

粤汉铁路于 1901 年施工，全长 1095.6 公里，分若干段进行修建，南段广州至韶关长 224 公里，属商办，于 1916 年建成；北段武昌至株洲长 410 公里，于 1918 年建成；而中间长达 456 公里的株韶段因高难度和时局动荡、财力不济而被迫停工 14 年。广州至韶关段建成通车后，由于设备差，车速慢，两地间行车时间超过 8 小时。运输能力亦不高，因当时沿线厂矿未兴，货运不畅旺。至于株洲至韶关段，需穿越湘粤间高峰巨峦，山岗交错，溪涧迂回，地形地势非常复杂。且沿线地区荒僻，瘴痢肆虐，使施工相当困难。粤汉路长期不能贯通，阻碍了南北大动脉的通畅。

英国人早就想打通粤汉铁路以加强香港与北方的联系，当该路南北两段建成后，曾在中段做过多次测量，并在乐昌至郴州间提出过"柏生氏线""威廉氏线""狄氏路线"等方案，但都因展长过多、升高太大、隧道密集而未能定案。1927 年国民政府铁道部成立，即把修建粤汉铁路株韶段列为首要任务，孙科部长更倡议以庚子赔款修路。1929

---

① 中共汕头市委党史研究室等编《汕头史迹要览》，深圳海天出版社，2006，第 113 页。
② 韩信夫、杨德昌主编《张弼士研究专辑》，"前言"第 5 页。

年，南京国民政府成立粤汉铁路株韶段工程局，次年宣布将该路广东段"收归国有"，对原有商股发行公债 2000 万元，限期赎回。1933 年，中央发行粤汉路英金公债债票 150 万英镑。同时，株韶段工程全面铺开，共出动员工约 20 万人，建筑旧中国铁路施工标准最高的这段铁路。[①] 凌鸿勋被聘担任总工程师，他多次到现场勘探，确定绕开险峻的大瑶山，沿武水河谷一路蜿蜒，然后再笔直南下，使施工难度大大降低，工期也缩短了一年多。[②] 株韶段于 1930 年开工，1936 年 8 月 1 日铁道部粤汉路局成立。9 月 1 日，株韶段建成通车。至此，历时 35 年的筑路工程终于宣告完成。[③]

4. 广三铁路。该路原属粤汉铁路支线，于 1901 年动工，1903 年 10 月建成通车，全长 48.92 公里。1905 年与粤汉铁路同时赎回，1918 年划归广东省营。1929 年又改为"国营"，由铁道部粤汉路广韶管理局统辖。[④]

5. 广九铁路。早在 1888 年，粤省绅商即已提议兴筑广九铁路，两广总督张之洞、李瀚章先后表示支持，并派人查勘过路线。1898 年，英国向清朝政府强取广九铁路的贷款权，并企图英中合建该路，遭到广东官民的反对、抵制而未遂。以后商定以深圳河为界，大陆段由中方借英款独立修筑，九龙段则由港英政府修筑。1905 年，粤督岑春煊照会张弼士筹办广九铁路，云"现在英人催办此路，并欲我借英商之款与彼合办。"要求他"查照将九广铁路一事，妥筹办理，并将此路需款若干，如何集股，先行核酌"。[⑤] 1907 年 3 月 7 日，由清朝外务部右侍郎唐绍仪与中英银公司（英国）签订《广九铁路借款合同》。7 月，中英路段同时动工（以深圳为界，英段长 36 公里，华段长 142.77 公里），于 1911 年 3 月建

---

① 李占才主编《中国铁路史》，第 222～223 页。
② 金叶：《粤汉铁路：即将消失的风景线》，《广州日报》，2009 年 9 月 6 日，B1 版。
③ 广东省政府秘书处编《广东年鉴》，第 9 编"交通"第 3 章"铁路"第 2 节"粤汉铁路"，1941。
④ 广东省政府秘书处编《广东年鉴》，第 9 编"交通"第 3 章"铁路"第 3 节"广三铁路"，1941。
⑤ 韩信夫、杨德昌主编《张弼士研究专辑》，第 210 页。

成通车。①

6. 新宁铁路。又称宁阳铁路，位于四邑侨乡。1905 年，台山旅美华侨陈宜禧（曾在美国参与铁路施工，自任总工程师）呈清廷商部准设新宁铁路有限公司，次年 5 月动工。该路工程浩大，分三阶段施工（即新昌至平山、公益至北街、县城至白沙），全长 133 公里，共用了 14 年，至 1920 年完成。

7. 海南岛铁路。此乃海南岛南端铁路的总称。其干线由榆林至北黎，长 175 余公里。另还有若干支线，如三亚港支线 7.7 公里、汐见支线 3.6 公里、田独支线 11.8 公里、石碌支线等。皆属日占时期所建，1941 年开工，1945 年建成，适应了日本侵略的需要，特别是运输其在岛上所掠夺的矿物资源。1946 年，该路遭台风破坏，次年又曾局部修复，② 但已作用不大。据 1947 年 2 月国民政府行政院关于交通工作报告称，海南岛全岛铁路干支线共长约 290 公里，其中干线长 200 公里（由榆林港至三亚约 20 公里，由三亚至北黎约 180 公里），为原日军海军设施部所筑，从各矿厂运输产品往榆林港转运日本。③

五　岭南铁路建设的历史地位与社会作用

（一）岭南铁路建设的特点

1. 开风气之先，创造了近代中国铁路建设的许多第一。如潮汕铁路是我国历史上第一条商办铁路，也是最早由华侨投资兴建的铁路。新宁铁路全部工程由国人自办，以不招洋股、不借洋款、不用洋工为号召，成为中国第一条用本国人的资金、技术修筑的民营铁路。

2. 具有国际性和开放性。如 1911 年广九铁路建成通车，根据同年《广九铁路合同》附表规定，中国海关此后就一直在九龙车站查验进出口

---

① 广东省政府秘书处编《广东年鉴》，第 9 编"交通"第 3 章"铁路"第 6 节"广九铁路"，1941。
② 李占才主编《中国铁路史》，第 634 页。
③ 中国第二历史档案馆编《中华民国史档案资料汇编》第 5 辑第 3 编《财政经济》（7），第 317 页。

货物和征收关税。这是港英政府第一次给予中国海关在香港境内查验进出口货物和征收关税的权力，作为交换，中国政府放弃了在边界拦阻进出列车办理海关各项必要手续的权力，"这种办法对于商人和一般旅客显然是一种很大的方便"。① 广九铁路是一条国际铁路，民国前期，港英当局曾多次主张将广九、粤汉两路接轨，虽遭粤人的极力反对，但抗战初期由黄埔支线将两路接通，使该路成为一条最快捷方便的国际交通运输线。潮汕铁路直接沟通了粤东地区和闽赣两省经济，使这些地方的货物能迅速汇集汕头，然后转销到国内沿海各地并远销往东南亚各国。

3. 背景极为复杂，涉及面宽，包括列强、洋商和本国历届政府、政治人物、华侨、粤商、港澳商人等，名人众多，非常重要。

4. 得到了华侨的大力资助。由于广东乃我国最大的侨乡，故铁路建设得到海外华侨的大力支持，如陈宜禧被推为新宁铁路公司总理，募集侨资达 275 万元。

5. 建路议论早而持续时间长，拟建的线路多而密集（本地区曾拟议过的有广澳、广厦、钦渝、广渝、南广、株钦、三贺、广汕、广梅铁路等），但由于种种原因，不少停留在纸上谈兵阶段，与实际建成的差距甚远。

6. 建设形式多样化，既有中外合资、合作（利用外资），又是官办（国营）及民营（侨办、商办）并行。

7. 大都与外国资本财团投资有密切关系，洋商很早即高度关注，企图攫取路权，相互钩心斗角，但英商占了上风。如中国政府当初决定兴筑广梅铁路时，因虑日本曾于二十一条中要求南昌至潮州间的筑路权，且潮汕铁路又有日本借款关系，深恐日人要求参加，故拟由粤商发起组织公司，由铁道部予以协助。铁道部长张嘉璈与中国建设银公司接洽，拟设公司。又与财政部接洽，发行民国 26 年广梅铁路建设公债 2500 万元，年息 6 厘，20 年还清。嗣恐国内能力有限，而材料须购自外洋，遂同时与汇丰银行及中国建设银公司接洽，拟发行债票 270 万英镑，并以广梅线为开发广东之事业，香港华商金融界或可支持，故拟将该项债票之

---

① 〔英〕莱特著《中国关税沿革史》，姚曾廙译，三联书店，1958，第 411 页。

1/2 在港发行港币本位债票。

1937 年 1 月初，铁道部官员与英商汇丰银行、中英银公司代表及英华使馆财政参赞讨论，其皆对此路产生兴趣，希望铁道部所派测量队允许广九铁路英籍总工程师加入。1 月 16 日，铁道部接汇丰银行信，知英国财政部及伦敦银行界初步大体赞成，但尚须与新银行团成员协商，因按新银团契约，如在国外发行中国债票，应由新银行团共同参加承受；如团体中有不愿承受者，方能由其他成员担任之。但英银团既已初步大体赞成，中方嗣后即全力与英方交涉，不料种种难题相继发生。一是日本要求参加。同月 25 日，南京日本总领事访张嘉璈，询问广梅线路事。同时，日驻粤总领事亦访广州市长曾养甫，谓日本已准备加入广梅路借款，并云日方可单独供给材料。曾氏急告英方迅筹补救，不必在伦敦发行债票，而在中国发行，以免日本参加。二是四国新银团问题。新银团成立后始终未得中方之同意，英国亟思寻找机会或取消该团，或得单独行动之自由。自广梅借款问题发生，英即与美接洽，使准许英国单独借款，一方面又与法、日交涉。英于 4 月通告新银团，认为该团足以阻碍国际与华经济合作，建议各关系团自动取消，可避免一切困难。次月，新银团委员会答复英国，不反对英与中国单独接洽广梅路借款，日本之问题自然解决。三是盐税担保问题。初与广东省政府商议，加征粤省盐附税每担法币 0.35 元，每年可得 270 万元，作为发行 2500 万元公债之付息基金。但遇财政部和桂省异议，拖至 7 月 12 日，财政部长孔祥熙才电允以盐税担保，广西方面亦表同意，然而抗战爆发，局势大变。

7 月 30 日，国民政府财政部长孔祥熙及铁道部次长、中国建设银公司代表会同英商中英银公司代表培诺（Bernard）在伦敦签订广梅铁路借款合同，借款名为"广梅铁路五厘金镑借款"，共 300 万英镑，期限 30 年。基金委员会设 6 名委员，由财政部、铁道部、广东省政府、中英银公司、中国建设银公司各派 1 名代表及铁路局长组成。

广梅铁路借款合同签订后，随即成立广东铁路股份有限公司。该公司拥有经营海南岛铁路及港埠之特权，其股本总额定为 5000 万元，先募一半，铁道部认 1000 万元，广东省政府认 500 万元，其余由中国建设银公司募集商股，股息 7 厘。债票发行事宜，由中英银公司担任。募集商股和组织铁路公司，则由中国建设银公司担任。另由铁路公司与中英银公司、中国建设银公司订立合同，规定铁路公司与英国银团的关系。嗣以卢沟桥事变发生，债票中止发行。

与广梅铁路相关联的还有广西铁路，当时拟将广三铁路自三水展筑至梧州，英方允俟广梅借款债票发行顺利时，即继续进行三梧铁路借款。1937 年 5 月 26 日，英国银团代表致函美、日、法三国银团，谓英银团拟将广梅借款自 270 万英镑增至 1500 万英镑，用以建筑广梅、梅（县）贵（溪）、三梧、浦（口）襄（阳）等路。不久，全面抗战爆发，8 月 7 日，日本外务大臣广田弘毅致日驻华大使馆密电云，日商正金银行电告英商汇丰银行情报，因时局关系，广梅、浦信路等借款均不能按原定日期公募。因此，英方已准备投资修筑上述铁路，俱因日本侵华战争而止。①

（二）岭南铁路建设的社会作用

1. 各路形成大小若干经济社会辐射圈，扩展了粤港澳沿海地区的纵深经济腹地，从珠江流域延伸到长江流域、从沿海延伸到内陆，同时沟通了内地与港澳、广东侨乡与海外华侨的联系。

岭南地区海岸线绵长，河流密布，港口众多，通过铁路建设，使路港连通，促进了水陆联运。如粤汉铁路是岭南最重要的铁路运输路线，北通京汉，南抵省港，其中在粤境内全长 320 多公里，并与广九、广三铁路比邻，同海运连通衔接，既为鄂湘粤三省之大动脉，又为华南交通网的神经中枢，地位至为重要。据 1934 年统计，粤汉路广韶段运客约 739万人，为全国总额的 17%；收入 226 万元，为全国铁路总收入的 6%。②自 1936 年 9 月 1 日该路全线贯通后，粤港澳与湖南、湖北等内地各省的人员、物资交流更为密切，亦加强了岭南和中原地区的经济联系。广州作为我国南部铁路交通中心的地位，得以进一步凸显，大大发挥与强化了交通枢纽的作用。

广州作为大陆腹地与海洋腹地的辐合点，是国内外物资集汇之重地。广州港位于珠江口内，珠江源远流长，横贯滇黔桂粤四省，腹地深远。

① 宓汝成编《中华民国铁路史资料（1912～1949）》，第 805～809 页。
② 计算依据：李占才主编《中国铁路史 1876～1949》，第 500 页。

粤汉铁路建成通车后，又直接将腹地延至中原。我国历来就有"两湖熟、天下足"之谚，农产品极丰，稻、麦、豆、麻、棉花、桐油等，均有巨额出产。蔗、茶、菜籽油、杂粮、烟草、木材、矿产（煤、铁、钨、锡、锑、锰、铅、锌）等，均为铁路沿线特产。这些物资循路南下，供粤港澳地区消费，或通过香港而远销国外。另外，岭南异果（如荔枝、龙眼、菠萝、柑橘、香蕉、阳桃）、粤制海盐、南海水产品及工业品等，亦赖粤汉铁路扩大了对内地的运销。广州东有潮汕、厦漳，西有佛肇、梧州，北有韶梅等城市。南部几省的土特产经西江、东江、北江、粤汉铁路和海运到广州集中，而广州进口的环球百货再通过这些城市扩散到各地农村。

广九铁路连通广州和香港这两个岭南地区最大的港口城市，业务以直通穗港为多，每年有大量客货出入境，民初每年客运量大约有200万人次。[①] 1947年载客257万人（省港直通客占181万），货运13.5万吨（省港直通占13.1万吨）。[②]

香港属国际性的转口港，这种功能被沿海贸易商所充分利用，主要通过海轮运输，使其腹地范围直至华北一带。同时，珠江内河航运和粤汉、广九两路接轨，使珠江、长江流域亦成为香港的腹地。1930年代内地与香港贸易情况表明：以转口而言，华北倚重香港出口多于进口，而华中特别是华南则倚重香港进口多于出口。[③] 相比较而言，香港和台湾都是近代以后才得以迅速发展之地，在亚太经济中，两者均居于重要的中转地位，故不可避免地存在着相互竞争。香港具有台湾所不及的诸多优势，其中一个重要因素便是它以中国大陆尤其是富庶的珠江三角洲为依托，由现代交通紧密联结的经济腹地深广。而台湾孤悬海外，本身的经济资源和辐射范围都极为有限。因此，近代香港的贸易及航运实力均远远大于台湾。[④]

广三铁路沟通广州与佛山（明清时期我国四大名镇之一）、三水

---

① 广州市地方志编纂委员会编《广州市志》第18卷，广州出版社，1996，第272页。
② 狄超白编《中国经济年鉴》，第173页。
③ 王赓武主编《香港史新编》上册，三联书店（香港）有限公司，1996，第294页。
④ 参见张晓辉《简论近代台湾与香港贸易》，《广东社会科学》2003年第5期。

（西、北、绥三江汇合点的粤桂水运码头），商旅往来频繁，营业效益好，清末时年均载客量已经过 300 万人次。① 广三铁路之广佛段长 30 英里，民初每日可收车费约 3600 元，年计 129.6 万元，除行车费用 38 万元，尚余利 91.6 万元。②

潮汕地区物产富饶，侨汇充裕，手工业及商业都相当发达。汕头为华南沿海重镇，当韩江出口总汇。韩江上游接梅河、汀河，通闽赣，贯湘梅，具此形胜，故潮梅及闽西南各地之运输，商旅之往来，咸集与此。且自清末开埠以来，海外交通，轮船辐辏，不独为潮梅、闽西、赣南各属之咽喉，实亦为我国南方一个重要口岸。汕头港主要以粤闽赣三省相交区域为其腹地，潮汕铁路是一条客货兼运干线，搭乘旅客以商人、小贩为主，其次是华侨、归侨及侨眷；货运则以韩江流域的谷米、蔬菜（做成咸菜出口）、水果及水产品等为多。由于铁路沿线经过人烟稠密的区镇乡村，客源丰富，每年仅客运收入约 40 万 ~ 50 万元，为汕头港集散疏运货物 6 万吨左右，为潮籍华侨出入境和当地人民交通方便发挥了重要作用。③ 1933 年，汕头港交通运输设施初具规模，港口设置码头 6 座，油库 2 处，仓库及堆场 200 多处。海上有轮船公司、船务行 10 多家。陆上交通，先后建成潮汕铁路、汕樟轻便铁路、潮汕小铁路以及潮汕、护堤、汕樟、潮揭、兴揭、饶钱、安黄、潮普等公路线，贯通潮梅地区，衔接赣南、闽西，形成水陆交通运输网络。④

新宁铁路的建成通车，促进了原本十分落后的四邑侨乡社会经济的发展，每年约运载 300 万人次，货运量约 10 万余吨。⑤

2. 为现代岭南铁路建设奠下了基础。近代岭南地区铁路发展的鼎盛阶段是在 1930 年代中期。据统计，广东省内各铁路拥有机车 142 辆（粤汉路占 108 辆）、客车 354 辆（粤汉路占 223 辆）、货车 1391 辆（粤汉路

①　邱捷：《辛亥革命前资本主义在广东的发展》，复旦大学历史系等编《近代中国资产阶级研究（续辑）》，复旦大学出版社，1986，第 128 页。

②　宓汝成编《中华民国铁路史资料（1912 ~ 1949）》，第 82 页。

③　中共汕头市委党史研究室等编《汕头史迹要览》，第 114 ~ 115 页。

④　汕头市对外经济贸易委员会编《汕头外经贸志》下册，汕头市对外经济贸易委员会，1993，第 265 页。

⑤　《工商史苑》1992 年第 1 期，第 29 ~ 30 页。

占 1159 辆），共计为 1887 辆，位居国内第四位。[①] 铁路工厂也以粤汉路南端为最多，如广韶机器厂、镶配厂、熔铸厂、锅炉厂、锻铁厂、车辆厂、电机厂、木厂、油漆厂、机车修理厂、水工部、机务段等，都集中在广州黄沙一地。广三路段拥有机器厂、马力机厂、木厂、机务段及驳轮等，均设于广州石围塘。广九路则有大沙头修理机厂、大沙头段车场及修理室、东山修理分工厂等，位于广州市东部地区。

3. 为抗战做出了特殊贡献。抗战伊始至广州沦陷前，我国外贸中心向华南转移，贸易路线顿改旧观，以穗港为枢纽，广九、粤汉两路为运输主干，形成举世瞩目的"穗港通道"。1937 年 8 月，全长 24 公里的粤汉铁路广州西站至黄埔支线建成通车，由于粤汉、广九两路连通，长江中游及西部各省之客货出入，大部趋向省港，也极大地方便了中国政府驳接从香港调进的军用物资。10 月，粤汉、广九铁路英华两段货物联运合约正式生效。此后，广州的日进货量较战前增长了 10 倍，行车最密时在途行驶列车达 140 列，少时也有七八十列。据统计，迄至 1938 年 10 月广州沦陷前的一年内，港九联运共输入军需品和其他重要物资分别均超过百万吨，[②] 有力地支援了北方战场。

（三）岭南铁路建设存在的问题及其根源

所存在的问题主要表现在以下几点：1. 发展分布不平衡。建成线路主要集中在广东沿海地区，西部尤其欠发展。这种情况与岭南地形复杂、时局多变及历史形成的特殊因素有密切关系，外国资本势力在此利益攸关，盘根错节，涉及港澳、广州湾等殖民地范畴。

2. 整体建设水平不高。近代岭南地区的铁路建设总的来看是标准低、设备差、行车组织管理落后。粤汉铁路建设标准最高，而管理却很差。1945 年 8 月，日本宣布无条件投降。国民政府令粤汉路局限期 8 个月内全线修复通车，接着派员分段接收，查勘工程后，利用残存的和湘桂路的一部分器材，东拼西凑，于 1946 年 7 月 1 日勉强全线通车。行车速率

---

① 曾仲谋：《广东经济发展史》，广东省银行，1942，第 218 页。
② 广东省政府秘书处编《广东年鉴》，第 9 编 "交通" 第 3 章 "铁路" 第 2 节 "粤汉铁路"，1941。

每小时仅 5 至 10 公里，超过 20 公里者极少，故运输效率大为降低。又因赶时间，所用器材庞杂，路基不坚固，桥梁多为木架便桥，缺乏通信设备等，致通车后频频出事，出轨翻车事件破全国纪录，被舆论抨击为"全国管理最不善最腐败"的路线。① 当时该路的运载量甚至还不如战前，据统计，1946 年 3 至 12 月，粤汉铁路共运送旅客 519.3 万余人、货物包裹 25.8 万吨；军队人数 21.2 万余人、军用品 9 万余吨；救济物资 4.1 万余吨。②

3. 经营效益不佳。如广九铁路通车后，效益一直不好，究其原因：一是中英方利益分配极不合理，以致中方对铁路的经营年年亏损。二是与珠江平行，受到繁忙的水上运输的排挤。三是粤汉铁路股东抵制英商，反对其与粤汉路接轨，大为影响广九路的货运。至 1928 年 9 月统计，广九铁路历年所欠新旧各账共计为银毫 6.4 万余元，港币 7.6 万余元。③ 1934 年 9 月，中英新订《广九铁路联运合约》，将利益分配调整为对中方有利，并决定开行中英直通快车。④ 但改订路约后，路务仍呈暗淡气象，因当时香港商务受世界经济危机波及，极不景气，省港轮船亦削价竞争，使广九列车被迫贬售车票，甚难盈利。⑤ 又如新宁铁路主要经营客运，每年约运载 300 万人次，货运量年均只有 10 万余吨，故造成铁路利用率低，管理费用高。⑥

4. 最终成效有限。不仅拟议之中的多而实际建成的线路少，建成者亦未能形成完整的系统，各路各自为政，效益低下，实效不大。岭南地区因靠河海，水上运输历来比较发达，但在陆上交通方面，铁路运输不够发达，至 1949 年广东全省仅有线路 559 公里，占全国铁路总长度的 2.5%。按当时全省面积算，每平方公里只有铁路 0.25 公里，低于全国平

---

① 狄超白编《中国经济年鉴（1948）》，太平洋经济研究社，1948，第 170 页。
② 中国第二历史档案馆编《中华民国史档案资料汇编》第 5 辑第 3 编财政经济（7），第 142~144 页。
③ 《广九通车后历年欠账之数目》，《广州民国日报》1928 年 12 月 5 日，第 5 版。
④ 《广九铁路实行联运》，《中行月刊》第 9 卷第 5 期，1934，第 111 页。
⑤ 《交通》，《中行月刊》第 10 卷第 1 期，1935，第 187 页。
⑥ 《工商史苑》1992 年第 1 期，第 29~30 页。

均密度。① 区域内几条路线多不衔接，不仅潮汕、新宁铁路各自偏处粤东、粤西一隅，甚至连同处广州一端的粤汉、广三、广九铁路也长期各自为政，如广三铁路一直未与干线连通，同广州黄沙粤汉铁路南端隔江相望；广九铁路还是靠抗战爆发之契机才得以接轨。

上述问题之根源在于：

1. 日本入侵造成毁灭性的破坏。抗战初期，粤汉铁路曾成为我国最重要的运输大动脉和对外联系的主要通道，日本的空袭给粤汉铁路造成了极其严重的破坏。日机狂轰滥炸，向该路投掷炸弹数千枚，平均每公里路程即有 3 枚之多。② 铁路全线有大桥 135 座，先后被破坏 98 座；有小桥 676 座，被破坏 171 座。③ 武汉、广州沦陷后，粤汉路广韶段中断运行。1938 年底，为了防止日军利用铁路北犯，广东政府将粤汉路南段自澷江拆起，次年 6 月中旬，已拆至曲江。计拆钢轨上万根、枕木 4.8 万根，全部配件皆运往湘桂、黔桂两路应用。1944 年，因国民党战场豫湘桂大溃败，6 月中旬自曲江开始拆轨，拆至坪石而停待命。此时，可以说粤汉路广东段完全拆光，沿途设备多被爆破。④ 广九铁路也曾因车辆损毁而交通中断。日机的狂轰滥炸，使新宁铁路陷于半停顿状态。1939 年 2 月，奉国民党当局令将钢轨拆移用于黔桂后方筑路，其余资财被日军洗劫一空。1938 年日军入侵珠江三角洲后，将广三铁路铁轨拆除移作他用，原有路段改行汽车。直至抗战结束后才被修复通车。⑤ 1939 年 6 月，汕头沦陷，日军拆毁潮汕铁路，劫走设备，改为军用公路。抗战结束后，国民党政府接收路基，仍作公路。日军入侵潮汕前夕，汕头市政府奉命破坏一切交通设施，汕樟轻便铁路便被拆除。⑥

2. 地方落后势力的干扰与侵蚀。潮汕铁路于 1910 年开始清退日股，收回主权。最初经营收益尚好，以后天灾人祸不断。如因当地士绅反对

---

① 吴郁文主编《广东省经济地理》，新华出版社，1988，第 326、341 页。
② 李占才主编《中国铁路史》，第 280 页。
③ 杨家骆主编《大陆沦陷前之中华民国》第 3 册，鼎文出版社，1973，第 897 页。
④ 龚学遂：《中国战时交通史》，商务印书馆，1947，第 189 页。
⑤ 广州市文史研究馆编《广州百年大事记》，广东人民出版社，1984，第 589 页。
⑥ 中共汕头市委党史研究室等编《汕头史迹要览》，第 113 页。

和洋人干涉而发生风潮；迭年常遇洪水、地震和风灾等，损失很大，养路工程靡费甚巨；军事影响严重，自 1916 年起，军运年年拖欠车费，1919 年时曾高达 15 万元。① 到 1920 年代末，历年亏欠挪借之款迄未清还，铁道部遂成立整理潮汕铁路委员会，召开股东大会，办理接管事宜。② 新宁铁路的修筑历尽艰辛和挫折，先是受到地方官府和邑绅的"遇事阻挠"，以后几度展线不成（如该公司曾计划将铁路接展到佛山，却以侵犯了粤汉铁路的利益而被迫中止），被迫局处一隅，限制了线路效用的发挥。尤其是地方摊派或借款，名目繁多；军队自由乘车或挂车，均不付款；加以兵匪纵横，交通梗塞，损失至巨。至 1923 年，该路已负债100 多万元，历年股息未开派分毫。③ 公司内部要员的矛盾和倾轧亦相当严重，1926 年由广东省建设厅成立整理委员会，出动军警强迫陈宜禧移交管理权（不久陈氏即抑郁而故）。但整理委员会接管后，经营毫无起色，于 1929 年又发回商办。据国民政府交通部 1949 年 7 月所编交通业务概况称：粤汉、广九（华段）、广三等铁路营业，由于"沿线军运繁重，军运费半价计账，无现款收入，因此军运愈多，客货运量愈少，路收愈绌，每月入不敷出，仰赖国库补贴维持"。粤汉铁路为华南运输大动脉，运输秩序无法改善，处境日益艰危，甚至连员工薪费都不能及时发出，局长因而辞职。④

六　余论

中国近代铁路建设的极端艰难，除了受到外国资本和国内各种落后势力的严重干扰破坏外，还受到缺乏资金、人才及机器设备等问题的制约。中国的落后与铁路建设的特点，决定了其离不开外商的投资与合作。

---

① 林金枝、庄为玑编《近代华侨投资国内企业史料选辑（广东卷）》，福建人民出版社，1989，第 400 页。
② 《铁道部整委会紧急通告》，《香港华字日报》1930 年 2 月 16 日。
③ 《收管新宁铁路之无理》，《香港华字日报》1923 年 7 月 21 日、7 月 23 日。
④ 中国第二历史档案馆编《中华民国史档案资料汇编》第 5 辑第 3 编财政经济（7），第212～213 页。

事实上，在岭南铁路建设过程中，有识之士并不排斥利用外资和中外合作，如1920年粤路公司拟借外债筑路。该公司总理许崇浩特拟一意见书，呈报广东革命政府总统孙中山、交通部、广东省长陈炯明及各股东，称公司集股虽有4000万元，而实收股银仅1600余万两。全路长800余华里，现筑成仅408里，约用去1200万两，须速借至少1500万两，请各方"察夺施行"。① 1920年代末，英国将庚子赔款拨给中国投资生产事业和发展教育，所投资之生产建设事业，最主要是铁路，其中包括广九、广汕、粤汉等路。1928年7月初，广州政治分会要求完成粤汉路，议决云："粤汉路决于可能的短期内完成；除借外债有反粤汉路历史精神外，其余办法均可采用。"② 7月20日，广州政治分会讨论湘省铁路协会请拨庚款完成粤路案时，议决"认该建议书可以采用，俟建设厅拟具程序，即将全部计划向中央建议"。据8月中旬《英庚款筑路案审查报告》载：本报告有提案4件，一半系提议用庚款完成粤汉路，审查结果甚表赞成，将来运用庚款办法，拟以该款为基金，发行一种公债，先行从事建筑，以逐期收入的庚款为公债还本付息之用。③ 利用外资、外国工程技术人员、先进的技术和设备等，是无可指责的，当然前提是坚决争取和维护路权。值得庆幸的是，我们从史实中看到，国人为收回和维护路权进行了不懈的斗争。

---

① 宓汝成编《中华民国铁路史资料（1912～1949）》，第548～549页。
② 宓汝成编《中华民国铁路史资料（1912～1949）》，第745页。
③ 宓汝成编《中华民国铁路史资料（1912～1949）》，第746页。

铁路与晚清社会进步关系问题的研究

　　近代中国铁路问题一直是学者研究的重要领域，截至本文成文，在各个方面取得了大量可喜的成果。如对李鸿章、张之洞等个人对近代铁路建设的作用，近代铁路建设的争论，近代铁路与近代民族资本主义关系，等等。但欠缺的是从总体上就晚清社会与近代中国铁路问题进行全面综合的考察，让人们从宏观上把握问题的全貌。本文在前人已取得的研究成果基础上，另从铁路与近代中国社会观念的进步、新式人才的培养、民族资本主义的发展、近代物质文明的发展等方面进行探讨，试图从宏观上绘制出晚清社会进步与近代中国铁路关系的概貌，以此推动问题的研究，并就教于学者同人。

一　铁路与近代中国社会观念的进步

　　晚清前，中华民族一直走在世界文明的前列，这在心理观念上形成了极大的优越感，到晚清已形成"天朝上国"、唯我独尊、盲目排外的陈陈相因的心理观念。这在铁路问题上同样有所体现。1865 年 7 月，英国人杜兰德在北京玄武门外建成里许长的铁路，守旧之辈以"诧所未闻，骇为怪物，举国若狂，几至大变。旋经步军统领衙门饬令拆卸，群疑始息"。① 1876 年吴淞铁路正式运营，轧死一中国人，群情激愤阻止火车运行，清廷用银两买回拆毁，残料运到台湾锈蚀报废。当时绝大多数中国人认为铁路为"奇技淫巧"，会使"山川之灵不安"，会"失我险阻，害

---

　　*　本节作者刘阁春，天津科技大学马克思主义学院教授。
　　①　宓汝成编《中国近代铁路史资料（1863～1911）》第 1 册，第 17 页。

我田庐，妨碍我风水，破坏我祖坟"。1877年3月，李鸿章给郭嵩焘的信中说"铁路必应仿设……其时文相目笑存之。廷臣会议，皆不置可否"。"恭王也谓'无人敢主持''两宫亦不能定此大计'"。1880年11月，内阁学士张家骧上奏称修铁路有资洋、扰民、费财三弊。曾为驻英副公使的刘锡鸿指修铁路有占地、伤民等九害而无一利。"火车实西洋利器，而断非中国能仿行也"，"何为效中国所不能效哉！"1881年1月，李鸿章复信奕谟指出，中国风气不开，时势所限，原非人力所能勉强。1884年11月、1887年3月，陕西道监察御史张廷燎、太仆寺少卿廷茂及徐致祥等多次上奏，从经济、军事、商业歇业、饥寒而兴盗贼等方面力罢修路。理部尚书奎润等当时甚至认为铁路有害于风水墓地，会惊动祖宗之灵，"多年古墓，棺木朽腐，子孙见祖父之枯骨，能不伤心"。[①] 翰林院侍读学士周德润认为修铁路，"而沿途之旅店，服贾之民车，驮载之骡马，皆歇业矣，是括天下平民之力而归之官也……昔商鞅开阡陌而秦以亡，王安石行青苗而宋不振，与民争利，祸亦随之"[②]，"臣闻夏变夷，未闻变于夷者也"，"铁路行之外国则可，行之中国则不可"。[③] 上述诸观念随铁路问题的论争和建设逐步发生深刻的变化。

1880年11月，报刘铭传上折，从发展经济，改进交通，加强国防反对侵略的角度力主修建铁路，拉开了关于铁路问题论争的帷幕。针对守旧派的以上观点，支持修路的一方据理力争。早在1876年8月，李鸿章在致丁宝桢的信中就已指出"中国积弱，由于患贫。西洋……岁入财赋……无非取资于煤、铁……铁路……等税。酌度时势，若不早图变计，择其至要者，逐渐仿行……未有不终受其敝者"。[④] 刘铭传在其奏折中，直言"自强之道，练兵、造器固宜次第举行，然其机栝，则在于急造铁路。铁路之利于漕务、赈务、商务、矿务、厘捐、旅行者，不可殚述。而于用兵一道，尤为急不可缓之图"。针对修路资洋说，李鸿章指出，"洋人之要挟否，视我国势之强弱。我苟能自强而使民物殷富，洋人愈不敢肆其

①　《洋务运动》第6册，第211页。
②　《洋务运动》第6册，第152页。
③　《洋务运动》第6册，第152～153页。
④　宓汝成编《中国近代铁路史资料（1863～1911）》第1册，第78页。

要求；我不能自强，则虽民物萧条，洋人亦必隐图其狡逞"；① 针对修路扰民说，李鸿章指出，"外洋自有成法可循，未闻其不便于民也"。针对费财说，李鸿章指出，"铁路与水运相济，对耕织、世植等都有利，且无一旷土游民之患"，"数年之后，商货日多"，水运"更可与铁路收相济之益"。② 1883 年 6 月，李鸿章致信奕谭，指出火车铁路在中国阻于浮议，要富国强兵，必须兴修铁路，希望他出面支持修路。1888 年 12 月，李鸿章又两次致函奕谭，逐条驳斥屠仁守、恩承、那桐等人重谈的徐致祥的反对修路的旧调，以进一步取得奕谭的支持。因为奕谭是当时朝野举足轻重的人物，身为光绪帝生父，西太后的妹夫，从 1885 年起总理海军衙门，思想比较开化。同年的 11 月，在李鸿章的支持下，在西苑内建成示范性的西苑铁路，又向西太后呈晋六轮微型火车，让她亲领西方"声光电化"的精妙，拨开她对"奇技淫巧"偏见的迷雾。奕谭与首席军机大臣礼亲王世铎联名会奏，驳斥修铁路有"资敌、扰民、失业"三大弊端的观点，详细陈述修铁路的种种益处，向西太后陈说利害。1889 年 8 月上谕下达，"着派李鸿章、张之洞会同海军衙门，将一切应行事宜，妥筹开办"。倡言修路者最后大功告成，虽然一些地方官吏对修铁路仍存偏见，但决策者的观念已发生决定性的变化。甲午战争后，观念的变化更明显。张之洞就曾言，"使铁路早成，何至如此！"③ 胡燏棻则说，经过甲午战争，铁路的必要已属"昭然共见"。④ 这是铁路兴建的同时带给古老中国的超出修路本身的一大进步。

　　铁路的兴建，也使民风发生了改变，推动了近代中国人的进一步开化。随着铁路运营的实践，人们由排斥到接受进而欢迎铁路。河北《晋县志》记载："赶修仓石铁路，完成此段路政……不惟可免行路之难，而县内文明亦必蒸蒸日上，窃不禁馨香祝之。"⑤ 中国传统的生活方式是日

---

① 宓汝成编《中国近代铁路史资料（1863~1911）》第 1 册，第 86、93 页。
② 宓汝成编《中国近代铁路史资料（1863~1911）》第 1 册，第 94 页。
③ 宓汝成编《中国近代铁路史资料（1863~1911）》第 1 册，第 201 页。
④ 宓汝成编《中国近代铁路史资料（1863~1911）》第 1 册，第 201 页。
⑤ 刘东藩修，王召棠编《晋县志料》，民国 24 年（1935）石刻本，《中国方志丛书》，台北，成文出版社，1974，第 113 页。

出而作、日落而息，节奏慢，时间观念不强。十二时辰主要用于军事和祭祀上，明代"自鸣钟"传入后，也基本充当官宦和纨绔子弟的玩物。铁路运行，"钟声一及时，顷刻不少留"，[①] 加深了国人的时间观念，生活节奏随之加快。火车上男女混坐，不分男女车厢，"男女杂坐不以为嫌"，[②] 男女授受不亲的陈腐观念逐渐得以改变。人们乘火车到更远的地方谋生、访友，父母在不远游的心理也发生变化。铁路也带来人们诸多其他方面思想观念的变化和进步，在此不一一论述。

二 铁路与近代中国新式教育创办和新式人才的培养

经济发展中人才的培养和使用是不可缺少的，近代中国铁路建设过程中的人才问题同样如此。虽然科举取士到 1905 年才宣告废除，但一部分开明的中国人实事求是地顺应近代中国经济特别是铁路发展的实际，早已打破科举的藩篱，在使用和培养人才方面做了大量工作，推动了近代中国的进步。

铁路初建，李鸿章主张雇佣外国技术人员，后又主张雇洋教习自办铁路。丁日昌主张雇洋人，工程完成即解雇。刘铭传则说外国修铁路的人才，也能效力于中国。铁路建设过程中，技术人员初期雇自于外国，如外籍工程师、铁路技师等。经营管理人员源于国内。修建唐胥路时，英国工程师金达为技术总管，开平铁路公司成立后，技术总管仍然是金达，管理人员是伍廷芳和唐廷枢。后来逐渐发展成中国的管理人员也参与技术事务，而外国技术人员亦兼职管理经营。再到甲午战争后，外国人员不仅垄断技术，而且掌握了铁路的经营管理权。

中国这一时期也着手自己培养铁路方面的人才。针对科举制度的弊端，李鸿章实事求是地进行教育改革。在科举考试不变的前提下，增设洋务一科，选拔"明于洋务"的包括铁路人才在内的新型人才。除此之

---

① 严昌洪：《西俗东渐记》，湖南出版社，1991，第 178 页。
② 民国《夏口县志》卷二《风土志》，1920，第 10 页，引自武汉市地方志办公室主编《民国〈夏口县志〉校注》，武汉出版社，2010。

外，还专门设立洋务学堂，分设许多学科。"火轮"一科"火"即指铁路、火车。中国教育的一大传统即学而优则仕，读书是为了升官发财，如若读书后去从事化外蛮夷的"奇技淫巧"，人们当然很难接受。同时近代前的中国教育着重义理人伦，重义轻利，自然科学往往与占卜星象等联系在一起，本身可以说不成为学科，文人往往一生埋头"四书""五经"，求取功名。李鸿章等人利用科举的名目来突破"重义轻利"、读书做官的传统文化教育氛围，让人们逐渐懂得不做官，搞"生光电化"同样能发财，光耀门庭，吸引优秀人才钻研自然科学，研习铁路等工程技术，从而在观念和实践上为培养新式人才创造条件，当然也包含铁路方面的人才。1874 年，李鸿章在晋见西太后时就曾请求西太后准许在各海口增设洋学格致书院，以此来培养包括铁路人才在内的新式人才。但由于"社会风气未开"，"西宫"也未能定此大计。初期的铁路等新式人才的培养成为泡影，当时已开设的涉洋学校仅仅是培养"通事"（翻译）的各地的同文馆。1890 年，铁路问题的争论以支持修路的一方获胜而结束。关东等铁路的建设提到议事日程，铁路人才的培养成为顺理成章的事情。同年 12 月，唐山路矿学堂成立。① 此为我国最早设立的铁路学校，其前身是天津武备学堂的铁道工程科。学院当时主要是培养关东铁路急需的铁路工程技术人才。聘德国和法国人为教习，到 1900 年停办，10 年间培养了一批较有成就的铁路人才。1872～1875 年，为了更好地培养铁路人才，清廷分四批派 120 名幼童赴美留学，学成回国 20 人从事铁路工作，有些人在此领域取得了骄人的业绩，众所周知的詹天佑即是他们的杰出代表。②

三　铁路与晚清新式生产方式

中国的资本主义是在半殖民地半封建社会的大背景下产生的，与外国侵略势力和本国的封建势力有着千丝万缕的联系。因此，虽然它的出

---

① 王树槐：《清末铁路人才问题》，《台湾师大历史学报》1981 年第 9 期，第 152 页。
② 王树槐：《清末铁路人才问题》，《台湾师大历史学报》1981 年第 9 期，第 143 页。

现表明中国社会的进步，但它的产生又与反动的外国侵略势力和本国的封建势力的刺激、影响关系密切，这是近代中国特殊国情决定的。近代中国铁路的建设可以说完全由封建的封疆大吏操控，但它的产生影响、刺激了操控者都不愿看到的中国资本主义的产生。可以这样说，近代铁路不自觉地推动了近代中国新的生产方式的产生，进而推动了近代中国社会的进步。

一些商办企业在修建铁路的进程中兴起，这些企业有的参与了封疆大吏主持的修建铁路的过程，有的则接续封疆大吏未竟的工程，继续推动铁路的修建。在利益不冲突的情况下，清政府是允许商办企业参与铁路建设的。1889年，李鸿章就曾指出："晋铁亦有运出。质粗而价较洋铁稍昂，非仿西法熔炼，断不可合用。"这里更多的是考虑铁路用钢铁质量和铁路的安全，不能认为是排斥打击民营商办企业。修路的过程中，主事者也不是完全地崇洋，对民族企业给予相当的重视。如1893年李鸿章在信里讲，"从前电商，允俟鄂厂钢轨造成，试验合用，随收随付价，庶易周转，倘预支银而轨不济用，必至贻误。兹彼仍坚执预支之说，自系筹款为难，殿下总揽全局，当不顾彼失此，可否商令户部月筹十万给鄂，或拨还铁路，免致两废。将来开炼钢轨合式，鸿断无不用之理，仍守随收随付价原议为妥。"1891年给鄂督的电文中言："林西接至洮河西十余里，已购地兴工，明春即需钢轨，已向外洋订购。鄂厂明年七月，如可制成，容将此间钢轨式样咨送照办。必须一律，方能合用，再议价值。"①这很有一点市场调节的味道，不论官办、官督商办、商办企业，重在质量，主要看你的产品合不合格、合不合用，不是首先看产品的出身。合用的、质量上乘的，可随时付款，价格还可再议。打破官办、官督商办的垄断，给予商办企业较合理平等的竞争机会。这为近代民族工业及先进生产方式的产生和发展提供了一定的空间。半殖民地半封建社会的近代中国，民族工业及先进生产方式的产生和发展又是社会进步的最基本的标志之一。

这里特别应该提及的是修路过程中对外借款问题。以往论者多从筹

---

① 张树卿、魏延山主编《李鸿章全集》第10册，第5804页。

借洋款打击民族资本、便于列强控制中国近代实业的角度论及，笔者及一些论者认为对此应该实事求是、辩证地思考。近代中国积贫积弱，光对外赔款总计 10 亿两以上白银，可谓国穷民困。1880 年代后，清廷的年财政收入基本维持在 8000 万两左右。必须修建的铁路要花费三分之一甚至二分之一。正如前此论及的，铁路建设在当时从国防和民生的角度看又刻不容缓。列强从进一步控制中国的角度出发，有意借款给中国。单纯从经济角度讲，借款亦要付出高额的利息，在列强对华采取超经济剥削的背景下，这一点更令人注意。近代国情如此，实业兴办不可久拖。两害相权取其轻，借洋款修路是无奈和实事求是之举。1889 年 4 月，李鸿章在其电文中指出，津塘路时间紧、国内集资难，以五厘借洋款得以兴建。津通路同样如此。一二十年，本息可还。"铁路创办，路愈长，款愈多，各国造路，均系他国人入股，鲜有独立能成者……集商股，拨部币，断不济事，只有以轻息借洋款……千载一时，舍此别无他法。"[1] 二三十年后，铁路余利可还清洋款，不需关税作抵。借款既有损于国权，又推动了近代实业的发展，借款并非刻意地去打压民族资本，而主要是考虑到实际的国情。

铁路的兴建，加速了中国自然经济的解体，在一定程度上促进了中国资本主义的发展。铁路运输，促进了"土货"的出口，推动了农产品的商品化。胶济路 1904 年通车，1905 年《胶州关报》言："本年土货出口，比去年加增三倍……实因火车，海口利便，受惠良多也。"[2] 东北地区的大豆及豆制品在未建铁路之前出口量不多，1890 年输出总值白银 37 万两，有了铁路并逐年发展后，大豆及豆制品输出总值逐年增加，1900 年达 547 万两，1910 年达 3669 万两。[3] 无锡的礼社镇，"沪宁铁路通车之前，礼社之经济组织尚逗留于自足经济之中"。[4] 铁路运营后，"因交通发达而使自足经济迅速破坏，都市工业品长驱直入，首当其冲者为纺织等

---

① 庞淑华、杨艳梅主编《李鸿章全集》第 9 册，时代文艺出版社，1998，第 5659 页。
② 宓汝成：《帝国主义与中国铁路（1847~1949）》，第 490 页。
③ 宓汝成：《帝国主义与中国铁路（1847~1949）》，第 491 页。
④ 余霖（薛暮桥）：《江南农村衰落的一个索引》，《新创造》1932 年第二卷第一、二期，第 174 页。

家庭手工业"。"都市高利贷资本""侵入农村","自足经济之断垣残壁，扫荡一空"。[①] 与铁路兴建关系密切的农产品商品化、纺织、耕织相分离为特征的自然经济的解体，虽然带有半殖民地性，却也促进了中国资本主义的缓慢发展，这是符合当时中国社会发展方向的。

四 铁路与近代中国的物质文明建设

从前面的论述可以知道近代中国铁路建设的艰难，但不管攻讦如何、阻挠怎样，阻挡不了新生事物的产生和发展，铁路推动了近代中国实业的发展物质文明的建设，古老的中华大地出现了新的物质文明。近代中国铁路建设本身取得了一定成就，也推动了近代中国物质文明的发展。

1881 年建成唐胥铁路，全长 18 华里，这是中国人铁路建设史上的首功。1888 年津沽铁路完工。与芦台、闫庄连接，直达开平。关东铁路分关内外两段修建。关内从津沽铁路的林西镇东至山海关，长一百多公里，1890 年始建，1894 年通车。关外铁路从山海关到锦州，经新民屯至沈阳，延至吉林；另从沈阳筑支线至牛庄、营口。甲午战争爆发后被迫停建，长 192 公里。1891 年，台湾铁路的基隆至台北段建成，1893 年延建到新竹，长 90 多公里。

甲午战争后，铁路的作用为更多的中国人认可。1895 年铁路建设总公司在上海组建，这一时期修建的铁路主要有：津芦、卢汉、沪宁、汴洛、粤汉等；1897 年～1899 年间，关外铁路修到新民屯、锦州、营口等地；沪杭、广九等路的借款合同草约也相继签订；1903 年开始建京张（北京—张家口）路 1908 年竣工。此路修建过程中涌现出了令国人骄傲的杰出铁路设计工程师詹天佑。在帝国主义控制下，中东、胶济、滇越、台湾铁路也相继建成和续建完工。截止到 1909 年，中国铁路通车一万多里，收入二千万。相对于原始的摇橹扁舟、人力独轮车、肩背手提、畜力二轮车等落后的运输方式，近代中国的物质文明在运输领域发生了巨

[①] 余霖（薛暮桥）：《江南农村衰落的一个索引》，《新创造》1932 年第二卷第一、二期，第 174 页。

大的变化。

伴随着铁路的发展，铁路沿线的建筑也色彩纷呈，体现了近代铁路对近代物质文明的推动作用。仅以滇越铁路为例就可见一斑。滇越铁路沿线的站房有建筑功能完善、规模等级多、布局标准、综合化等特征。形成了集办公、生活于一体的综合性社区。对外界少有依赖。以砖混、砖木结构为主，以方形、长方形为多，屋顶铺有红色机制瓦。现在许多保存完好的建筑成为独特的历史遗产和人文景观，仍有重要的历史价值、科学价值和艺术价值，其价值是新建筑所不能替代的。①

"城市是一个国家精神文化与物质文明的缩影"。近代中国的铁路也促进了中国城镇的发展，在一定程度上推动了中国的城市化进程。铁路运力庞大，非传统的运输工具能敌。《望都县志》记载："铁路斜贯，城距车站仅一、二里，南达汉口，北通平津，商旅往来，无不称便。"② 货运增加，车站成为货运集散地，推动了城镇的发展。城镇人口随之增加，无锡礼社镇在沪宁铁路通车前，全镇 3600 多人，十有八九一生未看到大城镇的风采。沪宁路通车后，乡下人进城"已经十分为常"，③ 逐渐增加了城市的人口数量。哈尔滨附近原来只是几个小村落，1897 年中东铁路始建，移民开始大量到来。1905 年人口增至 10 万。哈尔滨成为与沈阳、长春齐名的东北三大政治经济中心。1909 年天津《海关报》曾报道：出口的土货自产地运至张家口或丰台，然后可以由火车运到天津，既省时又降低损耗。"本年出口货共值关平银 30908035 两，较上年计溢 9517417两"，"进步甚为猛锐"。④ 1911 年津浦铁路建成通车，当年南京土货出口总值 297 万两，洋货进口净值 395 万两。两年后土货出口总值达到 581 万两，洋货进口净值达到 641 万两。⑤

近代中国总的局势是积贫积弱，政治腐败、经济凋敝、民不聊生、

① 张轶群：《滇越铁路的历史记忆——滇越铁路沿线的近代铁路社区建筑初探》，《小城镇建设》2003 年第 4 期，第 57～59 页。

② 丁世良、赵放主编，张军等编《中国地方志民俗资料汇编·华北卷》，北京图书馆出版社，1989，第 349 页。

③ 包天笑：《衣食住行的百年变迁》，政协苏州市委员会文史编辑室编印，1974，第 136 页。

④ 宓汝成：《帝国主义与中国铁路（1847～1949）》，第 491 页。

⑤ 宓汝成：《帝国主义与中国铁路（1847～1949）》，第 480 页。

主权丧失，铁路建设不可能从根本上改变近代中国的状况，但争路、修路、用路的过程，推动了近代中国观念开化，推动了新的生产方式的产生、新式教育创办和新式人才的培养、近代中国的物质文明建设的发展，这些与其他进步因素结合起来，让古老的中国在 20 世纪初焕发出新的活力。

（原刊《辽宁大学学报》（哲学社会科学版）2007 年第 3 期）

新中国成立初期华北地区铁路系统的恢复与建设

　　新中国成立伊始，百废待兴。如何尽快恢复经济建设、稳定社会秩序、提高人民生活，成为中央政府的当务之急。此后，"一五"计划期间，中国工业化高速增长，工业经济发展及社会需求日益增加，这使得以铁路为骨干的现代交通体系的恢复、整顿及建设成为重中之重，成为影响这一时期经济恢复、市场稳定的关键因素。本文试图通过对这一时期华北地区重要铁路干线、支线及枢纽的考察，对比1949年前后铁路系统整体状况的变化，探析在建国初期经济恢复及初期建设中铁路系统的重要功能。

　　华北地区铁路系统，由北京、郑州、山西、济南铁路局管辖内的铁路线及枢纽构成，在铁路网成路最多、破坏最为严重的情况下，在建国初期恢复及整顿最为迅速，效果最好，由此可以关照全国铁路系统恢复、整顿及建设的基本状态。

一　新中国成立前夕的铁路状况

　　有着复杂背景的近代中国铁路，在经历了国共内战的损耗与破坏后，整个管理体系混乱不堪，有的线路只能勉强运营，远远满足不了经济恢复及发展的需求，给社会秩序的稳定带来巨大隐患。

　　华北地区的主要铁路线，多是在清末民初修建的，西方列强大多通过债权形式控制铁路的建设、管理及运营，如"胶济线为德资，陇海线

为比（利时）资，津浦线为英德合资，京汉、正太铁路为法资"① 修建。由于各国在中国建设铁路的技术、材料及建设标准不同，以及各国以各自需求为依据而进行的规划和管理，造成了近代中国铁路建设的畸形发展和无序状态。山西铁路就曾被人们称为"半殖民钢轨展览会"，其"线路弯度大，坡度陡，设施简陋，再加上常年失修，列车速度慢，牵引量很少。钢轨来自德、法、美、日各式各样的类型达八种之多"。② 在轨距标准上，"英、德、比、法、俄、日、美等国，把五花八门的铁路标准都搬到了中国的土地上。全国轨距宽窄不一，甚至同一铁路上采用的桥梁、隧道界限和曲线、坡度标准等也不统一"，③ 这就增加了铁路系统统一管理的难度，也是提高铁路运输效率的瓶颈。

这段时期的铁路建设及管理运营也颇为混乱。一些铁路修建过程中因工款拮据，或因贪污腐败而使铁路质量低劣，如抗日战争时期建成的宝天铁路，当时群众曾有打油诗讽刺路政黑暗及管理混乱，诗曰："宝天线瞎胡闹，不是塌方就是掉道，问站长何时通车？站长说'不知道'。"④ 同蒲铁路修筑时也有一首歌谣："同蒲路，是痛苦路；人民支差受奴役，长官肥私填满肚。"⑤ 从运营管理上看，"1948 年 8 月开始，国民政府发行'金圆券'，铁路客货运价将原定价率按每 300 万元为'金圆券'一元折合计算，不再调整，另由伪中央给予交通部贴补费一次，总数为'金圆券'50 亿。伪法币的贬值造成物价一日数变，民族工商业奄奄一息，贫苦人民为生活所迫'跑单帮'之风极盛，客车拥挤不堪。因事乘车的旅客无法购到车票，而以高价转售黑市客票的'黄牛党'横行于车站"；⑥ 而此期间，各线路的军运也大量增加，与此同时客货运输减少，营业状况恶化，"平汉线 1946 年仅完成货运量 174.4 万吨，为 1936 年货运

---

① 郝瀛编著《中国铁路建设概论》，中国铁道出版社，1998，第 54 页。
② 太原铁路局《山西铁路志》编写组《山西铁路志（1896～1980）》第二编（初稿），1982，第 16 页。
③ 铁道部档案史志中心编著《新中国铁路 50 年》，中国铁道出版社，1999，第 7 页。
④ 郝瀛编著《中国铁路建设概论》，第 54 页。
⑤ 《山西铁路志（1896～1980）》第一编（送审稿），1982，第 6 页。
⑥ 《山西铁路大事记（1865～1948）》，第 119～120 页。

量的 30%；陇海线 1946 年货运量完成 136.1 万吨，为 1936 年的 51%"。①

战争对铁路的破坏也十分严重。如贯通华北地区的两大干线——平汉线、陇海线在抗日战争后还没有完全修复，又陷新的战争旋涡。"平汉铁路从日本投降到中华人民共和国成立前夕，全线从未畅通，只能维持分段短途运输。"② 桥梁等其他设施同样遭到严重破坏，如"北宁路的滦河桥、津浦路的淮河大桥、平汉路的长台关大桥、陇海路的 8 号高桥，沪杭路的两座桥都被炸毁"。③ 作为华北和华东重要连接线的津浦线更是多次遭到人为损坏，"1946 年 1 月至 1947 年 9 月，中国人民解放军及群众破袭津浦铁路的线路、桥梁及车站的其他设备。1948 年国民党军队败逃时，对所控制的线桥等设备进行破坏，并劫走机车车辆。……直到 1949 年 7 月津浦铁路才全线通车"。④

二　中共对华北铁路的接管、修复及整顿

中共对铁路的接管是伴随国共内战而进行的，铁路工人及铁道兵团以"解放军打到那里，铁路就修复到那里"为口号，迅速及时的修复铁路设施，保证了解放区的运输畅通及解放战争的军事运输需求。在新中国建立初期的各项恢复工作中，铁路系统又得到了全面整顿，进一步为新中国的铁路建设奠定了基础。

1. 战争中对铁路的接管。华北地区的铁路接管是随着中共军队战略反攻的进程而推进的。"1947 年春夏之交，晋冀鲁豫野战军发动豫北战役，接管了豫北的平汉铁路；与此同时，晋察冀野战军发动正太战役，接管了河北境内的正太铁路。接着，于 11 月发动石家庄战役，使晋冀鲁豫和晋察冀两个解放区连成一片，随即在石家庄设立晋察冀边区铁路管理局。1948 年 9 月，华北人民政府在河北省石家庄成立，下设交通部，

① 郑州铁路局史志编纂委员会编《郑州铁路局志（1893~1991）》，中国铁道出版社，1998，第 6 页。
② 《郑州铁路局志（1893~1991）》，第 5~6 页。
③ 金士宣、徐文述著《中国铁路发展史（1876~1949）》，第 486 页。
④ 济南铁路局史志编纂领导小组编《济南铁路局志》，山东友谊出版社，1993，第 69 页。

任命武竞天为部长，领导被接管的平汉铁路北段和正太、石德、南同蒲、平绥等铁路的修复与运输工作。华东野战军在攻下济南后，即于 10 月成立华东铁路管理总局，接管、抢修津浦和胶济铁路的部分线路。同月，中原重镇郑州解放，陇海、平汉铁路郑州联合管理委员会随即成立，组织修复已被接管的平汉铁路新乡至漯河、陇海铁路商丘至潼关的线路。"① "1948 年 11 月，中共中央把西北、中原、华东、东北人民解放军分编为一、二、三、四野战军，以及直属于解放军总部的华北野战军，开始解放全中国的战争。同月，华北野战军克复张家口，接管了张家口地区铁路，进而包围了北平市，二、三两野战军包围南京的大门徐州……1949年 1 月 10 日，淮海战役大胜。15 日天津解放，并接管天津地区铁路。2月 1 日，北平和平解放，并接管北平地区铁路。"② 至此，华北地区的主要铁路干线基本被接管。为了更好地进行全国铁路的接管和修复工作，"1949 年 1 月 10 日，中国人民革命军事委员会铁道部在石家庄成立，腾代远任部长，吕正操、武竞天任副部长。统一领导全国各解放区铁路修建、管理和运输"。③ "1949 年 5 月 16 日，第四野战军（原东北野战军）铁道纵队改编为中国人民解放军铁道兵团，归军委铁道部领导，以便更有利于铁道部统一调配力量，加快铁路的抢修进度。"④ 除以上组织建设外，在接管方针上，中共采取了"原封不动"的原则，即"原局一切机构设置及人员保持原职原薪，使之继续工作，并按系统有步骤的办理交接"，⑤ 以此保证了铁路系统的持续运营和平稳过渡。在具体管理上，由于战争的特殊环境及中共的军运需求，对铁路实行了军事管制，铁路运输执行"抢修线路，恢复运输，支援解放战争"的运输方针，以济南为例，1948 年解放后，"军事运输、救灾物资和铁路器材三种列车占每日开行列车数的 56.6%"。⑥

---

① 《新中国铁路 50 年》，第 24～25 页。
② 金士宣、徐文述著《中国铁路发展史（1876～1949）》，第 484 页。
③ 北京铁路局志编纂委员会编《北京铁路局志》，中国铁道出版社，1995，第 48 页。
④ 《新中国铁路 50 年》，第 26 页。
⑤ 《山西铁路志（1896～1980）》第二编（初稿），第 4 页。
⑥ 《济南铁路局志》，第 198 页。

2. 铁路修复。中共在接管铁路的同时，也不断对其控制下的铁路线及其他设备组织及时修复。"1949 年 5 月 17 日，贯通我国南北的津浦铁路全线修复通车。是日，陇海铁路徐州—连云港段修复通车。1949 年 7 月 1 日，胶济铁路全线修复通车。1949 年 9 月 10 日，淮南铁路全线修复通车。至此，济南铁路管理局管内各线全部修复通车。"① 其他铁路局辖区内的主要铁路干线于 1949 年年底修复完成，郑州铁路局管辖内的京汉线"自 1937 年因抗日战争爆发中断后，于 1949 年 12 月 12 日全线恢复通车；1949 年 12 月 28 日，粤汉线全线经抢修恢复通车"。② 此外，1949 年底，北京铁路局辖的"京山、京包、京津、津浦、石太、南同蒲等主要干线都修复通车"。③ 这些线路的修复使华北地区的铁路运输得以全面恢复。1949 年年底，大陆原有主要铁路已基本修复，并连接成为一个整体。

在铁路修复的同时，各铁路局联合各级政府组织进行铁路的资产清理和材料收集，以保证修复工作的顺利进行。"1949 年 10 月 8 日，山西省人民政府、山西省军区发出联合通令，为迅速修复同蒲铁路、保证军运，发展经济，克服修复工作中的困难，成立以山西省人民政府副主席裴丽生为首的材料收集委员会，号召沿线各地军民献交器材，并根据收集工作的成绩和数量，酌情发给奖金及荣誉奖励。"④ 济南铁路管理局于 1949 年 12 月"成立资产清理委员会，其管辖下的各分局也相继成立资产清理委员分会和收料队、收料站等，开展群众性收集清理散失在各地的路料工作"。⑤ 这种动员取得了民众的大力支持，收到了良好效果，如"胶济铁路依靠 11 万的志愿民工在 10 天内就修好了 110 公里的路基；农民们又从百里内外扛来枕木和钢轨。修复平汉铁路保定至石家庄段的材料有 80% 是沿线农民搜集和献纳的"。⑥

3. 铁路系统的整顿。新中国成立初期，铁路的接管和修复工作基

---

① 济南铁路局史志编纂办公室编《济南铁路局史志资料选编》第一辑，1985，第 161 页。
② 《郑州铁路局志（1893～1991）》，第 41 页。
③ 《北京铁路局志》，第 5 页。
④ 《山西铁路志（1896～1980）》第二编（初稿），第 25 页。
⑤ 《济南铁路局志》，第 19 页。
⑥ 金士宣、徐文述《中国铁路发展史（1876～1949）》，第 486 页。

本完成，在亟待恢复经济的紧迫状态中，中共开始对铁路系统进行全面整顿，全路职工会同铁道兵团在完成战争中被破坏的铁路设施修复工作后，积极投入整顿铁路系统的各项活动中。在管理体制上，"1949 年10 月 1 日，中华人民共和国成立，军委铁道部改组为中央人民政府铁道部"，① 铁路管理解除军事管制，开始实行中央集权管理体制，即集中领导和分区管理相结合。各地方铁路局在铁道部的指示下逐渐进行改革，如"北京局辖区的铁路，实行管理局、分局、站段三级管理，财政制度实行过预算制、经济核算制等，运输收入分配实行'管内归己、直通清算'"。②

在具体管理过程中，华北各铁路局实行了多种整顿措施，各项规章制度逐渐建立起来，生产运营也日益规范化。为便于统一管理和民众使用方便，"1949 年 9 月 29 日，平津铁路管理局改称为天津铁路管理局。平绥、平汉铁路改称京绥、京汉铁路，北宁铁路北京至山海关改称京山铁路，凡由北京始发冠用'平'字的列车一律改为'京'字"。③ 此外，对运价的调整也是一项重要工作，从新中国成立前军委铁道部开始统一运价，"到 1952 年进行了十次调整，至此，全国铁路旅客运价除昆明局以外实现统一"。④ 而在各种设备生产、使用和维护方面，"通过学习推广郑锡坤机车操作法、杨茂林装车法、李锡奎调车法、预防性计划维修养路法等先进经验和方法，实现了各工种生产的规范化，提高了工作效率，保证了运输生产安全，并在此基础上制订了全面系统的规章制度"。⑤

三　华北地区铁路系统的改造与建设

经过新中国成立初期恢复阶段的修复与整顿，华北地区的铁路系统

---

① 《当代中国》丛书编辑部编《当代中国的铁道事业》（上），中国社会科学出版社，1990，第 17 页。

② 《北京铁路局志》，第 5 页。

③ 《北京铁路局志》，第 50 页。

④ 《济南铁路局志》，第 143 页。

⑤ 《北京铁路局志》，第 5 页。

得到恢复和改善，运营也开始步入正规化轨道。随着"一五"计划的实行，铁路改造与建设大规模展开，在此期间提议、策划、开工和完成的各项铁路工程改造、建设项目，奠定了当代中国铁路建设的基础，全国铁路布局基本成型，华北地区的铁路建设也在这个过程中得以完善。

1. 国家的政策、资金倾斜。交通运输是恢复经济的重要工具之一，新中国成立初期最为主要的长途运输基本依靠铁路，铁路系统的运营效能直接影响到新中国成立初期工业建设、经济恢复及社会秩序的安定，铁路系统的改造及建设因此成为中央政府及其领导人非常关注的问题。1950 年，周恩来在全国政协庆祝建国一周年大会上指出："在稳定通货和物价以后，必须按照新的条件和新的需要，调整全国的工商业，整理交通，使之为恢复生产服务……中央人民政府的经济投资，将着重用在发展工农业所首先需要的水利事业、铁道事业和交通事业方面……"① 在1953 年的政协第一届全国委员会第四十九次常务委员会扩大会议上的报告中周恩来强调："交通运输是建设中的一种先行部门，不发展交通运输业，工业也就无法有大的发展。当前特别是要把西南、西北和华北之间的铁路线联结起来。"②

"一五"计划的开展以及工业生产的发展使得铁路运输状况日趋紧张，为保证"一五"计划的顺利完成，中央政府对铁路建设的要求愈发迫切。1954 年薄一波在全国铁路管理局局长座谈会上提出："铁路的任务是，随着国民经济的发展相应地发展铁路运输，使之能满足工农业生产、商品流通和人民物质文化生活日益增长的运输需要，并保证国防的需要。"③ 同年，陈云在《关于第一个五年计划的几点说明》中指出："为保证第一个五年计划期间运输任务的完成，必要时将在年度计划内增加对铁路的投资。铁道部应在所拟定的计划投资外，准备十万亿以上的工

① 周恩来：《为巩固和发展人民的胜利而奋斗》（1950 年 9 月 30 日），中共中央文献编辑委员会编《周恩来选集》（下），人民出版社，1984，第 46 页。
② 周恩来：《过渡时期的总路线》（1953 年 9 月 8 日），《周恩来选集》（下），第 110 页。
③ 薄一波：《对铁路工作的几点意见》（1954 年 4 月 3 日），中共中央文献编辑委员会编《薄一波文选》（一九三七—一九九二年），人民出版社，1992，第 199 页。

作量，什么时候有钱就什么时候搞。"①

"整个'一五'期间，国家用于铁路基本建设的投资为 62.89 亿元，占全国基本建设投资总额的 10.7%；其中用于新线建设的投资为 29.57 亿元，占铁路基本投资总额的 47%。"② 这种投资比例，为铁路的基本建设、特别是新线建设提供了良好的机遇。"一五"计划期间，无论是政治环境还是经济条件都非常有利于铁路建设的大规模开展。

2. 铁路系统的改造与新建。"一五"期间，旧线路的技术改建和新线建设陆续展开，相应的铁路设施建设及机车设备生产等也取得新进展。通过旧线改建，许多主要线路如津浦、同蒲、胶济、石太等线都进行了技术改造或复线修建，"使六大干线（京山、沈山、京汉、津浦、沪宁、哈大）的货物列车牵引质量提高到 2500 吨至 2700 吨，全路有 7000 公里线路最高行车速度达到 80 公里/小时"；③ 到 1957 年底，华北区域内新建成的主要铁路线有丰（台）沙（城）线、蓝（村）烟（台）线等，新建桥梁设施主要有武汉长江大桥、陇海铁路新沂河特大桥等，建成或已开始建设的重要枢纽有北京、天津、郑州、太原、大同等。

为提高运输山西煤炭的能力，山西铁路局从 1951 年 9 月开始对石太线分期进行技术改造，在"一五"期间完成了阳（泉）太（北）段的改建，使其线路通过能力"阳泉寿阳间由 23.5 对提高到 25 对；寿阳到榆次间由 19.5 对提高到 21.5 对；榆次太北间由 21.5 对提高到 23 对，总的提高 10.3%"，④ 石（家庄）阳（泉）段的改造也在此期间动工。同时，南同蒲线于 1955 年至 1956 年间完成了技术改造，"拔宽线路 512 公里，结束了山西窄轨铁路的历史"。⑤ 新建的丰（台）沙（城）铁路于"1952年 9 月 21 日开工，1955 年 6 月 30 日竣工通车……这条铁路是北京局建成的第一条干线铁路，它使京包铁路的运输能力不再受关沟段的限制，

① 陈云：《关于第一个五年计划的几点说明》（1954 年 6 月 30 日），中共中央文献研究室编《建国以来重要文献选编》第 5 册，中央文献出版社，1993，第 342 页。
② 高志华：《新中国铁路 60 年建设的回顾与展望》，《理论学习与探索》2009 年第 4 期，第 14 页。
③ 郝瀛编著《中国铁路建设概论》，第 57 页。
④ 《山西铁路志（1896~1980）》第二编（初稿），第 7 页。
⑤ 《山西铁路志（1896~1980）》第二编（初稿），第 29 页。

成为晋煤外运的主要通道"。① 另一条重要干线蓝（村）烟（台）线于
"1953 年 6 月正式开工，年底铺轨 50.3 公里，至 1955 年 12 月全线铺轨
完成，1956 年 7 月 1 日全线正式交付运营"，"蓝烟线南起胶济铁路的蓝
村站，循东北方向，横穿山东半岛，经莱阳、桃村至烟台市，全长 183.7
公里……该线的修建，既沟通了胶济、津浦等线与烟台的海陆联运，而
且沿线丰富的农副产品和沿海的水产资源亦将赖以与各地交流，对胶东
的经济发展与巩固国防均有很大作用"。②

　　重要的铁路枢纽在"一五"期间也相继建成或是开始规划。如郑州枢
纽到 1955 年年末"已扩建成具有一定规模的京汉、陇海两个车场横列式站
型，共有股道 37 条……郑州站除办理客货运业务外，还担当货物列车到发
解编中转的编组站作业任务。郑州车站，1955 年火车办理车数为 3541 辆/
日，比 1951 年的 1503 辆/日增加 1.4 倍"。③ 山西铁路局管内的大同枢纽是
京包、北同蒲线的交会点，是国际联运和华北地区的交通要地，该枢纽站
场的勘测设计也是从"一五"期间开始的；该局管内的太原枢纽也在 1957
年 10 月开始动工修建，第一阶段完成时，"运输及编解能力提高，总运量
达到 2027.9 万吨，编解能力由 1600 车提高到 3664 车，提高了 1.3 倍"。④

　　在其他设施方面，桥梁建设成就突出。1957 年 10 月 15 日，武汉长
江大桥建成通车，该桥"是中国在长江上兴建的第一座铁路公路两用双
线特大桥。正桥和引桥全长 1670 米，从江心最低岩层到最高公路面高
83.59 米。该桥规模宏大，技术复杂，施工中成功地采用管柱结构代替气
压沉箱修筑基础，是近代大桥建设的创举"。⑤ 武汉长江大桥建成后，
"1957 年 11 月 11 日，铁道部将京汉、粤汉铁路改称为京广铁路"。⑥ 该桥
的建成不仅使南北最大干线京广线得以贯通、提高了运输效率，也便利
了湖北省武汉市民众的生活，使其摆脱了多年来轮渡带来的不便。此外，

---

① 《北京铁路局志》，第 53 页。
② 济南铁路局史志编纂办公室编《济南铁路局史志资料选编》第二辑，1986，第 92 ~
　　93 页。
③ 《郑州铁路局志（1893 ~ 1991）》，第 236 页。
④ 《山西铁路志（1896 ~ 1980）》第二编（初稿），第 188 页。
⑤ 《郑州铁路局志（1893 ~ 1991）》，第 284 页。
⑥ 《北京铁路局志》，第 59 页。

还有 1956 年建成的陇海铁路新沂河特大桥，该桥"共 28 孔，全长 699.9 米，是中国第一座预应力钢筋混凝土梁架设的铁路桥"。①

为满足"一五"建设的运输需求，除进行硬件设施的改造和修建外，各地方铁路局在铁道部的倡导下大规模开展学习中长路经验和"满载、超轴、五百公里"运动，以求在有限的设备条件下尽可能提高铁路的运输能力。济南铁路局从 1952 年就开始展开以"满载、超轴、五百日车公里"为中心的生产运动；1954 年又积极学习和推广苏联及中长路经验，全局推行一长制的领导制度。北京铁路局 1954 年 5 月 25 日在第一次职工代表大会暨先进生产者代表大会上，决定"深入开展劳动竞赛，推动'满载、超轴、五百公里'运动"②；1954 年为贯彻铁道部学习与推广中长路经验的决定，"北京、天津、太原局分别由局长王效斌、局长刘国梁、党委书记兼局长彭伯周带领处、科级干部赴哈尔滨学习中长经验，在全局掀起学习中长路经验的热潮"。③ 其他铁路局及各分局也相继展开这些活动。通过铁路职工们对先进经验的学习，使整个铁路系统的资源得到了更有效的利用，运输潜力得到更大发挥。

3. 铁路系统建设的成效。经过"一五"期间的规划与大规模建设，华北地区各铁路局管内的铁路设施得到完善，各项运营系数不断提升。郑州铁路局从 1953 年开始"进行有计划的换轨、换枕、整治大修和运营设备的修缮和增建，线路标准和技术标准状态逐步得到改善和提高"；④山西铁路局"1956 年完成轨道拔宽工程，从此山西铁路与全国各路车同轨，不换装，一年可节约车皮 9211 辆，机车牵引吨数可提高一倍，彻底结束了山西窄轨铁路'小脚火车'的历史……1956 年山西铁路货物发送量为 1859.9 万吨，比 1950 年的 257.2 万吨，增长了 6.2 倍；旅客发送人数为 825 万人，比 1950 年的 400 万人增长了 1.1 倍"；⑤济南铁路局"不仅修通了 1827 公里铁路干线，到 1955 年还修复了磁东、薛枣支线。1956

①　《济南铁路局志》，第 23 页。
②　《北京铁路局志》，第 796 页。
③　《北京铁路局志》，第 1132 页。
④　《郑州铁路局志（1893～1991）》，第 128 页。
⑤　《山西铁路志（1896～1980）》第二编（初稿），第 18 页。

年还建成了蓝（村）烟（台）铁路，开辟了胶济铁路与烟台港口相连的新的海陆通道。1955 年后，济南铁路局在全路率先试行'运输综合作业方案'，学习、推广先进工作方法和经验，使运输生产效率明显提高，提前一年完成第一个五年计划。1957 年，全局客货运输换算周转量比 1952 年增长 1.5 倍"。①

　　与此同时，全国铁路网格局也基本形成，华北地区重要干线、枢纽及桥梁的建设在其中起到了重要的衔接作用，使铁路运输许多新的功能得以实现。"1956 年 1 月 3 日，集二铁路和札门乌德至乌兰巴托铁路在中蒙边境二连、札门乌德间举行接轨典礼……1 月 4 日，中、蒙、苏三国政府发表公报，宣布集宁至乌兰巴托铁路建成并开始联运"，② 从此开启了新中国铁路国际联运的历史。在海陆联运方面，各铁路局也相继试行。自蓝烟铁路建成后，胶济、津浦等线与烟台的海陆联运得以实现，济南铁路局于"1958 年，在潍坊、禹城、兖州站，发售经烟台至大连航线到沈阳铁路局各站的联运客票。在沈阳、鞍山、长春三站办理经由大连至烟台航线到达济南铁路局管内各站的联运客票，同时实行海陆联运客票及行李一票到家的办法"。③ 不仅如此，公路、铁路联运也开始试行，济南局在"1958 年 7 月 1 日，以济南、潍坊、烟台、青岛、徐州站为枢纽，在胶济、津浦和陇海铁路区段内，开展铁路与公路联运业务，旅客可以在列车上买到汽车票，也可以在火车站或汽车站买到终到站联运汽车票或火车票。到 1961 年，办理公铁联运的车站扩大到 34 个"。④ 这些措施的实行，方便了旅客的出行，进一步提高了铁路的运输效率，为"一五"计划的顺利完成提供了良好的运输环境。

四　铁路系统恢复与建设的社会影响

　　铁路是一个现代国家的重要基础设施，是国民经济发展的大动脉，

---

① 《济南铁路局志》，第 3 页。
② 《北京铁路局志》，第 57 页。
③ 《济南铁路局志》，第 141 页。
④ 《济南铁路局志》，第 141 页。

也是大众化的交通运输工具。作为主要运输渠道之一的铁路，在经济建设发展、社会稳定进步及民众日常生活中有着不可替代的作用。新中国成立初期，位居全国重要战略位置和丰富资源产区的华北地区，其铁路系统的恢复与建设，不仅提高了各区段的运输能力，也促成全国铁路网连结为一个整体，并逐渐向西南、西北及沿海重镇、港口延伸，实现了海陆联运；此外还开通了与苏联、蒙古等邻国的国际联运业务，使铁路网范围进一步扩大。铁路运输的及时恢复、迅速发展，以及铁路运营的正规化对当时的社会产生了重要影响。运输的通畅及运价的稳定，为社会经济建设提供良好的运输环境；铁路系统的整顿及各项设施的技术改进，使运输效率提高、事故减少，更加便利了民众的生活，维护了社会秩序的稳定。

其中华北地区的铁路建设在贯通和开拓晋煤外运通道中扮演着重要角色，无论是石太、同蒲等主要干线的修复和改造，还是丰沙线及介西、兰村等支线的新建，都为山西地区的煤运事业发展和解决国家经济建设中对煤炭资源的需求做出了重大贡献。与此同时，通过管理整顿和制度建设，华北地区的铁路运价逐渐实现与全国的统一，运输成本有所下降，运价也趋于稳定。"1949 年 12 月 6 日，铁道部统一了北、南方各铁路局的运价；1950 年 4 月，将货物分为 30 个等级，北、南方各铁路局最高等货和最低等货差价幅度由 200 倍降低到 17 倍；同年 8 月北、南方各铁路局运价降低 11.9%。"① 为鼓励晋煤外运及适应当时经济发展的需要，"1954 年，北京、天津、太原局根据铁道部令，将煤炭运价降低 5.1%"。②

此外，铁路系统的安全措施也逐渐健全，旅客出行及货物保管都得到更好的保障，这不仅增强了民众对铁路系统的信任，更促进了社会稳定。如郑州路局通过建立相应的规章制度和及时采取措施，使行车事故"从 1951 年的 2206 件，下降到 1955 年的 1724 件"；③ "1954—1957 年，郑州铁路法院为配合国家经济建设、维护铁路运输秩序，积极开展行车

---

① 《济南铁路局志》，第 176 页。
② 《北京铁路局志》，第 55 页。
③ 《郑州铁路局志（1893~1991）》，第 590 页。

责任事故案件的审判和盗窃、贪污铁路财产案件的审判，协助铁路企业整顿运输秩序和内部安全保卫。共审判各类刑事案件652件，保卫了铁路运输和生产安全。"① 济南铁路局通过制定安全保障条例和设置安全监察机构，从而使"行车事故总件数由1950年的4126件减少到1955年的1081件，下降76.2%。其中重大、大事故减少101件，下降95%"。②

然而，从铁路系统的体制建设、管理及运输计划的安排上，可以看出新中国成立初期铁路系统的发展与当时中国的政治形势及政治运动有重要关联。铁路建设在取得进展的同时，在一定程度上因为管理的不恰当或是对运动的过分参与，造成了某些混乱，限制了铁路运输潜力的发挥。大范围推广和学习苏联及中长路经验，并大力推进"满载、超轴、五百公里"运动，在很多铁路局出现了"只顾生产、不顾安全""冒险蛮干"等现象，伤亡事故增多，北京铁路局"1952年因工死亡事故万人率达6.96人"。③ 1955年4月起，"铁道部根据货车逐渐增多及车辆技术装备不良等情况，决定停止货车增载办法，所有货车一律恢复按正常标准载重"。④ 由此可见，"运动"的过度推行，不仅不利于设备的维护，也造成了不小的人员伤亡。在运输分配上，尽管经济建设的物资运输占据了一定比重，但安排上仍然是先军事后物资，周恩来在《对滕代远关于铁路运输情况电报的批语》中强调："所有军事运输计划必须经军委批准，物资运输计划必须经财经委批准，两种计划超过实施可能性时，应先军事后财经。"⑤

（原刊《大别山干部学院学报》2015年第2卷第2期）

---

① 《郑州铁路局志（1893~1991）》，第1260页。

② 《济南铁路局志》，第305页。

③ 《北京铁路局志》，第756页。

④ 《北京铁路局志》，第479页。

⑤ 周恩来：《对滕代远关于铁路运输情况电报的批语》（1950年11月4日），中共中央文献研究室、中央档案馆编《建国以来周恩来文稿》第3册，中央文献出版社，2008，第446页。

附录　回顾与启示：日本的铁道史研究

　　日本学术界和铁路运营管理部门对铁道史研究非常重视，起步早，研究水平高，不仅研究铁道自身的发展史，还涉及到铁道对日本社会发展的影响、铁道与区域开发、铁道与日本近代化、殖民地铁道等问题。铁道史研究是日本史学研究中一个颇为重要的领域。笔者就日本学术界和铁路运营管理部门对铁道史的研究做一个简单回顾。

一　日本的铁道文化及铁道史研究的主要成果

　　日本铁道史是尚待国内史学界开拓的研究领域。铁路运输不同于传统的水运及畜力、人力运输，具有输送量大、速度快、全天候运行的特点，对经济发展、货物流通、人际交往以及知识的传播、教育的普及、社会风气的变化产生了重大影响，而且铁路也是一个国家近代化的产物与标志之一。当火车在千里铁道线上风驰电掣、呼啸而过时，它所产生的影响是以往的传统运输工具无法相比的。铁路是工业革命最重要的成果之一。早在 1850 年代，火车就以每小时 80 公里甚至更快的速度前进，人们逐渐爱上了火车。"火车也比其他交通工具更舒适，在恶劣的天气下也更少停开。火车旅行价格便宜，因此那些以前从未出门旅行过的人，现在也能买票乘火车旅行，曾经显得相距很远的地方，突然感到接近多了。因为在两地之间，人员和货物的交往以前需要几天，而现在只要几小时了。在有的地方，铁路沿线出现了新的城镇。甚至时间本身也受到影响。在铁路来到之前，每个城镇都有它自己的时间，与几英里外的其

　　*　"附录"作者祝曙光，苏州科技大学历史学系教授。

他小镇不同。但被铁路连接后，这个地区的所有时钟，就开始走标准的铁路时间。"① 铁路网遍布城乡以后，为大工厂从农村招收工人提供了便利，成千上万的人乘坐火车来到陌生的城市，使城市规模迅速膨胀，导致了现代城市的出现。汽车普及以前，铁路维系着现代城市的生存与发展。铁路成了国民经济的大动脉。对一个城市和国家而言，离开铁路是不可想象的，所以在许多国家，一旦发生突发事件，政府往往要对铁路实施军管，保证铁路线的畅通。19 世纪可以说是"铁路时代"，欧美各国掀起了兴建铁路的热潮。在短短的几十年间，欧洲和美国的铁路长度就分别突破了 5 万公里。铁路作为一种大能力、大规模、连续性强的运输手段，缩小了各地区经济发展的差距，克服了人力资源和自然资源分布的不均衡状态，推动各国经济发展迈上新的台阶。这股兴建铁路的热潮也蔓延到了日本，日本人修建铁路的干劲丝毫不亚于欧美人士，使铁路成为近代日本发展最快的生产门类。

　　铁道史研究涉及的内容相当广泛，包括经济学、交通学、历史学、管理学、政治学、地理学、军事学、工学和法学等，因此从铁道史中生发出诸如铁道技术史、铁道法规史、铁道经营史、铁道教育史、铁道军事史、铁道文化史、铁道与区域开发史、铁道卫生史、铁道车站史，等等。尽管铁道史研究属于历史学研究的范畴，但是铁道史研究具有特殊性，对铁道史的研究不仅需要历史学家，也需要其他方面专家的参与。

　　根据国际铁道联合会（UIC）的统计数据，2013 年日本利用铁路的人数占世界的 31%，也就是说全球利用铁路的每 3 个人中就有 1 个日本人；而根据法国《铁道杂志》的记载，世界上每天利用铁路出行的人中有一半是日本人，即每天利用铁路出行的 1 亿 6000 万人中，日本人为6200 万。现在全球乘客人数最多的 51 个火车站中（含地铁乘客），日本就占了 45 个。2010 年度，东京新宿站平均每天乘客为 364 万人，是世界上乘客人数最多的火车站，有 10 条铁路线和 3 条地铁线在此交会，而这

---

① 〔英〕安东尼·威尔逊：《彩色图解世界交通史》，张健译，上海远东出版社、外文出版社，1999，第 16 页。

些铁路线分属于不同的铁路公司。① 凡在日本留学或访学的人都对日本密集的铁路网、多元化的铁路运营公司、形式多样的轨道交通、多姿多彩的列车以及良好的服务留下了深刻印象。日本形成了非常发达的铁道文化，有铁道迷 200 万人，为铁道史和铁道文化研究提供了广泛的群众基础。

日本学术界和铁路运营管理部门对铁道史的研究起步早，迄今已有 100 多年的历史，涌现出了一大批颇有影响的铁路史专家，出版的著作、发表的论文可以说是汗牛充栋，并编辑出版了大量的铁路史资料集。日本著名铁道史专家青木荣一曾对日本铁道史研究的历史与现状以及今后铁道史研究的趋向进行了论述，② 原田胜正、小山彻、宇田正等学者也曾发表论文，对铁道史研究进行回顾与展望。

1872 年日本产生了第一条铁路，由此开始了日本铁道的历史。在日本从事铁道史研究的主要由两部分人组成，一是铁道运营管理者。为了保存本部门或本公司运营管理铁路的历史，而记录、编撰铁路史，此类研究大都可以归为企业史或企业志研究。另一类则是学者的研究。日本的铁道运营主体比较复杂，有国有民营的 JR（含新干线）、公营铁道或轨道、民有民营的"私铁"以及第三方铁道（由地方政府以及民间企业共同出资运营的"半官半民"铁道或轨道）。目前，日本经营铁道与轨道的公司以及地方公共体（地方交通局）合计 213 家，其中经营铁道者 186 家（含 10 家经营铁道货物运输的公司），经营轨道者 27 家。从 1872 年起，至 1885 年 12 月工部省撤销，铁路一直归属于工部省管辖。工部省是总管工业建设、推行殖产兴业政策的领导机关。工部省撤销以后，政府有关部门感到有必要对工部省的历史进行回顾和总结，于 1889 年编撰出版了《工部省沿革报告》。修建铁路是工部省的一项重要业务。1870 年至 1885 年间，工部省对铁路的投资远远高于其他行业。《工部省沿革报告》

---

① 田辺謙一『日本の鉄道は世界で戦えるか　国際比較で見えてくる理想と現実』、草思社、2018、17～22 頁。

② 野田正穂、原田勝正、青木栄一、老川慶喜編『日本の鉄道：成立と展開』、日本経済評論社、1994；青木栄一「日本における鉄道史研究の系譜」『交通史研究』第 9 巻、1983。

分为矿山、铁道、电信局、灯台局、工作局（含制铁、造船、劝工、制作等四寮）、营缮课、工部大学校、会计等，在"铁道"项下，对铁道局的成立、东京至横滨间铁道、神户至大津间铁道、敦贺至大垣间铁道、中山道铁道的敷设以及私有铁路的产生，即日本早期铁路发展的历史做了详细叙述，保留了许多珍贵的铁路史资料。

铁道国有化（1906）前日本铁道事业发展的一个突出特点，就是私有铁道发展速度大大超过国有铁路。私铁管理部门非常重视对私铁史的研究，实际上铁道史已成为企业史研究的一个重要组成部分。1899 年出版的《阪界铁道经历史》和 1901 年出版的《大阪铁道略历》开了私铁史研究的先河。

与铁道企业对自身历史的研究相比较，个人所撰写的铁道史著作的出现要稍晚一些。1906 年，村井正利通过与首任铁道局长官、被誉为"日本铁道之父"的井上胜的访谈，编撰出版了《日本铁道创业谈》。

真正意义上的铁道史著作是 1909 年出版的植田启次所著的《提要铁道发展史》。该书共由四编组成。第一编"序论"，论述了交通的概念和交通发展的状况；第二编"铁道技术的发展"，论述了轨道和蒸汽机车；第三编"铁道运输的发展"，论述了铁道运输制度和业务活动；第四编"各国铁道政策的变迁"，论述了西方国家、中国和日本等国铁道发展的状况。该著作实际上是一部铁道通史著作，研究重点是铁道制度和铁道政策。随着铁道在国民经济及社会发展中的作用日益突出，1916 年，铁道院出版了《本邦铁道对社会及经济的影响》（上中下，共三卷），这是第一部论述铁道的经济意义和社会意义的著作，在日本铁道史研究中占有重要地位。第一章为"本邦铁道的发达"，包括铁道开通前的交通状况以及铁道的普及。第二章"旅客运输"，包括运价、铁道开通前后客运价格的比较以及旅客输送的设施等。第三章"货物运输"。第四章"铁道对农业及园艺业的影响"。第五章"铁道对畜牧业的影响"。第六章"铁道对水产业的影响"。第七章"铁道对林业的影响"。第八章"铁道对采矿冶金业及采石业的影响"。第九章"铁道对蚕丝业的影响"。第十章"铁道对工业影响"。第十一章"铁道对消费的影响"。第十二章"铁道对商业的影响"。第十三章"铁道对通信业的影响"。第十四章"铁道对海运业及陆运业的影响"。第十五章"铁道对各种营业的影响",包括铁路运输业、仓库、旅馆、饮食店以及车船行业等。第十六章"铁道对人口分布的影响",包括人口增长、特别是北海道人口的增长与铁道延伸、都市的膨胀及周边乡镇发展以及铁路沿线地方的盛衰。第十七章"铁道对文化风俗的影响",包括铁道与教育、文化的发展、知识传播、报纸、杂志、图书的刊行和普及以及社会风气的变化等。第十八章"铁道对国际关系的影响",包括增进日本人与外国人的交流、旅客和货物的国际运输等。1920 年 5 月 15 日,铁道院升格为铁道省。翌年,为纪念日本铁道开业 50 周年,铁道省编撰出版了《日本铁道史》(分为上篇、中篇、下篇),回顾和总结了日本铁道五十年的发展历程。上篇为"铁道创业时代",包括第一章至第八章;中篇为"官私铁道并行时代",包括第九章至第十七章;下篇为"铁道国有时代",包括第十八章至第二十二章,另有铁道年表及索引。由于该书是一部大型铁道通史著作,书中收录了大量珍贵的铁道史资料,所以出版后受到了学者们的高度重视,书中收录的资料经常被学者们引用。《日本铁道史》的出版意味着日本铁道史研究达到了一个新的高度。同年,由《运输日报》社长宫本原之助主持编撰的《运输五十年史》出版,这是一部以铁道为中心的交通史。《运输日报》社为了纪念铁道国有化 20 周年还出版了《帝国铁道大观——明治、大正铁道发展史》,全书 1480 页,共分六编。第一编至第三编论述了以官设铁道或国有铁道为中心的日本铁道发展史;第四编论述了"地方铁道"、轨道;第五编论述了"殖民地铁道"等。其中第一编("从创业到铁道敷设法公布")共 264 页,第二编("从铁道敷设法公布到铁道国有法公布")共 204 页,第三编("铁道国有 20 年")共 770 页,也就是说,前三编占了全书的 4/5 以上,特别是第三编约占全书一半。笔者以为,这是一部值得重视的铁道通史著作。该书论述全面,史料丰富,条理清晰,层次分明。1984 年该书由原书房再版时,著名铁道史专家原田胜正为它写了一篇解题报告,对《帝国铁道大观——明治、大正铁道发展史》一书的产生、主要内容以及如何评价该书做了详细的说明。《帝国铁道大观——明治、大正铁道发展史》的最大特色就是它由新闻界编撰的。该书把日本铁道发展史分为三个时期:第一期从明治政府拟订铁路建设计划、京滨铁路的开通到明治 20 年为铁道创业时代；第二期为铁道发展时代，即从铁路敷设法中第一期线的建设到西园寺公望内阁实施铁道国有化；第三期是铁道充实时代，即从铁道国有化到现在。遗憾的是，似乎日本铁道史专家对该书的价值并没有引起足够的重视，在发表的论文或专著中直接引用该书的不多。原因可能是该书在史料的丰富性和研究水平上并没有超越铁道省的《日本铁道史》，而在专家眼里《日本铁道史》可信度更高，因为它是由铁路专管机关编撰的，而《帝国铁道大观——明治、大正铁道发展史》毕竟是"野史"。

　　第二次世界大战前，历史学家基本上没有参与铁道史研究。二战以后，由于历史学家积极投身于铁道史研究，使铁道史研究呈现出新的景象，硕果累累。1963 年大阪市立大学教授中西健一出版了《日本私有铁道史研究——都市交通的发展和其构造》（1979 年又出了增订版），分析了明治初期至二战结束日本私有铁路及道路交通的发展与构造变化。如前所述，近代日本铁路事业发展的一个突出特点，就是私有铁路发展速度大大超过国有铁路。在国有化以前（1906），无论是在机车、客货车、营业里程，还是输送量、运营收入等方面，国有铁路都远远低于私有铁路，而且铁路国有化并没有限制私有铁路的发展。《铁道国有法》明确规定，"供一般运输之用的铁道全归国家所有，然而以某一地方交通为目的的铁道不在此范围内"，即允许私人资本发展短距离的地方铁路。所以国有化以后，轻便铁路和电气轨道迅速发展。私铁史的研究历来受到日本学术界的重视。中西健一的《日本私有铁道史研究》代表了当时日本私有铁道史研究的最高水平，出版以后产生了广泛的影响。全书由三部九章组成（不包括序章），即第一部"作为干线交通手段的私有铁道——国有化前"，包括第一章"资本主义化与私有铁道创设运动"、第二章"作为干线交通手段的私有铁道的发展与确立"以及第三章"铁道国有之路与经济的必然性"。第二部"作为都市交通手段的私有铁道——国有化后"，包括第四章"私有铁道的变质——以都市电气铁道为中心"、第五章"都市交通的近代化"、第六章"恐慌与陆运市场的构造变动"和第七章"战时国家垄断资本主义与交通统制"。第三部"私有铁道中的劳动力"，包括第八章"明治时期的电铁劳动力"、第九章"大正时期的电铁劳动力"。田中时彦的《明治维新的政局与铁道建设》（1963）是又一部著名的铁道史著作，它以日本外交文书和英国档案史料为基础，分析了铁道创业时期铁道政策的决定过程，论述了社会各阶层间铁道意识的差异，等等。

1960 年代以后，日本铁道史研究的特点是"微观铁道史研究"成为主流，即从经营史、金融史、地方史、技术史和文化史等角度研究日本铁路的发展，如原田胜正的《铁道敷设法制定的前提》（1965）、星野誉夫的《明治时期的私铁与银行——以日本铁道会社和第十五国立银行为中心》（1965）、淡路宪治的《中越铁道敷设与地主阶层的关系》、青木荣一的《支线建设的历史和其政治意义》（1969）、宇田正的《我国铁道事业经营中的政府与企业——"铁道政略"的展开过程》（1971）等，以后又出版了金田茂裕的《日本蒸汽机车史——官设铁道编》（1973）和《日本蒸汽机车史——私设铁道编》（1981）、野田正穗的《日本证券市场成立史——明治时期的铁道会社与株式会社金融》（1980）、老川庆喜的《明治时期地方铁道史研究——地方铁道的展开与市场形成》（1983）、原田胜正的《火车、电车的社会史》（1983）、宇田正的《铁道文化与近代社会——铁道日本文化史的试论》（1985）、原田胜正等编《铁道与文化》（1986）等。

在日本铁道史研究中，铁道建设、运营和管理部门始终占据突出位置。1952 年，国铁运输调查局主持编撰了《日本陆运十年史》。为纪念日本铁道开业八十周年，国铁运输调查局编撰了《铁道 80 年的脚步 1872～1952》。1956 年又编撰了《日本陆运二十年史》。特别值得注意的是，1969～1974 年，国铁当局完成了多达 14 卷的《日本国有铁道百年史》，另有年表、别卷和摄影集，合计 19 卷。为了撰写《日本国有铁道百年史》，国铁总裁室专门设置了修史课，另外聘请著名铁道史专家组成修史委员会，决定修史的基本原则、方针和方法。《日本国有铁道百年史》本编有 14 卷，共分六编：第一编"创业时代（1892 年前）"，含 1～2 卷；第二编"干线延长时代（1892～1906 年）"，含 3～4 卷；第三编"铁道院时代（1906～1920）"，含 5～6 卷；第四编"铁道省兴隆时代（1920～1937 年）"，含 7～8 卷；第五编"战时战后时代（1937～1960 年）"，含

9～11卷；第六编"公共企业体时代（1960～1974年）"，含12～14卷。由于该书卷帙浩繁，不便于一般读者阅读，为此国铁当局又编撰了《日本国有铁道百年史 通史》（一卷本）。全书正文共524页，分为六章。第一章"创业时代（明治5年至明治25年）"；第二章"干线伸长时代（明治26年至明治39年）"；第三章"铁道院时代（明治40年至大正8年）"；第四章"铁道省兴隆时代（大正9年至昭和11年）"；第五章"战时、占领下时代（昭和12年至昭和24年）"；第六章"公共企业体时代（昭和24年至现在）"。国铁下属部门也编撰了本部门的历史，如铁道管理局史、工厂史、联络船史、各铁路线史等。1970年代以后，日本学术界注意研究铁路在区域发展中的地位和作用，出版了诸如《富士山麓史》（1977）和《南海沿线百年史》（1985）。1991年铁道史学会还以"铁道与地域社会"为主题召开学术会议，发表了中村尚史的《创立时期九州铁道会社的资金筹措与地域社会——以熊本县为例》、大岛登志彦的《上毛电气铁道与地域社会的关联及其变迁》、濑古龙雄的《野蒜筑港与日本铁道》等论文。

1970年代以后，日本铁道史研究的特点是铁道通史研究成为新的热点，出版了诸如和久田康雄的《资料·日本的私铁》（1968年出版，1972年、1976年和1984年分别出了改订版）和《日本的私铁》（1981）以及《日本的地铁》，原田胜正、青木荣一的《日本的铁道——100年的进展》（1973），野田正穗、原田胜正、青木荣一、老川庆喜的《日本的铁道——成立与展开》（1986），广冈治哉的《近代日本交通史——从明治维新到第2次大战》（1987），等等。野田正穗等人所著的《日本的铁道——成立与展开》，是一部简明扼要的日本铁道通史著作。全书共分八章，即第一章"开国与铁道"；第二章"创业期的铁道"；第三章"产业革命与铁道"；第四章"铁道的国有化"；第五章"国有化以后的铁道政策"；第六章"第一次世界大战以后的铁道"；第七章"恐慌、战时体制时期的铁道"；第八章"第二次世界大战后的铁道"。书中还附有补论"铁道史研究的视点与问题点"以及铁路史上著名人物介绍、参考文献目录、重要资料、年表和索引等。该书克服了以往铁道通史著作中所存在的篇幅过大或论述面狭窄的缺陷，条理清晰，详略得当，是一部代表当时日本铁道史研究最高水平的综合性铁路通史著作，出版以后受到了广泛好评，多次再版。该书既适合一般读者阅读，也适合做高等学校的教材。1972 年，和久田康雄等人编撰出版了《铁道百年略史》，该书收录了日本所有铁路线路的开业时间表，按年排列了铁道史上的重大事件。在日本铁道史研究著作中，另有几部重要著作不能不提，即原田胜正的《明治铁道物语》（1983）和《铁道与近代化》（1998）、反町昭治的《铁道的日本史》（1982）、久保田博的《铁道经营史》（1985）等。《铁道与近代化》是根据原田胜正为和光大学学生讲授日本近代史时涉及铁路史方面问题的授课录音整理而成。全书分为以下几个问题，即"铁道与文化的近代化""作为异文化的铁道""铁道的导入与利用""铁道的发展与技术的自立""铁道的基础确立与技术的进步"。反町昭治的《铁道的日本史》以比较开阔的视野论述了近代日本铁路的发展，尤其是从社会史的角度论述了近代日本铁路发展过程中的一些重大问题。全书分为十一章，即第一章"从海外传入的铁道知识"、第二章"在外国乘火车的人们"、第三章"英国铁道与日本"、第四章"美国人与铁道"、第五章"铁道建设的决定"、第六章"雇佣外国技术者与日本人"、第七章"日本各地的铁道发展"、第八章"刺激国内产业的铁道"、第十章"以火车站为中心的交通机关"、第十一章"围绕铁道的诸商业"等。在众多的铁道史著作中，广冈治哉的《日本近代交通史》（1987）有自己的特点。该书把铁道史放在整个交通史的范围内加以论述，是一部综合性的近代交通史著作。全书共分四章，作者在每一章前都加上序说，对本章所涉及时期的交通发展状况、特点、值得注意的问题等进行简明扼要的论述，如第一章"近代交通机关的导入"，包括"序说""维新期的交通变革""铁道的创业""政商财阀资本的养成与海运业""近代交通技术的导入与培育"；第二章"资本主义社会的确立与交通的发达"，包括"序说""线铁道网的建成""民营铁道的发展与铁道资本家""铁道国有化及其意义""轻便铁道、人车铁道、马车铁道""路面电车的发达""由汽船而来的沿岸定期航路的整备""外国航路的进出""近代港湾的整备""走向交通技术自立的道路""官僚与经营者——国铁的情况""交通劳动者的状况"；第三章"恐慌、合理化与汽车输送的出现"，包括"序说""大都市地域的形成与干线铁道的变样——改正铁道敷设法与建主改从政策的展开""大都市地域的形成与民营铁道""巴士网的扩大与出租车时代""卡车输送的出现""船舶改善促进设施及其效果""民间航空企业的诞生""运输体制的再编成""昭和恐慌及对交通的影响"；第四章"第二次世界大战与交通"，包括"序说""战时铁道输送的实态""汽油限制与交通""陆运统制与战时企业合并""战时下的海运、港湾体制""产业报国会与战时劳动体制"等。2014 年，中央公论社推出了著名铁道史学家、曾任日本铁道史学会会长老川庆喜的《日本铁道史》，分为三册，即《日本铁道史：幕末、明治篇》《日本铁道史：大正、昭和战前篇》和《日本铁道史：昭和战后、平成篇》。

明治维新以后，日本统治者把对外扩张作为基本国策，通过一系列对外战争，终于建立起了自己的殖民帝国。日本统治者为了加强对殖民地的控制，掠夺殖民地财富，极力在殖民地敷设铁路。因此对殖民地铁道史的研究就成为日本铁道史研究的重要内容。为此，高桥泰隆于 1995 年出版了《日本殖民地铁道史论》。日本对殖民地经济的控制是通过土地、金融和铁道等三个方面展开的，而且殖民地铁道也是日本在殖民地最大的商业组织，因此研究殖民地铁道史具有特殊的重要性。《日本殖民地铁道史论》对日本的殖民地铁道，如台湾铁路、朝鲜铁路和满铁的铺设、运营和管理以及全面侵华战争期间日本对中国关内铁路的占领、运营和服务于战争的情况进行了深入、细致的分析。《日本殖民地铁道史论》除"序章——课题与方法"和"终章"外，分为六章，即第一章"台湾铁道的成立与经营"、第二章"朝鲜铁道的成立与经营"、第三章"满洲的铁道与满铁"、第四章"满洲事变与满铁改组"、第五章"十五年战争与满铁"和第六章"日中战争下的中国铁道支配"。2006 年日本经济评论社又出版了高成风的《殖民地的铁道》。值得注意的是，日本学者还从铁道的视角研究近代东北亚国际关系，因为近代东北亚任何一条铁路线的敷设都涉及列强之间以及列强与中国、朝鲜等国家的关系。1989 年井上勇一出版了《东亚铁道国际关系史》。

二　铁道史研究学术团体和铁道遗存保护与开发

在日本铁路史研究中，学术团体和刊物发挥了重要作用。早在 1898 年，日本就成立了"帝国铁道协会"，翌年 5 月发行《帝国铁道协会会报》双月刊（以后变为单月刊）。但由于协会会员主要是铁路管理者、铁道企业家和工程技术人员，该刊物上刊登的铁道史研究论文不多。20 世纪初的交通史学术团体还有三井高阳主持的"国际交通文化协会"，发行会刊《交通文化》（季刊）。1927 年和 1933 年以铁道爱好者为对象的《铁道》和《铁道趣味》杂志分别创刊。1983 年 8 月铁道史学会成立，这是一个促进铁道史研究、与相关学会合作，不仅从工学技术层面，而且从政治、经济、文化等方面研究铁道历史的学术团体，原田胜正担任首任会长，发行学会会刊《铁道史学》，每年由各大学轮流召开学会年会，并举办几次学术研讨会。有时学会还与大学共同举办铁道史主题展览，如 1997 年学会与滋贺大学经济学部附属史料馆共同举办"滋贺县铁道发展与地域社会"的主题展览。铁道史学会围绕专题定期举行学术年会，并将会员的成果发表在《铁道史学》杂志上，如第四期（1986）《铁道史学》杂志的中心论题是"从铁道史看国铁问题"，发表了今城光英的《围绕国铁改革的诸问题及其历史性质》，樱井彻的《铁道国有化（1906~1907）与国铁分割、民营化》，原田胜正的《国铁问题的历史背景》等。1988 年出版的第 6 期《铁道史学》杂志则以"殖民地与铁道"为中心论题，发表了北岛修的《马来西亚的铁道建设与地域开发》，吉田昌夫的《东非的铁道建设与殖民地经济的发展》，佐藤丰彦的《殖民地统治确立时期朝鲜铁道的形成》等。从《铁道史学》杂志中心论题的变化，我们可以看出，日本学者研究铁道史的视野非常开阔，如第 5 期（1987）的论题是"私铁经营者的历史群像"，第 8 期（1990）的论题是"大都市铁道历史的展开"，第 9 期（1992）的论题是"铁道史研究的方法——以技术史为中心"，第 10 期（1991）的论题是"铁道与文化"，第 12 期（1992）的论题是"铁道史与政治"等。铁道史学会的成立极大地增加了铁道史学者的凝聚力，在铁道史研究中发挥了重要作用。学会还以实业

家、原运输省事务次官、JR东日本公司首任社长住田正二的名义设立了
"住田奖"，奖励新近发表的铁道史研究优秀成果，奖项分为论文奖和著
作奖，还设立特别奖，表彰在铁道遗存保护、展览方面做出突出贡献的
机构或部门，也就是说铁道史学会非常积极地介入铁道遗存的保护和开
发。2010年获得第一届"住田奖"特别奖的单位是宫城县栗原市，获奖
作品为《栗原田园铁道的资料保存活动》。栗原田园铁道始建于1921年，
全长27.5公里，窄轨，单线，全线位于宫城县境内，全线设站16个，最
高时速75公里，1993年转为第三方铁道。2007年栗原田园铁道全线废
止。栗原市将一些线路、车站设施、信号、道口以及机车和车辆等保存
下来，建设栗原田园铁道主题公园，成为栗原市的观光体验景点，也是
对市民和学生进行乡土教育的重要场所。"住田奖"获奖作品中不乏关于
中国铁路史研究的成果，如获得第三届"住田奖"论文奖的是《围绕沪、
杭、粤铁道借款合同的实效性英国与地方的关系——以地方有权势阶层
的对立、合作对中英间外交的影响为例》（佐野实），获得第四届"住田
奖"著作奖的是《中东铁道经营史——俄罗斯与满洲（1896～1935）》
（麻田雅文），获得第六届"住田奖"论文奖的是《华中、华南的铁道利
权与"势力圈"外交——以第一次世界大战时期为中心》（久保田裕
次），获得第八届"住田奖"著作奖的是《华北交通的日中战争史：在中
国华北日本帝国的输送战及其历史意义》（林采成），获得第九届"住田
奖"论文奖的是《日本帝国下的满洲朝鲜间铁道货物输送——以安东—
新义州线路为例》（竹内祐介），获得第十届"住田奖"论文奖的是《南
京国民政府时期的经济建设与粤汉铁道的事故多发问题——以一九三六
年全线开通后作为事例》（大野绚）等。

铁道史学会还与其他相关学会合作，积极介入铁路遗存的保护与开
发。2021年2月21日，铁道史学会会长联合都市史学会会长、首都圈形
成史研究会会长、地方史研究协议会会长、交通史学会会长等向JR东日
本公司社长发出公开呼吁，要求对"高轮筑堤"遗存进行保护。JR东日
本公司在东京都港区港南二丁目的东海道本线高轮站周边施工时发现了
"高轮筑堤"遗存。公开信指出：我们五个学会认为，该遗存不仅在日本
铁道史、交通史、土木工程史和产业史上有意义，更是象征着日本近代

化拉开序幕并与世界接触的在日本近代史上极为重要的文化遗产。回顾历史，早在1911年，根据铁道院总裁后藤新平的指示，设置了铁道博物馆挂这一职位，积极进行铁道资料的收集、保存与运用。1921年，为纪念日本铁道开业50周年而创建了铁道博物馆，对于日本铁道文化的发展做出了很大贡献。根据1958年制定的《铁道纪念物保护标准规程》，指定将历史、文化价值高的铁道设施、建筑物、车辆、古籍等作为铁道纪念物加以保存。"高轮筑堤"遗存位于日本第一条铁路——京滨铁路（东京新桥—横滨）线上。京滨铁路从本芝经高轮海岸到品川停车场的约2.6公里线路是在海上筑堤敷设的，对于了解日本铁路创立时期，日本技术人员如何消化、吸收英国工程师莫莱尔（Edmund Morel）传授的铁路技术以及日本固有的土木工程技术如何与西方发达国家的土木工程技术融合是非常重要的。1872年敷设的京滨铁路是东亚最古老的，由本国建设的第一条非西方国家铁路，有助于从世界史角度观察日本近代化。因此对铁路开业时期以"高轮筑堤"为代表的铁道遗存进行保护具有重要意义。此次被确认的"高轮筑堤"遗存不仅是铁道创业时期1872年敷设的"海上筑堤"，而且对探究此后线路复线化、三线化乃至进入现代的铁道演变过程具有重要的历史价值，此类遗存绝无仅有，是了解日本铁道史极为珍贵的遗产。"高轮筑堤"遗存中的第七桥梁桥台部分保存良好，今后几乎不可能再发现此类遗存，可以说极为罕见。因此第七桥梁桥台部分不需要拆除或移动，在当地保存并公开展示，具有充分的文化遗产价值。"高轮筑堤"因明治后期至昭和年间填海造地而消失。人们仅从浮世绘和传说中得知其形象。该遗存的发现，可以验证1872年京滨铁路单线开通和1877年完成复线化时，日本铁路建设技术有了怎样的进步以及桥梁构造有了怎样的变化等，从日本土木技术史的观点来看也是极为重要的遗存。京滨铁路（新桥—横滨）遗存中的"旧新桥停车场"被指定为国家历史遗产。另外最先行驶在该线路上的1号机车、旧新桥站的邮筒等被指定为铁道纪念物，"高轮筑堤"遗存也和这些文化遗产具有同等价值。从保存和利用文化遗产的角度而言，也应该和旧新桥停车场等一样被保存和公开。在海上敷设的"高轮筑堤"在浮世绘版画中多次被描绘，对当时的人们来说，它是文明开化的象征，显示该地区乃是日本近代化最发达之地。以此为基础，在现代复原当时东京湾沿岸的景观，是都市史、地区史上极为重要的历史遗存。JR 东日本公司对专家学者的意见非常重视，成立了"高轮筑堤"调查保存委员会，由早稻田大学教授古川章雄任委员长，立教大学教授老川庆喜、铁道综合技术研究所情报管理部部长小野田滋、东京大学教授谷关润一任委员，以后又增添了日本大学教授伊东孝、青山学院大学教授高嶋修一为委员。2021 年 4 月 19 日举行了第 7 次委员会会议，列席会议的有日本文化厅、港区教育委员会、东京都教育厅、铁道博物馆、东京都建设局、都市再生机构以及 JR 东日本公司等代表，会议议题涉及保存方针、高轮筑堤的调查等内容。委员会希望在尽可能长的区间内对包括信号机在内的相关遗存进行现场保护，以委员会的意见为基础提出实施方案。信号机遗存的保存尤其重要，因为这是日本第一个铁路交通信号装置，构成了高轮筑堤的铁道景观。目前，"高轮筑堤"遗存的挖掘保护工作正有条不紊地进行。由于重视对铁道遗存的保护，日本有许多铁道主题公园、博物馆、铁道村等，栩栩如生地展现了日本近 150 年的铁路发展历程，可以近距离"触摸"道床、枕木、路轨、信号以及列车连接器、车辆制动装置等，是学习铁路史的最佳场所。

除此以外，在日本还有产业考古学会（1976 年成立），出版季刊《产业考古学》，不少铁道史学者参加了该学会。《产业考古学》经常发表有关铁道史研究的论文。铁道史资料保存会也于 1975 年成立，发行会刊《铁道史料》，主要发表有关铁道车辆史和铁道设施史的研究论文。1981年成立的日本土木史研究会没有发行会刊，但该研究会每年举行学术会议，发表会员们的研究成果，其中不少是关于铁道史研究的最新成果，这些论文主要从技术层面研究铁道史，涉及铁路线路、轨条、桥梁和隧道等，研究会将这些成果结集出版。① 在日本还有许多发行量很大的商业性铁道杂志，这些杂志在向人们传播铁道史知识方面发挥了不容忽视的作用。

---

① 交通学説史研究会編『交通学説史の研究（IV）』、運輸経済研究センター、1991。

三 铁道史资料的收集、整理与出版

日本学术界和铁道运营管理部门特别重视史料的收集、整理和出版，如野田正穗、原田胜正、青木荣一监修的《明治期铁道史资料（第1期）》，由日本经济评论社于1980年出版，合计26卷，分为两部分，第一部分为铁道局（厅）年报，共17卷；第二部分为铁道会社史、铁道实业家传，共8卷9册。1982年，日本经济评论社出版了《大正期铁道史资料（第1期）》，共44卷，分为两部分，第一部分为铁道院（省）年报，共24卷；第二部分为国有、民营铁道史，共20卷，包括《国有十年·铁道一瞥》、《青森函馆间航路沿革史》、《铁道国有始末一斑》、《广轨铁道改筑一斑》、《铁道运送设施纲要》、《上野站史/汐留站史》、《常总铁道株式会社三十年史/秩父铁道沿革史/越后铁道沿革/信浓铁道史》、《东京地铁史》（两卷）、《东京横滨电铁沿革史》、《岛原铁道二十年史/岛原铁道三十年史/宇部铁道株式会社/长崎电气轨道十年史》、《朝鲜铁道史》、《台湾铁道史（上、中、下）》等。1990年，日本经济评论社又出版了《大正期铁道史资料（第2期）》，包括《国有铁道震灾史》《大正天皇大丧记录》《日德战争军事纪录/陆军特别大演习记录》《省线电车史纲要》《铁道省电气局沿革史》《开通五十年/南海铁道发达史》《大阪电气轨道株式会社三十年史》《铁道政策论集》《广轨铁道论集》《国铁劳动关系资料/铁道劳动事情概要》等。1992年，日本经济评论社出版了由野田正穗、原田胜正、青木荣一、老川庆喜监修的《昭和期铁道史资料》，合计45卷，包括《铁道省年报》（1~6卷）、《铁道统计资料》（7~28卷）、《铁道统计》（29~37卷）、《铁道统计年表》（38卷）、《国有铁道陆运统计》（39~42卷）、《铁道统计年表》（43~45卷）等。一些著名的铁道史专家，如野田正穗、原田胜正、青木荣一、老川庆喜、和久田康雄、宇田正、高桥泰隆等亲自为史料出版撰写导读，对史料的产生、收集、整理、编撰和出版等情况进行介绍。铁道史资料的编辑出版极大地推动了日本的铁道史研究。

日本最早的铁道运营管理机关是铁道挂。工部省成立后，铁道运营管理事务划归工部省铁道寮。1877年1月，明治政府进行官制改革，各省废寮设局，铁道寮改为铁道局。1885 年 12 月，明治政府废除太政官制度，实行内阁制度，工部省被撤销，铁道局直属内阁领导。1897 年，明治政府对铁道管理体制进行调整，新设铁道作业局，将国有铁路的敷设、运营和维修置于铁道作业局的管辖之下，原铁道局仅负责审批私有铁路公司的开业和监督国铁及私铁的运营，对整个铁路业进行宏观调控。1907 年，明治政府撤销铁道作业局，设置帝国铁道厅，归递信省管辖，负责国有铁路的建设、保护及运输业务。在地方分设帝国铁道管理局，进行分区管理。翌年，政府又将铁路行政业务与铁路经营业务合二为一，撤销铁道局和帝国铁道厅，新设铁道院，直属内阁总理管辖。1920 年 5 月，日本政府将铁道院升格为铁道省。研究日本铁道史须熟悉日本铁道管理机构的演变，以便充分利用铁道运营管理部门刊行的资料。

青木荣一列举了研究日本铁道史不可或缺的基本文献，如《工部省记录》《铁道寮事务记事簿》《铁道局事务书类》《铁道厅事务书类》等。其中《工部省记录》由国铁修史课在编撰日本国铁百年史之际翻刻出版。《铁道会议议事录》《帝国议会议事速记录》是了解国有铁道建设过程的基本史料，均已印刷。后者由东京大学出版会对 1890 年至 1940 年度部分予以刊行。1909 年发行的《铁道公报》也是了解国铁发展动向的基本史料。日本私有铁路公司的开业与运营须获得政府铁路管理机构的批准、监督。各私有铁路公司提交的相关文件被汇编在《铁道省文书》中，申请开业以及予以批准的文件，被编为"许可篇"，营业报告等被编为"营业篇"。这些资料现在分散保存在运输省、国立公文书馆、交通博物馆、国铁中央学园图书馆等。另外，各都道府县政府保存的行政文件中，有关铁路、特别是批准私有铁路开业方面的文件甚多。《铁道局年报》也是研究日本铁道史的基本史料且比较完整。从明治 21 年（1888）起，每年刊行《铁道局年报》。1897～1907 年间，《铁道作业局年报》（1897～1905 年）和《帝国铁道厅年报》（1906～1907 年）并行刊发。《铁道局年报》包括有关国铁和私有铁路的统计。从明治 41 年（1908）起，增加了有关轨道开业、运营方面的统计，因为从该年度开始轨道业接受铁道局和内务省的双重监管，在此以前仅由《内务省年报》进行简单统计。从 1906 年起，国铁年报与统计资料予以分离，分为《铁道院（省）年报》和《铁道院（省）铁道统计资料》，

1937 年两者又合并为《铁道统计》。国铁下属各铁路局也编辑本路局年报。1949 年，私有铁路的统计从《铁道统计》中分离出来，刊行《地方铁道、轨道统计年报》，以后又演变为《私铁统计年报》（1955～1976 年）和《民铁统计年报》（1977 年以后）。[①] 这些资料以后陆续被编辑收入《明治期铁道史资料》、《大正期铁道史资料》和《昭和期铁道史资料》中。

日本铁路管理部门、铁道企业、地方政府和高等学校以及相关学术团体经常举办铁道史料展览，向公众展示珍贵的铁道史资料。2012 年，日本交通协力会设立了"铁道史资料调查中心"，收集和公开展示铁道史资料。2022 年日本将迎来铁道开业 150 周年，为此将编撰新的铁道通史，而编纂新的铁道通史，对铁道史资料进行收集和系统保存显得尤为重要，特别是要充分挖掘和整理、保存原国铁时代的资料。为此"铁道史资料调查中心"紧锣密鼓地开展工作，创建了电子图书馆——"战时战后的交通与国有铁道"，向铁道史专家和相关人士免费提供资料。"铁道史资料调查中心"的工作主要集中在以下四个方面：一、确认日本国内及海外所存相关资料和文献并制作目录；二、挖掘、收集、保存国内外新资料（特别是铁道从业者等个人保存的资料）；三、制作原国铁干部的口述史；四、对未来铁道史编撰有用的调查。

铁道在中国国民经济和社会生活中扮演着重要角色。我们必须加强对铁道史，尤其是本国铁道史的研究。毋庸讳言，中国的铁道史研究规模、研究水平与中国的铁道大国地位是不相称的。日本学者在铁道史研究中所取得的成绩为我们提供了许多启示。本文对日本铁道史研究的回顾与介绍，仅仅是初步的，难免挂一漏万并有不少错误，欢迎学界朋友批评指正。

---

① 野田正穂、原田勝正、青木栄一、老川慶喜編『日本の鉄道－成立と展開』、日本経済評論社、1994、341 頁。

图书在版编目（CIP）数据

流通、枢纽与近代中国区域性变动：第一届中国近
代交通社会史研讨会论文集/江沛，黄镔主编. -- 北京：
社会科学文献出版社，2022.10
　（中国近代交通社会史丛书）
　ISBN 978 - 7 - 5228 - 0770 - 6

　Ⅰ.①流… 　Ⅱ.①江… ②黄… 　Ⅲ.①交通运输史 -
中国 - 近代 - 文集 　Ⅳ.①F512.9 - 53

　中国版本图书馆 CIP 数据核字（2022）第 173673 号

·中国近代交通社会史丛书·

流通、枢纽与近代中国区域性变动
　　——第一届中国近代交通社会史研讨会论文集

主　　编/江　沛　黄　镔

出 版 人/王利民
责任编辑/石　岩
责任印制/王京美

出　　版/社会科学文献出版社·历史学分社（010）59367256
　　　　　地址：北京市北三环中路甲 29 号院华龙大厦　邮编：100029
　　　　　网址：www. ssap. com. cn
发　　行/社会科学文献出版社（010）59367028
印　　装/三河市东方印刷有限公司

规　　格/开 本：787mm × 1092mm　1/16
　　　　　印 张：34　字 数：509 千字
版　　次/2022 年 10 月第 1 版　2022 年 10 月第 1 次印刷
书　　号/ISBN 978 - 7 - 5228 - 0770 - 6
定　　价/168.00 元

读者服务电话：4008918866